Jürgen Heideking

Geschichte der USA

Zweite, überarbeitete und erweiterte Auflage

A. Francke Verlag Tübingen und Basel

Jürgen Heideking geb. 1947 in Hameln; Studium der Geschichte und Germanistik in Tübingen und Paris; Promotion in Zeitgeschichte (1978) und Habilitation in Neuerer Geschichte (1987) an der Universität Tübingen; 1988-90 wissenschaftlicher Mitarbeiter am Deutschen Historischen Institut in Washington, D.C.; 1990-92 Professor für Nordamerikanische Geschichte an der Universität Tübingen; seit 1992 Direktor der Abteilung für Anglo-Amerikanische Geschichte des Historischen Seminars an der Universität zu Köln. Forschungsschwerpunkte sind die amerikanische Verfassungsgeschichte und die Außenpolitik der USA im 20. Jahrhundert.

Die Deutsche Bibliothek – CIP-Einheitsaufnahme

Heideking, Jürgen:
Geschichte der USA / Jürgen Heideking. – 2., überarb. u. erw. Aufl. –
Tübingen ; Basel : Francke, 1999
  (UTB für Wissenschaft : Uni-Taschenbücher ; 1938)
  ISBN 3-8252-1938-0 (UTB)
  ISBN 3-7720-2248-0 (Francke)

2., überarbeitete und erweiterte Auflage 1999
1. Auflage 1996

© 1999 · A. Francke Verlag Tübingen und Basel
Dischingerweg 5 · D-72070 Tübingen
ISBN 3-7720-2248-0

Das Werk einschließlich aller seiner Teile ist urheberrechtlich geschützt. Jede Verwertung außerhalb der engen Grenzen des Urheberrechtsgesetzes ist ohne Zustimmung des Verlages unzulässig und strafbar. Das gilt insbesondere für Vervielfältigungen, Übersetzungen, Mikroverfilmungen und die Einspeicherung und Verarbeitung in elektronischen Systemen.
Gedruckt auf chlorfrei gebleichtem und säurefreiem Werkdruckpapier.

Satz: Nagel, Reutlingen
Einbandgestaltung: Alfred Krugmann, Stuttgart
Druck und Bindung: Presse-Druck, Augsburg
Printed in Germany
ISBN 3-8252-1938-0 (UTB-Bestellnummer)

Inhalt

Vorwort zur zweiten Auflage IX
Vorwort X

I. **Kolonien und Empire** 1
   1. Der Zusammenprall dreier Kulturen am Rande der atlantischen Welt 1
   2. Regionale, ethnische und religiöse Vielfalt 6
   3. Die Kolonien im Empire-Verband 20

II. **Revolution, Verfassungsgebung und Anfänge des Bundesstaates, 1763–1814** 29
   1. Die imperiale Debatte, 1763–1774 29
   2. Unabhängigkeitserklärung und konstitutionelle Neuordnung 38
   3. Unabhängigkeitskrieg, Bündnisdiplomatie und Pariser Friedensschluß, 1775–1783 51
   4. Die "kritische Periode", 1783–1787/88 57
   5. Die Federalists an der Macht, 1789–1800 77
   6. Jeffersons Republikanismus als Alternative zum nationalen Machtstaat, 1801–1814 88

III. **Demokratisierung, Marktwirtschaft und territoriale Expansion, 1815–1854** 102
   1. Die "Era of Good Feeling" 104
   2. Die "Marktrevolution" 111
   3. Der Übergang zur Parteiendemokratie 134
   4. Territoriale Expansion und Sklavereiproblematik .. 145

IV. Bürgerkrieg, Industrialisierung und soziale Konflikte im Gilded Age, 1855–1896 157

1. Die Eskalation des Nord-Süd-Konflikts und der Weg in den Bürgerkrieg 158
2. Der Amerikanische Bürgerkrieg, 1861–1865 166
3. Die Wiedereingliederung des Südens und die Rechte der befreiten Afro-Amerikaner 175
4. Die Erschließung und Transformation des amerikanischen Westens 185
5. Der Aufstieg der USA zur führenden Industriemacht 197
6. Parteipolitik und soziale Konflikte im Gilded Age . 207

V. Imperialismus, progressive Reformbewegung und Erster Weltkrieg, 1897–1920 226

1. Der Eintritt der USA in die Weltpolitik 227
2. Das Bemühen um eine innere Erneuerung der Vereinigten Staaten 244
3. Die Vereinigten Staaten im Ersten Weltkrieg 260

VI. Prosperität, Große Depression und Zweiter Weltkrieg, 1921–1945 275

1. Die "Goldenen Zwanziger Jahre" 276
2. Die Vereinigten Staaten in der Krise des demokratisch-kapitalistischen Systems 296
3. Die USA in der weltpolitischen Auseinandersetzung mit den expansiven Mächten 316

VII. Liberaler Konsens und weltpolitische Hegemonie, 1946–1968 342

1. Die Anfänge des Kalten Krieges und die Grundlegung der nationalen Sicherheit, 1946–1953 344
2. Politik und Gesellschaft in der Eisenhower-Ära, 1953–1960 365
3. Höhepunkt und Zerfall des liberalen Konsens, 1961–1968 386

VIII. Krise des nationalen Selbstverständnisses und konservative Renaissance, 1969–1992 413

1. Die krisenhaften siebziger Jahre 414
2. Demographische, soziale und kulturelle Trends im letzten Drittel des 20. Jahrhunderts 437
3. Die Ära Reagan-Bush und das Ende des Kalten Krieges 454

IX. Die Vereinigten Staaten nach dem Kalten Krieg ... 479

1. Im Kampf gegen die "konservative Revolution": Die erste Clinton-Administration, 1993–1997 479
2. Prosperität, Skandale und *Impeachment*: Die zweite Clinton-Administration 487
3. Die USA an der Schwelle zum 21. Jahrhundert ... 499

X. Anhang 509

1. Kommentierte Bibliographie 509
2. Karten 535
3. Tabellen und Graphiken 538
4. Zeittafel 543
5. Die Präsidenten der Vereinigten Staaten 553

XI. Register 555

1. Namenregister 555
2. Sachregister 564

Vorwort zur zweiten Auflage

Autor und Verlag freuen sich, daß die "Geschichte der USA" von der Fachwelt und einem breiteren Publikum positiv aufgenommen wurde und bereits nach relativ kurzer Zeit in zweiter Auflage erscheinen kann. Der Verfasser hat den gesamten Text durchgesehen, Druckfehler, sachliche Irrtümer und Unstimmigkeiten korrigiert und insbesondere das letzte Hauptkapitel, das die Zeit der Präsidentschaft Bill Clintons ab 1993 behandelt, gründlich überarbeitet und aktualisiert. Außerdem wurde die Bibliographie auf den neuesten Stand gebracht, das Register erweitert und der Anhang um eine Zeittafel zur amerikanischen Geschichte sowie um einige Tabellen ergänzt. Dramatische Ereignisse wie das *Impeachment*-Verfahren gegen Präsident Clinton, die eskalierende Kosovo-Krise, die Bombenangriffe der NATO auf Rest-Jugoslawien, die hauptsächlich von der US-Luftwaffe geflogen werden, und die massenhafte Vertreibung der Kosovo-Albaner durch das Milošević-Regime sowie schließlich der blutige Amoklauf von zwei Schülern in der Columbine High School nahe Denver, Colorado, am 21. April 1999 haben die Fertigstellung dieser zweiten Auflage begleitet und überschattet. All dies kann nur die Notwendigkeit unterstreichen, sich noch intensiver als bisher mit der Geschichte der USA zu beschäftigen, um das Denken und Handeln einer Nation verstehen zu lernen, die im Laufe dieses Jahrhunderts maßgeblichen Einfluß auf das Schicksal Deutschlands und Europas genommen hat, und deren globales Gewicht in Zukunft voraussichtlich noch zunehmen wird.

Der Verfasser dankt den vielen Kolleginnen und Kollegen, die ihn durch Zuspruch und konstruktive Kritik angeregt und zur Neuauflage ermuntert haben. Ebenso dankbar ist er der Angehörigen der Anglo-Amerikanischen Abteilung an der Universität zu Köln, insbesondere Frau Sigrid Schneider und Herrn Christoph Klinke, auf deren tatkräftige Hilfe er sich bei der Überarbeitung von Text, Anhang und Register wie gewohnt verlassen konnte. Verdient gemacht haben sich auch wiederum die Mitarbeiter des Francke Verlags unter Leitung von Herrn Gunter Narr, ohne deren großen Einsatz die zügige Drucklegung nicht möglich gewesen wäre. Falls doch noch einige Fehler im Text übersehen worden sind, so trägt die Verantwortung hierfür ganz allein der Autor dieses Buches.

Köln, im April 1999   Jürgen Heideking

Vorwort

Die Geschichte des Aufstiegs der englischen Kolonien in Nordamerika zum demokratischen Bundesstaat und zur dominierenden Macht im weltwirtschaftlichen und weltpolitischen System des 20. Jahrhunderts ist zweifellos einer der wichtigsten Vorgänge in der Neuzeit. Die Voraussetzungen, Verlaufsformen und Begleiterscheinungen dieses historischen Prozesses müssen deshalb jeden politisch denkenden Zeitgenossen interessieren, insbesondere auch uns Deutsche als Angehörige einer Nation, deren Schicksal seit Jahrzehnten – im Guten wie im Bösen – eng mit dem der USA verbunden ist. Der vorliegende Band gibt einen einführenden Überblick über die Geschichte der USA von der Unabhängigkeit bis zur Gegenwart. Obwohl einige verdienstvolle deutschsprachige Gesamtdarstellungen bereits existieren, erschien eine neue Annäherung an dieses Thema dringend geboten, um die deutschen Leser mit den bemerkenswerten Fortschritten der amerikanischen Historiographie in den beiden letzten Jahrzehnten und mit dem derzeitigen Forschungsstand vertraut zu machen. Bei der Niederschrift konnte ich mich auf Erkenntnisse stützen, die ich seit 1990 im Zuge von Vorlesungsreihen und Seminaren zur Geschichte der Vereinigten Staaten von Amerika an den Universitäten Tübingen und Köln gesammelt habe. Außerdem profitierte ich von längeren Aufenthalten 1983/84 in Madison, Wisconsin und 1988–90 in Washington, D.C., wo ich wichtige Kontakte zu amerikanischen Kolleginnen und Kollegen knüpfen konnte.

Die lange Zeit vorherrschende, auf das politische Geschehen ausgerichtete Perspektive wird in diesem Band zugunsten eines sozial- und kulturgeschichtlichen Ansatzes erweitert, der ein besseres Verständnis der gesellschaftlichen Entwicklung in den Vereinigten Staaten ermöglichen soll. Zu den Problemen und Fragestellungen, die in diesem Zusammenhang mehr Beachtung als bislang finden, gehören die Sklaverei und die Rassenproblematik, ethnisch-religiöse Beziehungen, Einwanderung und Akkulturation, die Rolle von Frauen und Minderheiten sowie die Herausbildung von regionalen und nationalen Identitäten. Der Wandel des Verfassungsverständnisses und die Bedeutung der Verfassung für den Zusammenhalt der Nation werden ebenfalls durchgehend erörtert. Im Bereich der Außenpolitik liegt ein wesentlicher Akzent auf den deutsch-amerikanischen Beziehungen, die das 20. Jahrhundert in hohem Maße mitgeprägt haben. Das übergeordnete Ziel war eine ausgewogene Behandlung der politischen, wirtschaftlichen, sozialen und kulturellen Faktoren, deren Zusammenwirken das Wesen der Geschichte der Vereinigten Staaten ausmacht. Dabei habe ich narrative und analytische Elemente miteinander verbunden und eigenständige Urteile über den historischen Prozeß gefällt, ohne Anspruch auf eine "verbindliche" Interpretation der amerikanischen Geschichte erheben zu wollen. Meine Deutung ist ebensoweit von einer optimistischen "Fortschritts"-, "Befreiungs"- und "Emanzipationsgeschichte" im Sinne der Whig-Tradition entfernt wie von einer "revisionistischen" Sichtweise, die einseitig politische und soziale Konflikte oder sogar Phänomene des "Niedergangs" betont. Mir lag vielmehr daran, die ethnische, religiöse und kulturelle Vielfalt der amerikanischen Gesellschaft und den pluralistischen, fragmentierten Charakter der amerikanischen Politik aufzuzeigen, ohne dabei die Einheit der Geschichte der USA aus den Augen zu verlieren. Diesen Geschichtsverlauf sollte man sich besser als einen dynamischen, offenen Prozeß der bundesstaatlich-nationalen Expansion und Integration vorstellen denn als einen zielgerichteten, durch wirtschaftliche oder andere Faktoren determinierten Vorgang.

Auf eine detaillierte Auseinandersetzung mit Forschungskontroversen und einen Fußnotenapparat wurde in dieser Einführung aus Gründen der Platzersparnis und der besseren Lesbarkeit verzichtet. Dafür enthält der Anhang eine ausführliche kommentierte Bibliographie, die den Leser mit übergreifender Literatur und Hilfsmitteln sowie – gegliedert nach den Hauptkapiteln des Buches – mit den Standardwerken und der neueren Forschungsliteratur zu den einzelnen Sachgebieten vertraut macht. Besonderer Wert wurde dabei auf die Angabe von deutschsprachigen Titeln gelegt, um den wachsenden Beitrag deutscher Wissenschaftler zur Erforschung der Geschichte der USA zu dokumentieren. Der Abdruck von Karten und Tabellen ist dagegen auf das unbedingt Erforderliche beschränkt worden.

Einige Bemerkungen zur Terminologie scheinen nötig, um Mißverständnisse zu vermeiden: Der Begriff "amerikanische Geschichte", der eigentlich die kanadische und die lateinamerikanische Geschichte einschließt, wird in diesem Buch lediglich aus stilistischen Gründen synonym mit "Geschichte der USA" verwendet; das gleiche gilt für die Begriffe "Schwarze" und "Indianer", wenn es inhaltlich durchgehend "Afro-Amerikaner" (oder "African Americans") bzw. "Native Americans" heißen müßte.

Diese Darstellung hätte nicht ohne den kontinuierlichen Meinungsaustausch mit deutschen und amerikanischen Fachkollegen geschrieben werden können; ebensowenig ohne das Gespräch mit den Studierenden im Rahmen von Lehrveranstaltungen und bei der Betreuung von Seminar- und Forschungsarbeiten; noch weniger allerdings ohne die tatkräftige Unterstützung meiner Mitarbeiterinnen und Mitarbeiter in der Anglo-Amerikanischen Abteilung der Universität zu Köln. Anke Ortlepp, Karin Schültke und insbesondere Marc Frey haben die Literatur für den Anhang zusammengestellt; Marc Frey, der am Nordamerikaprogramm der Universität Bonn tätig ist, hat darüber hinaus das gesamte Manuskript gelesen und kritisch kommentiert sowie das Register erstellt. Die Zusammenstellung der Tabellen, Karten und Graphiken übernahm Christoph Klinke. Meine Sekretärin Sigrid Schneider hat mir bei der Redaktion des Manuskripts geholfen und stilistisch wie inhaltlich wichtige Hinweise beigesteuert. Auf den Rat meiner Assistentinnen Dr. Vera Nünning und Heike Bungert sowie die Dienste unserer Bibliothekarin Helge Riedel konnte ich mich ebenfalls jederzeit verlassen. Von großem Nutzen waren auch die Kontakte zu Lehrenden und Studierenden im Nordamerikaprogramm der Universität Bonn unter der Leitung von Prof. Dr. Lothar Hönnighausen. Bei allen genannten Personen bedanke ich mich ganz herzlich für die praktische Unterstützung und die Ermunterung, die ich durch ihr Interesse an der Geschichte der USA für meine eigene Arbeit erfahren habe. Für Fehler, die in dem Text noch enthalten sind, bin ich selbstverständlich allein verantwortlich.

Dem A. Francke Verlag in Tübingen und seinem Leiter, Herrn Gunter Narr, danke ich für die Geduld, die mir seit Beginn des Projekts entgegengebracht wurde, und für die zügige und kompetente Bearbeitung des Manuskripts. Großer Dank gebührt schließlich meiner Frau und unseren Kindern, die viel Verständnis dafür zeigten, daß ich manches Wochenende am PC verbrachte, anstatt diese Zeit der Familie zu widmen.

Jürgen Heideking, im August 1996

I.
Kolonien und Empire

Der Unabhängigkeitserklärung von 1776 gingen gut eineinhalb Jahrhunderte Kolonialgeschichte voraus, deren positive wie negative Erfahrungen das kollektive Bewußtsein der Gründergeneration prägten. Drei wesentliche Aspekte dieses kolonialen Erbes müssen in aller Kürze als eine Art Präludium zur amerikanischen Nationalgeschichte angesprochen werden: der Zusammenprall der Kulturen in der "Neuen Welt"; die regionale, ethnische und religiöse Vielfalt der Siedlerkolonien; und die Stellung der Kolonien im Herrschafts- und Wirtschaftsverband des englischen Weltreiches.

1. Der Zusammenprall dreier Kulturen am Rande der atlantischen Welt

Die Kolonialgeschichte gehört zweifellos zu den Epochen, deren wertende Darstellung in den vergangenen Jahren von Historikern und Publizisten am gründlichsten überprüft und – begleitet von heftigen Debatten – am stärksten revidiert worden ist. Bis vor kurzem noch wurde sie fast ausschließlich aus europäischer Perspektive und mehr oder weniger in der Form eines Heldenepos erzählt, das die Entdeckung und Erschließung eines "jungfräulichen" Kontinents durch tapfere Seefahrer und Siedler verherrlicht. Die Kritik an diesem "Eurozentrismus" hat eine Verlagerung des Interesses und der Sympathien hin zu den Leidtragenden des epochalen Geschehens bewirkt, den indianischen Ureinwohnern (Native Americans) und den versklavten Afrikanern (African Americans), die bislang eher am Rande der historischen Betrachtung auftauchten. Es bleibt zwar unbestritten, daß sich die "weiße" Kultur durchsetzte, aber man fragt heute doch viel bohrender als früher nach den Schattenseiten und Kosten dieses Erfolges, und man versucht zugleich auch die langfristigen Wirkungen zu ergründen, die der Zusammenprall bzw. die Interaktion von indianischer, europäischer und afrikanischer Kultur in Nordamerika zeitigten.

Am härtesten traf es die Ureinwohner, die den aus Europa und Afrika eingeschleppten Krankheitserregern hilflos ausgeliefert waren und deren Ethnien oft schon nach den ersten Kontakten durch Seuchen dezimiert und später durch Kriege, Vertreibungen, Hungersnöte und Alkoholismus immer mehr geschwächt und nicht selten ganz vernichtet wurden. Die Beziehungen zu den vordringenden Siedlern waren uneinheitlich und wechselhaft: sie reichten von friedlichem Handel und temporären Bündnissen gegen gemeinsame Feinde bis zu gegenseitigen Terror- und Ausrottungskampagnen, die von den Weißen häufig grausamer, vor allem aber "effizienter" durchgeführt wurden. An der englischen Siedlungsgrenze (*Frontier*), wo der "Landhunger" am größten war, hatten gelegentliche Missionierungs- und Zivilisierungsversuche noch weniger Erfolg als im französischen oder spanischen Einflußbereich. Hier nahm während der Kolonialzeit ein Teil der demographischen Katastrophe ihren Lauf, zu der sich die "Entdeckung" Amerikas für die Ureinwohner des Kontinents entwickelte. Die Bevölkerungszahlen können nur geschätzt werden, aber sie sind in den letzten dreißig Jahren von der Forschung deutlich nach oben revidiert worden. 1965 ging man noch davon aus, daß zur Zeit des Kolumbus auf dem Gebiet der heutigen USA und Kanadas zwischen 900 000 und 1,5 Millionen Ureinwohner lebten. Inzwischen variieren die Schätzungen zwischen 5 und 12,5 Millionen, wobei die Mehrheit der Wissenschaftler 6 bis 7 Millionen als realistisch betrachtet. Ähnlich verhält es sich mit Untersuchungen zur indianischen Gesamtbevölkerung Nord- und Südamerikas um 1490, die neuerdings auf 45 bis 60 Millionen beziffert wird. Als die englische Kolonisation im letzten Drittel des 16. Jahrhunderts begann, waren die großen Indianerreiche Südamerikas bereits zerstört und die Bewohner der Karibikinseln weitgehend ausgerottet. Die indianischen Kulturen im Mississippi-Tal hatten ihren Höhepunkt offenbar schon um 1350 überschritten, aber der rapide demographische Niedergang setzte auch hier erst mit der europäischen Kolonisierung ein. Als "Faustregel" gilt, daß sich die Zahl der Native Americans innerhalb von hundert Jahren nach dem ersten Kontakt mit Europäern um etwa 90 Prozent verringerte. Lebten beispielsweise um 1570, zur Zeit der frühesten englischen Siedlungsversuche an der Festlandsküste, östlich des Mississippi 3 Millionen Indianer, so waren es 1670 gerade noch 300 000. Im südlichen Neuengland schrumpfte die Zahl der Ureinwohner im selben Zeitraum von ca. 120 000 auf 12 000. Hier trafen die Puritaner auf eine indianische Bevölkerung, die durch von Entdeckungsreisenden und Abenteurern eingeschleppte Krankheitserreger so sehr geschwächt war, daß sie kaum noch Widerstand leisten konnte. Als sich der Stamm der Pequots im Connecticut-Tal 1637 dennoch gegen die weiße Landnahme zur Wehr setzte, töteten puritanische Milizen und verbündete Indianer etwa 500 Männer, Frauen und Kinder und verkauften viele Überlebende als Sklaven auf die Karibikinseln. Dieses brutale Vorgehen wurde mit dem Hinweis auf die "Sündhaftigkeit" der "Wilden" und einem aus der Bibel abgeleiteten Anspruch auf "ungenutztes" Land gerechtfertigt. Die Geistlichen deuteten die militärischen Erfolge ebenso wie das Massensterben der Indianer an Pocken oder anderen Epidemien als Fingerzeig Gottes, daß die Wildnis für das "auserwählte Volk" der Puritaner vorbestimmt sei.

Ähnliche Folgen zeitigte das Zusammentreffen von Europäern und Native Americans in der südlicher gelegenen Chesapeake-Region, obwohl es den Siedlern der Virginia Company ohne die anfängliche Unterstützung durch den Häuptling Powhatan und dessen Tochter Pocahontas kaum gelungen wäre, dauerhaft Fuß zu fassen. Ein indianischer Aufstand im Jahr 1622 diente dazu, die systematische Bekämpfung und Dezimierung der einheimischen Stämme zu rechtfertigen. Das Bild des "edlen Wilden", das in Europa von den Befürwortern der Kolonisierung propagiert wurde und das viele Engländer mit nach Amerika brachten, schlug innerhalb weniger Jahre in ein aggressives Feindbild um. Dabei schrieben die Siedler den Indianern häufig negative Eigenschaften wie Grausamkeit, Heimtücke und Habgier zu, die sie selbst in ihrem Verhalten gegen die Ureinwohner an den Tag legten. Die Zerstörung der indianischen Stammeskulturen konnte aber nicht ohne negative moralische Rückwirkungen auf die kolonialen Gemeinschaften selbst bleiben, die doch in vieler Hinsicht – etwa durch die Übernahme der Nutzpflanzen Mais und Tabak – von den Native Americans profitiert hatten.

Als mindestens ebenso schwere und anhaltende, bis in die Gegenwart fortdauernde Belastung sollte sich die Versklavung von Afrikanern erweisen, die auf dem nordamerikanischen Kontinent in nennenswertem Ausmaß erst gegen Ende des 17. Jahrhunderts begann. Die Schwarzen, die ab 1619 nach Virginia gebracht wurden, waren rechtlich zunächst nicht wesentlich schlechter gestellt als die weißen Knechte (*indentured servants*), die über eine bestimmte Zahl von Jahren die Kosten ihrer Schiffspassage abdienen mußten. Einige

Afrikaner erlangten sogar, zumeist wohl als Belohnung für ihren Übertritt zum Christentum, die völlige Freiheit. Sexuelle Kontakte von Schwarzen und Weißen und sogar Mischehen waren keine Seltenheit, obwohl für solches Verhalten Kirchenstrafen und (im Fall der Afrikaner) Peitschenhiebe drohten. Seit den 1660er Jahren wurde der Status der Schwarzen jedoch durch Gerichtsurteile und auf gesetzlichem Wege immer mehr vermindert, bis sich zu Beginn des 18. Jahrhunderts das Konzept der *chattel slavery* fest etablierte, das die Afrikaner zu "beweglichem Besitz" (*personal property*) und zur Ware degradierte. Hierbei handelte es sich um die einzige gravierende Abweichung vom englischen *common law*, denn die Institution der *chattel slavery* existierte nicht im Mutterland, sondern wurde von den Karibikinseln übernommen.

Die schrittweise Einführung der Sklaverei auf dem nordamerikanischen Festland muß im größeren Zusammenhang eines Systems der Zwangsarbeit gesehen werden, mit dem die europäischen Mächte (Spanien, Portugal, Niederlande, Frankreich, England) seit dem 16. Jahrhundert die gesamte "Neue Welt" überzogen. Von der Mitte des 17. Jahrhunderts an setzten sich die Engländer immer erfolgreicher gegen ihre Konkurrenten durch und legten mit dem Kolonial- und Sklavenhandel den Grundstein für den wirtschaftlichen Aufschwung Großbritanniens. Im Vergleich zu den Zuckerinseln in der Karibik wie etwa Barbados und Jamaica, auf denen eine regelrechte "Vernichtung durch Arbeit" praktiziert wurde, mutet das Schicksal der Sklaven in den Festlandskolonien noch einigermaßen erträglich an. Während die hohe Todesrate auf den Inseln nur durch ständige Neuzufuhr aus Afrika ausgeglichen werden konnte, nahm die Sklavenbevölkerung in der Chesapeake-Region ab 1720 auf natürliche Weise zu. Weiter südlich, in den malariaverseuchten Reisanbaugebieten South Carolinas, herrschten härtere Bedingungen, und die Lebenserwartung war entsprechend geringer. Dabei wäre den Weißen die Kultivierung von Reis (und später auch Indigo) ohne die Erfahrung und die Hilfe der Afrikaner gar nicht gelungen. South Carolina entsprach auch insofern am ehesten den Zuckerkolonien, als hier schon zu Beginn des 18. Jahrhunderts die Zahl der Sklaven diejenige der weißen Pflanzer und Farmer überstieg. Immer mehr Plantagenbesitzer zogen sich nach Art der spanischen und englischen *absentee landowners* in Städte wie Charleston und Savannah zurück und überließen die unmittelbare Kontrolle ihren Verwaltern und Sklavenaufsehern.

Obgleich Nordamerika nur etwa 5 Prozent der fast 11 Millionen in die westliche Hemisphäre verschleppten Afrikaner aufnahm, handelte es sich doch um weit mehr als nur ein Rinnsal im großen Einwandererstrom. Bis zum Unabhängigkeitskrieg gelangten ca. 300 000 Sklaven als unfreiwillige Immigranten auf das nordamerikanische Festland, gegenüber ca. 500 000 Europäern, die als freie Einwanderer, *indentured servants* oder Sträflinge (*convicts*) kamen. Um 1770 lebten (bei einer Gesamteinwohnerzahl von 3 Millionen) etwa 500 000 Sklaven in den dreizehn Kolonien, die sich zu den Vereinigten Staaten von Amerika zusammenschlossen. Sie machten ein gutes Drittel der Bevölkerung der südlichen Kolonien aus, deren Wirtschaftssystem zu dieser Zeit bereits ganz auf der Ausbeutung von Sklavenarbeit beruhte.

Die ökonomischen Vorteile, die dieses extreme Herr-Knecht-Verhältnis den Weißen einbrachte, mußten mit moralischen und psychologischen Schäden erkauft werden. Niemand erkannte besser als Thomas Jefferson, selbst ein Sklavenhalter, wie tief sich dieses Übel bereits in das Bewußtsein der Menschen eingefressen hatte: In seinen *Notes on the State of Virginia* beklagte er 1786, die Sklaverei gebe weißen Herren und schwarzen Knechten täglichen Anschauungsunterricht "in den ungezügeltsten Leidenschaften, im schlimmsten Despotismus auf der einen und in herabwürdigender Unterwerfung auf der anderen Seite." Andererseits konnte sich der liberale Aufklärer Jefferson aber ebensowenig wie die meisten seiner weißen Landsleute vom Vorurteil einer "natürlichen Minderwertigkeit" der schwarzen Rasse befreien. Die Sklavengesetze (*slave codes*) der Kolonien sahen bereits für geringe Übertretungen grausame Strafen vor, um Fluchtversuche zu unterbinden und individuellen oder kollektiven Widerstand im Keim zu ersticken. Im Unterschied zu den amerikanischen Ureinwohnern war die schwarze Bevölkerung nicht in ihrer physischen Existenz bedroht, sondern "nur" zu extremer Anpassung gezwungen. In den nördlichen Kolonien, wo – mit Ausnahme von New York – die Zahl der Schwarzen relativ gering blieb, vollzog sich diese erzwungene Abkehr von den afrikanischen Wurzeln schneller als in den Gebieten südlich von Pennsylvania. Dort entwickelten sich im Laufe des 18. Jahrhunderts eigenständige Kommunikationsformen und Lebensweisen sowie Ansätze einer afroamerikanischen Kultur. In South Carolina und Georgia schufen Schwarze aus verschiedenen Teilen Afrikas die Sklavensprache Gullah, und auf den Reispflanzungen konnten sich die in großen

Gruppen zusammenlebenden Sklaven eine gewisse Autonomie bewahren. Dagegen verschmolzen in Virginia, Maryland und Delaware, wo Weiße und Schwarze auf Tabakplantagen oder Familienfarmen in engen Kontakt kamen, europäische und afrikanische Bräuche, Techniken und Denk- und Verhaltensweisen am ehesten zu neuen Lebensformen. Trotz der gesetzlichen Verbote fand auch – meist als Folge sexueller Ausbeutung von Sklavinnen durch ihre weißen Herren – eine Rassenvermischung statt, die den krassen Schwarz-Weiß-Gegensatz aufzulockern begann. Von einer gegenseitigen kulturellen Bereicherung konnte im Zeichen der Sklaverei aber kaum die Rede sein. Der großen Mehrzahl der weißen Siedler war der Preis für das Überleben und die Entwicklung der Kolonien – die Verdrängung der Ureinwohner und die Unterdrückung der Afrikaner – nicht zu hoch. Die positiven Möglichkeiten, die das Zusammentreffen dreier Kulturen in sich barg, blieben damit weitgehend ungenutzt.

2. Regionale, ethnische und religiöse Vielfalt

Nicht Einheitlichkeit und Homogenität, sondern mosaikartige Vielfalt war das hervorstechende Merkmal der englischen Festlandskolonien. Ihren Ausgang nahm die Besiedlung – nach einigen gescheiterten Experimenten – von Jamestown im Süden (1607) und Plymouth im Norden (1620), und beide Regionen, das nach Elisabeth I., der "jungfräulichen Königin", Virginia genannte Gebiet um die Chesapeake Bay und das "Neue England" (New England) der Puritaner, trugen von Beginn an einen ganz unterschiedlichen Charakter.

Der Süden

Die Gründung Jamestowns war das Werk von Kaufleuten und adligen Investoren, die, in der Londoner Virginia Company zusammengeschlossen, 1606 eine königliche Charter erwirkt hatten. Bei der Planung des Unternehmens spielten Hoffnungen auf Goldfunde, rasche Profite und die Errichtung einer idealen Feudalgesellschaft eine wichtige Rolle. Stattdessen entstand in den feucht-warmen, fruchtbaren Küstenstrichen von Virginia und Maryland – einem Teil des Charter-Gebiets, das nach dem Rückzug der Virginia Company 1632 von der Krone als Lehen an den katholischen Lord Baltimore vergeben wurde – eine profitable, auf den Export von Tabak spezialisierte Plantagenwirtschaft. Die meisten Landbesitzer lebten auf ihren Pflanzungen (*plantations*), die im Schnitt 500 acres (200 Hektar) groß waren. Den Mangel an Arbeitskräften behoben sie durch den Import von *indentured servants* aus Europa und dann, als diese Quelle gegen Ende des 17. Jahrhunderts wegen der günstigen Wirtschaftsentwicklung in England zu versiegen begann, zunehmend durch den Kauf von Sklaven aus Afrika und der Karibik. Für die Vermarktung ihres Hauptprodukts Tabak blieben die Pflanzer der Chesapeake-Region weitgehend auf englische und schottische Kaufleute angewiesen.

Einige Jahrzehnte später als an der Chesapeake Bay begann die Kolonialentwicklung in den südlich anschließenden Gebieten, für die acht englische Handelspartner 1663 von Charles II. eine Charter erwarben. Diese zu Ehren des Königs "Carolina" genannte Kolonie wurde 1691 (formell 1712) in North Carolina und South Carolina aufgeteilt. Während in North Carolina kleine und mittlere Farmen und Pflanzungen überwogen, dominierten in South Carolina die von Sklaven bewirtschafteten großen Reisplantagen, und das günstig gelegene Charleston stieg zum wichtigsten Ausfuhrhafen auf. Noch später, erst 1732, kam die Kolonie Georgia (nach König George II. benannt) hinzu, die als militärischer Puffer gegen das spanische Florida gedacht war, deren Einwohner aber rasch auch in anhaltende Feindseligkeiten mit den Cherokee- und Creek-Indianern verwickelt wurden.

Politisch und gesellschaftlich gaben im Süden die Plantagenbesitzer den Ton an. Auf Grund der relativ geringen Lebenserwartung in dem ungesunden Klima verloren die Kinder häufig schon früh ein Elternteil oder sogar beide Eltern. Da sich in solchen Fällen in der Regel die weitere Familie ihrer annahm, erlangten Verwandtschaftsbeziehungen und Sippenloyalitäten eine immer wichtigere Bedeutung. Aus ihnen erwuchs die sog. *Virginia Aristocracy*, eine durch Blutsbande und wirtschaftliche Interessen eng verknüpfte Eliteschicht, die sich auch mittels guter Bildung, kultivierter Lebensart und Sinn für elegante Vergnügungen wie Pferderennen, Jagdgesellschaften und Bälle von der übrigen weißen Bevölkerung abhob. Trotz erheblicher Besitzunterschiede hielten sich die sozialen Spannungen aber in Grenzen, weil die Farmer, Handwerker und Händler ganz im Sinne einer traditionellen Ständegesellschaft die Pflanzer als sozial Höhergestellte anerkannten und ihnen mit Respekt und ehrerbietiger

Fügsamkeit (*deference*) begegneten. Die Pflanzerelite wiederum nahm ihre Verantwortung für das Gesamtwohl ernst (abgesehen von der im gesamten Süden unterentwickelten Schulbildung) und bemühte sich, die Führungs- und Leitbildfunktion zu erfüllen, die ihr im Rahmen dieser patriarchalischen *deferential society* zukam. Außerdem wirkte die Sklaverei der Entstehung einer potentiell gefährlichen Schicht besitzloser weißer Einwanderer entgegen.

Wirtschaftlich geriet die *Virginia Aristocracy* im Verlauf des 18. Jahrhunderts allerdings unter Druck, denn die Notwendigkeit, alle größeren Investitionen (und teilweise auch den anspruchsvollen Lebensstil) mit Hilfe von Krediten aus England zu finanzieren, trieb viele Familien in chronische Verschuldung. Die Auslaugung der Böden durch den Tabakanbau zwang zur ständigen Erweiterung der Anbaufläche oder zum Kauf neuer Plantagen, und sie verführte gelegentlich auch zu riskanten Landspekulationen in den westlichen Gebieten. In Maryland und Teilen Virginias fanden viele Farmer und Pflanzer im Getreideanbau eine günstige Alternative, was allmählich den gesamten Charakter der Chesapeake-Region mit ihrer aufstrebenden Hafenstadt Baltimore veränderte. Gegen Ende der Kolonialzeit unterschied man deshalb schon einen Upper South (Maryland, Virginia, Delaware), in dem die Sklaverei relativ an Bedeutung verlor, von dem Lower South (die Carolinas und Georgia), der strukturell eher den karibischen Sklavenkolonien ähnelte.

In ethnischer Hinsicht stellten die Engländer den größten Bevölkerungsanteil, gefolgt von den Afrikanern, die nicht nur in den Küstenebenen, sondern – in geringerer Zahl – auch auf Farmen des Hinterlands arbeiteten. Dort siedelten vor allem Schotten, deren Vorfahren das nördliche Irland kolonisiert hatten (und die deshalb *Scots-Irish* genannt wurden), sowie Deutsche, die, zumeist aus Pennsylvania kommend, durch das Shenandoah-Tal nach Süden vordrangen. Das religiöse Leben wurde eindeutig von der Anglikanischen Kirche bestimmt, der englischen Staatskirche (Church of England), die in den südlichen Kolonien als einzige offizielle Kirche anerkannt war. Die meisten Iro-Schotten waren Presbyterianer, die Deutschen entweder Lutheraner oder Reformierte (wie die Mährischen Brüder, die sich u.a. in Salem, North Carolina, niederließen), doch dies blieben – zusammen mit den Katholiken in Maryland – eher Einsprengsel in einer gemäßigt konservativen anglikanischen Kultur. Das Monopol und die Steuerprivilegien der Anglikanischen Kirche gerieten erst im 18. Jahrhundert ins Wanken, als sich mit den

Methodisten und Baptisten neue, dynamische Glaubensgemeinschaften bildeten, die vor allem im einfachen Volk Anhänger fanden und an einigen Orten sogar Sklaven aufnahmen. Gemeinsam wehrten sich die Siedler gegen die Einsetzung eines anglikanischen Bischofs, die ihre religiöse und politische Autonomie von England gefährdet hätte. Diese Frage blieb bis in die Revolution hinein ein offener Streitpunkt.

Am Vorabend der Revolution lebten einschließlich der Sklaven gut 50 Prozent der Bevölkerung der Festlandskolonien im Süden. Städte und selbst größere Ortschaften blieben in der Plantagen- und Farmwirtschaft eine Seltenheit. Aufs ganze gesehen bot die Region eine erstaunliche Mischung aus patriarchalischer Gentry-Kultur und profitorientierter Sklavenhaltergesellschaft. Die wirtschaftliche Monokultur, der Anbau der *staple crops* Tabak, Reis und Indigo, band die Kolonien fest an das Mutterland und die europäischen Märkte. Trotz dieser Abhängigkeit wuchs aber das Selbstbewußtsein der Pflanzerelite, die sich im Laufe der Zeit eher noch fester zusammenschloß und gegen ehrgeizige Aufsteiger abzuschirmen suchte.

Die Neuengland-Kolonien

Bei der Besiedelung der Region, die der Seefahrer und Abenteurer John Smith 1614 New England nannte, stand das religiöse Moment im Vordergrund. Die ersten Siedler waren strenggläubige Calvinisten, Pilgrims, die nicht nur in Opposition zur anglikanischen Staatskirche standen, sondern auch Abstand zu ihren gemäßigten Glaubensbrüdern, den Puritanern, hielten. Nachdem ihr Versuch gescheitert war, im niederländischen Exil eine dauerhafte Existenz zu gründen, kehrten sie nach England zurück und suchten die Unterstützung puritanischer Kaufleute für ein neues Auswanderungsprojekt. Im Besitz eines Patents der Virginia Company brachen dann im September 1620 18 Familien mit insgesamt 102 Personen – nicht alle von ihnen Pilgrims – an Bord der "Mayflower" von Plymouth in die "Neue Welt" auf. Sie erreichten aber nicht Virginia, sondern kamen – möglicherweise absichtlich – weiter nördlich in der Massachusetts Bay an. Da sie sich nun außerhalb der Jurisdiktion der Virginia Company befanden, konnten sie nach ihren eigenen Regeln leben. Noch vor der Landung bei Cape Cod unterzeichneten die 41 erwachsenen männlichen Passagiere am 11. November 1620 den *Mayflower Compact*, der später zu d e m amerikanischen Gründungsdokument schlechthin verklärt wurde. Den Vorstellungen der Pilgrims vom biblischen Bund (*covenant*) entsprechend, etablierte er einen *civil body politic*, der die Mitglieder der Gemeinschaft verpflichtete, sich gegenseitig Beistand zu leisten und den Anweisungen der Amtsinhaber zu gehorchen. Damit gaben sie ihrem Verlangen nach Selbstbestimmung und religiöser Autonomie eine politische Form und schufen – unter der Souveränität des englischen Königs James I. – ein Regierungssystem für die neue Kolonie Plymouth Plantation. Wohl nur durch die Zusammenarbeit mit den Indianern, die in dieser Gegend durch Epidemien sehr geschwächt waren, überstand die Plymouth-Kolonie die harten Anfangsjahre und konnte sich stabilisieren. Ihrer Ausdehnung waren aber enge Grenzen gesetzt, denn die Siedler, die in Bruderschaften (*brotherhoods*) nach strikten religiösen Regeln lebten, lehnten das Streben nach Wohlstand und weltlicher Macht bewußt ab. Im Gefolge der *Glorious Revolution*, die auch in Neuengland politische Veränderungen bewirkte, ging die Kolonie der Pilgrims mit ihren 7 500 Einwohnern schließlich 1691 in Massachusetts auf.

Die zweite, letztlich stärkere Wurzel Neuenglands war die 1629 von der Krone mit einer Charter ausgestattete Massachusetts Bay Company. Sie förderte die Auswanderung von Puritanern, einer gemäßigten calvinistischen Glaubensrichtung, die in England vergeblich versucht hatte, die Staatskirche von katholischen "Überresten" zu reinigen. Unter dem Eindruck der krisenhaften Entwicklung in England und der blutigen Religionskriege in Europa faßte einer ihrer Führer, John Winthrop, den Entschluß, möglichst viele Gläubige und vielleicht sogar das Christentum selbst durch einen Exodus nach Amerika zu retten. In der Wildnis sollte eine "City upon a Hill", ein dem wahren Glauben geweihtes und dem Rest der Welt zum leuchtenden Vorbild dienendes Gemeinwesen errichtet werden. Nachdem der gebildete und besitzende Winthrop von König Charles I. eine koloniale Charter erlangt hatte, verließen 1630 900 Puritaner auf elf Schiffen England in Richtung Massachusetts Bay. Bis 1640 strömten in einer ersten "Einwanderungswelle" über 20 000 englische Puritaner, zumeist im Familienverband, in die neue Kolonie. Ihr Zentrum war Boston, aber das Siedlungsgebiet dehnte sich bald bis zum Connecticut River, nach Maine und New Hampshire aus. Zum ersten Gouverneur wurde John Winthrop gewählt, dessen religiös-orthodoxer und elitärer Führungsstil die Kolonie auf lange Zeit hinaus prägte. Das von Winthrop formulierte Sendungsbewußtsein überdauerte die Kolonialzeit und bildet bis heute – in religiöser und in säkularisierter Form – eines der wichtigsten Elemente des amerikanischen Selbstverständnisses und der nationalen Identität.

Anders als die Pilgrims waren die Puritaner machtbewußt und strebten nach wirtschaftlichem Erfolg, den sie als Zeichen der göttlichen Gnade und Auserwähltheit werteten. Nicht wenige von ihnen wurden Kaufleute, Reeder und Schiffseigner, die am Küstenhandel und Fischfang, vor allem aber am Überseehandel mit den Karibikinseln und dem Mutterland gut verdienten. Massachusetts Bay war keine Theokratie, denn die Geistlichen übten zwar moralische Autorität, aber normalerweise keine Regierungsämter aus. Andererseits bildeten Kirche und Staat eine feste Einheit, und das Wahlrecht blieb bis 1691 für männliche puritanische Kirchenmitglieder reserviert. Die politische Führung lag in den Händen weniger Familien, die früh eingewandert waren und die besten Besitztitel erworben hatten. Auf der anderen Seite wurde das Prinzip der gemeindlichen Selbstverwaltung (*local self-government*) groß geschrieben, so daß sich oligarchische mit demokratischen Zügen mischten. Das kirchliche Leben war ebenfalls dezentralisiert und vollzog sich in weitgehend selbständigen Gemeindebezirken, den Kongregationen (*congregations*), die der gesamten Glaubensrichtung den Namen Kongregationalismus verliehen.

Im Sinne des biblischen *covenant* forderten die Puritaner die Unterordnung des Einzelnen unter die Gemeinschaft. Die Tugenden, die ihre Geistlichen predigten – Gottesfurcht, Fleiß, Rechtschaffenheit, Bescheidenheit, Selbstbeherrschung – sollten nicht so sehr dem individuellen Fortkommen als vielmehr dem Wohl der Gemeinden dienen. Um diese Ideale zu verwirklichen, führten sie ein rigides System der geistigen und sozialen Kontrollen ein, das sich bald als Quelle innerer Spannungen erwies. Im Extremfall konnte diese Unduldsamkeit zu Hexenverfolgungen, Prozessen und Hinrichtungen führen, wie sie noch in den 1690er Jahren in Salem stattfanden. Der gewöhnliche Ausweg war aber die Flucht Andersdenkender, die im Laufe des 17. Jahrhunderts die Abspaltung dreier Kolonien von Massachusetts zur Folge hatte. 1636 gründete Roger Williams mit einigen Anhängern Providence Plantation auf Rhode Island, wo, wie er versprach, niemand seines Gewissens wegen belästigt werden würde. In der Tat wurde die Kolonie bald für ihre Toleranz und ihren demokratischen Geist bekannt, aber auch für die tiefe Verstrickung ihrer Kaufleute in den transatlantischen Sklavenhandel: Hier liegt einer der Widersprüche, an denen die Geschichte Neuenglands und Nordamerikas insgesamt so reich ist.

Auf ähnliche Weise wie Rhode Island entstand Connecticut, nachdem Thomas Hooker in Ungnade gefallen war und mit seiner Kongregation Cambridge hatte verlassen müssen. Unter Hookers Führung schlossen sich 1638/39 die Gemeinden am Connecticut River zusammen und vertrieben in blutigen Kämpfen die dort lebenden Pequot-Indianer. 1662 erhielt die Kolonie eine eigene königliche Charter und schloß sich mit der Puritaner-Siedlung in New Haven zusammen. Unablässige Grenzstreitigkeiten mit allen benachbarten Kolonien taten der wirtschaftlichen Entwicklung kaum Abbruch: Um 1775 hatte Connecticut etwa 200 000 Einwohner und besaß ein gut ausgewogenes Verhältnis zwischen Landwirtschaft und Handel. Im Norden gehörte das Gebiet zwischen dem Pisquataqua und dem Connecticut River, das die Siedler New Hampshire nannten, bis 1679 zu Massachusetts. Dann wurde es durch Gewährung einer königlichen Charter ebenfalls eine separate Kolonie, die mit Connecticut das Schicksal der unsicheren Grenzen teilte. Im Landesinnern leisteten die Indianer, oft mit französischer Unterstützung, Widerstand gegen das Vordringen englischer Kolonisten. Ungelöst blieb bis zur Revolution der Konflikt mit New York um das bergige Vermont-Territorium westlich des Connecticut River. Vermont gehörte deshalb nicht zu den dreizehn "Ursprungskolonien", sondern blieb unabhängig, bis es 1791 den Vereinigten Staaten beitrat.

Trotz der Verselbständigung von Rhode Island, Connecticut und New Hampshire blieb Massachusetts – mit Plymouth Plantation und dem Maine-Distrikt, die es 1691 von der Krone zugesprochen bekam – die bevölkerungsreichste und wirtschaftlich stärkste Neuengland-Kolonie. Die Hafenstadt Boston hatte 1775 16 000 Einwohner – nicht viel im Verhältnis zur Gesamtbevölkerung von ca. 300 000. Das Erscheinungsbild der Kolonie und von Neuengland insgesamt prägten nach wie vor Familienfarmen, auf deren eher kargen Böden wie in der Heimat Ackerbau und Viehzucht betrieben wurden, sowie Dörfer und kleine Städtchen mit ihren religiösen *Meeting houses* und den *Town halls* zur lokalen Selbstverwaltung. Ethnisch waren die Neuengland-Kolonien so homogen, daß sie "englischer als England" wirkten, und im religiösen Bereich herrschte – ungeachtet der theologischen Meinungsverschiedenheiten – weitgehende puritanische Konformität. Im 18. Jahrhundert lockerten sich die sozialen

Kontrollen allmählich, und die Autorität des orthodoxen Klerus wurde seit den 1740er Jahren durch eine religiöse Erweckungsbewegung, das *Great Awakening*, geschwächt. Mit Ausnahme von Rhode Island blieben die Privilegien der kongregationalistischen Kirche dennoch erhalten: Anglikaner, Quäker und Baptisten durften ihren Glauben zwar praktizieren, wurden aber nur toleriert. Sie mußten sich von den Behörden registrieren lassen und Steuern entrichten, die nur der puritanischen Obrigkeit und deren Kirchen zugute kamen.

Die religiöse Liberalisierung des 18. Jahrhunderts erzeugte auch eine wirtschaftliche Aufbruchstimmung. Unter den gewandelten Umständen konnten die alten puritanischen Tugenden mehr und mehr zu Triebfedern einer an individueller Leistung und Wachstum orientierten Wirtschaft werden. Trotz des Aufschwungs, den der Handel in den Küstenstädten nahm, und trotz des steigenden Wohlstands der Kaufleute und einiger Anwälte zeichnete sich Neuengland aber auch am Ende der Kolonialzeit durch relativ geringe Besitzunterschiede und eine egalitäre Sozialstruktur aus. Allerdings erzeugten das starke Bevölkerungswachstum (auf Grund des gesunden Klimas war die Lebenserwartung wesentlich höher als im Süden) und die Neuzuwanderung einen zunehmenden inneren Druck, der sich nur durch die Erschließung weiteren Siedlungslandes im Westen ausgleichen ließ.

Nach dem Willen der puritanischen Gründer sollte möglichst jedes Gemeindemitglied die Bibel lesen können, um mit offenem Geist auf die göttliche Gnade und Erlösung vorbereitet zu sein. Ab der Mitte des 17. Jahrhunderts bauten die Kolonialparlamente deshalb mit Steuergeldern ein System von Grundschulen und höheren Lateinschulen auf, das Neuengland zur Region mit der höchsten Alphabetisierungsrate und der besten Allgemeinbildung in ganz Amerika machte. Schon 1636 war Harvard College in Cambridge gegründet worden, vor allem um Nachwuchs an Geistlichen heranzuziehen, aber auch, um die Gentlemen, die Söhne der führenden Familien, in den Schönen Künsten zu unterweisen. Yale College in New Haven, Connecticut, geht auf das Jahr 1701 zurück und zählt damit ebenfalls zu den ersten nordamerikanischen Universitäten. Gemessen an den anderen Kolonien trat Neuengland also mit einem erstaunlich hohen Bildungsniveau in die Revolutionsepoche ein. Ungeachtet aller Verweltlichungstendenzen lebte das puritanische Erbe in dem Auserwähltheitsglauben fort, der Neuengland eine hervorgehobene Rolle im göttlichen Heilsplan zuwies. Diese Überzeugung von einer "besonderen Mission", die ursprünglich oft mit Versagensängsten und Selbstanklagen, etwa in der typisch puritanischen Predigtform der Jeremiade, einherging, strahlte bald auf alle Kolonien aus, verband sich in der Revolution mit der Ideologie des Republikanismus und wurde im 19. Jahrhundert Teil des amerikanischen Nationalbewußtseins.

Die Mittelatlantik-Kolonien

Im Vergleich mit Neuengland und dem Süden boten die Mittelatlantik-Kolonien sowohl ethnisch als auch kulturell und wirtschaftlich ein abwechslungsreiches, buntscheckiges Bild. Das hing damit zusammen, daß dieser Raum ursprünglich von Niederländern und Skandinaviern besiedelt worden war und erst nach der Mitte des 17. Jahrhunderts an England fiel. Die Mündungsgebiete und Flußläufe des Hudson und Delaware wurden z.B. von der niederländischen Westindien-Gesellschaft erschlossen, die sich hauptsächlich für den Pelzhandel mit Indianern interessierte. Die Kolonie, die daraus hervorging, hieß zunächst Neu-Niederlande mit dem Hafen Neu-Amsterdam, gelegen auf einer Insel – dem heutigen Manhattan –, die man den Manhatas-Indianern für Schmuck im Wert von 50 Gulden abgekauft hatte. Die niederländischen Generaldirektoren wirtschafteten allerdings hauptsächlich in die eigene Tasche und sorgten dafür, daß einige auserwählte Familien riesige Landgüter im Hudson-Tal erhielten, die sie mit Pächtern besetzten. In den 1660er Jahren ging die Kolonie als Folge der englisch-niederländischen Seekriege in den Besitz der englischen Krone über, und Charles II. vergab sie als Lehen an seinen Bruder James, den Herzog von York und Albany. Aus Neu-Niederlande und Neu-Amsterdam wurden deshalb die Kolonie New York und New York City, und Fort Orange im Hudson-Tal hieß fortan Albany.

Die Kolonie New Jersey war ebenfalls Teil der niederländisch-skandinavischen Einflußzone gewesen. Der Herzog von York löste sie 1664 aus seinem Lehensbesitz heraus und übergab sie an zwei seiner Gefolgsleute. Von England aus versuchten die Besitzer, neue Siedler zu gewinnen, indem sie Land unter günstigen Bedingungen anboten, eine gesetzgebende Versammlung in Aussicht stellten und Gewissensfreiheit versprachen. East Jersey (der Norden) nahm einen neuenglischen Charakter an und orientierte sich zu New York City hin, während West Jersey (der Süden) zur ersten Heimstätte der Quäker wurde, unter ihnen William Penn, der spätere Gründer von Pennsylvania. Penn entstammte einer wohlhabenden und einflußreichen englischen Familie, war aber als junger Mann der *Society of Friends* beigetreten, deren Mitglieder – die Quäker genannt wurden – wegen ihrer Kriegsdienst- und Steuerverweigerung in Konflikt mit den staatlichen und kirchlichen Autoritäten gerieten. Um seinen Glaubensbrüdern und -schwestern die freie Religionsausübung zu ermöglichen, bemühte sich Penn um Landerwerb für Quäkergemeinden in Nordamerika. Seine Handschrift ist bereits in den bemerkenswert liberalen *Laws, Concessions, and Agreements of West Jersey* von 1677 zu erkennen, einem Dokument, das völlige Gewissensfreiheit, eine großzügige Landvergabe und die Kontrolle des kolonialen Steuerwesens durch eine repräsentative Versammlung garantierte.

Im Spektrum der Dissenter, der Abweichler von der anglikanischen Staatskirche, gehörten die Quäker zu den radikalsten Sekten des 17. Jahrhunderts. Sie praktizierten eine ganz auf das Individuum und seine "innere Erleuchtung" ausgerichtete Religion, die weder kirchliche Institutionen noch einen Klerus und feste Rituale benötigte. Als Pazifisten und Gegner weltlicher Autorität verweigerten sie jeglichen Loyalitätseid, bestanden auf der absoluten Gewissensfreiheit und forderten soziale Reformen zugunsten der Unterschichten. In Amerika machten sich Quäkergemeinden – neben Mennoniten aus Deutschland – zu ersten Fürsprechern der Sklavenbefreiung, auch wenn einige Quäker selbst Sklaven besaßen. Auf Fürsprache von Penns Vater, der König Charles II. eine erhebliche Geldsumme geliehen hatte, und auf Grund seiner guten Beziehungen zum englischen Parlament wurde William Penn 1681 mit dem gesamten noch nicht zugewiesenen Gebiet zwischen New York und Maryland belehnt. Es umfaßte 20 Millionen acres und war damit fast so groß wie das Mutterland. Im Jahr darauf gab Penn der Kolonie seinen Namen und gründete am Zusammenfluß von Delaware River und Schuylkill River die "Stadt der brüderlichen Liebe", Philadelphia. Sein erster Verfassungsplan für das "heilige Experiment" zeigt, daß Penn nach Temperament und Erziehung Aristokrat war: Er verband hehre moralische Grundsätze mit einem Regierungs- und Verwaltungssystem, das die politische Macht bei ihm selbst als dem *proprietor* und bei den von ihm ernannten Beamten konzentrierte. Die Vertreter des Volkes, die von den Landbesitzern gewählt wurden, mußten sich darauf beschränken, die von der Regierung eingebrachten Gesetze entweder anzunehmen oder abzulehnen. Auf diese Weise glaubte Penn, das Fundament für ein harmonisches und stabiles Gemeinwesen gelegt zu haben.

Die Wirklichkeit entsprach, wie fast überall in den Kolonien, nicht den Erwartungen und Utopien des Gründers. Penn hatte keine glückliche Hand bei der Auswahl seiner Stellvertreter und geriet in Streit mit den Siedlern, die ihm 1701 eine neue, demokratischere *Charter of Liberties* abrangen. Die Quäker-Elite lenkte aber weiterhin die Geschicke der Kolonie, was umso bemerkenswerter ist, als die Quäker zahlenmäßig gegenüber anderen Religionsgemeinschaften wie Lutheranern, Presbyterianern und Reformierten bald in die Minderheit gerieten. 1704 mußte Penn den Siedlern der drei Lower Counties am Unterlauf des Delaware River ein eigenes Parlament zugestehen, beharrte jedoch darauf, daß sie unter der Oberhoheit des Gouverneurs von Pennsylvania blieben. Ungeachtet dieser formalen Verbindung entwickelte sich Delaware, wie die drei Kreise von nun an hießen, zu einer selbständigen, wenngleich wirtschaftlich eng an Pennsylvania angelehnten Kolonie.

Ökonomisch waren die Mittelatlantik-Kolonien geprägt durch mittleren bis größeren Farmbesitz, der auf fruchtbaren Böden die Erwirtschaftung von Getreide- und Fleischüberschüssen für den Export, hauptsächlich in die Karibik, aber auch in die südlichen Festlandskolonien und sogar nach Europa ermöglichte. Die Ausnahme von diesem System der Familienfarmen bildeten die feudalen Landgüter (*manors*) im Hudson-Tal, auf denen auch nach dem Abzug der niederländischen Verwaltung vorwiegend Holländer als Pächter (*tenants*) saßen. Ihre Besitzer verfügten weiterhin über enormen politischen Einfluß in New York, sofern sie es nicht vorzogen, nach dem Beispiel vieler karibischer Pflanzer als *absentee landowners* in Europa von den Pachtzinsen zu leben. New York City erlangte wegen seines exzellenten Hafens überregionale Bedeutung als Handels- und Finanzzentrum. Die Stadt wuchs schneller als Boston und brachte eine koloniale Kaufmannselite hervor, die sich erfolgreich im Überseehandel engagierte. Noch mehr Dynamik legte Pennsylvania an den Tag, das unternehmungslustige Einwanderer aus ganz Europa anzog, nicht zuletzt Deutsche, die – zum Teil als *indentured servants* – religiöser Verfolgung und wirtschaftlicher Not zu entkommen suchten. Den Anfang hatten 13 Krefelder Mennoniten-Familien unter der Leitung des Theologen und Juristen Franz Daniel

Pastorius gemacht, die 1683 nach 75tägiger Schiffsreise auf der "Concord" im Hafen von Philadelphia landeten. Pastorius, ein Freund Penns, wurde zum ersten Bürgermeister von Germantown ernannt, das rasch zur Stadt heranwuchs und lange Zeit Zentrum der deutschen Einwanderung blieb. Zahlenmäßig überwogen bald Pietisten, Lutheraner und Reformierte, die in der Quäkerkolonie "ein ruhiges, ehrliches und gottgefälliges Leben" führen wollten.

Der Einfluß der Quäker machte sich in einem offeneren, weniger patriarchalisch-autoritären geistigen Klima und Familienethos als in Neuengland und im Süden bemerkbar. Penns Wunschbild eines schlichten, von der Zivilisation unverdorbenen Volkes wurde aber sehr schnell durch das Eindringen des Wettbewerbsprinzips korrigiert. Die günstige geographische Lage, eine Regierung, die den Bürgern nur wenig Steuern auferlegte, und eine gesunde Mischung aus Farmern, Handwerkern, Kaufleuten, Kleinunternehmern und Arbeitern machte Pennsylvania zum Mittelpunkt des kolonialen Wirtschaftslebens. Diese Struktur und die im Exportgeschäft erzielten Gewinne boten auch die beste Voraussetzung für künftige industrielle Unternehmungen. Philadelphia, zur Zeit der Revolution mit 40 000 Einwohnern die größte Stadt in Nordamerika, entwickelte sich überdies zum geistigen Zentrum der Neuen Welt. Ihr prominentester Bürger, der Drucker, Schriftsteller und Naturwissenschaftler Benjamin Franklin, personifizierte im Europa der Aufklärung geradezu das freiheitliche, prosperierende "Wunder im Westen", das eine Alternative zu Absolutismus und religiöser Intoleranz aufscheinen ließ.

Bunte Vielfalt herrschte vor allem in ethnischer und religiöser Hinsicht. Während in Massachusetts (nach dem ersten Zensus von 1790) 81 Prozent der Bevölkerung englischer Herkunft waren, traf das in New York nur auf 52 Prozent, in Pennsylvania sogar nur auf 35 Prozent zu. In New York und New Jersey machten die Niederländer 17,5 bzw. 16,6 Prozent aus, und hier lebten auch noch Skandinavier, insbesondere Schweden. In Pennsylvania stieg der Anteil deutschstämmiger Bürger bis zur Revolution auf knapp ein Drittel, in allen dreizehn Kolonien zusammen auf fast 10 Prozent an. Diese Zahlen bereiteten selbst dem ansonsten aufgeschlossenen und toleranten Benjamin Franklin Sorgen vor einer "Überfremdung" Pennsylvanias durch Deutsche. Im Hinterland von New York und Pennsylvania siedelten zudem Iren, Schotten, Iro-Schotten und französische Hugenotten, die nach der Aufhebung des Edikts von

Nantes 1685 ihre Heimat hatten verlassen müssen. Die nördlichste Kolonie mit einer beachtlichen Sklavenbevölkerung war New York (16 000), und auch in New Jersey, Pennsylvania und Delaware lebten jeweils einige tausend unfreie und wenige freie Afrikaner. Von der religiösen Zusammensetzung her hielt New York die Spitze, wo die Anglikaner zwar das offizielle Kirchenregiment stellten, wo aber nicht weniger als zehn größere christliche Glaubensgemeinschaften (*denominations*) vertreten waren: Niederländisch-Reformierte, die anfangs die Staatskirche gebildet hatten; Presbyterianer, Lutheraner, Anglikaner, Quäker, Baptisten, Kongregationalisten, Französisch-Reformierte (Hugenotten), Deutsch-Reformierte, Pietisten und Katholiken; hinzu kam noch eine jüdische Gemeinde in New York City. Weder in New York noch in Pennsylvania oder anderswo kam es zur völligen "Verschmelzung" dieser unterschiedlichen ethnisch-religiösen Kulturen, wie es der französische Einwanderer St. John de Crèvecoeur um 1770 in seinen später berühmten *Letters from an American Farmer* behauptete: "What, then, is the American, this new man? He is neither an European, nor the descendant of an European … Here individuals of all nations are melted in a new race of men, whose labors and posterity will one day cause great changes in the world …". Diese Aussagen hatte eher die Qualität eines Glaubensbekenntnisses und einer Prophezeihung als den Wert einer empirischen Beobachtung; aber schon die Pluralität und das friedliche Nebeneinander so vieler ethnischer Gruppen und religiöser Richtungen waren zu der Zeit einmalig in der atlantischen Welt. Diese Vielfalt machte auch einen bedeutenden Teil des gesellschaftlichen Reichtums aus, denn Wirtschaft und Geistesleben konnten sich nirgends so ungehindert entfalten wie in den Mittelatlantik-Kolonien.

Küste und Hinterland

Die regionale Differenzierung in Neuengland, Mittelatlantik-Kolonien und (oberen und unteren) Süden wurde ergänzt durch eine Ost-West-Gliederung, die in den weit nach Westen reichenden Kolonien am ausgeprägtesten war. Im Zuge der Erschließung und Besiedlung bildeten sich drei Zonen mit unterschiedlichen wirtschaftlichen und sozialen Gegebenheiten heraus. In den Küstengebieten und größeren Flußtälern herrschte wegen der guten Böden und günstigen Transportmöglichkeiten die kommerzielle Landwirtschaft vor, d.h. die Herstellung von Agrarprodukten für die städtischen Märkte oder den Export. Davon profitierten Pflanzer und Familienfarmer gleichermaßen, die ihren Wohlstand von Generation zu Generation mehren konnten. In dieser Zone entstanden auch die bedeutenden Städte von Boston über New York, Philadelphia und Baltimore bis Charleston, die Handel und Gewerbe an sich zogen. Unternehmerische Naturen fanden hier die besten Aufstiegschancen, denn Geldvermögen ersetzte schon bald (zumindest in Neuengland und den Mittelkolonien) die traditionellen Status- und Rangmerkmale. In dem Maße, wie sich die Sozialstruktur ausdifferenzierte, begann sie sich aber auch zu verfestigen, und nahm die Besitzkonzentration zu. In Boston verfügten z.B. die reichsten 10 Prozent der Bevölkerung 1690 über 27 Prozent des zu versteuernden Vermögens, 1770 dagegen schon über 44 Prozent. Die Zeitgenossen nahmen die Schichtung der Gesellschaft deutlich wahr und unterschieden zwischen der "better sort of people", der "middling sort" und den "lower people". Zur Oberschicht zählten die Pflanzer und Großgrundbesitzer, die reichen Kaufleute und Schiffseigner sowie die prominentesten Angehörigen der freien Berufe wie Anwälte, Ärzte und Gelehrte. Die relativ breite Mittelschicht wurde gebildet von Lehrern und Pfarrern, Handwerkern, Händlern, Ladenbesitzern, Wirten und Gesellen. Am unteren Ende der städtischen Sozialpyramide befanden sich besitzlose Arbeiter, Seeleute und Dienstboten, deren Zahl in Boston von 1690 bis 1770 um das Vierfache anstieg, sowie *indentured servants*, die ihre Schiffspassage abarbeiten mußten, freie Afro-Amerikaner und Sklaven.

Große Teile Neuenglands sowie weniger fruchtbare Gebiete im Hinterland der Mittel- und Südkolonien lassen sich einer zweiten Zone zuordnen, in der die Farmfamilien nur soviel (oder wenig mehr) produzierten, als sie selbst verbrauchten. Die Sozialstruktur war in dieser Zone der Subsistenzwirtschaft entsprechend einfach, denn außer Farmern – die selten Sklaven besaßen – gab es hier nur wenige Handwerker und Händler. Allerdings nahm infolge der hohen Geburtenrate die Gruppe derjenigen zu, die kein Land erben konnten und daher ihr Glück in den Städten oder weiter im Westen an der Siedlungsgrenze suchen mußten. Unter den primitiven Bedingungen dieser *Frontier*-Region, die ständig in Bewegung war, lebten Trapper, die jagten und mit Indianern Pelzhandel trieben, sowie Farmer – die teils verachteten, teils bewunderten oder wegen ihrer Rauheit gefürchteten *backwoodsmen* – allein oder mit ihren Familien. Sie gerieten auch immer wieder, meist gegen den Willen der Regierungen, in blutige Konflikte mit Indianern, die sich von ihrem Vordringen besonders bedroht fühlten.

Auf Grund dieses allmählichen Voranschiebens der *Frontier*, das mit dem Übergang von der Subsistenzwirtschaft zur kommerziellen Landwirtschaft verbunden war, erreichte die koloniale Gesellschaft einen hohen Grad der Mobilität – sowohl horizontal (geographisch), als auch vertikal (als sozialer Aufstieg). Die Wirtschaftsstruktur blieb vorwiegend agrarisch: Ca. 80 Prozent der arbeitenden Bevölkerung lebte auf Farmen und Plantagen, 10–15 Prozent waren Handwerker, und die Gruppe der Kaufleute und freien Berufe machte etwa 5 Prozent aus. Die "Feudalisierungstendenzen" an der Küste und in den Städten wurden im 18. Jahrhundert aufgewogen durch die Westwanderung, die dafür sorgte, daß die Gesellschaft "im Fluß" blieb. Man schätzt, daß 15 Prozent der ländlichen Bevölkerung innerhalb von 10 Jahren mindestens einmal umzogen, und diese Zahl erhöht sich unter Einschluß der Neueinwanderer auf 40 Prozent. Die Hälfte bis drei Viertel aller landlosen weißen Männer erwarben im Laufe ihres Lebens Landbesitz, und nur einer von zwanzig blieb dauerhaft besitzlos. Durch diese Mobilität und Dynamik hoben sich die dreizehn Siedlungskolonien auf markante Weise von den übrigen englischen Besitzungen in der Karibik und an der kanadischen Küste ab. Deshalb ist es auch kein Zufall, daß gerade sie als erste den Schritt in die Unabhängigkeit wagten. An der Schwelle zur Revolutionsepoche wies die koloniale Gesellschaft, speziell im Bereich der Werte, Normen und Mentalitäten, zwar noch deutliche aristokratisch-monarchische Merkmale auf, doch gleichzeitig verfügte sie bereits über ein beträchtliches liberales und demokratisches Potential.

3. Die Kolonien im Empire-Verband

Regionalisierung und Differenzierung hätten dazu führen können, daß sich die einzelnen Kolonien oder doch zumindest Norden, Mitte und Süden immer weiter auseinanderentwickelten. Dieser durchaus spürbaren Tendenz zur "Fragmentierung" wirkte die Einbindung in das entstehende "erste" englische Weltreich entgegen. Zunächst waren die königlichen Charters weit weniger Teil eines Herrschaftsplanes gewesen als Ausfluß des Bemühens, verdiente Untertanen zu belohnen sowie religiöse und soziale Konflikte durch Auswanderung zu entschärfen. Nach dem Ende des Bürgerkriegs und der Restauration der Monarchie wußte die Krone ab den 1660er Jahren den Wert, den die Festlandskolonien innerhalb des mit Hilfe der Navigation Acts ausgebauten englischen Merkantilsystems besaßen, noch besser zu schätzen. Sie trugen zur Versorgung der Karibikinseln und des Mutterlandes mit wichtigen Rohstoffen bei (die von England aus auch profitabel in andere europäische Länder weiterverkauft werden konnten), und sie stellten einen wachsenden Markt für in England hergestellte Fertigprodukte dar. Parlament und Krone bemühten sich von nun an verstärkt um administrative Kontrolle der Siedler, aber ein erster Zentralisierungsschub, der 1688 zur Zusammenfassung aller Kolonien von Massachusetts bis New Jersey im *Dominion of New England* führte, scheiterte kurz darauf im Zuge der *Glorious Revolution*. Dennoch wuchsen die Festlandskolonien auch weiterhin politisch, wirtschaftlich, militärisch und kulturell enger in das Empire hinein.

Salutary Neglect und imperiale Kontrolle

Nach der Revolution von 1688/89 bildete sich über mehrere Jahrzehnte ein lockeres Beziehungsmuster zwischen Mutterland und Kolonien heraus, das der englische Staatsmann und Philosoph Edmund Burke gegen Ende des 18. Jahrhunderts treffend als "heilsame Vernachlässigung" (*salutary neglect*) charakterisierte. Allerdings ging das Verlangen nach imperialer Kontrolle nicht ganz verloren, wie sich 1696 in der Einrichtung eines Board of Trade and Plantations in London zeigte. Im selben Jahr verabschiedete das Parlament einen neuen Navigation Act, der u.a. Vizeadmiralsgerichte (*Vice Admiralty Courts*) in den Kolonien vorsah, die ohne Geschworene über Fälle von Schmuggel und Piraterie entscheiden konnten. Ein weiteres Zeichen dafür, daß die Kolonien allmählich vom Empire "absobiert" wurden, ist im Übergang zu dem System der *royal colonies* nach dem Vorbild der Karibik-Inseln zu sehen. Die meisten Festlandskolonien waren als *charter colonies* von Handelsgesellschaften oder als *proprietory colonies* von adligen Lehnsmännern gegründet worden. Diese Rechtsform, die in der Regel weitreichende Selbstverwaltungsbefugnisse beinhaltete, wurde bis 1720 mehrheitlich durch das Institut der *royal colony* ersetzt. Der König selbst ernannte die Gouverneure dieser "königlichen Kolonien", und die Gouverneure wiederum umgaben sich mit Beratern,

Beamten und Richtern ihrer eigenen Wahl. Außerdem war die Gesetzgebung der *royal colonies* einer strengeren Kontrolle durch den Board of Trade und den Privy Council in London unterworfen. Nur vier Kolonien – Pennsylvania, Maryland, Rhode Island und Connecticut – behielten ihren alten Rechtsstatus bis zur Revolution bei.

Gemeinsame englische Institutionen und Kultur

Neben verstärkter zentraler Kontrolle wirkten aber noch andere, möglicherweise wichtigere Elemente dem Auseinanderdriften der Kolonien entgegen. Zum einen bildete sich im politischen Leben eine gewisse institutionelle Gleichförmigkeit heraus, die auf das Vorbild des englischen Parlaments zurückzuführen ist. So gaben sich im Laufe der Zeit fast alle Kolonien ein legislatives Zweikammer-System, in dem ein vom Volk (d.h. von den Grundbesitzern und Steuerzahlern) gewähltes Unterhaus (Assembly oder House of Representatives) das Gegengewicht zum Gouverneur, zum Gouverneursrat (dem Oberhaus oder Senat) und zur königlichen Bürokratie bildete. Im Vergleich zu England war die Basis der Repräsentation sehr breit, denn trotz der Zensusbestimmungen konnten im 18. Jahrhundert 50–80 Prozent der erwachsenen weißen Männer aktiv am politischen Leben teilnehmen. In Neuengland hatte jede Gemeinde (Town) das Recht, einen oder zwei Abgeordnete ins Kolonialparlament zu schicken; in der Mitte und im Süden erfolgte die Wahl auf der Ebene der Kreise (Counties) oder Kirchengemeinden (Parishes). Parallel zum Machtgewinn des Westminster-Parlaments trotzten die kolonialen Assemblies den Gouverneuren immer mehr Befugnisse ab, insbesondere im Steuerwesen. Sie bestanden auch, wie das englische Parlament, auf der schriftlichen Fixierung von Rechten und Privilegien, die zum Ausgangspunkt für spätere Grundrechtserklärungen (Bills of Rights) werden konnten. Von New Hampshire bis Georgia machte das Tauziehen zwischen den Parlamenten und den Gouverneuren einen wesentlichen Teil der kolonialen Politik im 18. Jahrhundert aus. Sowohl die Strukturen als auch die Praktiken und Konflikte des englischen Regierungssystems waren also den meisten Siedlern gut vertraut und bildeten sich bis zu einem gewissen Grade in Nordamerika wieder ab.

Als weitere Bindemittel kamen das englische Gewohnheitsrecht (*common law*) und die englische Sprache hinzu. Da das gesamte

Gerichtswesen auf dem *common law* beruhte, wurden seine Regeln auch für diejenigen Siedler verbindlich, die aus anderen, kontinentaleuropäischen Rechtskulturen kamen. Die englische Sprache mußten sie lernen, wenn sie am politischen Leben der Kolonien teilnehmen wollten. Kulturell bewahrten sich beispielsweise die Deutschen in Pennsylvania und die Niederländer in New York ein großes Maß an Autonomie, doch die Abgeordneten, die sie in die Parlamente schickten, um ihre Interessen zu vertreten, waren allesamt zweisprachig. Das ebenso hartnäckige wie falsche Gerücht, Deutsch wäre beinahe die offizielle Sprache der Vereinigten Staaten geworden, geht auf historische Mißverständnisse, z.T. auch auf bewußte nationalistische Propaganda im Kaiserreich und in der NS-Zeit zurück. In Pennsylvania und Maryland erschienen ab Mitte des 18. Jahrhunderts deutschsprachige Zeitungen, und die Gesetze beider Kolonien wurden sowohl in deutscher als auch in englischer Sprache veröffentlicht. Alle Parlamentsdebatten fanden aber auf Englisch statt, und wer über das Geschehen in den Kolonien und Europa informiert sein wollte, der tat gut daran, eine der bedeutenden englischsprachigen Zeitungen zu abonnieren. Solche "Gazetten" wurden kostenlos vom Postdienst befördert, den die englische Kolonialverwaltung seit 1710 aufbaute und den Benjamin Franklin als königlicher Postmaster General in den 1750er Jahren wesentlich erweiterte. In einer Zeit, als die Kutschfahrt von New York nach Philadelphia drei Tage oder länger dauerte, waren solche Verbindungen für das Zusammengehörigkeitsgefühl besonders wichtig.

Die gebildeten Kolonisten verstanden sich als Angehörige einer transatlantischen Kulturgemeinschaft und nahmen durchaus aktiv an den geistigen Bewegungen und Auseinandersetzungen der Europäer teil. Das betraf die Aufklärung, die in Philadelphia besonders starke Resonanz fand, ebenso wie den Pietismus, der das *Great Awakening* beeinflußte. Viele Söhne wohlhabender Familien absolvierten ihr Studium in England, und die neueste englische und französische Literatur erreichte in relativ kurzer Zeit amerikanische Leser. Besondere Aufmerksamkeit fanden – neben den Werken von Blackstone, Hume und Montesquieu – englische politische Schriftsteller, die das Zeitgeschehen kritisch kommentierten. Bezeichnenderweise wurde in Neuengland und den Mittelkolonien die radikale Form dieser Kritik (vorgetragen von den *Real Whigs* und *Commonwealthmen*) stärker rezipiert als ihre gemäßigte Variante in Form der Country-Ideologie eines Lord Bolinbroke, die dafür im Süden besser ankam. Ob diese intellektuellen Einflüsse allerdings schon ein amerikanisches Sonderbewußtsein entstehen ließen oder ob sie das gemeinsame englische Erbe festigten, ist schwer zu ermessen.

In Philadelphia, das sich nach 1720 zur kulturellen Hauptstadt der Festlandskolonien entwickelte, wurden aufklärerische Ideen am entschiedensten in praktische Neuerungen umgesetzt. Diese Vorrangstellung der Quäker-Kolonie ist eng mit der Person Benjamin Franklins verbunden, der nach der Jahrhundertmitte, als er sich lange Zeit in diplomatischer Mission in London und Paris aufhielt, zur Leitfigur einer praktisch-gemäßigten amerikanischen Aufklärung avancierte. Franklin neigte seit seiner ersten Englandreise 1724/25 dem Deismus zu, verzichtete aber auf religiöse Spekulation und konzentrierte sich auf sein berufliches Fortkommen. Im *Poor Richard's Almanack* säkularisierte er ab 1732 calvinistische Tugenden und übermittelte den Zeitgenossen Verhaltensregeln und Lebensweisheiten, die zu einem Leitfaden für den amerikanischen *Self-made man* wurden. Nach dem Aufstieg zum angesehensten Buchdrucker und Zeitungsverleger Nordamerikas konnte er sich 1748 aus dem Geschäftsleben zurückziehen und seinen wissenschaftlichen und politischen Interessen widmen. Große Bedeutung für die Verbreitung aufklärerischen Gedankenguts erlangten die von ihm 1743 organisierte *American Philosophical Society*, die *Library Company* als erste öffentliche Bibliothek in den Kolonien sowie das *College of Philadelphia*. Um Franklin bildete sich ein Kreis von Aufklärern, aus dem der Astronom David Rittenhouse, der Arzt Benjamin Rush, der Literat Francis Hopkinson und die Künstler Benjamin West und Charles Willson Peale herausragten. Sie hielten Verbindung mit gleichgesinnten Persönlichkeiten und Gruppen in den anderen Kolonien und korrespondierten mit aufklärerischen Organisationen und wissenschaftlichen Akademien in Europa. In der ebenso vitalen wie toleranten und weltlich geprägten Atmosphäre Philadelphias vollzog sich die Gleichsetzung von Amerika, naturwissenschaftlicher Erkenntnis und sozialem Fortschritt, die das öffentliche Bewußtsein der Revolutionsepoche prägen sollte. Das puritanische Neuengland konnte auf diesem Gebiet trotz des relativ hohen Bildungsniveaus nicht ganz mithalten: Erst 1780 gründete der Rechtsanwalt und Politiker John Adams in Boston die *American Academy of Arts and Sciences* als Gegenstück zur *American Philosophical Society*.

Die Kolonien im englischen Merkantilsystem

Die Auswirkungen der wirtschaftlichen Beziehungen zwischen Kolonien und Mutterland auf das Bewußtsein der Siedler lassen sich kaum eindeutig bestimmen. Ihre zunehmende Dichte und Intensität besagen noch nicht, daß sie den Zusammenhalt der Kolonisten förderten. Die Zahlen sind allerdings eindrucksvoll: 1760 engagierte sich die Hälfte der englischen Flotte im Amerikahandel, und die Festlandskolonien, deren Bevölkerung seit 1700 von 250 000 auf über 2 Millionen angestiegen war, nahmen 25 Prozent der englischen Exporte auf. Hatte die gemeinsame Wirtschaftsleistung der Kolonien um 1700 noch 5 Prozent derjenigen des Mutterlandes betragen, so stieg dieser Prozentsatz bis zur Unabhängigkeitserklärung auf ca. 40 Prozent an. Andererseits blieben die einzelnen Kolonien in dem monopolartigen System der Navigation Acts vorrangig auf das Mutterland hin ausgerichtet: Besonders wertvolle *enumerated goods* wie Tabak, Reis, Indigo, Wolle und Pelze durften nur an das Mutterland verkauft werden; alle Güter, die aus Europa eingeführt wurden, mußten via England transportiert werden; und den Kolonien war gesetzlich verboten, bestimmte Produkte wie Kleidung, Hüte und Eisen herzustellen und zu exportieren, die mit englischen Waren konkurrierten. Eine wirkliche regionale Arbeitsteilung und wechselseitige Ergänzungen konnten unter solchen Umständen nicht zustandekommen. Der Austausch zwischen den dreizehn Kolonien lag um die Mitte des 18. Jahrhunderts zwar immerhin bei 25 Prozent des Gesamtvolumens, aber der Außenhandel mit der Karibik und England war nach wie vor Motor des Wachstums, denn nur hier konnte man das für zusätzliche Investitionen benötigte Hartgeld verdienen. Daraus erwuchsen Rivalitäten zwischen benachbarten Kolonien, die um einen möglichst großen Anteil am Handelsaufkommen konkurrierten.

Kriege für das Empire

Ambivalenter Natur scheinen auch die Folgen gewesen zu sein, die sich aus der Beteiligung der Siedler an militärischen Unternehmungen der englischen Krone ergaben. Diese Praxis begann bereits im Pfälzischen Krieg von 1689–1697, mit dem das englisch-französische Ringen um die Vorherrschaft eröffnet wurde, und der in Nordamerika als King William's War seinen Widerhall fand. Sie setzte sich im

Spanischen Erbfolgekrieg von 1701–1713 (Queen Anne's War) fort und erreichte einen ersten Höhepunkt während des Österreichischen Erbfolgekrieges von 1740–1748 (King George's War). Stets unterstützten koloniale Milizen die regulären britischen Truppen im Kampf gegen Franzosen, Spanier und Indianer, und in der Karibik beteiligten sich amerikanische Freibeuter (*privateers*) am Kaperkrieg der Seemächte. Wenig deutet aber darauf hin, daß sich aus diesen Aktivitäten ein eigenständiges amerikanisches Bewußtsein, eine vom Mutterland separate Identität ergeben hätte. Zunächst scheinen sie eher das emotionale Band zur Krone und zum jeweiligen englischen König als dem "obersten Kriegsherrn" noch gefestigt zu haben. Als 1752 bewaffnete Zusammenstöße im Ohiotal eine neue Runde des Hegemonialkampfes ankündigten, versuchte Franklin vergeblich, die Kolonien mit seinem *Albany Plan of Union* von 1754 auf eine gemeinsame Sicherheitspolitik zu verpflichten. In dem Krieg, der wenig später ausbrach, war die Loyalität der einzelnen Kolonien und ihrer Milizen zur Krone niemals gefährdet, und 1760 feierten die Siedler fast überschwenglich die Thronbesteigung ihres neuen, jugendlichen Königs George III. Dennoch wurde dieser Siebenjährige Krieg, der in den Kolonien wieder einen eigenen Namen erhielt (French and Indian War), in vieler Hinsicht zum Auslöser der amerikanischen Unabhängigkeit.

Im Juli 1754 erlebte der 22jährige Major George Washington an der Spitze der virginischen Miliz bei Fort Duquesne, im Gebiet des heutigen Pittsburgh, seine Feuertaufe. Ein Jahr später erlitt er an der Seite eines englischen Generals in derselben Gegend eine schwere Niederlage gegen die Franzosen, die den Krieg letztlich auslöste. In Europa begannen die Feindseligkeiten 1756 mit dem *renversement des alliances*, bei dem Engländer und Franzosen ihre traditionellen Verbündeten "austauschten". Frankreich wandte sich von Preußen ab und sagte Österreich seine Unterstützung bei der Rückeroberung Schlesiens zu, während England Habsburg fallen ließ und sich hinter den ehemaligen Gegner Preußen stellte, um eine französische Hegemonie auf dem Kontinent zu verhindern. Das Hauptinteresse des führenden englischen Ministers William Pitt galt aber nicht Preußen, sondern es ging ihm in erster Linie darum, französische Kräfte in Europa zu binden, um die alte Rivalität in Übersee zugunsten des eigenen Landes zu entscheiden. Alle Gebiete, in denen die Einflußsphären der beiden Mächte zusammenstießen, wurden deshalb zu Kriegsschauplätzen: Nordamerika, die Karibik, Westafrika, Indien und – als Spanien unklugerweise 1761 noch an der Seite Frankreichs in den Krieg eintrat – auch die Philippinen. Nach französischen Anfangserfolgen konnten die Engländer dank besserer Planung und Logistik überall zum Gegenangriff übergehen und entscheidende Siege erringen. Nirgends war das deutlicher zu erkennen als in Nordamerika, wo die Franzosen im 17. Jahrhundert ein Kolonialreich (La Nouvelle France und Louisiana) geschaffen hatten, das sich – zumindest was die Rechtsansprüche betraf – von Kanada bis zur Mündung des Mississippi erstreckte.

Entscheidend für den Kriegsausgang war im September 1759 die Eroberung der stark befestigten Stadt Quebec durch den englischen General James Wolfe, der eine 10 000 Mann starke Armee von Neuschottland herangeführt hatte (und der in dem Kampf ebenso fiel wie sein französischer Gegner Marquis de Montcalm). Im nächsten Frühjahr marschierten Briten und amerikanische Kolonisten von Norden und Süden auf Montreal und zwangen den französischen Gouverneur zur Übergabe Neu-Frankreichs. Im Frieden von Paris 1763 erhielt England ganz Kanada sowie sämtliche Gebiete östlich des Mississippi mit Ausnahme der Stadt New Orleans. Im Süden mußte Spanien Florida im Austausch für Kuba abtreten, das die Engländer 1762 erobert hatten. Als Entschädigung überließen die Franzosen den Spaniern New Orleans und das Land westlich des Mississippi, das sie ihnen als Preis für den Kriegseintritt versprochen hatten. Fortan verwalteten die Spanier das gesamte Gebiet unter dem Namen Louisiana von New Orleans aus. Damit war die Existenz des französischen Kolonialreiches in Nordamerika beendet.

Die Engländer feierten einen der größten Triumphe ihrer Geschichte, doch gerade der Kriegsausgang in Nordamerika sollte sich rasch als eine Art Pyrrhus-Sieg erweisen. Zum einen brachte er latente Animositäten und emotionale Gegensätze an die Oberfläche, die sich zwischen den Menschen im Mutterland und in den Kolonien aufgebaut hatten. Während die englischen Offiziere und Beamten klagten, daß ihnen die Siedler nicht den gebührenden Respekt entgegenbrächten und daß es ihnen an Bildung und Manieren mangele, fühlten sich die Amerikaner herablassend und als Menschen zweiter Klasse behandelt. Das traf sie umso härter, als sie in den vergangenen Jahrzehnten – unter dem Einfluß der europäischen Aufklärungsliteratur – das positive "Selbstimage" eines einfachen, rustikalen, unverdorbenen Volkes entwickelt hatten. Sie rechneten sich die "typischen" kolonialen Tugenden an: kraftvoll, energisch und unverbildet; streitbar, aber freiheitsliebend; wohlhabend, aber unberührt von Luxussucht. Gleichzeitig stärkte die Beteiligung an den erfolgreichen Feldzügen ihr Selbstbewußtsein und ihre Überzeugung, nach der Beseitigung der "französischen Gefahr" für die eigene Sicherheit sorgen und ein *American Empire* im Westen aufbauen zu können.

Das Gefühl der Entfremdung wurde durch den Versuch William Pitts, seine Vision eines rational organisierten und zentral gelenkten Empire zu verwirklichen, noch gesteigert. Seine straffe Empire-Politik war darauf ausgerichtet, alten, nur noch halbherzig befolgten merkantilistischen Regulierungen wieder die gebührende Geltung zu verschaffen. Insbesondere sein Bemühen, den schwungvollen Handel der Kolonien mit den französischen Karibikinseln als Schmuggel und "Verrat" zu unterbinden, gefährdete die wirtschaftliche Existenz so manchen amerikanischen Kaufmannes. Der Premierminister wurde zwar 1761, noch vor dem Friedensschluß, vom König entlassen, weil er die Staatsverschuldung durch seine Kriegsausgaben fast verdoppelt und auf die unerhörte Höhe von 133 Millionen Pfund Sterling getrieben hatte. Mit dieser Schuldenlast hinterließ er allerdings ein Erbe, das, wie sich bald zeigen sollte, die größte Sprengkraft für die Empire-Beziehungen barg. Um nämlich die finanzielle Belastung der unruhigen englischen Bevölkerung in Grenzen zu halten – allein für Zinsen mußten jährlich 5 Millionen Pfund aufgebracht werden, für die Truppen auf den Karibikinseln und in den Festlandskolonien 200 000 Pfund –, suchten George III. und seine Berater nach neuen Einnahmequellen. Amerika bot sich an, denn man hatte, so wurde am Hof und im Parlament argumentiert, den Krieg doch nicht zuletzt zum Schutz der Siedler geführt, die ohnehin viel weniger Steuern zahlten als die Bürger im Mutterland. Von diesem Entschluß nahm die "imperiale Debatte" über Besteuerung, Repräsentation und Souveränität ihren Ausgang, die innerhalb weniger Jahre die Bindungen löste, die über mehr als ein Jahrhundert entstanden waren.

II.
Revolution, Verfassungsgebung und Anfänge des Bundesstaates, 1763–1814

1. Die imperiale Debatte, 1763–1774

Am Ende des Siebenjährigen Krieges verstanden sich die meisten Siedler durchaus noch als treue Untertanen der Krone und betrachteten ihre Kolonien als feste Bestandteile des britischen Empire. Allerdings hatte die Erkenntnis zugenommen, daß "Amerika" in diesem Weltreich einen besonderen, hervorgehobenen Platz einnahm, und daß die "Amerikaner" eine Reihe von Belangen und Überzeugungen teilten, die von denen der Engländer abwichen. Handfeste Interessen gerieten zuerst im Westen in Gefahr, wo sich die Indianer als die eigentlichen Leidtragenden der französischen Niederlage – sie machte die Fortsetzung ihrer bisherigen Neutralitäts- und "Schaukelpolitik" zwischen den Kolonialmächten unmöglich – nun dem weiteren Vordringen weißer Siedler gewaltsam widersetzten. 1763 schlossen sich im Ohio-Tal und im Gebiet der Großen Seen mehrere Stämme unter dem Ottawa-Häuptling Pontiac zusammen und begannen einen Aufstand, der bis 1766 andauerte. Um den Konflikt einzudämmen, entschloß sich die Krone, der weiteren Ausdehnung des Siedlungsgebiets und der Landspekulation einen Riegel vorzuschieben. Durch königliche Proklamation wurde im Oktober 1763 die Wasserscheide des Appalachen-Gebirges als temporäre Grenze festgesetzt und den weißen Untertanen Seiner Majestät verboten, westlich dieser Linie zu siedeln. Die permanente Stationierung von ca. 10 000 britischen Soldaten in Nordamerika konnte unter diesen Umständen ohne weiteres auch als eine Vorsichtsmaßnahme gegen koloniale Expansions- und Unabhängigkeitsbestrebungen verstanden werden.

Die Reformen, mit denen die Regierung Grenville die Politik des *salutary neglect* beendete, um die Empire-Verwaltung zu straffen und die Staatsfinanzen zu verbessern, fielen ungünstigerweise in eine

Rezessionsphase, die den Kriegsboom in den Kolonien abgelöst hatte. Als erste Maßnahme im Rahmen der neuen Strategie traten 1764 der Sugar Act und der Currency Act in Kraft, die dazu gedacht waren, wenigstens 50 Prozent des schon seit langem offiziell erhobenen Importzolls für Zucker von den französischen Karibikinseln auch tatsächlich einzutreiben und die unkontrollierte, inflationsfördernde Papiergeldausgabe einzelner Kolonialparlamente zu unterbinden. Bereits zu diesem Zeitpunkt zeichnete sich aber ab, daß in den Kolonien nicht so sehr die zusätzliche finanzielle Belastung als die den Gesetzen innewohnende generelle Tendenz zur verstärkten imperialen Kontrolle den Stein des Anstoßes bildete. So behaupteten die Kritiker, das englische Parlament dürfe zwar im Sinne der Navigation Acts den kolonialen Handel regulieren, nicht jedoch, wie mit dem Sugar Act geschehen, Zollgesetze zur Steigerung der Staatseinkünfte verabschieden. Der Bostoner Anwalt James Otis vertrat in einer Flugschrift sogar die Auffassung, das Parlament sei überhaupt nicht befugt, die Kolonien ohne deren Zustimmung zu besteuern. Damit wandte er sich gegen Grenvilles Theorie der "virtuellen Repräsentation", derzufolge das Parlament (verstanden als Gesamtheit von King, Lords und Commons) sämtliche englischen Untertanen, also auch die Kolonisten, vertrat und deren Zustimmung zu Parlamentsbeschlüssen einfach voraussetzen konnte. Hier offenbarte sich eine folgenreiche Auseinanderentwicklung der englischen und der kolonialen Repräsentationspraxis: Während man in England inzwischen davon ausging, daß der Parlamentsabgeordnete nicht seinen Wählern, sondern der Gesamtheit gegenüber verantwortlich war, also ein "freies Mandat" besaß, tendierten die Kolonien zum "imperativen Mandat": Die Abgeordneten in den Assemblies vertraten unmittelbar ihre Wähler bzw. die Gemeinden, von denen sie entsandt und gelegentlich sogar mit bindenden Instruktionen ausgestattet wurden. Die Siedler wollten sich deshalb weder mit einer virtuellen Repräsentation noch mit einer Scheinrepräsentation in Form einiger Alibi-Delegierter abfinden, die – wie Benjamin Franklin – das Westminster-Parlament in kolonialen Angelegenheiten berieten. Da sie kaum Hoffnung hatten, jemals "tatsächlich" und gerecht in London vertreten sein zu können, lief ihr Argument "no taxation without representation" nicht auf eine Reform des Parlaments, sondern auf die Rückkehr zum Status quo der Vorkriegszeit hinaus.

Die Stamp Act-Krise

Vor diesem Hintergrund traf das 1765 verabschiedete Steuermarken-Gesetz (Stamp Act) den Nerv der Beziehungen zwischen Kolonien und Mutterland und trieb den Konflikt auf einen ersten Höhepunkt. Von dieser Steuer, die nicht nur für alle Schriftstücke mit rechtlicher Bedeutung, sondern auch für Kalender, Zeitungen, Druckschriften und sogar für Karten- und Würfelspiele erhoben wurde, erhoffte sich die englische Regierung Einkünfte in Höhe von 60 000 Pfund Sterling (umgerechnet auf heutige Preise 5 Millionen Dollar). Es handelte sich um die erste direkte Steuer, die London den Kolonien auferlegte, und sie diente noch dazu explizit der Verbesserung der Haushaltslage. Ominös aus amerikanischer Sicht war auch der Umstand, daß zur Eintreibung der Steuer in den Kolonien eine eigene königliche Bürokratie aufgebaut werden sollte, daß die Vizeadmirals-Gerichte, die ohne Geschworene urteilten, Verstöße gegen das Gesetz ahnden sollten, und daß – gewissermaßen als "flankierende Maßnahme" – ein Quartering Act erlassen wurde, der die Assemblies verpflichtete, für die Unterbringung der britischen Truppen Sorge zu tragen. Die Regierung Grenville suchte also bewußt die Kraftprobe mit den Kolonien, um sie zur Anerkennung der Autorität und Souveränität des Parlaments zu zwingen.

Nach kurzem Zögern nahmen die Siedler den hingeworfenen Fehdehandschuh auf, wobei ihre Führer – die sich *Whigs* oder *patriots* nannten – aber eine Kompromißformel suchten, die es den Kolonien erlaubte, ihre inneren Angelegenheiten selbst zu regeln, ohne aus dem Verbund des Empire ausscheiden zu müssen. Die Opposition manifestierte sich in dreifacher Weise: Auf der politischen Ebene erhoben die Assemblies, allen voran das Unterhaus von Virginia, Protest gegen das "verfassungswidrige" Steuermarkengesetz und betonten den Grundsatz, daß nur sie selbst befugt seien, in den Kolonien Steuern zu erheben. Das Massachusetts-Parlament ergriff überdies die Initiative zu einem interkolonialen Stamp Act Congress, an dem im Oktober 1765 in New York City 28 Delegierte aus neun Kolonien teilnahmen. Sie verabschiedeten Resolutionen, die den kolonialen Rechtsstandpunkt bekräftigten und Angriffe auf ihre "Rechte und Freiheiten" zurückwiesen, und sie baten das Westminster-Parlament in einer ausgesucht höflichen Petition um die Annullierung des Stamp Act. Im Unterschied zu diesem maßvollen Vorgehen machte sich der Unmut der Bevölkerung in einer Welle von Protesten Luft, die teils auf symbolische Weise Widerstand ankündigten, etwa durch die Errichtung von Freiheitsbäumen (*liberty poles*) und die Verbrennung von Puppen, die Steuerbeamte oder englische Politiker darstellten (*burning in effigy*), teils aber auch schon gewaltsame Formen annahmen und von handgreiflichen Attacken gegen Steuerbeamte bis hin zur Zerstörung ihrer Häuser und zur Praxis des "Teerens und Federns" reichten. Zumeist wurden diese Massendemonstrationen gut vorbereitet und gelenkt von "patriotischen" Organisationen, insbesondere den *Sons of Liberty*, die sich aus Kreisen der Handwerkerschaft in allen bedeutenden Orten entlang der Küste bildeten. Es kam aber auch vor, daß ihnen die Kontrolle der "mobs" entglitt, die dann zu einer Gefahr für die gesamte öffentliche Ordnung werden konnten. Angeheizt und begleitet wurden alle diese Aktionen von einer heftigen Pressekampagne, für die hauptsächlich die Drucker der etwa 30 kolonialen Zeitungen verantwortlich zeichneten, die sich von der Stempelsteuer besonders hart betroffen fühlten. In wirtschaftlicher Hinsicht schließlich erwiesen sich die hauptsächlich von Kaufleuten initiierten Boykotte englischer Waren als äußerst wirksam. Sie steigerten nicht nur die Solidarität der Bevölkerung, die ihren "Patriotismus" durch demonstrativen Verzicht auf Einfuhrgüter und das Bemühen um Selbstversorgung, speziell bei Tuchen, beweisen konnte; sie übte auch spürbaren Druck auf die englischen Kaufleute und indirekt – durch deren Klagen und Proteste – auf die englische Öffentlichkeit und Regierung aus. Die Stamp Act-Krise brachte also schon fast alle wesentlichen Widerstandsformen hervor, die koloniale Elite und Volk, Küste und Hinterland miteinander verbanden, und die in ihrer Kombination die Aufstandsbewegung gegen das Mutterland kennzeichneten.

Die Reaktionen in England offenbarten ebenfalls ein Muster, das sich bis 1774 mehrfach wiederholen sollte. Aus den wachsenden inneren Spannungen, die sich gegen Ende der 1760er Jahre in den Unruhen um den radikalen Parlamentsabgeordneten John Wilkes entluden, resultierte eine politische Instabilität, die häufige Regierungswechsel zur Folge hatte und zum Schwanken zwischen Konzessionen und Härte verleitete. Sowohl in der Bevölkerung als auch im Parlament gab es Kräfte, die Mäßigung und Ausgleich mit den Kolonien befürworteten; die Vertreter einer harten Linie, zu denen mehr und mehr auch der König selbst gehörte, kamen ihnen aus taktischen Gründen zeitweise entgegen, behielten in entscheidenden Momenten aber doch stets die Oberhand. So setzte das Parlament zwar 1766 – mit Rücksicht auf die englischen Kaufleute und angesichts der Tatsache, daß die Steuerbeamten in den Kolonien längst resigniert hatten – den Stamp Act offiziell außer Kraft; gleichzeitig bekräftigten die Abgeordneten aber auf Veranlassung des neuen Premierministers Lord Rockingham in einem Declaratory Act das Recht des Parlaments, "to make laws binding the colonies in all cases whatsoever." Durch dieses Beharren auf der Doktrin der unteilbaren Souveränität wurde aus dem Steuerkonflikt endgültig ein Prinzipienstreit, bei dem die Autorität der englischen Regierung und des Parlaments auf dem Spiel stand. Wenn die Empire-Reformer auch in einem konkreten Punkt nachgegeben hatten, so hielten sie doch an ihrer prinzipiellen Absicht fest, die Kolonien untrennbar in ein besser organisiertes, machtvolles englisches Staatswesen einzubinden.

Townshend-Zölle, "Boston Massacre" und Bostoner "Tea Party"

Bereits ein Jahr später, 1767, unternahm das Parlament einen neuen Vorstoß, indem es eine ganze Reihe von Gütern, die englische Kaufleute nach Amerika einführten, darunter Tee, mit Zöllen belegte. Diese nach dem verantwortlichen Schatzkanzler *Townshend duties* genannten Abgaben waren wiederum nur Teil der geplanten umfassenden Verwaltungsreform in den Kolonien, die auf eine Stärkung der königlichen Gouverneure und deren Beamtenschaft zu Lasten der schwer kontrollierbaren Assemblies abzielte. Als Antwort darauf ließen die Patrioten die Unterscheidung zwischen *internal taxes* (Steuern) und *external taxes* (Zöllen) fallen, die es bislang ermöglicht hatte, dem Parlament noch gewisse Befugnisse in der Handelsregulierung zuzugestehen. Dies war die Botschaft der populären Essay-Serie, die John Dickinson ab November 1767 als *Letters from a Farmer in Pennsylvania* veröffentlichte, und die in der Warnung vor einer "Tragödie der amerikanischen Freiheit" gipfelte. Obwohl die Proteste und Boykotte wieder weite Teile des Landes erfaßten, verlagerte sich der Brennpunkt des Geschehens nun zunehmend nach Massachusetts, dessen Parlament 1768 nach einem besonders heftigen Einspruch gegen die "Verletzung der natürlichen und verfassungsmäßigen Rechte der Kolonisten" auf Geheiß Londons von Gouverneur Francis Bernard aufgelöst wurde. In Boston kam im Kreis um den radikalen Agitator Samuel Adams, einen ehemaligen Steuereinzieher, auch erstmals die Forderung nach Unabhängigkeit von England auf, vor der gemäßigte Patrioten zu dieser Zeit noch zurückschreckten, und die konservative Anhänger von Recht und Ordnung erschauern ließ. Verschärft wurde die Lage in Boston noch durch die Stationierung britischer Soldaten, die immer wieder mit Zivilisten aneinandergerieten. Eine dieser Konfrontationen endete im März 1770 im sog. *Boston Massacre*, dem fünf Demonstranten zum Opfer fielen. Obwohl die Soldaten eher aus Verwirrung und nicht, wie die Patrioten umgehend behaupteten, vorsätzlich und auf Befehl ihrer Offiziere geschossen hatten, gab der Vorfall Anlaß zu einem Märtyrerkult, der den Haß auf die Engländer schürte. Vor Gericht wurden die britischen Offiziere und Todesschützen allerdings erfolgreich von Samuel Adams' Cousin John Adams verteidigt, der in dieser Phase noch zu den moderaten Patrioten zählte.

Einen Monat nach dem "Massaker" traf allerdings die Nachricht ein, der neue Premierminister Lord North habe unter dem Eindruck der erfolgreichen amerikanischen Boykottbewegung die Rücknahme der Townshend-Zölle durchgesetzt. Bestehen blieb einzig der Teezoll, als Wink an die Kolonisten, daß sich der britische Rechtsstandpunkt nicht geändert hatte. Der Boykott bröckelte daraufhin ab, und die Abgabe auf Tee wurde durch illegale Einfuhr niederländischen Tees weitgehend umgangen. In der Phase der relativen Ruhe, die nun eintrat, beauftragte das Bostoner Town Meeting Ende 1772 ein Korrespondenzkomitee unter Vorsitz von Samuel Adams, Verbindung mit den Gemeinden im Hinterland von Massachusetts aufzunehmen. Das Unterhaus von Virginia folgte dieser Praxis und dehnte sie auf die interkoloniale Ebene aus, so daß rasch ein alle Kolonien übergreifendes Kommunikationsnetz entstand. Davon profitierten die Patrioten, als die englische Regierung im Mai 1773 mit dem Tea Act erneut Öl in die schon fast erloschenen Flammen goß. Das Gesetz war in erster Linie dazu gedacht, die East India Company vor dem Bankrott zu bewahren, indem es ihr verbilligte Teeimporte nach Amerika gestattete. Aus Sicht der Patrioten stand zu befürchten, daß die Gesellschaft selbst bei Berücksichtigung des Einfuhrzolls den Preis für niederländischen Tee unterbieten und ein Monopol erlangen würde. Als Ende 1773 drei Teeschiffe in den Bostoner Hafen einliefen, verweigerte das Town Meeting die Zollabgabe und die Entladung. In der Nacht zum 17. Dezember enterten etwa 60 als Indianer verkleidete *Sons of Liberty* die Schiffe und warfen die Teeballen im Wert von 10 000 Pfund Sterling in das Hafenwasser. Diese Provokation konnte die Londoner Regierung nicht hinnehmen, ohne vollends das Gesicht zu verlieren. Der König hielt denn auch die Zeit für gekommen, Härte zu demonstrieren, und das Parlament beschloß im Frühjahr 1774 ein ganzes Bündel von Zwangsmaßnahmen, die Massachusetts praktisch unter ökonomische Quarantäne stellten und politisch entmündigten. Hinzu kam im Juni noch der Quebec Act, der ursprünglich nicht als Strafe gedacht war, der aber wegen der Gewährung religiöser Freiheiten an die katholischen Siedler in Kanada und vor allem wegen der Gebietserweiterung der Kolonie Quebec bis in das Ohio-Gebiet hinein als zusätzlicher Schlag gegen Massachusetts und die Amerikaner insgesamt verstanden wurde. Die Korrespondenzkomitees trugen sehr dazu bei, daß diese von den Patrioten als *Intolerable Acts* gebrandmarkten Gesetze überall in den Kolonien eine Welle von Solidarität mit Massachusetts auslösten. Anstatt das vom Bostoner Komitee vorgeschlagene umfassende Handelsembargo gegen England zu verhängen, beriefen die Kolonien aber zunächst nur einen allgemeinen Kongreß für September 1774 nach Philadelphia ein. Mit Blick auf die inzwischen wieder günstige Wirtschaftslage konnten sich die Kaufleute in den Mittelkolonien nicht recht für Boykottmaßnahmen erwärmen, und die gemäßigten Patrioten wollten die Hoffnung auf Ausgleich noch nicht fahren lassen. Die unvereinbaren Rechtsstandpunkte und die in der Bevölkerung geweckten Emotionen drängten aber in Richtung einer weiteren Eskalation des Konflikts.

Der Erste Kontinentalkongreß

Am Kontinentalkongreß, der im September/Oktober 1774 in Philadelphia tagte, nahmen 55 Delegierte aus zwölf Festlandskolonien teil, darunter 30 Anwälte und Richter sowie neun Kaufleute, immerhin aber auch vier Handwerker. Nicht vertreten waren Georgia, die kanadischen Besitzungen Neuschottland, Neufundland und Quebec und das seit 1763 englische Florida. Da die königlichen Gouverneure bereits mehrere Parlamente aufgelöst hatten, waren die meisten Delegierten von extra-legalen und illegalen Komitees und Konventen gewählt worden, die in weiten Teilen des Landes die faktische Regierungsgewalt übernommen hatten (und nicht selten Gesinnungsterror gegen Andersdenkende ausübten). Im Kongreß setzte sich die radikale Fraktion, vertreten durch die Neuengländer Samuel Adams und John Adams und die Virginier Patrick Henry und Richard Henry Lee, gegen die gemäßigten Kräfte aus den Mittelkolonien um John Dickinson und Joseph Galloway durch, die politisch

Umsturz und "Mobherrschaft", wirtschaftliches Chaos und eine Niederlage gegen die Briten vorhersagten. Die Radikalen vermieden das Wort "independence", machten sich aber den Druck der öffentlichen Meinung geschickt zunutze, um die Kongreßmehrheit auf einen kämpferischen Kurs festzulegen. In einer Grundsatzerklärung (*Declaration of Colonial Rights and Grievances*) beschwor der Kongreß an vorderster Stelle die "unveränderlichen Gesetze der Natur" und danach erst die englischen Verfassungsgarantien und die Charter-Rechte der Kolonien. Abgelehnt wurde der Vorschlag Joseph Galloways, als Alternative zum Wirtschaftskrieg Gespräche mit den Briten über eine grundlegende Verfassungsreform zu suchen, die den Kolonien Gleichberechtigung im Empire garantierte. Stattdessen beschlossen die Delegierten, den bedrängten Neuengländern mit einer *Continental Association* zur Hilfe zu kommen, die alle Kolonien zur schrittweisen Verschärfung der Boykottmaßnahmen gegen England bis hin zum völligen Abbruch des Handels (einschließlich des Sklavenimports) verpflichtete. Bevor sich der Kongreß auf Mai 1775 vertagte, richtete er noch eine eindringliche Petition an den König und ermahnte die Bevölkerung von Großbritannien, Amerika und Quebec zu Wachsamkeit und zur Besinnung auf die Bürgertugenden.

Die ideologischen Ursprünge der Revolution

Der Gesinnungswandel, der aus treuen Untertanen der Krone Patrioten und Rebellen machte, hatte sich erstaunlich rasch vollzogen. John Adams bezeichnete diesen intellektuellen Prozeß rückblickend als den eigentlichen Kern des Geschehens. Die Revolution, so schrieb er 1815 an Thomas Jefferson, habe in den Köpfen der Menschen stattgefunden, und sie sei schon abgeschlossen gewesen, bevor 1775 bei Lexington und Concord Blut vergossen wurde. Diese Beobachtung trifft insofern zu, als die Ursprünge des britisch-amerikanischen Disputs, wie der Historiker Bernard Bailyn nachgewiesen hat, in erster Linie geistig-ideologischer Natur waren. Das beharrliche Pochen auf die "alten englischen Rechte" diente nicht der Verschleierung materieller Interessen, wenngleich diese sicher auch eine Rolle spielten. Den unerläßlichen Nährboden für die Widerstandshaltung bildete vielmehr ein Geflecht von Denkgewohnheiten, Verhaltensweisen und Wertvorstellungen, das in tiefere Bewußtseinsebenen hineinreichte und breite soziale Schichten beeinflußte. Die gebildeten Kolonisten schöpften ihre Argumente und Konzepte aus vielen Quellen: aus den Werken englischer Juristen wie Sir Edward Coke und William Blackstone; aus der liberalen Natur- und Vertragsrechtslehre John Lockes; aus der Literatur der Aufklärung, speziell in der Variante des schottischen Utilitarismus. Ganz besonders empfänglich waren sie selbst und ihr Publikum aber für die Maximen der englischen Oppositionsliteratur, deren beide Elemente – das radikale aus John Trenchards und Thomas Gordons *Cato's Letters* und das konservativ-nostalgische des *Patriot King* von Lord Bolingbroke – in ihrem Bewußtsein zu einer verhältnismäßig geschlossenen Weltanschauung, zu einer spezifisch amerikanischen Country-Ideologie verschmolzen. Sie diente als Rahmen, in den sich alle anderen, oft widersprüchlichen Denkmuster und geistigen Strömungen einfügen ließen, und der die Orientierung erleichterte, wenn nicht erst ermöglichte. Im Lichte dieser Ideologie mit ihrem extremen Machtmißtrauen, ihrer Hochschätzung der klassisch-römischen Bürgertugend (*virtue*) und ihren Warnungen vor einem unmerklichen, schleichenden Verlust der Freiheit reimten sich die Ereignisse seit 1763 zu einem logischen Ganzen, zu einer von langer Hand geplanten, weitverzweigten und systematisch vorangetriebenen Verschwörung gegen die Kolonien zusammen. Die neuen Steuern, das Insistieren der Briten auf der absoluten Parlamentssouveränität, der Ausbau der Kolonialverwaltung, die Verlegung von Truppen in die Städte und schließlich die harte Bestrafung von Massachusetts – all das waren keine Reformen, sondern Anhaltspunkte für einen generellen Anschlag auf das Selbstbestimmungsrecht der Kolonisten, auf einen "deliberate, systematic plan of reducing us to slavery", wie es der junge virginische Pflanzer Thomas Jefferson 1774 in seinem Pamphlet *A Summary View of the Rights of British America* ausdrückte. Solche Vorstellungen trugen irrationale Züge, aber sie besaßen einen wahren Kern, weil die englische Regierung in der Tat eine fundamentale Veränderung der imperialen Beziehungen anstrebte. Die calvinistischen Geistlichen der Neuengland-Kolonien steigerten die Verschwörungsängste noch durch ihre eigene manichäisch-apokalyptische Sicht der Dinge: Waren ihnen während des Siebenjährigen Krieges noch die Franzosen als Werkzeuge des Antichrist erschienen, so deuteten sie nun die "Privilegierung" der katholischen Siedler in Quebec und die Bestrafung von Massachusetts durch London als ein neues Kapitel im eschatologischen Kampf zwischen Gut und Böse, der gemäß der Offenbarung des Johannes die

Wiederkehr Christi und den Beginn des Millenniums, des tausendjährigen Friedensreiches, einleitete. Damit ging auch die religiöse Klammer verloren, die englische und amerikanische Protestanten über den Atlantik hinweg zusammengehalten hatte.

In den Kolonien wirkten die Ängste nicht lähmend, sondern setzten zusätzliche Energien frei. Die "Aufdeckung" der englischen Machenschaften steigerte offenkundig das Selbstbewußtsein und das Machtgefühl der Patrioten. Hatten sie zunächst nur die Befugnis des Parlaments angezweifelt, "interne", die Selbstverwaltung der Kolonien berührende Abgaben zu erheben, so stellten sie wenig später die Geltungskraft des imperialen Steuerrechts insgesamt in Frage, um dann schließlich dem *King in Parliament* jegliche Gesetzgebungskompetenz abzusprechen. Die Berufung auf die *Ancient Constitution* und die historischen Rechte der Engländer wurde im Laufe der Debatte durch die Konzepte des Gesellschaftsvertrags und der "natürlichen Rechte" aller Menschen ergänzt und überwölbt. Auf diese Weise gelang es, die städtischen Mittel- und Unterschichten zu mobilisieren und die Autorität von englischer Regierung und Westminster-Parlament sowie mehr und mehr auch die Zuneigung zur Krone zu untergraben. Die Propaganda der Patrioten und die inkonsequente Haltung der verantwortlichen Politiker in London entzogen überdies den Gegnern der Unabhängigkeit, den *Loyalists* oder – im Sprachgebrauch der Patrioten – *Tories*, die das monarchische System und die gesellschaftliche Hierarchie als gottgegeben verteidigten, allmählich den Boden und stempelten sie zu Feinden des Volkes. Eine wachsende Zahl von Amerikanern, die den patriotischen Führern folgten, empfanden sich demgegenüber nicht mehr als Untertanen, sondern als freie Bürger, die ihr Schicksal selbst in die Hand nahmen.

2. Unabhängigkeitserklärung und konstitutionelle Neuordnung

Die Hoffnungen, die gemäßigte Patrioten und Loyalisten immer noch auf den König setzten, erwiesen sich als illusorisch, denn Georg III. war noch weniger kompromißbereit als sein Premierminister Lord North. Schon 1774 meinte er, die "Würfel seien gefallen" und die Kolonien müßten nun entweder gewaltsam unterworfen werden, oder sie wären für England auf immer verloren. Nach den Parlamentswahlen im November 1774 wurden Truppenverstärkungen und erfahrene Generäle nach Amerika geschickt, und Kompromißvorschläge, wie sie u.a. William Pitt (nun Earl of Chatham) unterbreitete, fanden kein Gehör mehr. In einer Botschaft an den König stellte das Parlament im Februar 1775 fest, die Kolonien befänden sich in offener Rebellion gegen das Mutterland. Ungeachtet der Kritik des prominenten Parlamentsabgeordneten Edmund Burke, die Regierung versuche, ihre Autorität zu wahren, indem sie das Empire zerstöre, erhielt General Thomas Gage in Boston die Weisung, aggressiver vorzugehen und die "Rädelsführer" des Aufstands zu verhaften.

Auf amerikanischer Seite entfachte das Zusammenwirken einer Basis, die sich immer mehr radikalisierte, mit der patriotischen Elite, die den Lauf der Dinge durch interkoloniale Kooperation zu steuern versuchte, eine Dynamik, die den Bruch mit England unvermeidlich werden ließ. Als britische Truppen ein Waffendepot der Miliz von Massachusetts ausheben wollten, kam es am 19. April 1775 bei Lexington und Concord zu ersten Gefechten, bei denen die Amerikaner 95, die Engländer 273 Mann verloren. Unter dem Eindruck dieser Schüsse, deren Echo angeblich "rund um die Welt" gehört wurde, trat am 10. Mai 1775 in Philadelphia der Zweite Kontinentalkongreß mit nunmehr 65 Mitgliedern aus dreizehn Kolonien zusammen. Obwohl die Gemäßigten immer noch eine Verzögerungsstrategie betrieben, handelten die Delegierten doch schon wie Vertreter souveräner Staaten. Sie versetzten die Kolonien in den Verteidigungszustand, betrauten George Washington am 15. Juni mit dem militärischen Oberbefehl und bewilligten die Ausgabe von 2 Millionen Dollar Papiergeld für Rüstungszwecke. Am 2. Juli 1775, zwei Wochen nachdem britische Truppen die Bostoner Miliz unter schweren Verlusten vom Bunker Hill vertrieben hatten, übernahm Washington in Cambridge das Kommando über 15 000 Mann aus Neuengland, Pennsylvania, Maryland und Virginia, die der Kongreß als "Truppen der Vereinigten Provinzen von Nordamerika" bezeichnete. Etwa gleichzeitig instruierten die Delegierten den New Yorker General Philip Schuyler, die kanadischen Kolonien, die sich nicht freiwillig anschließen wollten, mit Gewalt zu erobern. Das Scheitern dieses Unternehmens stand schon im Dezember fest, aber es trug dazu bei, die englische Haltung weiter zu verhärten. Unter den gegebenen Umständen konnte ein letzter, halbherziger Vermittlungsvorstoß des Kongresses, in Form der "Olivenzweig-Petition" an den "Most Gracious Sovereign", nichts mehr fruchten. Aus der Sicht des

Königs befanden sich die Amerikaner nun "in offener und erklärter Rebellion", und das Parlament dehnte im November 1775 per Gesetz die Blockade von Massachusetts auf alle dreizehn Kolonien aus. Damit war den gemäßigten Kräften im Kongreß wie im Westminster-Parlament die Argumentationsgrundlage entzogen.

Wer immer noch zögerte, wurde im Januar 1776 durch Thomas Paines Pamphlet *Common Sense* mitgerissen, das innerhalb weniger Monate zwölf Auflagen erlebte, und von dem bald über 150 000 Exemplare in den Kolonien kursierten. Der Autor, der erst zwei Jahre zuvor aus England eingewandert war, griff den bis dahin weitgehend verschonten Georg III. in beispielloser Weise als unfähigen und tyrannischen "Pharao" an und sprach aus, was viele Siedler inzwischen dachten: Nur die Unabhängigkeit könne verhindern, daß die Amerikaner von der politischen Korruption und dem moralischen Verfall Englands angesteckt würden. Die Ziele der Revolution lagen laut Paine nicht in der Vergangenheit, sondern in der Zukunft: Der eigentliche Kampf müsse gegen das System der Monarchie und für den Aufbau einer gerechten republikanischen Ordnung geführt werden: "Wir haben es in unserer Hand, die Welt von neuem zu beginnen." Der phänomenale Erfolg dieser Flugschrift spiegelte das Entstehen einer kraftvollen politischen Öffentlichkeit wider, die den Kontinentalkongreß im Frühjahr und Sommer 1776 über eine Welle von Gemeinde- und Provinzversammlungen zur Unabhängigkeitserklärung vorantrieb. Aus der Protestbewegung wurde nun vollends eine Revolution.

Der Kontinentalkongreß erklärt die Unabhängigkeit

Die entscheidende Initiative ging von einem als de facto-Parlament tagenden Provinzialkongreß in Virginia aus, der im Mai 1776 die eigene Delegation im Kontinentalkongreß aufforderte, sich für die Unabhängigkeit einzusetzen. Am 7. Juni stellte daraufhin Richard Henry Lee in Philadelphia den Antrag, der Kongreß möge die Kolonien zu "freien und unabhängigen Staaten" erklären, ausländische Mächte um Hilfe gegen England bitten und eine Konföderation vorbereiten. Es dauerte aber noch knapp einen Monat, bis die Mittelkolonien sowie Maryland und South Carolina auf diese Linie gebracht werden konnten. Am 2. Juli wurde Lees Resolution mit zwölf Stimmen bei Enthaltung New Yorks angenommen. Zwei Tage später blieben die New Yorker Delegierten, die immer noch keine positiven Instruktionen erhalten hatten, einer erneuten Abstimmung fern und ermöglichten so die einstimmige Annahme der Unabhängigkeitserklärung.

Der Entwurf zu diesem Dokument stammte aus der Feder von Thomas Jefferson, der mit 33 Jahren zu den jüngsten Delegierten des Zweiten Kontinentalkongresses zählte. Als Sohn eines Landvermessers und Karthographen und einer Angehörigen der prominenten Randolph-Familie hatte Jefferson das William and Mary College in Williamsburg absolviert und war im Alter von 24 Jahren zum Anwaltsberuf zugelassen worden. Seine Herkunft und sein Besitz von 2 000 Hektar Land und über 100 Sklaven machten ihn zum Angehörigen der *Virginia Aristocracy*, die er seit 1769 auch im Unterhaus von Virginia vertrat. Hier schloß er sich der radikalen Fraktion um Patrick Henry an und fiel durch den eleganten Stil auf, mit dem er Resolutionen, Petitionen und andere Stellungnahmen des Parlaments verfaßte. Politik war aber nicht seine einzige Leidenschaft: Nachdem er 1772 eine 23jährige Witwe, Maria Wayles Skelton, geheiratet hatte, baute er den Landsitz Monticello nach klassisch-italienischem Vorbild um und betätigte sich als Schriftsteller, Erfinder und Naturwissenschaftler.

Jeffersons Text, den der Kongreß nur in wenigen Punkten änderte – eine der Streichungen betraf seine Kritik an der Sklaverei –, verband das Gedankengut der Aufklärung mit angelsächsischen Rechtstraditionen und den Prinzipien der Country-Ideologie. Die Präambel leitete das Recht auf Loslösung vom Mutterland aus dem Naturrecht ab und betonte, daß es der Respekt vor der öffentlichen Meinung der Welt verlange, einen solch schwerwiegenden Schritt ausführlich zu begründen. Der erste Teil, der langfristig die stärkste Wirkung entfaltete, enthielt die politische Philosophie der amerikanischen Revolution. Den Ausgangspunkt bildete das Naturrecht als objektiver Maßstab, an dem alles von Menschen gesetzte Recht zu messen ist. Das Gleichheitspostulat ("all men are created equal") besagt, daß alle Menschen insofern gleich sind, als sie natürliche, unveräußerliche Rechte besitzen; die wichtigsten dieser "selbstverständlichen" Rechte sind Leben, Freiheit und das Streben nach Glück ("pursuit of happiness", das im Sinne der schottischen Moralphilosophie an die Stelle von John Lockes Recht auf Eigentum trat). Aufgabe der Regierung ist es, diese Rechte zu schützen und den Bürgern Sicherheit und Glücksstreben zu ermöglichen. Regierung (*government*) beruht auf der Zustimmung (*consent*) der Regierten, und sie kann beseitigt und durch eine neue Regierung ersetzt werden, wenn sie ihren Aufgaben nicht gerecht wird. Als zweiter Teil folgte dann ein langes, nicht in allen Einzelheiten korrektes Register der Amtsverstöße Georgs III., das den König eines Bruchs des Herrschaftsvertrags überführen sollte. Der Schlußabschnitt besiegelte unter feierlicher Anrufung der göttlichen Vorsehung (*Divine Providence*) die Loslösung von Großbritannien und die Souveränität der amerikanischen Staaten.

In praktischer Hinsicht war die Unabhängigkeitserklärung einerseits dazu gedacht, die Amerikaner durch die Verkündung fundamentaler Prinzipien und Grundwerte, für die es sich lohnte zu kämpfen, dauerhaft an die revolutionäre Sache zu binden; andererseits sollte sie mit Blick auf Europa die ehemaligen Kolonien als ein handlungsfähiges Völkerrechtssubjekt etablieren, das Bündnisse eingehen konnte. Jefferson hatte keine Originalität angestrebt, und er nannte sein Werk später bescheiden "einen Ausdruck des amerikanischen Geistes", wie er sich zur Zeit der Revolution dargestellt habe. Von anderen zeitgenössischen Äußerungen hob sich der Text aber durch seinen dynamischen Rhythmus und die gemessene Würde der (aus der Bibel entlehnten) Sprache ab, die den Eindruck der logischen Folgerichtigkeit der Argumentation und der Unvermeidbarkeit der Trennung vom Mutterland verstärkten. Durch die Fähigkeit Jeffersons, komplexe Sachverhalte und Ideen in wenige, mitreißende Sätze zu verdichten, gewann die Unabhängigkeitserklärung über ihre praktische Bedeutung hinaus den Charakter eines politisch-philosophischen Epochendokuments.

Staatenverfassungen, Grundrechteerklärungen und Articles of Confederation

Parallel zur Entstehung der Unabhängigkeitserklärung vollzog sich in den einzelnen Kolonien die Neuordnung des politischen und konstitutionellen Lebens. Angesichts der leidenschaftlichen Auseinandersetzungen, bei denen schon sozial egalitäre, "gleichmacherische" Forderungen aufkamen, fürchteten viele Gemäßigte und Besitzende um den inneren Frieden und wollten ein Weitertreiben der Revolution verhindern. Aber auch radikale Befürworter der Unabhängigkeit hielten es für dringend geboten, nach dem Zusammenbruch der britischen Regierungsautorität zu stabilen Verhältnissen zurückzukehren und die gefährliche Phase des Nebeneinanders von alten und neuen Institutionen so rasch wie möglich zu beenden. In diesem Prozeß der Loslösung von Monarchie und Empire nahm die aufklärerische Idee, das Volk sei der Souverän und könne sich selbst regieren, erstmals konkrete Gestalt an. Die Volkssouveränität wurde schon deshalb zur neuen Legitimationsgrundlage, weil es in der amerikanischen Wirklichkeit des Jahres 1776 gar keine Alternative zur republikanischen Staatsform gab. Zentrale Bedeutung erlangten die geschriebenen Verfassungen: Eine *constitution* legte nicht mehr nur die Staatsform und die Kompetenzverteilung der Regierungsorgane fest, sondern errichtete überdies, wie das Town Meeting von Concord in Massachusetts schon im Oktober 1776 feststellte, "ein System von Prinzipien, das die Rechte und Freiheiten der Regierten gegen alle Übergriffe der Regierenden schützt."

Auf Anfrage aus mehreren Hauptstädten hin hatte der Kongreß Mitte Mai 1776 empfohlen, jede Kolonie solle "solch ein Regierungssystem einrichten, das nach Meinung der Volksvertreter am besten geeignet ist, das Glück und die Sicherheit ihrer Wählerschaft im besonderen und Amerikas im allgemeinen zu gewährleisten." New Hampshire und South Carolina waren dieser Empfehlung bereits zuvorgekommen und hatten im Januar bzw. März 1776 Verfassungen schriftlich niedergelegt, die ursprünglich als provisorisch angesehen wurden und nur bis zum Ende des Konflikts mit England in Kraft bleiben sollten. Zwischen Juni 1776 (Virginia) und Oktober 1780 (Massachusetts) gaben sich neun weitere Kolonien bzw. Staaten Verfassungen, wobei einige zwei oder sogar drei Anläufe benötigten, bevor die Dokumente in Kraft treten konnten. Connecticut und Rhode Island beschränkten sich darauf, ihre Charter-Urkunden aus dem 17. Jahrhundert von Erwähnungen des Königs und der Monarchie zu "reinigen". Einen anderen Sonderfall stellte Vermont dar, dessen Bürger sich weder New York noch New Hampshire angliedern lassen wollten und die deshalb im Juli 1777 eine eigene, dem radikal-republikanischen Beispiel Pennsylvanias folgende Verfassung annahmen. Ihren Antrag, als 14. Staat der Union beizutreten, lehnte der Kongreß jedoch vorerst ab.

Obwohl den Siedlern die Unterscheidung zwischen Verfassungs- und Gesetzesrecht keineswegs fremd war, wichen die Prozeduren der Verfassungsgebung noch beträchtlich voneinander ab. Einige revolutionäre Körperschaften schrieben ohne speziellen Wählerauftrag Verfassungen und setzten sie ebenso eigenmächtig in Kraft. Diese Praxis wurde aber in der Öffentlichkeit bald als unvereinbar mit dem Prinzip der Volkssouveränität kritisiert. Pennsylvania berief deshalb einen speziellen Konvent ein, der sich auf die Ausarbeitung und Verabschiedung von Verfassung und Grundrechteerklärung beschränkte. In Massachusetts einigte man sich schließlich auf ein Verfahren, das in seinen Grundzügen zum Vorbild für die ganze spätere konstitutionelle Entwicklung wurde: Ein nur zu diesem Zweck gewählter Konvent arbeitete die Verfassung aus und legte sie den Bürgern zur Stellungnahme vor; rechtskräftig wurde sie erst nach der Ratifizierung durch das Volk in den Town Meetings. Auf diese Weise erhielt die Verfassung eine "höhere Weihe" als das Gesetzesrecht und konnte nicht mehr eigenmächtig vom Parlament, sondern nur unter Mitwirkung des souveränen Volkes geändert werden.

Inhaltlich stellten die neuen Verfassungen Kompromisse zwischen den beiden Flügeln der patriotischen Bewegung dar: dem radikal-republikanischen, der besonderen Wert auf die Bürgerbeteiligung und die Kontrolle der Regierenden legte, und dem konservativ-aufklärerischen, der im Sinne von Montesquieus *De l'esprit des lois* die Regierungsgewalten und sozialen Kräfte sorgsam ausbalancieren wollte. Das radikale Konzept setzte sich am reinsten in Pennsylvania durch, das konservative in New York und – unter dem Einfluß von John Adams – in Massachusetts. In der Vielfalt der Formen und Verfahrensweisen, die diese ersten revolutionären Verfassungen kennzeichnet, überwogen aufs Ganze gesehen die innovativen die traditionellen Elemente. Zensusbestimmungen bestanden zwar weitgehend fort, wurden aber doch so sehr gelockert, daß sich die Repräsentation verbesserte, und zwar für die Bevölkerung im allgemeinen wie für die Farmer des Hinterlands im besonderen, deren Interessen bislang häufig von den Küstenbewohnern mißachtet worden waren. Dieser Einflußgewinn der *back country* hatte u.a. zur Folge, daß viele Staaten innerhalb kurzer Zeit ihre Hauptstädte von der Küste ins Landesinnere verlegten. Im Schnitt waren jetzt 70–90 Prozent der erwachsenen weißen Männer wahlberechtigt, in New Jersey sogar auch unverheiratete und verwitwete Frauen, die über eigenen Besitz verfügten – eine Klausel, die 1807 zunächst wieder gestrichen wurde. Am untergeordneten rechtlichen Status der Frauen änderten die Verfassungen so gut wie nichts, obwohl sich viele Frauen aktiv an den revolutionären Demonstrationen und Boykotten beteiligt hatten. Abigail Adams' Appell an ihren Mann John, bei der Verfassungsgebung "die Ladies nicht zu vergessen", blieb ohne Echo. Reformer wie der Arzt Benjamin Rush in Philadelphia schrieben den Frauen als "republikanischen Müttern" eine wichtige Funktion bei der politischen und moralischen Erziehung der Jugend zu. Rushs Pläne für ein verbessertes staatliches Schulwesen, das auch Mädchen Bildungschancen eröffnet hätte, fielen aber der Sparsamkeit oder dem Unverständnis der Verfassungs- und Gesetzgeber zum Opfer.

Abgesehen von Pennsylvania und Georgia, die nach dem Prinzip des *simple government* das Einkammer-System einführten, behielten die Staaten Senate bei, die im konservativen Verständnis das Eigentum repräsentieren und dem Schutz der besitzenden Schichten dienen sollten. In der Praxis büßten diese Oberhäuser aber bald viel von ihrer Exklusivität ein, weil sich die meisten Senatoren – ungeachtet höherer Besitzqualifikationen und längerer Amtszeiten im Vergleich zu den Unterhausabgeordneten – weniger als Sprecher von Klasseninteressen denn als Vertreter der territorialen Einheiten verstanden, in denen sie gewählt wurden. Von Funktion und Arbeitsweise her näherten sich Senate und Unterhäuser deshalb recht schnell einander an.

Aus der noch frischen Erinnerung an die Konflikte mit den königlichen Gouverneuren und Richtern heraus wurden die Befugnisse von Exekutive und Judikative in der Regel stark eingeschränkt. Ins Zentrum des Regierungssystems (*frame of government*) rückte die Legislative, das Parlament, das häufig sowohl die Gouverneure als auch die Richter wählen konnte. Meist ordnete man den Gouverneuren noch einen Exekutivrat bei, der sie kontrollieren und Machtmißbrauch verhindern sollte. Nur New York und Massachusetts ließen die Gouverneure direkt vom Volk wählen und gaben ihnen das Recht, mit einem suspensiven Veto in die Gesetzgebung einzugreifen. Die Parlamentarier selbst unterlagen einer strengen Kontrolle durch ihre Wähler: Dafür sorgten der Grundsatz der jährlichen Wahlen (*annual elections*), die vielfach noch geübte Praxis des imperativen Mandats, die Ämterrotation sowie die Möglichkeit des Rückrufs von Abgeordneten während der Legislaturperiode. Die Judikative schließlich galt zwar noch nicht als "dritter Regierungszweig", aber in einigen Staaten besaßen die Obersten Gerichte doch schon genügend Autorität, um in Form der *judicial review* über die Verfassungsmäßigkeit von Gesetzen zu entscheiden.

Die Diskussion über Grundrechte, *natural and fundamental rights*, war ein wesentlicher Teil dieser konstitutionellen Neuordnung. In einigen Staaten gingen die Verfassungsgeber von der Fortgeltung der alten Rechtsgarantien aus; in anderen formulierten sie separate Grundrechtskataloge und stellten sie als *bills of rights* oder *declarations of rights* neben das Organisationsstatut der Regierung, den *frame of government*; in Massachusetts schließlich fand John Adams 1780 eine wegweisende Lösung, indem er die Grundrechtsartikel als eigenständigen ersten Teil in die Verfassung integrierte. Obgleich die Rechteerklärungen an koloniale Traditionen anknüpften, brachten sie in zweierlei Hinsicht Neues: Zum einen galten die fundamentalen Rechte und Freiheiten nicht mehr länger als "rights of Englishmen", sondern als von Gott verliehene "natürliche Rechte"; zum anderen diente ihre schriftliche Fixierung über den konkreten Schutz vor staatlicher Willkür hinaus zur Begründung und Sinngebung des republikanischen Regierungssystems. Am deutlichsten kam dies in der *Virginia Declaration of Rights* zum Ausdruck, die der juristisch versierte Pflanzer George Mason formuliert hatte und die am 28. Juni 1776 vom Provinzialkongreß angenommen worden war. Ihre 16 Artikel füllten schon vor der Unabhängigkeitserklärung die Begriffe "limited government" und "inalienable rights" mit Inhalt. Zu der Lockeschen Trias von Leben, Freiheit und Eigentum traten der Schutz vor Durchsuchung oder Verhaftung ohne richterlichen Befehl, das Verbot von Folter und grausamen Strafen sowie der Anspruch des Angeklagten auf einen raschen Prozeß und ein Geschworenengericht aus seiner Nachbarschaft; als spezielle republikanische Freiheiten wurden aufgeführt das Wahlrecht und das Widerstandsrecht, die Pressefreiheit und die unbehinderte Religionsausübung gemäß der Gewissensentscheidung des einzelnen Bürgers. Hinzu kam die Garantie des Milizsystems, das die Revolutionäre – ganz im Sinne der Country-Parole "No standing army!" – der europäisch-monarchischen Militärtradition entgegenstellten. Diese Rechte und Freiheiten fanden eine wichtige Ergänzung in der Verpflichtung der Bürger zu Gerechtigkeit, Mäßigung, Sparsamkeit, Fleiß und christlicher Nächstenliebe. Hinter den einzelnen Bestimmungen wurde eine republikanische Utopie sichtbar: das Bild des sittenstrengen, sich selbst regierenden Volkes; eines Staatswesens, das ganz auf die Zustimmung seiner Bürger gründet, von denen Tugend (*virtue*) im klassischen Sinne erwartet wird, d.h. Tatkraft, Rechtschaffenheit und aufopfernde Hingabe an das Gemeinwohl. Aus dieser Perspektive galten die Regierenden nicht länger als Herrscher (*rulers*), sondern waren auf Zeit berufene Treuhänder (*trustees*) des Volkes. Alle gemeinsam unterstanden dem Recht, das in der Verfassung seine erhabenste Gestalt annahm. Mit dieser Sammlung von Fundamentalsätzen leitete die *Virginia Declaration of Rights* eine neue Epoche der Verfassungsentwicklung ein, die über die französische Erklärung der Menschen- und Bürgerrechte und die konstitutionellen Kämpfe des 19. Jahrhunderts bis zur Charta der Vereinten Nationen und den verschiedenen Menschenrechtskonventionen unseres Jahrhunderts reicht. Die amerikanischen Einzelstaaten verwirklichten damit erstmals – auf der Grundlage des englischen Erbes und der kolonialen Erfahrungen – das Modell einer Zivilgesellschaft (*civil society*), das keine Trennung von Staat und bürgerlicher Gesellschaft kennt, sondern Politik als Konsequenz des Mehrheitswillens und der öffentlichen Meinung (*public opinion*) definiert.

Der eklatante Widerspruch, der sich zwischen dem in den meisten Verfassungen verankerten Gleichheitspostulat und der Fortdauer des Sklavereisystems auftat, blieb den Zeitgenossen keineswegs verborgen, sondern wurde – zumindest von Maine bis Virginia – Teil der Revolutionsdebatte. Aus mehreren Richtungen geriet die Sklaverei während dieser Zeit unter starken Druck: Die Quäker rangen sich endlich zu einer dezidiert sklavereifeindlichen Haltung durch, und sie erhielten zunehmend Unterstützung von anderen Religionsgemeinschaften, insbesondere den Baptisten und Methodisten, die im Verlauf des *Great Awakening* sowohl im Norden als auch im Süden viele Anhänger gewonnen hatten; das Gedankengut der Aufklärung, das die Kolonien von Europa aus erfaßte, wirkte zunächst auf eine "Humanisierung" der Sklaverei, dann aber immer stärker auf ihre Überwindung hin; die republikanische Ideologie, die das Denken und Handeln der radikalen Patrioten bestimmte, war nur schwer mit der permanenten Entrechtung eines Bevölkerungsteils zu vereinbaren, und sie mobilisierte auch viele freie Schwarze und sogar Sklaven, die sich mit Petitionen an die Kolonial- und Staatenparlamente wandten; und schließlich kritisierte auch der liberale Ökonomen Adam Smith in seinem 1776 veröffentlichten Werk *The Wealth of Nations* das Sklavereisystem als Verstoß gegen die ehernen Gesetze der Wirtschaft und als ineffizient im Vergleich zu "freier" Arbeit. 1774 bezog der Kontinentalkongreß Sklaven in den Boykott englischer Importe ein, und der Krieg unterbrach vollends die Sklaveneinfuhr aus Afrika und der Karibik. Nach der Unabhängigkeitserklärung entstanden in den meisten Staaten nördlich der Chesapeake Bay Antisklaverei-Gesellschaften, die häufig von Quäkern geführt oder beeinflußt wurden, und die noch während des Krieges Kontakt zu der beginnenden Abolitionismus-Bewegung in England aufnahmen. Im Krieg selbst stellten die Engländer ebenso wie die Patrioten (mit Ausnahme der Plantagenbesitzer in den Carolinas und Georgia) denjenigen Afro-Amerikanern die Freiheit in Aussicht, die sich ihnen anschlossen und Militärdienst leisteten.

Dieser starke Antisklaverei-Impuls leitete das Ende der *peculiar institution* im Norden ein, aber er erschütterte sie auch in Virginia und Maryland, deren Pflanzer ohnehin seit geraumer Zeit nach Alternativen zur Tabak-Monokultur suchten. Einige Neuengland-Staaten wie Massachusetts, Connecticut und Vermont (das der Union offiziell erst 1791 beitrat) hoben die Sklaverei per Verfassung, durch Gesetze oder auf dem Weg über Gerichtsurteile umgehend auf. Das Oberste Gericht von Massachusetts stützte sich in einer entsprechenden Entscheidung von 1783 (Quock Walker Case) explizit auf die Grundrechteerklärung in der Staatsverfassung, die den Satz "all men are created equal" enthielt. Die weiterhin ambivalente Haltung der weißen Bevölkerung kam darin zum Ausdruck, daß den freien Schwarzen einerseits zwar gleiche Rechte einschließlich des Wahlrechts gewährt wurden, daß das Parlament von Massachusetts andererseits aber Heiraten von Weißen mit Schwarzen, Mischlingen und Indianern verbot. Die meisten Nord- und Mittelstaaten folgten dagegen dem Beispiel Pennsylvanias, dessen Parlament 1780 die "graduelle" Sklavenbefreiung beschloß. Die entsprechenden Gesetze legten fest, daß alle Kinder von Sklaven, die nach einem bestimmten Datum geboren wurden, ihre Freiheit erhielten, den Besitzern aber noch bis zur Volljährigkeit unentgeltlich dienen mußten. Gekoppelt mit einem Einfuhrverbot von Sklaven bedeutete dies das allmähliche "Absterben" der Sklaverei im Norden der USA, auch wenn 1810 immer noch 30 000 Sklaven nördlich der *Mason and Dixon Line* lebten, die seit den 1760er Jahren die Grenze zwischen Pennsylvania und Maryland und damit zwischen Norden und Süden markierte. In Maryland, Delaware und Virginia, wo die Mehrzahl der Afro-Amerikaner lebte, ließ sich selbst eine graduelle Emanzipation nicht durchsetzen, aber die Kritik an der Sklaverei und ökonomische Überlegungen führten doch immerhin dazu, daß die Freilassung von Sklaven erleichtert wurde. Die Folge war ein rasches Anwachsen der freien schwarzen Bevölkerung im Upper South, etwa in Virginia von 1 800 im Jahr 1782 auf über 30 000 im Jahr 1810. Weiter südlich leisteten die Plantagenbesitzer jedoch nicht nur erbitterten Widerstand gegen jeden Versuch, die Sklaverei in Frage zu stellen, sondern nahmen sofort nach dem Friedenschluß von 1783 im großen Stil die Sklaveneinfuhr wieder auf, um die während des Krieges durch Flucht und Tod erlittenen Verluste auszugleichen.

Wie schon die Petitionen von freien Schwarzen und Sklaven an die Parlamente der Einzelstaaten zeigten, ließen die Afro-Amerikaner die Revolution keineswegs passiv über sich ergehen, sondern versuchten, ihr Schicksal selbst in die Hand zu nehmen. In dieser Phase erwuchs der schwarzen Bevölkerung eine erste Generation von Führungspersönlichkeiten, Männer und Frauen, die meist schon seit längerer Zeit in Freiheit lebten und durch die religiöse Aufbruchstimmung des *Great Awakening* beeinflußt worden waren. Zu ihnen gehörten gebildete Afro-Amerikaner wie Phillis Wheatley, die sich in Boston als Schriftstellerin betätigte, oder Benjamin Banneker, ein Mathematiker und Astronom aus Maryland, der in die wissenschaftliche Elite Philadelphias aufgenommen worden war; aber auch einfache Leute wie Prince Hall, der die Schwarzen in Boston mit Reden, Pamphleten und Petitionskampagnen mobilisierte, und Richard Allen, der seit 1780 als methodistischer Wanderprediger durchs Land zog und wenig später in Philadelphia die erste autonome schwarze Baptisten-Kirche gründete. Solche Initiativen wurden von vielen Afro-Amerikanern nicht nur als Zeichen einer "geistigen Wiedergeburt" verstanden, sondern bildeten auch den Auftakt zur Entstehung zahlreicher schwarzer Selbsthilfeorganisationen, die Bildungs- und Sozialaufgaben übernahmen. Von nun an fungierten die Sprecher der freien Schwarzen in den Nord- und Mittelstaaten als "Gewissen der Nation", weil sie sich in ihrem Kampf gegen die Sklaverei stets auf die Prinzipien der Unabhängigkeitserklärung berufen konnten.

Den vorläufigen Abschluß der revolutionären Umwälzung in Amerika bildete die erste Unionsverfassung, die *Articles of Confederation*, die der nun in Permanenz tagende Kontinentalkongreß am 15. November 1777 mitten im Krieg verabschiedete. Sie atmeten ganz den Geist der republikanischen Country-Ideologie mit ihrem Machtmißtrauen und ihrer Vorliebe für "einfache", dezentrale Regierungsstrukturen. In den Kongreßdebatten wurde auch häufig auf Montesquieu Bezug genommen, der in *De l'esprit des lois* gewarnt hatte, daß Republiken ihren freiheitlich-egalitären Charakter einbüßen würden, wenn sie sich einer starken Zentralgewalt unterordneten. Ideal sei dagegen der Zusammenschluß mehrerer kleiner Republiken zu einer lockeren Konföderation, die nach Art der Schweizer

Eidgenossenschaft für eine Vertretung der gemeinsamen Interessen nach außen sorge. Dementsprechend schlossen die dreizehn amerikanischen Staaten unter dem Namen "The United States of America" einen "festen Freundschaftsbund", in dem jedes einzelne Mitglied souverän blieb und das kollektive Organ, der Konföderationskongreß, nur die ihm ausdrücklich übertragenen Befugnisse ausüben durfte. Im Kongreß, der aus jährlich von den Staatenparlamenten gewählten Vertretern gebildet wurde, besaß jeder Staat – unabhängig von seiner Größe und Einwohnerzahl – nur eine Stimme. Die Delegierten durften gemäß der republikanischen *rotation in office*-Maxime in einem Zeitraum von sechs Jahren maximal drei Jahre Dienst tun. Aus ihrer Mitte wählten sie einen Präsidenten, der aber lediglich repräsentative Funktionen zu erfüllen hatte, und dessen Amtsperiode auf ein Jahr beschränkt war. Die Arbeit wurde vorwiegend in Komitees geleistet, von denen sich einige in Richtung von Exekutivbehörden wie Außen- und Kriegsdepartment entwickelten.

Die *Articles of Confederation* gaben dem Kongreß das Recht, über Krieg und Frieden zu entscheiden, ein Heer und eine Flotte aufzustellen und einen Oberbefehlshaber für die Streitkräfte zu ernennen; ferner durfte der Kongreß Verträge mit auswärtigen Mächten schließen, Gesandte entsenden und empfangen, Kredite und Anleihen aufnehmen sowie Münzen prägen und Papiergeld emittieren. Schließlich sollte er Grenzstreitigkeiten der Staaten schlichten, für Seerechtsfragen zuständige Gerichte etablieren und den Postdienst der Union regeln. Andererseits hatte der Kongreß keine Gesetzgebungsbefugnis, sondern konnte nur Resolutionen (*Ordinances*) verabschieden, und durfte weder Steuern noch Zölle erheben. Der Finanzbedarf der Union sollte durch ein Umlage- oder Matrikularverfahren gedeckt werden, bei dem der Kongreß die jährlich benötigte Gesamtsumme festsetzte und die Staaten ihren jeweiligen Anteil, der sich nach dem geschätzten Wert des kultivierten Landes bemaß, in die gemeinsame Kasse einzahlten. Wichtige Entscheidungen mußten mit Zweidrittelmehrheit getroffen werden, und Änderungen der *Articles* bedurften der Zustimmung sämtlicher Einzelstaatenlegislativen. Offiziell trat diese Konföderationsverfassung erst am 1. März 1781 in Kraft, nachdem die "landreichen" Staaten, deren koloniale Charterrechte bis weit nach Westen reichten, die hauptsächlich von Maryland verfochtene Forderung erfüllt hatten, die Gebiete zwischen Appalachen und Mississippi in den Gemeinschaftsbesitz der Union zu überführen.

3. Unabhängigkeitskrieg, Bündnisdiplomatie und Pariser Friedensschluß, 1775–1783

Mit den Staatenverfassungen und den *Articles of Confederation* schufen sich die Amerikaner ein konstitutionelles Gerüst, das in mancher Hinsicht experimentell und provisorisch war, das aber dennoch den schweren Belastungen des Krieges gegen England standhielt. Nach dem amerikanischen Fiasko im Feldzug gegen Kanada Ende 1775 war die Initiative an die Briten übergegangen. In London glaubte man zunächst, der Lage in den Kolonien mit einer Seeblockade und begrenzten Polizeiaktionen Herr werden zu können. Das änderte sich, als die britischen Truppen im März 1776 unter dem Druck der amerikanischen Belagerer Boston räumen und nach Neuschottland zurückweichen mußten. Nun bereitete sich die stärkste Militärmacht der Welt auf einen regulären Krieg vor, u.a. durch die Anwerbung von Söldnern in deutschen Staaten, was die Amerikaner als besonders üblen Affront empfanden. Mangelnde Konsequenz und Weitsicht, die schon die Politik von Regierung und Parlament hatten unwirksam werden lassen, behinderten aber von Anfang an auch die britische Kriegführung. Nacheinander verfolgten die Briten drei unterschiedliche strategische Konzepte, die jeweils nach Anfangserfolgen in Fehlschlägen endeten.

In der ersten Phase zielten die englischen Befehlshaber General William Howe und sein Bruder, Admiral Richard Howe, darauf ab, Neuengland vom Rest der Kolonien zu isolieren und Washingtons "Rebellenarmee" zu zerschlagen. Bis Ende August 1776 landeten sie ca. 32 000 Mann auf dem New York vorgelagerten Staten Island, darunter 8 000 Deutsche (die von den Amerikanern "Hessians" genannt wurden, obwohl keineswegs alle aus den hessischen Territorien kamen). Bei den Kämpfen auf Long Island und Manhattan erwiesen sich die professionellen britischen Soldaten den Milizionären und schlecht ausgebildeten Kontinentaltruppen, die ihnen den Weg versperren wollten, als eindeutig überlegen. Während des Vormarsches nach Philadelphia versäumte General Howe jedoch, Washingtons Armee, die auf 3 000 Mann zusammengeschmolzen war, zur Entscheidungsschlacht zu stellen. Ganz im Gegenteil gelang es Washington Ende Dezember nach der riskanten Überquerung des Delaware River durch Teilerfolge bei Trenton und Princeton in New Jersey, die Moral seiner Truppen wieder zu heben. Die Lage blieb aber prekär, und die Unfähigkeit der meisten Staaten, ihre vorgesehene Quote an Soldaten zu füllen, nötigte Washington und den Kongreß ab 1777, freie Schwarze und dann auch Sklaven (mit dem Versprechen der Freilassung) für die Kontinentalarmee zu rekrutieren. Zum Teil handelte es sich dabei um eine Antwort auf den erfolgreichen Versuch britischer Gouverneure und Befehlshaber, Sklaven zur Flucht und zum bewaffneten Widerstand gegen ihre Herren aufzuwiegeln. Insgesamt kämpften etwa 5 000 Afro-Amerikaner auf Seiten der Patrioten, teilweise in eigenen Einheiten unter der Führung weißer Offiziere (dafür entschieden sich Rhode Island und Connecticut), teilweise in gemischten Verbänden. Im Süden rang sich allerdings nur Maryland zur Rekrutierung von Schwarzen durch, während Virginia lediglich Ausnahmen zuließ und das Parlament von South Carolina die vorgeschlagene Bewaffnung von 3 000 bis 5 000 Sklaven entschieden ablehnte.

Der zweite britische Kriegsplan sah vor, die Kolonien durch einen Zangenangriff von der Chesapeake-Bucht und aus Kanada durch das Hudson-Tal zu teilen. General Howe konnte zwar im August 1777 Philadelphia erobern, aber die Koordinierung der militärischen Aktionen mißlang, und die von General John Burgoyne entlang des Hudson nach Süden geführte Streitmacht wurde bei Saratoga von den Amerikanern unter General Horatio Gates aufgehalten und in zwei Schlachten dezimiert. Am 16. Oktober mußte Burgoyne kapitulieren, und 6 000 Mann, darunter viele Deutsche und Indianer, gerieten in Gefangenschaft. Diese Schlacht markierte einen Wendepunkt des Krieges, denn die französische Regierung, die den Amerikanern bereits seit Frühjahr 1776 insgeheim materielle Unterstützung gewährt hatte, hielt es nun für geboten, offen an die Seite der Vereinigten Staaten zu treten. Im Februar 1778 erkannte sie die USA diplomatisch an und schloß in Paris mit Benjamin Franklin ein Militärbündnis sowie einen Freundschafts- und Handelsvertrag ab. In der Hoffnung, Revanche für die Niederlage im Siebenjährigen Krieg nehmen zu können, weiteten Außenminister Vergennes und König Ludwig XVI. den britisch-amerikanischen Streit zu einer neuen Kraftprobe der Großmächte aus. Ab Juni 1778 befand sich Frankreich im Kriegszustand mit England, und im folgenden Jahr schlossen sich auch Spanier und Niederländer der anti-britischen Koalition an. Mit französischer und niederländischer Finanz- und Waffenhilfe konnten die Amerikaner den Tiefpunkt des Krieges überwinden und ihre Lage erst einmal stabilisieren.

Im Sommer 1778 gaben die Briten Philadelphia auf und gingen im Norden, gestützt auf ihre Bastion New York City, zur Defensive über. In der nun beginnenden dritten Phase verlagerten sie den Schwerpunkt ihrer Aktionen auf den Süden, wo General Sir Henry Clinton nach der Landung in Georgia über Charleston nach Virginia vorstieß. Sein Nachfolger Lord Cornwallis konnte das Ziel dieser Strategie, die militärisch schwächeren und durch die Sklaverei zusätzlich verwundbaren Südstaaten aus der Union herauszubrechen, jedoch nicht erreichen. Vielmehr versteifte sich der amerikanische Widerstand, weil der neue Befehlshaber im Süden, General Nathaniel Greene, zu einer flexibleren Taktik überging, und weil die Franzosen im Sommer 1780 eine 5 500 Mann starke Armee nach Neuengland schickten, wodurch das Kräfteverhältnis generell verschoben wurde. Im Sommer 1781 konzentrierte Cornwallis seine Truppen in Virginia und befestigte den Ort Yorktown am Ausgang der Chesapeake-Bucht. Damit tappte er allerdings in eine Falle, die bis Ende September durch virginische Milizen, durch die französische und die amerikanische Armee – von Graf Rochambeau und Washington aus dem Norden herbeigeführt – und durch eine starke französische Flotte unter Admiral Grasse geschlossen wurde. Ohne Aussicht auf rechtzeitigen Entsatz mußte Cornwallis am 19. Oktober 1781 mit den verbliebenen fast 10 000 Soldaten und Offizieren kapitulieren. Diese demütigende Niederlage brach – sehr zur Enttäuschung des Königs – den Willen von Regierung und Parlament, den Krieg, der im eigenen Volk zunehmend unpopulär geworden war und das Land diplomatisch isoliert hatte, weiter zu verfolgen.

In Amerika war der Kampf um die Unabhängigkeit von Beginn an gleichzeitig als konventioneller und als revolutionärer Krieg geführt worden. Ein wichtiger Grund für den Erfolg der Patrioten ist sicher darin zu suchen, daß sie es lernten, beide Kampfesarten zu beherrschen und miteinander zu verbinden. Die Kontinentalarmee, umsichtig geführt von George Washington und nach preußischer Manier gedrillt vom Baron Friedrich Wilhelm von Steuben, blieb unverzichtbar als Symbol der Einheit und Sammelpunkt der patriotischen Kräfte. Washington, zur Zeit der Unabhängigkeitserklärung 44 Jahre alt, war kein militärisches Genie, aber er verstand es, sich mit fähigen Beratern wie Steuben, Alexander Hamilton und dem auf eigene Faust aus Frankreich gekommenen Marquis de Lafayette zu umgeben. Noch tiefer als die meisten anderen Repräsentanten der virginischen Pflanzerelite von dem Country-Ideal des patriotischen Volksführers durchdrungen, strahlte Washington natürliche Autorität aus und übertrug seine Willensstärke und sein Pflichtbewußtsein auf die Menschen in seiner Umgebung. Er glaubte fest daran, daß er von der "Vorsehung" berufen sei, die amerikanische Freiheit zu verteidigen, und er verknüpfte sein eigenes Schicksal untrennbar mit der "glorious cause" der Revolution. Beim Kongreß, der die Bewaffnung und Versorgung der Armee gelegentlich aus den Augen zu verlieren drohte, setzte Washington sich unermüdlich für die Belange seiner Offiziere und Soldaten ein. Obwohl er hinreichend Grund hatte, über die Kleinlichkeit und Intrigen von Politikern zu klagen, stellte er nie den Vorrang der Politik, die letzte Entscheidungsgewalt der politischen Führung in Frage. Sein Drängen bewog den Kongreß, Anleihen in Frankreich und den Niederlanden aufzunehmen, mit denen die finanzielle Schwäche der Konföderation zumindest teilweise ausgeglichen werden konnte. Die Stärke der Armee überstieg selten 18 000 Mann, und sie sank in den harten Winterlagern von Valley Forge nördlich von Philadelphia (1777/78) und Morristown, New Jersey (1779/80) unter 5 000 ab. Angesichts der zahlenmäßigen und materiellen Unterlegenheit hatte Washington kaum eine andere Wahl, als die "Fabius"-Strategie zu verfolgen, mit der er Entscheidungsschlachten auswich und nur gelegentliche Vorstöße wagte. Er machte zuweilen taktische Fehler, geriet aber nie in Panik, sondern bewies selbst in aussichtslos scheinenden Situationen Geduld, Phantasie und ein gutes Urteilsvermögen. Ob sein Konzept, die Armee fast um jeden Preis zu erhalten, auch ohne französische Hilfe aufgegangen wäre, ist schwer zu beurteilen. Andererseits darf die Armee nicht isoliert betrachtet werden, da sie im Kampf um die Unabhängigkeit nur ein Element unter mehreren war.

Die Briten hatten nicht ohne Grund auf die Unterstützung ihrer Truppen durch Loyalisten, Sklaven und Indianer gehofft. Schätzungsweise ein Drittel der Bevölkerung war loyalistisch gesinnt, und ein weiteres Drittel verhielt sich ängstlich abwartend bzw. bezog aus religiösen Gründen keine Stellung (hierzu zählten viele Quäker und deutsche Pietisten). Als die Howe-Brüder 1776 in New Jersey eine "Befriedungspolitik" versuchten und den Bürgern anboten, durch einen Treueid auf die Krone der Bestrafung zu entgehen, meldeten sich innerhalb kurzer Zeit nicht weniger als 5 000 reumütige Untertanen. Während des gesamten Krieges kämpften über 20 000 Loyalisten als reguläre Soldaten und viele andere, speziell in dem von Iro-Schotten besiedelten Hinterland der Südstaaten, in loyalistischen

Milizen. Obwohl sich die Militärs hüteten, die Indianerstämme an der *Frontier* zu einem allgemeinen Aufstand gegen die Siedler anzustacheln, waren doch an allen britischen Offensiven indianische Hilfstruppen beteiligt. Im Süden gingen zudem Tausende von Sklaven zu den Briten über, die sie durch das Versprechen der Freiheit zur Flucht ermunterten. Als die englischen Truppen bei Kriegsende Savannah, Charleston und New York City räumten, folgten ihnen zwischen 15 000 und 20 000 Afro-Amerikaner. Einige dieser Flüchtlinge wurden nach Florida oder Jamaica gebracht (wo sie in Gefahr waren, wieder versklavt zu werden), andere gelangten nach Neuschottland vor der Küste von Britisch-Kanada. Von dort transportierten die Briten in den 1790er Jahren 1 100 Schwarze auf eigenen Wunsch nach Afrika in das Gebiet des heutigen Sierra Leone zurück, wo sie die Stadt Freetown gründeten.

Während die amerikanischen, französischen und britischen Armeen den Kampf nach den klassischen Regeln von Bewegung, Belagerung und Feldschlacht führten, versanken weite Teile des Landes im Bürgerkrieg oder erlebten zumindest bürgerkriegsähnliche Zustände. Briten und Patrioten kämpften nicht nur gegeneinander, sondern stets auch um die Gunst und Kontrolle der lokalen Bevölkerung. Damit nahm die Auseinandersetzung, insbesondere in der dünn besiedelten und schwer zugänglichen *back country* des Südens, den Charakter eines Volks- und Guerrillakrieges an, den die Patrioten entschlossener und mit mehr Geduld und Beharrungsvermögen zu führen verstanden. Die britische Strategie, von städtischen Zentren oder festen Plätzen aus die umliegenden Landstriche zu "pazifizieren", bewirkte oft das genaue Gegenteil. Sie trieb viele Unentschiedene und Neutrale in die Arme der patriotischen Milizen und "Sicherheitskomitees", die überall dort vordrangen, wo die Briten ihre militärische Präsenz nicht im erforderlichen Maße aufrechterhalten konnten. Der wichtigste Beitrag dieser für den konventionellen Kampf weniger geeigneten Verbände bestand in der Politisierung des Krieges: Sie bestraften die "Verräter", enteigneten loyalistischen Besitz, zogen die Schwankenden auf ihre Seite und vermittelten den Anhängern das Gefühl, für eine gerechte Sache zu kämpfen. Je länger der Krieg dauerte, desto weniger konnten die Briten die ihnen treu ergebenen Amerikaner schützen, und desto mehr ging ihr Einfluß auf die öffentliche Meinung verloren. Die Ausweitung der kolonialen Revolte zu einer breiten, aggressiven Volksbewegung kündigte bereits vor Yorktown die englische Niederlage an und ließ nach 1781 weitere militärische Anstrengungen vollends aussichtslos erscheinen. Zu dieser Einsicht gelangte auch Georg III., obwohl er lange Zeit eine Art "Dominotheorie" verfochten hatte, derzufolge die amerikanische Unabhängigkeit zwangsläufig den Verlust Kanadas, der karibischen Besitzungen und sogar Irlands nach sich ziehen würde. In vieler Hinsicht nahmen die Briten also bittere Erfahrungen vorweg, die Kolonialmächte im Kampf gegen nationale Befreiungsbewegungen später immer wieder sammeln sollten. Aber auch die Amerikaner zahlten mit ca. 25 000 Toten einen hohen Preis für die Trennung vom Mutterland. Von allen Kriegen, an denen die USA bis heute beteiligt waren, forderte nur der Bürgerkrieg, gemessen an der Gesamtbevölkerung, mehr Opfer als der Unabhängigkeitskrieg.

Im April 1782 begannen in Paris Friedensverhandlungen, an denen für die Vereinigten Staaten Benjamin Franklin, John Adams und John Jay teilnahmen. Hinter den Kulissen ergab sich bald Einvernehmen zwischen den Amerikanern, die ihre Unabhängigkeit so schnell wie möglich völkerrechtlich bestätigt sehen wollten, und den Briten, die fürchteten, Franzosen und Spanier könnten lange Verzögerungen zu weiteren Gebietsgewinnen auf Kosten Englands nutzen. Im Frieden von Paris, der schließlich am 3. September 1783 unterzeichnet wurde, erreichten Franklin und seine Kollegen durch geschicktes Taktieren nahezu ihre Maximalziele: England erkannte die amerikanische Unabhängigkeit formell an, trat das gesamte Territorium zwischen den Appalachen und dem Mississippi an die Vereinigten Staaten ab und räumte den Amerikanern Fischfangrechte vor Neufundland und Neuschottland ein. Kanada nördlich der Großen Seen blieb britisch, wobei die Grenzen allerdings noch nicht unzweideutig definiert wurden. Der gleichzeitige Friedensschluß zwischen den europäischen Mächten brachte keine wesentlichen Veränderungen, abgesehen von der Tatsache, daß England Florida an Spanien zurückgeben mußte. Die Amerikaner begrüßten dies mit Blick auf die Zukunft, weil sie davon ausgingen, daß Spanien die schwächere der beiden Kolonialmächte sei. Das aus amerikanischer Sicht wichtigste Ergebnis war natürlich – abgesehen von der Unabhängigkeit selbst – die Öffnung der riesigen Westgebiete, die bislang noch von zahlreichen Indianerstämmen bewohnt waren, in die nun aber bereits Siedler zu strömen begannen.

4. Die "kritische Periode", 1783–1787/88

Aus der Sicht vieler Patrioten stellten Revolution und Unabhängigkeit die Fortsetzung der Selbstbefreiung des Menschen aus politischer und religiöser Unmündigkeit dar, die mit der Reformation begonnen hatte. Die Begeisterung, die der militärische Triumph und der günstige Friedensschluß in Amerika auslösten, konnte die Fülle und Tragweite der anstehenden Probleme aber nur kurzfristig überdecken. Das Grundbefinden der 1780er Jahre, die der Historiker John Fiske hundert Jahre später als die "kritische Periode" der amerikanischen Geschichte bezeichnete, war zwiespältig: Einerseits beflügelten republikanisches Selbstbewußtsein, puritanischer Auserwähltheitsglaube und die Vision eines künftigen *American Empire* den Tatendrang; andererseits wirkte die Furcht vor dem Abgleiten der Revolution in Anarchie eher lähmend, und die wirtschaftlichen Schwierigkeiten, die das Ausscheiden aus dem Empire-Verband und die Kriegsschäden mit sich brachten, schränkten den Handlungsspielraum ein. Die Aufgabe, das Erreichte zu sichern und Stabilität und Wohlstand unter den neuen Bedingungen dauerhaft zu gewährleisten, erwies sich als fast ebenso schwierig wie der Kampf um die Unabhängigkeit. Niemand sah das klarer voraus als George Washington, den einige Offiziere in der Endphase des Krieges, als der Kongreß seine Soldversprechungen nicht einlösen konnte, wohl gern als Diktator auf den Schild gehoben hätten. Washington ließ sich jedoch nicht anfechten und gab den Oberbefehl im Dezember 1783 in Annapolis, Maryland ordnungsgemäß an den Kongreß zurück. Zuvor richtete er allerdings ein Rundschreiben an die Staatenregierungen, in dem er seine Landsleute aufforderte, ihre gegenseitigen Vorurteile zu überwinden und die Union zu einem unauflöslichen Staatswesen mit einheitlicher Führung auszubauen. Als Privatmann warb er von seinem Landsitz Mount Vernon weiter im Sinne dieses politischen Vermächtnisses dafür, die Zusammenarbeit zu vertiefen und die nationale Integration voranzubringen. Das generelle Meinungsklima war solchen Gedanken zunächst aber alles andere als günstig.

Egalitäre Tendenzen und Krise der Autorität

Die amerikanischen Revolutionäre brauchten keine festgefügte ständische Gesellschaftsordnung mit erblichen Vorrechten und

Adelstiteln umzustürzen. Dennoch hatte der Unabhängigkeitskrieg über die bloße Abtrennung vom Mutterland hinaus auch eine auf innere Veränderungen gerichtete soziale Dynamik erzeugt. Der Zwang zur Entscheidung für oder gegen bewaffneten Widerstand sprengte die koloniale Oberschicht, deren Repräsentanten bis in die 1770er Jahre hinein fast überall das politische Geschick der Kolonien bestimmt hatten, und katapultierte "Emporkömmlinge" in eine sich neu konstituierende republikanische Elite. Zusammen mit den königlichen Gouverneuren, Offizieren und Beamten wurden im Verlauf des Krieges nicht weniger als 80–100 000 Loyalisten aus den dreizehn Staaten vertrieben bzw. verließen Amerika freiwillig in Richtung England oder Kanada. Gemessen an der Gesamtbevölkerung bedeutete das einen größeren Aderlaß, als ihn Frankreich im darauf folgenden Jahrzehnt mit der Hinrichtung und Flucht von "Konterrevolutionären" erlebte. Die Loyalisten rekrutierten sich zwar aus allen Gesellschaftsschichten und Berufsgruppen, aber Besitzende und Gebildete waren proportional am stärksten vertreten. Wer das Land verließ, mußte damit rechnen, daß sein Eigentum konfisziert und zugunsten der Staatskasse versteigert wurde. Obgleich solche Zwangsenteignungen die Ausnahme blieben und nach Kriegsende z.T. rückgängig gemacht wurden, verhalfen sie doch etlichen Patrioten zu raschem Reichtum und einer steilen Karriere. Insgesamt ist davon auszugehen, daß in dem Jahrzehnt von 1774 bis 1783 über 70 Prozent der kolonialen Amtsinhaber ihre Stellung verloren und etwa die Hälfte der Oberschicht ausgetauscht wurde. Daß dies nicht ohne Folgen für die gesellschaftliche Stabilität der jungen amerikanischen Staaten bleiben konnte, liegt auf der Hand.

Die Veränderungen beschränkten sich aber nicht auf die Umschichtung von Besitzverhältnissen innerhalb der Elite. Bewußtseins- und mentalitätsmäßig zertrümmerte die Revolution das auch in Amerika noch durchaus wirksame monarchisch-ständische Weltbild und stellte die Hierarchien und Statuszuweisungen der *deferential society* in Frage. Die massenhafte Teilnahme am politischen Prozeß, die Entstehung einer "öffentlichen Meinung" und der Abbau sozialer Schranken durch das Kriegserlebnis lösten eine generelle Autoritätskrise aus, die sich in der Politik der 1780er Jahre erst richtig bemerkbar machte und die bis in die Familienbeziehungen hineinwirkte. Die radikal-republikanische Komponente der Country-Ideologie unterstützte den Anspruch des *common man*, in allen wichtigen Dingen mitreden und mitentscheiden zu dürfen. Vermögen und Bildung galten nicht mehr als unerläßliche Voraussetzung für ein politisches Amt, sondern die Fähigkeit zum Regieren wurde jedermann zugebilligt, der sich für das "größte Glück der größten Zahl von Menschen" einsetzte – eine Formel, die von den schottischen Aufklärern um Adam Ferguson und Francis Hutcheson als Maßstab für "good government" proklamiert worden war. "Einfache Leute" erschienen sogar als bessere Repräsentanten des Volkes, weil sie am ehesten mit den Sorgen und Wünschen der Bürger vertraut waren. Daß solche Einstellungen praktische Folgen zeitigten, erkennt man sehr gut an der Zusammensetzung der Staatenparlamente, in denen nun – mit regionalen Unterschieden – doppelt bis dreimal soviele einfache Farmer und Handwerker vertreten waren wie in den vorrevolutionären Assemblies. Hier trugen nun erstmals parteiähnliche Fraktionen ganz offen Interessenkonflikte aus, die zur Kolonialzeit in exklusiven Zirkeln geregelt worden wären und die man im Krieg der Solidarität der Patrioten untergeordnet hatte. So entbrannte in den Legislativen nach der Tilgung der letzten Reste des feudalen Erbrechts der Streit um eine ausgewogene Verteilung der Steuerlasten, um die Vor- oder Nachteile von Papiergeld sowie um die Beseitigung wirtschaftlicher Monopole und religiöser Privilegien. Diese egalitäre Tendenz wurde in Wahlreden, Zeitungen und Pamphleten von heftigen rhetorischen Attacken auf noch bestehende oder vermeintliche Vorrechte begleitet. Viele Argumente, die gegen britische "Tyrannei" und "Versklavung" vorgebracht worden waren, dienten nun dazu, die soziale Kontrolle der einheimischen Elite weiter zu schwächen. Die revolutionäre Dynamik begann also die gesamte politische Kultur zu transformieren, was die einen als demokratische Verheißung, andere hingegen als Auflösung der gesellschaftlichen Bande interpretierten.

Thomas Paines Aufruf, die "Welt neu zu beginnen", konnte den Amtsinhabern und Parlamentariern nicht als praktische Handlungsanleitung dienen. Auch historisch gab es keinen brauchbaren Präzedenzfall, denn seit Oliver Cromwells gescheitertem Commonwealth im 17. Jahrhundert hatte niemand bewußt ein neues Regierungssystem konstruiert. Nach 1784 breitete sich in der revolutionären Führungsschicht allmählich die Überzeugung aus, daß die idealistisch-nostalgischen Vorstellungen, mit denen man den Kampf gegen das Mutterland geführt hatte, den Anforderungen der Unabhängigkeit nicht oder nur teilweise entsprachen. Der starre Antizentralismus der republikanischen Country-Ideologie, der schon im Krieg Koordinierungsprobleme geschaffen hatte, ihr extremes Machtmißtrauen, das eher zur Opposition als zum konstruktiven Regieren befähigte, und die von ihr erzeugte moralische Aversion gegen Handel und Kommerz erschwerten die notwendige Anpassung an die neuen politischen und wirtschaftlichen Bedingungen. Die radikalen Patrioten und ihre aufklärerischen Freunde und Bewunderer in Europa hofften, die amerikanischen Staaten würden den Beweis erbringen, daß es eine freiheitliche Alternative zur absoluten Monarchie und zum britischen Empire-Modell gab. In gemäßigteren Kreisen war man jedoch skeptisch, denn konföderative Republiken wie die Schweiz oder die Vereinigten Niederlande galten – im Vergleich zu den "modernen" zentralisierten Nationalstaaten England und Frankreich – als antiquiert und kaum entwicklungsfähig. Noch weniger schien eine Rückkehr zu den Verhältnissen der römischen Republik oder gar zur strengen Genügsamkeit Spartas möglich. Konservative Beobachter hielten es schlichtweg für illusorisch, ein Gemeinwesen auf die freiwillige Zustimmung und die moralischen Tugenden seiner Bürger zu gründen anstatt auf patriarchalische Autorität, Zwang und klare Herrschaftsverhältnisse. Das Geschehen in den ersten Jahren der Unabhängigkeit schien diese Skeptiker und Gegner zu bestätigen, die den Vereinigten Staaten keine lange Überlebensdauer vorhersagten. Im Innern geriet das "amerikanische Experiment" von zwei Seiten unter Druck: Zum einen erwies sich der Konföderationskongreß als unfähig, die ihm gestellten Regierungsaufgaben zu erfüllen; zum anderen gelang es den souveränen Einzelstaaten nicht, aus eigener Kraft die desillusionierende Nachkriegsmisere zu überwinden.

Die Schwäche des Konföderationskongresses

Der "vagabundierende" Konföderationskongreß symbolisierte in den 1780er Jahren den Zustand einer unvollkommenen Union, der die lenkende Hand und ein lebendiges Kraftzentrum fehlte. Nachdem die Delegierten 1783 aus Furcht vor Soldaten, die ihre Soldzahlungen einforderten, Philadelphia verlassen hatten, konnten sie sich auf keinen festen Sitz mehr einigen, sondern tagten an wechselnden Orten. Die Wahlbestimmungen für Kongreßdelegierte verhinderten eine personelle Kontinuität und bewirkten, daß viele der fähigsten Politiker Mitte der 1780er Jahre ausscheiden mußten. Unter diesen Umständen verlor die Öffentlichkeit, die sich ohnehin stärker auf das

Geschehen in den jeweiligen Staaten konzentrierte, mehr und mehr das Interesse am Kongreß. Dennoch war die Bilanz des Konföderationskongresses nicht völlig negativ. Einen außenpolitischen Erfolg bedeutete der Abschluß des Handelsvertrags mit Preußen 1785. Seine größte Leistung vollbrachte der Kongreß kurz vor der Auflösung 1787 mit der Verabschiedung der von Jefferson konzipierten *Northwest Ordinance*. Sie legte Richtlinien für die weitere territoriale Ausdehnung der Vereinigten Staaten fest, indem sie die Gründung von mehreren neuen Staaten im Gebiet zwischen Ohio und Großen Seen (Northwest Territory) vorsah. Diese Staaten sollten in die Union aufgenommen werden, sobald sie eine Einwohnerzahl von 60 000 erreicht und sich eine republikanische Verfassung gegeben hatten. Damit war sichergestellt, daß der Westen nicht permanent als Kolonialgebiet verwaltet, sondern nach und nach gleichberechtigt in die Union integriert werden würde. Überdies schloß die *Northwest Ordinance* jegliche Form von Sklaverei im Ohio-Territorium aus. Ursprünglich hatte Jefferson dieses Verbot auf den gesamten Westen bis hinunter zum Golf von Mexiko ausdehnen wollen, doch sein Vorschlag war am Widerstand der Südstaaten-Delegierten gescheitert.

Besonders nachteilig machte sich die Schwäche des Kongresses im Bereich der Außenwirtschaft, des zwischenstaatlichen Handels und der Finanzen bemerkbar. Die Londoner Regierung behinderte auch nach dem Friedensschluß die amerikanischen Exporte in die Karibik und nach England, während englische Kaufleute rasch ihre Vorkriegsrolle als Hauptlieferanten von Fertigwaren und Kreditgeber zurückeroberten. Nur sie waren nämlich imstande, den enormen Konsum- und Investitionsbedarf der Amerikaner zu befriedigen, der sich in acht Kriegsjahren angestaut hatte. Daraus folgten aber hohe Handelsdefizite, ein Abfluß des Hartgeldes nach England und eine steigende Verschuldung amerikanischer Pflanzer und Farmer, die sich Geld liehen oder auf Kredit kauften. Dieser "Konsumrausch" ging schon 1784 in eine Deflationskrise mit sinkenden Preisen, Geldverknappung und Arbeitslosigkeit über. Der Kongreß mußte hilflos zuschauen, da er keine Vergeltungsmaßnahmen gegen die britischen Handelsbeschränkungen ergreifen durfte und folglich weder in der Lage war, die Importe zu drosseln noch die Exporte zu steigern. Weil ihm zudem die Befugnis fehlte, den Handel zwischen den Staaten zu regulieren, konnte er nicht einmal verhindern, daß sich die Engländer Vorteile verschafften, indem sie einen Staat gegen den anderen ausspielten. Auf diese Weise drohte die Gefahr, daß interne Handels- und Zollschranken die Union unterminieren würden.

Noch verhängnisvoller wirkte sich die fehlende Zoll- und Steuergewalt des Kongresses aus, die ihn ganz vom finanziellen Wohlwollen der Staatenparlamente abhängig machte. In dem Maße, wie sich die Wirtschaftskrise verschärfte, nahm nämlich die Bereitschaft der Staaten ab, die Forderungen des Kongresses zu erfüllen, und einige Parlamente stellten ihre Zahlungen ganz ein. Ohne ein sicheres Einkommen war es dem Kongreß aber unmöglich, die noch lange nicht bewältigten finanziellen Folgelasten des Krieges zu tragen. Sie resultierten daraus, daß man Steuererhöhungen zur Kriegsfinanzierung so weit wie möglich vermieden und sich stattdessen mit Papiergeldemissionen und Anleihen beholfen hatte. Der größte Teil des Papiergeldes, das der Kongreß – parallel zu den einzelnen Staaten – gedruckt hatte, war um diese Zeit bereits aus dem Umlauf gezogen worden. Anders sah es dagegen mit Schuldverschreibungen und Anleihescheinen aus, für die Zinsen gezahlt werden mußten. Eine hohe Priorität besaßen natürlich auch die Auslandsanleihen, die man in Frankreich und den Niederlanden aufgenommen hatte. Die Kreditwürdigkeit des Kongresses im Innern wie nach außen hing davon ab, daß er zumindest seinen Zinsverpflichtungen gegenüber den Gläubigern nachkam. Auf Grund der finanziellen Schwierigkeiten und der schlechten Zahlungsmoral der Einzelstaaten war dies jedoch ab 1785 nicht mehr gewährleistet. Deshalb verfiel der Wert der kontinentalen Schuldverschreibungen, und auch das Vertrauen der europäischen Gläubiger, das für weitere Kredite unabdingbar war, drohte vollends verlorenzugehen. Ende 1786 stand fest, daß der Staatsbankrott nur noch durch grundlegende Änderungen auf dem Finanzsektor vermieden werden konnte.

Die Kritik am handlungsunfähigen Kongreß verband sich mit wachsender Unzufriedenheit über die Politik der Einzelstaaten, die selbst nach Meinung etlicher radikaler Revolutionsführer "die Demokratie zu weit trieben". Dieser Vorwurf zielte vor allem auf die Staatenlegislativen, die ihr Übergewicht in den neuen Verfassungssystemen zu einer veritablen Parlamentssouveränität ausbauten. Andererseits trat die Diskrepanz zwischen Anspruch und Wirklichkeit immer deutlicher zutage. Das Prinzip der jährlichen Wahlen bewirkte häufig wechselnde Mehrheiten, die eine stetige Regierungs- und Verwaltungsarbeit nahezu unmöglich machten. Unter diesen Umständen nimmt es fast wunder, daß doch eine Reihe konstruktiver

Leistungen erzielt wurden. Das betraf z.B. die bereit erwähnten Maßnahmen gegen die Sklaverei in den nördlichen Staaten, aber auch die von Jefferson formulierte *Bill for Establishing Religious Freedom*, die das virginische Parlament 1786 annahm. Durch die rechtliche Gleichstellung aller christlichen Glaubensgemeinschaften und das Verbot, sie mit staatlichen Mitteln zu alimentieren, verwirklichte dieses Gesetz erstmals die strikte Trennung von Kirche und Staat.

Generell wurde die politische Auseinandersetzung in den Parlamenten immer härter, und die Mehrheiten nahmen wenig Rücksicht auf die Rechte der Minderheiten oder die Bestimmungen der Verfassungen. Am heftigsten wurde über die Methode gestritten, mit der die Wirtschaftskrise bekämpft werden sollte. Einige Parlamente beschlossen wieder Papiergeldemissionen, um den Mangel an Hartgeld auszugleichen und den Druck der öffentlichen und privaten Schulden zu lindern. Dabei nahmen sie einen inflationären Wertverlust des Papiergeldes in Kauf, der die Gläubiger schädigte und vehemente Beschwerden über die Verletzung des Rechts auf Eigentum auslöste. Andere Parlamente, in denen die Gläubiger mehr Einfluß hatten, setzten eine harte Sparpolitik durch, mit der die Lasten der Krise auf die kleinen Steuerzahler abgewälzt wurden. Ein solcher Kurs barg aber die Gefahr sozialer Unruhen, die dann auch nicht lange auf sich warten ließen. Die gefährlichste Situation entstand im westlichen Massachusetts, wo sich die Farmer, deren Besitz von Zwangsversteigerung bedroht war, weil sie ihre Steuern nicht zahlen konnten, im Herbst 1786 zusammenschlossen, die Kreisgerichte lahmlegten und ein staatliches Waffenlager zu erobern versuchten. Diese Protestbewegung, die nach einem ihrer Anführer, dem ehemaligen Hauptmann der Kontinentalarmee Daniel Shays, *Shays' Rebellion* genannt wurde, konnte im folgenden Frühjahr durch den Einsatz von Milizen aus der Küstenregion niedergeschlagen werden. In der gespannten Atmosphäre betrachteten aber viele der führenden Politiker, die bislang noch auf Appelle an die Bürgertugend gesetzt hatten, die agrarischen Unruhen in Massachusetts und in einigen anderen Staaten als Anzeichen einer beginnenden Auflösung des gesellschaftlichen Gefüges der Union. Selbst George Washington, der übertriebenen Berichten aus dem Aufstandsgebiet bereitwillig Glauben schenkte, zweifelte nun daran, ob die Amerikaner wirklich reif seien, sich selbst zu regieren.

Unterdessen waren auch die Bemühungen, die finanzielle Lage des Kongresses durch eine Änderung der Konföderationsverfassung zu verbessern, an dem Zwang zur Einstimmigkeit gescheitert. Als letzten Rettungsanker griff man nun die Idee eines allgemeinen Reformkonvents auf, die eine Gruppe von Politikern um den New Yorker Anwalt Alexander Hamilton und den virginischen Pflanzer James Madison – beides enge Vertraute George Washingtons – schon seit Beginn der 1780er Jahre verfolgt hatte. Diese *nationalists*, wie sie von den radikalen Republikanern abschätzig genannt wurden, diagnostizierten einen inneren Zusammenhang zwischen den Unzulänglichkeiten der Konföderationsverfassung und der Instabilität der Einzelstaaten. Aus den Erfahrungen, die sie seit dem Krieg auf beiden Ebenen gesammelt hatten, schlossen sie, daß weder Bürgertugend noch Religion die negativen menschlichen Eigenschaften, vor allem Ehrgeiz und Habgier, wirksam kontrollieren konnten; *virtue* und *religion* mußten, wie Madison sich ausdrückte, ergänzt werden durch institutionelle Heilmittel gegen die Gebrechen, die der republikanischen Staatsform naturnotwendig innewohnten. Diese Haltung spiegelte Ideen der gemäßigten schottischen Aufklärung wider, die Madison als Student am College of New Jersey in Princeton (der späteren Princeton University) rezipiert hatte. Das 1746 gegründete College war in der Revolution unter seinem aus Schottland stammenden Präsidenten John Witherspoon zu einem geistigen Zentrum des patriotischen Widerstands und zur Keimzelle eines "nationalen", gesamtamerikanischen Bewußtseins geworden.

Im Unterschied zu den meisten ihrer Landsleute, deren erste Loyalität dem eigenen Staat oder der Region gehörte, verfügten Hamilton und Madison wie auch Washington über eine "kontinentale Vision", mit der sie die ungeheuren Entwicklungsmöglichkeiten der Vereinigten Staaten vorausahnten. Hamilton hatte hauptsächlich die wirtschaftlichen und militärischen Vorteile einer starken Zentralregierung im Auge. Seine Ziele waren der einheitliche amerikanische Binnenmarkt, eine stabile Währung und eine Militärmacht, mit der jeder potentielle Gegner in Schach gehalten werden konnte. Das setzte voraus, daß der Kongreß finanziell von den Staaten unabhängig wurde und eine wirkliche nationale Führungsrolle erhielt. Madison, der viel historische und staatsrechtliche Literatur heranzog, sorgte sich mehr um die innere Stabilität der Union. Abweichend von Montesquieu behauptete er schon im Frühjahr 1787, eine lockere Konföderation republikanischer Staaten, wie sie die *Articles of Confederation* geschaffen hatten, könne den sozialen Frieden und die politische Freiheit nicht dauerhaft gewährleisten. Dies sei nur möglich durch die enge Einbindung der Staaten in eine föderativ-nationale Ordnung neuen Stils, die auch Raum lasse für die Ausdehnung nach Westen. Mit Hilfe einer starken Zentralregierung könne die Führungselite die nötige Kontrolle über die Staatenparlamente ausüben, ohne daß dadurch der Republikanismus und das Prinzip der Volkssouveränität gefährdet würden.

Madisons und Hamiltons Gedanken standen lange Zeit zu sehr im Widerspruch zur vorherrschenden Meinung, als daß sie Aussicht auf Realisierung gehabt hätten. Noch im September 1786 hielten es nur fünf Staaten für opportun, sich an einer von Hamilton initiierten Konferenz in der Hauptstadt von Maryland, Annapolis, zu beteiligen. Die Versammlung begnügte sich deshalb mit einer Einladung an alle Staatenparlamente, im Mai 1787 Delegierte zu einem Konvent nach Philadelphia zu entsenden. Um die Jahreswende 1786/87 schufen dann die Sorge vor dem finanziellen Zusammenbruch der Union und das Erschrecken vor *Shays' Rebellion* die stimmungsmäßigen Voraussetzungen für tiefgreifende Reformen. Als der Philadelphia-Konvent seine Arbeit aufnahm, waren alle Staaten außer Rhode Island vertreten, dessen radikale Parlamentsmehrheit die Verfassungsmäßigkeit des Unterfangens anzweifelte.

Der Verfassungskonvent von Philadelphia

Nach der sozialen Herkunft der Delegierten stellte der Philadelphia-Konvent einen Querschnitt durch die revolutionäre Elite der Pflanzer, Kaufleute und Anwälte dar. Ideologisch überwog aber das zentralistisch-nationale Element, nicht zuletzt deshalb, weil einige der radikalen Volksführer wie Samuel Adams und Patrick Henry freiwillig auf die Teilnahme verzichtet hatten. Von den 74 ursprünglich gewählten Abgeordneten fanden sich 55 in Philadelphia ein, wo der Konvent vom 25. Mai bis 17. September 1787 unter dem Vorsitz George Washingtons hinter verschlossenen Türen tagte. Bereits Ende Mai trafen die Delegierten auf Vorschlag des Virginiers Edmund Randolph die grundsätzliche Entscheidung, eine völlig neue Verfassung zu erarbeiten, um die Union zu "konsolidieren" und im nationalen Sinne umzugestalten. Damit wichen sie bewußt von den Instruktionen des Konföderationskongresses und der meisten Parlamente ab, die *Articles of Confederation* zu "revidieren und zu verbessern". Ausgangspunkt der Beratungen war also der Konsens darüber, daß die Union eine handlungsfähige Zentralregierung benötigte, deren Kompetenzen und Machtmittel ausreichen mußten, um den anstehenden wie auch allen erdenklichen zukünftigen Aufgaben gerecht zu werden. Im einzelnen blieben aber genügend Probleme und Streitpunkte übrig, die zäh diskutiert wurden und den Konvent mehr als einmal an den Rand des Scheiterns brachten. Letztlich erzeugte aber die Furcht, daß ein Mißerfolg den Zerfall der Union nach sich ziehen würde, immer wieder genügend Kompromißbereitschaft, um diese Krisen zu überwinden.

Vier Problemkreise verwoben sich in der Debatte zu einem komplizierten Geflecht: das Verhältnis zwischen den Einzelstaaten und der Zentralregierung (die in den Entwürfen stets "national government" und erst am Ende mit Rücksicht auf die öffentliche Meinung "federal government", Bundesregierung, genannt wurde); die Machtverteilung innerhalb dieser Zentralregierung; die Repräsentation von großen und kleinen Staaten im zukünftigen Parlament; und der Interessengegensatz zwischen Nord- und Südstaaten, der hauptsächlich in der Sklavereifrage wurzelte. Was den ersten Komplex betraf, so schränkten die Delegierten die Staatensouveränität ein und wiesen der Zentralregierung eine übergeordnete Stellung zu. Symbolisch kam das schon in der Präambel der Verfassung zum Ausdruck, die als Souverän "We the people of the United States" und nicht mehr, wie in den *Articles of Confederation*, sämtliche Staaten von New Hampshire bis Georgia nannte. Von größter praktischer Bedeutung war die Neuordnung der Kompetenzen im wirtschaftlichen Bereich: Die Bundesregierung erhielt nun das Recht, Einfuhrzölle und Steuern zu Zwecken der Verteidigung und allgemeinen Wohlfahrt (*common defence and general welfare*) zu erheben sowie den Handel zwischen den Staaten und mit dem Ausland zu regulieren. Durch diese Neuformulierung der Steuer- und Handelsbefugnisse (*taxing power* und *commerce power*) war die Bundesregierung finanziell weitgehend unabhängig von den Staaten und konnte sich direkt an jeden einzelnen Bürger wenden. Zugleich wurde den Staaten untersagt, Papiergeld auszugeben und Münzen zu prägen. Damit waren die Voraussetzungen für den einheitlichen Binnenmarkt und eine gemeinsame Wirtschafts-, Währungs- und Handelspolitik geschaffen. Die Verfassung garantierte den Staaten eine republikanische Regierungsform und Schutz vor äußeren Angriffen wie vor innerem Umsturz. Zu diesem Zweck durfte die Bundesregierung nicht nur Heer und Flotte unterhalten, sondern auch die Staatenmilizen beaufsichtigen und nötigenfalls gegen Unruhen (*domestic violence*) einsetzen. Vollendet wurde der Übergang von der konföderativen zur bundesstaatlichen Ordnung durch zwei dehnbare Generalklauseln: Artikel I, Abschnitt 8 ermächtigte den neuen Kongreß, alle Gesetze zu beschließen, die er für "notwendig und angemessen" (*necessary and proper*) hielt, um die ihm von der Verfassung gestellten Aufgaben zu erfüllen; und Artikel VI erklärte die Verfassung und die Gesetze und Verträge der Union zum höchsten geltenden Recht (*supreme law of the land*), an das jeder Richter ungeachtet der Verfassungen und Gesetze der Einzelstaaten gebunden war. Trotz der Beschneidung ihrer Selbständigkeit blieben die Staaten aber die Grundeinheiten des Regierungssystems. Das zeigte sich z.B. bei dem in Artikel V festgelegten Verfahren zur Verfassungsänderung: Vorgeschlagen werden konnten Änderungen und Ergänzungen (*Amendments*) entweder von beiden Häusern des Kongresses mit Zweidrittelmehrheit oder von einem Verfassungskonvent, der auf Antrag von zwei Drittel der Staaten zustandekam. Damit ein solcher Vorschlag Geltung erlangte, mußten ihm aber drei Viertel der Staaten – durch Parlamentsbeschluß oder per Ratifizierungskonvent – zustimmen.

Bei der Konstruktion der Bundesorgane ließ sich die Mehrheit der Delegierten von der Absicht leiten, ein Übergewicht der Legislative, eine Art Parlamentssouveränität, wie sie sich in den Staaten herausgebildet hatte, zu verhindern. Gewiß stand der Kongreß als Verkörperung des Gesamtwillens der Union im Zentrum des Regierungssystems; es mußte aber Vorsorge getroffen werden, daß die Rechte von Minderheiten sowie der Geist und Buchstabe der Verfassung selbst gewahrt blieben. Eine möglichst unabhängige Exekutive und Judikative waren dazu gedacht, der legislativen Gewalt Grenzen zu setzen, um das System als Ganzes im Gleichgewicht zu halten. Überragenden Stellenwert gewann dabei die Frage, wie die Exekutive beschaffen sein und welche Befugnisse sie ausüben sollte. Ihre Beantwortung war deshalb so prekär, weil sich hier am deutlichsten die Abwendung von den radikalen Maximen der Revolution zugunsten gemäßigter Vorstellungen von einer *balance of power* im Sinne der englischen konstitutionellen Tradition offenbarte. Ein Ersatz für den König, der dem Parlament Paroli bieten konnte, war nicht leicht zu finden, zumal die ausführende Gewalt im Bewußtsein der Zeitgenossen immer noch mit der erblichen Monarchie identifiziert wurde. Der Konvent erwog eine ganze Reihe von Modellen, die sich zwischen den Extremen eines auf Lebenszeit gewählten Präsidenten (ein Vorschlag Hamiltons, der aber angesichts der öffentlichen Meinung keine Realisierungschance hatte) und einem kollegialen Führungsgremium bewegten, das am ehesten den republikanischen Prinzipien entsprochen hätte. Am Ende setzte sich der Vorschlag des pennsylvanischen Anwalts James Wilson durch, daß "die Exekutive aus einer einzigen Person bestehen" sollte, obwohl einige Delegierte darin den "Fötus der Monarchie" zu erkennen glaubten. Nach Meinung der Mehrheit war so am besten gewährleistet, daß die Exekutive über einen einheitlichen Willen und über genügend Energie und Effektivität verfügen würde, um das Wohl der Nation zu verfolgen, und daß gleichzeitig klare Verantwortlichkeiten gegeben seien. Unterschwellig spielte dabei sicher eine Rolle, daß viele Delegierte mit dem Konventsvorsitzenden George Washington bereits den Wunschkandidaten für das neue Amt im Auge hatten. Die Debatte über die Amtszeit spitzte sich auf zwei konkurrierende Vorschläge zu: sieben Jahre ohne Wiederwahl oder vier Jahre mit der Möglichkeit, sich danach erneut zur Wahl zu stellen. Den Ausschlag für das zweite Modell gab schließlich die Überlegung, daß der vierjähriger Turnus einerseits eine relativ gute Sicherheit gegen Machtmißbrauch bot, das Verbot einer Wiederwahl andererseits die Energie des Amtsinhabers eher lähmen und die Optionen der Bürger zu sehr einschränken würde. Als zuständiges Wahlgremium war lange Zeit der Kongreß vorgesehen gewesen, nachdem die Delegierten den Gedanken der direkten Volkswahl als zu radikal, vor allem aber als nachteilig für die kleinen Staaten und die Sklavenstaaten (in denen ja nur verhältnismäßig wenige weiße Wähler lebten) verworfen hatten. Die Entscheidung für eine indirekte Volkswahl stellte also in erster Linie ein Zugeständnis an die kleinen Staaten und das föderative Prinzip dar. Im Wahlmännerkollegium, dessen Mitglieder zunächst von den Staatenparlamenten, nicht von den Bürgern selbst gewählt wurden, verfügte jeder Staat über die gleiche Anzahl Stimmen wie er Abgeordnete und Senatoren in den Kongreß entsenden durfte. Durch die Vorschrift, daß die Elektoren je zwei Stimmen hatten, von denen sie eine für einen Kandidaten abgeben mußten, der nicht aus ihrem eigenen Staat stammte, wurde das Gewicht der kleinen Staaten erhöht. Noch deutlicher kam das föderale Element darin zum Ausdruck, daß für die Wahl zum Präsidenten die absolute Mehrheit der Wahlmännerstimmen erforderlich war. Die meisten Delegierten gingen davon aus, daß ein solches Ergebnis nur in Ausnahmefällen eintreten und die letzte Entscheidung deshalb in der Regel doch beim Repräsentantenhaus liegen würde. Hier sah die Verfassung vor, daß bei den Stichwahlen im Repräsentantenhaus nach Staaten abzustimmen sei, wobei jeder Staat, ob groß oder klein, eine Stimme hatte. Tatsächlich kam dieses Verfahren in der Frühphase der Vereinigten Staaten einige Male zur Anwendung; die Regel wurde es aber nicht, weil das Zweiparteien-System, das sich schon bald etablierte, eine übermäßige Zersplitterung der Wahlmännerstimmen verhinderte. Ein "Nebenprodukt" dieser komplizierten Regelung war das Amt des Vizepräsidenten, das an denjenigen Kandidaten fiel, der die zweithöchste Zahl von Wahlmännerstimmen erreichte.

In der Summe der Kompetenzen, die der Konvent dem Präsidenten zubilligte, machte er ihn gleichzeitig zum Regierungschef, zum Staatsoberhaupt und zum Oberbefehlshaber der Streitkräfte. Diese unerhörte Machtfülle wurde allerdings dadurch eingegrenzt, daß der Präsident eine ganze Reihe von Befugnissen mit dem Kongreß teilen mußte. So sah man vor, daß er zur Ernennung der Minister – wie auch der Richter und anderen hohen Regierungsbeamten – die Zustimmung des Senats benötigt. Seine Befugnis, völkerrechtliche Verträge abzuschließen, mußte er ebenfalls mit dem Senat teilen, dessen Zweidrittel-Mehrheit für die Ratifizierung erforderlich war. Außenpolitischen Alleingängen und militärischen Abenteuern des Präsidenten glaubten die Delegierten dadurch vorbeugen zu können, daß sie die Entscheidung über Krieg und Frieden, die Aufstellung von Heer und Flotte und die Mobilisierung der Milizen dem Kongreß überließen. Gestärkt wiederum wurde der Präsident gegenüber der Legislative durch ein Vetorecht, mit dem er Kongreßgesetze aufhalten konnte, sofern ihn Repräsentantenhaus und Senat nicht mit Zweidrittel-Mehrheit überstimmten. Dabei ging es den Delegierten weniger um die Blockierung von Gesetzesvorhaben als vielmehr, wie Madison erklärte, um die Verhinderung von "überhastet formulierten, ungerechten und verfassungswidrigen" Gesetzen. Auf diese Weise war der Präsident aktiv und in konstruktiver Weise am Gesetzgebungsprozeß beteiligt. Diese Regelungen sind charakteristisch für das Bemühen des Konvents, ein komplexes System der Gewaltenverschränkung und wechselseitigen Kontrolle zu schaffen, das eher Montesquieus Idealvorstellungen von der englischen Verfassung als dem tatsächlichen System des *King in Parliament* folgte, wie es im 18. Jahrhundert Gestalt angenommen hatte. Die Präsidentschaft wurde Teil eines *mixed and limited government*, dessen verfassungsmäßige Begrenzung in erster Linie dem Schutz der individuellen Freiheit vor staatlicher Willkür und Unterdrückung dienen sollte.

Das Prinzip der funktionalen Gewaltenteilung und Gewaltenverschränkung wird auch beim Blick auf die Judikative gut deutlich: Der Konvent etablierte das Oberste Gericht (*Supreme Court*) zwar erstmals als eigenständigen dritten Regierungszweig, ermächtigte aber den Präsidenten, die Bundesrichter mit Zustimmung des Senats auf Lebenszeit (*during good behavior*) zu ernennen. Der Vorsitzende des Gerichts wiederum wurde ermächtigt, das Verfahren der Amtsanklage (*Impeachment*) gegen den Präsidenten zu leiten, das der Konvent als letzte Schranke gegen exekutive Willkür errichtete. An einem solchen *Impeachment* sind laut Verfassung aber auch die beiden Kammern des Kongresses beteiligt: Das Repräsentantenhaus hat das alleinige Recht, die Anklage zu erheben, und der Senat kann den Präsidenten mit Zweidrittel-Mehrheit verurteilen. Der Supreme Court, dessen exakte Befugnisse der Kongreß erst 1789 im Judiciary Act festlegte, sollte für eine einheitliche Rechtsprechung und die Beachtung der konstitutionellen Grenzen in der ganzen Union sorgen. Welche Autorität er sich später wirklich verschaffen würde, war zum Zeitpunkt der Verfassunggebung ebensowenig vorauszusehen wie Erfolg und Dauerhaftigkeit des Systems insgesamt. Nach dem Willen der Verfassungsväter sollten sich die drei Gewalten aber auf keinen Fall gegenseitig lähmen, sondern vielmehr durch Konkurrenz und Ehrgeiz zu höheren Leistungen anspornen. Im 51. Federalist-Essay faßte Madison diese Überzeugung in dem Satz "ambition must be made to counteract ambition" zusammen.

Bei der Frage nach Struktur und Zusammensetzung des neuen Kongresses gingen die Auffassungen der großen und der kleinen Staaten zunächst weit auseinander. Der Virginia-Plan sah eine Zweikammer-Legislative vor, in deren Unterhaus die Staaten proportional zur Bevölkerungszahl vertreten waren. Das Unterhaus sollte dann aus einer Anzahl von Kandidaten, die die Staatenparlamente nominierten, das Oberhaus wählen. Demgegenüber hielten die New Jersey-Delegierten als Sprecher der kleinen Staaten am Einkammersystem des Konföderationskongresses mit gleicher Repräsentation für alle Staaten fest. Schließlich einigte man sich darauf, bei der Sitzverteilung im Unterhaus (*House of Representatives*) die Einwohnerzahl zugrundezulegen, im Oberhaus (*Senate*) hingegen jedem Staat zwei Sitze zu gewähren. Die Abgeordneten sollten in den

Staaten für zwei Jahre direkt gewählt werden (wobei das Wahlrecht Sache der Staaten blieb), die Senatoren von den Staatenparlamenten auf sechs Jahre bestimmt werden. Dieser von Connecticut vorgeschlagene Kompromiß (*Connecticut Compromise*) entschädigte die kleinen Staaten bis zu einem gewissen Grade für den erlittenen Macht- und Statusverlust, denn über den Senat konnten sie nun gleichberechtigt Einfluß auf die Gesetzgebung und die Ernennung von Beamten und Richtern nehmen.

Der Nord-Süd-Konflikt hatte seinen Ursprung darin, daß die Südstaaten fürchten mußten, im Kongreß wegen ihrer geringeren weißen Bevölkerungszahl vom Norden majorisiert zu werden. Ihre Delegierten im Konvent wollten sicherstellen, daß die künftige Wirtschaftspolitik die Interessen der auf den Export von Agrarprodukten angewiesenen südlichen Pflanzer und Farmer berücksichtigte und daß sich der Rest der Union nicht zusammentun konnte, um die Sklaverei zu verbieten. In einem frühen Stadium der Beratungen gestanden die Delegierten der Nord- und Mittelstaaten dem Süden zu, als Grundlage für die Repräsentation im Unterhaus nicht allein die weiße Bevölkerung zu nehmen, sondern drei Fünftel "aller anderen Personen, mit Ausnahme von Indianern" hinzuzuzählen (eine Umschreibung für das Wort "Sklaven", das man in der Verfassung vermeiden wollte). Als die Südstaatler jedoch später für die Verabschiedung von Handelsgesetzen Zweidrittelmehrheiten in beiden Häusern des Kongresses verlangten, zogen die anderen Delegationen ihr Zugeständnis wieder zurück, weil sie eine Vormachtstellung des Südens befürchteten. Nur mit großer Mühe gelang es einem speziellen Komitee, die unvereinbar scheinenden Standpunkte im sog. *Great Compromise* zusammenzuführen: Der Norden willigte ein, daß die Drei-Fünftel-Klausel bei der Berechnung der Repräsentation angewendet wurde und der Kongreß den Sklavenimport bis 1808 nicht unterbinden durfte. Im Gegenzug erklärte sich der Süden bereit, entsprechend der verbesserten Repräsentation mehr direkte Steuern zu zahlen und auf qualifizierte Mehrheiten für Handelsgesetze zu verzichten.

In der Schlußphase lehnte der Konvent George Masons Vorschlag ab, einen Grundrechtekatalog zu formulieren. Die Mehrheit hielt dies entweder für unnötig, weil eine solche Bill of Rights die in den Staaten bereits geltenden Bestimmungen duplizieren würde, oder sogar für schädlich, weil sie den Handlungsspielraum der Bundesregierung zu sehr einengen könnte. Am 17. September 1787 nahm der

Konvent den Verfassungsentwurf mit den Stimmen der noch vertretenen elf Staaten an und stellte ihn dem Konföderationskongreß zu. Außer Rhode Island fehlte jetzt auch New York, weil zwei der drei Delegierten aus Protest gegen den Trend zum Zentralismus vorzeitig abgereist waren und Hamilton allein kein Votum mehr abgeben durfte. Von den 41 Delegierten, die bis zum Schluß im schwül-heißen Philadelphia ausgeharrt hatten, verweigerten drei – George Mason und Edmund Randolph aus Virginia sowie Elbridge Gerry aus Massachusetts – ihre Unterschrift unter das Dokument. Wieder daheim, veröffentlichten sie kritische Stellungnahmen zum Werk des Konvents, die erste Kristallisationspunkte für eine allgemeine Oppositionsbewegung bildeten.

Die Mehrheit des Konvents hatte mit politischem Widerstand gerechnet und Vorsorge getroffen, daß die Ratifizierung keine unüberwindlichen Schwierigkeiten bereiten würde. Eingedenk der schlechten Erfahrungen mit der Einstimmigkeitsklausel der *Articles of Confederation* schrieben sie in Artikel VII fest, daß die Zustimmung von neun Staaten genügte, um die Verfassung in Kraft zu setzen. Entscheiden sollten außerdem nicht die Staatenparlamente oder Volksabstimmungen, sondern speziell gewählte Ratifizierungskonvente, von denen man am ehesten Unvoreingenommenheit und Objektivität erwarten durfte. Als der Konföderationskongreß Ende September 1787 den Verfassungsentwurf mit dieser Empfehlung kommentarlos an die Staaten weiterleitete, setzte er eine monatelange öffentliche Debatte in Gang, die in ihrer Leidenschaftlichkeit an die Revolution erinnerte, deren Form und Inhalt aber auch schon auf die parteipolitischen Auseinandersetzungen im neuen Bundesstaat vorauswiesen.

Die Ratifizierungsdebatte

Noch im Herbst 1787 bildeten sich zwei politische Lager, die mit großem publizistischen Aufwand um die Gunst einer überraschten und anfangs weitgehend unentschiedenen Wählerschaft kämpften. Die Befürworter des Verfassungsentwurfs nannten sich Federalists und stempelten ihre Widersacher als Antifederalists ab. Dieses negative Etikett blieb an den Kritikern des Verfassungsentwurfs hängen, obwohl sie beteuerten, den "wahren" staatenbündisch-republikanischen Föderalismus zu verteidigen. Die Fronten verliefen in den verschiedenen Staaten recht unterschiedlich und waren zudem stets in Bewegung. Die Federalists hatten ihre Hochburgen in den Städten und Küstenregionen, während die Antifederalists die stärkste Unterstützung von Farmern im agrarischen Hinterland erhielten. Im wesentlichen handelte es sich aber um eine geistig-ideologische Konfrontation: Was die beiden Lager und ihre prominenten Sprecher trennte, waren mentalitätsmäßig bedingte Unterschiede in der Deutung von Republikanismus und Föderalismus. Die Antifederalists verstanden sich als Hüter der "Ideen von 1776" gegen elitäres Gedankengut und staatlichen Zentralismus. Sie warfen dem Konvent vor, er habe seine Befugnisse überschritten und ein "konsolidiertes Reich", ein *American Empire*, geschaffen, das über kurz oder lang die Staaten völlig entmachten und aufsaugen werde. Unter Berufung auf Montesquieu bestritten sie energisch, daß ein Gebiet von der Größe und Interessenvielfalt der amerikanischen Union von einem Zentrum aus nach republikanischen Grundsätzen regiert werden könne. Die Gefahr, daß dieses System in eine Aristokratie oder Monarchie abgleite, sei umso größer, als die Verfassung keine Grundrechtsgarantien enthalte.

Diesem Country-Ideal der überschaubaren, möglichst homogenen Republiken in einem lockeren Staatenbund stellten die Federalists ihr neuartiges Modell eines, so Madison, "teils nationalen, teils föderalen" Regierungssystems entgegen. Die theoretische Rechtfertigung der "Verfassungsrevolution" lieferten Alexander Hamilton, James Madison und John Jay in einer Serie von 85 Essays, die zuerst unter dem Pseudonym *Publius* in New Yorker Zeitungen veröffentlicht wurden und im Frühjahr 1788 als *The Federalist* in Buchform erschienen. Hamilton und sein New Yorker Parteifreund Jay versuchten, dem Begriff "Empire" den negativen Klang zu nehmen, indem sie ihren Landsleuten ein Friedens- und Handelsreich vor Augen stellten, das mit den europäischen Mächten konkurrieren konnte, ohne sie fürchten zu müssen. Madison ergänzte diese Argumente durch seine originelle Theorie der "ausgedehnten Republik": Die große, vorerst noch kaum bestimmbare geographische Ausdehnung und die Interessenvielfalt der Union stünden einer festen politischen Integration nicht nur nicht entgegen, sondern erleichterten sie sogar. Da die Zahl der Parteien und Interessengruppen mit der Größe des Staatsgebiets zunehme, würde es einer Bewegung, die gegen das Gesamtwohl gerichtet sei, unmöglich gelingen können, einen geschlossenen Block zu bilden und die Herrschaft an sich zu reißen. Zu der Gewaltenteilung innerhalb der Bundesregierung und zum Wettbewerb zwischen Bund und Einzelstaaten trete also eine gesellschaftliche Balance hinzu, die das System noch komplexer und damit noch stabiler mache. Die neue föderative Ordnung sei auch keineswegs anti-republikanisch oder undemokratisch: vielmehr verbinde sie das Prinzip der unmittelbaren Partizipation auf der Staatenebene mit einem Prozeß der "Filterung", der verhindern werde, daß unerfahrene und ungeeignete Abgeordnete und Senatoren in den Kongreß gelangten. Parteien und Fraktionen ließen sich nur um den Preis der Freiheit aus dem politischen und wirtschaftlichen Leben verbannen; worauf es ankomme, schrieb Madison im 10. *Publius*-Essay, sei die konstruktive Nutzung der Energien, die den unvermeidlichen Interessengegensätzen innewohnten. Mit dieser Erkenntnis tat er einen großen Schritt in Richtung auf ein modernes, demokratisch-pluralistisches Staatsverständnis.

Allen intellektuellen und propagandistischen Anstrengungen ihrer Befürworter zum Trotz wäre die Verfassung dennoch abgelehnt worden, wenn die Federalists nicht versprochen hätten, nach ihrem Inkrafttreten Änderungen und Ergänzungen, speziell eine Absicherung der Grundrechte vorzunehmen. Mit dieser Strategie gelang es, in den Ratifizierungskonventen genügend Delegierte auf die eigene Seite zu ziehen und die Zustimmung so wichtiger Staaten wie Massachusetts, Virginia und New York zu erreichen. Erst New Yorks positives Votum am 26. Juli 1788 machte die Verfassung, die theoretisch nach der Annahme durch den neunten Staat, New Hampshire, am 21. Juni 1788 gültig geworden war, zu einer politischen Realität. Die Ratifizierungsdebatte wurde begleitet von einer Welle von Feierlichkeiten, die ihre Höhepunkte in den großen Bundesparaden (*Federal Processions*) der Küstenstädte fand. Die starke Beteiligung der Handwerker und Kaufleute an diesen neuartigen Festumzügen unterstrich noch einmal, daß die in Handel und Gewerbe engagierten Bevölkerungskreise die treibende Kraft hinter der konstitutionellen Neuordnung bildeten. Ihre Reaktion war umso enthusiastischer, als sich in den meisten Staaten ein wirtschaftlicher Aufschwung bereits vor der endgültigen Annahme der Verfassung abzeichnete. Die Paraden brachten aber auch das Selbstbewußtsein von Bürgern zum Ausdruck, die ihr Schicksal selbst bestimmten und optimistisch in die Zukunft voranschritten. Das Bemühen um Konsens entsprang der teils intellektuellen, teils gefühlsmäßigen Einsicht, daß es zur Begründung einer Nation verbindender Werte und des Glaubens an eine Mission bedurfte, die von Generation zu

Generation weitervermittelt wird. Als identitätsstiftende Symbole eigneten sich besonders gut die Gründungsdokumente Unabhängigkeitserklärung und Verfassung, die an hervorgehobener Stelle in den Zügen mitgeführt wurden. Das Bekenntnis zu den Prinzipien der Revolution nahm hier einen quasi-religiösen Charakter an, so daß man die Prozessionen als erste Erscheinungsformen der amerikanischen *civil religion* bezeichnen kann, einer konfessionsübergreifenden bürgerlichen Religion im Dienste der nationalen Einheit. Gefeiert wurde auch George Washington, dessen Abbildung als Steuermann des neuen Staatsschiffes einer öffentlichen Akklamation zum Präsidenten gleichkam.

In der Tat votierten bei den ersten Bundeswahlen im Winter 1788/89 sämtliche 69 Wahlmänner für Washington, während sich John Adams mit einem wesentlich bescheideneren Ergebnis und dem undankbaren Amt des Vizepräsidenten zufriedengeben mußte. Im Wahlkampf für das Repräsentantenhaus spielten die versprochenen Verfassungsänderungen eine wichtige Rolle: Um erfolgreich zu sein, hielten es viele Federalists für geboten, ihre Amendment-Zusage zu erneuern. Nach dem Zusammentritt des Kongresses und der feierlichen Amtseinführung Washingtons am 30. April 1789 in New York City formulierten die Abgeordneten und Senatoren auf Madisons Drängen hin einen zwölf Artikel umfassenden Grundrechtekatalog, der viele der von den Ratifizierungskonventen vorgeschlagenen Änderungen berücksichtigte. Zehn Artikel fanden die Zustimmung der Staaten und wurden im Dezember 1791 als Amendments an die Verfassung angehängt. Schon die Aussicht auf diese Ergänzung, verbunden mit der Sorge vor Isolierung, hatte genügt, um North Carolina und Rhode Island, wo die Ratifizierung im ersten Anlauf gescheitert war, im November 1789 bzw. im Mai 1790 zum Beitritt zur neuen Union zu veranlassen. 1791 wurde schließlich auch Vermont als 14. Mitgliedsstaat aufgenommen.

Gemessen an der fast gleichzeitig – unter Mitwirkung Jeffersons – in Paris ausgearbeiteten französischen Erklärung der Menschen- und Bürgerrechte wirkte die amerikanische Bill of Rights, wie die ersten zehn Amendments bald genannt wurden, eher bescheiden. Ihr Vorzug bestand aber darin, daß alle ihre Bestimmungen, an erster Stelle die Presse-, Meinungs- und Gewissensfreiheit, als Teil des geltenden Rechts vor Gericht einklagbar waren. Allerdings verpflichteten die Garantien nur den Kongreß, nicht auch die Einzelstaaten, wie es Madison beabsichtigt hatte. Da die Bill of Rights den

Wünschen der gemäßigten Antifederalists entsprach, trug sie dazu bei, die große Mehrheit der Opposition politisch einzubinden. Die Ratifizierung der Verfassung und der Bill of Rights in öffentlicher Debatte sanktionierte darüber hinaus das Werk des Philadelphia-Konvents und verlieh der neuen Ordnung unangreifbare Legitimität. Diese Ordnung färbte nun sogar auf die Staatenverfassungen ab, die – beginnend 1790 in Pennsylvania – an das Modell der United States Constitution angepaßt wurden. Überall setzten sich das legislative Zweikammer-Modell und der Grundsatz der Gewaltenteilung durch. Erstaunlich rasch identifizierten sich die Amerikaner mit der Bundesverfassung und bekannten sich zu ihren fundamentalen Prinzipien. Das schloß aber keineswegs aus, daß sie auf dem Boden der Verfassung heftig darüber stritten, wie diese Werte und Prinzipien am besten zu verwirklichen seien. In dieser Hinsicht wirkte die Verfassungsdebatte wie ein Katalysator, der die Entstehung von bundesweiten Parteien und den Aufschwung des Zeitungswesens beschleunigte. Um 1800 erschienen in den USA über 200 Zeitungen – mehr als selbst in England –, die sich fast alle vehement am politischen Tageskampf beteiligten. Konstitutionell und politisch bedeutete das eine wichtige Stufe im Übergang von der partikularen zur nationalen Form der Willensbildung und Entscheidungsfindung.

Wenn sich ein großer Teil des mentalen Wandels auch bereits vor der Unabhängigkeitserklärung vollzogen hatte, wie John Adams später behauptete, so war die Transformation des gesellschaftlichen Bewußtseins doch noch längst nicht abgeschlossen. In diesem Sinne hatte Benjamin Rush recht, der 1787 feststellte, der Krieg sei wohl vorüber, nicht aber die amerikanische Revolution: "Ganz im Gegenteil, nur der erste Akt des großen Dramas ist beendet." Die Verfassung institutionalisierte gewissermaßen die Revolution, indem sie für einen offenen politischen Prozeß sorgte, durch den das amerikanische politische System und die amerikanische Gesellschaft kontinuierlich weiterentwickelt werden konnten. Zugleich schrieb sie jedoch – zumindest für die absehbare Zukunft – die Sklaverei fest, um den Bestand der Union nicht zu gefährden. Die Frage, ob es bereits eine "amerikanische Nation" gab und wer ihr als Staatsbürger angehörte, war auch nach Inkrafttreten der Verfassung noch offen.

5. Die Federalists an der Macht, 1789–1800

Hamiltons Finanz- und Wirtschaftsprogramm

Das Ergebnis der ersten Bundeswahlen setzte die Federalists instand, ein gutes Jahrzehnt lang die Verfassung nach ihren Vorstellungen auszudeuten und mit Leben zu erfüllen. Den ruhenden Pol in dieser Zeit, die von den Revolutionen und Kriegen in Europa überschattet war, bildete George Washington, der wie sein römisches Vorbild Cincinnatus noch einmal Mount Vernon verlassen hatte, um zur Festigung der amerikanischen Union beizutragen. Am meisten Tatkraft und Kreativität bewies Alexander Hamilton, einer der *homines novi* der Revolution, der sich stets eng an Washington gehalten hatte und nun als Finanzminister (*Secretary of the Treasury*) die rechte Hand des Präsidenten im Kabinett wurde. Kernstück seines am englischen Beispiel orientierten Programms, das er in den Kongreß einbrachte, war die sichere Fundierung der Staatsschulden, die aus dem Krieg resultierten und in den 1780er Jahren noch angewachsen waren. Zusätzlich zur auswärtigen und inneren Schuld der Union (11,7 Millionen bzw. 42 Millionen Dollar) übernahm die Bundesregierung bis 1792 auch die Schulden der Einzelstaaten von insgesamt 18,2 Millionen Dollar. Dabei garantierte sie den Gläubigern (unter ihnen etliche Spekulanten, die Schuldverschreibungen zu niedrigen Marktpreisen aufgekauft hatten) die Annahme sämtlicher Zertifikate zum Nennwert und die Zinszahlung in Hartgeld. Das unabhängige Einkommen, das der Bund hierfür benötigte, verschaffte er sich durch nationale Einfuhrzölle, mit denen auch wirtschaftlicher Druck auf England ausgeübt werden konnte. Wegen der hohen Zolleinnahmen brauchten vorerst keine direkten Steuern erhoben zu werden. Um die finanziellen Transaktionen zu koordinieren und die Währung zu vereinheitlichen, schuf der Kongreß auf Vorschlag Hamiltons 1791 die Bank of the United States in Philadelphia (seit 1790 vorläufiger Sitz des Kongresses und der Regierung) in Form einer teils privaten, teils staatlichen Aktiengesellschaft. Der wirtschaftliche Aufschwung trug das Seine dazu bei, daß die Union binnen kurzem über ein solides Finanz- und Währungssystem verfügte, das ihre Kreditwürdigkeit wiederherstellte und genügend Investitionskapital im Land freisetzte bzw. aus Europa anzog. Politisch wirkte die konsolidierte Staatsschuld, wie Hamilton es beabsichtigt hatte, als "Zement der Union", weil sie die Interessen der einflußreichen Gläubiger fest mit dem Schicksal der Bundesregierung verband.

An inneren Widerständen gegen Hamiltons Kurs fehlte es allerdings nicht, zumal im Süden, wo die Pflanzer und Farmer das Gefühl hatten, ihre Belange würden zugunsten der Handels- und Kapitalinteressen des Nordens vernachlässigt. Dieser Stimmung fiel Hamiltons letzter großer Plan, das Manufakturwesen der Union systematisch zu fördern, bereits zum Opfer. Auch das Finanzprogramm konnte nur durch Zugeständnisse an die Südstaaten-Abgeordneten im Kongreß, die Madison auf ihre Seite brachten, vollendet werden. Das wichtigste dieser Zugeständnisse war das Versprechen, die in der Verfassung vorgesehene neue permanente Hauptstadt weiter nach Süden an den Potomac zu verlegen. Auf die Planung dieses *District of Columbia* nahm George Washington, der im Grenzgebiet von Virginia und Maryland Land besaß, persönlich großen Einfluß. Erste Entwürfe für die Stadt, die noch zu Lebzeiten des ersten Präsidenten "Washington" genannt wurde, lieferte der französische Architekt Pierre L'Enfant. Die praktische Umsetzung dieser Vision einer nationalen Hauptstadt, die sich mit London und Paris messen konnte, fiel wesentlich bescheidener aus, aber sie erlaubte im November 1800, ein Jahr nach Washingtons Tod, den Umzug der Bundesregierung von Philadelphia an den Potomac.

Thomas Jefferson war 1789 aus Paris zurückgekehrt, wo er als Gesandter der Vereinigten Staaten die Anfänge der Französischen Revolution miterlebt hatte. In Washingtons Kabinett bekleidete er das Amt des Außenministers (*Secretary of State*) und gehörte damit zum engsten Beraterkreis des Präsidenten. Im Streit um den Hauptstadtsitz unterstützte er den von Hamilton und Madison ausgehandelten Kompromiß, doch in der Bankfrage, die den Kern des Verfassungsverständnisses berührte, bezog er eindeutig Stellung gegen Hamilton. Wenn der Kongreß unter Berufung auf die Generalklauseln der Verfassung eine im Text nicht vorgesehene Zentralbank einrichten dürfe, so argumentierte er, dann kenne die Macht der Bundesregierung praktisch keine Grenzen mehr. Mit seinem Rat, der Kongreß solle sich auf die Ausübung der explizit in der Verfassung genannten Befugnisse beschränken, drang er allerdings bei Washington nicht durch. Mehr Verständnis für diesen Grundsatz der strikten, buchstabengetreuen Auslegung der Verfassung fand er dagegen bei Madison, dessen Vorbehalte gegen das "Hamiltonsche System", das eine permanente Staatsschuld voraussetzte und angeblich Spekulation und Korruption begünstigte, kontinuierlich wuchsen. Trotz ihrer

Verehrung für den Präsidenten fiel es Jefferson und Madison auch immer schwerer, den – gemessen an europäischen Verhältnissen bescheidenen – zeremoniellen Glanz zu akzeptieren, den Washington und die Federalists entfalteten, um das Präsidentenamt für die nationale Integration zu nutzen. Im Ideal eines bescheidenen Republikanismus, der die Bedürfnisse des einfachen Mannes und die Rechte der Einzelstaaten stärker berücksichtigte, fanden Jefferson und Madison den gemeinsamen Grund, von dem aus sie Front gegen Hamilton und damit letzten Endes auch gegen Washington zu machen begannen. Sie traten damit an die Spitze einer noch diffusen Oppositionsbewegung von Republicans, zu der sich unversöhnliche Antifederalists und enttäuschte südstaatliche Pflanzer und Farmer zusammenfanden. In den 1790er Jahren erhielten sie vermehrt Zulauf von Angehörigen der städtischen Mittel- und Unterschichten, die sich für die Ideen der Französischen Revolution begeisterten. Auf die Stellung Washingtons, der Anfang 1793 einstimmig im Präsidentenamt bestätigt wurde, hatte das noch kaum Auswirkungen. Im weiteren Verlauf des Jahrzehnts polarisierte das dramatische Geschehen in Europa jedoch die Innenpolitik der Vereinigten Staaten und stellte Regierung und Kongreß auch außenpolitisch vor schwierige Entscheidungen.

Die Rückwirkungen der Französischen Revolution

In den Vereinigten Staaten wurde die Erhebung des französischen Volkes zunächst fast einhellig begrüßt, denn mit ihr schien die Selbstbefreiung der Menschheit aus politischer und religiöser Unmündigkeit, der sich die Amerikaner verpflichtet fühlten, ihre Fortsetzung zu finden. Auch auf französischer Seite betonte man im kosmopolitischen Geist der Aufklärung die Gemeinsamkeiten zwischen den beiden Revolutionen: Die amerikanischen Verfassungen und Grundrechteerklärungen erschienen in französischen Übersetzungen, und Lafayette, der die Nationalgarde befehligte, verehrte seinem Freund Washington in einer symbolischen Geste den Schlüssel der Bastille. Warnende Stimmen wie diejenigen von Vizepräsident John Adams und dessen Sohn John Quincy Adams, die den Revolutionären 1790/91 in anonymen Schriften vorwarfen, sie verwechselten Freiheit mit Zügellosigkeit und opferten organisch gewachsene Ordnungen einer abstrakten politischen Doktrin, blieben vereinzelt und fanden zunächst kaum Widerhall. Als 1792 die

Republik erklärt wurde und der Krieg gegen die Interventionsmächte begann, schwoll die Sympathie für die französischen Patrioten in den USA zu einer Welle der Begeisterung an. Jeder Sieg der Revolutionsarmeen wurde in den größeren Städten, insbesondere in Philadelphia, mit Massenkundgebungen, Paraden, Festbanketten und Feuerwerken gefeiert. Nach der Hinrichtung Ludwigs XVI. im Januar 1793 und der französischen Kriegserklärung an England und Spanien begannen sich die Geister jedoch zu scheiden. Nun heizte die Debatte über das Wesen der Französischen Revolution den Streit zwischen Federalists und Republicans gefährlich an und verlieh ihm einen unerbittlich ideologischen Charakter. Wenn diese "Parteien" auch noch keine feste Organisation besaßen, so knüpften ihre Führer doch schon unionsweite Kontakte und bemühten sich mit Hilfe von extrem einseitigen, kämpferischen Presseorganen um die Mobilisierung einer Massenbasis. Beide Seiten argwöhnten, daß diejenigen Kräfte, die um das Schicksal Frankreichs rangen, auch in den Vereinigten Staaten am Werke seien. Die Republicans deuteten jede Maßnahme und Äußerung Hamiltons als Anzeichen für eine geheime Absicht, die republikanische Verfassung umzustürzen und eine Aristokratie oder Monarchie einzuführen. Washingtons Person wurde zumeist von diesen scharfen Attacken ausgenommen, aber der Präsident galt bald als naives Werkzeug in den Händen eine Clique von volksfeindlichen "Monokraten". Die *Democratic-Republican Societies*, die sich ab 1792 in den Städten nach dem Vorbild der Jakobinerklubs bildeten, erklärten Kritik an der Französischen Revolution schlicht für unvereinbar mit freiheitlicher Gesinnung.

Die Federalists hingegen prangerten die Befürworter der Revolution als "Jakobiner" und "Sansculotten" an und bezichtigten sie, sich von "gleichmacherischen" Prinzipien leiten zu lassen, die "im höchsten Maße subversiv für jede Gesellschaftsordnung" seien. Das Wirken dieses anarchischen, gottlosen Geistes, der in Frankreich zum blutigen Terror führte, glaubten sie u.a. in einer Protestbewegung zu erkennen, mit der sich Farmer in den Westgebieten 1794 gegen die erste direkte Bundessteuer wehrten, die der Kongreß auf Whiskey erhoben hatte. Nach einigen ergebnislosen Vermittlungsversuchen schlug die Bundesregierung diese *Whiskey Rebellion* unter demonstrativem Einsatz militärischer Macht nieder. Als eigentliche Urheber des Aufstands prangerte Washington Ende 1794 öffentlich die *Democratic-Republican Societies* an, die er für subversiv und illegal erachtete.

Diese oft maßlosen gegenseitigen Anklagen und Polemiken waren Ausfluß eines "paranoiden" politischen Stils, der schon die Auseinandersetzung mit den Briten und Loyalisten gekennzeichnet hatte. Mit ihrem Grundgedanken, daß die Freiheit der Bürger stets gefährdet sei und eifersüchtig verteidigt werden müsse, erwies sich die Country-Ideologie als günstiger Nährboden für Korruptionsängste und Verschwörungstheorien. Aus der Sicht der Federalists drohte die größte Gefahr für die Verfassung von "Demagogen", die das Volk gegen die Regierung und die "natürliche Elite" aufhetzten. Die Republicans dagegen mißtrauten gerade "den wenigen", vor allem den Bankiers und Spekulanten, die sich auf Kosten des Volkes bereicherten und ungebührlichen politischen Einfluß ausübten. Dieser Streit, der in mancher Hinsicht an die Verfassungsdebatte anknüpfte, brachte zwei unterschiedliche Republikanismus-Versionen hervor: die sozial konservative, aber ökonomisch progressive der Federalists, die hauptsächlich in Neuengland Anklang fand; und die egalitär-agrarische, mit der die Republicans den Süden, zunehmend aber auch die Mittelstaaten eroberten.

Der europäische Krieg heizte diese Konfrontation noch an, weil die Republicans ohne Zögern für die französische "Schwesterrepublik" Partei ergriffen, während die Federalists unbedingt eine militärische Konfrontation mit der beherrschenden Seemacht England vermeiden wollten. Washington empfing zwar gegen Hamiltons Rat den französischen Gesandten Edmond Charles Genêt und erkannte damit die Revolutionsregierung implizit an. Er verschloß sich aber den Wünschen der Franzosen und dem Drängen vieler seiner Landsleute, das Bündnis von 1778 durch einen Kriegseintritt an der Seite Frankreichs zu honorieren. Vielmehr veröffentlichte er im April 1793 eine Neutralitätserklärung, die "freundliches und unparteiisches" Verhalten gegenüber allen kriegführenden Staaten in Aussicht stellte und den amerikanischen Bürgern verbot, sich in die Feindseligkeiten einzumischen. Obwohl dieser Kurs die Vereinigten Staaten wirtschaftlich begünstigte – die Exporte nach Europa und in die Karibik stiegen rasch an und beschleunigten den allgemeinen Aufschwung –, löste er innenpolitische Turbulenzen aus. Jefferson befürwortete zwar ebenfalls die Neutralität, hielt das Streben nach "Unparteilichkeit" zwischen den revolutionären und den gegenrevolutionären Kräften in Europa aber für verhängnisvoll. Nach seinem Ausscheiden aus dem Kabinett Ende 1793 kritisierte er offen die probritische Tendenz der amerikanischen Politik, während er den Terror in Frankreich als notwendiges Übel auf dem Weg zu einer gerechten Gesellschaftsordnung verteidigte.

Der Jay Treaty mit England

Die innenpolitischen Spannungen kulminierten in der Debatte über den Vertrag mit England, den John Jay als Sonderbotschafter Washingtons Ende 1794 in London aushandelte und der im Juni 1795 im Senat nur ganz knapp die notwendige Zweidrittel-Mehrheit fand. Es war Jay gelungen, einige seit dem Friedensschluß von 1783 ungelöste Fragen zu klären und die Gefahr einer militärischen Konfrontation abzuwenden, die das Vorgehen der Royal Navy gegen den amerikanischen Handel mit Frankreich heraufbeschworen hatte. Dafür mußte Jay aber, etwa bei der Definition von Konterbande und in der Frage einer Entschädigung für die während des Krieges von den Briten "entwendeten" Sklaven, schmerzliche Zugeständnisse an den englischen Rechtsstandpunkt machen. Die Republicans klagten die Regierung daraufhin an, sich der Londoner Regierung unterworfen und die befreundeten Franzosen verraten zu haben. Selbst Washington begann zu schwanken, rang sich aber schließlich zur Unterzeichnung des Vertrags durch. Gerechtfertigt fühlte er sich nicht zuletzt durch das provozierende Verhalten Genêts, der auf amerikanischem Boden eine Kampagne entfesselte, um die Öffentlichkeit für militärische Unternehmungen gegen Kanada und Spanisch-Louisiana zu gewinnen. Die republikanische Mehrheit im Repräsentantenhaus weigerte sich noch bis Sommer 1796, die erforderlichen Gelder zur Implementierung des Vertrags zu bewilligen. Als der Jay Treaty endgültig in Kraft trat, bekundete das Pariser Direktorium sein Mißfallen, indem es die Allianz von 1778 offiziell kündigte. Dieser negative Schritt wurde vorerst dadurch aufgewogen, daß ein weiterer Sonderbotschafter Washingtons, Thomas Pinckney, im Oktober 1795 einen günstigen Vertrag mit der spanischen Regierung ausgehandelt hatte, der den Amerikanern freie Schiffahrt auf dem Mississippi und zollfreie Ausfuhr ihrer Waren über New Orleans zusicherte.

Die äußere Bedrohung und die Feindbilder, die Federalists und Republicans in ihrer Propaganda jeweils von England und Frankreich malten, trugen zur Ausbildung einer amerikanischen Identität und nationalistischer Gefühle bei. In dieser Zeit wurden die Vereinigten Staaten auch erstmals zu einem Hort politischer Flüchtlinge, unter denen sich so illustre Persönlichkeiten wie der spätere französische Außenminister Talleyrand und der Herzog von Orléans, der künftige König Louis Philippe, sowie der englische Naturwissenschaftler, Geistliche und Philosoph Joseph Priestley befanden. Gleichzeitig begann eine erste Generation von amerikanischen Historikern, Schriftstellern und Künstlern das "kulturelle Gedächtnis" der Gesellschaft im nationalen Sinne zu prägen. In den Geschichtswerken von David Ramsay, Jeremy Belknap und Mercy Otis Warren, in den Dichtungen Francis Hopkinsons und der *Connecticut Wits* Joel Barlow, Timothy Dwight und David Humphreys sowie in den Historienbildern und Porträts von Charles Willson Peale, Gilbert Stuart und John Trumbull erschienen die amerikanische Revolution und Nationalstaatsgründung als logische Folge eines Freiheitskampfes, der mit der Entdeckung Amerikas durch Kolumbus begonnen hatte. Andererseits wirkten die ideologischen Gegensätze und die nach wie vor starken regionalen Identitäten einer Übersteigerung und Homogenisierung des amerikanischen Nationalbewußtseins entgegen.

Washingtons Farewell Address

Am Ende von Washingtons zweiter Amtsperiode schien sich eine unüberbrückbare Kluft zwischen Republicans und Federalists aufzutun, die noch dazu Neuengland immer mehr dem Rest der Union entfremdete. Ungeachtet aller Bitten lehnte der Präsident, der des Dauerstreits müde war und dessen Kräfte nachließen, eine erneute Kandidatur ab. In seiner Abschiedsbotschaft vom September 1796 warnte er die Landsleute eindringlich vor dem "Parteiengeist", der, geschürt durch ausländische Mächte, das Überleben der Nation gefährde. Bei dieser Verurteilung des Parteienwesens kam eine intellektuelle Begrenzung zum Vorschein, die der Präsident mit den meisten Zeitgenossen teilte: Er nahm für sich und seine Freunde in Anspruch, nur dem Gemeinwohl zu dienen, und reservierte das Etikett "Partei" für den politischen Gegner. In der Praxis hatte sich während seiner Administration schon das erste amerikanische Zweiparteiensystem herausgebildet. Dennoch verhallte die *Farewell Address* nicht ungehört: Washingtons Ratschlag, mit Europa soviel Handel wie möglich zu treiben, sich aber nicht in europäische Streitigkeiten hineinziehen zu lassen und Bündnisse nur im Notfall, keineswegs aber auf Dauer zu schließen, blieb bis weit ins

20. Jahrhundert hinein außenpolitische Richtschnur aller amerikanischen Regierungen.

George Washington hatte es in seiner achtjährigen Präsidentschaft verstanden, Maßstäbe zu setzen und Präzedenzfälle zu schaffen, die das Amt dauerhaft prägten. Alle seine Schritte – die Zusammenstellung eines Kabinetts, der Gebrauch der "Patronage" bei der Postenvergabe, das Verhalten gegenüber dem Kongreß und dem Supreme Court, die Anwendung des Vetos, die Reisen durch alle Staaten der Union, die Empfänge und Teekränzchen, die er und seine Frau Martha in Philadelphia gaben, und vieles mehr – wurden mit höchstem Interesse verfolgt und kommentiert. Besondere Prärogativen beanspruchte Washington für die Planung und Durchführung der Außenpolitik sowie in militärischen Angelegenheiten. Das zeigte sich etwa bei der Neutralitätserklärung 1793, beim Vorgehen gegen die *Whiskey Rebellion* und bei der Entsendung von Sonderbotschaftern nach London und Madrid. Auch die Beziehungen zu den Indianern regelte er nahezu in eigener Regie, teils auf diplomatischem Wege, teils durch militärischen Druck. Einige Stämme erkannten Washington als "Großen Vater" an und schickten Abgesandte zu Verhandlungen in die Hauptstadt; andere widersetzten sich dem Vordringen weißer Siedler und suchten Rückhalt bei den Briten in Kanada. Nach einigen demütigenden Niederlagen amerikanischer Truppen befahl Washington 1794 General "Mad Anthony" Wayne, mit einer besser gerüsteten Armee den Souveränitätsanspruch der Union im Nordwest-Territorium durchzusetzen. In der Schlacht von Fallen Timbers errang Wayne einen entscheidenden Sieg über die Stämme des Ohio-Tals und zwang sie 1795 im Frieden von Greenville, weiteres Territorium zur Siedlung freizugeben. Als Gegenleistung sagten die Vereinigten Staaten jährliche Geldzahlungen zu und verzichteten auf den Anspruch, Land durch Eroberung erwerben zu können. Das Problem der Afro-Amerikaner sprach Washington als Präsident nie öffentlich an; nur sehr vorsichtig ließ er privat durchblicken, daß er sich auch für den Süden eine von den Einzelstaaten per Gesetz beschlossene graduelle Emanzipation der Sklaven erhoffe. Im Testament, das er kurz vor seinem Tode 1799 niederschrieb, verfügte er die Freilassung aller auf Mount Vernon lebenden Sklaven beim Tod seiner Frau Martha. So konnte er wenigstens das eigene Gewissen von einer moralischen Last befreien, die er selbst wie die meisten seiner Landsleute nach der Revolution aus dem politischen Bewußtsein verdrängt hatte.

Für die weißen Amerikaner und ihren noch ungefestigten Staat war es von größtem Wert, daß Washingtons persönliche Integrität und seine Verfassungstreue außer Frage standen und daß er den Bürgern die Möglichkeit bot, sich nicht nur interesse-, sondern auch gefühlsmäßig mit der Bundesregierung zu identifizieren. Die Verehrung als *pater patriae* und der beginnende Washington-Kult, der bald Realität und Fiktion vermischte, waren ihm eher lästig, aber er nahm sie in Kauf, um die Präsidentschaft zu einem Symbol der nationalen Einheit zu machen. Wie sehr ihm das gelungen war, wurde bei seinem Tod 1799 offenbar, der die Menschen überall im Land ungeachtet ihrer parteipolitischen Orientierung zu Trauerfeiern vereinte. Dauerhaft eingeprägt hat sich Henry Lees Nachruf, Washington sei "der erste im Krieg, der erste im Frieden und der erste im Herzen seiner Landsleute" gewesen.

John Adams und der Quasi-Krieg mit Frankreich

Die Nachfolge Washingtons wurde in der Wahl von 1796 exakt entlang der Linien entschieden, die Federalists von Republicans trennten. Im Wahlmännerkollegium erhielt John Adams nur drei Stimmen mehr als Jefferson, dem damit laut Verfassung die Vizepräsidentschaft zufiel. Er nahm jedoch keinen Anteil an der Administration, sondern führte von Monticello aus den Kampf gegen "Antirepublikaner" und "Monokraten", wie er die regierenden Federalists zu nennen pflegte. Inzwischen war das innenpolitische Klima aber zuungunsten des französischen Direktoriums umgeschlagen, das 1797 von sich aus die diplomatischen Beziehungen zu den Vereinigten Staaten abbrach. Schon zuvor hatte sich die ursprünglich profranzösische amerikanische Geistlichkeit von der Revolution distanziert. Durch Deisten und andere Verfechter einer "natürlichen Religion" im eigenen Land herausgefordert, gewannen die meisten Pfarrer den Eindruck, der Atheismus greife von Europa auf Amerika über und bedrohe die Fundamente der Gesellschaft. Um die Jahrhundertwende löste diese Reaktion in weiten Teilen der Vereinigten Staaten eine religiöse Erweckungsbewegung aus, die in ihrer emotionalen Intensität dem *Great Awakening* nahekam. Die neuen *revivals* waren keineswegs nur rückwärtsgewandt: Besonders an der Siedlungsgrenze, wo die Methodisten jetzt die größten Bekehrungserfolge erzielten, atmete die wiederbelebte Volksfrömmigkeit einen dezidert demokratisch-egalitären Geist.

Trotz der wachsenden antifranzösischen Stimmung entsandte Präsident Adams eine Verhandlungsdelegation nach Paris, die den Konflikt über Neutralität und Bündnisverpflichtungen beilegen sollte. Der aus dem Asyl in den USA zurückgekehrte und zum französischen Außenminister aufgestiegene Talleyrand verlangte allerdings über Agenten (die in den amerikanischen Dokumenten als X, Y und Z auftauchten) die Zahlung einer stattlichen Summe, bevor er überhaupt in Verhandlungen eintreten wollte. Als diese Demütigung in Amerika bekannt wurde, breitete sich eine regelrechte Kriegshysterie aus, zu der John Adams durch aufreizende Äußerungen nicht unwesentlich beitrug. Der Kongreß traf militärische Vorbereitungen, die ersten leistungsfähigen Kriegsschiffe der Union wurden in Dienst gestellt, und George Washington erklärte sich noch einmal bereit, den Posten des Oberbefehlshabers zu übernehmen. Adams war aber klug genug, eine Kriegserklärung an Frankreich wegen dieser "XYZ-Affäre" zu vermeiden, obwohl die Flotten beider Länder seit Frühjahr 1798 einen "Quasi-Krieg" in Form von Kaperungen und kleineren Seegefechten führten. Der Präsident nahm heftige Proteste aus den Reihen der Federalists und den offenen Bruch mit Alexander Hamilton in Kauf, als er 1799 eine neue Delegation nach Paris schickte. Den Abgesandten gelang es bis Oktober 1800, das umstrittene Bündnis im gegenseitigen Einvernehmen zu lösen und das Verhältnis der Vereinigten Staaten zu Frankreich, das nun von Napoleon regiert wurde, fürs erste zu bereinigen.

Die Federalists, die als Sieger aus den Wahlen von 1796 hervorgegangen waren, versäumten innenpolitisch durch Unterdrückungsmaßnahmen gegen die Opposition und personelle Querelen die Gunst der Stunde. Erbittert über die Pressepolemiken der Republicans, verabschiedete die Kongreßmehrheit im Sommer 1798 vier Gesetze, mit denen der Widerstand in einigen Südstaaten gegen die Aufrüstung gebrochen werden sollte. Diese Alien and Sedition Acts verbanden die Beschneidung der Rechte von Neueinwanderern – das betraf vor allem Flüchtlinge aus Frankreich, die sich auf Seiten der Republicans als Journalisten engagierten – mit verschärften Beleidigungs- und Verleumdungsbestimmungen für die Presse. Geld- und sogar Haftstrafen drohten einem jeden, der "falsche, skandalöse oder böswillige" Nachrichten über die Regierung in Umlauf brachte. Auf Initiative Jeffersons und Madisons formulierten die mehrheitlich republikanischen Parlamente von Virginia und Kentucky Ende 1798 Protestresolutionen, die das Vorgehen des Kongresses für verfassungswidrig erklärten und den Einzelstaaten das "natürliche Recht" zusprachen, sich der Durchführung der Gesetze in den Weg zu stellen. Obwohl die Resolutionen in den anderen Parlamenten wenig Resonanz fanden, kündigte diese *doctrine of interposition* ein Wiedererstarken der Staaten an, die radikale Republikaner stets für die einzig wirksamen Bollwerke gegen die Allmacht der Bundesregierung gehalten hatten. Verfassungsrechtlich waren die *Virginia and Kentucky Resolutions* kaum weniger problematisch als die Gesetzgebung der Federalists, weil sie zur Rechtfertigung einer Sezession dienen konnten; sie entsprangen aber der verständlichen Sorge, mit der Presse- und Meinungsfreiheit solle einer der Grundpfeiler der republikanischen Ordnung beseitigt werden.

Die "Revolution von 1800"

Die Erregung über die Einschränkung der Grundrechte allein hätte nicht ausgereicht, um die Machtposition der Federalists zu erschüttern. Hinzu kam die selbstzerstörerische Wirkung des Konflikts zwischen Präsident John Adams und Alexander Hamilton, der seit seinem Ausscheiden aus der Regierung 1795 hinter den Kulissen die Fäden zu ziehen suchte. Durch seine öffentliche Kritik an der "schwächlichen" Politik des Präsidenten gegenüber Frankreich und den "Feinden im Innern" spaltete er die Anhängerschaft der Federalists. Adams wehrte sich mit dem Hinauswurf zweier Kabinettsmitglieder, die nicht ihm, sondern Hamilton die Treue hielten. Im Unterschied zu diesen Auflösungserscheinungen gelang es den Republicans durch geschicktes Taktieren, eine Achse zwischen den Südstaaten und New York zu schmieden, die den Erfolg bei den Kongreß- und Präsidentschaftswahlen von 1800 verbürgte. Jefferson setzte sich gegen Adams durch, erhielt aber im Wahlmännerkolleg genauso viele Stimmen wie sein New Yorker Vizepräsidentschaftskandidat Aaron Burr. Laut Verfassung lag die Entscheidung nun beim Repräsentantenhaus, das nach Staaten abzustimmen hatte. Da Burr nicht freiwillig verzichtete, konnte Jefferson erst im 36. Wahlgang die notwendigen zehn Staaten hinter sich vereinen. In letzter Instanz verdankte er diesen Ausgang Hamilton, dessen Abneigung gegen den Virginier nicht ganz so intensiv war wie die Rivalität mit seinem New Yorker Landsmann Burr. Sie steigerte sich nun zur offenen Feindschaft, die 1804 im Duell der beiden Politiker endete, bei dem Hamilton ums Leben kam.

Am 4. März 1801 wurde Thomas Jefferson als erster Präsident in der neuen Hauptstadt Washington in sein Amt eingeführt. Entgegen allen Befürchtungen, die der harte Wahlkampf mit den gegenseitigen Verdächtigungen und Verleumdungen geweckt hatte, vollzog sich die Übertragung der Macht von der Regierungspartei auf die Opposition in geordneten Bahnen. Jefferson setzte die von Washington begonnene Tradition fort, in der Inaugurationsrede die gemeinsamen Überzeugungen und Prinzipien zu betonen: "We are all Republicans, we are all Federalists." Mit diesem friedlichen Machtwechsel hatte die republikanische Verfassungsordnung eine weitere wichtige Bewährungsprobe bestanden.

6. Jeffersons Republikanismus als Alternative zum nationalen Machtstaat, 1801–1814

Der Niedergang der Federalists und das Ideal der agrarischen Republik

Der antirevolutionäre Impuls, den die französischen Geschehnisse in England und auf dem europäischen Kontinent hervorriefen, wirkte sich auch in den USA aus. Allerdings war er hier nicht stark genug, um den Republikanismus und das Prinzip der Volkssouveränität selbst in Mißkredit zu bringen. Die Wahl Jeffersons und der Aufstieg der Republicans gewährleistete die Fortsetzung politischer Reformen auf Staatenebene, von denen die schrittweise Beseitigung der Besitzqualifikationen und die Ausweitung des Wahlrechts die wichtigste war. Als nationale Partei konnten sich die Federalists von der Niederlage bei den Wahlen von 1800 nicht mehr erholen. Im Grunde waren sie ein Opfer ihrer übersteigerten Furcht vor den "Jakobinern" im eigenen Land geworden. Das aufwühlende Erlebnis der Französischen Revolution hatte ihre Führer, die sich als Angehörige der "natürlichen Aristokratie" verstanden, immer konservativer und ängstlicher werden lassen. Ideologisch und organisatorisch hielten sie an veralteten, patriarchalischen Strukturen fest, und geographisch ließen sie sich in ihre neuenglischen Hochburgen zurückdrängen. Auf Bundesebene fiel ihre Stimme nur noch im Supreme Court ins Gewicht, dessen Vorsitzender John Marshall von Adams ernannt worden war. Der überzeugte Federalist Marshall scheute sich nicht, Kongreß und Präsident die Grenzen ihrer Macht aufzuzeigen. 1803 nahm er die Klage eines von Adams kurz vor dem

Machtwechsel berufenen, von Jefferson aber nicht mehr bestätigten Friedensrichters zum Anlaß, einen Teil des Judiciary Act von 1789 für verfassungswidrig zu erklären. Mit diesem Urteilsspruch im Fall Marbury v. Madison wendete Marshall das richterliche Überprüfungsrecht (*judicial review*), das in den Einzelstaaten bereits hin und wieder praktiziert worden war, erstmals auf die Gesetzgebung des Kongresses an. Dadurch verschaffte er einem Prinzip Anerkennung, das fortan den Lauf der amerikanischen Geschichte erheblich beeinflussen sollte. Unter Chief Justice Marshall fungierte das Oberste Gericht bis 1835 als Regulativ gegen einen zuweilen übermäßigen Partikularismus, der die Rechte der Staaten (*states' rights*) ohne Rücksicht auf den Bundesstaat stärken wollte.

Ansonsten war der Weg frei für die Republicans, die nützlichere Lehren aus den revolutionären Umwälzungen in Amerika und Europa gezogen hatten. Jefferson und Madison verleugneten keineswegs den gehobenen Lebensstil und verfeinerten kulturellen Geschmack der *Virginia Aristocracy*, aber sie propagierten einen egalitären Republikanismus, der die städtische Bevölkerung ebenso ansprach wie die Farmer und die religiösen Enthusiasten an der *Frontier*. Sie betonten zentrale Werte der Revolution, die unter Washington und Adams aus Sorge um den Bestand und die Sicherheit des Bundesstaates vernachlässigt worden waren: das Mitspracherecht des einfachen Bürgers; die Fähigkeit der Einzelstaaten, Verantwortung für die eigenen Belange zu übernehmen; das Mißtrauen gegen konzentrierte Regierungsmacht, Bürokratie und wirtschaftliche Monopole; die Garantie der Grundrechte; und die Hochschätzung von öffentlicher Moral und Gemeinsinn als Lebenselixier von Republiken. Die von den Republicans geforderte *public virtue* war immer noch agrarisch geprägt; sie beinhaltete jedoch nicht mehr die asketischen, konsumfeindlichen Tugenden aus der Zeit des Unabhängigkeitskrieges, sondern nahm allmählich liberalere, fortschrittlichere Züge an. Die Republicans bauten auf den konstitutionellen und wirtschaftlichen Grundlagen auf, die von den Federalists geschaffen worden waren. Sie sorgten nun dafür, daß der Weg des amerikanischen Bundesstaates in das 19. Jahrhundert freiheitlicher und weniger zentralistisch verlief als fast überall sonst auf der Welt.

Thomas Jeffersons Leben und Werk waren nicht frei von Widersprüchen. Der Autor der Unabhängigkeitserklärung, der die Sklaverei verabscheute, hielt bis zu seinem Tode Sklaven; der Politiker, der in der Opposition so energisch auf einer strikten

Interpretation der Verfassung bestanden hatte, legte seine Befugnisse als Präsident gelegentlich recht weit aus. Tatsächlich weisen diese Ungereimtheiten aber gerade auf die innere Stärke und Ausstrahlungskraft von Jeffersons Persönlichkeit hin. Er war weder der doktrinäre Aufklärer, als den ihn manche seiner Schriften auszuweisen scheinen, noch war er – was Hamilton als erster behauptete – ein prinzipienloser, scheinheiliger Pragmatiker. Vielmehr hielt er in seiner Person die Grundspannungen aus, die der Revolutionsepoche Form und Dynamik gaben: zwischen dem Wunsch nach Rückkehr zu einer harmonischen Vergangenheit und dem Drang zum Neuen, Unbekannten; zwischen dem Gemeinschaftsgeist der Country-Ideologie und einem erfolgsorientierten Individualismus; zwischen dem Streben nach Gleichheit und dem Führungsanspruch einer Elite, die das Gemeinwohl zu kennen und zu verfolgen glaubte. Gerade diese prekäre Balance von traditionellen Werten und Erneuerung, von Bewahrung und Unternehmungsgeist, von skeptischer Nüchternheit und optimistischem Glauben an die Fähigkeiten des *common man* war es, die ein Abgleiten der amerikanischen Revolution verhinderte und ihr Energiepotential in geordnete Bahnen lenkte.

Jeffersons achtjährige Amtsführung bewirkte keine grundlegende Umgestaltung der amerikanischen Gesellschaft, aber doch eine spürbare Akzentverschiebung und Neuorientierung. Das betraf allerdings eher die Innen- und Finanzpolitik als die Außenpolitik. Hier knüpfte der Präsident an Washingtons Neutralitätskurs an und profitierte zudem von Adams' diplomatischem Arrangement mit Frankreich. Aus Jeffersons erster Inaugurationsrede stammt die häufig Washington zugeschriebene Warnung vor "entangling alliances", in Streitigkeiten der Europäer hineinziehenden Bündnissen. Andererseits wünschte sich Jefferson "Friede, Handel und ehrliche Freundschaft mit allen Nationen", was durchaus den materiellen Interessen der USA entgegenkam. Auf Grund des großen Bedarfs an amerikanischen Agrarprodukten, den die napoleonischen Kriege erzeugten, stieg der Wert der jährlichen Ausfuhren nach Europa und in die Karibik zwischen 1793 und 1807 von 26 Millionen auf 108 Millionen Dollar. Exportüberschüsse und Zolleinnahmen ließen die amerikanische Wirtschaft prosperieren und erhöhten das Pro-Kopf-Einkommen trotz des raschen Bevölkerungswachstums (1800 hatten die USA 5,3 Millionen, 1815 schon 8,4 Millionen Einwohner). Die Jefferson-Administration nutzte die reichlichen Zolleinkünfte jedoch nicht zur gezielten Förderung des Manufakturwesens, wie Hamilton dies wohl mit Blick auf die beginnende "industrielle Revolution" in England getan hätte. Stattdessen bemühte sich der aus der Schweiz stammende Finanzminister Albert Gallatin durch Sparmaßnahmen und Landverkäufe im Westen (von denen große Gesellschaften und Spekulanten am meisten profitierten) den Bundeshaushalt auszugleichen und die Staatsverschuldung zu reduzieren. Tatsächlich gelang es Gallatin, Überschüsse zu erzielen und die *federal debt* bis 1808 um annähernd die Hälfte auf 45 Millionen Dollar abzubauen. Jefferson und Gallatin fanden sich zwar mit der Existenz der Bank of the United States ab, deren Gründung sie 1791 als verfassungswidrig bezeichnet hatten. Im Einklang mit der republikanischen Ideologie schaffte der Kongreß jedoch sämtliche internen Steuern ab, darunter die kontroverse Whiskeysteuer. Um zu sparen und der Maxime "No standing army!" Genüge zu tun, wurde außerdem die Friedensstärke der ohnehin schon kleinen Armee auf ca. 3 300 Offiziere und Mannschaften verringert. In West Point am Hudson River entstand eine Militärakademie, die den künftigen Offizieren republikanischen Geist einflößen sollte. Die meisten Kriegsschiffe ließ Jefferson außer Dienst stellen; einige der verbliebenen Fregatten beorderte er ins Mittelmeer, um die arabischen Piraten zu bekämpfen, deren Wohlverhalten die USA bis dahin – ebenso wie die Briten – durch Tributzahlungen erkauft hatten. Am Ende willigte der Präsident jedoch in eine diplomatische Lösung ein, die das zu zahlende Schutzgeld lediglich herabsetzte.

Am deutlichsten unterschied sich Jefferson von seinen Vorgängern Washington und Adams durch den Wunsch, die Autonomie der Einzelstaaten zu stärken und die demokratische Basis des Regierungssystems zu verbreitern. Als die Alien and Sedition Acts 1801 ausliefen, lehnte der Kongreß eine Verlängerung ab und erleichterte gleichzeitig die Einbürgerung von Immigranten, die nun nach fünf Jahren Aufenthalt in den USA die Staatsbürgerschaft erwerben konnten. In den Staatenparlamenten drängten die Republicans darauf, die Wahlbestimmungen in Richtung auf das allgemeine Wahlrecht für weiße Männer auszudehnen. Dieser demokratisch-republikanische Geist kehrte den Trend zum Zentralismus um, der von Hamiltons Finanzprogramm ausgegangen war. Handel und Gewerbe entwickelten sich in den Mittelstaaten und Neuengland zwar günstig, aber der generelle Charakter der amerikanischen Gesellschaft blieb doch agrarisch. Das war ganz im Sinne Jeffersons, der den Vereinigten Staaten das Schicksal Europas mit seinen eng zusammengepreßten städtischen Massen und dem demoralisierenden Nebeneinander von Luxus und Elend so lange wie möglich ersparen wollte. Die Realität der nationalen Hauptstadt Washington mit ihren wenigen fertiggestellten Regierungsgebäuden, den weit verstreuten, oft noch primitiven Tavernen und Wohnhäusern und den bei schlechtem Wetter kaum passierbaren Straßen war weit entfernt von den kühnen Träumen Pierre L'Enfants und selbst von den bescheidenen Hoffnungen Washingtons. Der neue Präsident hing dem Ideal des *Empire of Liberty* an, eines Amerika der unabhängigen, freiheitsliebenden Pflanzer, Farmer und Handwerker. Der Verwirklichung dieser Vision dienten vor allem die Erschließung und Besiedlung des Westens, die nun – gewissermaßen als Gegengewicht zur Kommerzialisierung – zügig vorangetrieben wurden. Kentucky und Tennessee, denen der Kongreß 1792 bzw. 1796 den Status gleichberechtigter Einzelstaaten verliehen hatte, erlebten einen Zustrom von Siedlern, der ihre Bevölkerung bis 1820 zusammen auf etwa eine Million anwachsen ließ. Aus dem Norden und der Mitte wanderten viele Familien nach Ohio ab, das 1803 als erster Staat aus dem Nordwest-Territorium in die Union aufgenommen wurde.

Der Louisiana Purchase

Kurz nach Jeffersons Amtsantritt zeichnete sich die beunruhigende Möglichkeit ab, daß Spanien die Kolonie Louisiana an Frankreich zurückgab, und daß Napoleon, in dem Jefferson mittlerweile den "Verräter der Revolution" sah, von der Karibik aus ein neues Empire auf dem amerikanischen Kontinent errichtete. Um einer solchen Entwicklung zuvorzukommen, die den amerikanischen Drang nach Westen hemmen mußte, faßte Jefferson einen Handstreich auf New Orleans und sogar ein Bündnis mit dem ideologischen Widersacher England ins Auge. Nach der Dezimierung einer französischen Armee auf der Zuckerinsel Santo Domingo durch aufständische Schwarze und vor dem Hintergrund des wiederaufflammenden Krieges in Europa bot Napoleon aber im April 1803 den überraschten amerikanischen Unterhändlern James Monroe und Robert R. Livingston nicht nur New Orleans, sondern ganz Louisiana, das bis zu den Rocky Mountains und an die kanadische Grenze reichte, zum Kauf an. Napoleon benötigte das Geld für seine Rüstungen, und er kalkulierte wohl zu Recht, Frankreich werde Louisiana im Ernstfall doch nicht gegen die Vereinigten Staaten und England halten können. Jefferson griff sofort zu, obwohl er an seiner verfassungsmäßigen Befugnis zweifelte, eigenmächtig zusätzliche Gebiete mit fremder Bevölkerung in die Union zu inkorporieren. Da eine Verfassungsänderung zu lange gedauert hätte, entschied der Präsident, die Verantwortung für den Kauf zu übernehmen und sich anschließend dem Urteil des Kongresses und des Volkes zu stellen. So wechselte Louisiana noch 1803 für 15 Millionen Dollar (nach heutigem Wert etwa 180 Millionen Dollar) den Besitzer, und der Senat hieß den Kauf, der das Staatsgebiet der USA auf einen Schlag verdoppelte, nachträglich mit großer Mehrheit gut. Bestätigt wurde Jeffersons Vorgehen auch durch die unangefochtene Wiederwahl zum Präsidenten im November 1804. Nur die Federalists in Neuengland, die ihren Einfluß weiter schwinden sahen, übten heftige Kritik bis hin zu Drohungen, sie würden ihre Staaten aus der Union herauslösen. Für die Südstaatler war die Integration von New Orleans und Umgebung nicht zuletzt deshalb so bedeutsam, weil auf diese Weise das System der Sklaverei gefestigt und ausgebaut werden konnte. Das Mississippidelta, in dem schon seit der französischen Kolonisation im 17. Jahrhundert viele Schwarze und Mischlinge lebten, eignete sich besonders gut für den Baumwollanbau, und der Export der Baumwolle nach Europa erfolgte hauptsächlich über den Hafen von New Orleans. Bald stand die Stadt auch in dem zweifelhaften Ruf, über den größten Sklavenmarkt der USA zu verfügen. Viele Neuengländer glaubten deshalb im Erwerb zusätzlichen Sklaventerritoriums das eigentliche Motiv des *Louisiana Purchase* zu erkennen. Die von den Republicans betriebene und von der Mehrheit der Bevölkerung mitgetragene Politik der Westexpansion gab also den sektionalen Spannungen und dem Parteienkonflikt neue Nahrung.

Als Staatsmann und Wissenschaftler hatte Jefferson großes Interesse an den Westgebieten, aber er selbst war nie über die Appalachen hinausgelangt. Dafür veranlaßte er den Kongreß, seinen Sekretär Meriwether Lewis und den Offizier William Clark 1804 auf Erkundungsreise in die neu erworbenen Gebiete zu schicken. Mit Hilfe indianischer Scouts drang die Expedition von St. Louis entlang des Missouri und dann – auf der vergeblichen Suche nach einer schiffbaren Route – über die Rocky Mountains bis nach Oregon und an den Pazifik vor. Lewis und Clark sammelten Informationen, aber auch kuriose Gerüchte über die Ureinwohner, die Geographie, die Bodenschätze und die Pflanzen des Westens. Nach ihrer Rückkehr 1806 konnten sie die ersten verläßlichen Karten für den Raum zwischen Mississippi und Pazifischem Ozean vorlegen. Das war der Auftakt zu einer Vielzahl amerikanischer Forschungsaktivitäten und Handelsunternehmungen, die von den Spaniern in Neu-Mexiko und Kalifornien mißtrauisch beobachtet und gelegentlich auch behindert wurden. Weiter nördlich im Oregon-Gebiet überschnitten sich amerikanische und englische Interessen: 1811 ließ der deutschstämmige, 1789 eingebürgerte New Yorker Kaufmann Johann Jacob Astor an der Mündung des Columbia River die Pelzhandelsstation Astoria errichten, die den Konkurrenten von der britischen Hudson's Bay Company ein Dorn im Auge war.

Der "zweite Unabhängigkeitskrieg" gegen England

Obwohl Präsident Jefferson peinlich genau auf die Wahrung der Neutralität bedacht war, gerieten die Vereinigten Staaten in seiner zweiten Amtszeit zwischen die Mühlsteine des englisch-französischen Krieges. Sowohl Napoleons Kontinentalsperre als auch die britische Gegenblockade beeinträchtigten den Handel der Neutralen. Schwerer ins Gewicht fiel aus amerikanischer Sicht natürlich die restriktive Haltung Englands, dessen Flotte nach der Schlacht von Trafalgar 1805 den Atlantik beherrschte. Als schlimmste Demütigung wurde das "Matrosenpressen" der Briten empfunden, die Entführung mehrerer tausend angeblicher englischer Deserteure von gekaperten amerikanischen Handels- und sogar Kriegsschiffen. Jefferson und Außenminister Madison glaubten, die Vereinigten Staaten verfügten über eine scharfe wirtschaftliche Waffe, mit der sie sich zur Wehr setzen konnten, ohne Krieg führen zu müssen. Auf ihre Empfehlung beschloß der Kongreß Ende 1807 einen Stopp sämtlicher Exporte aus den USA, der die europäischen Kontrahenten zur Beachtung der Neutralitätsrechte zwingen sollte. Anstatt jedoch Engländer oder Franzosen ernsthaft zu beeindrucken, verleitete dieses Embargo-Gesetz viele neuenglische Kaufleute, die ohnehin mit den Engländern sympathisierten, zum Schmuggel und zu anderen illegalen Aktivitäten. Den Schaden hatten in erster Linie Pflanzer und Farmer, die auf ihren Produkten sitzenblieben. Während der Einfluß des Embargos auf das Geschehen in Europa verschwindend gering blieb, untergrub es daheim die Autorität der Bundesregierung und säte zusätzliches Mißtrauen zwischen den Regionen. Innenpolitisch behielten die Republicans trotz dieses Debakels das Heft in der Hand, wie der reibungslose Übergang der Präsidentschaft von Jefferson, der nach zwei Amtsperioden aus Prinzip nicht mehr kandidierte, auf James Madison Anfang 1809 veranschaulichte. Madison gestand schließlich die Wirkungslosigkeit des Embargos ein, und noch im Jahr 1809 hob der Kongreß das Gesetz wieder auf.

Als klar wurde, daß auch andere Formen diplomatischen und wirtschaftlichen Drucks London nicht zum Einlenken bewegen konnten (während Napoleon zumindest nach außen hin Entgegenkommen signalisierte), erschien einer wachsenden Zahl von Amerikanern der erneute Griff zu den Waffen als einziger Ausweg aus dem Dilemma. Vorbehalte gab es in Neuengland und entlang der Küste, wo man die Gefahr, die von der englischen Flotte ausging, besser einzuschätzen vermochte. Umso energischer schürten die republikanischen Südstaatler, die ein Auge auf das spanische Florida geworfen hatten, und westliche Abgeordnete, die über die Zusammenarbeit der Anglo-Kanadier mit den Indianern an der *Frontier* erbost waren, die Kriegsstimmung. Den entscheidenden Anstoß gab 1811 die Erhebung einer Konföderation von Stämmen unter dem Shawnee-Häuptling Tecumseh im Ohio- und Mississippi-Gebiet. Tecumseh hatte mit Hilfe der Briten die Indianerkonföderation des Nordwestens aus den 1790er Jahren wiederbelebt und auch die weiter südlich lebenden Stämme einbezogen. Sein Bruder Tenskwatawa, der als Prophet galt, verlieh dem Widerstand durch die Beschwörung einer gemeinsamen indianischen Vergangenheit und durch Weissagungen den Charakter einer religiösen Erweckungsbewegung. Zwar gelang es dem Gouverneur des Indiana-Territoriums, William Henry Harrison, die Indianer in der Schlacht von Tippecanoe zu besiegen und ihre heilige Stadt niederzubrennen, doch die Nachricht von dem Aufstand stärkte die Kriegspartei in Washington. Der eher zögerliche Madison beugte sich jetzt dem Druck der *War Hawks* um Henry Clay aus Kentucky und John C. Calhoun aus South Carolina und forderte die britische Regierung ultimativ auf, die amerikanische Souveränität in den Westgebieten und die Rechte der Neutralen im Atlantik zu respektieren. Ohne lange auf Antwort zu warten, verfaßte der Präsident eine Kriegsbotschaft und leitete sie im Juni 1812 an den Kongreß weiter. Mit relativ knappen Mehrheiten, in denen sich die sektionalen Differenzen widerspiegelten, erklärten daraufhin der Senat und wenig später auch das Repräsentantenhaus Großbritannien den Krieg. Offiziell war viel vom Schutz der "nationalen Ehre" und des Völkerrechts die Rede, doch die eigentliche Triebfeder bildete der territoriale Expansionsdrang der Republicans im Süden und Westen der Union.

Die militärischen Auseinandersetzungen nahmen allerdings einen wesentlich ungünstigeren Verlauf, als die Kriegstreiber vorhergesagt hatten. In der amerikanischen Planung und Rüstung wurden eklatante Mängel und Versäumnisse offenbar, die nicht zuletzt von den ideologischen Vorbehalten der Republicans gegen ein professionelles Militärwesen und von ihrem naiven Vertrauen auf Bürgermilizen herrührten. Weder gelang die Eroberung Kanadas oder Floridas, noch konnte die britische Küstenblockade gebrochen werden. An der kanadischen Grenze lieferten sich die Amerikaner wechselhafte Gefechte mit den Briten und den sie unterstützenden Indianerstämmen, und auf den Großen Seen errang US-Commodore Oliver Perry einige Achtungserfolge über britisch-kanadische Verbände. Im Sommer 1814 mußten die Amerikaner aber erleben, daß ein feindliches Flottengeschwader durch die Chesapeake Bay bis nach Washington vordrang und – offiziell als Vergeltung für amerikanische Attacken in Kanada – die Regierungsgebäude einschließlich der Kongreßbibliothek in Brand steckte. Ende 1814 drohte sogar eine groß angelegte britische Zangenoperation von Kanada und New Orleans aus die Union in zwei Teile zu spalten.

Die amerikanische Schwäche hatte auch innenpolitische Gründe, denn die Federalists, geführt von einem jungen Kongreßabgeordneten aus New Hampshire, Daniel Webster, behinderten ganz offen die Kriegsanstrengungen der Madison-Administration. Einige Gouverneure gingen so weit, ihren Staatenmilizen die Beteiligung an einer Invasion Kanadas zu verbieten. Bostoner Kaufleute und Bankiers weigerten sich, den Krieg durch Anleihen zu finanzieren, und investierten stattdessen in britische Wertpapiere. Auf Einladung des Parlaments von Massachusetts versammelten sich im Dezember 1814 Federalists aus allen Neuenglandstaaten zu einem Konvent in Hartford, Connecticut. Eine Minderheit der Delegierten forderte die Sezession, während sich die Mehrheit mit Verfassungsreformen begnügen wollte, die auf eine Beseitigung der republikanischen Vorherrschaft in Washington zielten. Inzwischen hatten amerikanische Truppen aber den Vormarsch der Briten aus Kanada bei Albany aufgehalten, und der indianische Widerstand begann zu versiegen, als sich die Nachricht verbreitete, daß Tecumseh im Oktober 1813 an der kanadischen Grenze gefallen war. Auch weltpolitisch ergab sich eine völlig neue Lage: Nach dem Sieg über Napoleon in Europa war die englische Regierung nun daran interessiert, ihre Handelsbeziehungen mit Amerika wieder zu normalisieren. Aus der Einsicht heraus, daß keine Seite mehr in der Lage war, einen eindeutigen militärischen Sieg zu erringen, nahmen Unterhändler beider Seiten (für die USA John Quincy Adams, Albert Gallatin und Henry Clay) im flämischen Gent Gespräche auf. Sie führten Weihnachten 1814 zu einem Kompromißfrieden, der im wesentlichen den Status quo vor Kriegsausbruch wiederherstellte.

Die Amerikaner hatten keines ihrer Kriegsziele erreicht, aber die Massen feierten den Friedenschluß dennoch als Sieg im "zweiten Unabhängigkeitskrieg". Dem patriotischen Stolz genügten Episoden wie die Verteidigung Baltimores, die einen Augenzeugen, den Rechtsanwalt Francis Scott Key, zum Verfassen der martialischen Verse des "Star-Spangled Banner" inspiriert hatte; oder General Andrew Jacksons glänzender Sieg über britische Landungstruppen bei New Orleans im Januar 1815 – zu einem Zeitpunkt, als die Feindseligkeiten offiziell bereits beendet waren. Das wichtigste praktische Ergebnis aus amerikanischer Sicht war zweifellos die Bestätigung der territorialen Souveränität und Integrität der Vereinigten Staaten. Ferner entfielen nach der Wiederherstellung des Friedens in Europa auch die meisten Handelsbeschränkungen, unter denen die amerikanische Republik seit ihrem Ausscheiden aus dem britischen Empire gelitten hatte. Eher gegen die Intentionen der Republicans hatten das Embargo und der Krieg dem amerikanischen Manufakturwesen einen ersten wichtigen Wachstumsschub versetzt. Innenpolitisch schließlich verscheuchte der Vertrag von Gent das Gespenst der Sezession, das durch die Konfrontation zwischen republikanischen *War Hawks* und neuenglischen Federalists heraufbeschworen worden war. Zu den Hauptleidtragenden zählten ein weiteres Mal die Indianer, deren Bündnis mit den Engländern nur zu Niederlagen und Landabtretungen geführt hatte.

Ein Fazit der Revolutionsepoche

Nach einem halben Jahrhundert voller Kämpfe und Kriege, raschen sozialen Wandels und tiefgreifender konstitutioneller Neuordnungen ging die Revolutionsepoche in Amerika und Europa zu Ende. Im Schatten des Wiener Kongresses vollzogen die Vereinigten Staaten – immer noch als eine Art "Juniorpartner" – den Eintritt in den Welthandel und in die Politik der großen Mächte. Auf ihrer Seite des Atlantik setzten die Prinzipien der Volkssouveränität, des Föderalismus und der unantastbaren Grundrechte der staatlichen Macht

Grenzen und sicherten die Freiheit des Individuums einschließlich seines Strebens nach Glück, Erfolg und Gewinn. Trotz der großen regionalen Unterschiede und politischen Differenzen war es gelungen, mit Hilfe wirksamer Symbole – die Gründungsdokumente, das Sternenbanner, die (noch inoffizielle) Hymne – zumindest in Ansätzen eine nationale Identität zu konstruieren. Bei bestimmten regelmäßigen Anlässen – dem Unabhängigkeitstag am 4. Juli, Washingtons Geburtstag, der Inauguration eines Präsidenten – verband die *civil religion* alle diese Elemente mit ihren ebenso schlichten wie populären Ritualen. Darüber hinaus hatten sich die Amerikaner in der Gestalt des *Uncle Sam*, bei der ein Armeelieferant aus dem Krieg von 1812 Pate stand, eine volkstümliche Figur geschaffen, auf die sie ihre tatsächlichen und vermeintlichen "nationalen Charaktereigenschaften" projizieren konnten. Vor allem war aber die Geschichte selbst, das gemeinsame Erlebnis von Revolution, Unabhängigkeitskrieg und Verfassungsgebung, zu einem einigenden Band geworden.

Wie in den meisten europäischen Staaten so endete die Revolutionsepoche also auch in den USA mit einem gestärkten Bewußtsein nationaler Zusammengehörigkeit und nationaler Interessen. Dahinter verblaßten der aufklärerische Kosmopolitismus und der Kult der Bürgertugend, die noch viele der Gründerväter bewegt hatten. Ebensowenig setzte sich rationalistischer Vernunftglaube gegen Volksfrömmigkeit und wiederbelebte christliche Innerlichkeit durch. Dennoch ging diesseits und jenseits des Atlantiks die Einsicht in den historischen Zusammenhang der Revolutionen nicht völlig verloren. Für die französischen "Amerikafreunde", die den jakobinischen Terror und Napoleons Diktatur überlebt hatten, blieben die Vereinigten Staaten eine "Fackel in der Finsternis", die Europa den Weg in eine bessere Zukunft weisen konnte; auf der anderen Seite gab Jefferson die Hoffnung nicht auf, daß die Europäer eines Tages zu Regierungssystemen gelangen würden, in denen "der Volkswille einen wesentlichen Bestandteil bildet."

Jedoch waren auch in Amerika längst nicht alle Verheißungen von Revolution und Unabhängigkeit in Erfüllung gegangen. Die Vorstellung einiger intellektueller Nationalisten, die Vereinigten Staaten könnten sich wirtschaftlich und kulturell ganz von Europa "abnabeln", erwies sich rasch als illusorisch. Die USA waren nach wie vor ein peripherer Teil des atlantischen Handelssystems, dessen Zentrum in London lag, und die amerikanische Elite übernahm weiterhin künstlerische Stile und geistige Strömungen wie Klassizismus und Romantik aus Europa. Gemessen an dem Ausbruch kultureller Kreativität im Europa des frühen 19. Jahrhunderts, verbunden mit Namen wie Goethe, Shelley, Beethoven, Turner und Goya, sanken die Vereinigten Staaten eher noch weiter in die Mittelmäßigkeit ab. Der frühe Reformeifer, der eine allgemeine Anhebung des Niveaus im Bildungs- und Gesundheitswesen erstrebt hatte, machte allzu schnell kleinlichen Sparsamkeitserwägungen Platz oder fiel dem Staatenpartikularismus zum Opfer. Die Frauen waren wegen ihrer erzieherischen Funktion als "republican mothers" zwar ideologisch aufgewertet worden, aber an ihrer untergeordneten rechtlichen Stellung hatte sich kaum etwas geändert, und politisch blieben sie trotz der Mahnungen von Abigail Adams und der Popularität von Mercy Otis Warren weiterhin unmündig. Anstatt das Geschlechterverhältnis nach naturrechtlichen Prinzipien neu zu ordnen, hielten Politiker und Juristen an *common law*-Grundsätzen fest, denen zufolge verheirateten Frauen weder autonome Rechtssubjekte noch mündige Staatsbürger waren. Im Verhältnis zu den indianischen Ureinwohnern geriet die ursprünglich für möglich erachtete Integration durch Assimilierung und Christianisierung allmählich aus dem Blick; vielmehr zeichnete sich als "Lösung" des Indianerproblems spätestens nach dem Krieg von 1812/14 eine brutale Verdrängungspolitik ab.

Den sichtbarsten Widerspruch zu den "Ideen von 1776" bildete aber das Fortbestehen der Sklaverei über das 1808 – zum laut Verfassung frühestmöglichen Zeitpunkt – vom Kongreß verhängte Verbot des Sklavenhandels hinaus. Südstaaten-Pflanzer hatten die 20-Jahres-Frist seit Annahme der Verfassung genutzt, um 250 000 neue Afrikaner zu importieren, etwa ebenso viele wie während der gesamten Kolonialzeit. Schon die Beratungen des Verfassungskonvents von Philadelphia und die Ratifizierungsdebatten in den Staaten hatten erkennen lassen, daß der Antisklaverei-Impuls der ersten Revolutionsphase an Kraft verlor. Als Sklavereigegner den neuen Kongreß 1790 mit Petitionen bestürmten, stellte sich die Mehrheit unter Führung von James Madison auf den Standpunkt, daß die Sklaverei – anders als der Sklavenhandel – allein Angelegenheit der Einzelstaaten sei. Ab den 1790er Jahren verschlechterte sich die Lage der Afro-Amerikaner vor allem aus zwei Gründen weiter: Zum einen führte der blutige Sklavenaufstand in der französischen Kolonie Santo Domingo (Haiti) den amerikanischen Pflanzern die Gefahren des Sklaverei-Systems vor Augen und veranlaßte sie zu schärferen Kontrollmaßnahmen. Diese Schutzvorkehrungen wurden weiter perfektioniert, als sich in den Südstaaten selbst Anzeichen von Sklavenunruhen – etwa die von Gabriel Prosser organisierte Verschwörung in Virginia im Jahr 1800 – bemerkbar machten. Noch wichtiger war aber ein zweiter Faktor: die steigende Nachfrage nach Baumwolle in Europa, die vor allem die Industrialisierung Englands erzeugte. Bis zur Jahrhundertwende hatten die meisten Sklaven noch auf Tabak-, Zuckerrohr-, oder Reisplantagen gearbeitet. Danach ließen technische Innovationen wie Eli Whitneys Entkernungsmaschine sowie die Erschließung fruchtbaren Landes im Südwesten den Baumwollanbau immer lukrativer und die Sklaven als Arbeitskräfte und "Kapital" entsprechend wertvoller werden. Auch nach 1808 gelangten weiterhin Sklaven in die USA, weil die Bundesregierung über keine geeigneten Mittel verfügte, das Einfuhrverbot durchzusetzen, und weil die weiße Bevölkerung im Süden mit den Schmugglern sympathisierte. Außerdem setzte nun ein schwunghafter interner Handel zwischen den Staaten an der Atlantikküste und dem Mississippital ein, der es den Pflanzern in Richmond, Charleston und Savannah ermöglichte, ihre "überschüssigen" Sklaven profitabel abzusetzen. Legale und illegale Einfuhren aus Afrika und der Karibik, vor allem aber die natürliche Vermehrung ließen die Zahl der Sklaven im amerikanischen Süden zwischen 1790 und 1820 von 700 000 auf über 1,5 Millionen (= 40 Prozent der Bevölkerung) ansteigen. Das entlarvte die Erwartung vieler Revolutionäre, zu denen auch Jefferson und Madison gehörten, die Sklaverei werde sich nach der Einfuhrsperre von 1808 "auf natürlichem Wege" erledigen, als Wunschdenken. Die Freilassungen, die während der Revolution im Norden und im Oberen Süden erfolgt waren, fielen dagegen zahlenmäßig kaum ins Gewicht. 1810 waren ca. 190 000 Afro-Amerikaner rechtlich frei (= 13,5 Prozent der gesamten schwarzen Bevölkerung der USA), und knapp 110 000 von ihnen lebten in den Südstaaten. Danach ging der prozentuale Anteil der freien Schwarzen jedoch kontinuierlich zurück, weil die Südstaatenparlamente (mit Ausnahme von Delaware und Maryland) die Emanzipation immer mehr erschwerten oder ganz verboten. Von Jefferson, Madison und anderen Südstaatlern erwogene Pläne, durch den Verkauf von Land im Westen Finanzmittel zu beschaffen, mit denen die Sklavenbesitzer entschädigt werden könnten, ließen sich nicht realisieren. Auch die Bemühungen um eine Rücksiedlung von Schwarzen nach Afrika, die seit dem Frieden von 1814 zunahmen und 1816 zur Gründung der American Colonization Society führten, konnten an Wachstum und Ausbreitung der Sklaverei nichts ändern.

Unabhängigkeitskrieg und Revolution hatten dazu beigetragen, die demographischen und ideologischen Unterschiede zu verschärfen, die hinsichtlich der Sklaverei von jeher zwischen Norden und Süden bestanden. Der Gründergeneration war es nicht gelungen, den von vielen schmerzlich verspürten Widerspruch zwischen Recht und Moral auf der einen und wirtschaftlichen Interessen und rassischen Vorurteilen auf der anderen Seite zu lösen. Privat standen politische Führer wie Washington, Jefferson und Madison dem System der Sklaverei durchaus kritisch gegenüber, aber sie fanden nicht den Mut, an die Spitze einer Bewegung zur Überwindung dieses gesellschaftlichen Übels zu treten. Da es ihnen nie ganz gelang, sich von der Annahme einer "natürlichen Minderwertigkeit" der Schwarzen freizumachen, sahen sie auch keine echte Möglichkeit für ein dauerhaftes friedliches Zusammenleben von weißen und schwarzen Bürgern in der neuen Republik. Aus diesem Dilemma versuchten sie sich mit Kolonisierungsprojekten in Afrika und der Karibik zu befreien, deren praktische Wirkungslosigkeit aber rasch offenbar wurde. Nach 1820 blieb den Gegner der Sklaverei wenig mehr übrig, als das weitere Vordringen dieser "eigentümlichen Institution" *(peculiar institution)* in die Westgebiete zu verhindern. Die Probleme, die sich aus dem Zusammenhang von territorialer Expansion und Sklaverei für den Bestand der Union ergaben, traten nun immer deutlicher zu Tage.

III.
Demokratisierung, Marktwirtschaft und territoriale Expansion, 1815–1854

Nach 1815 unterschieden sich die Vereinigten Staaten fundamental vom kolonialen Amerika der 1760er Jahre, aber sie entsprachen keineswegs den Wunschbildern, die Revolutionären wie John Adams oder Thomas Jefferson vorgeschwebt hatten. Um diese Zeit existierte in den USA, wie der Historiker Gordon S. Wood schreibt, "die am meisten egalitäre, individualistische und erwerbsorientierte Gesellschaft der Welt." Im Verlauf der Revolution und der beiden Kriege gegen England waren die materiellen wie die geistigen Fesseln gesprengt worden, die Nordamerika noch mit der ständisch-hierarchischen Welt der frühen Neuzeit verbunden hatten. Die *common people*, die einfachen Leute, traten handelnd in die Geschichte ein, und wer politisch reüssieren wollte, konnte ihre Wünsche und Ängste nicht mehr außer acht lassen, geschweige denn sie verächtlich behandeln. Diesem Transformationsprozeß fielen die idealistischen Vorstellungen von den überschaubaren Gemeinschaften tugendhafter, selbstloser Bürger oder von der wohlmeinenden Herrschaft einer "natürlichen Aristokratie" zum Opfer. Dafür bot das neue Amerika jedem einzelnen seiner weißen männlichen Bürger unvergleichlich gute Chancen, das eigene Los ohne Rücksicht auf traditionelle Rangordnungen und gesellschaftliche Konventionen zu verbessern. Jetzt begann Crèvecoeurs Aussage Sinn zu machen, daß in Amerika ein "neuer Mensch" geboren werde, der seine europäischen Vorurteile und Gewohnheiten gegen neue Lebensformen austauscht, der neuen Regierungen gehorcht und nach neuen Prinzipien handelt. Das bedeutete zwar keineswegs den Abbau aller sozialen Schranken und Hierarchien oder gar eine Annäherung der Besitzverhältnisse zwischen Arm und Reich. Es traf natürlich auch nicht auf die Sklaven, die meisten freien Afro-Amerikaner und die Masse der Frauen zu, die materiell und rechtlich von ihren Vätern und Ehemännern abhängig blieben. Die neue Gesellschaftsordnung war aber doch bemerkenswert offen, durchlässig und mobil, und ihre Struktur formte sich immer stärker aus den wandelbaren Gegebenheiten von persönlichem Verdienst, beruflichem Erfolg und politischem Ansehen. In den Südstaaten spielte Land- und Sklavenbesitz nach wie vor die beherrschende Rolle, aber überall sonst bemaß sich der soziale Status eher nach der Fähigkeit, Kapital zu akkumulieren und es in Handel und Industrie gewinnbringend anzulegen. *Equality*, verstanden als soziale Ebenbürtigkeit und Gleichheit vor dem Gesetz, wurde zum zentralen Wert und wirksamen Schlagwort, obwohl die Besitzunterschiede eher zu- als abnahmen.

Die "Gründerväter" John Adams und Thomas Jefferson, die ihre politischen Gegensätze in einer 1812 wieder aufgenommenen Korrespondenz allmählich überwanden, fühlten sich von dem rastlosen Streben der Amerikaner nach materiellen Gütern eher befremdet. Die große Mehrheit ihrer Landsleute machte aber resolutoptimistisch von den sich bietenden Gelegenheiten Gebrauch und setzte damit eine wirtschaftliche und gesellschaftliche Dynamik in Gang, die nicht mehr zum Stillstand kommen sollte. Der auf das private Interesse ausgerichtete Individualismus und der durch ihn entfesselte Wettbewerb wurden zum Kern einer neuen, "liberalen" amerikanischen Identität. Starke Gegengewichte bildeten jedoch weiterhin der egalitäre, gemeinschaftsorientierte Republikanismus, der die Werte der Revolution hochhielt, und die evangelikale Volksfrömmigkeit, die immer wieder soziale Reformimpulse freisetzte. Die Entstehung eines nationalen Marktes und der Übergang vom Agrar- und Handelskapitalismus zur Industrialisierung erzeugten Spannungen zwischen den sich neu formierenden Gesellschaftsschichten sowie zwischen privatem Egoismus und der Notwendigkeit des sozialen Zusammenhalts. Aus diesen Spannungen ging bis zur Jahrhundertmitte eine eigentümliche, regional unterschiedlich geprägte Kultur hervor, in der sich frühindustrieller Kapitalismus, demokratischer Republikanismus und evangelikaler Protestantismus gegenseitig durchdrangen.

Die Risiken und Gefahren des hemmungslosen Besitzindividualismus veranschaulichte schlaglichtartig die Finanzpanik von 1819, die aus übersteigerter Landspekulation im Westen resultierte und eine mehrjährige Rezession nach sich zog. Dieser Krise sollten bis 1860 noch zwei weitere schwere wirtschaftliche Einbrüche folgen, doch keiner von ihnen konnte für längere Zeit den säkularen Wachstumstrend aufhalten, der zu Beginn des 19. Jahrhunderts eingesetzt hatte. In dreifacher Hinsicht standen die Zeichen im postrevolutionären Amerika auf Expansion: Politisch verlangten immer mehr Menschen nach Mitsprache und wurden immer breitere Bevölkerungsschichten durch die Parteien in den politischen Prozeß einbezogen; ökonomisch wuchsen die Vereinigten Staaten zu einem großen Binnenmarkt zusammen und weiteten gleichzeitig ihre Handelsbeziehungen zum Rest der Welt aus; und territorial gelang ihnen im Krieg gegen Mexiko 1846–48 der endgültige Durchbruch zum Pazifik. Gerade diese rasche Expansion, ab den 1840er Jahren verbunden mit einer Masseneinwanderung aus Europa, verschärfte aber auch die regionalen Gegensätze und heizte den Streit um die Sklaverei an, der 1861 in die Zerreißprobe des Bürgerkriegs führte.

1. Die "Era of Good Feeling"

Grenzregelungen und Monroe-Doktrin

Nach dem zweiten Krieg gegen England innerhalb einer Generation schienen die Amerikaner endlich zu sich selbst gefunden zu haben. Die Hoffnungen auf gesellschaftliche Harmonie und wirtschaftlichen Fortschritt bündelten sich in dem Begriff der *Era of Good Feeling*, den ein Bostoner Journalist prägte, und der bald mit der Präsidentschaft von James Monroe (1817–1825), dem vierten Virginier nach Washington, Jefferson und Madison, verbunden wurde. Es schien, als könne der Parteienstreit nun endgültig beigelegt werden, denn auch die verbliebenen Federalists unterstützten Monroe, und John Adams' Sohn John Quincy Adams, ein typischer Repräsentant der gebildeten neuenglischen Elite, trat in Monroes Kabinett ein. Das gestiegene nationale Selbstbewußtsein der Amerikaner spiegelte sich am deutlichsten in der Außenpolitik, die John Quincy Adams über mehr als ein Jahrzehnt, zuerst als Secretary of State und dann als Präsident (1825–29), maßgeblich mitbestimmte. Adams, der in Europa diplomatische Erfahrungen gesammelt hatte, stellte das nationale Interesse der Vereinigten Staaten über alle parteipolitischen und sektionalen Erwägungen. Er ging von der Prämisse aus, daß Distanz zu Europa und territoriale Expansion auf dem nordamerikanischen Kontinent die Voraussetzungen für das Überleben des "republikanischen Experiments" seien. Da England weiterhin als gefährlicher Gegner galt, und da auch die innere Stabilität der Union zu berücksichtigen war, sollte diese Expansion behutsam und unter Vermeidung von Kriegen erfolgen. Flankiert werden mußte sie durch eine

Ausweitung und Diversifizierung des amerikanischen Handels, der immer noch stark auf die Nordatlantikroute konzentriert war.

Die Schwächung der Kolonialmacht Spanien durch Revolten und Unabhängigkeitsbewegungen in Lateinamerika nutzte John Quincy Adams, um mit dem Erwerb von Florida einen Präzedenzfall zu schaffen. Das seit dem *Louisiana Purchase* zwischen Spanien und den USA umstrittene West-Florida war schon 1810 von Präsident Madison annektiert worden. Der Druck auf Ost-Florida wuchs durch das Vordringen amerikanischer Siedler und durch militärische Strafexpeditionen, die General Andrew Jackson 1818 ohne Rücksicht auf die spanische Souveränität gegen Seminolen-Indianer und geflohene Sklaven unternahm. Bei den Grenzverhandlungen, die Adams seit 1817 mit dem spanischen Gesandten Luis de Onís führte, nutzte er diese Konstellation geschickt aus. 1819 erreichte er einen Vertragsabschluß, der den USA gegen die Übernahme von 5 Millionen Dollar spanischer Schuldverpflichtungen endgültig ganz Florida sicherte. Dieser Adams-Onís-Vertrag (oder Transcontinental Treaty) reichte aber noch weiter, denn erstmals wurde die gesamte spanisch-amerikanische Grenze vom Golf von Mexiko bis zum Pazifik fixiert. Während die USA ihren Anspruch auf Texas fallen ließen, verzichtete Spanien auf alle Gebiete jenseits der Rocky Mountains, die nördlich des 42. Breitengrades, d.h. nördlich von Kalifornien lagen. Diesen Erfolg sicherte Adams durch Verhandlungen mit England ab, die er schon als Gesandter in London begonnen hatte. Nachdem 1817 die beiderseitigen Flottenstärken auf den Großen Seen begrenzt worden waren, einigte man sich in der Konvention von 1818 darauf, daß von den Seen zu den Rocky Mountains der 49. Breitengrad die amerikanisch-kanadische Grenze bilden sollte. Im riesigen Oregon-Gebiet jenseits der Rocky Mountains überschnitten sich die Souveränitätsansprüche von Spanien, Rußland, Großbritannien und den USA. Während die Präsenz der kanadischen Northwest Company für London sprach, berief sich Washington auf die Expedition von Lewis und Clark sowie auf die Gründung der Pelzhandelsstation Astoria, die allerdings 1813 an die Briten gefallen war. 1818 vereinbarte man nun, das gesamte Territorium für zehn Jahre unter gemeinsame englisch-amerikanische Verwaltung zu stellen – eine Regelung, die 1827 auf unbegrenzte Zeit verlängert wurde.

Von diesen Abmachungen und dem Adams-Onís-Vertrag führte eine gerade Linie zu der außenpolitischen Botschaft, die Präsident

James Monroe am 2. Dezember 1823 an den Kongreß richtete, und die später als Monroe-Doktrin bekannt wurde. Den Hintergrund bildete Adams' Sorge vor einer Intervention der Heiligen Allianz gegen die südamerikanischen Staaten, insbesondere Mexiko, deren Unabhängigkeit die USA gerade anerkannt hatten. Darüber hinaus galt es, ein russisches Vordringen im pazifischen Westen zu verhindern, nachdem Zar Alexander I. exklusive Handelsrechte für die Russian American Company von Alaska bis Kalifornien reklamiert hatte. Im Kern enthielt Monroes Botschaft eine Warnung an die Adresse der europäischen Mächte und Rußlands, daß die Vereinigten Staaten jegliche Rekolonisierung oder den Erwerb neuer Kolonien in Amerika als Gefahr für ihre eigene Sicherheit betrachten würden. Im Gegenzug sagten die USA zu, sich aus den europäischen Angelegenheiten einschließlich der existierenden Kolonien in Kanada, der Karibik und Südamerika herauszuhalten. Den europäischen Regierungen blieb natürlich die Diskrepanz zwischen dem rhetorischen Anspruch und dem tatsächlichen politisch-militärischen Durchsetzungsvermögen der Amerikaner nicht verborgen. Konservative Staatsmänner wie Metternich verstanden Monroes Konzept der "westlichen Hemisphäre", in der die europäischen Gesetze der *balance of power* nicht gelten sollten, dennoch als unerhörte Herausforderung und bestritten die völkerrechtliche Grundlage des Kolonisierungsverbots. In der Praxis wurde die Freiheit der südamerikanischen Staaten vorerst weniger durch die Vereinigten Staaten als durch England garantiert, das den Kontinent als seine vorrangige wirtschaftliche Interessensphäre betrachtete. Die Rivalitäten und ideologischen Gegensätze der europäischen Mächte, die John Quincy Adams in sein Kalkül einbezog, minderten die Kriegsgefahr und verschafften den USA eine für die innere Konsolidierung dringend benötigte, mehr als zwanzigjährige außenpolitische Ruhephase. Sie ließ sich auch zur Steigerung des Handels und zur Suche nach neuen Märkten nutzen, was die Bundesregierung nach Kräften durch Handelsverträge, den Ausbau des Konsulardienstes und die Verstärkung der Kriegsflotte förderte.

Der Missouri-Kompromiß

Vom Beginn des Jahrhunderts bis 1819 waren drei Sklavenstaaten (Louisiana, Mississippi, Alabama) und drei "freie" Staaten (Ohio,

Indiana, Illinois) neu in die Union aufgenommen worden, die nun 22 Mitglieder zählte. 1819 beantragten auch die Siedler von Missouri beim Kongreß die Aufnahme, da die Bevölkerung des Territoriums die erforderliche Zahl von 60 000 erreicht hatte, 10 000 von ihnen Sklaven. Während die früheren Beitritte eher routinemäßig abgewickelt worden waren, entbrannte im Kongreß über diesen Antrag erstmals ein heftiger Streit, der die politische Sprengkraft der Sklavereifrage schlaglichtartig deutlich machte. Die Vertreter der Nordstaaten, die im Repräsentantenhaus auf Grund ihrer Bevölkerungsstärke die Mehrheit hatten, wollten eine Klausel in die von Missouri vorgelegte Verfassung einfügen, die den Staat auf eine graduelle Emanzipation der Sklaven verpflichtet hätte. Der Senat, in dem sich Sklavenstaaten und freie Staaten genau die Waage hielten, lehnte jedoch eine solche Bedingung ab. Daraufhin verweigerte das Repräsentantenhaus dem Aufnahmeantrag von Missouri die Zustimmung, und im Gegenzug blockierte der Senat den Beitritt von Maine, das bislang zu Massachusetts gehört hatte, nun aber ein eigener Staat werden wollte. Die unüberwindlich scheinende Konfrontation zwischen Gegnern und Befürwortern einer Ausdehnung der Sklaverei nach Westen ließ Jefferson, einen der letzten noch lebenden "Gründerväter", von einer "Feuerglocke in der Nacht" sprechen, die ihn geweckt und mit Schrecken für die Zukunft erfüllt habe. In monatelangen, äußerst mühsamen Beratungen, die dem Sprecher des Repräsentantenhauses, Henry Clay, den Beinamen des *Great Pacificator* eintrugen, fand der Kongreß aber doch noch einen Ausweg aus dem Dilemma: Maine wurde 1820 als freier Staat aufgenommen, und Missouri durfte im folgenden Jahr ohne Bedingungen, d.h. als Sklavenstaat beitreten, wodurch das Nord-Süd-Gleichgewicht im Senat erhalten blieb; dafür akzeptierten die Südstaatler das permanente Verbot der Sklaverei im Rest des 1803 erworbenen Louisiana-Territoriums oberhalb einer Linie (36 Grad 30 Minuten nördlicher Breite), die von der Südwestecke Missouris bis zu den Rocky Mountains gezogen wurde. Wie schon im Verfassungskonvent von Philadelphia, so hatte auch diesmal wieder die Furcht vor dem Auseinanderfallen der Union einen Kompromiß erzwungen, der die Sklavereifrage eine weitere Generation lang politisch neutralisierte. Allen Beteiligten war aber schmerzhaft bewußt geworden, daß das Schicksal der Westgebiete, der schwarzen Bevölkerung und der Union auch in Zukunft untrennbar miteinander verbunden sein würde.

Manche Hoffnung knüpfte sich in dieser Zeit noch an das Konzept der "Rekolonisierung" von Afro-Amerikanern in der Karibik, Kanada oder Afrika. Der 1816 gegründeten American Colonization Society (ACS) gehörten Mitglieder aus dem Norden und dem Oberen Süden an, denen es weniger um die Beseitigung der Sklaverei als um die Entfernung der freien Schwarzen ging, die als "Fremdkörper" in der amerikanischen Nation betrachtet wurden. Man verwies auf das Beispiel der Engländer, die schon 1787 viele der im amerikanischen Unabhängigkeitskrieg nach Kanada geflohenen Schwarzen in ihre westafrikanische Kolonie Sierra Leone gebracht hatten. Mit Unterstützung der Bundesregierung und mit finanzieller Hilfe von Staatenregierungen, Kirchen und Privatpersonen gelang es der ACS zu Beginn der 1820er Jahre, Land an der afrikanischen Küste südlich von Sierra Leone zu kaufen und schwarze Emigranten anzusiedeln. Seit 1824 hieß diese Kolonie offiziell "Liberia", und der erste Hauptort, dessen Name Christopolis auf die Missionierungsabsichten der ACS hinwies, wurde zu Ehren von Präsident Monroe in "Monrovia" umbenannt. Da der Kongreß aber bald das Interesse an dem Projekt verlor, blieben die praktischen Möglichkeiten der ACS eng begrenzt. Bis 1830 transportierte die Gesellschaft lediglich 1400 Afro-Amerikaner – die meisten von ihnen waren schon seit längerem frei gewesen – nach Afrika und gab ihnen dort Starthilfe für Ackerbau und Handwerk. Nicht wenige der Neuankömmlinge litten unter dem tropischen Klima und starben an Fieberkrankheiten. Die überlebenden Einwanderer gerieten rasch mit der einheimischen Bevölkerung in Konflikt und etablierten sich als Führungsschicht, die politische und soziale Vorrechte beanspruchte. 1847 erklärten die Siedler Liberia zur unabhängigen Republik und nahmen eine Verfassung nach dem Vorbild der U.S. Constitution an. Die Hoffnungen auf einen breiten Strom von Kolonisten aus den Vereinigten Staaten, deren Regierung den neuen Staat übrigens erst 1862 diplomatisch anerkannte, erfüllten sich jedoch nicht. Zwar war der Wunsch, nach Afrika emigrieren zu dürfen, seit der Revolution auch gelegentlich von Sprechern der schwarzen Bevölkerung geäußert worden, entweder aus Resignation angesichts der fortgesetzten Diskriminierung oder als Ausdruck eines erwachenden schwarzen Nationalismus. Die große Mehrheit der freien Afro-Amerikaner, die Afrika nur noch vom Hörensagen kannte, lehnte solche Konzepte aber ab und zog es vor, gemeinsam mit den weißen Abolitionisten in den USA für die Überwindung der Sklaverei und die rechtliche und soziale Gleichstellung der Schwarzen zu kämpfen. Bei Ausbruch des Bürgerkriegs, der dieses Ziel in greifbare Nähe rückte, lebten ca. 12 000 Afro-Amerikaner in Liberia. Anderen Siedlungsexperimenten, etwa auf Haiti oder in Kanada, war noch weniger Erfolg beschieden. Obwohl die "Rekolonisierung" also keinen wirklichen Beitrag zur Lösung des Rassenproblems in den USA leistete, ging die utopische Hoffnung auf eine Rückkehr in die afrikanische "Heimat" aber nie ganz verloren und konnte auch nach dem Bürgerkrieg gelegentlich wiederbelebt werden.

Landpolitik, Finanzkrise und Fraktionsbildungen

Die Spannungen und Widersprüche, die sich unter der ruhigen Oberfläche der *Era of Good Feeling* angesammelt hatten, kamen durch die Finanzpanik von 1819 und die darauf folgende vierjährige Rezession zum Vorschein. Wie schon die Krise von 1783–87 resultierte auch dieser Einbruch im wesentlichen aus einem überhitzten Nachkriegsboom, der durch steigende Importe aus England, in die Höhe schnellende Preise für neues Land im Westen und eine unkontrollierte Ausweitung des Kredits durch die Banken gekennzeichnet war. Die *Second Bank of the United States,* die der Kongreß nach dem Auslaufen der ersten Bank-Charter 1816 eingerichtet hatte, und die in den Einzelstaaten gegründeten privaten *State Banks* vermehrten den Banknotenumlauf zwischen 1812 und 1817 von 45 auf 100 Millionen Dollar. Dieses Kapital wurde überwiegend in Land angelegt, das die Bundesregierung nach dem Krieg im Westen zu relativ niedrigen Preisen verkaufte. Das Farmland gelangte jedoch in den meisten Fällen nicht direkt an die Siedler, sondern auf dem Umweg über Landgesellschaften, die große Spekulationsgewinne machten und sich noch größere erhofften. Die Bundesregierung hatte den Mindestpreis für Verkäufe aus der *public domain* auf 2 Dollar pro acre festgesetzt. Bei den öffentlichen Versteigerungen boten die Agenten der Landgesellschaften wesentlich höher, weil sie wußten, daß sie das Land, aufgeteilt in *lots* von 40 bis 160 acres, für über 50 Dollar pro acre an landhungrige Farmer weiterverkaufen konnten. Die Farmer wiederum waren bereit, sich bei den Banken zu verschulden, weil die Preise für Agrarprodukte, nicht zuletzt wegen einer starken Nachfrage aus dem kriegsverwüsteten Europa, stetig nach oben kletterten. Die Orgie der Landspekulation erreichte 1819 ihren Höhepunkt, als zehnmal soviel Bundesland verkauft wurde wie im

Schnitt der Vorkriegsjahre. Um diese Zeit ließen jedoch Rekordernten in Europa die Nachfrage nach amerikanischem Getreide sinken, und gleichzeitig gerieten die während des Krieges aufgebauten Manufakturbetriebe in Neuengland durch billige englische Importe in Schwierigkeiten. Als die Banken daraufhin die Kreditvergabe einschränkten, platzte der spekulative Luftballon, und die Preise für Land und Agrarprodukte stürzten ab. Es dauerte bis 1823, bevor sich die Lage stabilisierte und die Wachstumskräfte wieder die Oberhand gewannen.

Die Krise hatte weitreichende Folgen, denn sie intensivierte das Nachdenken über eine zeitgerechte Wirtschaftspolitik und beschleunigte damit die Umformung der amerikanischen Parteienlandschaft. In der ökonomischen Diskussion kristallisierten sich zwei unterschiedliche Ansätze heraus: Auf der einen Seite gewann das von Henry Clay propagierte *American System* an Attraktivität, das ein aktives Eingreifen der Bundesregierung mit dem Ziel vorsah, die Vereinigten Staaten durch hohe Zölle zum Schutz der heimischen Industrie und durch eine Verbesserung der Infrastruktur so weit wie möglich selbstgenügsam und unabhängig von Europa zu machen. Dieses nationale Programm stieß auf den Widerstand derjenigen, die wirtschaftspolitische Entscheidungsbefugnisse am besten bei den Staatenparlamenten aufgehoben sahen und eine eher noch stärkere Dezentralisierung befürworteten. Der Zorn vieler Farmer und Landspekulanten richtete sich vor allem gegen die *Second Bank of the United States*, die mit ihren Rückzahlungsforderungen an die Staatenbanken das Signal zu der allgemeinen Kreditkontraktion gegeben hatte. Zu diesen beiden Polen hin begannen nun die politischen Kräfte zu gravitieren, die bei Beginn von Monroes Amtszeit noch einträchtig das Ende der Parteienherrschaft verkündet hatten.

Die Illusion eines "parteilosen" Zustandes ergab sich daraus, daß die Federalists nach 1815 praktisch von der nationalen Bühne verschwunden waren. Nun zerfiel auch das Lager der Republicans in Fraktionen, aus denen dann in einem längeren Prozeß ein neues Zweiparteien-System hervorging. Bei den Wahlen von 1824 konkurrierten nicht weniger als fünf Kandidaten, die sich alle als Republicans bezeichneten. Da keiner von ihnen die absolute Mehrheit der Wahlmännerstimmen erreichte, fiel die Entscheidung im Repräsentantenhaus, das den führenden Bewerber, General Andrew Jackson, überging und den Zweitplazierten, John Quincy Adams, zum Präsidenten kürte. Adams verdankte den Sieg vor allem Henry Clay, der nach der Enttäuschung über sein eigenes schlechtes Abschneiden alles darangesetzt hatte, Jacksons Einzug ins Weiße Haus zu verhindern. Adams ernannte Clay zum Außenminister und nahm damit den Vorwurf der Jackson-Anhänger in Kauf, die Wahl durch eine geheime Absprache (*corrupt bargain*) manipuliert zu haben. Wichtiger als taktische Schachzüge war aber die programmatische Übereinstimmung zwischen Clay und Adams, die alle national gesinnten Republikaner sammeln und das *American System* auf der Grundlage eines Bündnisses zwischen den Neuenglandstaaten und dem Westen in die Tat umsetzen wollten. Der strenge und moralisch integre, nach außen oft mürrisch und steif wirkende Adams ging dabei noch über Clays Vorstellungen hinaus, indem er neben Zollschutz und Verbesserungen der Verkehrswege auch Gesetze zur Förderung von Künsten und Wissenschaften einschließlich des Baus einer nationalen Universität und eines Observatoriums vorschlug. Gegen diesen Kurs der nationalen Republikaner formierte sich aber sowohl im Kongreß als auch in den Einzelstaaten, hauptsächlich im Süden und Südwesten, wachsender Widerstand unter dem Banner von Demokratie und Staatensouveränität (*states' rights*). Zur Integrationsfigur dieser Bewegung, die sich zunächst "the Democracy" und später dann Demokratische Partei (Democratic Party) nannte, stieg bis 1828 der populäre Sieger von New Orleans, Andrew Jackson, auf.

Bevor der neue Parteiengegensatz seine volle Schärfe erreichte, nahmen die Amerikaner auf symbolträchtige Weise endgültig Abschied von der Revolutionsepoche. In einer erstaunlichen Koinzidenz starben am 4. Juli 1826, auf den Tag genau fünfzig Jahre nach der Unabhängigkeitserklärung, sowohl John Adams als auch Thomas Jefferson. Viele Zeitgenossen schrieben dieses Ereignis der göttlichen Vorsehung zu und verstanden es als Bestätigung dafür, daß dem "amerikanischen Experiment" ein tieferer, transzendenter Sinn innewohnte.

2. Die "Marktrevolution"

Der komplexe Vorgang, der in der neueren Forschung als "market revolution" bezeichnet wird, ergab sich aus dem Ineinandergreifen von vier Faktoren: dem raschen Bevölkerungswachstum, dem Ausbau des Verkehrswesens, der Kommerzialisierung der Landwirtschaft und dem Beginn der Industrialisierung. Dabei bedingten sich der Ausbau marktwirtschaftlicher Strukturen und das Voranschieben der *Frontier* nach Westen gegenseitig und erzeugten eine immer stärkere Eigendynamik. Ökonomisches Wachstum und technische Neuerungen gingen mit tiefgreifenden Änderungen im Denken und in den sozialen Beziehungen einher, und sie vergrößerten zudem die wirtschaftlichen und kulturellen Unterschiede zwischen den Nord- und Südstaaten. Die paradoxe Folge war, daß die Einbindung immer weiterer Bevölkerungskreise in eine nationale Marktwirtschaft die sozialen und regionalen Gegensätze verschärfte und damit die Gefahr des Zerfalls der Union heraufbeschwor.

Bevölkerungswachstum und Binnenwanderung

Zwischen 1790 und 1820 war die Bevölkerung der Vereinigten Staaten von 4 auf 10 Millionen gestiegen, 1840 betrug sie 17 Millionen, und 1860 lebten mit 31,5 Millionen (davon 3,9 Millionen Sklaven und ca. 500 000 freie Schwarze) bereits mehr Menschen in den USA als in England und fast ebensoviele wie in Frankreich oder in den deutschen Staaten. Dieses Wachstum resultierte zunächst ganz überwiegend aus der "natürlichen" Vermehrung, d.h. einer hohen Geburten- und einer relativ niedrigen Sterberate. Im 19. Jahrhundert begann allerdings ein säkularer Trend zu niedrigeren Geburtenraten: Während eine amerikanische Frau 1810 im Durchschnitt noch sieben Kinder zur Welt brachte, waren es um die Jahrhundertmitte nur noch fünf. Bis 1860 wurde das Sinken der Geburtenrate jedoch durch verstärkte Einwanderung wettgemacht, so daß sich die Bevölkerung auch weiterhin, wie schon zur Kolonialzeit, etwa alle 23 Jahre verdoppelte. Da das Durchschnittsalter der Einwanderer recht niedrig war, blieben die Amerikaner im internationalen Vergleich ein "junges" Volk, was sicher zu ihrer Beweglichkeit und ihrem robusten Tatendrang beitrug.

Wegen der napoleonischen Kriege waren von 1790 bis 1820 nur 250 000 Europäer in die USA eingewandert. Auch im Zeitraum von 1820 bis 1840 hielt sich der Zustrom mit 750 000 in Grenzen. Ab 1820 übernahm die Bundesregierung die "Buchführung" und ließ sich die Zahlen aus den wichtigsten Einwanderungshäfen Boston, New York, Philadelphia, Baltimore und New Orleans melden. Die gesetzlichen Bestimmungen waren sehr günstig, denn der Naturalization Act von 1802 sah lediglich eine Residenzpflicht von fünf

Jahren vor, nach deren Ablauf Neuankömmlinge eingebürgert werden konnten. Sie mußten sich dann zur Verfassung bekennen und, falls sie adlig waren, ihre Adelstitel aufgeben. Zu einem echten Massenphänomen wurde die Einwanderung in den beiden letzten Jahrzehnten vor dem Bürgerkrieg, als über vier Millionen Menschen nach Amerika strömten. In den Spitzenjahren 1847–54 kamen auf 10 000 Einwohner jeweils über 100 Immigranten, was die höchste Einwanderungsrate proportional zur Bevölkerung in der gesamten Geschichte der Vereinigten Staaten bedeutete. Die Ursachen lagen in einer Kombination von "Druck-" und "Zugkräften" (*push and pull factors*), die den Menschen das Leben in Europa verleideten und die USA als einzige hoffnungsvolle Alternative erscheinen ließen. In Irland bewirkte eine Kartoffelkrankheit langanhaltende Hungersnot, in den deutschen Staaten, den Schweizer Kantonen und Skandinavien stieg der Druck durch starkes Bevölkerungswachstum und Landknappheit, und in England machte die Industrialisierung viele Handwerker arbeitslos. Zahlenmäßig weniger bedeutsam, aber politisch und kulturell durchaus folgenreich war die Flucht oder erzwungene Auswanderung von Liberalen und Demokraten, die, wie die deutschen "Achtundvierziger", aktiv an den gescheiterten europäischen Revolutionen der Jahre 1848/49 teilgenommen hatten. Auf der anderen Seite des Atlantiks lockten billiges Siedlungsland, höhere Löhne und die Aussicht auf soziale Gleichheit und religiöse wie politische Freiheit. Ermöglicht wurde die massenhafte Wanderungsbewegung durch das steigende transatlantische Handels- und Verkehrsaufkommen, denn ab den 1840er Jahren machten die Reedereien die Auswanderung zum profitablen Geschäft, weil sie ihre Frachtschiffe auf dem Weg nach Amerika mit Menschen vollstopfen konnten. Hinzu kamen Transportverbesserungen in den USA selbst, die das Vordringen der Siedler ins Landesinnere erleichterten und beschleunigten.

Den Hauptanteil der Einwanderer in den beiden Jahrzehnten vor dem Bürgerkrieg (mit ca. 3 Millionen gut 70 Prozent) stellten die Iren und die Deutschen, die sich in ihrer neuen Heimat aber recht unterschiedlich orientierten. Die Iren blieben zumeist als industrielle Arbeitskräfte in den Städten der Ostküste, vor allem in Boston und in New York, dessen Einwohnerzahl zusammen mit Brooklyn bis 1860 die Millionengrenze überschritt. Häufig füllten sie Lücken aus, die durch die starke Binnenwanderung nach Westen entstanden. Die meisten Deutschen strebten dagegen, ebenso wie die Schweizer und

Skandinavier, in das Ohiotal und das Gebiet der Großen Seen, wo sie Farmland erwerben wollten. Häufig führte sie ihr Weg schließlich aber doch in Städte wie Cincinnati, Cleveland, Chicago, Milwaukee und St. Louis, die nun in dieser Region rasch zu wachsen begannen. Die Zentren der Immigration lagen also ganz überwiegend im Nordosten und Nordwesten (dem heutigen Mittleren Westen) der USA, wohingegen der Süden mit Ausnahme von Texas nur wenige Neueinwanderer aufnahm. Hatten 1820 noch gut drei Viertel aller Amerikaner in den Ostküsten-Staaten gelebt und nur ein Viertel westlich der Appalachen, so war dieses Verhältnis 1860 schon ausgeglichen. Den stärksten Bevölkerungszuwachs verzeichnete der Mittlere Westen, der seinen Anteil an der Gesamtbevölkerung in diesem Zeitraum von 9 auf 29 Prozent mehr als verdreifachen konnte, während derjenige des Südwestens (einschließlich Texas) nur von 14 auf 19 Prozent stieg. Der pazifische Westen, der 1848 an die USA fiel, beherbergte 1860 erst minimale 2 Prozent der insgesamt 31,5 Millionen Amerikaner.

Da etwa zwei Drittel der irischen und ein Drittel der deutschen Einwanderer Katholiken waren, veränderte sich nicht nur die ethnische, sondern auch die religiöse Zusammensetzung der USA. Bis 1840 überwog trotz aller Diversität und regionalen Besonderheiten das britisch-protestantische Element. Die Einheit von Sprache, politischen Institutionen, Recht, Geschichtsbewußtsein und freiheitlicher Ideologie, die sich als "amerikanische Kultur" herausgebildet hatte, war eindeutig angelsächsisch und protestantisch geprägt. Das begann sich nun zu ändern, sehr zum Leidwesen eines Teils der ansässigen und bereits in diesen *mainstream* assimilierten Bevölkerung, die ab Mitte der 1840er Jahre mit fremdenfeindlichen Protesten reagierte. Im darauf folgenden Jahrzehnt trug dieser "Nativismus", der vor allem die Städte an der Ostküste und im Nordwesten erfaßte, mit zur Destabilisierung der politischen Lage bei.

Ausbau der Infrastruktur und Anpassung des Rechtssystems

Bevölkerungswachstum und Vordringen der Frontier standen in einem engen Zusammenhang. Der Druck auf die "alten" Siedlungsgebiete an der Ostküste konnte nur durch die Westwanderung gemildert werden, und der unermeßlich scheinende Landreichtum des Westens wirkte zugleich als Magnet, der Immigranten aus Europa anzog. Innerhalb weniger Jahrzehnte verfünffachte sich das erschlossene Territorium, und die Siedlungsgrenze erreichte im Nordwesten den Missouri, im Südwesten die Mitte von Texas. Die freizügige Landpolitik der Bundesregierung ging auf Kosten der Indianer, von denen 1820 noch ca. 120 000 östlich des Mississippi lebten. Sie wurden nun rücksichtslos verdrängt und in Gebiete westlich des Mississippi umgesiedelt.

Die "Eroberung" des Westens durch Binnenwanderung und Immigration hatte zur Voraussetzung, daß das Verkehrswesen der Union grundlegend verbessert wurde, ja daß eine ganz neue Infrastruktur entstand. Diese "Transportrevolution" begann schon Ende des 18. Jahrhunderts mit dem Ausbau der Überlandstraßen (*turnpikes*), insbesondere der *National Road* von Maryland nach Columbus, Ohio. Nicht die Straßen, sondern Wasserwege – Kanäle und Flüsse – bildeten aber das erste nationale Verkehrsnetz der Vereinigten Staaten. Als Robert Fultons Dampfschiff "Clermont" 1807 die Fahrt auf dem Hudson River von New York nach Albany in 32 Stunden bewältigte, rückte das Problem einer Verbindung mit den Großen Seen und den Flußläufen von Mississippi und Ohio in den Blickpunkt. Nach dem Krieg von 1812/14 begann die Ära des Kanalbaus, zu dessen Prunkstück sich der Erie Canal entwickelte. Den ersten Spatenstich tat der Gouverneur des Staates New York, DeWitt Clinton, am Unabhängigkeitstag des Jahres 1817, womit er nicht nur die nationale Bedeutung des Projekts, sondern vor allem die Initiative und das finanzielle Engagement seiner Regierung dokumentieren wollte. Als acht Jahre später, im Oktober 1825, das letzte Teilstück des über 500 km langen Kanals eröffnet wurde, konnte man von New York aus über den Hudson und den Erie-See die Siedlungsgebiete des Nordwestens erreichen. Frachtgüter und Menschen wurden nun wesentlich schneller und billiger als bisher per Kanalboot, Segel- und Dampfschiff nach Westen befördert, und auf dem umgekehrten Wege gelangten Agrarprodukte und Fleisch aus dem Westen an die Ostküste.

Der Bau des Erie-Kanals kostete 7 Millionen Dollar, die hauptsächlich durch Anleihen des Staates New York aufgebracht wurden. Bis 1833 hatte sich diese Investition amortisiert, und die Kanalgesellschaft und der Staat machten Gewinne. Der Erfolg löste ein regelrechtes "Kanalfieber" aus, das die interessierten Staaten und Gemeinden in den 1820er und 1830er Jahren zur Ausgabe von insgesamt 140 Millionen Dollar veranlaßte. Erstmals stellten auch europäische Investoren in größerem Maßstab Kapital für amerikanische Vorhaben zur Verfügung. Bis 1840 erreichte das Kanalnetz eine Ausdehnung von fast 5000 km, und in den 1850er Jahren verkehrten über 700 Dampfschiffe im Westen zwischen den Großen Seen und dem Golf von Mexiko, wo New Orleans nun zum größten Umschlaghafen der USA aufstieg.

Die Kanäle blieben ein wichtiger Wirtschaftsfaktor, aber schon ab Mitte der 1830er Jahre wurde die Eisenbahn zum bevorzugten Transportmittel. Den Anfang machte 1827 die Baltimore and Ohio Railroad Company, die im folgenden Jahrzehnt die Chesapeake and Ohio-Kanalgesellschaft aus dem Geschäft drängte. 1852 überquerten bereits vier Bahnlinien die Appalachen und stellten Verbindungen zu den Städten des Nordwestens her. Zunächst wurden viele Einzelstrecken mit unterschiedlichen Spurbreiten gebaut, doch dann erfolgte eine allmähliche Anpassung und "Konsolidierung" der Hauptverkehrswege. Chicago entwickelte sich zum westlichen Knotenpunkt eines nationalen Eisenbahnnetzes, das bis 1860 auf über 30 000 Meilen anwuchs und damit etwa so lang war wie alle in der Welt verlegten Schienenstränge zusammen. Die Reise von Boston nach St. Louis, die 1830 noch gut zwei Wochen gedauert hatte, konnte man nun mit einigem Glück in drei Tagen absolvieren. Um diese Zeit war auch schon eine transkontinentale Eisenbahnlinie geplant, die aber erst nach Ende des Bürgerkrieges vollendet werden konnte. Kennzeichnenderweise wurden allerdings zwei Drittel aller Bahnstrecken im Norden gebaut und verliefen in Ost-West-Richtung. Die Tatsache, daß es 1860 nur drei Nord-Süd-Verbindungen gab, weist auf die zunehmende wirtschaftliche Sonderentwicklung des Südens hin. Parallel zum Eisenbahn-Boom revolutionierte der Telegraph das Kommunikationswesen, mit dem Samuel Morse 1844 erste Experimente zwischen Baltimore und Washington unternommen hatte. 1860 waren bereits 50 000 Meilen Kabel verlegt, denn man erkannte schnell, welch enorme Bedeutung diese Neuerung für Verkehr, Wirtschaft und Finanzen – und nicht zuletzt auch für die Kriegführung – haben würde.

Die Initiativen zur Verbesserung der Infrastruktur gingen ganz überwiegend von den Einzelstaaten und nicht von der Bundesregierung aus. In der Regel erteilten die Parlamente privaten Aktiengesellschaften (*corporations*) per Gesetz Charters, die als Rechtsgrundlage zum Bau von Straßen, Kanälen und Eisenbahnlinien dienten. Häufig erwarben die Staaten dann mit Steuergeldern Aktien der von ihnen zugelassenen Gesellschaften. Dieses System des

"Staatenmerkantilismus" stand im Einklang mit der restriktiven Auslegung der Bundesverfassung, wie sie die Republicans seit Jeffersons Präsidentschaft praktiziert hatten. Es wurde gefördert durch die Bereitschaft der Gerichte, den Einzelstaaten in wirtschaftlichen Angelegenheiten einen großen Ermessensspielraum zuzubilligen und Privatinteressen, etwa in Fragen der Landenteignung für den Bau von Verkehrswegen, hinter das Wohl der Gemeinschaft zurückzustellen. Das *common law*-Konzept des unantastbaren Eigentumsrechts wurde dabei unter Verweis auf die "soziale Nützlichkeit" und die Souveränität des Volkes umgeformt und mit der Notwendigkeit wirtschaftlicher Entwicklung in Einklang gebracht. Während sich also die Bundesregierung – teils absichtlich, teils notgedrungen – passiv verhielt, griffen die Einzelstaaten durchaus aktiv lenkend und ordnend in das Wirtschaftsgeschehen ein. Dieses *Commonwealth System* genannte dezentrale Entwicklungsmodell war in den 1820er Jahren schon so sehr im Bewußtsein der Menschen verankert, daß sich John Quincy Adams' und Henry Clays nationales *American System* nicht mehr durchsetzen konnte.

Aus der Präferenz für das *Commonwealth System* erwuchsen nicht unwesentliche Gefahren für die Autorität und den Zusammenhalt des Bundesstaates, die der von John Marshall geleitete Supreme Court abzuwehren bemüht war. Im Fall McCulloch v. Maryland bestätigte das Gericht 1819 die von Maryland angefochtene Verfassungsmäßigkeit der Zweiten Nationalbank mit dem Hinweis, die Gründerväter hätten nicht beabsichtigt, die Bundesregierung von den Einzelstaaten abhängig zu machen. In Gibbons v. Ogden (1824) hob Marshall ein vom Staat New York verliehenes Schiffahrtsmonopol auf dem Hudson River auf, weil es im Widerspruch zum Recht des Kongresses stand, den Handel zwischen den Staaten (*interstate commerce*) zu regulieren. Auf diese Weise wirkte der Supreme Court der Errichtung von internen Handels- und Verkehrsschranken entgegen und unterstrich demonstrativ den Vorrang der Bundesverfassung vor einzelstaatlichen Gesetzen und Maßnahmen. Mit seiner Strategie, der Bundesregierung einen möglichst weiten Handlungsspielraum zu erhalten und gleichzeitig die Eigentumsrechte von Individuen und inkorporierten Gesellschaften gegen Eingriffe der Staaten zu schützen, geriet Marshall jedoch immer mehr in die Defensive. Als er 1835 starb, stand eindeutig die Doktrin der *states' rights* im Vordergrund, deren zentrifugale Dynamik die Unionsbande erheblich lockerte.

Landwirtschaft und frühe Industrialisierung

Das wirtschaftliche Wachstum nahm seinen Ausgang von der Erweiterung der Anbaufläche und der Kommerzialisierung der Landwirtschaft. Dieser Vorgang erfaßte die gesamte Union, trug jedoch regionalspezifische Züge und hatte unterschiedliche Konsequenzen. Enorme agrarische Steigerungsraten erzielte der Nordwesten, wo die neu entstehenden Familienfarmen Getreide, v.a. Mais, anbauten sowie Fleisch und Milchprodukte erzeugten. Technische Neuerungen wie die von John Deere verbesserten Pflugscharen und Mäh- und Dreschmaschinen, die sich schon in den 1840er Jahren durchsetzten, trugen wesentlich zu diesem Boom bei. Die Farmer mußten über den Eigenbedarf hinaus für den Markt produzieren, weil sie nur so die Schuldverpflichtungen erfüllen konnten, die sie für den Aufbau ihrer Existenz notgedrungen eingegangen waren. Dadurch wurden sie allerdings auch von dem oft schwer durchschaubaren Marktgeschehen abhängig, insbesondere von der Zinsentwicklung und den schwankenden Getreidepreisen, die in den Krisen von 1819–23 und 1839–43 viele Familien zur Aufgabe und zum Abwandern in die Städte zwangen. Hier suchten sie Arbeit in den Industrien, die inzwischen im Zusammenhang mit der Landwirtschaft entstanden waren: in den Schlachthöfen und bei der Fleischverpackung; beim Landmaschinenbau, in der Holzverarbeitung und in Brauereien. Während St. Louis weiterhin das "Tor zum Westen" bildete, stieg Chicago zum wirtschaftlichen Kraftzentrum des Mittleren Westens auf. Hier vollzog sich am anschaulichsten der Übergang vom konkreten geogaphischen Ort "Markt", auf dem die Farmer ihre Erzeugnisse verkauften, zum komplexen und abstrakten ökonomischen System "Markt", das Vieh, Getreide und andere Produkte in standardisierte, industrialisierte Waren verwandelte und in Geldwerte umsetzte.

Entscheidende Bedeutung für die gesamte Region erlangte jedoch der Austausch mit den Ostküstenstaaten, der durch die neuen Verkehrswege ermöglicht wurde. Nachdem man gelernt hatte, Eis zur Kühlung von Eisenbahnwaggons zu nutzen, lieferte der Mittlere Westen nahezu jahreszeitunabhängig Lebensmittel an die Küste. Auf diese Weise wurden die Voraussetzungen für das Entstehen einer Massenkonsumgesellschaft geschaffen. Der Nordosten konnte sich nun zunehmend auf Handel, Bankwesen und Industrie spezialisieren, wobei die großen Städte Boston, New York und Philadelphia als

Motoren des Wachstums fungierten. Die Landwirtschaft hatte in den Neuenglandstaaten stets mit ungünstigen Voraussetzungen zu kämpfen gehabt und kam nun gegen die billige Konkurrenz aus dem Westen nicht mehr an. Da auch der Nordatlantikhandel wegen des starken britischen Wettbewerbs an Lukrativität einbüßte, erkundeten die Kaufleute neue Möglichkeiten in Lateinamerika, im pazifischen Raum und in Afrika. In immer stärkerem Maße floß Handels- und Bankkapital nun aber in Manufakturen und Industriebetriebe. Hierfür wählten die Händler-Unternehmer seltener die Form der inkorporierten Aktiengesellschaft als Partnerschaften oder die alleinige Firmenführung, um möglichst frei von staatlicher Regulierung zu bleiben. Ausgehend von Neuengland, wurde das traditionelle Handwerkswesen – oft über die "protoindustrielle" Zwischenstufe der Verlags- oder Heimarbeit – allmählich durch das neue System der Fabrikarbeit ersetzt. Arbeitsteilung und Mechanisierung zur Senkung der Kosten und zur Steigerung der Produktion ließen in den 1820er Jahren eine Textilindustrie, im Jahrzehnt darauf auch eine Schuhindustrie entstehen. Die ersten Fabrikbelegschaften rekrutierten sich aus Farmerstöchtern, die in den großen Textilbetrieben von Lowell und Waltham in Massachusetts zu tausenden unter strenger Disziplin nahezu kaserniert lebten. Viele dieser *mill girls* empfanden die bescheiden entlohnte Tätigkeit (die sie in der Regel nur bis zur Heirat ausübten) dennoch als Befreiung aus der völligen Abhängigkeit von ihren Familien. Ab 1840 bildeten dann die europäischen Einwanderer ein größeres und billigeres Reservoir an industriellen Arbeitskräften.

Zwischen 1840 und 1860 nahm die unternehmerische Initiative fast explosionsartig zu. Besonders spektakulär wuchs die Industrie im Nordosten, wo über die Hälfte der bis dahin 140 000 amerikanischen Fabriken entstanden. Hier wurden nun gut zwei Drittel aller heimischen Industriegüter erzeugt, und der Wert der Produktion stieg in den beiden Jahrzehnten von 500 Millionen auf 2 Milliarden Dollar. Die Ausbreitung des Fabriksystems signalisierte den Übergang vom "Händler-Kapitalismus" des frühen 19. Jahrhunderts zum Industriekapitalismus, der in England bereits weiter fortgeschritten war. Der amerikanische Erfolg ergab sich aus einer Kombination von arbeitskräftesparenden Innovationen und Ausbeutung der im Übermaß vorhandenen natürlichen Ressourcen. Die Dampfkraft, durch Kohle erzeugt, ersetzte allmählich die traditionelle Wasserkraft; beim Kanal- und Eisenbahnbau lernten die Amerikaner, Werkzeuge und Maschinen zu verbessern und Ersatzteile zu standardisieren. Einen Rückstand gegenüber England gab es vor allem noch auf dem Gebiet der Eisenproduktion, wo weiterhin Importe aus Europa nötig waren.

Bis zur Jahrhundertmitte verband eine zunehmend komplexe und diversifizierte Wirtschaft den Nordosten und den Mittleren Westen, zwei Regionen, die sich gut ergänzten und wechselseitig zu erhöhter Aktivität anspornten. Zwar war der Norden insgesamt noch überwiegend agrarisch geprägt, aber der Strukturwandel zur industriellen Gesellschaft zeichnete sich schon deutlich ab: Der Anteil der in der Landwirtschaft beschäftigten Amerikaner, der 1820 noch bei 80 Prozent gelegen hatte, ging bis 1850 auf 55 Prozent zurück. Um diese Zeit verdienten immerhin schon 14 Prozent der arbeitenden Bevölkerung ihren Lebensunterhalt in Fabriken, und die Zahl der Menschen, die in Städten mit über 10 000 Einwohnern lebten, näherte sich der 5-Millionen-Grenze. Das Wachstum des inneren Marktes ging einher mit der Expansion des Außenhandels, den Neuengländer und New Yorker *Yankees* nun bereits weltumspannend betrieben. Große Hoffnungen richteten sich auf den asiatischen Markt, den die amerikanische Regierung durch Verträge mit China (1844) und Japan (1855) zu "öffnen" hoffte. Das religiöse Moment spielte dabei eine nicht zu unterschätzende Rolle, denn die Kaufleute folgten häufig den protestantischen Missionaren, die erste Kontakte mit fremden Völkern knüpften.

Expansion und Kommerzialisierung bestimmten auch das Bild des Südens, allerdings auf eine ganz eigene Weise. In den Küstenstaaten des oberen Südens – Virginia, Maryland, Delaware –, wo die ausgelaugten Böden eine Umstellung von Tabak- auf Weizenanbau erforderlich machten, war wenig Dynamik zu verspüren. Durch den steigenden Bedarf der Textilindustrien in England und im amerikanischen Nordosten gewann nun die plantagenmäßige Baumwollproduktion überragende Bedeutung. Das Anbaugebiet und damit auch das System der Sklavenarbeit dehnte sich rasch von South Carolina und Georgia über das Mississippi-Delta bis nach Texas aus, und der Südwesten wurde zur eigentlichen Wachstumszone. Tabak, Reis und Zuckerrohr verschwanden nicht völlig aus der Landschaft, aber *King Cotton* herrschte unumschränkt als das mit weitem Abstand wichtigste Ausfuhrprodukt. Zwischen 1820 und 1860 verzehnfachte sich der Export von 500 000 auf 5 Millionen Ballen. Bis dahin brachte der Verkauf von Baumwolle rund zwei Drittel des Gesamterlöses ein, den die USA im Außenhandel erzielten. Wichtigste Abnehmer blieben die

Engländer, die auch ihre traditionelle Funktion als Kreditgeber für die Plantagenbesitzer beibehielten. Die Baumwollpflanzer handelten durchaus als Unternehmer, die gewöhnt waren, in den Marktkategorien von Wettbewerb, Investition, Gewinn, Angebot und Nachfrage zu denken. Sklaven betrachteten sie zugleich als Arbeitskräfte und Kapital, d.h. als eine "Ressource", die im Zuge des Baumwollbooms knapp und teuer wurde. Rein ökonomisch gesehen, hatte sich die Sklaverei keineswegs "überlebt", sondern versprach weiterhin hohe Profite. Entsprechend wuchs der Druck der Pflanzer auf die Staatenregierungen und den Kongreß, die 1808 verbotene Sklaveneinfuhr wieder zu legalisieren. Da sich die Baumwollerzeugung nur durch Vergrößerung der Anbaufläche steigern ließ, werteten die Pflanzer alle Versuche, die Sklaverei territorial einzugrenzen, als Beeinträchtigung ihrer Zukunftschancen. Insgesamt herrschte noch der Eindruck ungebrochener Prosperität vor, und selbst die Mehrzahl der Farmer, die wenige oder keine Sklaven besaßen, wurde in den Prozeß der Kommerzialisierung einbezogen. Andererseits blieb der Aufbau von Industrien im Süden gerade wegen des monokulturellen Charakters der Baumwolle in den Anfängen stecken. Aus heutiger Sicht erkennt man, was den meisten Zeitgenossen verborgen blieb: daß die Wirtschaft des Südens zwar wuchs, sich aber nicht – im Sinne einer Modernisierung – entwickelte. Dadurch geriet die Region in Abhängigkeit vom Weltmarkt (auf dem Baumwolle vorerst noch gute Preise erzielte) wie von den Bankiers und Kaufleuten aus dem Norden, die Binnenhandel und Küstenschiffahrt kontrollierten.

Sozialer Wandel und Reformbewegungen im Norden

Das Vordringen marktwirtschaftlicher Strukturen bis an die *Frontier* und die beginnende Industrialisierung und Urbanisierung erzeugten Spannungen, die sich in den Wachstumszonen des Nordens besonders deutlich bemerkbar machten. Schrankenloser Egoismus drohte den Respekt für Ordnung und Stabilität zu zerstören, der Geist des Wettbewerbs nahm wenig Rücksicht auf die Schwachen und Außenseiter, und das Streben nach Glück und Besitz prallte mit dem republikanischen Ideal einer gerechten Gesellschaft zusammen. In dieser Situation erwuchsen vornehmlich aus der Mittelschicht eine Reihe von Reforminitiativen, die dem wirtschaftlichen und sozialen Wandel moralische Richtung zu geben versuchten.

Trotz der zyklischen Rezessionen, die vielfältige Ursachen hatten und von dem unzulänglichen amerikanischen Kreditsystem regelmäßig noch verschärft wurden, verzeichneten die USA ab 1800 ein durchschnittliches Wirtschaftswachstum von einem Prozent pro Jahr. Hinsichtlich des Pro-Kopf-Einkommens und des allgemeinen Lebensstandards lagen die Amerikaner damit bereits 1860 vor den Bürgern der westeuropäischen Staaten. Der Zuwachs an Wohlstand kam jedoch den einzelnen Bevölkerungsgruppen – selbst wenn man Indianer, Sklaven und freie Afro-Amerikaner unberücksichtigt läßt – keineswegs gleichmäßig zugute. Auf der einen Seite setzte sich, speziell in den Städten, die Konzentration des Reichtums fort (1860 verfügten 10 Prozent der Bevölkerung über zwei Drittel des nationalen Vermögens), während am entgegengesetzten Ende der sozialen Stufenleiter die Zahl der besitzlosen Tagelöhner und Arbeiter zunahm. Zwischen diesen Extremen formierte sich aber eine breite Mittelschicht aus erfolgreichen Farmern und städtischem Bürgertum, deren Wertmaßstäbe, Ideologien und Weltsicht in hohem Maße den "amerikanischen Charakter" prägten.

Auf die Erfahrung des sozialen Wandels reagierte die Bevölkerung ambivalent: fasziniert von den Möglichkeiten, die das Neue bot, litten viele Menschen doch unter dem Verlust der traditionellen Werte und sorgten sich um eine ungewisse Zukunft. Das traf vor allem auf die Handwerkerschaft zu, deren Status und Selbstbewußtsein durch das Aufkommen von Maschinen und Fabrikarbeit gefährdet waren. Gegen das vordringende marktwirtschaftliche System hielten Handwerker und Gesellen am beharrlichsten das Ideal des Republikanismus hoch, den Glauben, daß jeder Bürger Anspruch auf politische Mitsprache und wirtschaftliche Unabhängigkeit habe, und daß er entsprechend seinen individuellen Leistungen bezahlt werden müsse. Aus den Handwerkervereinigungen gingen die ersten Gewerkschaften hervor, die sich 1834 zur National Trades' Union zusammenschlossen. Die republikanische Ideologie verschwand also keineswegs aus dem öffentlichen Bewußtsein, sondern lieferte eine zumindest rhetorisch wirksame Waffe gegen die Kräfte der Marktwirtschaft und des Kapitalismus. Republikanisches Gedankengut erwies sich dabei als recht anpassungsfähig und wurde – von der Kritik staatlicher und privater Monopole über die Denunzierung "aristokratischer" Politiker und Bankiers bis zur Verteidigung des Streikrechts – vielen Bedürfnissen gerecht.

Aufs ganze gesehen überwogen Optimismus und eine teils nüchtern-pragmatische, teils emotional-erwartungsvolle Haltung. Als Teilnehmer am Marktgeschehen lernten die Menschen zu kalkulieren und auf den eigenen Vorteil bedacht zu sein, ohne dabei – von Einzelfällen abgesehen – die Bedürfnisse der Umgebung und das Gesamtwohl völlig aus den Augen zu verlieren. Die tägliche Erfahrung der – geographischen und sozialen – Mobilität, die Pioniersituation an der Siedlungsgrenze und eine Arbeitsethik, die jedem Erfolg versprach, wenn er sich nur genügend anstrengte, sparsam wirtschaftete und einen moralisch einwandfreien Lebenswandel führte, wirkten der Ausbildung von Klassenbewußtsein entgegen. Die Amerikaner fühlten sich jedoch hin- und hergerissen zwischen der Hoffnung auf Befreiung, Verbesserung und "Zivilisierung" des Individuums und dem Verlangen nach sozialer Ordnung, Stabilität und Disziplin. Auf der einen Seite nahm das traditionelle, von Vorstellungen der Erbsünde beeinflußte Menschenbild im Zuge der religiösen Erweckungsbewegungen und durch die Vermittlung europäischen Gedankenguts positivere Züge an: Die Natur des Menschen galt nun im Prinzip als gut, und der Gesellschaft wurde die Aufgabe gestellt, dem Einzelnen die freie Entfaltung seiner Anlagen und Fähigkeiten zu ermöglichen. Die Erwartung des Millenniums ging allmählich über in die Hoffnung, die Menschen ließen sich schon im Diesseits "perfektionieren". Andererseits empfanden gerade wohlsituierte Angehörige der Mittelschicht die Entstehung eines ungebildeten, "unmoralischen" Proletariats aus Industriearbeitern und Neueinwanderern als beängstigend. Dem Bemühen, diese Widersprüche zu lösen, entsprangen die vielfältigen Reformbestrebungen, die zu den auffallendsten kulturellen Erscheinungen der Epoche zählen. Den religiösen Hintergrund des Reformeifers erkannte schon Alexis de Tocqueville, der die USA Anfang der 1830er Jahre bereiste und in seinem Buch *De la Démocratie en Amérique* schrieb, in der Neuen Welt gehe der Geist der Religiosität mit dem Geist der Freiheit Hand in Hand, und das gesellschaftliche Gefüge der Vereinigten Staaten ruhe auf den moralischen Grundsätzen der christlichen Religion.

Die Reformbewegung hatte ihren Ursprung in dem sog. *burned-over district* im westlichen New York um die Stadt Rochester, wo der presbyterianische Prediger Charles G. Finney zur Zeit des Kanalbaufiebers in den 1820er Jahren ein *revival* auslöste, das bald alle protestantischen Bekenntnisse erfaßte. Die Wirkungen reichten weit über die religiöse Sphäre und über den Staat New York hinaus. Von Anfang an kennzeichnend war die starke Beteiligung von Frauen aus der Mittelschicht. Sie ergriffen die Gelegenheit, der Passivität und Isolierung zu entrinnen, die durch die strikte Rollenverteilung in der bürgerlichen Familie gefördert wurden. Der Strom der religiösreformerischen Aktivitäten teilte sich im wesentlichen in zwei Richtungen auf: Einerseits war ein Hang zum Separatismus und zum Entwurf utopischer Gegenwelten zu beobachten, andererseits eine weltoffene Verbindung von Religiosität, Individualismus und sozialem Engagement. Zur ersten Kategorie gehörten die Shaker, deren Name von einem rituellen Tanz herrührt, und die in den 1840er Jahren im Nordosten und Nordwesten ca. 20 Gemeinden mit 6 000 Mitgliedern bildeten. Sie führten ein eheloses, zölibatäres Leben, bekannten sich zur Gleichheit der Geschlechter und betrauten häufig Frauen mit Führungsaufgaben. Stärker weltliche, teilweise schon frühsozialistische Züge trugen die Gemeinschaftsexperimente von New Harmony in Indiana, von Brook Farm in Massachusetts und von Oneida im westlichen New York. New Harmony wurde 1825 von dem schottischen Industriellen und Philanthropen Robert Owen als *Village of Cooperation* gegründet, in dem alle Mitglieder völlig gleichberechtigt zusammenleben und -arbeiten sollten. Obwohl das Projekt keine lange Lebensdauer hatte, entstanden immer wieder neue Gemeinden von *Owenites*. In Brook Farm suchte ab 1841 eine Gruppe Bostoner Bürger, darunter die Schriftsteller Ralph Waldo Emerson und Nathaniel Hawthorne, die ideale Gesellschaft und die Synthese von Geist und Natur zu verwirklichen. Die *Oneida Perfectionists* lehnten jede Form von Privatbesitz ab, stellten eigene Regeln für die sexuellen Beziehungen untereinander auf und erzogen ihre Kinder gemeinsam. Während die meisten dieser utopischen Gemeinschaften nach relativ kurzer Zeit an wirtschaftlichen oder psychologischen Schwierigkeiten scheiterten, hielt sich Oneida mit ca. 300 Personen bis in die 1880er Jahre, sorgte allerdings auch durch den Versuch, ideale Menschen zu "züchten", für negatives Aufsehen.

Eine Mittelposition zwischen Weltflucht und Weltverbesserung nahmen die Mormonen ein, die mit großen Anfangsschwierigkeiten kämpfen mußten, dafür aber umso erstaunlichere langfristige Erfolge erzielten. Joseph Smith hatte die Religionsgemeinschaft nach Bekehrungserlebnissen während der 1820er Jahre im westlichen New York ins Leben gerufen, um die "Heiligen der letzten Tage" zu sammeln und das "neue Jerusalem" zu bauen. 1830 faßte er seine

Offenbarungen in dem *Book of Mormon* zusammen, dessen Botschaft hauptsächlich bei einfachen Leuten Gehör fand, die wenig Anteil am Wirtschaftsboom entlang des Erie-Kanals hatten. Durch eine strikte soziale Organisation, die den Kirchenältesten uneingeschränkte Macht gab, weckten die Mormonen viel Mißtrauen. Mit seiner rasch auf 30 000 Menschen wachsenden Anhängerschar zog Smith Anfang der 1840er Jahre über Missouri und Ohio bis Illinois, wo er die Stadt Nauvoo gründete. Interner Streit über die Praxis der Polygamie, die Smith nach einer neuen Erleuchtung befürwortete, und Anfeindungen von außen endeten 1844 mit der Verhaftung und Ermordung des Religionsstifters und seines Bruders. Aus diesem Ereignis zogen die Führer der Pro-Polygamie-Fraktion den Schluß, daß sie ihre religiöse Freiheit nur jenseits der Grenzen der USA wahren konnten. Smiths Nachfolger Brigham Young führte daraufhin fast 12 000 Gläubige mehrere tausend Kilometer durch die Prärie und über Gebirgspässe nach Westen. Auf spanischem Territorium, am Great Salt Lake, ließen sie sich nieder und begannen unter einer theokratischen Regierungsform mit dem Bau von Bewässerungssystemen und der planvollen Anlage agrarischer Gemeinden. Als in den 1850er Jahren nicht-mormonische Siedler in das von Mexiko abgetretene Gebiet vordrangen und die Bundesregierung ihre Aufmerksamkeit dem neuen Utah-Territorium zuwandte, leisteten die Mormonen Widerstand, der sogar gewaltsame Formen annahm. Auch nach dem Bürgerkrieg wehrten sie sich noch lange gegen die Forderung Washingtons, die Vielehe abzuschaffen. Als die transkontinentale Eisenbahn gebaut war und die USA wirtschaftlich immer enger zusammenwuchsen, kam aber eine radikal-separatistische Politik nicht mehr in Frage. 1896 beugte sich Utah dem Druck von Kongreß und Supreme Court, erklärte die Polygamie für illegal und wurde als Staat in die Union aufgenommen.

Die organisierten Reformbewegungen ähnelten einander darin, daß sie gesellschaftliche Mißstände auf moralische Verfehlungen zurückführten, die sich durch kollektive Buße und Umkehr überwinden ließen. Sie schöpften ihre Kraft aus dem evangelikalen Protestantismus und dem Selbstbewußtsein des Bürgertums, und ihre wichtigsten Instrumente waren die *Reform Societies*, private Vereinigungen von Gleichgesinnten, deren Allgegenwart Tocqueville beeindruckte: Seiner Meinung nach fand das "Prinzip des bürgerlichen Zusammenschlusses" nirgends so erfolgreich für die unterschiedlichsten Zwecke Verwendung wie in den USA, wo man davon ausgehe, daß sich jede Aufgabe mittels einer gemeinsamen Willensanstrengung lösen lasse. Das Bemühen der Reformer galt hauptsächlich denen, die unter den sozialen Veränderungen litten, die benachteiligt waren oder ganz von der Gesellschaft ausgegrenzt wurden. Ihre Aktivitäten blieben weitgehend unkoordiniert, wenngleich sie im Laufe der Zeit durchaus lernten, Einfluß auf Parlamente und Regierungen auszuüben, um ihren Forderungen Nachdruck zu verleihen. Erst im Nachhinein hat man die gesamte Bewegung wegen des kompromißlosen Strebens nach moralischer Reinheit und des Vertrauens auf private Wohltätigkeit unter dem Begriff *Benevolent Empire* zusammengefaßt.

Im starken Alkoholkonsum glaubten viele Reformer die Quelle zu erkennen, aus der die schlimmsten Übel wie Verbrechen, Armut, Mißhandlung von Frauen und Prostitution flossen. Die Initiative ergriff der presbyterianische Pfarrer Lyman Beecher aus Boston, der seit Mitte der 1820er Jahre in Neuengland die totale Abstinenz predigte. In der Folgezeit traten mehr als eine Million Menschen, die meisten von ihnen Arbeiter, lokalen oder regionalen *Temperance Societies* bei und legten das Gelübde ab, keinen Alkohol oder zumindest keinen "hard liquor" mehr zu trinken. Der Kampf für Prohibitionsgesetze führte aber nur in wenigen Staaten zum Erfolg, weil sich irische und deutsche Einwanderer vielerorts heftig gegen den Zwang zur Nüchternheit wehrten.

Ein anderer Reformschwerpunkt war seit den 1830er Jahren das öffentliche Bildungswesen. Dessen Verbesserung sollte nicht nur der Entfaltung der Persönlichkeit und dem Fortschritt der Nation dienen, sondern schien auch besonders geeignet, soziale Spannungen abzubauen und die Eingliederung der Immigranten zu erleichtern. Die Vorreiterrolle spielte, wie stets auf diesem Gebiet, der Staat Massachusetts, der 1837 einen *Board of Education* unter dem Reformer Horace Mann einsetzte. Mann sorgte dafür, daß neue Schulen gebaut, die Lehrerausbildung verbessert und feste Lehrpläne aufgestellt wurden. Bis 1850 errichteten die Neuenglandstaaten ein aus Steuergeldern finanziertes System von Elementarschulen, an denen zehn Monate im Jahr unterrichtet wurde, und die auch Jungen und Mädchen aus der Unterschicht offenstanden. Massachusetts führte 1852 als erster Staat die Schulpflicht ein; auch freie Afro-Amerikaner erhielten Unterricht, allerdings zumeist in eigenen, "segregierten" Schulen. Gemessen daran blieben die Bildungschancen im Westen auf Grund der geringen Bevölkerungsdichte und der Geldknappheit (oder wegen des mangelnden Verständnisses der Farmbevölkerung) eingeschränkt. Immerhin besuchten 1860 im Norden bereits über 70 Prozent der Kinder eine Grundschule, und die Alphabetisierungsrate von 94 Prozent war auf der ganzen Welt unübertroffen.

Auf die unhaltbaren Zustände in den Gefängnissen wiesen Reformer wie die Lehrerin Dorothea Dix aus Massachusetts hin. Hinter ihren Mauern vegetierten, auf engstem Raum zusammengepfercht, Kriminelle, Geisteskranke, Obdachlose und Schuldner, die das geliehene Geld nicht zurückzahlen konnten. Die *Female Moral Reform Society* machte es sich zur Aufgabe, die Schuldhaft und öffentliche Hinrichtungen abzuschaffen, Heime für die geistig und psychisch Kranken einzurichten und die Armen und unversorgten Alten in *almshouses* unterzubringen. Die neuen Gefängnisse glichen Manufakturbetrieben, in denen die Häftlinge durch strenge Disziplin und Zwangsarbeit auf sinnvolle Tätigkeiten in der Freiheit vorbereitet werden sollten. Armut wurde nicht mehr als gottgegeben hingenommen, sondern galt als Folge charakterlicher Mängel, die sich durch Erziehung beheben ließen. Um dieses "neue Denken" und die von ihm bewirkten Innovationen zu studieren, kamen Alexis de Tocqueville und Gustave de Beaumont 1831 aus Frankreich in die USA. Gegen Mitte des Jahrhunderts ließ der Reformimpuls allerdings schon wieder nach, so daß überfüllte Gefängnisse und Heime die Regel blieben.

Das religiös-reformerische Ferment, das die Kultur des Nordens in Bewegung hielt, fand in der südstaatlichen Sklaverei einen weiteren wichtigen Angriffspunkt. Beflügelt durch das Verbot der Sklaverei im britischen Empire 1833 und in Opposition zu den Siedlungsplänen der American Colonization Society, die nur einer kleinen Zahl freier Schwarzer zugute kamen, entstand in den 1830er Jahren eine Antisklavereibewegung unter radikalem Vorzeichen. Hauptinitiator war William Lloyd Garrison aus Massachusetts, ein Journalist, der in seiner Bostoner Wochenzeitung *Liberator* gegen graduelle Reformen und für die sofortige und vollständige Emanzipation der Sklaven eintrat. Aus einem Konvent in Philadelphia ging 1833 die American Anti-Slavery Society hervor, die fünf Jahre später schon 1350 lokale Gesellschaften mit 250 000 Mitgliedern zählte. Die Bewegung sprach auch die fast 400 000 freien Afro-Amerikaner an, die in Frederick Douglass, einem aus Maryland nach Boston geflohenen ehemaligen Sklaven, ihren Sprecher fanden. Die Zeitung *North Star*, die Douglass seit seiner Übersiedlung in den Staat New

York in Rochester herausgab, propagierte nicht nur die Befreiung der Sklaven, sondern ihre rechtliche und soziale Gleichstellung mit den Weißen. Die "Abolitionisten", wie sich die Sklavereigegner nannten, waren allerdings nicht nur bei den Weißen des Südens verhaßt, sondern erschienen auch vielen Nordstaatlern als Fanatiker, die den inneren Frieden der Nation bedrohten. Attacken weißer Mobs auf abolitionistische Redner und Drucker steigerten jedoch nur die Entschlossenheit und Kreuzzugsmentalität ihrer Anhänger. In den 1840er Jahren fächerte sich die Bewegung weiter auf: Während gemäßigte Kräfte ihre Aktivitäten zunehmend in Parteien und Parlamente verlegten, organisierten entschiedenere Abolitionisten ein System von Fluchtwegen (*underground railroad*) für Sklaven in den Norden bis nach Kanada, und einige schwarze und weiße Extremisten befürworteten sogar gewaltsame Lösungen. Garrison selbst lehnte die Anstachelung zu Sklavenaufständen ab, wandte sich dafür aber gegen die Verfassung, die er wegen der Sklavereiartikel für hoffnungslos kompromittiert hielt, und erhob die radikale Forderung, man solle notfalls die Sklavenstaaten aus der Union ausschließen. Im Kongreß fand die abolitionistische Agitation wenig Widerhall, weil die Südstaatler 1836 durch die sog. *gag rule* erreicht hatten, daß Anti-Sklaverei-Petitionen routinemäßig ohne Diskussion zu den Akten gelegt werden mußten. Um so gewaltiger war das öffentliche Echo, das Harriet Beecher Stowe, die Tochter Lyman Beechers und Ehefrau eines Pfarrers in Maine, Anfang der 1850er Jahre mit ihrem Roman *Uncle Tom's Cabin* erzielte. Der Bestseller-Erfolg dieses Werkes, das die Sklaverei auf einfühlsame, teils sentimentale Weise als unmoralische, Individuen, Familien und das Gemeinwesen zerstörende Einrichtung attackierte, zeigte an, daß der Anti-Sklaverei-Protest in ein neues Stadium getreten war.

Im Zusammenhang mit dem Abolitionismus formierte sich schließlich auch die erste amerikanische Frauenbewegung. Frauen waren in den abolitionistischen Organisationen stark vertreten und unterhielten sogar eigene lokale Gruppen. An der Frage, ob sie Führungspositionen auf nationaler Ebene übernehmen sollten, schieden sich jedoch die Geister: Garrison, der eng mit den Schwestern Sarah und Angelina Grimké zusammenarbeitete, bejahte sie; aber eine gegnerische Fraktion – die auch an Garrisons Eigensinnigkeit und seiner kritischen Sicht der Verfassung als eines "covenant with death" Anstoß nahm, lehnte sie strikt ab und verließ die American Anti-Slavery Society. Schmerzlich empfanden engagierte

Frauen auch die Zurücksetzung, die weiblichen Delegierten aus den USA 1840 auf dem internationalen Anti-Sklaverei-Kongreß in London von den Organisatoren zuteil wurde. Die reformerischen Frauen wehrten sich außerdem gegen den aufkommenden bürgerlichen "Kult der Häuslichkeit" (*cult of domesticity*), der immer höhere Barrieren zwischen der Sphäre des Familienlebens und der (männlichen) Arbeitswelt errichtete. 1848 beriefen Lucretia Mott, eine Quäkerin aus Philadelphia, und Elizabeth Cady Stanton, die Tochter eines New Yorker Richters, die sich in London begegnet waren, einen Frauenrechts-Konvent nach Seneca Falls im Norden New Yorks ein. An dem Treffen nahmen auch einige männliche Abolitionisten aus dem Umkreis von William Lloyd Garrison teil. Der Konvent verabschiedete eine von der Ideologie des Republikanismus durchdrungene *Declaration of Sentiments*, die mit Bezug auf die Unabhängigkeitserklärung feststellte, daß "alle Männer und Frauen gleich geboren sind." Die Frauenbewegung proklamierte bereits das Wahlrecht als "Grundstein des Unternehmens", aber in der Praxis gaben sich die Reformerinnen vorerst mit bescheidenen Verbesserungen im Bildungswesen und beim Eigentumsrecht verheirateter Frauen zufrieden. Als sich die sektionale Krise in den 1850er Jahren verschärfte, ordneten sie ihre eigenen Wünsche vorerst dem großen Ziel der Beseitigung der Sklaverei unter. Dennoch galten die USA aus europäischer Sicht schon vor dem Bürgerkrieg als das "Land des Matriarchats", in dem die Männer angeblich ihre Ehefrauen verwöhnten und im Schaukelstuhl wiegten. Dieses Stereotyp traf nur insofern zu, als Frauen in den Vereinigten Staaten wohl auf Grund des Männerüberschusses seit der Kolonialzeit einen höheren gesellschaftlichen Status genossen als in der "Alten Welt". Das brachte auch günstigere Bildungsmöglichkeiten für Mädchen und ein relativ freiheitliches, affektives Eltern-Kind-Verhältnis mit sich, das zu den kennzeichnenden Merkmalen der amerikanischen Familienstruktur gerechnet wird.

Die Sonderkultur des Südens

Die Südstaaten nahmen durchaus am Prozeß der Kommerzialisierung und marktwirtschaftlichen Integration teil, blieben aber kulturell doch viel stärker der Vergangenheit zugewandt. Im Süden bildeten sich eigene Sitten, Wertvorstellungen, Verhaltensmuster und Rechtsverhältnisse heraus. Es entstand eine eigentümliche Mischung aus paternalistischen und demokratischen, traditionellen und modernen Elementen, eine Gesellschaft, die kapitalistisches Gewinnstreben und das Ideal der Ritterlichkeit ohne weiteres miteinander vereinbaren konnte. Das Sklavereisystem, auf dem die Wirtschaft fußte und das man euphemistisch als *peculiar institution* umschrieb, wirkte in alle Daseinsbereiche hinein. Es grenzte den Süden nicht nur kulturell und mentalitätsmäßig vom Norden ab, sondern teilte die Region selbst in eine dominante weiße und eine eher im Verborgenen existierende afro-amerikanische Lebens- und Kulturgemeinschaft. Dabei war schon der weiße Süden alles andere als homogen und monolithisch. Ein Viertel aller Familien besaß Sklaven, aber die Hälfte von ihnen weniger als fünf, und nur etwa 3 000 Pflanzerfamilien (= ein Prozent) konnten über mehr als 100 Sklaven verfügen. Die größte Bevölkerungsgruppe machten nicht die wohlhabenden oder weniger wohlhabenden Sklavenhalter und die mit ihnen eng verbundenen Berufe wie Händler und Anwälte aus, sondern die Familienfarmer (*yeomen*), die über den Eigenbedarf hinaus für den Markt produzierten. Weitere 10 Prozent der insgesamt 8,8 Millionen weißen Südstaatler lebten 1860 unter ärmlichen Verhältnissen in den unfruchtbaren *pine barrens* des Hinterlandes und betrieben Subsistenzwirtschaft. Diese sozialen Unterschiede wurden durch den Stadt-Land-Gegensatz und eine regionale Differenzierung ergänzt, denn die Lebensverhältnisse in den Küstenregionen und im Mississippidelta wichen erheblich von denen im dünn besiedelten Landesinnern und an der südwestlichen Frontier ab.

Es gab also durchaus Interessengegensätze, insbesondere zwischen den Pflanzern und Händlern auf der einen und den Farmern und Pionieren auf der anderen Seite, die ihre wirtschaftliche Unabhängigkeit bedroht sahen. Dennoch verband die weiße Bevölkerung eine Solidarität, die sich zum Bürgerkrieg hin in einen regelrechten Südstaaten-Nationalismus steigerte. Diese Solidarität erwuchs zum einen aus rassischen Superioritätsgefühlen gegenüber den Schwarzen, zum anderen aus dem geistigen Bann, in den Konzepte und Bilder der Pflanzerideologie wie "Ritterlichkeit", "Stolz", "Ehre", der "Kavalier" oder die "Southern Lady" auch die einfachen Weißen schlugen. In der Öffentlichkeit und in den Parlamenten, wo die Pflanzerelite zwar noch überrepräsentiert war, aber keineswegs mehr allein das Sagen hatte, herrschte Einmütigkeit über die besonderen Tugenden und moralischen Vorzüge des *Southern way of life*. Nahezu ohne Widerspruch vollzog sich seit der

Jahrhundertwende der Übergang von einer defensiven zu einer offensiv-kämpferischen Rechtfertigung der Sklaverei als eines positiven Guts. Dieses neuartige *pro-slavery argument*, das bis zu einem gewissen Grade eine Reaktion auf den Abolitionismus darstellte, hatte viele Facetten: Aus der Geschichte von der Antike bis zur Gegenwart leitete man ab, daß Ungleichheit eine natürliche menschliche Bedingung sei; der Sklaverei wurde eine Schutzfunktion für die sozial Schwachen zugeschrieben, die den "Lohnsklaven" in den Fabriken des Nordens versagt blieb; die Bibel ließ sich so auslegen, daß die Sklaverei als ständige Herausforderung an die Weißen erschien, Nächstenliebe zu üben. Eine solche Position bezogen die Kirchen im Süden ganz offiziell, was in den 1840er Jahren zur Spaltung der Methodisten und Baptisten in je einen nördlichen und südlichen Flügel führte. Insgesamt schloß sich der weiße Süden immer enger zusammen, um seine Interessen und seine überlieferten Werte und Ideale gegen die Bedrohung zu verteidigen, als die er die individualistische und egalitäre Gesellschaft des Nordens wahrnahm.

Es spricht für die Belastbarkeit und den Durchhaltewillen der Schwarzen, daß sie unter dem extremen Druck eines rassischen Ausbeutungssystems zumindest ein gewisses Maß an kultureller Autonomie und Identität wahren oder entwickeln konnten. Trotz der in vieler Hinsicht offenkundigen Brutalität und Unmenschlichkeit der Sklaverei ließ die nordamerikanische Variante dieses globalen Phänomens ihren Opfern Spielräume, die sie zu nutzen verstanden. Um 1840 war bereits die Mehrheit der 2,5 Millionen Sklaven in Amerika geboren, und es gab — anders als in der Karibik und Südamerika, wo die Männer überwogen — etwa gleich viele schwarze Männer und Frauen. Im Laufe der folgenden 20 Jahre stieg die Zahl der Sklaven fast ausschließlich durch natürliche Vermehrung noch einmal um ca. 1,4 Millionen an, und der Schwerpunkt der afroamerikanischen Bevölkerung verlagerte sich durch eine erzwungene Binnenwanderung von der Ostküste zum Mississippidelta. Zwar arbeiteten die meisten Sklaven und Sklavinnen nach wie vor auf den Baumwollplantagen (1860 ca. 60 Prozent), aber eine wachsende Zahl war in Handwerksbetrieben tätig bzw. wurde von den Besitzern als Arbeiter an Manufakturen und Industriebetriebe "ausgeliehen" oder "vermietet". Die ca. 250 000 freien Schwarzen des Südens fanden vor allem als Handwerker, Kleinhändler und Dienstleistende (z.B. Friseure) in den größeren Gemeinden ein Auskommen. Einige Städte wie New Orleans wiesen einen relativ hohen Anteil von Mischlingen auf, die als "farbige Elite" in der Spannung zwischen Rassensolidarität und Anpassung an weiße Normen standen. Nach der Sklavenemanzipation auf den britischen Karibikinseln und in Mexiko engten allerdings viele Südstaaten aus Angst vor Rebellionen den Bewegungsspielraum der freien Schwarzen und Mischlinge durch Zusätze zu ihren *slave codes* wieder erheblich ein.

Diese Aufstandsfurcht, die den weißen Süden seit der haitianischen Sklavenrevolte und der 1800 in Virginia aufgedeckten, durch das Geschehen in der Karibik inspirierten Verschwörung des Gabriel Prosser plagte, war nicht völlig unbegründet. 1822 wurde eine von dem freien Schwarzen Denmark Vesey geplante Erhebung mehrerer tausend Sklaven in South Carolina gerade noch rechtzeitig vereitelt, und 1831 fielen 59 Menschen dem Mordzug des visionären schwarzen Predigers Nat Turner durch Southampton County, Virginia, zum Opfer. Angesichts der militärischen Überlegenheit der Sklavenbesitzer konnte das System als solches jedoch auf gewaltsame Weise – sei es durch kollektive Aktionen oder durch einzelne Mordanschläge – nicht erschüttert werden. Widerstandsbereiten Sklaven boten sich Alternativen wie Sabotage (z.B. Zerstörung von Werkzeugen und Maschinen bis hin zur Brandstiftung), Arbeitsverweigerung (etwa durch Vortäuschen von Krankheit) oder Flucht (in den Norden, nach Mexiko oder in die Anonymität freier schwarzer Gemeinden). Sehr häufig kam es auch zu spontanen Konfrontationen zwischen individuellen Sklaven und ihren Aufsehern oder Besitzern, die zumeist mit der Flucht des Sklaven endeten, wenn er nicht schon bei der handgreiflichen Auseinandersetzung den kürzeren gezogen hatte. Die Schätzungen, wie viele Schwarze nach 1830 auf eigene Faust oder über die *underground railroad* in den Norden und in das "gelobte Land" Kanada gelangten, variieren zwischen 30 000 und 100 000. Besondere Verdienste als Fluchthelferin erwarb sich die ehemalige Sklavin Harriet Tubman, die zahlreiche geheime Missionen in den Süden unternahm, um ihren schwarzen Landsleuten zu helfen. Von einer weitgehenden "Zufriedenheit" der Afro-Amerikaner, wie lange Zeit in der Literatur behauptet wurde, kann jedenfalls keine Rede sein. Am häufigsten war aber wohl das schlichte Bemühen, sich so gut wie möglich einzurichten und das Leben in der Sklaverei erträglich zu gestalten. Hier liegen die Wurzeln für das, was die neuere Forschung unter die Begriffe *slave culture* oder afroamerikanische Kultur faßt.

Da die Kleinfamilie jederzeit auseinandergerissen werden konnte, und da junge Sklavinnen häufig Opfer sexueller Ausbeutung durch ihre Besitzer wurden, kam dem größeren Familienverband zentrale Bedeutung zu. Unter seinem Dach entwickelte sich eine spezifische schwarze Familienmoral, die enge Bindungen an die Verwandten (*kinship ties*) betonte und Nachbarn verpflichtete, notfalls Verwandtschaftsrollen zu übernehmen. Einen weiteren wesentlichen Bezugspunkt im Leben der Sklaven bildete die Religion, zum Teil noch in Form von afrikanischen Kulten, hauptsächlich aber als protestantisches Christentum, zu dem sich seit Ende des 18. Jahrhunderts immer mehr Schwarze bekannten. Auf ganz charakteristische Weise hatten sie teil an den Erweckungsbewegungen des frühen 19. Jahrhunderts: Schwarze Prediger, zumeist Methodisten oder Baptisten, übertrugen in ihrer Bibelauslegung die Vorstellung vom "auserwählten Volk" auf die versklavten Brüder und Schwestern und gaben ihnen Hoffnung, daß Gott sie aus der "ägyptischen Gefangenschaft" erlösen und die ungerechten weißen Herren bestrafen werde. Dagegen begannen Unterschiede, die aus der Zeit vor der Versklavung herrührten, zu verblassen. So wurden zwar noch heimatliche Dialekte gesprochen, aber die meisten Schwarzen verständigten sich untereinander und mit den Weißen in einer selbstgeschaffenen Sprache (*Gullah*), die englische Vokabeln mit grammatischen Formen aus Afrika verband, oder in vereinfachtem Englisch (*pidgin* oder *black English*). Das kulturelle Erbe Afrikas lebte vor allem im Tanz, in der expressiven Musik und den Gesängen fort, die Gottesdienste und Familienfeste belebten und eine Art seelische Therapie gegen die eintönige Arbeit boten. Aus allen diesen Elementen – Familie, Sprache, Religion, Kunst – formte sich ein Bewußtsein der Andersartigkeit und der Verbundenheit, ja des Stolzes auf die *black nation*, die sich im Untergrund formierte. Was den schwarzen Sklaven – im Unterschied etwa zu den russischen leibeigenen Bauern – jedoch fehlte, waren Ansätze einer politischen Organisation und Selbstverwaltung. Es blieb bei einer afro-amerikanischen Subkultur, die dazu beitrug, den Unterschied zwischen Norden und Süden noch mehr zu betonen. Als wirtschaftliches System "funktionierte" die Sklaverei bis in den Bürgerkrieg, aber der Preis, den der Süden dafür entrichten mußte, war eine tief gespaltene, auf Gewalt gegründete und deshalb letztlich instabile Gesellschaft.

3. Der Übergang zur Parteiendemokratie

Das Parteienverständnis im Wandel

Eine der wichtigsten mentalen Veränderungen, die mit der "Marktrevolution" einhergingen, betraf die Einstellung zu den Parteien. Obwohl *parties* schon seit längerem zum politischen Alltag gehörten, galten sie bis in die 1820er Jahre hinein als Fremdkörper in einem wohlgeordneten republikanischen Staatswesen. John Quincy Adams stand noch ganz in der Tradition der "Präsidenten über den Parteien", ja er trieb sie sogar auf die Spitze, indem er sich ausdrücklich weigerte, im Kongreß und in der Öffentlichkeit für seine Vorhaben zu werben. Das Emporkommen neuer politischer Eliten in den Einzelstaaten und der Druck von der Wählerbasis, den *grassroots*, wirkten nun aber zusammen, um eine solche Haltung zunehmend obsolet zu machen. Am deutlichsten manifestierte sich das Verlangen nach politischer Demokratie in den Wahlrechtsänderungen, die fast überall vorgenommen wurden. Einige Staaten weiteten das Wahlrecht auf alle steuerzahlenden Männer aus, andere gaben die traditionelle Verbindung zwischen Besitz und Bürgerrechten ganz auf. Das geschah mit Hilfe von Reformkonventen, auf die man häufig zurückgriff, weil die Staatenverfassungen, die im Unterschied zur Bundesverfassung sehr detailliert gehalten waren, kontinuierlich an die sich ändernden wirtschaftlichen und sozialen Bedingungen angepaßt werden mußten. Da die neuen Staaten im Westen zumeist von Anfang an das allgemeine Wahlrecht für weiße Männer einführten, gab es 1830 in 20 der 26 Staaten überhaupt keine Zensusbestimmungen mehr. Immer mehr Staaten gingen auch dazu über, ihre Gouverneure, Präsidenten-Wahlmänner und Richter durch Volkswahl bestimmen zu lassen. Entsprechend nahmen das Interesse und die Beteiligung der Bürger zu; die Presse erhöhte den Unterhaltungswert der Wahlkämpfe, und Politik wurde endgültig zu einem Massenphänomen.

Vor diesem Hintergrund verlor der Begriff "Demokratie", der zu Beginn des Jahrhunderts noch mit schrankenloser Mehrheitsherrschaft gleichgesetzt worden war, seinen negativen Beiklang. Gleichzeitig änderte sich das Bild der Parteien, die nun mehr und mehr als legitime, für die Willensbildung in einer Demokratie unerläßliche Einrichtungen erschienen. Die theoretische Begründung lieferte eine Gruppe von New Yorker Politikern, die in der Hauptstadt Albany unter der Führung des "kleinen Magiers" Martin Van Buren die Republikanische Partei auf Staatsebene reorganisierte und modernisierte. Aus der Sicht der *Albany Regency*, wie man diese erste lokale "Parteimaschine" der USA nannte, war es ganz natürlich, daß sich die Amerikaner der Parteien bedienten, um ihre Interessen zu artikulieren und durchzusetzen. Im Unterschied zu Europa, wo die Höfe und der Adel die Politik manipulierten, so lautete die Begründung, beruhe das Verhältnis von Wählern und Regierenden in den USA auf enger Abhängigkeit und gegenseitigem Vertrauen. Parteienkampf und Parteidisziplin seien deshalb nichts Anstößiges, sondern moralisch vertretbar und praktisch notwendig. Auf diese Weise wurde der Geist des Wettbewerbs und der Konkurrenz, der sich im Wirtschaftsleben ausbreitete, in die politische Arena übertragen.

Die Anfänge der "Jacksonian Democracy"

Bei den Wahlen von 1828 setzte sich dieses neue Bewußtsein unionsweit durch und ebnete den Weg für das Zweiparteien-System der Democrats und Whigs, das die amerikanische Politik bis in die 1850er Jahre bestimmen sollte. Van Buren gelang es, ein schlagkräftiges Anti-Adams-Bündnis aus all den bis dahin zersplitterten Gruppen und Fraktionen zu schmieden, die bundesstaatliche Interventionen in der Form von Clays *American System* ablehnten. Diese Koalition reichte von der virginischen Pflanzerelite und den *states rights'*-Ideologen um John C. Calhoun über die Befürworter einer aggressiven Westexpansion bis zu Geschäftsleuten, Handwerkern und Arbeitern im Nordosten, die sich von der Industrialisierung bedroht fühlten. Mit General Andrew Jackson präsentierte die Democratic Party einen Kriegshelden und charismatischen Volksführer, der das genaue Gegenbild zu dem intellektuellen, steifen und unnahbaren Adams darstellte. Jackson war in Tennessee durch Heirat in die lokale Elite aufgestiegen, hatte sich erfolgreich als Anwalt und Landspekulant betätigt und ließ seine Plantagen von Sklaven bearbeiten. Die meisten Amerikaner identifizierten ihn aber nicht mit der Pflanzeraristokratie, sondern sahen in ihm den *self-made man* aus dem Westen, der unabhängig von mächtigen Interessengruppen und Fraktionen den Willen des Volkes in die Tat umsetzen würde. Dieses Image, das von der demokratischen Propaganda geschickt verstärkt und mit romantischen Zügen versehen wurde, sowie Van Burens kluger Schachzug, alle Wahlkampfanstrengungen auf die besonders umstrittenen Staaten zu konzentrieren, trugen Jackson den Sieg über

Adams ein. Anders als sein Vorgänger zögerte der neue Präsident nicht, verdiente Parteifreunde mit Staatsämtern zu belohnen und dadurch das in den Einzelstaaten schon erprobte "Beutesystem" (*spoils system*) zu einer nationalen Einrichtung zu machen. Die Inaugurationsfeier, zu der "das Volk" eingeladen wurde, verlief so tumultuarisch, daß Jackson sich vor dem Andrang der Gäste aus einem Fenster des Weißen Hauses retten mußte. Das war der Auftakt für die Ära der *Jacksonian Democracy*, die über Jacksons achtjährige Präsidentschaft hinaus bis weit in die 1840er Jahre reicht.

Anders als Adams und Clay wollte Jackson kein konstruktives Regierungsprogramm verwirklichen, sondern den "einfachen Mann" von den Klammern befreien, mit denen der Bundesstaat und mächtige Wirtschaftsinteressen angeblich seine Entfaltung behinderten. Ideologisch gab es viele Berührungspunkte zum Jeffersonschen Republikanismus, dessen Sprache sich der Präsident und seine Anhänger geschickt zu bedienen wußten. Mit größtem Mißtrauen begegneten sie der Zusammenballung wirtschaftlicher Macht und allem, was auf Privilegien und Monopole hindeutete. Eingriffe des Bundesstaates, selbst in Form von sozialen und kulturellen Reformen, schienen nur den Unternehmern und Bankiers des Nordostens zugute zu kommen, nicht aber der Masse der Farmer, Handwerker und Arbeiter. Deren Anliegen ließen sich nach Meinung der *Jacksonians* am ehesten auf lokaler Ebene, an den *grassroots* artikulieren, und sie konnten besser von den Regierungen und Parlamenten der Einzelstaaten als von der Bundesregierung verwirklicht werden. Die Idole der *Jacksonian Democracy* waren Männer wie David Crockett, ein Indianerkämpfer an der Siedlungsgrenze, Humorist und Politiker, der 1821 in das Parlament von Tennessee gewählt wurde. Mit seiner "natürlichen Klugheit" (bei der es sich oft eher um Gerissenheit handelte) und seiner Respektlosigkeit gegenüber der sozialen Elite verkörperte er den Wandel der politischen Kultur.

Die Vorstellungen, die Jackson selbst von der Rolle der Bundesregierung und der Präsidentschaft hatte, waren im wesentlichen negativ; er scheute sich nicht, seine Philosophie mit dem Instrument des Vetos durchzusetzen, das er häufiger gegen Gesetzesinitiativen des Kongresses einlegte als alle seine Vorgänger im Weißen Haus zusammen. Von einer reinen "Verhinderungspolitik" zu sprechen, wie es zuweilen geschieht, wird aber weder Jacksons Persönlichkeit noch den komplexen politischen Zusammenhängen gerecht. Schon zu Beginn seiner Amtszeit bewies der Präsident in der Indianerfrage, daß er sehr wohl aktiv handeln konnte, wenn die Interessen der Union, wie er sie verstand, dies erforderten.

Jacksons Indianerpolitik

Aus seinen Feldzügen gegen Stämme an der südlichen *Frontier* zu Beginn des Jahrhunderts hatte Jackson die Lehre gezogen, daß der Versuch, die Indianer zu "zivilisieren", aussichtslos war und nur eine strikte Trennung von den Weißen helfen würde. Wie viele seiner Landsleute hielt er die Ureinwohner für "Wilde" (*savages*), deren Lebensformen man nicht zu respektieren brauchte, und die weichen mußten, damit die republikanische Vision des *Empire of Liberty* im Westen in Erfüllung gehen konnte. In seiner ersten Botschaft an den Kongreß kündigte er 1830 an, er werde dafür sorgen, daß alle Indianer, die sich noch im Osten der USA aufhielten, in Gebiete jenseits des Mississippi verbracht würden. Das betraf in erster Linie die sog. "fünf zivilisierten Stämme" der Cherokee, Creek, Chickasaw, Choctaw und Seminolen, die in South Carolina, Georgia und Florida – z.T. unter dem Schutz von Bundestruppen – Ackerbau und Handel betrieben. Ihre Assimilation ging so weit, daß sie eine Schrift einführten, Verfassungen entwarfen und sogar Sklaven hielten. Den Präsidenten ließ das kalt: Als Sofortmaßnahme zog er das Militär ab, wodurch die Stämme unter stärkeren Druck der Einzelstaaten und der weißen Siedler gerieten, die ein Auge auf das für den Baumwollanbau geeignete fruchtbare Land geworfen hatten. Wenig später verabschiedete der Kongreß mit knapper Mehrheit den Indian Removal Act, der Land westlich des Mississippi als Entschädigung bereitstellte, und auf dessen Grundlage Agenten der Bundesregierung – häufig unter mehr als zweifelhaften Begleitumständen – fast 100 Umsiedlungsverträge mit Indianerstämmen abschlossen. Juristischen Widerstand gegen den *Indian Removal* leisteten vor allem die Cherokees, die den Staat Georgia vor dem Supreme Court verklagten, weil er ihre 1827 verabschiedete Verfassung nicht anerkannte und ihr Land unter fünf Counties aufteilen wollte. Das Oberste Gericht erklärte sich 1831 zwar mit der Begründung für unzuständig, die Cherokees seien keine "foreign nation" im Sinne der U.S. Constitution und hätten deshalb kein Klagerecht. Chief Justice John Marshall nutzte aber die Gelegenheit, in seiner schriftlichen Stellungnahme zum Fall Cherokee Nation v. Georgia die nordamerikanischen Indianerstämme als "einheimische abhängige Nationen" (*domestic dependent nations*) zu definieren, die in einem ganz speziellen Abhängigkeits- und Treuhandschaftsverhältnis zur Bundesregierung stünden. Diese Betonung der bundesstaatlichen Autorität in allen Indianerangelegenheiten entsprach ganz der Linie, die Marshall bereits 1823 im Fall Johnson v. McIntosh vorgezeichnet hatte, als er den Indianern einen Rechtsanspruch auf ihr Stammesland zubilligte, den nur die Bundesregierung durch vertraglich vereinbarten Kauf oder militärische Eroberung ablösen könne.

Die Klage zweier weißer Missionare, die ohne Erlaubnis des Staates Georgia bei den Cherokees lebten und deshalb von einem Staatsgericht zu Zwangsarbeit verurteilt worden waren, lieferte Marshall 1832 eine Handhabe, die rechtliche Stellung der Indianer im amerikanischen Verfassungssystem noch präziser zu fassen. Unter seinem Vorsitz entschied der Supreme Court im Fall Worcester v. Georgia, daß die Missionare zu Unrecht verurteilt worden seien und das entsprechende Gesetz Georgias gegen die Gesetze und die Verfassung der Union verstoße. Über seine Darlegungen in Cherokee Nation v. Georgia hinaus bescheinigte Marshall nun den Indianerstämmen, sie hätten sich von jeher mit eigenen Institutionen und Gesetzen selbst regiert und besäßen deshalb als "a distinct people" einen ähnlichen Status wie die Einzelstaaten. Die Stämme seien von der Bundesregierung stets als "Nationen" behandelt worden, und sie blieben auch nach dem Abschluß von Verträgen separate politische Gemeinschaften, die innerhalb ihrer territorialen Grenzen uneingeschränkte Hoheit (*exclusive authority*) ausübten. Ihr Recht auf das von diesen Grenzen umschlossene Land werde von den Vereinigten Staaten nicht nur anerkannt, sondern sogar garantiert. Offensichtlich wollte der Federalist John Marshall — auf dem Höhepunkt des "Nullifikations"-Streits zwischen Präsident Jackson und der Regierung von South Carolina — mit diesem Urteil einerseits die Kompetenzen der Bundesregierung gegen Übergriffe von Einzelstaaten stärken, andererseits aber auch die von Präsident und Kongreß verfolgte Indianerpolitik in Frage stellen. Angesichts der Popularität des *Removal*-Konzepts dachte Jackson aber gar nicht daran, sich in dieser Hinsicht vom Supreme Court Vorschriften machen zu lassen. Marshall habe sein Urteil gefällt, so soll er gesagt haben, und nun müsse der Chief Justice auch selbst zusehen, daß es befolgt werde.

In der Praxis setzten sich sowohl die Einzelstaaten als auch der Kongreß und die Administration über den Spruch des Obersten

Gerichts hinweg und trieben die Umsiedlung der Indianer, die häufig einer Deportation gleichkam, entschlossen weiter voran. 1832 verübten Bundestruppen und Milizen im westlichen Illinois ein Massaker an den Fox und Sauk, dem mehr als 800 Krieger zum Opfer fielen, und vertrieben die Reste der Stämme über den Mississippi. Als der Kongreß 1837 ein Indianerterritorium zwischen Missouri und Red River im heutigen Oklahoma einrichtete, war die Verdrängung der "fünf zivilisierten Stämme" bereits in vollem Gange. Den traurigen Höhepunkt bildete der fast 2 000 km lange "Zug der Tränen" (*trail of tears*), den die verbliebenen Cherokees 1838 unter Bewachung von Bundestruppen antraten, und auf dem über 4 000 der 17 000 Stammesmitglieder umkamen. Jenseits des Mississippi mußten sich die Indianer mit einem Drittel des ursprünglichen Landes und weniger fruchtbaren Böden begnügen, aber selbst das erwies sich nur als vorübergehender Schutz vor dem Landhunger der weißen Siedler. Obwohl Teile des Seminolenstammes gemeinsam mit geflohenen Sklaven in Florida noch jahrelang einen Guerrillakrieg gegen das weiße Militär führten, war die organisierte Präsenz von Indianern östlich des Mississippi um 1840 beendet. Jackson hatte unmißverständlich deutlich gemacht, daß die Ureinwohner ebenso außerhalb der republikanisch-demokratischen Ordnung standen wie die Sklaven der Südstaaten. Durch diese harte, von der großen Mehrheit der Bevölkerung jedoch gebilligte Haltung war es ihm gelungen, die politische Basis seiner Partei im Westen und Südwesten der USA zu festigen. Aus historischer Perspektive behielt aber nicht Andrew Jackson, sondern John Marshall das letzte Wort. Im 20. Jahrhundert besannen sich die Amerikaner wieder darauf, daß die Urteile des Supreme Court aus den Jahren 1823, 1831 und 1832 nicht nur den Vorrang der Bundesgewalt in Indianerangelegenheiten bestätigten, sondern auch Prinzipien und Richtlinien enthielten, die indianische Besitzansprüche rechtfertigten und ein weitgehendes Selbstbestimmungsrecht der Native Americans anerkannten. Seither gehören die Begriffe der "domestic dependent nations" und der "distinct political communities", die aus Marshalls Urteils-"Trilogie" stammen, zu den verfassungsrechtlichen Grundlagen, auf denen der politische Kampf um die Autorität, Ressourcen und Finanzen der Indianerreservate geführt wird.

Nullifikationskrise und "Bankkrieg"

Präsident Jackson hatte die wichtigen Regierungsämter nach rein parteipolitischen Gesichtspunkten vergeben und stützte sich vor allem auf einen engen Beraterzirkel, das sog. "Küchenkabinett", in dem neben Außenminister Martin Van Buren demokratische Zeitungsverleger den größten Einfluß ausübten. Es entsprach dem generellen Klima der Zeit, daß Wirtschafts- und Finanzthemen die Diskussionen von Regierung und Kongreß beherrschten. Eine Quelle ständiger Reibungen waren die Zölle, aus denen der Bundesetat in der Hauptsache finanziert wurde. Durch Zölle verteuerte der Kongreß aber auch gezielt Einfuhren aus Europa, um heimische Industrien zu schützen. Das ging wiederum häufig zu Lasten der agrarischen Südstaaten, die stärker als andere Regionen auf den Import europäischer Fertigwaren angewiesen waren. Hinter dieser Benachteiligung argwöhnten manche Südstaatler Absichten des Nordens, die *peculiar institution* zu schwächen. Ende 1832 kam es zur Krise, als ein Konvent des Staates South Carolina die Zollgesetze von 1828 und 1832 für null und nichtig erklärte, die Eintreibung von Bundeszöllen in South Carolina verbot und für den Fall bundesstaatlicher Gewaltanwendung mit Austritt aus der Union drohte. Die juristische Begründung für diesen "Nullifikations"-Beschluß hatte Jacksons Vizepräsident John C. Calhoun schon 1828 in einem anonymen Pamphlet unter Bezugnahme auf die Kentucky- und Virginia-Resolutionen von 1798 geliefert. Ab 1831 bekannte er sich offen zu der Ansicht, im föderalen System der USA habe die Souveränität der Staaten Vorrang vor Mehrheitsentscheidungen des Kongresses. Dieses Argument sollte zum Kern der *states' rights*-Philosophie der Südstaaten bis ins 20. Jahrhundert hinein werden. Im Wahlkampf des Jahres 1832 kam es zum offenen Bruch zwischen Jackson und Calhoun, der vom Amt des Vizepräsidenten zurücktrat und als Senator für seine staatsrechtlichen Theorien weiterstritt. Jackson brandmarkte die Sezessionsdrohung South Carolinas als Verrat an der Union, auf dem die Todesstrafe stehe, und ließ sich vom Kongreß ermächtigen, die Mißachtung der Verfassung und der Gesetze der USA gewaltsam zu beenden. Jetzt trat der Präsident in der Pose eines Sprechers des amerikanischen Volkes auf, das von der Bundesregierung den Ausbau der Demokratie und eine weitere Westexpansion erwartete. Der Kongreß entschärfte jedoch den Konflikt, indem er eine stufenweise Senkung des Zolltarifs auf den Stand von 1816 beschloß.

Calhoun fand sich mit dieser Regelung ab, zumal South Carolina keine aktive Unterstützung von anderen Staaten erhielt. Die Ressentiments gegen den Norden wirkten aber weiter fort, und die Frage nach der "wahren" Natur des föderativen Systems blieb in der Schwebe.

Im Wahlkampf von 1832 war neben dem Streit mit South Carolina Jacksons Absicht, die auf 20 Jahre befristete Charter der *Second Bank of the United States* nicht zu verlängern, zum zentralen Thema geworden. Die Gegner hatten diese Frage hochgespielt, um den Präsidenten in Verlegenheit zu bringen, da sie annahmen, er könne sich eine Zerstörung der Bank aus Gründen der wirtschaftlichen Vernunft nicht leisten. Die Demokraten nahmen die Herausforderung jedoch an und machten die Bank zum Symbol ihres Kampfes gegen die Privilegien und Monopole der Ostküstenelite. In der Begründung des Vetos, mit dem Jackson eine Verlängerung der Charter über 1836 hinaus verhinderte, griff er die Bank in demagogischer Weise als eine Institution an, die "gefährlich für die Freiheiten des Volkes" sei und zum Ziel habe, "die Reichen reicher und die Mächtigen mächtiger" zu machen. Auf diese Weise brachte er alle diejenigen hinter sich, die interessens- oder gefühlsmäßig gegen die Industrialisierung eingestellt waren. Durch die Favorisierung von Staatenbanken gegenüber der Bundesbank gewann er allerdings auch die Unterstützung von Unternehmern, die dem wirtschaftlichen Wandel positiv gegenüberstanden, ihn jedoch ungestört von bundesstaatlicher Einmischung und "Wall Street"-Kontrolle auf lokaler Ebene vorantreiben wollten.

Nach der ungefährdeten Wiederwahl gegen Henry Clay stand Jacksons zweite Amtszeit von 1833 bis 1837 ganz im Zeichen des "Bankkrieges" (*bank war*), in dem sich die politischen und ideologischen Gegensätze der Zeit dramatisch verdichteten. Jacksons Finanzminister Roger B. Taney verfügte gegen den Widerstand des Kongresses, daß die Gelder der Regierung aus der *Second Bank of the United States* abgezogen und in Einzelstaats-Banken deponiert wurden. Die Direktoren der *Second Bank* wiederum versuchten, mit einer Verknappung des Kredits Druck auf Jackson auszuüben. Der Präsident blieb jedoch unerbittlich: Obwohl der Senat warnte, daß der republikanische Charakter des Gemeinwesens durch "die Konzentration aller Macht in den Händen eines Mannes" auf dem Spiel stehe, erlosch die Charter 1836, und die *Second Bank*, zur Privatbank reduziert, mußte 1841 Konkurs anmelden. Schon 1837 brach jedoch der Spekulationsboom zusammen, der den Bankkrieg begleitet hatte, und die USA glitten in eine fünfjährige Depressionsphase ab. Jacksons Kreuzzug gegen die Reichen und Mächtigen war daran nicht schuldlos, denn er schirmte im Grunde nur die Kräfte der Marktwirtschaft von bundesstaatlicher Regulierung ab. Der Supreme Court unter Marshalls Nachfolger Roger B. Taney (1836–1864) setzte Jacksons dezentrale, antimonopolistische Wirtschaftspolitik in verfassungsrechtliche Doktrin um und behielt diesen Kurs bis in die Zeit des Bürgerkriegs bei. Als Jackson 1837 das Weiße Haus verließ, war er sicherlich der populärste Amerikaner seiner Zeit. Auch von heutiger Warte aus beeindrucken – ungeachtet aller Schattenseiten – die Tatkraft und Entschlossenheit, mit der er die Demokratisierung der USA vorangetrieben, die Einheit der Union verteidigt und die konstitutionellen Befugnisse des Präsidenten voll ausgeschöpft hat. In der Verbindung von Zielstrebigkeit, Machtbewußtsein, moralischer Selbstgerechtigkeit und materiellem Erfolgsstreben verkörperte er einen neuen Typus des Amerikaners, der sich anschickte, die Autonomie des Individuums zu einer umfassenden politischen und wirtschaftlichen Kraftentfaltung zu nutzen.

Die Whigs als neue Oppositionspartei

Die Bank-Kontroverse förderte die Neuformierung der politischen Kräfte und das Wiedererstehen eines nationalen Zweiparteien-Systems. Nach dem Scheitern der elitär-altmodischen National Republicans bauten die Gegner Jacksons ab 1832 eine neue unionsweite Koalition auf, die den Bedingungen der Parteiendemokratie besser Rechnung trug. An die Spitze traten der unverwüstliche Henry Clay, Senator Daniel Webster aus Massachusetts als Sprecher der neuenglischen Wirtschaftsinteressen und für einige Jahre auch John C. Calhoun, den die erbitterte persönliche Feindschaft mit Jackson von den Demokraten trennte. Auf lokaler und regionaler Ebene fanden die Oppositionsgruppen unter dem Parteinamen Whigs zusammen, der Erinnerungen an die *Glorious Revolution* von 1688 und den amerikanischen Unabhängigkeitskampf weckte. Das wichtigste verbindende Element war in mancher Hinsicht die Abneigung gegen Jackson, den die oppositionelle Propaganda als *King Andrew* fortwährend mit dem absolutistischen Gebaren europäischer Monarchen assoziierte. Ideologisch schufen die Whigs aus der Mischung traditioneller und fortschrittlich-reformerischer Ideen eine moderne Variante des Konservatismus. Einerseits hielten sie Gemeinschaftswerte und Bürgerpflichten gegen hemmungslosen Individualismus und Demagogie hoch; andererseits gaben sie sich noch technikbesessener und fortschrittsgläubiger als die zuversichtlichsten Demokraten. Zur Begeisterung über den wirtschaftlichen Aufstieg der USA gesellte sich ein religiös und moralisch motivierter Reformwille, dem es um die Beseitigung der Mißstände in Fabriken, Gefängnissen und Krankenhäusern, generell um die "Zivilisierung" der Gesellschaft ging. Was die Whigs am meisten von den Demokraten unterschied, war ihre Überzeugung, daß die Bundesregierung die Pflicht habe, auf die "progressive Verbesserung der Lebensbedingungen der Regierten" hinzuwirken.

Ähnlich den Demokraten fand die neue Partei Anhänger in allen Regionen und erhielt Zulauf aus allen Gesellschaftsschichten. Charakteristisch war die Allianz zwischen den Wirtschaftseliten des Nordens, unternehmerisch eingestellten Südstaatlern, den protestantischen Reformbewegungen der Mittelschicht und benachteiligten Gruppen, die sich von ökonomischem Wachstum eine Verbesserung ihrer Lage versprachen: im Norden die Arbeiterschaft und die freien Schwarzen, im Süden Teile der Farmbevölkerung, die unter der Bevormundung durch die Pflanzeraristokratie litten. Die Masse der amerikanischen Farmer und Pflanzer blieb allerdings der Demokratischen Partei treu, die nach der Wahl Van Burens zum Präsidenten 1836 auch verstärkt die städtische Arbeiterschaft umwarb und dabei vor allem bei den katholischen Neueinwanderern Erfolge erzielte. Hinsichtlich der Parteipräferenzen und individuellen Wahlentscheidungen verwoben sich also auf komplexe Weise Klassen- und Schichtenzugehörigkeit mit ethnischen und religiösen Faktoren. Beide großen Parteien erwuchsen aus der Konfrontation mit der Marktwirtschaft, die althergebrachte republikanische Werte und Überzeugungen in Frage stellte. Die Demokraten betonten die Autonomie, Freiheit und Rechtsgleichheit des Einzelnen, und sie glaubten zunehmend in der territorialen Expansion einen Ausweg aus den Schwierigkeiten der Zeit zu erkennen. Die Whigs stellten wirtschaftliches Wachstum und moralische Vervollkommnung über Gebietserweiterungen im Westen und fanden damit Rückhalt bei den aufstrebenden Mittelschichten. Beide Parteien vermieden es bewußt, die Sklaverei zu thematisieren, weil dies nicht nur die Union, sondern ihren eigenen inneren Zusammenhalt gefährdet hätte. Bis in die 1850er Jahre hinein wirkte das Zweiparteien-System deshalb als Klammer, die ein weiteres Auseinanderdriften der Regionen verhinderte.

Das zweite nationale Parteiensystem

Die Konkurrenz von Demokraten und Whigs politisierte das öffentliche Leben der USA in einem bis dahin kaum vorstellbaren Ausmaß. Wahlkämpfe wurden zu Massenspektakeln, die das Volk durch Paraden, Debatten der Kandidaten, Pressekampagnen, griffige Slogans und anschauliche Symbole in ihren Bann zogen. 1836 lag die Wahlbeteiligung bei 55 Prozent, 1840 gaben schon 80 Prozent der Wahlberechtigten ihre Stimme ab, und danach sank die Beteiligung nur einmal (1852) unter 70 Prozent, um 1860 mit 81,2 Prozent einen neuen Höhepunkt zu erreichen. Seit den 1830er Jahren erfolgte die Nominierung der Präsidentschaftskandidaten nicht mehr hinter verschlossenen Türen durch den *caucus* der Kongreßfraktionen, was nun als elitär und undemokratisch galt, sondern auf einem nationalen Parteikonvent, wie es erstmals die kurzlebige Anti-Freimaurerpartei in New York praktiziert hatte. Obwohl die Parteiführungen meist geschickt Regie führten, verstärkte diese Innovation das Gefühl, jeder Bürger könne auf die Kandidatenkür und das Parteiprogramm, die *platform*, unmittelbar Einfluß nehmen. Für die weißen amerikanischen Männer, zum Teil auch für die freien Schwarzen des Nordens, war damit – anders als für die Europäer – das Verlangen nach politischer Demokratie in Erfüllung gegangen, noch bevor die Industrielle Revolution ihren Höhepunkt erreichte.

Die Parteiloyalitäten erwiesen sich als erstaunlich stabil und das Kräfteverhältnis war so ausgeglichen, daß für Kongreß- und Staatenwahlen kaum sichere Prognosen gestellt werden konnten. Auf der höchsten Ebene, der Präsidentschaft, waren die Whigs jedoch vom Pech verfolgt. Zweimal gelang es ihnen, in diese Domäne der Demokraten einzubrechen: Bei den Wahlen von 1840, die ganz im Zeichen der wirtschaftlichen Depression standen, siegte ihr Kandidat William Henry Harrison aus Ohio über Jacksons Nachfolger Van Buren. Kennzeichnenderweise verhalf ihm das Jackson-Image zu diesem Erfolg, denn seine Anhänger porträtierten ihn als Kriegshelden und abgehärteten Mann von der *Frontier,* der in einer Blockhütte aufgewachsen sei und sich als einzigen Luxus hin und wieder ein Glas Cider gönne. Harrison starb aber schon einen Monat nach seiner Amtseinführung, und Vizepräsident John Tyler, der an seine Stelle trat, schwenkte auf die politische Linie der Demokraten um. 1848 nominierten die Whigs General Zachary Taylor, der sich im Krieg gegen Mexiko Verdienste erworben hatte. Auch er starb jedoch im Amt, und sein Nachfolger Millard Fillmore konnte die Partei in der Krise der 1850er Jahre nicht mehr zusammenhalten. Er beendete seine Karriere 1856 als Präsidentschaftskandidat der populistischen, fremdenfeindlichen American Party.

Die Integrationskraft des Parteiensystems wurde insbesondere durch den starken Zustrom an Einwanderern und die wachsenden wirtschaftlichen und mentalitätsmäßigen Unterschiede zwischen dem Norden und dem Süden auf die Probe gestellt. Ein Symptom dieser Unruhe war das Aufkommen neuer Parteien, die gelegentlich spektakuläre Wahlerfolge erzielten. Dazu gehörte die Anti-Masonic Party, deren Anhänger in New York gegen Van Burens *Albany Regency* kämpften, hinter der sie eine freimaurerische Verschwörung vermuteten. 1840 unterstützten die Anti-Freimaurer die Kandidaten der Whigs, was wesentlich dazu beitrug, daß Harrison über Van Buren siegte. Vier Jahre später trat erstmals eine abolitionistische Gruppierung an, die Liberty Party unter James G. Birney aus Kentucky, für die allerdings lediglich 3 Prozent der Wähler votierten. Ihre Stimmengewinne in einigen Staaten gingen zu Lasten von Henry Clay und ebneten dem expansionistischen Demokraten James K. Polk den Weg ins Weiße Haus. Nach dem Krieg gegen Mexiko sammelten sich die Anti-Sklaverei-Kräfte 1848 in der Free Soil Party und stellten Van Buren als Präsidentschaftskandidaten auf. Mit ihrem Wahlslogan "Free soil, free speech, free labor, and free men" nahmen sie den Demokraten im Norden verhältnismäßig viele Stimmen ab, so daß sich überraschend der Whig-Bewerber General Zachary Taylor durchsetzte. Spätestens zu diesem Zeitpunkt war unübersehbar, daß die territoriale Ausdehnung bis zum Pazifik und eine neue Welle der Westwanderung es immer schwieriger machen würden, die Sklavereifrage aus der nationalen Politik herauszuhalten. Sobald dieses Tabu brach, stand aber nicht nur das Parteiensystem, sondern die Union selbst auf dem Spiel.

4. Territoriale Expansion und Sklavereiproblematik

Manifest Destiny

In den 1840er Jahren erlebten die USA, deren Territorium sich erst 1803 durch den *Louisiana Purchase* verdoppelt hatte, einen neuen Expansionsschub, der einen Zuwachs von 1,5 Millionen Quadratkilometern brachte und den Aufstieg zur kontinentalen Macht vollendete. Die wirtschaftlichen Erfolge, das rasche Bevölkerungswachstum und die religiösen Erweckungsbewegungen schufen eine Stimmmung, die ihren besten Ausdruck in dem Schlagwort von der *Manifest Destiny* fand. Der Begriff stammt aus der Feder des New Yorker Publizisten John L. O'Sullivan, der 1845 in der *Democratic Review* schrieb, es sei die "schicksalhafte Bestimmung" der Amerikaner, sich über den Kontinent auszubreiten, "den uns die Vorsehung für die freie Entwicklung unserer Jahr für Jahr sich vermehrenden Millionen zugewiesen hat." Wie ein Baum den Boden und die Luft beanspruchen könne, die er zur vollen Entfaltung brauche, so hätten die USA das Recht, ihr "großes Experiment der Freiheit und föderativen Selbstregierung" voranzutreiben. O'Sullivan faßte damit eine Vision in Worte, die sich der Phantasie der Amerikaner bereits bemächtigt hatte und die aus einer Mischung von anglo-protestantischem Nationalismus und Fortschrittsgläubigkeit erwuchs. Nur wenige, wie Henry Clay und sein jugendlicher Bewunderer Abraham Lincoln, lehnten solche Ideen grundsätzlich ab, und sie waren machtlos gegen die Popularisierer und Romantiker, die den Geist der *Manifest Destiny* im politischen Diskurs, der Literatur und der bildenden Kunst verbreiteten. Als säkularisierte Form der puritanischen Heilserwartung durchtränkte *Manifest Destiny* die gesamte Kultur der Epoche, verlieh den Erfahrungen von Demokratisierung, Westwanderung und Aneignung der Natur einen tieferen Sinn und prägte sich dauerhaft in das kollektive Geschichtsbewußtsein ein. Die Vorstellung einer zivilisatorischen Mission war untrennbar mit materiellen Interessen verbunden, die vom Wunsch nach Siedlungsland und zusätzlicher Anbaufläche für Baumwolle über die Ausbeutung von Bodenschätzen im Westen bis zur Öffnung neuer Märkte im pazifischen Raum reichten. Dabei blieben die geographischen Grenzen der "offenbaren Bestimmung" und die Methoden ihrer Realisierung vorerst recht vage: Bezog sie sich nur auf Texas und Oregon, oder gehörten auch Kanada, Mexiko und die Karibikinseln dazu? Würde die Expansion friedlich vonstatten gehen, oder durfte bzw. mußte auch Waffengewalt angewendet werden?

Die Westausdehnung, wie sie dann tatsächlich erfolgte, war in doppelter Hinsicht ein paradoxer Vorgang. Zum einen bedeutete die Expansion des *Empire of Liberty* in der Praxis auch eine Expansion der Sklaverei und lief damit dem Prozeß der Emanzipation entgegen, der 1793/94 in Haiti begonnen und in den 1820er Jahren Lateinamerika, im Jahrzehnt darauf die britischen Karibikinseln erreicht hatte. Zum zweiten war es gerade der Zugewinn an neuen Gebieten im Westen, mit dem das "amerikanische Experiment" nach außen abgesichert werden sollte, der die Vereinigten Staaten in die innere Krise und schließlich in den Bürgerkrieg trieb.

Texas und Oregon

Nach der Unabhängigkeit von Spanien hatte Mexiko Siedler aus Europa und den Vereinigten Staaten in die Nordprovinz Texas eingeladen, deren Zahl bis Mitte der 1830er Jahre ca. 35 000 erreichte. Seit dem Verbot der Sklaverei 1829 schwelte aber ein Konflikt zwischen der mexikanischen Regierung und den Siedlern, der 1836 offen ausbrach, als unter Präsident Antonio López de Santa Ana eine neue, zentralistische Verfassung in Kraft trat. Noch im selben Jahr erklärten die texanischen Siedler ihre Unabhängigkeit und verabschiedeten eine eigene Verfassung, die den Besitz von Sklaven legitimierte. In dem Krieg, der daraufhin zwischen Mexiko und der abtrünnigen Provinz ausbrach, blieben die USA offiziell neutral, unterstützten die Siedler aber auf privater Basis mit Freiwilligen, Waffen und Geld. Der Kampf um die Alamo-Garnison in der Nähe von San Antonio, bei dem 200 Unabhängigkeitskämpfer, unter ihnen David Crockett, von 3 000 Mexikanern aufgerieben wurden, weckte patriotische Gefühle und verklärte sich in der Erinnerung ("Remember the Alamo!") zum Gründungsmythos. Als die Texaner durch den Sieg in der Schlacht von San Jacinto im April 1836 de facto die Unabhängigkeit errangen, baten sie die USA um Anerkennung und Aufnahme in die Union. Präsident Jackson, der sich zuvor vergeblich bemüht hatte, den Mexikanern Texas und Kalifornien abzukaufen, zögerte nun aber aus Sorge vor internationalen Verwicklungen und nicht zuletzt auch deshalb, weil im Norden während des Wahlkampfes Opposition gegen die Eingliederung eines riesigen Sklavengebiets laut wurde. Kurz vor seinem Ausscheiden aus dem Amt erkannte Jackson 1837 die Republik Texas an, aber im folgenden Jahr scheiterte ein texanischer Aufnahmeantrag im Kongreß, wo John Quincy Adams das Gespenst einer Verschwörung der Sklavenstaaten (*slave power conspiracy*) gegen den Norden an die Wand malte.

Diesem Vorwurf setzten die Südstaatler in der Folgezeit eine eigene Verschwörungstheorie entgegen, die besagte, daß Großbritannien die USA von Kanada über Kalifornien bis Texas "einkreisen" und die Sklaverei zerstören wolle, um seine Vormachtstellung auf dem Kontinent zu festigen. Das war nicht völlig aus der Luft gegriffen, weil die englische Regierung in der Tat Gefallen an einem unabhängigen Texas als Bollwerk gegen die weitere Expansion der USA nach Süden und Westen fand. Mit Rücksicht auf die öffentliche Meinung in Großbritannien drängte London die Texaner, wenn schon nicht die Sklaverei, so doch wenigstens den Sklavenhandel zu unterbinden. Gleichzeitig rückten Kalifornien und Neu-Mexiko stärker ins Blickfeld, die immer mehr Händler, Siedler und Abenteurer aus den USA anzogen. Da abzusehen war, daß Mexiko diese Gebiete nicht würde halten können, traute man in Washington und im Süden der britischen Regierung zu, sie wolle den Vereinigten Staaten bei der Besitzergreifung zuvorkommen. Auf diese Weise zeichnete sich die Gefahr ab, daß der englisch-amerikanische Interessenkonflikt in der Texas-Frage auf die gesamte Pazifikregion von Kalifornien bis Oregon übergriff. Alarmiert durch die britische Einflußnahme in Texas, drängten die Südstaatler die Tyler-Administration zur Eile und legten sie auf einen Anschluß der Republik an die USA fest. Nach Geheimverhandlungen mit der texanischen Regierung konnte John C. Calhoun, nun Außenminister unter Tyler, dem Senat im April 1844 einen Eingliederungsvertrag (*Annexation Treaty*) zuleiten. Mit seiner vorbehaltlosen Verteidigung der Sklaverei provozierte Calhoun jedoch soviel Widerstand, daß die zur Annahme des Vertrags erforderliche Zweidrittel-Mehrheit nicht zustande kam.

Der Wahlkampf von 1844 stand daraufhin ganz im Zeichen der Außenpolitik, die wie selten zuvor die Gemüter erregte und nationale Leidenschaften weckte. Calhoun und der von ihm unterstützte Präsidentschaftskandidat der Demokraten, James K. Polk, verfolgten die Strategie, die Themen Texas und Oregon miteinander zu verknüpfen, um den Anti-Annexionisten im Norden den Wind aus den Segeln zu nehmen. Im Norden herrschte nämlich seit Anfang der 1840er Jahre das "Oregon-Fieber", das durch Berichte von Reisenden und Missionaren über fruchtbares Siedlungsland, reiche Fischgründe und gute Möglichkeiten des Pelzhandels mit den Indianern ausgelöst worden war. Interessierte Kreise an der Ostküste und im Mittleren Westen schürten diesen "Drang nach Westen", und 1843 erreichte ein erster großer Siedlerzug mit Planwagen auf dem *Oregon Trail* das Gebiet südlich des Columbia River. Das Wahlprogramm der Demokraten forderte nun nicht nur die Aufnahme von Texas als Staat in die USA, sondern auch die Einverleibung des gesamten Oregon-

Territoriums, das bislang unter britisch-amerikanischer *joint occupation* stand, bis zur Grenze Alaskas. Durch den Wahlsieg von James K. Polk über Henry Clay, der in der Texas-Frage schwankte, ging das Kalkül der Annexionisten voll auf. Noch vor dem offiziellen Amtswechsel im Weißen Haus sprachen sich Senat und Repräsentantenhaus im Februar 1845 in Form einer gemeinsamen Resolution (für die, anders als bei Verträgen, nur die einfache Mehrheit benötigt wurde) zugunsten einer Angliederung von Texas aus. Die endgültige Aufnahme in die Union erfolgte im Dezember 1845 unter dem Druck der Öffentlichkeit und mit Nachhilfe wirtschaftlicher Interessenten, obwohl die Grenzen des neuen Staates zu Mexiko umstritten waren.

Gleichzeitig verschärfte Präsident Polk den Oregon-Konflikt mit Großbritannien bis an die Schwelle des Krieges, indem er das 1827 verlängerte Abkommen über die gemeinsame Verwaltung des Territoriums aufkündigte und den Anspruch der USA auf das gesamte Gebiet bis nördlich des 54. Breitengrades anmeldete. Die Londoner Regierung wollte eine militärische Konfrontation vermeiden und offerierte die Teilung Oregons entlang dem 49. Breitengrad – eine Kompromißlösung, die Polk selbst ungeachtet der aggressiven Wahlkampfparole "Fifty-four fourty or fight!" insgeheim anvisiert hatte. Der Grenzvertrag vom Juni 1846, der die Teilung völkerrechtlich festschrieb und den Briten Vancouver Island beließ, enttäuschte nur die radikalen Expansionisten im Norden. Immerhin waren die USA nun offiziell eine pazifische Macht geworden, und das, obwohl in Oregon erst wenig mehr als 5 000 Amerikaner lebten.

Der Mexikanisch-Amerikanische Krieg

Die Einigung über Oregon kam gerade zur rechten Zeit, um den USA den Rücken für den erwarteten Zusammenstoß mit Mexiko freizuhalten. Das Hauptinteresse der Polk-Administration galt seit Anfang 1846 bereits Neu-Mexiko und vor allem Kalifornien mit seinem fruchtbaren Siedlungsland und seinen ausgezeichneten Häfen und reichen Bodenschätzen. Nach dem Beitritt von Texas ermunterte Außenminister James Buchanan "Unabhängigkeits"-Bestrebungen kalifornischer Siedler (den ca. 7 000 Mexikanern standen hier nur 700 Amerikaner gegenüber) und bereitete die Flotte auf eine Intervention vor. Zur gleichen Zeit bot ein Abgesandter Präsident Polks, John Slidell, der mexikanischen Regierung in geheimer Mission ca. 30

Millionen Dollar als Kaufpreis für den gesamten Südwesten an. Die innenpolitische Situation in Mexiko ließ ein solches Geschäft jedoch nicht zu, denn die Nationalisten weigerten sich, den Rio Grande als Grenze anzuerkennen, und verlangten die gewaltsame Rückeroberung der "gestohlenen Provinz" Texas. Als das Scheitern der Slidell-Mission feststand, provozierte Polk den Krieg, indem er amerikanische Truppen in das umstrittene Gebiet am Rio Grande beorderte. Ein Scharmützel mit mexikanischen Soldaten nahm er zum Anlaß, seine schon vorbereitete "Kriegsbotschaft" an den Kongreß zu richten, der am 13. Mai 1846 Mexiko offiziell den Krieg erklärte. Proteste europäischer Staaten hatten den Präsidenten nur noch in seiner Entschlossenheit bestärkt, eine rasche militärische Entscheidung zu suchen. Die große Mehrheit der amerikanischen Bevölkerung unterstützte den Krieg in einer Aufwallung patriotischer Gefühle, zumal sich schnell Erfolge einstellten. Kritik gab es hauptsächlich in Neuengland, wo das Parlament von Massachusetts die Aktionen des Kongresses als "verfassungswidrig" verurteilte und viele Menschen von den finsteren Machenschaften der *Slave Power* überzeugt waren. Zu den Opponenten im Kongreß zählte der Whig-Abgeordnete Abraham Lincoln aus Illinois, der den Einmarsch nach Mexiko für eine verfassungswidrige Aggression hielt.

Auf den Kriegsschauplätzen leisteten die Mexikaner tapferen Widerstand, hatten aber der überlegenen Strategie und Logistik der Amerikaner wenig entgegenzusetzen. Bis Anfang 1847 waren Kalifornien und Neu-Mexiko durch das Zusammenwirken eines "Expeditionskorps", das Captain John C. Frémont schon 1845 nach Westen geführt hatte, mit aufständischen Siedlern sowie Flotten- und Armeeinheiten fast vollständig unter amerikanischer Kontrolle. Im Süden drangen die Truppen General Zachary Taylors weit über den Rio Grande vor und schlugen im Februar 1847 bei Buena Vista einen von Santa Ana geführten Gegenangriff zurück. Da die Mexikaner Verhandlungen ablehnten, fiel die Entscheidung erst durch einen Vorstoß über See nach Veracruz und die Eroberung von Mexiko City durch die Armee General Winfield Scotts im September 1847. Nach dieser Operation, die der *Manchester Guardian* mit den Feldzügen Alexanders des Großen, Hannibals und Napoleons verglich, zeigte sich eine neue mexikanische Regierung zum Friedensschluß bereit. Bis Februar 1848 handelte Polks Sondergesandter Nicholas Trist in Guadalupe Hidalgo, einem Vorort Mexiko Citys, einen Vertrag aus, in dem Mexiko auf Kalifornien und Neu-Mexiko verzichtete und die

Rio Grande-Grenze anerkannte. Dafür zahlten die USA 15 Millionen Dollar an Mexiko und übernahmen mexikanische Schuldverpflichtungen in Höhe von weiteren 3,25 Millionen Dollar. Diese Ausgaben und die hohen Kriegskosten von 97,7 Millionen Dollar wurden rasch durch die Entdeckung relativiert, daß der kalifornische Boden Gold im Wert von mehreren hundert Millionen Dollar barg.

Polk und seine engsten Berater waren eine Zeitlang unsicher, ob sie sich mit diesem Resultat von militärischem Zwang und finanzieller Bestechung zufriedengeben oder das Ziel noch höher stecken und möglicherweise ganz Mexiko annektieren sollten. Wachsende Kritik der Whigs und Spannungen in der eigenen Partei deuteten aber die Schwierigkeiten an, die sich allein schon aus der Eingliederung von Neu-Mexiko und Kalifornien ergeben würden. Unter diesen Umständen siegte die Vernunft, und Polk leitete den Friedensvertrag an den Senat weiter, der ihn im März 1848 zügig ratifizierte. Ungeachtet der beträchtlichen Verluste – 13 000 der knapp 100 000 eingesetzten Amerikaner fielen oder starben an Krankheiten – bestärkte der Ausgang des Krieges die politischen, religiösen und rassischen Überlegenheitsgefühle, die auf amerikanischer Seite seit langem virulent waren. Beim Unterlegenen blieben Ressentiments zurück, die das gegenseitige Verhältnis dauerhaft belasteten. So sehr der Nationalstolz der Mexikaner aber verletzt war, so wenig gelang es ihnen, eine starke gemeinsame Front gegen den vitalen Nachbarn im Norden zu errichten. Politische Instabilität und chronische Finanznot engten den Handlungsspielraum der Regierungen ein und machten sie anfällig für Versuchungen: Schon 1853 sah sich der gerade aus dem Exil zurückgekehrte Santa Ana gezwungen, den USA im sog. *Gadsden Purchase* für 10 Millionen Dollar ein weiteres Stück mexikanischen Territoriums zu verkaufen, über das Südstaatler eine Bahnlinie zum Pazifik bauen wollten.

Die USA und die Revolutionen in Europa, 1848/49

Obgleich die Aufmerksamkeit der amerikanischen Regierung und Bevölkerung vom Krieg gegen Mexiko stark beansprucht wurde, blieben die revolutionären Erschütterungen in Europa keineswegs unbeachtet. Als erstes Land nahmen die USA nach dem Sturz der Monarchie und der Proklamation der Republik im Frühjahr 1848 diplomatische Beziehungen mit der neuen französischen Regierung auf. Präsident Polk würdigte in einer Grußadresse vom 3. April die "friedliche Erhebung des französischen Volkes", die bewiesen habe, "daß der Mensch in diesem aufgeklärten Zeitalter fähig ist, sich selbst zu regieren." Auf diplomatischer Ebene betonte die Administration zwar das Prinzip der Nichteinmischung in die inneren Angelegenheiten eines anderen Landes, ließ aber keinen Zweifel daran, daß die Amerikaner moralisch Partei für die Sache der Republik und des Fortschritts ergriffen. Die Revolution in Deutschland löste ebenfalls begeisterte Zustimmung in der amerikanischen Öffentlichkeit aus, vor allem natürlich unter den Deutsch-Amerikanern an der Ostküste und im Mittleren Westen. Einige von ihnen, so etwa der in South Carolina als Professor lehrende Franz Lieber, machten sich auf den Weg nach Europa, um Demokratie und Republikanismus zum endgültigen Sieg zu verhelfen. Aus Deutschland kamen im Gegenzug Emissäre in die USA, als erster Friedrich Hecker im Oktober 1848, die auf Vortragsreisen um moralische und materielle Unterstützung warben.

Wie im Falle Frankreichs beeilte sich die Washingtoner Regierung, die provisorische deutsche Zentralgewalt anzuerkennen und diplomatische Beziehungen mit ihr aufzunehmen. Der Gesandte in Berlin, Andrew Jackson Donelson, überreichte dem Reichsverweser Erzherzog Johann im September 1848 sein Beglaubigungsschreiben, und Friedrich Ludwig von Rönne wurde einen Monat später als Vertreter der Reichsregierung in Washington akkreditiert. Die amerikanischen Diplomaten in Deutschland beschränkten sich nicht darauf, Rat in Verfassungsfragen zu erteilen, sondern sie erkundeten auch die Möglichkeiten einer stärkeren wirtschaftlichen Kooperation. Darüber hinaus leiteten sie sogar konkrete Schritte zur militärischen Zusammenarbeit, speziell im Flottenwesen ein. Mit den meisten ihrer Landsleute teilten sie die Hoffnung, daß die Übertragung amerikanischer Verfassungsprinzipien auf Europa eine neue Ära des politisch-gesellschaftlichen und ökonomischen Fortschritts einleiten werde. Im Wahlkampf von 1848 bekundeten Demokraten und Anhänger der Free Soil Party offen ihre Sympathien für die europäischen Revolutionäre, während die Whigs größere Zurückhaltung gegenüber radikal-progressiven und sozialistischen Bestrebungen an den Tag legten und vor einer Interventionspolitik warnten. Südstaatlern wie Calhoun mißfiel der Zentralismus, den sie nicht nur in Frankreich, sondern auch in der Paulskirchenverfassung entdeckten, und noch weniger behagte ihnen die Emanzipation der Sklaven auf den französischen Karibikinseln. Im Unterschied zur Polk-Administration, die von einem militanten Fortschrittsgeist beherrscht war und die Ausbreitung der Demokratie in Europa gewissermaßen als transkontinentale Erscheinungsform der *Manifest Destiny* verstand, zog sich der Whig-Präsident Zachary Taylor ab März 1849 wieder auf die völkerrechtlichen Grundsätze der Nichteinmischung und Neutralität zurück. Um diese Zeit war das Scheitern der mitteleuropäischen Volkserhebungen bereits abzusehen, und in der amerikanischen Öffentlichkeit begann der Revolutionsenthusiasmus der Ernüchterung und Enttäuschung zu weichen. Die leidenschaftliche Anteilnahme am liberalen Aufbruch in Europa konnte unter diesen Umständen keine größeren praktischen Wirkungen entfalten. Angesichts des moralischen Engagements der Bevölkerung und der vielfältigen Aktivitäten der US-Diplomaten auf dem Kontinent wäre es jedoch verfehlt, von einem generellen "Isolationismus" der amerikanischen Politik in dieser Phase zu sprechen. Die Solidarität mit den europäischen Revolutionären lebte in der Hilfe weiter, die man den Flüchtlingen und Vertriebenen gewährte, darunter einigen tausend deutschen "Achtundvierzigern" oder *Forty-eighters* mit Männern wie Friedrich Hecker, Franz Sigel und Carl Schurz an der Spitze. Auch einige Frauen, etwa Mathilde Franziska Anneke, die sich in Wisconsin dem frühen *Women's Movement* anschloß, sollten in der amerikanischen Politik und Kultur noch eine bedeutende Rolle spielen. Interventionsideen zugunsten einer universalen Verbreitung des Republikanismus blieben im Kreis des *Young America* virulent, einer jugendlichen, militant-progressiven Minderheitsgruppe innerhalb der Demokratischen Partei. Ihr politischer Führer war Stephen A. Douglas, Senator von Illinois, ihr eifrigster Propagandist George N. Sanders, der 1848 sogar Waffen nach Europa liefern wollte und wenig später dem ungarischen Revolutionär Louis Kossuth die Ausrüstung von Freiwilligen für den Freiheitskampf in seiner Heimat versprach. Einige Repräsentanten des *Jungen Amerika*, unter ihnen auch Sanders, wurden später von Präsident Franklin Pierce (1853–57) auf Diplomatenposten nach Europa entsandt, wo sie mit Exilrevolutionären wie Garibaldi, Mazzini, Kossuth und Herzen Pläne für neue Erhebungen schmiedeten. Die Interventions- und Expansionsideen dieser Bewegung, die zugleich kosmopolitisch und nationalistisch war, gingen dann aber in der immer schärfer werdenden inneren Auseinandersetzung über die Sklavereifrage unter.

Der Sklaverei-Kompromiß von 1850

Mit dem Sieg über Mexiko und dem Frieden von Guadalupe Hidalgo trat der Nord-Süd-Konflikt 1848 in ein neues Stadium ein. Die gegensätzlichen Positionen waren schon im Streit um einen Antrag markiert worden, den der demokratische Abgeordnete David Wilmot aus Pennsylvania kurz nach Kriegsausbruch erstmals im Kongreß eingebracht hatte. Dieses *Wilmot Proviso* sah ein Verbot der Sklaverei in allen Gebieten vor, die Mexiko an die USA abtreten würde. Im Repräsentantenhaus fand der Vorschlag wiederholt breite Unterstützung bei Whigs und Demokraten aus dem Norden, und auch vierzehn nördliche Staatenparlamente machten sich für ihn stark. Der Senat, in dem die Befürworter der Sklaverei mehr Einfluß hatten, stimmte das *Proviso* dagegen ebenso regelmäßig nieder. Das relativ gute Abschneiden der sklavereifeindlichen Free Soil Party bei den Wahlen von 1848 (ihr Präsidentschaftskandidat Van Buren errang 14 Prozent der im Norden abgegebenen Stimmen) beunruhigte die Südstaatler zusätzlich. Einen neuen Höhepunkt erreichte die Debatte im Kongreß, als Kalifornien 1850 den Antrag stellte, in die Union aufgenommen zu werden.

1848 war im Tal des Sacramento Gold gefunden worden, und der anschließende *gold rush*, der allein im Jahr darauf ca. 80 000 *Fortyniners* ins Land brachte, hatte die Bevölkerung auf über 100 000 anschwellen lassen. Die 1849 ausgearbeitete Verfassung, mit der sich Kalifornien um Aufnahme bewarb, enthielt ein Sklavereiverbot, das nicht zuletzt deshalb zustandegekommen war, weil die Weißen keine schwarze Konkurrenz wünschten – weder in Form von Sklaven noch von freien Schwarzen. Kaliforniens Antrag gefährdete nicht nur die zahlenmäßige Balance zwischen Sklavenstaaten und "freien" Staaten, die inzwischen bei 15:15 stand. Er warf darüber hinaus die Frage nach der Zukunft sämtlicher neu erworbener Gebiete auf, bei deren Beantwortung der geographisch begrenzte Missouri-Kompromiß von 1820 nicht mehr als alleinige Richtschnur dienen konnte. Es dauerte sieben Monate, bis der Kongreß nach zähem Ringen eine Lösung fand, die den drohenden Bruch der Union noch einmal abwendete. Wieder war Henry Clay beteiligt, aber das Hauptverdienst gebührte dem demokratischen Senator von Illinois, Stephen A. Douglas, der prinzipielle Erwägungen hinter eine pragmatische Interessenpolitik zurückstellte. Auf dieser Basis sammelte er Nordstaaten-Demokraten und Südstaaten-Whigs, um eine Reihe von Maßnahmen durchzubringen, die zusammen ein Kompromißpaket bildeten. Der Norden konnte als Erfolge verbuchen, daß Kalifornien als "freier" Staat aufgenommen wurde, das Oregon-Territorium sklavenfrei blieb, und der Sklavenhandel im District of Columbia, d.h. der Hauptstadt Washington, nicht mehr erlaubt war. Dafür erreichte der Süden, daß den beiden neuen Territorien Utah und New Mexico in Aussicht gestellt wurde, ihre Einwohner dürften vor der Staatswerdung selbst über Zulassung oder Verbot der Sklaverei entscheiden. Damit erkannte der Kongreß implizit eine Zuständigkeit der Territorien für die Sklavenfrage an, die der 1848 unterlegene demokratische Präsidentschaftskandidat Lewis Cass als erster unter dem Schlagwort *popular sovereignty* in die Diskussion gebracht hatte. Wie diese Souveränität praktisch ausgeübt werden sollte, ließ Douglas allerdings bewußt offen. Ein weiteres Zugeständnis an den Süden war die Verabschiedung des Fugitive Slave Act, der die Rückgabe von geflohenen Sklaven an ihre Besitzer erleichtern sollte, indem er die Strafen für Fluchthilfe verschärfte und die Prozeßrechte verdächtiger Schwarzer noch mehr einengte. Dieses Gesetz war allerdings im Norden sehr unpopulär, und jeder Versuch, seine Bestimmungen konkret anzuwenden, lieferte den Abolitionisten neue Propagandamunition. Insgesamt gesehen stellte der "Kompromiß von 1850" einen Sieg der Interessenpolitik dar, der die fundamentalen Probleme ausklammerte. Gleichzeitig breitete sich im Norden wie im Süden das Gefühl aus, daß die Grenzen der Kompromißbereitschaft erreicht seien.

Das Kansas-Nebraska-Gesetz von 1854

Nach dem Wahlsieg von 1852 versuchten die Demokraten auf gewohnte Weise, die inneren Spannungen durch außenpolitische Expansion abzubauen. Eines der begehrtesten Ziele, das bereits Polk ins Auge gefaßt hatte, war die spanische Karibikinsel Kuba. Alle Bemühungen der Administration von Präsident Franklin Pierce (1853–57), Kuba zu kaufen oder Vorwände für eine militärische Intervention zu schaffen, scheiterten aber am Widerstand Spaniens und an der Abneigung des Nordens, einen zusätzlichen Sklavenstaat in die Union zu integrieren. Die amerikanischen Diplomaten in Europa bestärkten Pierce in seiner Überzeugung, die USA hätten das Recht, den Spaniern Kuba notfalls gewaltsam abzunehmen. Als ihr "Ostende-Manifest" 1855 in die amerikanische Presse gelangte, löste es aber nur einen neuen Proteststurm gegen die *Slave Power* des Südens aus. Letztlich erfolglos verlief auch eine von Pierce gedeckte Expedition amerikanischer Abenteurer nach Mittelamerika, die den gesamten Isthmus, zumindest aber Nicaragua in die Union bringen sollte. Der Anführer William Walker schwang sich zum Diktator von Nicaragua auf und führte die Sklaverei wieder ein. Präsident Pierce erkannte sein Regime diplomatisch an, konnte aber nicht verhindern, daß Walker 1857 vertrieben und 1860 in Honduras hingerichtet wurde.

Die Anstrengungen, die gemäßigte Kräfte in beiden großen Parteien unternahmen, um die Sklavereifrage aus der Innenpolitik herauszuhalten, wurden 1854 von Senator Douglas unterlaufen. Sein Plan einer transkontinentalen Eisenbahnlinie erforderte eine Regelung für das sog. *unorganized territory* zwischen Mississippi und Rocky Mountains. Der Missouri-Kompromiß von 1820 hatte bestimmt, daß dieses Gebiet des *Louisiana Purchase* oberhalb der Linie 36 Grad 30 Minuten nördlicher Breite sklavenfrei bleiben sollte. Douglas schlug dem Kongreß vor, nach Ablösung der indianischen Landrechte zwei neue Territorien einzurichten, Nebraska im Norden und Kansas im Süden, deren Bewohner dann selbst über die Sklaverei entscheiden würden. Mit diesem Teilungsplan und mit seiner Bereitschaft, das Prinzip der *popular sovereignty* über den Missouri-Kompromiß zu stellen, gewann Douglas die Zustimmung der Südstaatler, die nun eine Chance sahen, zumindest im Kansas-Territorium die Sklaverei durchzusetzen. Viele Menschen im Norden, Demokraten ebenso wie Whigs, empfanden das im Mai 1854 verabschiedete Gesetz jedoch als endgültigen Beweis für die Absicht der *Slave Power*, das Sklavereisystem auf die gesamten Vereinigten Staaten auszudehnen. Im Streit um Kansas und Nebraska, der jetzt mit aller Heftigkeit losbrach, sollte offenbar werden, daß es keine einheitliche Vision für die Zukunft mehr gab, und daß das Parteiensystem seine Kraft eingebüßt hatte, die sektionalen Interessengegensätze zu überbrücken und auszugleichen.

IV.
Bürgerkrieg, Industrialisierung und soziale Konflikte im Gilded Age, 1855–1896

Die Sklaverei mit all ihren Begleiterscheinungen und Konsequenzen war zweifellos die zentrale Ursache des Bürgerkrieges, der das "amerikanische Experiment" von 1861 bis 1865 auf eine schicksalhafte Probe stellte. Die zunehmende Nervosität der Menschen und ihre wachsende Anfälligkeit für Verschwörungstheorien waren Anzeichen dafür, daß sich die Grundwidersprüche dieses 1776 begonnenen Projekts nur noch mühsam verschleiern ließen und auf eine gewaltsame Lösung hindrängten. Das betraf zum einen den Gegensatz zwischen dem Gleichheitsgebot in der Unabhängigkeitserklärung und der Unfreiheit von Millionen schwarzer Amerikaner, der durch die inzwischen in weiten Teilen der Welt erfolgte Sklavenbefreiung zusätzlich akut wurde. Das betraf aber auch die konstitutionelle Ungewißheit über die wahre Natur der Union, die von der Mehrheit für permanent und unauflöslich erachtet wurde, während eine beträchtliche Minderheit, vor allem im Süden, dem am entschiedensten von John C. Calhoun verfochtenen Konzept einer lockeren, gegebenenfalls kündbaren Konföderation souveräner Staaten anhing. Konfliktverschärfend wirkten die rasche Westexpansion der 1840er Jahre, die das Sklavereiproblem in die neuen Territorien trug, sowie die zunehmende wirtschaftliche und soziale Diskrepanz zwischen Norden und Süden im Gefolge der *market revolution*, die in beiden Teilen der Union ein kulturelles Sonderbewußtsein entstehen ließ. Je größer der demokratisch-reformerische Elan im Norden wurde, desto aggressiver verteidigte die Südstaatenelite ihren aristokratischen Lebensstil, und desto schwieriger wurde das Bemühen um Kompromiß und Konsens. Das Parteiensystem von Whigs und Demokraten, das lange Zeit den Rahmen für den regionalen Interessenausgleich gebildet hatte, büßte seine Integrationskraft ab 1850 mehr und mehr ein und löste sich schließlich ganz auf. Unter diesen Umständen ließen die Anlässe, die den Nord-Süd-Konflikt zur unversöhnlichen Konfrontation steigerten, nicht lange auf sich warten. Aus der Rückschau erscheint es folgerichtig, daß der Sieg des Nordens im Bürgerkrieg das nationalföderale Verfassungsprinzip bestätigte und die Sklaverei aus dem demokratischen Staatswesen verbannte. Zu Beginn der 1860er Jahre war die Situation aber vollkommen offen, und die Geschichte hätte ohne die überragende Führungsleistung Abraham Lincolns durchaus eine andere Wendung nehmen können.

1. Die Eskalation des Nord-Süd-Konflikts und der Weg in den Bürgerkrieg

Die Umgestaltung der Parteienlandschaft

Die allgemeine Unruhe und das Gefühl des Umbruchs wurden in den frühen 1850er Jahren durch spektakuläre politische Erfolge einer nativistischen, militant fremdenfeindlichen Bewegung genährt, die als Reaktion auf die Masseneinwanderung entstanden war, und die ihrerseits dazu beitrug, das alte Parteiensystem aus den Angeln zu heben. Ursprünglich ein geheimbundartiger Zusammenschluß von lokalen Anti-Immigrationsklubs, nahm diese *Know-Nothing*-Bewegung bald unionsweit als American Party an Wahlen teil, wobei sie in einigen Staaten des Nordostens und Mittleren Westens sogar Gouverneursposten und Parlamentsmehrheiten erobern konnte. Die ideologische Triebfeder war der Anti-Katholizismus, der sich v.a. gegen die Neueinwanderer aus Irland und Deutschland richtete, gegen die man den protestantischen Charakter der USA, die Moral und die Demokratie verteidigen zu müssen glaubte. Seinen Höhepunkt erreichte der nativistische "Kreuzzug" 1854/55, als die American Party Zulauf von ehemaligen Whigs und konservativen Demokraten erhielt und damit zur Erschütterung des herkömmlichen Parteiengefüges beitrug. Danach ging es durch die Inkompetenz vieler Abgeordneter, die abschreckende Gewalttätigkeit radikaler Anhänger und die Uneinigkeit in der Sklavereifrage allerdings rasch bergab. Nach 1856 wurden die meisten Wähler der American Party, die erstmals das Gefahrenpotential des Fremdenhasses im Einwanderungsland USA hatte sichtbar werden lassen, von einer anderen Neugründung, der Republican Party, aufgesogen.

Der Aufstieg der Republikanischen Partei korrespondierte jedoch vor allem mit dem Niedergang der Whigs, deren Zusammenhalt nach dem Tod ihrer beiden prominentesten Politiker Henry Clay und Daniel Webster 1852 und endgültig nach dem Kansas Nebraska Act von 1854 an der Sklavereifrage zerbrach. Während sich die nördlichen Reformer (*conscience whigs*) enttäuscht von der Partei abwendeten, reagierten die Anhänger im Süden (*cotton whigs*) allergisch auf die wachsende Kritik an der Sklaverei und machten sich selbständig oder gingen – teilweise auf dem Umweg über die American Party – zu den Demokraten über. Im Norden verband die Empörung über das Kansas-Nebraska-Gesetz alle diejenigen ehemaligen Whigs, Demokraten und *Free-Soilers*, die eine Ausdehnung der Sklaverei in die westlichen Territorien unter allen Umständen verhindern wollten. Ihre zunächst örtliche Zusammenarbeit führte 1854 zur Gründung der Republican Party, deren Name bewußt an das freiheitlich-egalitäre Erbe Jeffersons anknüpfte. 1856 schloß sich auch Abraham Lincoln an, bis dahin ein loyaler Whig, der nun die lokale Parteiorganisation in Illinois aufbaute. Obwohl die Republicans nur im Norden aktiv waren, rechneten sie sich gute Chancen für die Eroberung der Macht in Washington aus: Die Nordstaaten-Demokraten waren durch den Abfall der sklavereifeindlichen Douglas-Gegner geschwächt, und der Süden stellte inzwischen nur noch ein Drittel der amerikanischen Wähler. Bei den Präsidentschaftswahlen von 1856 hätte sich der Bewerber der Republikanischen Partei, John C. Frémont, beinahe gegen den Demokraten James Buchanan durchgesetzt. Im Norden konnte er viele ehemalige Anhänger der Demokratischen Partei sowie nativistische Wähler auf seine Seite ziehen, die den Kandidaten der American Party, Millard Fillmore, wegen seiner Sympathien für die Südstaaten ablehnten. Frémont fehlten nur wenige Stimmen in den Schlüsselstaaten Pennsylvania und Illinois, um ins Weiße Haus einzuziehen.

Durch die schon während der Wahl beginnende Auflösung der American Party wurden die Republikaner im Norden immer stärker. Sie profitierten außerdem von der Wirtschaftskrise, die 1857 kurz nach Buchanans Amtsantritt einsetzte, und für die sie die Demokraten verantwortlich machten. Mit taktischem Geschick, das teilweise an Opportunismus grenzte, warben sie nun auch um Wählergruppen, denen die Sklaverei mehr oder weniger gleichgültig war. Künftigen Siedlern im Westen stellten sie billiges Farmland durch ein *homestead*-Gesetz in Aussicht, den Arbeitern und Industriellen an der Ostküste versprachen sie hohe Schutzzölle, den Zusammenhalt der Regionen wollten sie durch ein großes Infrastrukturprogramm im

Sinne von Clays *American System* verbessern, und mit Blick auf die Nativisten befürworteten sie längere Wartefristen bei der Einbürgerung von Immigranten. Auf diese Weise entstand eine werbewirksame Mischung aus Elementen der *free labor*-Ideologie, der wirtschaftlichen Modernisierung und der moralischen Reform. Bis 1858 hatte sich die politische Landschaft der USA grundlegend geändert: die Whigs waren verschwunden, und den im Norden erheblich geschwächten, im Süden dagegen gestärkten Demokraten stand nun eine Republikanische Partei gegenüber, die sich ganz auf die Nordstaaten konzentrierte. Nach dem Gegensatz von Federalists und Republicans, der die Zeit von 1790 bis 1820 bestimmt hatte, und der Konkurrenz von Demokraten und Whigs seit Ende der 1820er Jahre handelte es sich hierbei um das dritte Zweiparteiensystem der USA. Anders als seine beiden Vorgänger trug es jedoch nicht mehr zur Stabilisierung der Union bei, sondern erhöhte durch seine regionale Ausrichtung die Spannungen zwischen Norden und Süden.

Das "blutende Kansas" und das Dred Scott-Urteil

Die zunehmende Neigung, Konflikte gewaltsam auszutragen, offenbarte sich im Streit um Kansas, wo Abolitionisten und *Free-Soilers* aus Neuengland und Sklavereibefürworter aus Missouri seit 1854 eine Art Stellvertreterkrieg zwischen Norden und Süden führten. Beide Seiten versuchten, ihre moralischen Grundsätze, ihr Gesellschaftsmodell und ihre Verfassungsvorstellungen im Kansas-Territorium zu verwirklichen, das dadurch die Blicke aller Amerikaner auf sich zog. Einen traurigen Höhepunkt erreichten die Auseinandersetzungen 1856, als Guerrillatrupps aus dem Süden die Hauptstadt der *Free-Soilers* niederbrannten und Sklavereigegner unter Führung des religiösen Fanatikers John Brown aus Rache ein Massaker an unbeteiligten Siedlern verübten. Im Jahr darauf goß der Supreme Court mit seiner Entscheidung im Fall Dred Scott v. Sanford noch Öl ins Feuer. Das Gericht nahm die Frage, ob der Sklave Dred Scott durch den zeitweiligen Aufenthalt in Wisconsin und im sklavenfreien Minnesota-Territorium seine Freiheit erlangt hatte oder nicht, zum Anlaß, ein Grundsatzurteil zu fällen, das in den Südstaaten bejubelt wurde, im Norden dagegen Protest und Empörung hervorrief. Chief Justice Roger Taney verwarf die Klage Dred Scotts gegen seinen Besitzer mit der Begründung, Schwarze – Sklaven gleichermaßen wie freie Afro-Amerikaner – seien keine amerikanischen Staatsbürger und dürften daher nicht den Supreme Court anrufen. In seiner ausführlichen Begründung, die nach dieser formalen Entscheidung eigentlich nicht mehr nötig gewesen wäre, bezeichnete er Schwarze als "beings of an inferior order", die keine Rechte hätten, die ein weißer Mann respektieren müsse. Mit dem Hinweis, daß das Besitzrecht an Sklaven laut dem 5. Amendment auch in den Territorien uneingeschränkt gelte, erklärte er darüber hinaus implizit den Missouri-Kompromiß von 1820 und alle nachfolgenden Sklavereikompromisse für verfassungswidrig. Präsident Buchanan hatte die – mehrheitlich aus dem Süden stammenden – Richter hinter den Kulissen zu diesem radikalen Schritt ermutigt, weil er sich in der illusionären Hoffnung wiegte, der Spruch des Supreme Court werde allgemein akzeptiert werden und für Beruhigung sorgen. Tatsächlich bewirkte das Urteil das genaue Gegenteil, denn die Sklavereigegner im Norden zeigten sich weniger denn je bereit, die Bestimmungen des Fugitive Slave Act von 1850 zu respektieren und das Oberste Gericht als letzte Instanz der Verfassungsinterpretation anzuerkennen. Noch dazu verschärfte Buchanans Taktik die Spannungen in der eigenen Partei, weil eine derart dezidierte pro-Sklaverei-Haltung die *popular sovereignty*-Position von Senator Douglas im Norden untergrub. Die Parteinahme für die Sklavereianhänger in Kansas, mit der Buchanan seine Südstaaten-Sympathien offen demonstrierte (obgleich er aus Pennsylvania stammte), vertiefte die Kluft zwischen ihm und Douglas weiter und beschwor die Gefahr einer Spaltung der Demokraten herauf. Das starrsinnige Festhalten des Präsidenten an den wenig aussichtsreichen Plänen seines Vorgängers Franklin Pierce, neue Sklavenstaaten in der Karibik und in Mittelamerika für die Union zu erwerben, war ein weiterer Beleg dafür, daß die Administration einseitig die Interessen des Südens vertrat. Der Gedanke, durch Expansion nach außen die Explosion im Innern zu verhindern, spielte aber bis zum Schluß auf beiden Seiten – bei Demokraten wie Republikanern – eine gewisse Rolle.

Die Lincoln-Douglas-Debatten

Die Sklavereifrage und der Nord-Süd-Konflikt bestimmten die Zwischenwahlen von 1858, bei denen es in Illinois zu dem denkwürdigen, bis heute faszinierenden Aufeinandertreffen von Stephen Douglas und Abraham Lincoln kam. Konkret ging es um die

Bestätigung von Douglas' Senatssitz in Washington, die das neu zu wählende Parlament von Illinois vollziehen mußte. Unionsweites Interesse erweckte diese Angelegenheit, weil Lincoln, den die Republikaner als Gegenkandidaten nominiert hatten, Douglas zu einer Serie von sieben öffentlichen Debatten an verschiedenen Orten in Illinois herausforderte. Als Sohn einfacher Farmer, der an der *Frontier* in Kentucky aufgewachsen war und der es dann als Autodidakt zum erfolgreichen Anwalt in Springfield, Illinois gebracht hatte, entsprach Lincoln ganz dem egalitär-fortschrittlichen Image, das sich die Republikanische Partei geben wollte. Auffallend war seine lange, schlaksige Figur, mit der er die meisten Landsleute und speziell den 1,60 m großen "Little Giant" Douglas überragte; charakterlich galt Lincoln ("honest Abe") als absolut integer und zuverlässig, und seit der Zeit im Parlament von Illinois und im U.S.-Repräsentantenhaus genoß er den Ruf eines ausgezeichneten Redners mit Humor und einer bildhaft-praktischen, an die Bibel angelehnten Sprache.

Lincoln hatte schon mit seiner Nominierungsrede großes Aufsehen erregt, als er unter dem Bibelzitat "a house divided against itself cannot stand" vorhersagte, die Union werde nicht auf Dauer "half slave and half free" bleiben können. Der Massenzulauf zu den Debatten und das überregionale Interesse, das von den großen Zeitungen befriedigt wurde, spiegelten den Stand des allgemeinen Demokratisierungsprozesses in den USA wider, dokumentierten aber auch das gespannte politische Klima angesichts des drohenden Zerfalls der Union. Die Redeschlachten vor tausenden von Menschen, deren Format exakt vereinbart worden war, ließen lokale Fragen fast unberührt und kreisten ganz um die Sklavereiproblematik. Douglas modifizierte seinen bekannten Standpunkt der *popular sovereignty*, indem er behauptete, die Siedler in den Territorien könnten auch nach dem Dred Scott-Urteil durch lokale Maßnahmen das Vordringen der Sklaverei verhindern. Demgegenüber wertete Lincoln den Spruch des Supreme Court als weiteres Indiz für eine Verschwörung, die auf die Ausbreitung der Sklaverei über ganz Amerika abziele. Im Unterschied zu seinem Kontrahenten setzte sich Lincoln auch mit der moralischen Dimension des Konflikts auseinander. Er wies zwar Douglas' Vorwurf zurück, er wolle die politische und soziale Gleichheit von Schwarzen und Weißen herstellen, und gestand zu, daß die verfassungsmäßigen Rechte der Südstaatler berücksichtigt werden müßten. Anderseits ließ er keinen Zweifel daran, daß er die

Sklaverei als ein moralisches Übel verurteilte, weil sie die Schwarzen um die Früchte ihrer Arbeit betrog und das undemokratische Herr-Knecht-Verhältnis zementierte. Wenn man diesem Krebsschaden am Körper der Union beikommen wolle, dann gelte es zunächst einmal, das weitere Vordringen der Sklaverei in die Territorien zu verhindern. Das Dred Scott-Urteil dürfe nicht das letzte Wort darstellen, sondern müsse auf politischem Wege überwunden werden. Wiederholt mahnte Lincoln zur Rückbesinnung auf die Prinzipien der Unabhängigkeitserklärung, wenn die Nation nicht ihre Bestimmung verfehlen sollte.

Obwohl die Republikaner im November 1858 in Illinois Stimmengewinne verzeichneten, konnte Douglas bei der Senatorenwahl im Parlament sein Mandat verteidigen. Als weit bedeutsamer erwies sich jedoch, daß Lincoln durch die Debatten an Statur gewonnen hatte und ins Bewußtsein der amerikanischen Öffentlichkeit gerückt war. Insofern verschafften ihm die Streitgespräche eine günstige Ausgangsbasis für das kommende Duell mit Douglas um die Präsidentschaft der Vereinigten Staaten.

Lincolns Wahl und der Weg in den Krieg

Der Wahlkampf von 1860 wurde durch eine neue Aktion John Browns überschattet, der – insgeheim ermuntert und unterstützt von prominenten nordstaatlichen Abolitionisten – das Signal für einen allgemeinen Sklavenaufstand im Süden geben wollte. Der Handstreich, den er im Oktober 1859 mit seinen Söhnen und einigen Anhängern gegen das bundesstaatliche Waffenarsenal in Harpers Ferry, Virginia, am Zusammenfluß von Potomac und Shenandoah unternahm, verfehlte diesen Zweck jedoch völlig und führte stattdessen zum Tod mehrerer Angreifer und zur Gefangennahme und Hinrichtung Browns. In den Augen vieler Nordstaatler machte ihn dies zum Märtyrer und zur Symbolfigur des Widerstands gegen die Sklaverei; im Süden wiederum schürte die abolitionistische Propaganda die Ängste vor einem Wahlsieg der Republikaner, denen man die Absicht zuschrieb, die *peculiar institution* und damit die Grundlage der südlichen Wirtschaft zerstören zu wollen.

Auf dem nationalen Nominierungskonvent der Republikaner setzte sich Lincoln durch, weil seine maßvolle Haltung in der Sklavereifrage am ehesten mehrheitsfähig erschien und weil sein Heimatstaat Illinois zu den wichtigen *swing states* zählte, deren

Wahlmännerstimmen den Ausschlag geben konnten. Lincolns Chancen stiegen auf Grund des Zwists im Lager der Demokraten, denen es nicht gelang, sich auf einen einzigen Kandidaten zu einigen, und die stattdessen mit zwei Bewerbern – Stephen Douglas und John C. Breckinridge aus Kentucky – ins Rennen gingen. Zur weiteren Zersplitterung trug eine Restfraktion der Whigs um den ehemaligen Senator von Tennessee, John Bell, bei, die unter dem Namen Constitutional Union Party in den Grenzstaaten zwischen Norden und Süden Erfolge erzielte. Douglas brach mit der Tradition und führte erstmals einen persönlichen, intensiven Wahlkampf, erhielt aber trotz seines Stimmenanteils von 21 Prozent nur 12 Wahlmännerstimmen. Die große Mehrheit der Südstaatler scharte sich hinter Breckinridge, der es – trotz einer geringeren Gesamtstimmenzahl als Douglas – auf 72 Wahlmänner brachte. Lincoln war in zehn der Südstaaten von der Wahl ausgeschlossen worden, gewann dafür aber im Norden alle Staaten außer New Jersey unangefochten, dazu im Westen Kalifornien und Oregon. Insgesamt erhielt er etwa 40 Prozent der Wählerstimmen, doch das Wahlsystem bescherte ihm eine absolute Mehrheit von 180 Stimmen im Elektorenkolleg. Auch in beiden Häusern des Kongresses dominierten nun die Republikaner.

Unmittelbar nach der Wahl schritten die radikalen südstaatlichen *Fire Eaters* zur Tat, die Lincoln als Abolitionisten und "black Republican" attackiert hatten. Der Prozeß der Sezession begann in South Carolina, wo die *states' rights*-Philosophie schon immer fest verwurzelt gewesen war, und wo der Sklavenanteil an der Bevölkerung 58 Prozent ausmachte. Analog zur Verfassunggebung von 1787/88 wurde ein Konvent gewählt, der South Carolina am 20. Dezember 1860 einstimmig zum souveränen Staat erklärte. Diesem Beispiel folgten bis zum Februar 1861 mit Mississippi, Florida, Alabama, Georgia, Louisiana und Texas sechs weitere Staaten. Vertreter dieser sieben Sezessionsstaaten bildeten dann in Montgomery, Alabama, die *Confederate States of America* und gaben sich eine eigene Verfassung. Als Präsident auf sechs Jahre wurde Jefferson Davis gewählt, ein wohlhabender Baumwollpflanzer aus Mississippi, der eine Offizierslaufbahn absolviert und unter Präsident Pierce als Kriegsminister amtiert hatte.

Während der noch amtierende Präsident Buchanan diese Entwicklung passiv hinnahm, ließ Lincolns Verfassungsverständnis einen einseitigen Austritt aus der Union nicht zu; für ihn handelte es sich um eine interne Rebellion, die er als Präsident und Oberbefehlshaber der Streitkräfte beenden mußte. Bei seinem Amtsantritt im März 1861 hegte er kaum noch Hoffnung, die radikalen Sezessionisten beeinflussen zu können, gab sich dafür aber umso größere Mühe, die sklavenhaltenden *border states* von Delaware, Maryland und Virginia im Osten bis Missouri und Arkansas im Westen durch eine moderate Taktik auf seine Seite zu ziehen. Er sicherte ihnen zu, daß er die Sklaverei dort, wo sie existiere, nicht antasten werde; dagegen lehnte er einen Kompromiß, der die freien Territorien auch nur teilweise für die Sklaverei öffnen würde, kategorisch ab. Ebenso bestand er darauf, weiterhin über das Eigentum der Union in den abgefallenen Staaten verfügen zu können. Dieser letzte Streitpunkt spitzte sich im April auf die Frage nach dem Schicksal von Fort Sumter im Hafen von Charleston, der Hauptstadt South Carolinas, zu. Als sich Lincoln entschied, die abgeschnittene Besatzung auf dem Seeweg versorgen zu lassen, zwangen die Südstaatler den Kommandanten nach zweitägigem Beschuß am 14. April zur Kapitulation. Damit war die Grenzlinie zwischen Frieden und Krieg überschritten: Am nächsten Tag forderte Lincoln die Staaten auf, 75 000 Milizionäre zu stellen, um "die Rebellion niederzuschlagen", und am 19. April verhängte er eine Seeblockade über die Häfen des Südens.

Die Bevölkerung in den von beiden Seiten umworbenen Staaten der Grenzzone zwischen Norden und Süden sah sich nun gezwungen, Farbe zu bekennen. Vier *border states* (Virginia, Arkansas, Tennessee und North Carolina) schlossen sich der Konföderation an, die nun elf Staaten umfaßte. Am schwersten wog dabei die Entscheidung Virginias, das Richmond als Hauptstadt zur Verfügung stellte und die Konföderation mit fähigen Militärs, allen voran dem Kommandeur der Akademie West Point, General Robert E. Lee, versorgte. Allerdings leisteten virginische Unionsanhänger internen Widerstand, der zur Abtrennung der westlichen Counties und 1863 zur Gründung des Staates West Virginia führte. Durch entschlossenes Handeln sicherte Lincoln der Union die Loyalität der übrigen vier *border states* Missouri, Kentucky, Maryland und Delaware. In Missouri taten sich dabei die Deutsch-Amerikaner unter ihren Führern Carl Schurz und Franz Sigel hervor, die Lincoln später zu Generälen beförderte. In Maryland, das wegen seiner geographischen Lage, des Hafens von Baltimore und der Flottenakademie in Annapolis überragende Bedeutung besaß, machte Lincoln deutlich, daß er seine verfassungsmäßigen Kompetenzen im Interesse des Überlebens der Union sehr weit auszulegen gedachte. Unter Hinweis auf die nationale Krise und die *war powers* des Präsidenten setzte er die *Habeas corpus*-Garantien gegen willkürliche Verhaftung außer Kraft, damit Administration und Militär härter gegen Sezessionisten vorgehen konnten. Diese Einschränkung der Grundrechte wurde schon von Zeitgenossen heftig kritisiert und ist bis heute in der Geschichtsforschung umstritten. Nur so ließ sich aber der Abfall Marylands verhindern, der die militärische Sicherung der Hauptstadt Washington und die strategische Lage des Nordens insgesamt außerordentlich erschwert hätte. Lincoln stellte in diesem Fall den Erhalt der Union, zu dem er sich durch seinen Amtseid verpflichtet fühlte, über rein rechtliche Erwägungen. Andererseits barg die Teilnahme von Sklavenstaaten wie Maryland, Missouri und Kentucky auf seiten der Union durchaus auch Probleme und zwang Lincoln entgegen seiner inneren Überzeugungen zur politischen Rücksichtnahme. Er betonte deshalb immer wieder, daß der Krieg nicht zur Befreiung der Sklaven, sondern allein zur Wiederherstellung der Union geführt werde; noch Mitte 1862 – ein Jahr nachdem die Leibeigenschaft im Russischen Reich aufgehoben worden war – befürwortete er eine graduelle Sklavenemanzipation mit Entschädigung der Eigentümer und die "Kolonisierung", d.h. die eigentlich längst überholte Rückführung der Schwarzen nach Afrika oder in die Karibik.

2. Der Amerikanische Bürgerkrieg, 1861–1865

Das militärische Patt, 1861–63

Der Bürgerkrieg ist zweifellos das einschneidendste Ereignis in der bisherigen Geschichte der Vereinigten Staaten, und er nimmt deshalb in der kollektiven Erinnerung der Amerikaner, im Norden wie im Süden, den Rang eines nationalen Epos ein. Zu Beginn rechneten beide Seiten mit einem raschen Sieg: Die Nordstaatler planten den Durchmarsch nach Richmond, der aber schon im Juli 1861 in der ersten Schlacht von Manassas (oder Bull Run) gründlich mißlang; die Südstaatler setzten auf die Uneinigkeit und mangelnde Opferbereitschaft der Bevölkerung im Norden, und sie erhofften sich außerdem Unterstützung von Großbritannien, da sie annahmen, daß die englische Textilindustrie nicht auf die amerikanische Baumwolle verzichten konnte. Auch diese Rechnung ging jedoch nicht auf, und aus dem "kurzen Krieg" wurde ein langjähriges, blutiges Ringen, in mancher Hinsicht sogar der erste "totale Krieg" der modernen Geschichte.

Die Ausgangslage sprach eindeutig für den Norden: Den elf Sezessionsstaaten mit 9 Millionen weißer Bevölkerung standen 23 Unionsstaaten mit 22 Millionen Einwohnern gegenüber. In ökonomischer Hinsicht war das Verhältnis noch unausgewogener: Unter dem Druck des Krieges steigerte die Konföderation zwar die Modernisierungsanstrengungen, v.a. in der Schwerindustrie und im Verkehrswesen, aber sowohl in bezug auf landwirtschaftliche und industrielle Produktion als auch auf das Schienen- und Kanalnetz lag sie weit hinter der Union zurück. Der Norden brauchte zunächst nur seine Reserven auszuschöpfen, die durch den wirtschaftlichen Einbruch der späten 1850er Jahre brach lagen. Die ökonomische Erholung wurde dann durch die Einlösung der republikanischen Wahlversprechen – Reform des Bankensystems, Zollerhöhungen, Siedlungsförderung im Westen, Eisenbahnbau – noch verstärkt. Während die Südstaaten unter der Seeblockade litten und durch ungehemmte Papiergeldausgabe die Inflation anheizten, gelang dem Norden durch effiziente Steuererhebung und erfolgreiche Werbung für Staatsanleihen eine relativ problemlose Kriegsfinanzierung.

Auf den Schlachtfeldern ließen sich die Vorteile der Union jedoch lange Zeit nicht in durchschlagende Erfolge ummünzen. Die Konföderation konnte aus der Defensive heraus operieren, und die Weißen im Süden standen zunächst geschlossener hinter ihrer Führung als die Nordstaatler hinter Lincoln. Der Präsident mußte nicht nur zwischen den verschiedenen Fraktionen der Republikaner im Washingtoner Kongreß lavieren, sondern hatte auch gegen eine lautstarke Opposition von "Friedensdemokraten" auf der Ebene der Einzelstaaten anzukämpfen. In erster Linie wurden die überlegenen personellen und materiellen Ressourcen des Nordens aber durch das größere militärische Talent von Generälen wie Robert E. Lee und Thomas H. "Stonewall" Jackson ausgeglichen. Die wichtigsten Kriegsschauplätze lagen weit voneinander entfernt an der Ostküste und im Mississippi-Gebiet. Im Osten, wo sich die Massenheere zwischen Washington und Richmond schwere Schlachten lieferten, nahm die Auseinandersetzung den Charakter eines Abnutzungskrieges an. Die Blutopfer waren enorm hoch, weil noch in traditionell geschlossener Formation gekämpft wurde, obwohl die Feuerkraft der Artillerie und die Zielgenauigkeit der Gewehre wesentlich zugenommen hatten. So fielen im September 1862 bei Antietam in

Maryland an einem einzigen Tag 6 000 Soldaten, mehr als im Unabhängigkeitskrieg und im Krieg von 1812/14 zusammen. Schwerverwundete hatten angesichts der mangelhaften medizinischen Versorgung wenig Überlebenschancen, und ansteckende Krankheiten rafften zusätzlich viele Menschen hinweg. Diese Verluste zwangen beide Seiten – erstmals in der Geschichte der USA – zur Einführung der Wehrpflicht, gegen die es im Norden erhebliche Widerstände bis hin zu lokalen Aufständen gab. Beim folgenschwersten dieser *draft riots* mußte im Sommer 1863 in New York City Militär gegen eine Menschenmenge eingesetzt werden, die Afro-Amerikaner als "Schuldige" an Krieg und Wehrpflicht angriff und lynchte. Die Bilanz der Unruhen war erschreckend: etwa ein Dutzend ermordete Schwarze und mehr als hundert getötete Aufrührer. Lincolns unnachgiebige Haltung trug aber auch in diesem Fall zur Stabilisierung der Lage bei.

Im Unterschied zum militärischen Patt im Osten, das der vorsichtige und zögerliche Nordstaaten-Befehlshaber General George B. McClellan nicht zu brechen vermochte, konnte die Union im Westen durch eine bessere Koordinierung der Kräfte und eine bewegliche Fluß- und Landoffensive strategische Vorteile erzielen. Hier gelang unter Führung von Commodore (später Admiral) David G. Farragut und General Ulysses S. Grant bis zum Sommer 1862 die Eroberung von New Orleans und Baton Rouge sowie die Einnahme wichtiger Forts im Grenzgebiet von Kentucky und Tennessee. Das Ziel einer Kontrolle des gesamten Mississippi-Tales und der Spaltung der Konföderation in zwei Teile wurde 1862 jedoch nicht mehr erreicht.

Seekrieg und Außenpolitik

Im Laufe des Jahres 1862 steigerte sich die Effektivität der Seeblockade durch Erfolge der U.S. Navy. Die Hoffnung der Konföderierten, den Ring um ihre Häfen mit Hilfe einer zukunftsträchtigen technischen Innovation zu brechen, mußte im März 1862 begraben werden: Das erste gepanzerte Kriegsschiff der Welt, die "Merrimac", fügte der Blockadeflotte bei Hampton Roads vor der Küste Virginias zwar große Verluste zu, die in Washington kurzfristig Panik auslösten; der Norden konterte jedoch umgehend mit einer eigenen Version dieser neuen Waffe, dem Panzerschiff "Monitor", das die "Merrimac" zum Rückzug nach Norfolk zwang. Die Blockade war auch danach keineswegs undurchlässig, aber sie behinderte doch die Versorgung und den Baumwollexport der Südstaaten erheblich und trug zum rapiden Wertverlust des Konföderations-Dollars bei.

Die Blockadefrage spielte auch eine wichtige Rolle in dem Kampf, den sich Norden und Süden an der diplomatischen Front lieferten. Lincoln und Außenminister William Seward setzten alles daran, die europäischen Mächte, insbesondere England, von einer Intervention zugunsten des Südens abzuhalten. Sie konnten jedoch nicht verhindern, daß die Londoner Regierung unter Verweis auf die Blockade und das Völkerrecht der Konföderation den Status einer kriegführenden Macht zuerkannte. Napoleon III., dem eine Schwächung der USA mit Blick auf die französische Intervention in Mexiko gelegen gekommen wäre, und andere europäische Regierungen schlossen sich an. Die Südstaatler sahen darin einen ersten Schritt zur vollen diplomatischen Anerkennung und militärischen Unterstützung durch die Europäer. Es stellte sich allerdings bald heraus, daß sie dabei die politische Vorsicht der Briten unter- und deren wirtschaftliche Abhängigkeit von der amerikanischen Baumwolle bei weitem überschätzt hatten. Premierminister Lord Russell wollte eine Verwicklung in den Krieg nicht zuletzt mit Rücksicht auf Kanada vermeiden, und die Nöte der englischen Textilindustrie wurden rasch durch gesteigerte Baumwolleinfuhren aus Ägypten und Indien gemildert. Außerdem erlebte der Handel mit der Union, die Großbritanniens wichtigster Getreidelieferant war, während des Krieges einen Aufschwung. Schwerer wog aber wohl noch, daß die englische Öffentlichkeit, insbesondere auch die Arbeiterschaft in den Industriegebieten, ihre sklavereifeindliche Haltung beibehielt und trotz wirtschaftlicher Einbußen mit den Nordstaaten sympathisierte. Die gefährlichste Krise konnte im Dezember 1861 entschärft werden, als Washington zwei konföderierte Diplomaten, die von der U.S. Navy auf einem englischen Schiff verhaftet worden waren, wieder freiließ. Solange England neutral blieb, wagte sich auch kein anderer europäischer Staat offen einzumischen. Indirekt gewährte die britische Regierung Jefferson Davis ab Frühjahr 1862 eine gewisse Unterstützung, indem sie privaten Schiffswerften erlaubte, Blockadebrecher und Kaperschiffe für den Süden zu bauen. Eine echte Chance zur Anerkennung der Konföderation hätte nur bestanden, wenn den Südstaaten-Armeen entscheidende Siege gelungen wären. Diese Aussicht schwand aber nach den Schlachten von Gettysburg und Vicksburg im Sommer 1863 vollends dahin.

Lincolns Emanzipationserklärung

Seit Beginn des Krieges versuchten Schwarze aus dem Süden, der Sklaverei zu entkommen und in Gebiete zu gelangen, die von den Unionsarmeen gehalten wurden. Auf diese Weise brachten sie von sich aus das Thema der Sklavenbefreiung auf die Tagesordnung, das bis dahin nur die Abolitionisten und radikalen Republikaner bewegt hatte. Die Praxis einiger Generäle, die Sklaven in ihrem Befehlsbereich an die Eigentümer im Süden auszuliefern, erregte im Norden große Empörung. Lokale Emanzipationsentscheidungen, wie sie von anderen Kommandeuren getroffen wurden, hob Lincoln aus verfassungsrechtlichen Gründen wieder auf. Danach behalfen sich die meisten Befehlshaber damit, übergelaufene Sklaven gemäß dem Kriegsrecht zur "Konterbande" zu erklären, um sie nicht an ihre Besitzer zurückgeben zu müssen. Auf eigene Faust zogen sie Schwarze auch schon zu Schanzarbeiten und einfachen Hilfsdiensten heran. Diese Praxis, der Lincoln zunächst skeptisch gegenübergestanden hatte, wurde später vom Kongreß durch die Confiscation Acts legalisiert. 1862 nahm die Antisklaverei-Stimmung im Norden zu, und Lincoln gelangte zu der Einsicht, daß der Krieg nur unter dem Banner der Emanzipation gewonnen werden konnte. Nach Rücksprache mit dem Kabinett wartete er aber noch einen militärischen Erfolg ab – den er mit Antietam gekommen sah –, bevor er am 22. September 1862 seine "provisorische Emanzipationserklärung" veröffentlichte. Bis zum 1. Januar 1863 sollten danach alle Sklaven frei sein, die sich in den von "Rebellen" kontrollierten Gebieten aufhielten. Das schloß vorerst noch die Sklaven in den *border states* aus, die auf seiten der Union kämpften. Gegner Lincolns prangerten das als eine inkonsequente und scheinheilige Entscheidung an, doch der Präsident ging davon aus, daß seine Notstandsbefugnisse als Oberbefehlshaber nicht weiter reichten und die Sklaverei in den Unionsstaaten nur durch eine Verfassungsänderung aufgehoben werden konnte. Ihm war aber bewußt, daß die Proklamation eine Dynamik entwickeln würde, die zwangsläufig zur vollständigen Beseitigung des Sklavereisystems führen würde.

Abgesehen davon, daß Lincoln nun endlich seine moralische Aversion gegen die Sklaverei mit der offiziellen Regierungspolitik in Einklang bringen konnte, verfolgte er mehrere politische und militärische Ziele. Zum einen signalisierte er den Nordstaatlern, die mit dem bisherigen Verlauf des Krieges unzufrieden waren, daß der

Kampf unter Aufbietung aller Kräfte bis zum vollständigen Sieg weitergeführt werden würde; nur das große Ziel der Sklavenbefreiung konnte die Opfer rechtfertigen, die bisher erbracht worden waren und noch erbracht werden mußten. Zum zweiten bestand nun die Möglichkeit, ehemalige Sklaven als Soldaten zu rekrutieren, was ab Anfang 1863 auch in immer größerem Maßstab geschah. In eigenen Verbänden kämpften freie Schwarze und befreite Sklaven von nun an unter weißen Offizieren mit der Waffe in der Hand für die Abschaffung der Sklaverei. Einige dieser Einheiten, wie das 54. Massachusetts-Infanterieregiment, erwarben sich durch besondere Tapferkeit hohe Achtung und einen – in Denkmälern, Gedichten und Filmen verewigten – legendären Namen. Bis zum Kriegsende dienten etwa 200 000 Schwarze in den Armeen und der Flotte des Nordens und trugen dazu bei, daß sich das militärische Kräfteverhältnis zugunsten der Union verschob. Drittens erschwerte die Emanzipationserklärung außenpolitisch die Intervention fremder Mächte, weil die europäischen Regierungen kaum den Vorwurf riskieren konnten, sie griffen zum Erhalt der Sklaverei in den Bürgerkrieg ein. Viertens schließlich bedeutete die Ankündigung der Emanzipation einen psychologischen Schlag gegen den Süden, weil sie die Gefahr einer sozialen Revolution heraufbeschwor und einen Keil zwischen die Sklavenbesitzer und ihre weniger wohlhabenden weißen Landsleute trieb. In der Tat veränderte die Emanzipationserklärung, die am 1. Januar 1863 in Kraft trat, die Natur des Krieges und leitete eine neue, radikalere Phase ein: Aus dem Kampf der Armeen wurde eine Konfrontation zweier Gesellschaftsordnungen, die zusätzliche Energien und Leidenschaften freisetzte und nur mit der Zerstörung des unterlegenen Systems enden konnte.

Gettysburg und Vicksburg

Die ungünstige Lage im Westen veranlaßte die Führung der Konföderation im Sommer 1863 zu einer großangelegten Offensive auf dem östlichen Kriegsschauplatz, die den Kampfeswillen der Union entscheidend schwächen und die diplomatische Anerkennung durch die europäischen Mächte doch noch ermöglichen sollte. General Lee umging mit seiner Armee von 75 000 Mann die Hauptstadt Washington und stieß weit nach Norden vor. Bei Gettysburg in Pennsylvania kam es daraufhin vom 1. bis 3. Juli 1863 zur größten Schlacht des Bürgerkrieges, die den Süden 28 000, den Norden 23 000 Tote und

Verwundete kostete. Den Höhepunkt des Ringens bildete "Pickett's Charge", der mutige, aber aussichtslose Ansturm einer Südstaaten-Division über freies Feld auf die befestigten Positionen des Gegners. Lees Armee war besiegt, aber zur Enttäuschung Lincolns ließ der Befehlshaber der Union den Südstaaten-General mit den Resten seiner Truppen über den Potomac entkommen. Dennoch bedeutete Gettysburg einen Wendepunkt des Krieges, denn der Süden war nach diesem Aderlaß nicht mehr zur Offensive fähig, und Lee konnte sich nur noch um den Schutz von Richmond kümmern. Die Zäsur wurde noch unterstrichen durch die Kapitulation der Festung Vicksburg am (symbolträchtigen!) 4. Juli 1863 vor den Truppen General Grants. Damit waren die Stromgebiete des Mississippi und des Tennessee voll unter Unionskontrolle und die Ost-West-Verbindungen der Konföderation gekappt. Bei der Einweihung des Soldatenfriedhofs von Gettysburg hielt Lincoln im November 1863 eine kurze, aber weit über den Anlaß hinauswirkende Rede. In dieser *Gettysburg Address* schlug er den Bogen zur Unabhängigkeitserklärung von 1776 und sprach die Hoffnung aus, daß die amerikanische Nation durch die im Krieg gebrachten Opfer "eine Wiedergeburt der Freiheit" erleben werde, damit die Demokratie ("government of the people, by the people, for the people") im Interesse der ganzen Welt überleben könne. Der erinnernde Bezug auf die Gründung der Union verbürgte Kontinuität und band Vergangenheit, Gegenwart und Zukunft in einem Moment der Trauer und der Weihe zusammen.

Die Niederlage der Konföderation und die Ermordung Lincolns

Im März 1864 reorganisierte Lincoln die Militärführung der Union und schlug eine neue Strategie ein. Er betraute General Grant mit dem Oberbefehl über alle Unionsarmeen und gab ihm Order, die Kräfte der Konföderation im Raum Richmond durch kontinuierliche Angriffe und ohne Rücksicht auf eigene Verluste zu zerschlagen. Gleichzeitig sollte General William T. Sherman von Westen her nach Georgia vorstoßen und Atlanta erobern. Der Präsident selbst hielt durch einen neu geschaffenen Generalstab enge Verbindung zu beiden Heerführern. Die blutigen Kämpfe in Virginia brachten die Unionsregierung noch einmal in politische Bedrängnis, weil die Forderungen der oppositionellen Demokraten unter Lincolns ehemaligem Heerführer George B. McClellan nach Waffenstillstand und Friedensverhandlungen im Wahlkampf von 1864 zunehmend

Gehör fanden. Im entscheidenden Augenblick stärkte dann aber die Nachricht vom Fall und der Zerstörung Atlantas, der Hauptstadt Georgias, am 2. September 1864 die Moral der Republikaner und stellte sicher, daß Lincoln im November wiedergewählt wurde. Der Tenor seiner zweiten Antrittsrede im März 1865 war versöhnlich, aber der Präsident ließ keinen Zweifel daran, daß die "Sünde der Sklaverei", die offenkundig Gottes Strafgericht auf die gesamte amerikanische Nation herabbeschworen hatte, restlos getilgt werden mußte. Auf einem geheimen Treffen mit Friedensemissären der Konföderation in Hampton Roads hatte Lincoln schon im Monat zuvor bekräftigt, daß es in der Sklavereifrage "kein Zurück" mehr gebe, und daß der Süden nur nach einer bedingungslosen Einstellung der Kämpfe auf Entgegenkommen hoffen dürfe. Etwa zur gleichen Zeit brachte der Kongreß das 13. Amendment auf den Weg, das die Sklaverei im gesamten Geltungsbereich der Verfassung verbot.

Von Atlanta war General Sherman inzwischen Richtung Osten zu seinem "Marsch ans Meer" aufgebrochen, bei dem die Unionstruppen eine breite Spur der Verwüstung hinter sich herzogen. An der Küste wandte sich Sherman nach Norden und dehnte die "Strategie der verbrannten Erde" auf die verhaßte "Keimzelle" der Sezession, South Carolina, aus. Dieses Vorgehen, das die Zivilbevölkerung bewußt in das Kriegsgeschehen einbezog und zum Opfer machte, zielte darauf ab, die Südstaatler zu demoralisieren und ihren Kampfeswillen endgültig zu brechen. Zusammen mit dem brutalen Guerrillakrieg, den sich beide Seiten in den *border states* lieferten, war dies das deutlichste Kennzeichen des Übergangs von einer "zivilisierten" zu einer alle bisherigen Regeln und Konventionen mißachtenden "totalen" Kriegführung. Shermans Terrorkampagne zeigte rasch Wirkung, denn die Armeen des Südens begannen sich infolge von Desertionen aufzulösen, und die Spannungen innerhalb der weißen Bevölkerung nahmen immer mehr zu. Durch das Vordringen Grants von Norden und die Erfolge Shermans im Süden wurde die Lage für die konföderierten Truppen in Richmond unhaltbar. Anfang April 1865 räumte General Lee die Stadt, und nachdem die Vereinigung mit den Resten einer anderen Konföderationsarmee mißlungen war, kapitulierte er am 9. April in Appomattox Court House vor seinem Gegenspieler Grant. Auf das Ehrenwort hin, nicht weiterzukämpfen, wurden die geschlagenen Truppen entlassen, und die Offiziere durften sogar ihre Pferde behalten. Dennoch handelte es sich insofern um eine "bedingungslose Kapitulation", als Lincoln und der Kongreß

Verhandlungen mit der Konföderationsregierung oder den Staatenregierungen im Süden strikt ablehnten. Jefferson Davis wurde später verhaftet und saß zwei Jahre in einem Gefängnis in Virginia, bevor er ohne Prozeß freikam.

Einen letzten dramatischen Höhepunkt erreichte der Bürgerkrieg am 14. April 1865, als Präsident Lincoln – inmitten der überschwenglichen Siegesfeiern und vier Tage vor der Kapitulation der letzten Konföderationsarmee unter General Joseph E. Johnston – im Washingtoner Ford's Theater durch ein Pistolenattentat so schwer verletzt wurde, daß er noch in derselben Nacht starb. Der Täter, der Schauspieler John Wilkes Booth, führte eine südstaatliche Verschwörergruppe an, die auch Außenminister Seward und Vizepräsident Andrew Johnson hatte "beseitigen" wollen. Sie warfen Lincoln und den Republikanern vor, den Sklaven Bürgerrechte gewähren zu wollen. Booth kam Ende April bei einem Feuergefecht mit Unionstruppen um, und vier seiner Mitverschwörer bzw. Mitwisser wurden zum Tode verurteilt und hingerichtet. Im Norden löste die Ermordung Lincolns nicht nur Schock und Trauer aus, sondern gab auch jenen Auftrieb, die eine strenge Bestrafung der Rebellen im Süden forderten. Sie glaubten, in Andrew Johnson, einem *Self-made man* und ehemaligen demokratischen Senator von Tennessee, der als Militärgouverneur seines Heimatstaates Härte bewiesen hatte, einen Verbündeten im Weißen Haus zu haben. Der tote Präsident erlebte derweil im öffentlichen Bewußtsein des Nordens eine Apotheose als Märtyrer und Sinnbild der unteilbaren Nation. Bei der feierlichen Überführung des Leichnams von Washington in den Heimatort Springfield nahmen gut sieben Millionen Amerikaner von Lincoln Abschied. Der Süden schuf sich dagegen die Legende von der *Lost Cause*, wonach Lee und seine Männer im Kampf für eine gerechte Sache der gewaltigen Übermacht des Nordens ehrenhaft unterlegen waren.

Mehr als 1,5 Millionen Nordstaatler und etwa 900 000 Südstaatler hatten in den Bürgerkriegsarmeen gekämpft; die Zahl der Gefallenen und Gestorbenen wird auf 620 000 geschätzt – 360 000 von ihnen aus dem Norden, 260 000 aus dem Süden. Aber auch die Zivilbevölkerung hatte schwer zu leiden gehabt, und weite Gebiete des Südens waren verwüstet und verarmt. Die neuere Forschung macht mit Nachdruck auf die "Kontingenz" des Geschehens aufmerksam: Danach war der Ausgang des Krieges nicht durch das materielle Kräfteverhältnis der beiden Seiten oder durch andere Faktoren determiniert, sondern das Schicksal der Union hing bei wesentlichen *turning points* wie Antietam, Gettysburg und Atlanta in der Schwebe. Als Hauptergebnisse des Krieges ragen die Sklavenemanzipation und die Sicherung der nationalen Einheit hervor: Die Befreiung der versklavten Afro-Amerikaner bedeutete für den Süden einen ökonomischen und sozialen Umbruch, dessen Folgen auf Jahrzehnte hinaus den Charakter der Region und die Mentalität ihrer Bevölkerung prägten; die Wiederherstellung der Union brachte – zumindest potentiell – einen Machtzuwachs der Zentralregierung in Washington mit sich und erhob die "modernen" Prinzipien und Lebensformen des Nordens endgültig zum kulturellen *mainstream* der USA. Aus der "Union" der Vorkriegszeit war für die Mehrheit der Amerikaner in den Nordstaaten bewußtseins- und gefühlsmäßig die "Nation" geworden, der Lincoln in seinen Reden eine transzendentale Bestimmung und eine fast mystische Qualität gegeben hatte. Darin lassen sich Parallelen zu den "nationalen Einigungskriegen" in Europa erkennen. Anders als im Bismarck-Reich sah man aber in den Vereinigten Staaten kaum Widersprüche zwischen Nationalismus und Demokratie, denn der Sieg des Nordens hatte die bis dahin vollzogene Demokratisierung von Staat und Gesellschaft eindrucksvoll bestätigt. Für Lincoln stellte die Nation niemals einen Wert an sich dar, sondern er verstand sie als unersetzliches Vehikel für die schrittweise Annäherung an die Ideale der menschlichen Freiheit und Gleichheit. Nicht das nationale Interesse, sondern die demokratische Botschaft der Unabhängigkeitserklärung bildete in letzter Instanz die Richtschnur seines Handelns. Auch die größten amerikanischen Schriftsteller und Dichter des 19. Jahrhunderts wie Melville, Hawthorne, Thoreau, Whitman und Emerson verliehen dem Begriff "Amerika" eine eher moralisch-religiöse denn eine staatliche Dimension, und sie feierten die amerikanische Demokratie als Teil des göttlichen Erlösungswerkes für die gesamte Menschheit.

3. Die Wiedereingliederung des Südens und die Rechte der befreiten Afro-Amerikaner

Die "präsidentielle Rekonstruktion", 1865–67

Wie jede gewaltsame Konfliktlösung warf der Bürgerkrieg kaum weniger neue Fragen auf, als er gelöst hatte. Vordringlich waren natürlich die Reintegration der Sezessionsstaaten und eine Klärung des Rechtsstatus der ehemaligen Sklaven. Hieraus entwickelte sich ein Machtkampf zwischen dem Präsidenten und dem Kongreß und darüber hinaus eine neue Kraftprobe zwischen Norden und Süden, die beide letzten Endes auf dem Rücken der schwarzen Bevölkerung ausgetragen wurden. Inhaltlich ging es dabei im wesentlichen um drei Punkte: um das Verhältnis von bundesstaatlicher und einzelstaatlicher Autorität, die Definition der amerikanischen Staatsbürgerschaft, und die praktische Bedeutung von Gleichheit und Freiheit für die Schwarzen.

Über den besten Weg zur Wiederherstellung der Union hatte es bereits zwischen Lincoln und dem Kongreß Meinungsverschiedenheiten gegeben. Lincoln neigte einer moderaten "Restauration" zu, die sich – wie das in den von Unionstruppen besetzten Staaten Louisiana, Arkansas und Tennessee geschah – auf die politische Ausschaltung der führenden Sezessionisten, eine Regierungsübernahme durch loyale Politiker und die Einfügung des Sklavereiverbots in die Staatenverfassungen beschränkte. Er ging davon aus, daß die Südstaaten juristisch immer der Union angehört hatten und die "Restauration" deshalb so weit wie möglich von den Staaten selbst im Zusammenwirken mit dem Präsidenten als Oberbefehlshaber der Streitkräfte vorgenommen werden sollte. Ein anderes Motiv war sicherlich die realistische Annahme, daß die weißen Südstaatler gegen eine Umwälzung der Besitzverhältnisse und eine völlige Gleichstellung der Schwarzen erbitterten Widerstand leisten würden. Lincoln schlug deshalb vor, daß die Reorganisation einer Staatenregierung beginnen konnte, sobald 10 Prozent der Wähler von 1860 einen Loyalitätseid auf die Union geleistet hatten. Im Kongreß wuchs jedoch der Einfluß radikaler Abgeordneter und Senatoren, die Lincolns Verfassungsinterpretation widersprachen – ihrer Meinung nach standen die Sezessionsstaaten außerhalb der Union und konnten nur per Bundesgesetz wiedereingegliedert werden – und die gleichzeitig auf eine wirtschaftliche und soziale Besserstellung der befreiten Sklaven drängten. Ihr Programm war in der Wade-Davis Bill vom Juli 1864 enthalten, die Loyalitätsbekundungen einer Mehrheit der weißen Männer zur Voraussetzung der Reintegration erklärte und alle Südstaatler von den Wahlen zu verfassunggebenden Versammlungen ausschloß, die gegen die Union gekämpft hatten. Vor seinem Tode war Lincoln um einen Ausgleich mit dem Kongreß bemüht gewesen, aber ob er zustandegekommen wäre, läßt sich schwer sagen. Immerhin machte der Präsident Zugeständnisse in der Frage des Wahlrechts für Schwarze, das er zunächst auf ehemalige Unionssoldaten und gebildete Afro-Amerikaner beschränkt wissen wollte.

Obwohl Andrew Johnson im Ruf eines erbitterten Gegners der Südstaaten-Aristokratie stand, behielt er als Präsident Lincolns ursprünglichen Kurs nicht nur bei, sondern milderte ihn zur allgemeinen Überraschung sogar noch ab. Er verlangte lediglich, daß die abtrünnigen Staaten ihren Sezessionsbeschluß rückgängig machten und das 13. Amendment ratifizierten, das die Sklaverei verbot. Eine großzügige Amnestieregelung, die Johnson noch durch zahlreiche persönliche Begnadigungen hoher Amtsträger der Konföderation ausdehnte, erlaubte den meisten weißen Südstaatlern wieder die politische Betätigung. Johnson genoß offenkundig die Macht, die ihm sein verfassungsmäßiges Begnadigungsrecht (*pardon power*) über die Pflanzerelite gab, und er hoffte wohl, sich auf diese Weise eine politische Basis im Süden schaffen zu können. Er näherte sich immer mehr den Demokraten an, die er mit konservativen Republikanern zu einer neuen Partei, der "National Union", vereinigen wollte.

Bis Ende 1865 hatten sämtliche Südstaaten die vom Präsidenten gestellten Bedingungen erfüllt und reklamierten die gleichberechtigte Teilnahme am politischen Leben der Union. Andererseits zeigten jedoch die Berichte aus dem Süden immer deutlicher, daß die Plantagenbesitzer im Einvernehmen mit den Parlamenten und Regierungen ihrer Staaten alle Selbstbestimmungsregungen von ehemaligen Sklaven brutal unterdrückten. Die Schwarzen, die auf eigenes Farmland gehofft hatten, mußten vielfach schlecht bezahlte Kolonnenarbeit (*gang labor*) auf den alten Plantagen leisten und wurden durch gesetzliche Vorschriften (*Black Codes*) auf einen sklavenähnlichen Status herabgedrückt. Ausschreitungen weißer Mobs und gezielte Gewalttaten sollten nicht nur die afro-amerikanische Bevölkerung einschüchtern, sondern auch die weißen Mitarbeiterinnen und Mitarbeiter des *Freedmen's Bureau* entmutigen, das der Kongreß damit beauftragt hatte, den Übergang der schwarzen Bevölkerung von der Sklaverei zur Freiheit durch praktische Hilfe, Ausbildung und Rechtsschutz zu erleichtern. Der offizielle Name dieser Behörde – *Bureau of Refugees, Freedmen, and Abandoned Lands* – zeigte an, daß der Kongreß zumindest in bescheidenem Ausmaß auch an die Verteilung von Land an ehemalige Sklaven gedacht hatte. Die Südstaatler setzten aber alle Hebel in Bewegung, um solche aus ihrer Sicht revolutionären Maßnahmen zu verhindern.

Als der Kongreß im Dezember 1865 wieder zusammentrat, veranlaßten diese alarmierenden Nachrichten die republikanische Mehrheit dazu, den gewählten Abgeordneten und Senatoren aus dem Süden ihre Sitze zu verweigern. Stattdessen richteten die Republikaner ein *Joint Committee on Reconstruction* ein, das zusammen mit dem Präsidenten ein neues Programm ausarbeiten sollte. Eine solche Kooperation scheiterte 1866 jedoch in erster Linie am Verhalten Johnsons, der selbst moderate Maßnahmen des Kongresses wie eine Verlängerung der Existenz des *Freedmen's Bureau* oder die Definition der Bürgerrechte von befreiten Sklaven (die noch nicht das Wahlrecht einschloß) harsch kritisierte und mit seinem Veto belegte. Das kostete ihn allerdings den letzten Rückhalt bei den gemäßigten Republikanern, die nun zusammen mit den Radikalen um Thaddeus Stevens und Charles Sumner die Vetos überstimmten. Gemeinsam legten Gemäßigte und Radikale im April 1866 den Entwurf eines 14. Amendments vor, das in der Frage der Bürgerrechte über die bisherige Position hinausging. Danach waren alle in den USA geborenen oder naturalisierten Personen Bürger der USA und ihres jeweiligen Staates; kein Staat durfte die Bürgerrechte der Vereinigten Staaten einschränken oder einem Bürger ohne ordentliches Gerichtsverfahren (*due process of law*) Leben, Freiheit oder Besitz nehmen; ebensowenig durfte er ihm die Rechtsgleichheit und den Rechtsschutz (*equal protection of the law*) verwehren. Falls ein Staat das Wahlrecht seiner Bürger einschränkte, sollte seine Repräsentation im Kongreß entsprechend verringert werden. Abgerundet wurden diese – bewußt recht vage gehaltenen – Bestimmungen durch eine Klausel, die besagte, daß ehemalige Führungspersönlichkeiten und Mandatsträger der Konföderation solange kein politisches Amt ausüben durften, bis der Kongreß sie mit Zweidrittel-Mehrheit amnestierte.

Ermutigt von Präsident Johnson, der nun vollends auf einen schroffen Konfrontationskurs ging, lehnten die Staatenparlamente des Südens (nur der *border state* Tennessee bildete eine Ausnahme) die Ratifizierung des Amendments ab, womit es vorerst gescheitert war. Bei den Zwischenwahlen von 1866 erntete Johnson jedoch nicht den erhofften Beifall der Öffentlichkeit; ganz im Gegenteil bauten die Republikaner ihre Mehrheiten in beiden Häusern des Kongresses so weit aus, daß sie ohne Mühe jedes Veto des Präsidenten überstimmen konnten. Damit waren die Weichen gestellt für eine neue, härtere

Rekonstruktionspolitik, zugleich aber auch für einen Verfassungskonflikt zwischen Exekutive und Legislative, der an Intensität noch den "Bankkrieg" der 1830er Jahre hinter sich lassen sollte.

Die Phase der radikalen Rekonstruktion, 1867–72

Im Frühjahr 1867 verabschiedete der Kongreß über das Veto Johnsons hinweg den Reconstruction Act, der den Süden (außer Tennessee) in fünf Besatzungszonen unter dem Kommando von Unionsgenerälen aufteilte. Diese Militärgouverneure erhielten den Auftrag, alle erwachsenen schwarzen Männer als Wähler zu registrieren und danach für die Annahme neuer Staatenverfassungen sowie für die Wahl neuer Staatenparlamente zu sorgen. Als Hauptbedingungen für die Wiederaufnahme der Staaten in die Union setzte der Kongreß fest, daß die Verfassungen das Wahlrecht der schwarzen Männer (*black suffrage*) garantieren mußten, und daß die Parlamente das 14. Amendment ratifizierten. Dieses Programm, das außer dem Recht auf Bildung und einer Bodenreform zugunsten der ehemaligen Sklaven alle Forderungen der radikalen Republikaner erfüllte, wurde im ständigen Streit mit Präsident Johnson verwirklicht. Im Süden entstanden nun die *reconstruction governments*, in denen unionstreue weiße Südstaatler, Republikaner aus dem Norden und Afro-Amerikaner zusammenarbeiteten. Siedlergruppen, die erst vor kürzerem aus Europa eingewandert waren, wie die Deutschen in Texas, schlossen sich ebenfalls in der Regel dieser republikanischen Koalition an. Das eigentlich Revolutionäre (und für viele Weiße schier Unerträgliche) war jedoch die Beteiligung von Schwarzen, die insgesamt mehr als 600 Parlamentsabgeordnete stellten und in einer Reihe von Staaten auch Regierungsämter bekleideten. Dreizehn Afro-Amerikaner wurden während dieser Zeit in das U.S.-Repräsentantenhaus gewählt, und 1870 entsandte das Parlament von Mississippi den Pfarrer Hiram R. Revels als ersten Schwarzen in den U.S.-Senat. Während es sich bei den Staatenabgeordneten mehrheitlich um ehemalige Sklaven (*freedmen*) handelte, fielen die höheren Posten gewöhnlich an Schwarze oder Mischlinge, die schon vor dem Bürgerkrieg ihre Freiheit erlangt hatten.

Zu den ersten Maßnahmen der Rekonstruktions-Regierungen gehörte die Aufhebung der diskriminierenden *Black Codes*, die häufig lediglich umformulierte *Slave Codes* gewesen waren. Auf der Grundlage der neuen, fortschrittlichen Verfassungen bemühten sie sich dann um soziale und humanitäre Reformen, um eine Verbesserung der Infrastruktur und um den Aufbau von Industrien, die den landlosen ehemaligen Sklaven Arbeit geben sollten. Viele der Projekte waren allerdings zu ehrgeizig und kostspielig, um in den Südstaaten, die noch unter den Kriegsfolgen litten, echte Realisierungschancen zu haben. Erfolge stellten sich dagegen im Bildungswesen ein, das im Süden stets vernachlässigt worden war. Alle Staaten bauten nun öffentliche Schulen, in denen der Unterricht – oft von Mitarbeitern des *Freedmen's Bureau* oder nordstaatlicher Reformgesellschaften – kostenlos erteilt wurde. An der Tatsache, daß die Schulen fast durchweg "segregiert", d.h. nach Rassen getrennt waren, nahm unter den gegebenen Umständen kaum jemand Anstoß. Das Verlangen vieler Schwarzer, ihr Schicksal selbst zu gestalten, spiegelte sich auch im Bau eigener Kirchen und in religiösen Zusammenschlüssen wie der *National Baptist Convention* und der *Colored Methodist Episcopal Church* wider. Schwarze Kirchen, die schon vor der Emanzipation maßgeblich zur Ausformung einer afroamerikanischen Kultur und Identität beigetragen hatten, erfüllten nun zusätzliche Aufgaben als Sozialstationen und politische Versammlungsstätten. Pfarrer agierten häufig gleichermaßen als geistliche und weltliche *community leaders* und hielten – zusammen mit Handwerkern – den höchsten Anteil an der neuen politischen Elite der Schwarzen im Süden.

Die konservativen Weißen, die all dies als höchst bedrohlich und umstürzlerisch ansahen, setzten ihre Hoffnungen zunächst noch auf Präsident Johnson. Der Kongreß hielt den Präsidenten aber mit Hilfe des Tenure of Office Act in Schach, der ihm untersagte, hohe Beamte, Offiziere und Richter ohne einen entsprechenden Parlamentsbeschluß zu entlassen. Damit wollten die Republikaner insbesondere Kriegsminister Edwin M. Stanton und Armee-Oberbefehlshaber Grant schützen, die das radikale Rekonstruktions-Programm befürworteten und maßgeblich zur praktischen Durchsetzung beitrugen. Als Präsident Johnson in der Überzeugung, das Gesetz sei verfassungswidrig, Stanton Anfang 1868 trotzdem entließ, kam es zum offenen Konflikt. Gemäß der Impeachment-Klausel in der Verfassung erhob das Repräsentantenhaus im Februar 1868 mit großer Mehrheit Amtsanklage gegen Johnson, wobei die Verletzung des Tenure of Office Act den Hauptvorwurf bildete. Tatsächlich war dies aber der Höhepunkt eines politischen Machtkampfes zwischen den beiden Regierungszweigen, den Johnson durch provozierende

Reden und Handlungen zusätzlich aufgeheizt hatte. Da die Republikaner im Senat, der das Urteil fällen mußte, über die nötige Zweidrittel-Mehrheit verfügten, schien Johnsons Amtsenthebung sicher. Der politische Hintergrund der Anklage und die Sorge, die Autorität der Exekutive könnte irreparabel beschädigt werden, veranlaßten dann aber im Mai mehrere Republikaner, mit der demokratischen Minderheit gegen die Amtsenthebung zu stimmen. Johnson entging auf diese Weise knapp der Absetzung, aber er hatte doch eine Niederlage erlitten, die ihn während der letzten Monate im Weißen Haus politisch lähmte. Für die Präsidentschaftswahlen im November 1868 wurde er nicht mehr nominiert, und der republikanische Kandidat, der Kriegsheld Ulysses S. Grant, setzte sich mühelos gegen den demokratischen Bewerber Horatio Seymour durch. Die Republikaner nutzten den Sieg, um im Kongreß einen weiteren Verfassungszusatz zu beschließen, der den Staaten ausdrücklich verbot, ihren Bürgern das Wahlrecht "auf Grund von Rasse, Hautfarbe oder früherer Knechtschaft" zu versagen. Die Ratifizierung dieses 15. Amendments erfolgte 1870, wobei mehrere Nordstaaten auffallend zögerten und vier Südstaaten nur zustimmten, um endlich wieder in die Union zurückkehren zu dürfen. Damit waren einige Lücken, die das 14. Amendment bei der Definition des Staatsbürgerrechts gelassen hatte, verschlossen, jedoch längst nicht alle, wie sich in der politischen Praxis bald zeigen sollte. Enttäuscht reagierten viele weibliche Abolitionisten, da beide Amendments die privilegierte Stellung der Männer absicherten, und Frauen allen ihren Forderungen und Protesten zum Trotz auch weiterhin vom Wahlrecht ausgeschlossen blieben.

Die weiße Gegenoffensive im Süden

Bis 1871 hatten alle ehemaligen Konföderationsstaaten die Bedingungen der radikalen Rekonstruktion erfüllt und waren wieder Teil der Union. Die günstige Rechtslage entsprach aber nicht der Verfassungswirklichkeit im Süden, die sich seit Ende der 1860er Jahre drastisch verschlechtert hatte. Konservative und rassistische Weiße waren hier ungeachtet der militärischen Besetzung in die Offensive gegangen, um ihr Land von der Herrschaft der Schwarzen und der Republikaner zu "erlösen". In einem Staat nach dem anderen gelang es ihnen, die Kontrolle über die Staatenparlamente zurückzuerobern. Dabei profitierten sie von politischen Fehlern und Unregelmäßigkeiten der Rekonstruktions-Regierungen, die bei der mangelnden Erfahrung der meisten Abgeordneten und Minister gar nicht ausbleiben konnten. Berechtigte Kritik mischten sie propagandawirksam mit einer pauschalen Verächtlichmachung der weißen Republikaner im Süden als *scalawags* (wertloses Vieh) und der aus dem Norden zugewanderten Politiker und Geschäftsleute als profitgierige *carpetbaggers,* die nur ihre leeren Satteltaschen füllen wollten. Die Strategie der radikalen Demokraten zielte aber weit über das gewöhnliche Ringen um parlamentarische Mehrheiten hinaus. Integraler Bestandteil war eine Terror- und Mordkampagne, die den politischen Gegner einschüchtern und die schwarze Bevölkerung wieder gefügig machen sollte. Geführt wurde dieser Untergrundkrieg für *home rule* und *white supremacy* von Geheimgesellschaften, die sich zumeist aus ehemaligen Soldaten und Offizieren der Konföderation rekrutierten. Am weitesten verbreitet und am meisten gefürchtet war der Ku Klux Klan (von griechisch: kyklos, Kreis), den der Südstaaten-General Nathan Bedford Forrest bereits 1865 in Tennessee gegründet hatte, und der sich zu einer Art "militärischem Arm" der Demokratischen Partei im Süden entwickelte. Der Klan wurde zwar vom Kongreß verboten und von den Militärgouverneuren – unterschiedlich konsequent – bekämpft, aber der Schrecken, den seine Anhänger schon durch ihre äußere Erscheinung (schwarze Umhänge und spitz zulaufende weiße Kapuzen) und ihre Rituale (nächtliche Umzüge mit brennenden Kreuzen) verbreiteten, ließ sich nie hinreichend eindämmen.

Politischer Druck und paramilitärischer Terror allein hätten aber wohl nicht ausgereicht, um die Errungenschaften der Rekonstruktion zunichtezumachen. Letztlich ausschlaggebend war der Umstand, daß die ökonomische Abhängigkeit, in der fast alle Afro-Amerikaner und ein beträchtlicher Teil der weißen Bevölkerung von der traditionellen Pflanzer- und Unternehmerelite lebten, nicht überwunden werden konnte. Weder der Kongreß noch die republikanischen Staatenparlamente brachten die Kraft und den Mut zu einer umfassenden Bodenreform auf, die aus der Masse der ehemaligen Sklaven selbständige Kleinfarmer gemacht hätte. Ein solcher Eingriff in die existierenden Besitz- und Machtverhältnisse wäre allerdings nur unter dem langandauernden Schutz nordstaatlicher Bajonette durchführbar gewesen. Tatsächlich wurde die Militärpräsenz im Süden aber schon seit 1869 verringert, und die Bereitschaft der Bevölkerung des Nordens, Besatzungstruppen zu finanzieren, nahm von Wahl zu Wahl ab. Ein kleiner Teil der ehemaligen Sklaven fand Beschäftigung in der Industrie, die viel langsamer wuchs als von den Republikanern erwartet. Noch weniger Schwarze gelangten in den Besitz einer Farm oder fanden Siedlungsland außerhalb des Südens, v.a. in Kansas. Die meisten Afro-Amerikaner blieben als Lohnarbeiter oder Kleinpächter (*sharecroppers*) auf den alten Baumwoll-, Zucker- oder Reispflanzungen und hatten kaum Gelegenheit, von ihren politischen Rechten Gebrauch zu machen – es sei denn im Sinne ihrer früheren Herren. Immerhin konnten sie die eng zusammengedrängten Sklavenquartiere verlassen und Familienunterkünfte bauen, die über die gesamte Plantage verstreut lagen.

Das Ende der Rekonstruktion

Im Norden nahm das Interesse an Rekonstruktion und Rassenproblematik nach der Wiederwahl Präsident Grants 1872 und insbesondere nach dem schweren wirtschaftlichen Einbruch von 1873 rapide ab. Mehr und mehr Weiße zeigten sich von der demokratischen Propaganda für *home rule* beeindruckt und schrieben die Mißerfolge im Süden der Inkompetenz und Minderwertigkeit der Schwarzen zu. Ebenso wie die Demokraten propagierten auch die liberalen Republikaner, die sich 1872 von der Partei abgespalten hatten, den Rückzug der Besatzungstruppen und eine Begnadigung der wenigen noch vom öffentlichen Leben ausgeschlossenen Ex-Konföderierten. Der Kongreß gab diesem Drängen schrittweise nach, zumal die Demokraten 1874 erstmals wieder die Mehrheit im Repräsentantenhaus eroberten. Der Verlust der militärischen Unterstützung bedeutete aber unweigerlich das Ende der Rekonstruktions-Regierungen und die Machtübernahme der Demokraten im Süden. 1877 kontrollierten die Republikaner nur noch drei Südstaaten – Louisiana, South Carolina und Florida –, und hier standen auch die letzten schwachen nordstaatlichen Truppenkontingente. Der Kongreß unternahm zwar mit dem Civil Rights Act von 1875 noch einen schwachen Versuch, der Diskriminierung der Schwarzen entgegenzuwirken, doch der Supreme Court, der die Befugnisse der Bundesregierung in Rassenfragen von Anfang an sehr eng ausgelegt hatte, erklärte dieses Gesetz wenige Jahre später für verfassungswidrig.

Die Präsidentschaftswahlen von 1876 fielen so knapp aus, daß der Erfolg des Republikaners Rutherford B. Hayes nur durch ein informelles Übereinkommen mit den Demokraten sichergestellt werden konnte. Um die nötigen Wahlmännerstimmen zu erhalten, sagten die Republikaner eine wirtschaftliche Unterstützung des Südens, vor allem aber den Abzug der letzten Unionstruppen zu. Hayes hatte ohnehin schon im Wahlkampf versprochen, die militärische Besetzung zu beenden, und er ließ den Worten rasch Taten folgen. Die Bevölkerung des Nordens, deren Aufmerksamkeit voll und ganz von Wirtschaftsfragen absorbiert war, nahm das Ende der Rekonstruktion und den Sturz der letzten republikanischen Staatenregierungen 1877 nur noch am Rande wahr. Fortan galten die Bürgerrechte der Schwarzen und die Rassenbeziehungen als lokale Angelegenheiten, aus denen sich die Bundesregierung besser heraushielt – nicht nur im Süden, sondern auch im Norden und Westen.

Die Rekonstruktion war weder, wie noch bis weit ins 20. Jahrhundert hinein behauptet wurde, eine "Vergewaltigung" des wehrlosen Südens durch rachsüchtige, ausbeuterische *Yankees*, noch darf sie, was in jüngerer Zeit häufig geschah, als viel zu kurz greifendes, halbherzig betriebenes und nahezu folgenloses Unterfangen abgetan werden. Beide Sichtweisen verkennen die achtbaren Intentionen der Beteiligten und die Komplexität und Vielschichtigkeit der Veränderungen, die sich nach dem Krieg im Süden vollzogen. Gemessen an der epochalen Bedeutung der Sklavenbefreiung fiel der politische und soziale Wandel, den die Rekonstruktion bewirkte, gewiß bescheiden und enttäuschend aus. In manchen Bereichen wie Familie, Gemeindeleben und Erziehungswesen gab es aber beträchtliche Verbesserungen, und einzelne Gruppen – die schon seit längerem freien Schwarzen, die Mischlingselite in Louisiana, die Schwarzen in den Städten – zogen mehr Nutzen aus dem gesellschaftlichen Umbruch als andere. Bedeutsam, wenngleich schwer meßbar, waren auch der Bewußtseinswandel und das gewachsene Selbstvertrauen vieler Schwarzer. Andererseits ist unverkennbar, daß jeder denkbaren Art von Rekonstruktion durch die vorherrschenden Mentalitäten und die gegebenen materiellen Rahmenbedingungen enge Grenzen gezogen waren. Auch im Norden konnten sich nur wenige Weiße vorstellen, gleichberechtigt mit den Schwarzen zusammenzuleben. Die große Mehrheit zog deshalb in den 1870er Jahren eine Aussöhnung mit den Kriegsgegnern von einst dem unbefristeten militärischen Schutz der schwarzen Bürgerrechte vor. Wirtschaftlich war der Süden durch die Kriegsfolgen weiter hinter den Norden zurückgefallen, woran die Rekonstruktions-Regierungen nichts hätten ändern können, selbst wenn sie noch so fähig und unbestechlich gewesen wären. Bei den ehemaligen Konföderierten hinterließen Niederlage, erzwungene Emanzipation und militärische Besetzung seelische Wunden und Ressentiments, die sich mit Versöhnungsrhetorik und nationalem Pathos nur mühsam überdecken ließen. Die Republikanische Partei, die man für Sklavenbefreiung und Rekonstruktion verantwortlich machte, blieb im "soliden Süden" (*solid South*) der konservativen weißen Demokraten auf Jahrzehnte hinaus chancenlos. Der Bürgerkrieg hatte die Abtrennung des Südens verhindert, seine Sonderentwicklung aber keineswegs beendet, ja das Bewußtsein einer "Southern culture" eher noch gestärkt.

4. Die Erschließung und Transformation des amerikanischen Westens

Außenpolitik im Gilded Age

Mit Entschlossenheit, Härte und Respekt vor den zentralen Verfassungsgrundsätzen hatte Präsident Lincoln ein Auseinanderbrechen der Union vereitelt und die Voraussetzungen für den Aufstieg der USA zur Großmacht geschaffen. Südlich der eigenen Grenzen machte sich das wachsende Gewicht rasch bemerkbar, als die französischen Interventionstruppen 1867 unter amerikanischem Druck aus Mexiko abgezogen wurden und das Experiment eines Kaiserreichs mit dem Habsburger Erzherzog Maximilian an der Spitze kläglich scheiterte. Die negativen Erfahrungen mit Napoleon III. in Mexiko trugen sicherlich dazu bei, daß die amerikanischen Sympathien im deutsch-französischen Krieg von 1870/71 mehrheitlich den Deutschen gehörten. Die US-Regierung entsandte militärische Beobachter nach Europa, die sich von der Präzision und Schlagkraft der preußischen Kriegsmaschinerie beeindruckt zeigten. In den Vereinigten Staaten entfachten die nationalen Einigungskriege in erster Linie bei den Deutsch-Amerikanern patriotische Begeisterung, in die auch prominente "Achtundvierziger" wie Franz Sigel einstimmten. Gelegentlich wurde allerdings schon Kritik am "preußischen Militarismus" laut, wenn etwa Karikaturisten in der Presse die "demokratische Einigung" der USA durch Lincoln positiv von Bismarcks "Blut-und-Eisen"-Strategie abhoben, der das Deutsche Reich seine Entstehung verdankte.

Durch Bürgerkrieg und Rekonstruktion war die amerikanische Nation aber psychologisch noch zu sehr gespalten, um sich im europäischen "Konzert der Mächte" schon wirklich Gehör verschaffen zu können. Im Norden hielten die Veteranen der *Grand Army of the Republic* die Emotionen des Krieges wach ("waving the bloody shirt"), um Männer aus ihren Reihen in den Kongreß und ins Weiße Haus zu bringen, und im demokratischen Süden pflegten die Ex-Konföderierten den Mythos der *Lost Cause*, der mit tiefer Antipathie gegen die *Yankees* aus dem Norden verbunden war. Bis in die 1880er Jahre hinein wirkte das Parteiensystem kaum weniger polarisierend als in der Krise vor dem Bürgerkrieg. Aus der Sicht Washingtons erforderte dies eine Rücksichtnahme auf die Interessen und Empfindlichkeiten der Regionen und Einzelstaaten, die den politischen Handlungsspielraum der Bundesregierung eng begrenzte. Es verwundert deshalb nicht, daß auf Lincoln eine Reihe schwacher Präsidenten folgte, die sich weitgehend damit begnügten, den Willen des Kongresses zu exekutieren. In lebendiger Erinnerung blieb auch das Impeachment-Verfahren gegen Andrew Johnson, selbst wenn es letztlich nicht zur Amtsenthebung gekommen war. Die Außenpolitik verlor viel von dem expansiven Schwung, den ihr die Ideologie der *Manifest Destiny* vor der Jahrhundertmitte vermittelt hatte. Der Kauf Alaskas von Rußland 1867 stellte zwar einen enormen territorialen Zuwachs dar, doch die öffentliche Reaktion war eher negativ, da sich nur wenige Amerikaner eine Vorstellung von der strategischen Bedeutung dieses Gebiets machen konnten und kaum jemand ahnte, welche unermeßlichen Bodenschätze dort schlummerten. Vereinzelt gab es noch die Hoffnung, daß Alaska durch einen Beitritt Kanadas zur Union direkt mit den Vereinigten Staaten verbunden werden könnte. In der Praxis wurden aber keinerlei Schritte unternommen, die zur Erfüllung dieses alten Traums hätten führen können; seine Realisierung rückte nach der Gründung des *Dominion* Kanada im Jahr 1867 – dieser Akt der Selbstbehauptung erfolgte nicht zuletzt als Reaktion auf den Ausgang des amerikanischen Bürgerkriegs – ohnehin in weite Ferne. Die Mehrheit der Amerikaner neigte nun einem Arrangement mit Großbritannien zu, das sich 1872 bereitfand, die USA für Verluste zu entschädigen, die der Union während des Krieges durch in England gebaute Kaperschiffe verursacht worden waren. Ebensowenig Gehör wie die Propagandisten einer Einverleibung des britischen Kanada fanden diejenigen Stimmen, die weiterhin für eine Expansion in die Karibik und in den pazifischen

Raum, v.a. nach Hawaii und Samoa warben. Die U.S. Navy war allenfalls in der Lage, die eigenen Küsten zu schützen, und die Hauptaufgabe der Armee, deren Stärke vom Kongreß auf 25 000 Mann begrenzt wurde, bestand in der Bekämpfung der Indianerstämme des Westens und Südwestens der Union. So konzentrierten die Amerikaner ihre Energien auf drei Ziele: die Erschließung der riesigen Westgebiete, die Industrialisierung und den Ausbau der Handelsbeziehungen mit Europa und Asien. Erst gegen Ende des Jahrhunderts, als die (weiße) Nachkriegsgeneration das die Nation Verbindende über das Trennende stellte, schlossen sich die Vereinigten Staaten dem Wettlauf der europäischen Mächte um Kolonialgebiete an. Die im Krieg gegen Spanien erzielten Erfolge ebneten den USA schließlich den Weg in den kleinen Kreis der Mächte, die das Schicksal der ganzen Menschheit bestimmten. Im Innern setzte eine forcierte, von Krisen nur kurzfristig gebremste Industrialisierung ein, verbunden mit dem Zusammenwachsen regionaler Märkte und der Konzentration wirtschaftlicher Macht. Der rasche ökonomische und soziale Wandel rief aber auch Gegenkräfte auf den Plan, die das gesellschaftliche Leben während dieser Phase besonders unruhig und gelegentlich sogar dramatisch gestalteten. Die psychologischen Wunden des Bürgerkriegs begannen in dem Maße zu heilen, wie die Bundesregierung und die Bevölkerung im Norden das Interesse am Schicksal der befreiten Sklaven verloren und die weißen Südstaatler die Rassenbeziehungen wieder nach ihren eigenen Vorstellungen ordnen konnten.

Frederick J. Turners Frontier-These

Im Bericht der Zensusbehörde von 1890 fand sich die Feststellung, es gebe keine Frontier im Sinne einer geographischen Siedlungsgrenze mehr. Dies nahm der Historiker Frederick Jackson Turner, der an der University of Wisconsin in Madison lehrte, zum Anlaß einer Neuinterpretation der amerikanischen Geschichte, die als "Frontier-These" berühmt geworden ist. In dem 1893 vor der *American Historical Association* in Chicago gehaltenen Vortrag "The Significance of the Frontier in American History" behauptete Turner, daß der Westen weit mehr als nur ein "Sicherheitsventil" für soziale Konflikte in den bereits besiedelten Gebieten der USA gewesen sei. Vielmehr habe die *Frontier* der amerikanischen Demokratie als eine Art "Jungbrunnen" gedient, als Quelle der Erneuerung traditioneller

Werte und Ort der ständigen Bewährung für das Individuum. Den nach Westen vordringenden Pionier verstand Turner – ganz im Sinne Thomas Jeffersons – als den eigentlichen Träger demokratischer Ideale, und die *Frontier* erschien ihm als Inbegriff dessen, was die Vereinigten Staaten von Europa unterschied und was sie zum Fortschritt der Menschheit beitrugen. An der Siedlungsgrenze, wo sich Natur und Zivilisation begegneten, wurde nicht nur das Individuum umgeformt, sondern erhielt die gesamte Nation ihren spezifischen, unverwechselbaren "amerikanischen Charakter". Während die Reformvorschläge, mit denen Turner dem Verschwinden der Frontier begegnen wollte, wenig Aufmerksamkeit fanden, entwickelte der "Frontier-Mythos", der den Glauben an die Einzigartigkeit und besondere Bestimmung der USA bekräftigte, ein bis in die Gegenwart wirkendes Eigenleben. Die neuere Geschichtswissenschaft kreidet Turner zwar etliche Irrtümer und Versäumnisse an: So hat er offenkundig die Bedeutung des Einflusses unterschätzt, den die Ostküste mit ihren Institutionen, Werten und Ideologien auf den Westen ausübte; darüber hinaus idealisierte er die Frontier, indem er negative Aspekte wie Gewalttätigkeit, Landspekulation, hemmungslose Ausbeutung der Natur und Zerstörung indianischer Kulturen vernachlässigte. Ebensowenig schenkte er dem Beitrag der Frauen, der Schwarzen und der Asiaten zur "Eroberung des Westens" die gebührende Beachtung. Dennoch wird die von Turner angeschnittene Frage des "American exceptionalism" auch heute noch lebhaft diskutiert. Die Glorifizierung des "Wilden Westens" in Medien und Werbung sowie die Neigung, die Raumfahrt oder andere moderne Technologien als die *New Frontier* bzw. *Last Frontier* zu bezeichnen, lassen erkennen, welch enorme Suggestivkraft der *Frontier*-Metapher das gesamte 20. Jahrhundert hindurch innewohnte.

Der transkontinentale Eisenbahnbau

Selbst bei nüchterner Betrachtung springt die verkehrsmäßige Erschließung des amerikanischen Westens als eine der bedeutendsten kollektiven Leistungen (und eines der größten Abenteuer) des 19. Jahrhunderts ins Auge. Zum Symbol des "Eisenbahnzeitalters" wurde die *Union and Central Pacific Railroad* von Omaha, Nebraska, nach Sacramento, Kalifornien, für deren Bau der Kongreß 1862 mitten im Bürgerkrieg das Startzeichen gegeben hatte, und die im Mai 1869 die erste durchgehende Verbindung zwischen Ost- und

Westküste ermöglichte. Beide beteiligten Bahngesellschaften, die Union Pacific Company und die Central Pacific Company, erhielten zusammen 20 Millionen Dollar Kredite von der Bundesregierung, die sie als Sicherheiten für die von ihnen ausgegebenen Aktien benutzen konnten. Profitabler waren noch die großzügigen Zuweisungen an Bundesland beiderseits des Schienenstrangs, das an große Siedlungsgesellschaften weiterverkauft wurde. Für die Union Pacific Co. arbeiteten vorwiegend Einwanderer aus Europa und Bürgerkriegsveteranen, darunter viele Schwarze; die Central Pacific Co. warb dagegen hauptsächlich Chinesen an, die als besonders genügsam und ausdauernd galten. Damit begann die asiatische Immigration in die USA, die binnen kurzem von Ausschreitungen und diskriminierenden Maßnahmen gegen die "gelben Kulis" begleitet wurde. Die Chinesen, deren Zahl bis Anfang der 1880er Jahre auf über 300 000 anstieg, waren denn auch die erste ethnische Gruppe, die – beginnend mit dem Chinese Exclusion Act von 1882 – offiziell von der Einwanderung in die USA ausgeschlossen wurde.

Auf die *Union and Central Pacific Railroad* folgten bis 1890 noch vier weitere transkontinentale Eisenbahnlinien. Zusammen mit den von Einzelstaaten, Kreisen und Städten ebenfalls reichlich subventionierten Seitenlinien entstand so binnen kurzem ein relativ dichtes Verkehrsnetz, das den Westen mit den Industrie- und Bevölkerungszentren der Ostküste und des Mittleren Westens verband, und an dessen Knotenpunkten neue Siedlungen aus dem Boden schossen. Insgesamt wuchs das amerikanische Schienennetz zwischen 1870 und der Jahrhundertwende von 53 000 auf ca. 200 000 Meilen, womit es weiterhin länger war als die Bahnlinien im Rest der Welt zusammengenommen. Eisenschienen wurden durch leistungsfähigere Stahlschienen ersetzt, und Verkehrshindernisse wie verschiedene Spurbreiten und unterschiedliche technische Standards, die zunächst noch üblich waren, konnten in den 1880er Jahren beseitigt werden. Gleichzeitig mit dem Schienenbau zog man Telegraphenleitungen, die während des Bürgerkriegs in Gebrauch gekommen waren, und die nun eine blitzschnelle Nachrichtenübermittlung von einem Ende der Union zum anderen zuließen. Wie der Kanal- und Eisenbahnbau seit den 1820er Jahren zur Entstehung einer Marktwirtschaft zwischen Ostküste und Mississippi beigetragen hatte, so förderte diese neue "Transport- und Kommunikationsrevolution" die Ausbreitung des Marktsystems über den gesamten Kontinent. Die Konsequenzen waren vielfältiger Art: ein Aufschwung der Eisen- und Stahlindustrie, des Kohlebergbaus und des Maschinenbaus; die Verbesserung und Standardisierung der Eisenbahntechnik, die weltweit vorbildlich wurde; eine regionale wirtschaftliche Spezialisierung und Arbeitsteilung als Voraussetzung für den Übergang zur Massenproduktion; eine Reduzierung der Frachtkosten pro Tonne um ca. 50 Prozent von 1870 bis 1890; eine Verringerung der Reisezeit zwischen New York und Chicago um die Hälfte auf 24 Stunden; der Anstieg der Einwandererzahlen und die Beschleunigung der Siedlung im Westen durch massive Werbekampagnen und Landverkäufe der Bahngesellschaften; und ein neues Verhältnis der Menschen zu Raum und Zeit, das vom Eisenbahnfahrplan bestimmt wurde und u.a. in den 1880er Jahren zur Einteilung der USA in vier Zeitzonen führte. Außerdem nahmen die Railroad Companies, die mit neuen Methoden des Managements, der Finanzierung, des Wettbewerbs und des Verhältnisses zwischen Unternehmern und Arbeiterschaft experimentierten, trotz zahlreicher Pleiten und Skandale Modellcharakter für das amerikanische *big business* an.

Die Ausbeutung der natürlichen Ressourcen

Im Westen, wo zwischen 1864 (Nevada) und 1896 (Utah) zehn neue Staaten entstanden, ermöglichte erst der Eisenbahnbau eine rentable Ausbeutung der Bodenschätze. Auf die Schatzsucher und Prospektoren der Vorkriegszeit folgten die Bergbaugesellschaften, die über das nötige Kapital verfügten und Ingenieure, Arbeiter und Maschinen gezielt einsetzen konnten. Am begehrtesten waren neben Gold und Silber nun Kupfer, Zinn und Zink, die in großen Mengen im Gebiet der Rocky Mountains gefunden wurden. An dieser *Mining Frontier* bildete sich eine eigene Gesellschaft heraus, in deren Mittelpunkt die *boom town* stand, die oft innerhalb weniger Wochen von einem Dutzend auf mehrere Tausend Einwohner anwuchs, fast ebenso oft aber einige Jahre später als verlassene Geisterstadt zurückblieb. Ein Beispiel ist Virginia City im Gold- und Silberbergbaugebiet von Nevada, das 1873 über ein sechsstöckiges Hotel, ein Opernhaus, vier Banken und 131 Saloons verfügte, dessen Einwohnerzahl von 20 000 aber bis 1900 wieder auf 4 000 gesunken war. In solche Orte zog es Charaktere wie Wyatt Earp, Doc Holliday, James B. "Wild Bill" Hickock, "Calamity Jane" (Martha Jane Cannary) und "Little Annie" Oakley, die schon zu Lebzeiten *western folk heroes* wurden. Das gewöhnliche Frauenschicksal im Westen – einer zunächst vorwiegend von Männern bevölkerten Region – entsprach aber weder dem Bild der Goldsucherin und Revolverheldin in Männerkleidung noch demjenigen der Saloontänzerin oder Prostituierten. Alle diese Typen waren zwar anzutreffen, doch die meisten Frauen begleiteten ihre Männer und Brüder und arbeiteten im Haushalt oder in Restaurants und Wäschereien. Mehr als die Männer kümmerten sie sich auch um das Gemeinschaftsleben, und nicht selten starteten sie Kampagnen gegen den Alkohol, die Gewalttätigkeit und andere Laster an der Frontier. Die Atmosphäre von Gewalt und Gesetzlosigkeit, die in der Anfangsphase der Besiedlung häufig herrschte, machte in den meisten Fällen schon recht bald strengeren Maßstäben Platz, denen Bürgerkomitees oder starke Einzelpersönlichkeiten Geltung verschafften.

Kaum weniger wichtig als die Bodenschätze war das Holz, das zu Baumaterial, Eisenbahnschwellen, Möbeln, Papier etc. verarbeitet wurde und darüber hinaus noch zur Heizung diente. Die Lumber Companies im pazifischen Nordwesten nutzten den Timber and Stone Act von 1878 aus, indem sie durch Strohmänner große Waldgebiete aufkaufen ließen, die der Kongreß eigentlich in 160-acres-Stücken an Siedler hatte abgeben wollen. Auf diese Weise machten sie aus dem Holzgeschäft eine lukrative Industrie, die ganze Landstriche kahlschlug. In den 1870er Jahren meldete ein *preservation movement* Bedenken gegen die rücksichtslose Ausbeutung der Natur durch Holz- und Bergbaugesellschaften an und forderte zum besseren Schutz des öffentlichen Landes auf. Den ersten wichtigen Erfolg konnte diese Bewegung 1872 verzeichnen, als der Kongreß den 9 000 Quadratkilometer großen *Yellowstone National Park* im Gebiet von Wyoming, Montana und Idaho einrichtete.

Der steigende Fleischbedarf in den Städten und das dichtere Eisenbahnnetz bewirkten einen Aufschwung der Viehzucht, für die sich die weiten Gebiete des Westens und Südwestens besonders gut eigneten. Zu den charakteristischen Ereignissen der Nachkriegszeit gehörten die von Cowboys begleiteten Züge der Rinderherden auf den *cattle trails* von Texas nach Bahnknotenpunkten wie Abilene und Dogde City in Kansas, wo die Transportzüge zu den Schlachthöfen von St. Louis und Chicago starteten. Die Praxis der Rinderzüchter, ihre Tiere auf der offenen Prärie grasen zu lassen, beschwor jedoch Konflikte mit den vordringenden Farmern herauf. Als der Kongreß den Ranchern Mitte der 1880er Jahre verbot, öffentliches Land einzuzäunen, kauften einige wenige Großunternehmer die verbliebenen Weidegebiete auf und brachten das Viehgeschäft unter ihre

Kontrolle. Durch die Anwendung von wissenschaftlichen Methoden bei der Züchtung und Fütterung verwandelten sie das romantisch wirkende *ranching* in eine rationelle Rinder-Industrie. Die Cowboys, unter denen sich viele Schwarze und Mexikaner befanden, waren in der Regel Lohnarbeiter mit einem Durchschnittsentgelt von 30 Dollar im Monat. Dem Mythos von der Freiheit und dem Individualismus des Cowboys, den Schriftsteller, Journalisten und Werber von Siedlungsgesellschaften oder anderen Unternehmen für das Lesepublikum der Ostküste schufen, tat das aber keinen Abbruch.

Mit der Westwanderung der Farmer, die durch den Eisenbahnbau und die billige Landvergabe gefördert wurde, löste die Landwirtschaft die Viehzucht als wichtigsten Agrarzweig ab. Manche Hoffnung fiel dem rauhen und trockenen Klima zum Opfer, aber die beginnende Landflucht wurde zunächst noch durch den Zuzug neuer Siedler ausgeglichen. Auf der Grundlage des Morrill Land Grant Act von 1862 entstanden überall im Westen Colleges und Universitäten, die sich speziell der agrarischen Forschung widmeten und neue Anbaumethoden und Produkte erprobten und einführten. Gleichzeitig verstärkte die rasch voranschreitende Mechanisierung auch in der Landwirtschaft die Tendenz zu leistungsfähigen Großunternehmen. In den 1870er Jahren operierten auf den riesigen Weizenfeldern der sog. "Bonanza-Farmen" bereits Vorläufer der modernen Mähdrescher, die von bis zu dreißig Pferden gezogen wurden. Mit der Kommerzialisierung der Landwirtschaft stieg allerdings der Grad der Abhängigkeit der Farmer von den Märkten an der Ostküste und in Europa. Ein Überangebot von Agrarprodukten ließ die Preise rasch absinken, Depressionen im industriellen Sektor verminderten ohne Vorwarnung die Nachfrage, und Naturkatastrophen wie Dürreperioden, Insektenplagen und Wirbelstürme bildeten eine ständige Existenzbedrohung. Aufs ganze gesehen war jedoch ein starker Anstieg der amerikanischen Agrarproduktion zu verzeichnen, was dem Lebensstandard breiter Bevölkerungsschichten in den Städten zugutekam. Im Unterschied zu Europa, woher die meisten Einwanderer stammten, konnten sich nun sogar Arbeiterfamilien an ganz gewöhnlichen Wochentagen Fleisch als Nahrungsmittel leisten.

Die Verdrängung der Indianer

Der Eisenbahnbau und die Entstehung von Millionen neuer Farmen in den Gebieten westlich des Mississippi bedeuteten das Ende für die noch existierenden eigenständigen Indianerkulturen. Farmer, Ingenieure und Bauarbeiter betrachteten die Ureinwohner als Teil der – ebenso grandiosen wie gefährlichen – Natur des Westens, die es zu zähmen und zu überwinden galt. Die Existenzgrundlage der nomadischen Prärieindianer ging schon in den 1870er Jahren verloren, als die riesigen Büffelherden – man schätzt sie auf über 30 Millionen Tiere – dem Nahrungsmittelbedarf der Bautrupps (William F. "Buffalo Bill" Cody begann seine spektakuläre Karriere als Büffeljäger der Kansas Pacific Railroad Company) und den steigenden Preisen für Büffelhäute im Osten fast vollständig zum Opfer fielen. Mit dem Verschwinden der Büffelherden brach die wirtschaftlich und ökologisch ausbalancierte Subsistenzkultur der Prärieindianer zusammen, die Konflikte zwischen den Stämmen wurden schärfer, und die Abhängigkeit von den Produkten und Gebrauchsgegenständen der Weißen nahm zu. In Washington war man hauptsächlich an der Sicherung der Verkehrsverbindungen und am Schutz der Siedler interessiert und gedachte das "Indianerproblem" durch die Einrichtung neuer Reservate zu lösen.

Ähnlich wie die Seminolen in den 1830er Jahren in Florida wichen die Indianer auf den *Great Plains* der weißen Übermacht nicht kampflos, sondern leisteten teilweise erbitterten Widerstand. Sporadische Auseinandersetzungen während des Bürgerkriegs, bei dem sich die meisten Indianer neutral verhalten hatten, gingen ab 1865 in blutige Kämpfe und regelrechte Kriege über, die 25 Jahre lang andauerten. In diesem Vierteljahrhundert wurde das Bild des Indianers geprägt, wie es uns heute noch in Wildwestfilmen und Abenteuerbüchern begegnet. Das lag sicher daran, daß der Lebensstil der Prärieindianer für die Weißen trotz seiner Bedrohlichkeit etwas Romantisches an sich hatte: ihre Reit- und Jagdkünste in der Weite der *Great Plains*, ihre spitzen Zelte (*tepees*), ihre Trommeln und Tänze, ihr Federschmuck und ihre farbenfrohe Kleidung symbolisierten bald den Native American schlechthin.

Agenten der Bundesregierung hatten Vertreter von ca. 150 000 Indianern 1868 in Fort Laramie mit Geschenken und der Zusage jährlicher Zahlungen zum Rückzug in zwei große Reservate bewegen können, die auf dem Dakota-Territorium für die nördlichen Sioux-Stämme und in Oklahoma für die südlichen Prärieindianer eingerichtet werden sollten. Hinzu kamen verstreute kleinere Schutzgebiete für die Apache, Navaho und Ute im Südwesten sowie für Bergindianer in den Rocky Mountains und Kalifornien. Diese Vereinbarungen scheiterten jedoch daran, daß einerseits Siedler und Goldsucher die Grenzen der Reservate mißachteten, andererseits einzelne Indianerstämme immer wieder in ihre alten Jagdgebiete zurückzukehren versuchten. Die Folge waren ständige bewaffnete Zusammenstöße mit den Truppen der U.S.-Armee, aus denen der Konflikt um die Black Hills (im heutigen South Dakota) herausragt. Als dort Anfang der 1870er Jahre Gold gefunden wurde, bemühte sich die Bundesregierung zunächst erfolglos, dieses von den Sioux als Heiligtum verehrte Gebiet zu kaufen. Dann öffnete sie es einseitig für Prospektoren und Siedler und schickte 1876 Militär zu deren Schutz. Im Gegenzug verbündeten sich die Sioux mit den nördlichen Cheyenne-Stämmen und lieferten den Bundestruppen unter der Führung der Häuptlinge Sitting Bull und Crazy Horse mehrere heftige Gefechte. Ihren größten, aber auch letzten Sieg feierten sie am 25. Juni 1876 in der Schlacht am Little Bighorn River, bei der die 250 Mann starke Kavallerieeinheit des ebenso ehrgeizigen wie unbesonnenen Colonel George A. Custer vollständig vernichtet wurde.

Auf längere Sicht besaßen die Indianer jedoch keine Chance gegen die regulären Truppen, die zwar nicht sehr zahlreich, dafür aber überlegen bewaffnet waren und ihre Bewegungen mit Hilfe der neuen Nachrichten- und Verkehrsverbindungen koordinieren konnten. Präsident Grant ließ seinen Generälen William T. Sherman und Philip H. Sheridan freie Hand, die im Bürgerkrieg erfolgreich erprobte Strategie der "verbrannten Erde" gegen die Indianerstämme anzuwenden. Sie zielte darauf ab, durch systematische Zerstörung indianischer Siedlungen, die speziell im Winter ein leichtes Ziel boten, und durch die Dezimierung der Büffelherden den Kriegern jegliche materielle Grundlage und Motivation für die Fortsetzung ihres Widerstands zu nehmen. Stets fanden sich allerdings auch Indianer, die dem Militär als Pfadfinder (*Scouts*) oder einfache Soldaten Hilfsdienste leisteten. Dagegen durften die indianischen Häuptlinge und ihre Gefolgschaft nicht auf Sympathie in der weißen Bevölkerung hoffen. Vielmehr überschlug sich die Massenpresse des Ostens geradezu mit Forderungen nach einer rücksichtslosen Unterdrückung der "Rebellion". Crazy Horse kapitulierte 1877 und wurde noch im selben Jahr – angeblich bei einem Fluchtversuch – erstochen; Sitting Bull wich zunächst nach Kanada aus, stellte sich aber 1881 den amerikanischen Behörden und trat später noch in Buffalo Bills Wildwest-Shows auf. Die überlebenden Sioux wurden in Reservate umgesiedelt, die Cheyenne sogar nach Oklahoma deportiert. 150 von ihnen machten sich 1878 auf den Heimweg, fielen unterwegs aber einem Massaker zum Opfer. Einer Odyssee glich das Schicksal der Nez Percés, die in Oregon lebten. Sie versuchten, der Einweisung in ein Reservat durch einen mehrere hundert Kilometer langen Marsch über Idaho und Montana in Richtung kanadische Grenze zu entgehen. Die Armee nahm sie 1877 kurz vor dem Ziel gefangen und transportierte sie nach Oklahoma. Einige Jahre später durften sie dann jedoch auf Reservate im Nordwesten zurückkehren.

Etwa zur gleichen Zeit brach die Armee auch den Widerstand der Indianer in der südlichen Prärie und im Südwesten. General Sheridan besiegte die Kiowas, Comanchen und Cheyenne 1874/75 im *Red River War* im nördlichen Texas; die 74 "Anstifter" dieses "Aufstandes" ließ er in Reservate nach Florida verbringen. Im Südwesten zogen sich die Kämpfe gegen Navahos und Apachen bis 1886 hin, als mit Geronimo der letzte Apachen-Häuptling im Grenzgebiet zu Mexiko aufgab. Nach Gefängnisaufenthalten in Florida und Alabama starb er schließlich 1909 in einem Fort in Oklahoma. Das traurige Ende dieser Epoche von Indianerkriegen markierten 1890 die Ereignisse am Wounded Knee Creek in South Dakota. Sie nahmen ihren Ausgang von einer religiösen Erweckungsbewegung unter den Indianern des Westens und Südwestens, deren Prophezeiungen und Rituale – speziell der "Geistertanz" – die Siedler und selbst die Bundesregierung stark beunruhigten. Als die Sioux im Winter 1890 zu einem großen Treffen der Stämme einluden, an dem auch Sitting Bull teilnehmen sollte, verhaftete ein Armeekommando den Häuptling in North Dakota. Diese präventive Aktion endete allerdings mit dem Tod Sitting Bulls und einiger seiner Krieger. Wenig später wurde eine Gruppe von 340 Sioux, die meisten von ihnen Frauen und Kinder, die auf dem Weg zu dem – inzwischen bereits abgesagten – Indianertreffen waren, am Wounded Knee Creek von Soldaten umstellt. Bei der Entwaffnung der Männer am 29. Dezember kam es zu einem Handgemenge, woraufhin die Soldaten aus Gewehren und Kanonen das Feuer eröffneten und etwa 300 wehrlose Indianer töteten. Nach diesem Massaker erlosch die Gegenwehr der Ureinwohner, und in den Reservaten breiteten sich Resignation und Apathie aus. Erst die Bürgerrechtsbewegung der 1960er und 1970er Jahre brachte "Wounded Knee" als Symbol für die Leiden und den Widerstand der Native Americans ins Gedächtnis der Nation zurück.

Das übergreifende Ziel der Indianerpolitik blieb die Assimilation, das Aufgehen der Indianer in die weiße Gesellschaft. Nach dem Bürgerkrieg hatten sich die Kirchen verstärkt dieser Umerziehungsaufgabe angenommen, doch mit ihrem Bemühen, alle "heidnischen" Sitten und Gebräuche auszumerzen, trugen sie nur noch zur Demoralisierung der Indianer bei. In den 1880er Jahren wuchs allerdings die Kritik an den Zuständen in den Reservaten und an der schon fast sprichwörtlichen Korruption des *Bureau of Indian Affairs*. Die Vorschläge der Reformgesellschaften, die sich nun bildeten (*Women's National Indian Rights Association*; *Indian Rights Association*), waren am Modell der weißen Farmerfamilie orientiert, obwohl den Indianern die privatwirtschaftliche Nutzung von Grund und Boden unbekannt war. Dem Drängen der Reformer nachgebend, verabschiedete der Kongreß 1887 den Dawes Severalty Act, der jeder indianischen Familie, die es wünschte, 65 Hektar Farmland oder 130 Hektar Weideland aus der Reservatfläche übereignete. Der Verkaufserlös des restlichen Reservatslandes – das oft die fruchtbarsten Gebiete umfaßte – sollte als Startkapital für die indianischen Farmer verwendet werden. Obwohl die Regierung auf 25 Jahre die Treuhandschaft für das zugewiesene Land übernahm, ging ein großer Teil des indianischen Grund und Bodens recht bald an Spekulanten und Betrüger verloren, die ihn mit hohem Gewinn an weiße Siedler weiterverkauften. Die ungewollten Hauptergebnisse der Reformen waren also eine beträchtliche Verkleinerung der Reservate und eine fortschreitende Verarmung der indianischen Bevölkerung.

Im Oklahoma-Territorium, das ursprünglich nicht unter den Dawes Act fiel, zeitigte der unersättliche weiße "Landhunger" ganz ähnliche Ergebnisse. 1889 kam es hier zum ersten von mehreren *land rushes*, bei dem sich weiße Siedler Land aneignen konnten, das man den Indianern auf verschiedene Weise abgenommen und "freigegeben" hatte. Nach und nach wurden die Führer der "fünf zivilisierten Stämme" dann überredet, die Bestimmungen des Dawes Act anzuerkennen und zusammen mit den Weißen eine Staatsverfassung zu entwerfen. Als Oklahoma 1905 in die Union aufgenommen wurde, besaßen die Native Americans nur noch einen kleinen Teil des Landes, das ihnen die Bundesregierung ursprünglich als Reservat zur Verfügung gestellt hatte. Dieser Prozeß der Reduzierung der Reservate und der Verelendung ihrer Bevölkerung vollzog sich fast überall mit scheinbarer Naturgesetzlichkeit. Nur ganz wenige Stämme, hauptsächlich Pueblo-Indianer im Südwesten, lebten am

Ende des Jahrhunderts noch auf dem Land ihrer Vorfahren. Die Krise nahm existenzbedrohende Ausmaße an: Der Zensus von 1890 verzeichnete in den gesamten USA noch knapp 250 000 Indianer, und bis zur nächsten Volkszählung von 1900 sank die Urbevölkerung auf unter 240 000 ab, was ihren historischen Tiefpunkt markierte. Die Native Americans hatten ihre kulturelle Identität weitgehend verloren, und ihre physische Existenz hing von den Zuwendungen der Bundesregierung und den Spenden wohltätiger Organisationen ab. Die stille Hoffnung mancher Amerikaner, das Indianerproblem werde sich bald "von selbst erledigen", ging jedoch nicht in Erfüllung. Wider Erwarten fanden die Überlebenden der Indianerkriege die Kraft, durch Anpassung an die veränderte Lage und Rückbesinnung auf alte Stammestraditionen der Gefahr einer vollständigen ethnischen Auslöschung zu entgehen.

5. Der Aufstieg der USA zur führenden Industriemacht

Besonderheiten der amerikanischen Industrialisierung

Der säkulare wirtschaftliche Wachstums- und Modernisierungsprozeß, der die Geschichte der Vereinigten Staaten im Grunde seit ihrer Entstehung bestimmte, trat nach dem Bürgerkrieg in eine neue Phase: Im Innern wurde die Industrie zum beherrschenden Sektor, und im Weltzusammenhang rückten die USA von der Peripherie des kapitalistischen Systems allmählich näher zum Zentrum. Bereits 1851, anläßlich der ersten Weltausstellung in London, hatte es ein Kommentator im *Economist* für "so sicher wie die nächste Sonnenfinsternis" gehalten, daß die USA letztlich England überflügeln würden. Unter Wissenschaftlern ist immer noch umstritten, ob der Bürgerkrieg diese Entwicklung beschleunigte oder eher etwas verzögerte; im letzten Viertel des 19. Jahrhunderts brach sie sich jedenfalls stürmisch Bahn. Wenn in diesem Zusammenhang von einem amerikanischen "Exzeptionalismus" gesprochen wird, dann meint das vor allem zwei generelle Trends: Erstens vollzog sich die forcierte Industrialisierung in den USA dezentraler und weniger staatlich gelenkt oder reguliert als in fast allen anderen Ländern; es entstand deshalb auch kein bürokratischer "Leviathan" in Gestalt eines übermächtigen Zentralstaates, der die Freiheit seiner Bürger bedrohen konnte. Zweitens gab es zwischen kapitalistischer Marktwirtschaft und politischer Demokratie zwar erhebliche Spannungen, aber keinen unüberwindlichen Gegensatz. Obwohl die Interessenkonflikte an Zahl und Härte zunahmen, blieb eine Spaltung der Gesellschaft in klar unterscheidbare, sich prinzipiell bekämpfende Klassen aus. Werner Sombarts Frage aus dem Jahr 1906, warum es in den USA keinen Sozialismus gebe, wird heute in erster Linie mit dem Hinweis auf die vielfach fragmentierte, pluralistische Einwanderergesellschaft der Vereinigten Staaten beantwortet. Immer noch im Gespräch ist auch der Erklärungsansatz von Sombarts Kollegen Max Weber, der einen Zusammenhang zwischen den religiös-kulturellen Sprüngen der USA und ihrer Wirtschaftsordnung postulierte. Seine 1920 veröffentlichte Schrift "Die protestantische Ethik und der Geist des Kapitalismus" entfaltete ähnlich weitreichende Wirkungen wie Turners *Frontier*-These. Gewiß spielte aber auch die amerikanische Verfassungstradition eine wichtige Rolle, die den Menschen die Überzeugung vermittelte, alle notwendigen Änderungen und Anpassungen könnten ohne revolutionäre Umwälzungen unter Berufung auf die Prinzipien der Unabhängigkeitserklärung und im Rahmen der 1787/88 geschaffenen Ordnung vorgenommen werden. Trotz gelegentlich heftiger Kritik an den Erscheinungsformen des Kapitalismus stand die Verwirklichung eines alternativen Wirtschafts- und Gesellschaftskonzepts in den USA deshalb niemals ernsthaft zur Debatte.

Der seit Beginn des Jahrhunderts bekannte Kreislauf von Aufschwung und Krise, *Boom* und *Bust*, setzte sich nach 1865 in noch schnellerer Folge fort. In jedem Jahrzehnt war ein mehr oder minder harter und lang anhaltender wirtschaftlicher Einbruch zu verzeichnen: 1866/67; 1873–78; 1884–87; 1893–97. Die komplexen Ursachen solcher Konjunkturzyklen blieben selbst den gebildeten Zeitgenossen verborgen, und die Panik, mit der Unternehmer und Gläubiger auf wirtschaftliche Schwankungen reagierten, verschlimmerte regelmäßig ihre Folgen. Selbst unter heutigen Wirtschaftshistorikern sind die relative Gewichtung und das Zusammenwirken der verschiedenen Faktoren noch umstritten. Es läßt sich allerdings bereits für diese Zeit eine lebhafte Wechselwirkung zwischen rein inneramerikanischen Investitions-, Produktions- und Konsumentscheidungen und den weltwirtschaftlichen Rahmenbedingungen – etwa im Bereich der Rohstoffpreise und der internationalen Kreditbedingungen – beobachten.

Die Wirtschaftskrisen verursachten enorme soziale Härten, aber sie konnten den Wachstumstrend stets nur kurzfristig bremsen. Die

Dynamik der Industrialisierung läßt sich am besten an der starken Zunahme der gesamten Arbeiterschaft (*work force*) und an der dramatischen Verschiebung vom Agrar- zum Industriesektor ablesen: Die Zahl der Arbeitskräfte in der Industrie und anderen nichtagrarischen Berufen betrug 1870 ca. 6 Millionen (bei einer arbeitsfähigen Bevölkerung von knapp 13 Millionen); 1900 waren dagegen (bei einer auf etwa 30 Millionen Menschen gestiegenen Arbeiterschaft) schon mehr als 18 Millionen Amerikaner im industriellen Sektor tätig; 1910 zählten 37,5 Millionen Menschen zur *work force*, von denen mehr als zwei Drittel (25,7 Millionen) im industriellen Sektor arbeiteten. In den letzten Dekaden des 19. Jahrhunderts zeigten alle volkswirtschaftlich relevanten Indikatoren steil nach oben: Der Wert der produzierten Güter stieg von ca. 3 Mrd. Dollar 1870 auf über 13 Mrd. Dollar 1900; das Bruttosozialprodukt verdreifachte sich zwischen 1869 und 1896; das Nationalvermögen wuchs von 1860 bis 1900 um 550 Prozent, das Pro-Kopf-Einkommen von 1860 bis 1890 um 150 Prozent, das Nettoeinkommen der Industriearbeiter im selben Zeitraum um 50 Prozent; die Produktivität pro Kopf und Arbeitsstunde konnte gegen Ende des Jahrhunderts im Durchschnitt jedes Jahr um ein Prozent erhöht werden; und der Wert aller Exporte kletterte von 234 Mio Dollar 1865 auf 2,5 Mrd. Dollar 1900, wobei ab 1896 regelmäßig Exportüberschüsse erzielt wurden. An der Wende zum 20. Jahrhundert war London zwar immer noch das Handels- und Finanzzentrum der Welt; in bezug auf die Industrieproduktion hatten die USA aber bereits Großbritannien und das – ebenfalls rasch aufstrebende – Deutsche Reich hinter sich gelassen. Aus der überwiegend agrarischen Union war eine führende Industrie- und Exportnation geworden; das traditionelle Schuldnerland USA führte nun selbst Kapital aus und war auf dem besten Weg, zum Gläubigerland zu werden.

Die Bedingungsfaktoren der wirtschaftlichen Expansion

Nach dem Bürgerkrieg setzte wieder starkes Bevölkerungswachstum ein, hervorgerufen durch eine sehr hohe Geburtenrate in Verbindung mit der "zweiten Welle" der Masseneinwanderung. Zwischen 1870 und 1890 schnellte die Einwohnerzahl der USA von 40 auf über 60 Mio Einwohner empor, wobei knapp ein Drittel des Zuwachses auf das Konto der Immigration ging. Die großen Schiffahrtslinien boten immer billigere Atlantikpassagen an, und in den USA lockten wie eh und je günstiges Farmland, hohe Löhne, politische Freiheit und religiöse Toleranz. Die Freiheitsstatue des französischen Bildhauers Frédéric Auguste Bartholdy, die 1886 im Hafen von New York eingeweiht wurde, verkörperte die Hoffnung, daß die USA ein "offenes" Land und eine Zufluchtsstätte für die Armen, Unterdrückten und Ausgestoßenen der Welt bleiben würden. Die monumentale Figur der *Liberty* war ein Geschenk der Französischen Republik an die USA, das die traditionelle Freundschaft der beiden Länder seit dem Unabhängigkeitskrieg bekräftigen sollte. In das Innere des Sockels der Statue wurde das Gedicht der jüdischen Einwanderin Emma Lazarus, "The New Colossus", eingraviert:

> "Give me your tired, your poor,
> your huddled masses
> yearning to breathe free,
> The wretched refuse
> of your teeming shore,
> Send these, the homeless,
> tempest-tossed, to me:
> I lift my lamp
> besides the golden door."

Die Depression der 1890er Jahre bewirkte dann aber einen vorübergehenden starken Rückgang der Immigration und dokumentierte damit den engen Zusammenhang zwischen Wirtschaftslage und Zuwanderung. Nativismus und Fremdenfeindlichkeit, die im Jahrzehnt zuvor wieder aufgeflammt waren, veranlaßten die Bundesregierung nun, die Kontrolle und Regulierung der Einwanderung zu übernehmen. 1891 schloß der Kongreß erstmals bestimmte Gruppen wie Geisteskranke, völlig Mittellose, wegen Verbrechen oder schwerer Vergehen Vorbestrafte und Träger ansteckender Krankheiten von der Einreise aus; 1892 wurde auf Ellis Island vor dem "goldenen Tor" nach Manhattan eine Durchgangsstation eingerichtet, die von nun an fast alle Einwanderungswilligen aus Europa passieren mußten.

Im Zeitraum von 1865 bis 1890 waren die Herkunftsländer der Neuankömmlinge noch dieselben wie vor dem Krieg, aber zahlenmäßig übertrafen die Deutschen (zu denen ab 1871 auch Elsaß-Lothringer und andere Minderheiten des Kaiserreichs gerechnet wurden) nun deutlich Iren, Briten und Skandinavier. Vom Beginn bis zum Ende des 19. Jahrhunderts ließen sich insgesamt 5,5 Millionen von ihnen in den Vereinigten Staaten nieder, die damit gut 90 Prozent aller auswanderungswilligen Deutschen absorbierten. Der Anteil der Frauen an der deutschen USA-Immigration lag bei erstaunlich hohen 40 Prozent. Die Deutschen siedelten vorwiegend als Farmer und Handwerker im Mittleren Westen, während die meisten Iren in den großen Städten der Ostküste als Industriearbeiter ihr Glück versuchten. Regional bedeutsam war die Immigration von Asiaten an der Westküste, wo in den großen Städten die ersten *Chinatowns* entstanden, und wo sich die Japaner im Umkreis der Städte auf Gemüse- und Obstanbau spezialisierten. Der wichtigste ökonomische Beitrag der Immigration in dieser Phase bestand sicher darin, die Westgebiete mit Siedlern zu füllen, die sowohl Produzenten als auch Konsumenten waren, und die Industrie mit – für amerikanische Verhältnisse – billigen Arbeitskräften zu versorgen. Während 1870 nur ein Drittel aller Industriearbeiter nicht in den USA geboren war, lag der Ausländeranteil 1900 bei 60 Prozent. Die Kombination von hoher Geburtenrate und Masseneinwanderung bescherte den Vereinigten Staaten zudem eine jugendlich-dynamische Bevölkerung und förderte die Mobilität und Verstädterung: 1900 lebten bereits 40 Prozent der Amerikaner in Städten, Millionen US-Bürger wechselten nicht nur einmal, sondern mehrfach den Wohnsitz, und der Zusammenschluß von New York City mit Brooklyn, Staten Island und Teilen von Queens ließ 1898 die erste Metropole von nunmehr über 3 Mio Einwohnern entstehen. Städte waren nicht nur Produktionszentren und Märkte, sondern sie kurbelten selbst durch die Vergabe öffentlicher Aufträge die Wirtschaft an.

Durch den Bevölkerungszuwachs und die verkehrsmäßige Erschließung des Kontinents kam nun erst die Tatsache voll zum Tragen, daß die USA über einen riesigen Binnenmarkt verfügten, der – anders als in Europa – nicht durch politische Grenzen und Zollschranken behindert wurde. In diesem nationalen Markt standen natürliche Ressourcen wie Land, Bodenschätze und Holz praktisch unbegrenzt zur Verfügung. So ergänzten sich beispielsweise die Kohlevorkommen in den Alleghenies auf ideale Weise mit den Eisenerzfunden im Gebiet des Lake Superior, und beides zusammen wurde zur Grundlage der Eisen- und Stahlindustrie in Pittsburgh, Cleveland und Detroit. Im Zuge der weltweiten Abkehr von der Freihandelspolitik, die sich seit den 1870er Jahren vollzog, schützten auch die USA ihre Industrien durch hohe Zölle gegen die ausländische Konkurrenz. Diese Zölle sorgten für viel innenpolitischen

Zündstoff und beschworen auch erste Handelskonflikte, etwa mit dem Deutschen Reich, herauf. Sie erfüllten aber ihren Zweck, den industriellen Wachstumsprozeß abzusichern und zu beschleunigen.

Da die Löhne in den USA trotz der Masseneinwanderung relativ hoch blieben, ließ der Anreiz niemals nach, Arbeitskräfte durch Maschinen und neue Technologien einzusparen. Das Bemühen um wissenschaftliche Effizienz verkörperte wohl am besten Frederick W. Taylor, der als Ingenieur in einer Stahlfabrik in den 1880er Jahren begann, Arbeitsvorgänge in einzelne Bewegungen zu zerlegen und jeden Handgriff mit der Stoppuhr zu messen. Auf diesem "Taylorismus" konnte dann die moderne Fließband- und Akkordarbeit aufbauen. Der Rationalisierungsdruck führte dazu, daß Erfindungen und organisatorische Verbesserungen schneller als in anderen Industrieländern in die Praxis umgesetzt und verwertet wurden. Der hohe Stellenwert, den die Amerikaner dem Bildungswesen und der praxisorientierten Forschung zuerkannten, erklärt sich ebenfalls zumindest teilweise aus ökonomischen Notwendigkeiten und Zwängen. Zur Dynamik des Wachstums trugen nicht zuletzt vermehrte Investitionen aus dem Ausland und eine steigende Sparrate in den USA selbst bei. Der größte Teil des gesparten Geldes (12 Mrd. Dollar 1900 im Vergleich zu 1 Mrd. Dollar 1860) wurde nun im Industriesektor angelegt. Gleichzeitig verfeinerte sich die Technik des Investierens durch die Entstehung privater Großbanken und eines öffentlichen Kapitalmarktes an der New Yorker Börse. Das Geld- und Kreditsystem der USA blieb aber trotz der im Bürgerkrieg durchgeführten Reformen die Achillesferse der wirtschaftlichen Entwicklung. Erst 1914 wurde mit dem *Federal Reserve System* eine – immer noch recht dezentrale und beschränkt handlungsfähige – bundesstaatliche Kontroll- und Steuerungsinstanz eingerichtet.

Wachstum und Expansion wurden schließlich durch das generelle Meinungsklima des späten 19. Jahrhunderts gefördert. Der für die USA seit langem charakteristische Fortschrittsoptimismus, den der Bürgerkrieg nur vorübergehend hatte dämpfen können und der auch nach Wirtschaftskrisen immer wieder schnell zurückkehrte, fand Rückhalt in modernen Evolutionstheorien, wie sie die Engländer Charles Darwin und Herbert Spencer vertraten. In den USA popularisierte v.a. der Yale-Professor William Graham Sumner "sozialdarwinistische" Ideen von einem naturgesetzlichen Fortschrittsprozeß menschlicher Gesellschaften, der durch Anpassung, Vererbung und Auslese gesteuert wird. Nach Sumner war dem Wohl der Zivilisation am besten gedient, wenn der Staat die starken, zur Machtausübung und zur Übernahme von Verantwortung befähigten Individuen gewähren ließ und ihre Rechte, speziell das Eigentumsrecht schützte. Im Bewußtsein der Öffentlichkeit verband sich diese Philosophie mit traditionellen Vorstellungen von individueller Freiheit und begrenzter Regierung; der Gedanke, Regierungen und Parlamente hätten nicht viel mehr zu tun, als dem "freien Spiel der Kräfte" Raum zu schaffen, diente zur Rechtfertigung des *laissez faire*-Kapitalismus, der sich in den USA um diese Zeit besonders vehement durchsetzte.

Bis zum Bürgerkrieg hatten die Einzelstaaten das Wirtschaftsleben in ihrem jeweiligen Bereich kontrolliert und reguliert. Ihr Einfluß ging aber in dem Maße zurück, wie die wirtschaftlichen Aktivitäten die Grenzen von Staaten und Regionen zu überwinden begannen. Die Bundesregierung war vorerst weder zur nationalen Wirtschaftsregulierung befähigt, noch hielt man sie für berechtigt, eine solche Aufgabe zu erfüllen. Von ihr wurde allenfalls erwartet, daß sie die Wirtschaft durch Subventionen und Zölle stimulierte, und daß sie durch die Verhinderung von Monopolen für Chancengleichheit sorgte. Auf diese Weise entstand im föderativen System der USA gewissermaßen eine "staatsfreie" Sphäre, in der die Unternehmer unbehindert von gesetzlichen Vorschriften und parlamentarischer Kontrolle schalten und walten konnten. Juristen und Richter des Supreme Court förderten diese Tendenz mit der Doktrin des *dual federalism*, derzufolge Bundesregierung und Staatenregierungen in getrennten Sphären operierten, zwischen denen eine breite Zone gesellschaftlicher Eigenverantwortlichkeit lag. Nur sehr langsam gewann die Überzeugung an Boden, daß die Bundesregierung diese "Lücke" füllen müsse, um den Mißbrauch privater Macht zu verhindern.

Konzentration und Konsolidierung der Wirtschaft

Während das Denken der meisten Menschen noch dem Ideal einer republikanischen Gesellschaft von Kleinproduzenten verhaftet war, vollzogen sich in der amerikanischen Wirtschaft tiefgreifende qualitative Veränderungen, die heute mit Begriffen wie *economies of scale* und *corporate consolidation* beschrieben werden. Innerhalb weniger Jahrzehnte entstand eine *big business economy*, in der große Konzerne den Ton angaben und die Regeln des Wettbewerbs aufstellten. Auslöser waren die vielfach chaotischen Zustände, die infolge des (bis zur Jahrhundertwende) insgesamt sinkenden Preisniveaus und des ständigen Wechsels von Überangebot und Mangel auf den Märkten herrschten. Nur große Gesellschaften (*corporations*) waren unter diesen Umständen in der Lage, die jeweils neuesten Maschinen anzuschaffen und sie voll auszulasten. Zugleich profitierten sie am meisten von Preisnachlässen bei Rohstoffeinkäufen und von Transportrabatten. Dieses Streben nach dem richtigen Maßstab wirtschaftlichen Handelns (*economies of scale*) wurde ergänzt durch das Bemühen der Unternehmer, selbst für die Stabilität und Berechenbarkeit des Marktgeschehens zu sorgen. Ein erster Schritt zur "Ordnung" und "Konsolidierung" des Marktes waren informelle Absprachen zwischen konkurrierenden Gesellschaften, die v.a. Produktionsquoten und Preise betrafen. Solche Kartelle (*pools*) erwiesen sich jedoch als extrem krisenanfällig, und sie wurden zudem 1887 vom Kongreß im Rahmen des Interstate Commerce Act als Wettbewerbshindernisse verboten. Unterdessen hatten Unternehmer wie John D. Rockefeller und Gustavus Swift jedoch bereits geeignetere Organisationsformen gefunden. Sie nutzten dabei die Rechtsform des *trust* aus, die es erlaubte, mehrere Gesellschaften einem zentralen Management zu unterstellen. Eine Fortentwicklung des Trust stellte die Dachgesellschaft (*holding company*) dar, in die alle Anteilseigner der beteiligten Gesellschaften ihren Aktienbesitz einbringen konnten. Die Voraussetzung hierfür schuf das Parlament von New Jersey, als es 1888 den dort inkorporierten Gesellschaften die Genehmigung erteilte, Besitz in anderen Staaten zu erwerben. Durch Zusammenschlüsse (*mergers*) gelang es nun, ganze Produktionsbereiche wie etwa die Erdölverarbeitung zusammenzufassen ("horizontale Integration") oder einen Wirtschaftszweig in seiner Gesamtheit von der Rohstoffgewinnung bis zur Vermarktung des Endprodukts ("vertikale Integration") zu kontrollieren. Bis zur Jahrhundertwende entstanden auf diese Weise etwa 300 große Konzerne in Form von Trusts und Holdings mit jeweils über 10 Mio Dollar Eigenkapital.

Der Eisenbahnbau brachte die ersten Wirtschaftsmagnaten oder "industriellen Raubritter" (*Robber Barons*) wie Cornelius Vanderbilt hervor, der bis zu seinem Tode 1877 die Verkehrsverbindungen zwischen New York, den Großen Seen und dem Mittleren Westen monopolisierte. Die Krise der 1890er Jahre, in der viele Bahngesellschaften zusammenbrachen, löste einen neuen Konzentrationsschub aus. Als Sanierer sprang der New Yorker Bankier John Pierpont

Morgan ein, der sich bei der Gelegenheit maßgeblichen Einfluß auf die Unternehmenspolitik der neuen Bahngesellschaften sicherte. Das Bankhaus Morgan & Co. wurde zur Inkarnation des Machtstrebens einer Finanzelite in der New Yorker Wall Street, die über ihre Beauftragten in den Vorständen vieler Gesellschaften und durch ihre guten politischen Beziehungen das gesamte Wirtschaftsgeschehen mitbestimmte. In der Eisen- und Stahlindustrie dominierte Andrew Carnegie, der im Alter von 13 Jahren aus Schottland eingewandert war und sein erstes Geld als Hilfsarbeiter in einer Textilfabrik verdient hatte. 1901 verkaufte er seine Carnegie Steel Co. für die damals unvorstellbar hohe Summe von 492 Mio Dollar an Morgan, der das Unternehmen mit anderen Stahlbetrieben zum ersten Milliarde-Dollar-Konzern, der United States Steel Corporation, zusammenfügte. Auch hinsichtlich der Belegschaft von 168 000 stieß U.S. Steel in eine neue wirtschaftliche Dimension vor. Von dem Erlös, den Carnegie für sein Unternehmen erzielte, behielt er selbst 225 Mio Dollar, der Rest ging an seine Manager. Eine ähnliche Rolle wie Carnegie in der Eisen- und Stahlbranche spielten John D. Rockefeller in der Erdölindustrie (Standard Oil of New Jersey) und Gustavus Swift in der Fleisch- und Nahrungsmittelindustrie; in der Elektrobranche legten George Westinghouse, Thomas A. Edison und Alexander G. Bell mit ihren Erfindungen das Fundament für drei mächtige Konzerne: Westinghouse Electric, General Electric und American Telephone and Telegraph. Da die Elektrizität um diese Zeit das Kerosin als Beleuchtungsmittel ablöste, schien das Erdöl an Bedeutung zu verlieren. Wenig später wurde das "schwarze Gold" aber zum Grundstoff der chemischen Industrie, in der die hugenottische Familie Du Pont de Nemours aus Delaware den Ton angab, und zum Ausgangsprodukt von Benzin, das im beginnenden Automobilzeitalter (1903 gründete Henry Ford seine Motor Company in Detroit) höchste Bedeutung erlangte.

Die Unternehmer von Vanderbilt über Morgan bis Ford handelten nach den Grundsätzen von Sparsamkeit, Effizienz und zentralisiertem Management, und sie verbanden Organisationstalent und Erfindungsreichtum mit Cleverness und entschlossener, zuweilen rücksichtsloser Härte im Geschäftsleben. Die patriarchalische, gewerkschaftsfeindliche Einstellung dieser Repräsentanten der industriellen "Gründergeneration" der USA war ebenso typisch wie ihr Wunsch, den eigenen Namen durch philanthropisches Engagement oder künstlerisch-wissenschaftliches Mäzenatentum zu verewigen. Davon zeugen noch heute u.a. die Morgan Library in New York, die Vanderbilt University in Nashville, Tennessee, das Carnegie Endowment for International Peace, die Rockefeller Foundation und die Ford Foundation.

Der ökonomische Konzentrationsprozeß und die Monopolbildung in den verschiedenen Branchen riefen wachsende öffentliche Kritik hervor. Auf diese Stimmung reagierte der Kongreß mit dem Interstate Commerce Act, der erstmals eine unabhängige staatliche Aufsichtsbehörde, die *Interstate Commerce Commission*, für das Verkehrswesen schuf. Drei Jahre später, 1890, folgte der Sherman Antitrust Act, der aber schon im Gesetzgebungsverfahren verwässert wurde. Wenn die Gerichte seine Bestimmungen anwendeten, dann paradoxerweise viel seltener gegen Konzerne als gegen Gewerkschaften, deren Streiks sie als illegale Behinderung der Wirtschafts- und Handelsfreiheit im Sinne des Gesetzes betrachteten. Einen neuen Anlauf zur Kontrolle der von vielen Amerikanern als schier grenzenlos und bedrohlich empfundenen Unternehmermacht wagte der Kongreß erst nach der Jahrhundertwende im Zeichen der progressiven Reformbewegung. Aus der Rückschau betrachtet, waren die Befürchtungen der Konzern-Gegner wenn nicht unbegründet, so doch stark übertrieben, denn in einer Wirtschaft, die sich ständig im Umbruch befand, konnten selbst die erfolgreichsten Unternehmer Konkurrenz und Wettbewerb nicht auf Dauer ausschalten. Ihre illusorische Jagd nach Monopolstellungen trieb einen Konzentrationsprozeß voran, der keineswegs nur Nachteile hatte, sondern auch für mehr Ordnung in den Marktbeziehungen sorgte und die Leistungsfähigkeit der amerikanischen Industrie insgesamt erhöhte.

Im Bereich von Wissenschaft und Bildung fanden die USA nach dem Bürgerkrieg Anschluß an den europäischen Standard, der um diese Zeit mehr und mehr von den deutschen Universitäten bestimmt wurde. Der interkulturelle Austausch zwischen den USA und Deutschland hatte schon am Ende der napoleonischen Kriege eingesetzt, als – beginnend mit George Ticknor, Edward Everett, Joseph Cogswell und George Bancroft – eine wachsende Zahl von Amerikanern an den Universitäten von Berlin, Göttingen, München, Leipzig, Heidelberg, Halle und Bonn studierten. Die Gründung der University of Michigan in Ann Arbor durch Henry Philipp Tappan markierte 1852 den ersten Versuch, das höhere amerikanische Bildungswesen im Sinne deutscher Ideale der akademischen Lehr- und Lernfreiheit und der Einheit von Forschung und Lehre umzuformen. Weitere Bemühungen folgten, als der Kongreß im Krieg durch den Morrill Act die Errichtung von einzelstaatlichen Universitäten erleichterte, und als industrielle Geldgeber im Zuge des wirtschaftlichen Aufschwungs, den der Nordosten und der Mittlere Westen nach dem Sieg der Union erlebten, öffentliche und private Bildungseinrichtungen förderten. Während bis dahin die Vorbereitung auf den Beruf im Zentrum der Bestrebungen amerikanischer Colleges und Universitäten gestanden hatte, wurden nun die wissenschaftliche Forschung und die Persönlichkeitsbildung als höchste Ziele proklamiert. Am ausgeprägtesten war der deutsche Einfluß an der New Yorker Cornell University, an der Johns Hopkins University in Baltimore und an der University of Chicago, deren Graduiertenseminare neue Maßstäbe für das Studium in den USA setzten. Das traf auf die Naturwissenschaften ebenso zu wie auf die Geisteswissenschaften: so bildete etwa der Historiker Herbert B. Adams, der in Heidelberg promoviert worden war, an der Johns Hopkins University eine ganze Generation amerikanischer Geschichtsforscher aus und gehörte darüber hinaus zu den Mitbegründern der *American Historical Association.* An allen drei Universitäten lehrten auch deutsche Professoren, die ihrerseits halfen, zusätzliche Kontakte zwischen Studenten und Dozenten diesseits und jenseits des Atlantik zu knüpfen. Aufs ganze gesehen erfolgte im letzten Drittel des 19. Jahrhunderts in den Vereinigten Staaten keine kritiklose Übernahme, sondern eine kreative Anverwandlung des auf Wilhelm von Humboldt zurückgehenden deutschen Universitätsmodells an die amerikanischen Verhältnisse, die sich durch das Vorherrschen des demokratischen Geistes und durch das *Frontier*-Erlebnis doch erheblich von denen im gerade geeinten Deutschen Kaiserreich unterschieden. Zweifellos wurden in diesen Jahrzehnten die Grundlagen für die Spitzenstellung geschaffen, die amerikanische Universitäten im 20. Jahrhundert in nahezu allen Wissensbereichen eroberten.

6. Parteipolitik und soziale Konflikte im Gilded Age

Parteimaschinen und "congressional government"

Der Schriftsteller Mark Twain gab der Nachkriegsepoche ihren Namen, als er vom "vergoldeten Zeitalter" (*gilded age*) sprach, hinter dessen glänzender Fassade die geistig-moralischen Sitten verfielen und sich soziales Elend ausbreitete. Zu diesem negativen Image hatte Präsident Ulysses S. Grant nicht wenig beigetragen, in dessen Amtszeit von 1869 bis 1877 die enge Verflechtung von politischen und wirtschaftlichen Interessen und die Bereicherungssucht hoher Regierungsbeamter durch mehrere Skandale offenkundig geworden waren. Die Demokraten nutzten diese Blößen zu einem Propagandafeldzug gegen Korruption und Sonderprivilegien (*special privileges*), der ihr Ansehen in der Wählergunst wieder steigen ließ. Auch in der Republikanischen Partei selbst begann es zu gären, wie die vorübergehende Abspaltung der Liberal Republicans im Jahr 1872 zeigte, deren Führer, u.a. Carl Schurz und Charles Francis Adams, 1884 noch einmal eine unabhängige Reformgruppe (spöttisch *Mugwumps* = "undisziplinierte Häuptlinge" genannt) formten. Korruption und Manipulation waren sicherlich verbreitet, aber bei näherer Betrachtung entzieht sich das politische Leben im *Gilded Age* doch jeder pauschalen Kritik oder einfachen Schematisierung. Aus heutiger Sicht und im internationalen Vergleich des späten 19. Jahrhunderts ist sein hervorstechendes Merkmal der intensive politische Wettbewerb auf allen Ebenen von der Gemeinde bis zum Kongreß. Politik wurde außerordentlich ernst genommen: Man versprach sich von ihr persönliches Fortkommen ebenso wie eine Lösung der großen nationalen Probleme; die meisten Bürger identifizierten sich stark mit einer der beiden großen Parteien und hielten ihr gewöhnlich über Jahrzehnte hinweg die Treue. Darüber hinaus nahm Politik vollends den Charakter eines Massenvergnügens an, dessen Unterhaltungswert von den inzwischen allgegenwärtigen Zeitungen noch gesteigert wurde. Die durchschnittliche Beteiligung an Präsidentschaftswahlen lag in dieser Zeit bei 78,5 Prozent der wahlberechtigten Amerikaner – ein Politisierungsgrad, der seither nicht mehr erreicht wurde. Wahlen waren aber nur der letzte Akt eines aufwendigen Verfahrens, zu dem Paraden, von den Kandidaten veranstaltete Feste, öffentliche Rededuelle und Parteikonvente gehörten, und die von Propagandakampagnen mit Flugblättern, Broschüren, Kandidatenporträts, Slogans und Anstecknadeln (*campaign buttons*) begleitet wurden. All dies geschah ohne feste, dauerhafte Parteiorganisationen, ohne eine stabile staatliche Bürokratie und mit einem Minimum an verbindlichen Regeln.

Für ein gewisses Maß an Ordnung in diesem Chaos sorgten die städtischen und einzelstaatlichen "Parteimaschinen", deren wichtigste Aufgabe darin bestand, bei den Wahlen die nötigen Stimmen zu mobilisieren. Die "Bosse" und "Manager" dieser Maschinen gehörten zu den ersten, die Politik zu ihrem Hauptberuf machten. Wenn sie erst einmal die Stadtverwaltung oder die Staatsregierung unter ihre Kontrolle gebracht hatten, konnten sie politische und finanzielle Unterstützung mit der Vergabe von Posten, öffentlichen Aufträgen und Geschäftslizenzen honorieren. Von ihrem Wohlwollen hing es dann auch ab, ob illegale Aktivitäten wie Wettbüros und Bordelle geduldet wurden oder nicht. Hieraus entstanden Netzwerke von gegenseitigen Abhängigkeiten und regelrechte Patronagesysteme, als deren typisches Beispiel stets *Tammany Hall*, die demokratische Parteiorganisation in New York City, genannt wird. Auch hier müssen die zweifellos berechtigten Vorwürfe von Korruption und Vetternwirtschaft abgewogen werden gegen nützliche Leistungen für die Allgemeinheit, die Bosse und Parteimaschinen in einer Zeit erbrachten, in der es keine professionelle Verwaltung mit Fachleuten für Probleme wie Wohnungsbau, Verkehr, Wasser- und Stromversorgung, Abfallbeseitigung etc. gab. Auf lokaler Ebene agierten die Bosse oft als Vermittler zwischen den verschiedenen wirtschaftlichen, ethnischen und religiösen Interessengruppen, und in Washington sorgten die Repräsentanten der *state party machines* als Senatoren oder Abgeordnete dafür, daß die Anliegen ihrer Staaten berücksichtigt wurden.

Trotz gelegentlicher Herausforderungen durch "dritte" Parteien blieb das Zweiparteien-System bis in die 1890er Jahre hinein stabil. Die Republikaner standen dem *big business* näher als die Demokraten, doch ihre Massenbasis fanden sie in den protestantischen städtischen Mittelschichten und bei den Farmern des Mittleren Westens. Sie galten weiterhin als die Partei der "moralischen Reform", bei der alle Gruppen Anschluß suchten, die christlich-evangelikale Grundsätze vertraten und den strikten Verhaltenskodex der *White Anglo-Saxon Protestants* (WASPs) verbindlich machen wollten. Die Demokraten stützten sich dagegen auf den "soliden Süden" und warben erfolgreich um die Gunst der überwiegend katholischen Neueinwanderer in den großen Städten des Nordostens. Der Arbeiterschaft gegenüber gaben sie sich toleranter als die Republikaner, indem sie moralisierende Belehrungen vermieden und die kulturelle Bevormundung durch das protestantische Establishment ablehnten.

Das politische Kräfteverhältnis war von 1876 bis 1896 sehr ausgewogen: Während die Republikaner bis auf zwei Ausnahmen

(Grover Cleveland 1884 und 1892) das Weiße Haus eroberten, beherrschten die Demokraten das Repräsentantenhaus in sieben von zehn Wahlperioden. Die Präsidenten, die meist auf Grund ihrer Verdienste im Bürgerkrieg nominiert worden waren und deren Namen – Rutherford Hayes, James Garfield, Chester Arthur, Benjamin Harrison – rasch in Vergessenheit gerieten, standen ganz im Schatten des selbstbewußten Kongresses. Als Konsequenz des "Beutesystems" der Postenvergabe wurde ein großer Teil ihrer Arbeitskraft von der Ämterpatronage in Anspruch genommen, zumal die Zahl der Regierungsangestellten zwischen 1860 und 1900 von etwa 36 000 auf über 200 000 anstieg. Für James Garfield hatte diese Praxis fatale Folgen, als sich 1881, ein Jahr nach seiner Wahl, ein übergangener Bewerber mit tödlichen Schüssen an ihm rächte.

Die Bereitschaft der Präsidenten, sich mit der Rolle eines Ausführungsorgans abzufinden, führte dazu, daß man vom *congressional government* sprach. Der spätere Präsident Woodrow Wilson wollte aus der Not sogar eine Tugend machen und empfahl eine Anpassung des amerikanischen Verfassungssystems an die parlamentarische Regierungsweise Großbritanniens. Da die Tätigkeit des Präsidenten selten über Routine hinausgehe, schrieb er in seiner 1885 veröffentlichten Dissertation *Congressional Government*, könne man das Präsidentenamt ohne weiteres zu einem reinen Verwaltungsposten und seine Inhaber zu Beamten auf Zeit reduzieren. Der gelehrte Schotte James Bryce, der die USA mehrfach besuchte und dessen Buch *American Commonwealth* (1888) umgehend mit Tocquevilles Klassiker *Democracy in America* verglichen wurde, gelangte zu einem ähnlichen Urteil. Potentiell besaß das Präsidentenamt seiner Meinung nach zwar eine große Autorität, doch tatsächlich waren die Männer im Weißen Haus – zumindest in Friedenszeiten – eher Geschöpfe ihrer Parteien und Gefangene der mechanischen Regierungsabläufe. Sie konnten keine langfristigen politischen Konzepte entwickeln und nahmen weniger Einfluß auf die Gesetzgebung als die Sprecher des Repräsentantenhauses.

Tatsächlich blieb die Schwäche der Präsidentschaft aber eine vorübergehende Erscheinung, die auch damit zu tun hatte, daß sich die Aktivitäten der Bundesregierung insgesamt – trotz des bürokratischen Wachstumsschubes seit 1860 – noch in engen Grenzen hielten. Dazu trug das prekäre regionale Gleichgewicht zwischen Norden und Süden ebenso bei wie die Tendenz des Supreme Court, die Befugnisse des Kongresses eng auszulegen. Die Mehrheit der Richter sah es in dieser Periode als ihre Hauptaufgabe an, das Recht auf Eigentum, das im 5. und 14. Amendment garantiert war, gegen staatliche Eingriffe zu verteidigen. Indem sie auch Aktiengesellschaften den Status von "Personen" zuerkannten, die Grundrechtsschutz beanspruchen konnten, förderten sie die Tendenz zum *laissez faire*-Kapitalismus. Wirtschaftsregulierungen ließen sie nur zu, wenn die Zuständigkeit des Kongresses eindeutig war (wie im Bereich des staatenübergreifenden Verkehrs), oder wenn die Parlamente der Einzelstaaten auf Grund ihrer Zuständigkeit für die öffentliche Sicherheit und Ordnung (*state police power*) aktiv wurden. So blieb etwa ein Gesetz des Staates Illinois unbeanstandet, das den Besitzern von Getreidespeichern vorschrieb, zu welchem Preis sie Getreide ankaufen durften (Munn v. Illinois, 1877). Generell verstand sich das Oberste Gericht, dessen Mitglieder ihre prägenden Erfahrungen zumeist in der Zeit vor dem Bürgerkrieg gesammelt hatten, weiterhin als Verteidiger der bürgerlichen Freiheiten gegen eine übermächtige Staatsgewalt. In der Wirklichkeit des *Gilded Age* ging die eigentliche Gefahr für die gesellschaftliche Stabilität aber nicht vom Staat aus, sondern von der wachsenden Übermacht privater Wirtschaftsinteressen. Die mangelnde Fähigkeit oder Bereitschaft, dem Faktum des raschen ökonomischen und sozialen Wandels im Zuge der Industrialisierung intellektuell Rechnung zu tragen, teilten die Richter allerdings mit weiten Teilen der amerikanischen Bevölkerung.

Eine Reihe potentiell wichtiger staatlicher Aufgaben wie die Regelung der Rassenbeziehungen oder die soziale Absicherung der Unterschichten (die Bismarck im Deutschen Reich um diese Zeit mit der Sozialversicherungsgesetzgebung einleitete) konnte die amerikanische Bundesregierung also entweder verfassungsrechtlich nicht erfüllen oder nahm sie aus politisch-ideologischen Gründen gar nicht erst in Angriff. Während der deutsche Ansatz eine Verhinderung der Armut durch bürokratischen Versicherungszwang und Sparkassenwesen beabsichtigte und damit auf die Prinzipien der modernen Sozialstaatlichkeit voraus wies, behielten die USA (abgesehen von den bundesstaatlichen Zuwendungen an Veteranen der Unionsarmee und ledige Mütter) einen dezentralen Kurs bei, der auf das Assoziations- und Vereinswesen sowie die einzelstaatliche und gemeindliche Fürsorge und Selbsthilfe vertraute. In anderen Bereichen, etwa bei der Beamtenreform und beim Kampf gegen Wettbewerbseinschränkungen, begnügte sich der Kongreß mit halbherzigen, wenig effektiven Maßnahmen. Die beherrschenden, am heftigsten umstrittenen nationalen Themen waren unter diesen Umständen die Zollgesetzgebung sowie die Währungs- und Finanzpolitik. In der Zollfrage setzten sich im wesentlichen die Republikaner durch, die für hohe Einfuhrzölle zum Schutz der heimischen Industrie plädierten. Vom Anstieg der Zolltarife profitierten die Unternehmer im Norden und Westen zweifellos mehr als die Farmer und Pflanzer des Südens, die zur Klientel der Demokratischen Partei zählten. Finanziell befanden sich die USA eigentlich in einer ausgezeichneten Situation, denn die Ausgaben des Bundes waren niedrig (am meisten wurde noch für Bürgerkriegspensionen aufgewendet), und die Zölle brachten soviel Geld in die Staatskasse, daß sich in den meisten Jahren ein Haushaltsüberschuß ergab, mit dem die Kriegsschulden abgezahlt werden konnten. Erhebliche Probleme bereitete aber der weltweite kontinuierliche Rückgang der Erzeugerpreise für Rohstoffe und Industrieprodukte, der eine Deflationsspirale in Gang setzte. Die wachsende Geldknappheit, die der ländlichen Bevölkerung besonders schwer zu schaffen machte, löste Forderungen aus, die USA sollten sich von dem 1873 eingeführten internationalen Goldstandard lösen und Silber wieder als Währungsreserve anerkennen. Bei den Demokraten stieß dieses Verlangen nach einer Inflations- bzw. Anti-Deflationspolitik auf größeres Verständnis als bei den Republikanern, die den Preisrückgang durch Überproduktion verursacht sahen und den Goldstandard verteidigten. Der Kongreß behalf sich zunächst mit Kompromißmaßnahmen, die den Geldumlauf erhöhen sollten, ohne den Goldstandard aufzuweichen. In der Krise der 1890er Jahre griff der Streit zwischen Gold- und Silberbefürwortern dann vom Kongreß auf die breite Öffentlichkeit über und wurde zum alles beherrschenden Wahlkampfthema.

Soziale Ausgrenzung und rechtliche Diskriminierung der Afro-Amerikaner in den Südstaaten

Große Teile des öffentlichen Lebens spielten sich im *Gilded Age* außerhalb der Sphäre der Bundesregierung in den Einzelstaaten und Gemeinden oder gewissermaßen im "staatsfreien Raum" des *dual federalism* ab. Der Rassenkonflikt im Süden, der Kampf ums Frauenwahlrecht und für Temperenz, der Zusammenprall der Interessen von Unternehmern und Arbeitern und der agrarische Protest der Populisten fanden in der Hauptstadt Washington verhältnismäßig wenig Widerhall. Diese sozialen Konflikte und Bewegungen berührten das Schicksal von Millionen Amerikanern aber oft weit unmittelbarer als so manche Entscheidung, die auf dem Capitol Hill oder im Weißen Haus getroffen wurde.

Zwischen 1860 und 1890 verdoppelte sich die Zahl der Afro-Amerikaner von 4,4 auf 8,8 Millionen, wobei der Anteil an der Gesamtbevölkerung allerdings um 3 auf 13 Prozent abnahm. Die weit überwiegende Zahl der Schwarzen lebte nach wie vor im Süden, und hier verschlechterte sich ihre Situation nach den Anfangserfolgen von Emanzipation und Rekonstruktion rapide. Die Gründe für das Ausbleiben einer wirklich tiefgreifenden Neuordnung der Rassenbeziehungen waren vielfältiger Art. Ökonomisch erlebte der Süden nach dem Krieg keinen Aufschwung, sondern verharrte – v.a. wegen der fallenden Weltmarktpreise für Baumwolle – in einer Dauerkrise. Die Sklavenarbeit auf den Plantagen wurde durch Pachtverhältnisse, hauptsächlich jedoch durch das System des *sharecropping* ersetzt. Im Unterschied zu den Pächtern (*tenants*), denen zumeist Farmgebäude, Vieh und die Werkzeuge selbst gehörten, verfügten die *sharecroppers* über keinerlei Besitz, sondern lebten auf dem Grund und Boden des Pflanzers und erhielten für ihre Arbeit einen Teil (*share*) der Ernte. Da das Geld aus dem Verkauf der Baumwolle jedoch selten ausreichte, den Lebensunterhalt der Familien zu bestreiten, waren die *sharecroppers*, aber auch die meisten Pächter bald hoffnungslos verschuldet. Auf diese Weise gerieten sie in eine Abhängigkeit von den Plantagenbesitzern, Kaufleuten und Kreditgebern, die dem Sklavenstatus schon wieder nahekam. Die Tatsache, daß auch viele Pflanzer in wirtschaftlichen Schwierigkeiten steckten, erhöhte nur noch den Druck auf die Afro-Amerikaner, für geringeres Entgelt mehr zu arbeiten.

Die ökonomische Knebelung der ehemaligen Sklaven wurde nach dem Abzug der letzten Bundestruppen aus dem Süden durch eine politische und soziale Entrechtung verschärft, die weiße Rassisten als die "Erlösung des Südens" (*Redemption of the South*) propagierten und feierten. Hauptziele waren dabei die Beseitigung des Wahlrechts für Schwarze und die möglichst vollständige Trennung der Rassen. Da Terror und Einschüchterung offensichtlich nicht ausreichten, um die Schwarzen von den Wahlurnen fernzuhalten, führte man nun verstärkt gesetzliche und verfassungsmäßige Restriktionen ein. Georgia beschloß 1877 eine Kopfsteuer (*poll tax*) für Wähler, die sich hauptsächlich gegen Afro-Amerikaner richtete und bald von allen anderen Südstaaten kopiert wurde. Als die Not in der Landwirtschaft

Ende der 1880er Jahre eine Solidarisierung von armen Weißen und Schwarzen möglich erscheinen ließ, änderten die Staaten – ausgehend von Mississippi – sogar ihre Verfassungen, um die Afro-Amerikaner vollends vom politischen Leben auszuschließen. Die neuen Bestimmungen, wonach nur derjenige wählen durfte, der seine Leseund Schreibfähigkeit in einem *literacy test* nachwies oder die Bestimmungen der Verfassung "richtig" erklärte, machten die Stimmabgabe für Schwarze praktisch unmöglich. Parallel dazu wurden die inoffiziellen, "unsichtbaren" Rassenschranken durch eine Flut von Staatengesetzen und lokalen Verwaltungsordnungen zum formalen System der "Segregation" ausgebaut. Nach einem populären weißen Unterhaltungskünstler, der in den 1830er Jahren als schwarz angemalter Clown Sklaven persifliert hatte, nannte man diese Vorschriften *Jim Crow laws*. Sie verbannten Schwarze aus Parks, Theatern, Hotels, Gaststätten etc., benachteiligten sie in öffentlichen Verkehrsmitteln und wiesen ihnen separate Schulen, Krankenhäuser, Gefängnisse und Friedhöfe zu. Vor Gericht war es mancherorts sogar verboten, daß weiße und schwarze Zeugen bei der Eidesleistung dieselbe Bibel benutzten. Es gab zwar, etwa im Schulwesen, auch eine von den Schwarzen gewünschte *self-segregation*, aber solche Ausnahmen änderten nichts am diskriminierenden Charakter des gesamten Systems.

Der Supreme Court trug durch eine einseitige Verfassungsauslegung dazu bei, daß die Emanzipation für die meisten Schwarzen ein leeres Versprechen blieb. Die Richter stellten sich auf den Standpunkt, daß der Kongreß nur für die formal-rechtliche Gleichheit zuständig sei, die Frage der sozialen Gleichstellung dagegen den Einzelstaaten überlassen bleiben müsse. Im Fall Plessy v. Ferguson ging der Supreme Court 1896 noch einen Schritt weiter, indem er die Rassentrennung für rechtmäßig erklärte, wenn die Behörden Schwarzen und Weißen "gleichwertige" Einrichtungen zur Verfügung stellten. Diese *separate but equal*-Doktrin bezog sich zunächst nur auf das öffentliche Verkehrswesen, diente bald aber generell zur Rechtfertigung der Segregation.

Die tiefere Ursache für die Ausgrenzung des schwarzen Bevölkerungsteils lag in dem tief verwurzelten weißen Rassismus, der schon Jefferson und später auch Lincoln an der Möglichkeit eines dauerhaften friedlichen Nebeneinanders hatte zweifeln lassen. Die Überzeugung vieler Weißer, die schwarze Rasse sei "minderwertig" und für eine "höhere" Zivilisation ungeeignet, wurde nun durch pseudowissenschaftliche Argumente noch bestärkt. So wendete beispielsweise der Harvard-Historiker Louis Agassiz die von Charles Darwin entwickelte Artenlehre auf die Menschheitsgeschichte an und behauptete, die "Negro race" habe nie eine eigenständige Regierungsorganisation hervorgebracht. Das entsprach den Bemühungen von Joseph de Gobineau und Houston Steward Chamberlain, den europäischen Rassismus und Antisemitismus in der zweiten Hälfte des 19. Jahrhunderts auf eine "wissenschaftliche" Grundlage zu stellen. In den USA blieb die Opposition gegen eine politische und soziale Gleichstellung der Afro-Amerikaner denn auch keineswegs auf den Süden beschränkt. Im Norden gestanden nur sieben Staaten ihren schwarzen Bürgern das volle Wahlrecht zu, und in der Mehrzahl der Staaten galt ein Verbot der Mischehe. Etwas vereinfacht kann man sagen, daß die nationale Aussöhnung nach Bürgerkrieg und Rekonstruktion auf dem Rücken der Afro-Amerikaner erfolgte. Die gemeinsam gehegten Vorurteile und Antipathien gegen die Afro-Amerikaner erleichterten es den Weißen in Nord und Süd, gegen Ende des Jahrhunderts die bitteren Erinnerungen hinter den Wunsch nach Versöhnung und nationaler Harmonie zurücktreten zu lassen. Im Laufe der 1880er Jahre verloren die Bürgerkriegskontroversen an Bedeutung, und gleichzeitig machte sich ein intensiveres amerikanisches Nationalgefühl bemerkbar. Parallel dazu breitete sich in intellektuellen Kreisen des Nordens ein Geist der Versöhnung aus, der in der Romantisierung des Südens und der Verharmlosung der Sklaverei durch Literaten und Historiker gipfelte.

Frauen im öffentlichen Leben

Die "Maschinen"-Politik und das rauhe politische Klima des *Gilded Age* waren der Frauenemanzipation keineswegs förderlich. Allerdings schuf die Vernachlässigung des sozialen Sektors durch Parlamente und Regierungen ein großes Betätigungsfeld für aktive Frauen, die sich der evangelikalen Reformtradition verpflichtet fühlten. Die 1848 gegründete Frauenbewegung hatte sich nach dem Bürgerkrieg über der Wahlrechtsfrage gespalten: Ein aktivistischer Flügel unter Elizabeth Cady Stanton und Susan B. Anthony ging aus Enttäuschung über die Republikaner, die es versäumt hatten, das Frauenwahlrecht im 14. und 15. Amendment zu verankern, auf Distanz zu beiden großen Parteien und formulierte ein unabhängiges Programm. Als *National Woman Suffrage Association* trat diese Gruppe für einen weiteren Verfassungszusatz ein, der das Frauenwahlrecht garantieren sollte. Um stärkeren Druck auf Parlamente und Regierungen ausüben zu können, organisierten ihre Mitglieder überall in den USA lokale *suffrage societies*. Der andere Flügel, die *American Woman Suffrage Association*, unterstützte die Wahlrechtsforderung im Prinzip, steuerte das Ziel aber in enger Zusammenarbeit mit der Republikanischen Partei und ehemaligen Abolitionisten auf eher gemäßigte Weise an. Diese Konkurrenz zweier Organisationen machte es nicht leichter, praktische Fortschritte zu erzielen, zumal das Verlangen nach politischer Mitsprache von Frauen noch auf verbreitetes Unverständnis stieß und gelegentlich sogar heftige männliche Gegenreaktionen provozierte. 1890 entstand zwar ein neuer Dachverband, die *National American Woman Suffrage Association*, aber bis 1896 hatten nur vier westliche Staaten – Wyoming, Utah, Colorado und Idaho – das Frauenwahlrecht eingeführt, während die Frauen anderswo allenfalls auf lokaler Ebene wählen durften. Die Fortschrittlichkeit des Westens ist zum einen darauf zurückzuführen, daß Frauen an der *Frontier* viele Tätigkeiten ausüben mußten, die normalerweise Männern vorbehalten blieben; zum anderen ließ es der Männerüberschuß im Westen geraten erscheinen, siedlungswilligen Frauen "Privilegien" wie das Wahlrecht in Aussicht zu stellen.

Zur größten und einflußreichsten Frauenorganisation in dieser Zeit stieg die *Women's Christian Temperance Union* (WCTU) auf, die Mitte der 1870er Jahre aus spontanen Aktionen von Frauen gegen Bars und Saloons in Ohio hervorgegangen war und 1890 unionsweit schon 150 000 Mitglieder zählte. Unter der Führung von Frances Willard nahm die WCTU nicht nur den Anti-Alkohol-Feldzug der *Temperance Societies* aus den 1840er und 1850er Jahren wieder auf, sondern wandte sich auch den Problemen des Sozial- und Gesundheitswesens, der Bildung und Erziehung, der öffentlichen Moral und des internationalen Friedens zu. Einerseits akzeptierten ihre Mitglieder die Doktrin der "separaten Sphären", derzufolge Männer und Frauen unterschiedlicher Natur waren und Frauen eine besondere Eignung für geistig-moralische Aufgaben hatten. Andererseits verstanden sie die "weibliche Sphäre" so umfassend, daß kaum ein Bereich des öffentlichen Lebens ausgespart blieb. Willard forderte denn auch das Wahlrecht für Frauen, allerdings nicht, wie die Suffragetten, als "natürliches Recht" im Sinne der Unabhängigkeitserklärung, sondern als Voraussetzung dafür, daß die Frauen ihrer spezifischen Verantwortung in der Industriegesellschaft gerecht werden konnten. Aus dem sozialen Engagement erwuchs also ein Anspruch der Frauen auf Mitsprache in gesellschaftlich relevanten Fragen. Das machte die Stärke der Frauenbewegung mit ihren vielfältigen Organisationen aus, die der amerikanischen politischen Kultur im 20. Jahrhundert eine ganz besondere Prägung verlieh.

Gewerkschaften und Arbeiterbewegung

Von den negativen Begleiterscheinungen der Industrialisierung, insbesondere von den Konjunktureinbrüchen, war die Masse der Arbeiter und Farmer am härtesten betroffen. In ihren Reihen formierte sich deshalb auch der stärkste Widerstand gegen eine Entwicklung, die bewirkte, daß politische Macht und gesellschaftlicher Wohlstand immer einseitiger verteilt wurden. Ohne hinreichenden sozialen und rechtlichen Schutz sahen sich die amerikanischen Arbeiter im *Gilded Age* nicht nur der Willkür der Unternehmer ausgeliefert, sondern gerieten auch unter psychologischen Druck und liefen Gefahr, ihr Selbstwertgefühl zu verlieren. Mentalitätsmäßig wurzelten viele noch im Handwerker-Republikanismus des frühen 19. Jahrhunderts: Sie verstanden sich als Produzenten, denen ein gewisses Maß an Unabhängigkeit zukam, deren Tätigkeit "wertvoll" war und die für ihre Arbeit einen "gerechten" Preis fordern durften. All dies wurde in Frage gestellt durch den Einsatz von Maschinen und die Disziplinierung der Belegschaften in den Fabriken, durch Massenproduktion, Spezialisierung und Akkordarbeit. Menschen drohten in diesem Räderwerk zu Ersatzteilen zu werden, die man beliebig austauschen oder auch ganz beiseiteschieben konnte.

In dem auf individuellen Wettbewerb ausgerichteten sozialen Klima des *Gilded Age* fiel es den Arbeiterinnen und Arbeitern sehr schwer, organisierte Interessenvertretungen aufzubauen. Ein erster überregionaler Zusammenschluß von *craft unions*, die 1866 gegründete *National Labor Union*, ging in der Wirtschaftskrise der 1870er Jahre unter. Erfolgreicher waren die *Knights of Labor*, die aus geheimbundartigen lokalen Zellen hervorgingen und 1878 einen Nationalkongreß in Pennsylvania abhielten. Im Unterschied zu den *craft unions* nahmen die *Knights* Arbeiter verschiedener Berufe auf und ließen nach anfänglichem Zögern auch Frauen und Afro-Amerikaner zu. Nachdem sie ihren geheimbündlerischen Prinzipien und Ritualen entsagt hatten, stieg die Mitgliederzahl bis Mitte der 1880er Jahre auf 700 000 Männer und Frauen in ca. 15 000 Ortsvereinen, darunter auch Angehörige der Mittelschicht wie kleine Geschäftsleute und Zeitungsverleger. Die wichtigsten konkreten Forderungen lauteten: Verbot der Kinderarbeit, gleicher Lohn bei gleicher Arbeit für Männer und Frauen, Verstaatlichung der Eisenbahn- und Telegraphengesellschaften, Einführung des Acht-Stunden-Tags und Drosselung der Einwanderung. Aufs Ganze gesehen schwebte den *Knights* eine "kooperative", genossenschaftliche Gesellschaftsform vor, wie sie auch in der utopischen Literatur der Zeit, etwa von Edward Bellamy und Henry Demarest Lloyd, dargestellt wurde. Zu diesem Ziel wollte man auf dem Wege der Gesetzgebung durch Reformen gelangen, nicht mit einer Strategie der "revolutionären Umwälzung", wie sie die Kommunistische Internationale propagierte (die in einigen amerikanischen Städten Sektionen unterhielt).

Obwohl die Führung der *Knights of Labor* den Streik als gewerkschaftliches Kampfmittel ablehnte, konnten sich die Mitglieder den häufig spontan aufflammenden Konflikten gar nicht entziehen und waren an allen großen Streikbewegungen der Zeit maßgeblich beteiligt. Einen ersten Höhepunkt bildete der Eisenbahnerstreik von 1877, der aus Protest gegen Lohnkürzungen in West Virginia begann, dann aber eine Solidarisierungswelle auslöste, die auch andere Industrien erfaßte und bis in den Mittleren Westen und an die Westküste reichte. Die Eisenbahngesellschaften antworteten mit Massenentlassungen, dem Einsatz von Streikbrechern und der Unterwanderung der Streikkomitees durch Privatdetektive der Agentur Pinkerton, die "schwarze Listen" der Arbeiterführer aufstellte. Nach schweren Kämpfen zwischen streikenden Arbeitern und Staatenmilizen in Pittsburgh, Chicago und St. Louis befahl Präsident Hayes den Einsatz von Bundestruppen, um die Unruhen niederzuschlagen und die Ordnung wiederherzustellen. Im Umfeld des Streiks, der insgesamt über 100 Todesopfer forderte, entstanden die ersten unabhängigen Arbeiterparteien, die sich an lokalen und regionalen Wahlen beteiligten. Am äußersten Rand des politischen Spektrums bildeten sich anarchistische Zirkel, die weltweit geheime Kontakte unterhielten und "direkte Aktionen" befürworteten. Eine wichtige Rolle spielte dabei der ehemalige Reichstagsabgeordnete Johann Most, der 1878 nach Erlaß des Sozialistengesetzes ausgewiesen worden war und seit 1882 in den USA lebte.

In den 1880er Jahren stellten sich Mitglieder der Arbeiterparteien und der *Knights of Labor* häufig an die Spitze von Streiks. 1885 feierten sie einen letzten großen Sieg, als sie die Eisenbahngesellschaften im Südwesten der USA durch Arbeitsniederlegungen und Boykottaktionen zur Rücknahme von Lohnkürzungen zwangen. Eine Wende markierte dann aber der schwere Bombenanschlag auf dem Haymarket in Chicago, dem am 4. Mai 1886 sieben Polizisten zum Opfer fielen. Als Rädelsführer wurde der deutschstämmige Anarchist August Spies verhaftet, der mit Most befreundet war und an der Spitze des "Revolutionären Clubs" von Chicago stand. Damit war nicht nur der positive Eindruck zerstört, den die Demonstration von über 100 000 Menschen am 1. Mai für den Acht-Stunden-Tag gemacht hatte, sondern auch der Schwung der *Knights of Labor* gebrochen. Während sich die Führung noch entschiedener als zuvor von Gewaltaktionen und Streiks distanzierte, wendeten sich viele Arbeiter enttäuscht von der Organisation ab, deren Mitgliederschaft bis 1895 auf ca. 70 000 zusammenschmolz. Trotz einer weltweiten Kampagne zur Rettung der zum Tode verurteilten Anarchisten wurden Spies und drei weitere Männer am 11. November 1887 hingerichtet. Heute geht man davon aus, daß es sich bei der "Haymarket-Affäre" um eine Provokation der Polizei von Chicago gehandelt hat, die anarchistische Gruppen infiltriert und mit Sprengstoff versorgt hatte.

Das Erbe der *Knights of Labor* trat die *American Federation of Labor* (AFL) an, die allerdings einen ganz anderen Charakter trug und unterschiedliche Ziele verfolgte. Sie entstand 1881 in Pittsburgh auf Initiative von Samuel Gompers, dem Führer der *Cigar Makers' Union*, als Zusammenschluß von Facharbeiterverbänden. Gompers' Vorbild war der englische *New Unionism*, dem es darauf ankam, die Interessen der Arbeiter in den einzelnen Branchen durch finanzstarke und schlagkräftige Organisationen zu vertreten. Die AFL entschied sich von vornherein für einen pragmatischen Kurs, mit dem die Arbeitsbedingungen und die materielle Lage der Arbeiter innerhalb des bestehenden Systems schrittweise verbessert werden sollten. Wichtigste Waffe war der Streik, der aber ebenfalls nur in diesem begrenzten, "unpolitischen" Rahmen eingesetzt wurde. Im Unterschied zu den *Knights* legten die AFL-Verbände wenig Wert auf die Mitgliedschaft von ungelernten Arbeitern sowie von Frauen und Afro-Amerikanern. Die Arbeiterinnen, die mit am schwersten unter den ausbeuterischen Bedingungen in den *sweatshops* der Textilindustrie zu leiden hatten, griffen daraufhin zur Selbsthilfe. Die verschiedenen Frauengewerkschaften vereinigten sich 1903

– ebenfalls nach englischem Vorbild – zur *Women's Trade Union League*. Als Teil der reformerischen Frauenbewegung trat sie für den Schutz der Frauen am Arbeitsplatz ein, förderte die Frauenbildung und kämpfte mit für das Frauenwahlrecht.

Durch den Übertritt vieler ehemaliger *Knights of Labor* wuchs die AFL bis zur Jahrhundertwende auf über 40 Einzelgewerkschaften mit tausenden von *local unions* und ca. 1 Million Mitglieder an. Einer Reihe von Erfolgen standen einige schwere Niederlagen gegenüber, wie 1892 beim Streik der Stahlarbeiter gegen den Carnegie-Konzern in Homestead, Pennsylvania, oder 1894, als der Lohnkampf gegen George Pullman, den Besitzer der größten Eisenbahnwagenfabrik, in Chicago scheiterte. Beide Auseinandersetzungen wurden von Arbeiter- wie Unternehmerseite mit kaum geringerer Härte als der Streik von 1877 geführt. Sie zeigten die Grenzen der AFL auf, die nicht nur mit der wachsenden Macht der Konzerne rechnen mußte, sondern im Ernstfall auch die Bundesregierung und die öffentliche Meinung der USA gegen sich hatte. Auf dem Tiefpunkt der Depression im Jahr 1894 waren 2,5 Millionen Menschen arbeitslos, und es wurden im ganzen Land 1 300 Streiks registriert. Eine neue Form des Massenprotests erfand zu diesem Zeitpunkt kein Gewerkschafter, sondern der Geschäftsmann Jacob E. Coxey aus Ohio, der Arbeitslose für einen "Marsch auf Washington" sammelte. Statt der erhofften 400 000 nahmen allerdings nur einige hundert Menschen teil, und die Washingtoner Polizei konnte *Coxey's Army* schnell zerstreuen. Der Propagandaeffekt dieser Aktion sollte aber noch viele Verfechter von Reformideen zur Nachahmung anspornen.

Selbst unter den extremen Bedingungen des *Gilded Age* entwickelte sich in den USA keine starke sozialistische Bewegung. Die amerikanische Arbeiterschaft war ethnisch und interessenmäßig zu differenziert und geographisch zu mobil, um einen einheitlichen Willen entwickeln und kraftvoll durchsetzen zu können. Immigration, Westwanderung und individuelles Erfolgsstreben hielten die Gesellschaft in ständigem Fluß und ließen ein Bewußtsein fester und permanenter Klassengegensätze, wie es um diese Zeit in vielen europäischen Staaten herrschte, nicht aufkommen. Karl Marx, Friedrich Engels und andere Theoretiker und Praktiker der Revolution standen vor einem Rätsel: Trotz einer potentiell "revolutionären Situation" schienen die USA das einzige Land zu sein, das den Übergang zum Sozialismus auf friedlichem Wege bewerkstelligen konnte. Im Vergleich zu anderen Industrieländern blieb der Organisationsgrad der amerikanischen Arbeiter gering: 1900 gehörten von knapp 30 Millionen Beschäftigten nur etwa eine Million einer Gewerkschaft an. Große Teile der Arbeiterschaft, wie die Ungelernten, die Nichtweißen (Afro-Amerikaner, Asiaten, Mexikaner) und die Frauen wurden von den etablierten Gewerkschaften sogar bewußt vernachlässigt. Zudem standen die Arbeiterinnen und Arbeiter in ihrer Mehrzahl der Industrialisierung keineswegs ablehnend gegenüber, sondern wollten an den wirtschaftlich-technischen Fortschritten teilhaben und sie zur Besserung ihrer persönlichen Lage nutzen. Wenn sie Protest gegen Mißstände erhoben, dann taten sie das in einer langen republikanisch-demokratischen Tradition, die ihnen das Vertrauen gab, den politischen Entscheidungsprozeß beeinflussen und Abhilfe durch Reformen schaffen zu können. Auf diese Weise übten die Gewerkschaften eine wichtige Korrekturfunktion bei der Entstehung des Industriestaates aus: Sie lenkten die Aufmerksamkeit auf die Probleme und Bedürfnisse der Arbeiterschaft und erreichten, daß sich Intellektuelle und Politiker mit sozialen Fragen beschäftigten und daß in der Öffentlichkeit Reformbereitschaft entstand. Die von Gewerkschaften und Arbeiterparteien geschaffene "Arbeiterkultur" in Form von Arbeitervereinen, Arbeiterzeitungen, Bildungs- und Sozialeinrichtungen etc. wirkte der gesellschaftlichen Isolierung und der Zerstörung des Selbstwertgefühls entgegen. Hierzu leisteten gerade auch deutsche Einwanderer in Städten wie Milwaukee, Chicago, Cleveland, St. Louis und Cincinnati bedeutende Beiträge. Letztlich nahmen die Vertreter der Arbeiterschaft damit an einer sehr viel übergreifenderen Entwicklung teil, die zur Organisation von Interessen außerhalb der großen Parteien hinführte. Diese Ausformung vielfältiger Interessengruppen wurde zur Signatur der amerikanischen Gesellschaft im Zeitalter des Progressivismus.

Die Rebellion der Populisten und die Wahlen von 1896

In den 1890er Jahren schien es kurzfristig so, als würden sich die Unzufriedenheit der Arbeiterschaft und die Proteststimmung der Farmbevölkerung zu einer ernsthaften Herausforderung des bestehenden Wirtschafts- und Gesellschaftssystems verbinden. Auf dem Agrarsektor konnten sich genossenschaftliche Modelle, wie sie seit dem Bürgerkrieg von Selbsthilfeorganisationen der Farmer, den *Granges*, z.T. mit Unterstützung der Bundesregierung erprobt wurden, ebensowenig gegen die kapitalistischen Interessen durchsetzen wie in der Industrie. Nach einer kurzen Blütezeit in den 1870er Jahren entwickelten sich die *Granges* wieder zu Vereinen zurück, die durch Unterhaltung und Bildung die Einsamkeit des Landlebens bekämpften. Der politische Unmut der Farmer nahm aber zu, weil ab Anfang der 1880er Jahre die Preise für Agrarprodukte schneller absanken als der Index der Verbraucherpreise insgesamt, wodurch sich die Schere zwischen Zinsbelastung und Einkommen immer weiter öffnete. Die Initiative ging nun von den *Granges* auf die *Farmers' Alliances* über, die – beginnend in Texas – systematischer und aggressiver um Mitglieder warben. Ihre Hauptthemen waren der Mangel an Zahlungsmitteln und billigen Krediten sowie die Tarifgestaltung der Eisenbahngesellschaften, die Familienfarmer gegenüber der vordringenden Agrarindustrie benachteiligten. Bis 1890 hatte sich die Bewegung zu zwei großen Organisationen verfestigt: im Südwesten arbeiteten 2 Millionen weiße und 1 Million schwarze Farmer – wenngleich in getrennten Zweigen – in der *Southern Alliance* zusammen, und im Mittleren Westen, v.a. in Kansas, Nebraska und den Dakotas existierte eine eigene *Alliance* mit ca. 2 Millionen weißen Mitgliedern.

Praktische Reformvorschläge wie den *subtreasury plan*, der auf eine Stabilisierung der Getreidepreise durch bundesstaatliche Ankäufe und Lagerhaltung zielte, begleiteten die *Alliances* mit einer emotionalen politischen Kampagne, die sie im Namen der "wirklichen Produzenten" gegen die korrumpierende Macht des Kapitals, verkörpert in "der Wall Street", führten. Jeffersonsche Ideen einer "agrarischen Demokratie" der unabhängigen Farmer verbanden sich in vielen Gegenden mit Formen evangelikaler Erweckungsbewegungen: Die *Alliances* hielten ihre Versammlungen häufig als *camp meetings* ab, auf denen die Sprecher – darunter Frauen wie Mary E. Lease aus Kansas – die alten Tugenden beschworen und vor einem apokalyptischen Ende der amerikanischen Republik warnten. Ab 1890 beteiligten sich die *Alliances* mit eigenen Kandidaten an den Wahlkämpfen und errangen spektakuläre Erfolge: Sie eroberten Mehrheiten in zehn Staatenparlamenten, stellten Gouverneure, z.B. in Texas, und schickten Abgeordnete und Senatoren nach Washington. Aus der besonders aktiven *Kansas Alliance* ging 1890 die *People's Party* hervor, die sich rasch über den ganzen Westen und Südwesten ausbreitete, und deren Anhänger *populists* genannt wurden. Im Wahljahr 1892 schlossen sich die beiden überregionalen *Alliances* zusammen und beriefen den Gründungskongreß der nationalen *People's Party* auf den 4. Juli nach Omaha in Nebraska ein. Die 800 Delegierten klagten die etablierten Parteien an, sie trieben die Nation in den moralischen, politischen und wirtschaftlichen Ruin und spalteten das amerikanische Volk in zwei Klassen – die Landstreicher (*tramps*) und die Millionäre.

Das Parteiprogramm forderte die Verstaatlichung der Eisenbahnen, ein auf Gold und Silber basierendes Währungssystem, staatliche Hilfen für die Landwirtschaft gemäß dem *subtreasury plan*, eine progressive Einkommensteuer, die Direktwahl der Senatoren sowie – mit Blick auf die Gewerkschaften – eine Beschränkung der Einwanderung und kürzere Arbeitszeiten in der Industrie. Im November holte der Präsidentschaftskandidat der *People's Party*, der ehemalige Unionsgeneral James B. Weaver aus Iowa, auf Anhieb 1 Million Stimmen, was ihm einen Anteil von 8,5 Prozent an der *popular vote*, aber nur 22 Wahlmännerstimmen eintrug. In vier Staaten westlich des Mississippi – Kansas, Colorado, Idaho und Nevada – erreichten die Populisten über die Hälfte der abgegebenen Stimmen und brachten das Monopol der etablierten Parteien ins Wanken. Nach der Finanzpanik von 1893 legte die *People's Party* bei den Zwischenwahlen 1894 sogar noch einmal fast 50 Prozent an Stimmen zu.

Im Vorfeld der Präsidentschaftswahlen von 1896 gelang es den Populisten, den Kampf um die Silberwährung zum alles beherrschenden Thema zu machen. Der demokratische Präsident Grover Cleveland büßte seine Chancen zur Renominierung ein, als er sich auf den Goldstandard festlegte und einen Stabilisierungskredit mit einem Bankenkonsortium unter Führung von J.P. Morgan vereinbarte. An seiner Stelle schickten die Demokraten einen 36jährigen Kongreßabgeordneten aus Nebraska, William Jennings Bryan, ins Rennen, der den Parteikonvent mit religiösem Pathos und dem Ruf nach "moralischer Erneuerung Amerikas" begeisterte. Die Kandidatur Bryans brachte die *People's Party* in Bedrängnis, da die Demokraten nun die populistische Parole *free silver* übernahmen. Auf dem Konvent der *People's Party* in St. Louis entschloß sich eine Mehrheit zur Unterstützung Bryans und setzte seinen Namen zusammen mit einem populistischen Vizepräsidentschaftskandidaten auf das sog. *Demopop Ticket*. Die Republikaner nominierten William McKinley, einen Senator aus Ohio, der das Vertrauen der Wirtschaft genoß, sich als Vermittler im Pullman-Streik aber auch Sympathien in der Arbeiterschaft erworben hatte. Die Abspaltung der enttäuschten "Silber-Republikaner" blieb praktisch folgenlos. Aus dem Hintergrund dirigiert durch den Industriellen Mark Hanna, begegnete die Republikanische Partei dem moralischen Kreuzzug der vereinigten Demokraten und Populisten mit professioneller Organisation und einer von den Unternehmern gut gefüllten Wahlkampfkasse. Während Bryan kreuz und quer durch die USA reiste und über 600 Wahlkampfreden hielt, blieb McKinley auf Anraten Hannas daheim in Canton und sprach mit "Meinungsführern", die per Eisenbahn aus allen Teilen des Landes herbeitransportiert wurden. Gleichzeitig beorderte Hanna geschulte Redner in umkämpfte Wahlkreise und ließ die Staaten mit 250 Millionen Propagandabroschüren überschwemmen.

Für die Wähler war die Alternative 1896 so klar wie lange nicht mehr: Bryan und die Populisten versprachen, die Geldknappheit mit Hilfe der Silberwährung zu beseitigen, die Wall Street-"Verschwörer" zu entmachten und die Regierung der USA wieder in die Hände des Volkes zu legen. Die Republikaner priesen dagegen *sound money* als Grundlage der sozialen Ordnung und behaupteten, daß allein der Goldstandard die Erholung der amerikanischen Wirtschaft gewährleisten und die Kreditwürdigkeit der USA im Ausland erhalten könne. Angesichts dieser Polarisierung sahen ängstliche Gemüter politische Unruhen oder sogar eine Revolution voraus. Tatsächlich blieb aber alles ruhig, als sich McKinley im November mit 600 000 Stimmen Vorsprung und 271 zu 176 Wahlmännerstimmen klarer als erwartet gegen Bryan durchsetzte. Erstaunlicherweise fielen sogar agrarische Staaten des Mittleren Westens wie Iowa und Minnesota an die Republikaner, vermutlich, weil sich die Krise der Landwirtschaft dort nicht ganz so schwer auswirkte. Entscheidend war aber, daß es den Demokraten nicht gelang, den Interessengegensatz zwischen Farmbevölkerung und Industriearbeiterschaft zu überwinden. Die Arbeiter lehnten in ihrer Mehrheit inflationäre Maßnahmen ab und wünschten niedrige Lebensmittelpreise, und Gewerkschaftsführer wie Gompers betrachteten die Farmer nicht als Proletarier, sondern als kapitalistische Kleinunternehmer. Die Republikaner schnitten deshalb in Industriezentren besonders gut ab, was ihnen z.B. Erfolge in den Schlüsselstaaten Illinois und Ohio sicherte. Im Weißen Haus profitierte McKinley dann von einer Reihe günstiger Umstände: Der weltweite Preisrückgang wurde gestoppt, die Nachfrage nach Agrarprodukten und Industriegütern nahm wieder zu, und die Währungsproblematik erledigte sich fast von selbst durch große Goldfunde in Alaska.

Die Wahlen von 1896 markieren in mehrfacher Hinsicht einen Einschnitt in der Geschichte der USA: Zu den wichtigsten unmittelbaren Folgen gehörte der Zusammenbruch der populistischen Bewegung, die mitsamt der *People's Party* in der Demokratischen Partei aufging. Der Populismus scheiterte hauptsächlich an seiner ambivalenten Haltung zur Industriegesellschaft, die er teils mit religiöser Inbrunst und antimodernistischer Radikalität ablehnte, teils auf pragmatische Weise reformieren wollte. Politik wurde nun nicht nur insgesamt professioneller betrieben, sondern die beiden großen Parteien gingen auch stark verändert aus dem Wahlkampf hervor: Die Republikaner streiften ihr puritanisch-sozialreformerisches Erbe allmählich ab, öffneten sich der Politik der Interessengruppen und schmiedeten eine Koalition von *business and labor*. Dafür schlüpfte die Demokratische Partei – zumindest in den Nordstaaten – in eine Rolle, die seit Lincolns Zeiten von den Republikanern gespielt worden war: Sie wurde zum Sammelbecken von Reformgruppen, die eine bessere Gesellschaft und eine stärker an moralischen Werten ausgerichtete Politik befürworteten. Innerhalb des Zweiparteien-Systems fand also gewissermaßen ein Austausch der Parteiprofile statt. Das half zunächst hauptsächlich den Republikanern, doch später kam das Reformimage der Demokratischen Partei den Präsidenten Woodrow Wilson, Franklin D. Roosevelt, John F. Kennedy und Lyndon B. Johnson zugute. Schließlich vollzog sich auch ein Wandel im öffentlichen Bewußtsein, der allerdings widersprüchlich ausfiel: Einerseits erwartete man von den Regierungen vermehrte Aktivitäten und Mitverantwortung für das wirtschaftliche Wohlergehen und den sozialen Fortschritt; andererseits nahm die Parteienbindung der Bürger ab und begann die Wahlbeteiligung zu sinken. Wettgemacht wurde dieses nachlassende parteipolitische Engagement durch die Organisation von Interessen außerhalb der Parteien und das Wiederaufleben von Reformbewegungen, die den religiös-moralischen Impuls mit bürokratisch-sozialwissenschaftlichen Methoden verbanden. Damit traten die USA als erster Industriestaat in das Zeitalter der pluralistischen Demokratie ein.

V.
Imperialismus, progressive Reformbewegung und Erster Weltkrieg, 1897–1920

Der klare Wahlsieg, den die Republikaner 1896 errangen, überwand das fein austarierte Parteiengleichgewicht und damit auch die politische Passivität und den Immobilismus des *Gilded Age*. William McKinley beendete die Reihe der schwachen Präsidenten und fand – gestützt auf die seit dem Bürgerkrieg enorm gewachsene Wirtschaftskraft der USA – ein neues Betätigungsfeld in der Außenpolitik. Dieser expansive Kurs bescherte den USA nicht nur Erfolge, sondern trug ihnen auch Konflikte mit den Nachbarn in Zentralamerika und der Karibik ein und verwickelte sie in die Großmachtrivalitäten in Europa und Asien. Innenpolitisch wurde die Expansion durch ein Erstarken des amerikanischen Nationalismus abgesichert, der die Erinnerungen an den Bürgerkrieg endgültig verdrängte und zeitweise missionarische und aggressive Züge annahm. Andererseits blieben antiimperialistische Strömungen in der amerikanischen Bevölkerung einflußreich genug, um die Errichtung eines formalen Kolonialreiches nach europäischem Vorbild zu verhindern. In den USA ging auch – anders als bei den meisten übrigen Großmächten – die imperiale Außenpolitik mit einem angestrengten Bemühen um innenpolitische Reformen Hand in Hand. Diese Eruption von reformerischen Energien sparte allerdings einige gesellschaftliche Bereiche, wie die Rassenbeziehungen, weitgehend aus und zeitigte in anderen, wie dem Kampf gegen den Alkohol, unerwartete und unerwünschte Resultate. Nach dem Eintritt in den Ersten Weltkrieg 1917 erlahmte der reformerische Schwung, und unter der charismatischen Führung Präsident Woodrow Wilsons wurden alle Energien in den Dienst einer großen Aufgabe gestellt: das Deutsche Reich und seine Verbündeten zu besiegen und den Weltfrieden dauerhaft zu sichern. Noch im Verlauf des Krieges sahen sich die USA jedoch durch die russische Revolution mit einer neuen politisch-ideologischen Herausforderung konfrontiert, die ihren Führungsanspruch und ihre innere Stabilität in Frage stellte.

1. Der Eintritt der USA in die Weltpolitik

Grundlagen und Motive einer amerikanischen Großmachtpolitik

In den letzten Dekaden des 19. Jahrhunderts schufen Bevölkerungswachstum und Industrialisierung die materiellen Voraussetzungen für ein machtpolitisches Ausgreifen der USA über die "natürlichen" kontinentalen Grenzen hinaus. Gleichzeitig begann sich – nicht zuletzt unter dem Eindruck der periodisch auftretenden Wirtschaftskrisen – die Auffassung durchzusetzen, daß ökonomische Prosperität und gesellschaftliche Ordnung von der Eroberung und Sicherung überseeischer Märkte abhingen. Dies wiederum erforderte eine starke Handels- und Kriegsflotte und eine zusammenhängende, in sich schlüssige außen- und militärpolitische Strategie.

Zwischen 1865 und der Jahrhundertwende hatte sich die amerikanische Bevölkerung von knapp 37 auf 76 Millionen mehr als verdoppelt, und kurz nach dem Kriegsausbruch in Europa überschritt die Einwohnerzahl der USA 1915 die 100 Millionen-Grenze. Hinter dieser Dynamik blieb selbst die neue europäische Großmacht Deutschland zurück, deren Bevölkerung zwischen Reichsgründung und Erstem Weltkrieg von 40 auf 70 Millionen stieg. Einen gewichtigen Beitrag zum amerikanischen Bevölkerungswachstum leistete wieder die Einwanderung, die ab der Jahrhundertwende auf absolute Rekordzahlen kletterte und von 1900 bis 1914 ca. 13 Millionen Menschen in die USA brachte. Im Zeitraum von 1870 bis 1914 nahmen die USA insgesamt 25 Millionen Menschen in einer der größten Wanderungsbewegungen der Weltgeschichte auf. Bei der Volkszählung von 1910 erreichte der Anteil der im Ausland geborenen Amerikaner mit 14,8 Prozent seinen historischen Höchststand. Die sinkenden Reisekosten auf der Atlantikroute eröffneten jetzt die Möglichkeit, nur noch vorübergehend zum Geldverdienen nach Amerika zu kommen und eventuell sogar mehrmals als eine Art "Gastarbeiter" (*bird of passage*) zwischen Europa und den USA hin- und herzufahren. Während der Zustrom aus den traditionellen Herkunftsländern West- und Mitteleuropas und Skandinaviens allmählich versiegte – das Deutsche Reich wurde in dieser Zeit selbst zum Einwanderungsland –, stammten die "neuen Immigranten" vorwiegend aus Süd- und Osteuropa. Die meisten von ihnen bevölkerten bald die Städte im "Dreieck der Hoffnung", das von den Neuenglandstaaten im Nordosten, Missouri im Mittleren Westen und der Hauptstadt Washington D.C. im Südosten begrenzt war. Das gab der Urbanisierung und Industrialisierung Auftrieb, vergrößerte aber gleichzeitig den ökonomischen Vorsprung des Nordens vor dem Süden. Ab 1900 wuchs die städtische Bevölkerung der USA wesentlich schneller als die ländliche, und bei Kriegsende 1918 lebten erstmals mehr Menschen in Städten als auf dem flachen Lande.

Das amerikanische Bruttosozialprodukt verdreifachte sich von 1870 bis 1900, und im selben Zeitraum verfünffachte sich die industrielle Produktion. Der Wert der Ausfuhren stieg in den 1870er Jahren von 500 Millionen auf knapp 1 Milliarde Dollar pro Jahr, verharrte bis 1896 in etwa auf dieser Höhe und explodierte dann geradezu auf ca. 1,5 Mrd. im Jahr 1900, ca. 2 Mrd. Dollar 1910 und ca. 3 Mrd. 1915. Einer ähnlichen Kurve folgten die Einfuhrwerte, wobei jedoch die Ausfuhrüberschüsse ab 1896 zunahmen. Im späten 19. Jahrhundert wurden zwar insgesamt weniger als 10 Prozent der amerikanischen Produktion exportiert, aber in der Landwirtschaft waren es 20 Prozent, und bei einzelnen agrarischen Produkten wie Baumwolle, Weizen und Tabak lag der Exportanteil noch viel höher. Kaum anders verhielt es sich mit der Industrieproduktion, die einen wachsenden Teil der Gesamtexporte ausmachte (1880 15 Prozent, 1900 dagegen schon über 30 Prozent): Insgesamt gingen im Jahr 1900 nur 9 Prozent der amerikanischen Rohstoffe und Industriegüter in den Export, aber für einzelne Branchen wie Eisen und Stahl (15 Prozent), Nähmaschinen (25 Prozent), Kupfer (50 Prozent) und Erdölprodukte (57 Prozent) waren die Ausfuhren von großer Bedeutung. Aus gesamtwirtschaftlichen Gründen blieb der Export auch deshalb so wichtig, weil die USA für ihre Entwicklung weiterhin ausländisches Investitionskapital benötigten und die anfallenden Zinsen nur aufbringen konnten, wenn sie eine aktive Handelsbilanz erzielten.

Die Krise der 1890er Jahre mit ihren gefährlichen Folgen für den inneren Frieden und die soziale Stabilität führten viele Amerikaner auf "Überproduktion" und eine "Sättigung" des Binnenmarktes zurück, die nur durch steigende Exporte ausgeglichen werden konnten. Da sich die europäischen Mächte (wie die USA selbst) mit hohen Zollmauern umgeben hatten und darüber hinaus seit den

1880er Jahren Afrika praktisch unter sich aufteilten, schienen den Vereinigten Staaten nur noch in Lateinamerika und Asien zukunftsträchtige Märkte offenzustehen. Aber selbst hier drohten Konkurrenten wie Großbritannien, Deutschland, Rußland und Japan, die den USA militärisch weit überlegen waren, die amerikanischen Interessen an den Rand zu drängen. All das ließ es geraten erscheinen, daß die Amerikaner den Blick stärker nach außen richteten und auf der weltpolitischen Bühne zielstrebiger und offensiver auftraten.

Obwohl sich diese Probleme bereits im *Gilded Age* abzeichneten, betrieben die amerikanischen Regierungen Außenpolitik zunächst nur kurzatmig und ohne ein klares Konzept. In der Amtszeit von Präsident Chester A. Arthur (1881–85) war zwar in sehr bescheidenem Umfang mit der Modernisierung der Kriegsflotte begonnen worden, die noch vorwiegend aus Holzschiffen bestand, und im Pazifik hatten sich die USA einige Inselstützpunkte, u.a. auf Samoa (in Absprache mit Deutschland und England) und auf Midway verschafft. Weitergehende Expansionsbestrebungen im Pazifik (Hawaii) und in der Karibik (Kuba, Virgin Islands, Dominikanische Republik) fanden aber kein öffentliches Interesse und stießen im Kongreß auf Ablehnung. Es blieb einem unscheinbaren Offizier der U.S. Navy, Captain Alfred T. Mahan, vorbehalten, die intellektuellen Konsequenzen aus dem Aufstieg der USA zur Industriemacht und der dadurch veränderten Weltlage zu ziehen. In seinem 1890 veröffentlichten Werk *The Influence of Seapower Upon History*, zu dem ihn die Beschäftigung mit der römischen Geschichte inspiriert hatte, forderte er dazu auf, die Weltmeere nicht länger als Barrieren, sondern als die großen Verkehrsadern der Zukunft zu betrachten. Ihre Kontrolle und Beherrschung würden das Schicksal der Völker und Staaten entscheiden, was aus amerikanischer Sicht eine leistungsfähige Handelsflotte und eine mächtige Kriegsflotte erfordere. Wie andere Politiker und Militärs vor ihm, forderte Mahan den Bau einer Verbindung zwischen Atlantik und Pazifik durch Zentralamerika nach dem Vorbild des 1869 eröffneten Suez-Kanals. Für ihn war dieses Projekt aber nur Teil einer größeren geostrategischen Vision, in der er den Flottenbau, die Sicherung des freien Zugangs zu überseeischen Märkten, die Annexion Hawaiis und die Gewinnung von weiteren Stützpunkten in der Karibik und im Pazifik zu einem kohärenten, in sich schlüssigen Gesamtkonzept zusammenfügte. Dieser umfassende Ansatz übte eine starke Faszination auf die noch sehr schmale außenpolitische Elite der USA aus und beeinflußte insbesondere die jüngeren, "kommenden" Männer wie Theodore Roosevelt, Henry Cabot Lodge und Elihu Root. Erste konkrete Auswirkungen zeitigten Mahans Theorien bereits zu Beginn der 1890er Jahre, als der Kongreß den Bau von drei modernen Schlachtschiffen für die geplante *two-ocean fleet* genehmigte. Nach ihrer Indienststellung 1893 rückten die USA immerhin vom dreizehnten auf den siebten Platz in der Rangfolge der Seemächte vor. Mit dem Flottenbau, der vor allem der Eisen- und Stahlindustrie zugutekam, begann das Zweckbündnis zwischen Militärs, Politikern und Industriellen, das im Laufe der Zeit immer wichtiger werden sollte. Die Heeresstärke lag dagegen immer noch bei 25 000 Mann, und vereinzelte Plädoyers für eine Wehrpflichtarmee nach europäischem Muster fielen auf taube Ohren.

In den 1890er Jahren begann allerdings auch schon der Übergang von der englischen auf die US-amerikanische Hegemonie in Lateinamerika. Sichtbaren Ausdruck fand diese veränderte Machtstruktur der westlichen Hemisphäre in der Krise von 1895, in der Präsident Grover Cleveland und Außenminister Richard Olney die Londoner Regierung zwangen, eine amerikanische Vermittlung im Grenzstreit zwischen Venezuela und Britisch-Guayana zu akzeptieren. Olney hatte bei dieser Gelegenheit der Monroe-Doktrin, die von den Europäern nie ganz ernst genommen worden war, zumindest rhetorisch "schärfere Zähne" verliehen. Ein politisches Arrangement der beiden angelsächsischen Mächte lag aber vor allem im Interesse Großbritanniens, das durch den Rüstungswettlauf zur See mit dem Deutschen Reich, die Kolonialrivalitäten mit Frankreich und den Buren-Konflikt in Südafrika schwer belastet war. Die Briten verfolgten natürlich weiterhin ihre wirtschaftlichen Interessen in Lateinamerika, aber sie erkannten von nun an zumindest inoffiziell die politische Vorrangstellung der USA in der westlichen Hemisphäre an. Das *rapprochement* setzte sich nach dem spanisch-amerikanischen Krieg von 1898 fort, als die Londoner Regierung im Hay-Pauncefote-Abkommen 1901 auf ihre Kanalbaurechte in Zentralamerika verzichtete. Auch bei der endgültigen Grenzregelung zwischen Kanada und den USA im Yukon-Gebiet, wo Ende des 19. Jahrhunderts reiche Goldlager entdeckt worden waren, kamen die Engländer 1903 den Wünschen der Roosevelt-Administration weit entgegen. Auf diese Weise wollten sie sich in Europa den "Rücken freihalten" und gleichzeitig eventuellen Expansionsabsichten der

USA in Richtung Kanada vorbeugen. Die Kanadier fühlten sich in der Grenzfrage allerdings von London im Stich gelassen und entwickelten ein immer ausgeprägteres Nationalbewußtsein, mit dem sie sich sowohl vom Mutterland als auch von den Vereinigten Staaten abgrenzten. In Lateinamerika und der Karibik bescherte das britische Einlenken den USA jedoch einen größeren Handlungsspielraum, den sie unter der Führung von Theodore Roosevelt entschlossen ausnutzten.

Die Hinwendung zu einer kraftvollen, machtbetonten Außenpolitik wurde psychologisch erleichtert durch den Stimmungswandel, der sich in der weißen amerikanischen Mittelschicht seit den 1880er Jahren vollzog und der auch Teile der Arbeiterschaft erfaßte. Die tiefe Kluft, die der Bürgerkrieg zwischen Norden und Süden aufgerissen hatte, begann sich nun allmählich zu schließen und machte einem Gefühl der Zusammengehörigkeit und nationalen Einheit Platz. Eine neue Generation von Historikern, zu denen James Ford Rhodes, Edward Channing und John Bach McMaster gehörten, stellten das allen Regionen und Klassen Gemeinsame über das Trennende der Vergangenheit. Sie deuteten die amerikanische Geschichte als einen Prozeß fortschreitender Verwirklichung freiheitlicher Prinzipien in Politik, Wirtschaft und Gesellschaft, der durch den Bürgerkrieg kurzfristig behindert, aber nicht unterbrochen worden war. Im Süden formulierte der spätere Präsident Woodrow Wilson das Credo des *new nationalism*, als er die Niederlage der Konföderation zur schmerzlichen, aber im höheren Sinne notwendigen Voraussetzung für den Aufstieg der USA erklärte. In der Literatur begann eine Romantisierung des Südens als Hort traditioneller Tugenden, die bewußt oder unbewußt zur Kompensation der erlittenen Demütigungen und des fortbestehenden wirtschaftlichen Rückstands diente. Immer häufiger stellte man nun Präsident Lincoln und den Südstaaten-General Robert E. Lee als amerikanische Helden Seite an Seite. Gleichzeitig erlangten nationale Feiern und nationale Symbole wieder einen höheren Stellenwert im öffentlichen Leben. Der *Memorial Day* zur Erinnerung an die Kriegstoten und Lincolns Geburtstag wurden feste Bestandteile der amerikanischen *civil religion*. Mit der Forderung der Veteranenverbände der Union, allen Schulkindern einen täglichen Eid auf das Sternenbanner abzunehmen (*pledge of allegiance*), begann in den 1880er Jahren ein regelrechter Fahnenkult. Auch die neuen Schlachtschiffe sollten den Patriotismus fördern, indem sie die Namen amerikanischer Staaten wie "Maine" und "Oregon" trugen. Der Glaube an die Verfassung und die republikanischen Prinzipien, der seit der Gründung der Union als *American Creed* das wichtigste Bindemittel für die heterogene Bevölkerung bildete, fand nun seine Ergänzung in einem konkreteren, populären Nationalbewußtsein. Die wichtigsten Ikonen dieser neu geschaffenen nationalen Identität waren neben der Flagge und der Hymne die Figur des *Uncle Sam*, die nun unübersehbar Gestalt und Züge Lincolns annahm, und die weibliche *Liberty*, deren 46 Meter hohe Statue seit 1886 im Hafen von New York zu bewundern war. Während sich Karikaturisten mit *Uncle Sam* in immer neuen Variationen dem amerikanischen "Nationalcharakter" anzunähern suchten, verkörperte die *Liberty* nicht nur die Verpflichtung der Amerikaner auf universale Werte wie Freiheit, Demokratie und Menschenrechte, sondern stand im Grunde für die multi-ethnische Einwanderergesellschaft der USA, für das amerikanische Volk insgesamt. Im Zeichen des "neuen Nationalismus" eigneten sich diese Symbole dazu, die nationalen Interessen mit dem Wohl der Menschheit in eins zu setzen und eine politisch-militärische Führungsrolle der USA zu rechtfertigen. Nach außen demonstrierten die Amerikaner ihr steigendes Selbstbewußtsein durch die Weltausstellungen in Chicago 1893 uns St. Louis 1904, die zahlreiche europäische Besucher anzogen und in den meisten Fällen gehörig beeindruckten.

Wenn der amerikanische Nationalismus auch nicht die extremen Formen annahm, die dieses Phänomen im Europa der Vorkriegszeit kennzeichneten, so hatte er doch durchaus problematische Seiten. Beispielsweise deutete der vielgelesene Historiker John Fiske die Idee der *Manifest Destiny* in den Auftrag um, die ganze Welt zu "anglisieren" und die Segnungen der Zivilisation global zu verbreiten. In Verbindung mit sozialdarwinistischen Ideen ging dieser *Anglo-Saxonism* von der inhärenten Überlegenheit einer "angelsächsischen Rasse" aus, die berufen war, andere Völker zu missionieren und politisch zu "erziehen". Die populäre Tagespresse, die durch technische Verbesserungen und neue Verkaufsmethoden einen enormen Aufschwung erlebte, steigerte den Nationalismus gelegentlich zum Chauvinismus oder *jingoism* (die Wortschöpfung *jingo* wurde aus einem englischen Gedicht von 1877 übernommen, bisweilen aber sogar gegen Briten und Kanadier verwendet). Die Auflage von billigen Massenblättern wie Joseph Pulitzers *New York World* und William Randolph Hearsts *New York Journal*, für deren Sensationsjournalismus man den abschätzigen Begriff *yellow press* prägte, überschritt gegen Ende des Jahrhunderts die Millionengrenze. Sie heizten die expansionistische Stimmung mit Beschwörungen von nationaler Ehre und Prestige auf, die angeblich ein weltweites Engagement der USA erforderten. Spanien, Frankreich und selbst Großbritannien galten als "alte", verbrauchte Mächte, die den Höhepunkt ihrer Machtentfaltung bereits überschritten hatten. Gefahr drohte den USA aus dieser Perspektive hauptsächlich von den "jungen", aufstrebenden Staaten Deutschland und Japan. Das Schlagwort von der "gelben Gefahr", das Kaiser Wilhelm II. häufig benutzte, um die USA auf seine Seite zu ziehen, fand in den Warnungen der amerikanischen Presse vor der *yellow peril* seine Entsprechung. Hier wurde es allerdings selten mit der Erwartung verbunden, die USA und das Deutsche Reich könnten auf außenpolitischem Gebiet erfolgreich zusammenarbeiten. Der Respekt vor den militärischen Leistungen Preußens und die Bewunderung der deutschen Kultur waren seit dem Rücktritt Bismarcks 1890 in weiten Teilen der amerikanischen Öffentlichkeit einer Abneigung gegen das autokratische Regime des Kaisers gewichen. Daran änderten die weiterhin recht zahlreichen Aufenthalte amerikanischer Studenten in Deutschland ebensowenig wie der regelmäßige Professorenaustausch zwischen deutschen und amerikanischen Spitzenuniversitäten, der nach der Jahrhundertwende von deutscher Seite mit großem Propagandaaufwand initiiert wurde.

Der spanisch-amerikanische Krieg von 1898

Unter Präsident William McKinley, der im März 1897 sein Amt antrat, gewannen die Befürworter der Expansion spürbar an Einfluß. Die Administration konnte sich auf klare Mehrheiten im republikanisch beherrschten Kongreß stützen und wußte die Industrie und die Großbanken hinter sich. Mit einem gestrafften und reorganisierten diplomatischen Dienst, vor allem aber mit der verstärkten Flotte gebot sie erstmals über wirksame Instrumente der Außenpolitik. Der tatsächliche, ungemein schnelle Durchbruch zur Großmachtstellung erfolgte aber nicht "geplant", sondern eher spontan und resultierte aus der krisenhaften Zuspitzung der Lage auf Kuba. Spanien hatte die Insel halten können, weil sich die Ambitionen Großbritanniens und der USA hier gegenseitig neutralisierten. Die Unabhängigkeitsbestrebungen der kreolischen Oberschicht, die immer wieder zu Unruhen und Revolten führten, waren zwar von amerikanischer Seite auf verschiedene Weise gefördert worden, aber McKinley arbeitete ebensowenig wie sein Vorgänger Cleveland bewußt auf einen Krieg gegen Spanien hin. Angesichts der harten spanischen Repressionsmaßnahmen, insbesondere der als *reconcentration* bezeichneten Zwangsumsiedlungen ganzer Bevölkerungsgruppen, breitete sich in der amerikanischen Öffentlichkeit jedoch eine anti-spanische Stimmung aus, die von den Massenblättern angeheizt wurde. Aus der Sicht Washingtons begann die politische Instabilität auf der Insel die wirtschaftlichen und strategischen Interessen der USA ernsthaft zu gefährden. Der mangelnde Wille oder die Unfähigkeit der Spanier, Reformen durchzuführen, spielten den Befürwortern einer Intervention in die Hände. Die diplomatischen Beziehungen zwischen Washington und Madrid hatten sich bereits drastisch verschlechtert, als das amerikanische Schlachtschiff "Maine", das zu einem Höflichkeitsbesuch in den Hafen von Havanna eingelaufen war, am 15. Februar 1898 nach einer schweren Explosion sank. In den USA versetzte diese Katastrophe, bei der 260 Seeleute ums Leben kamen, die Menschen in Kriegsstimmung. Als eine Untersuchungskommission den Untergang der "Maine" auf einen Bombenanschlag zurückführte (nach neueren Erkenntnissen handelte es sich um einen Unfall), entschlossen sich McKinley und seine Berater, Stärke zu demonstrieren und den Konflikt zu eskalieren. Die spanische Regierung war verhandlungsbereit, konnte aber aus ihrer Sicht die ultimative Forderung des amerikanischen Präsidenten nach Unabhängigkeit für Kuba nicht erfüllen. Daraufhin ließ sich McKinley am 11. April vom Kongreß die Ermächtigung zur Anwendung militärischer Gewalt geben. Als Begründung nannte er die Verletzung der Menschenrechte auf Kuba, die Gefahr für die dort lebenden amerikanischen Staatsbürger, die Schädigung der amerikanischen Wirtschaftsinteressen und die allgemeine Bedrohung des Friedens und der Sicherheit. Eine förmliche Anerkennung der kubanischen Revolutionäre lehnte McKinley ab, weil er die volle Handlungsfreiheit behalten wollte. Auf Antrag von Senator Henry M. Teller fügte der Kongreß aber einen Passus hinzu, mit dem die USA jegliche Absicht bestritten, Kuba annektieren zu wollen. Anschließend traf die amerikanische Regierung militärische Vorbereitungen, überließ es aber den Spaniern, am 24. April 1898 den Krieg zu erklären. Ein von Kaiser Wilhelm II. initiierter diplomatischer Vorstoß der europäischen Mächte zugunsten Spaniens blieb ergebnislos, da eine offene Parteinahme Deutschlands oder Englands gegen die USA nicht zu befürchten stand. McKinleys Entscheidungen waren vorwiegend machtpolitisch und militärstrategisch motiviert. Es flossen aber auch innenpolitische und ökonomische Überlegungen ein, denn 1898 war ein Wahljahr, und das Ende der spanischen Kolonialherrschaft versprach neue Märkte für die amerikanische Wirtschaft. In der Bevölkerung herrschte weitgehender Konsens darüber, daß die Kubaner vom (katholischen) "spanischen Joch" befreit werden mußten, und es gab die Hoffnung, Amerika selbst könne sich durch solch eine Tat moralisch erneuern.

Der Krieg, den der amerikanische Außenminister John Hay einen "splendid little war" nannte, war sehr kurz – bis zum Waffenstillstand im August vergingen vier Monate, bis zum Friedensschluß im Dezember weitere vier –, aber er zeitigte außerordentlich weitreichende Folgen. Als eindeutig kriegsentscheidend erwies sich die Überlegenheit der U.S. Navy, die den ersten Schlag überraschend gegen die spanischen Philippinen führte. Aus Hongkong kommend, drang eine von Commodore George Dewey befehligte Schwadron am 1. Mai 1898 in die Bucht von Manila ein und vernichtete die veraltete spanische Pazifikflotte. Danach begannen amerikanische Marinetruppen und philippinische Freiheitskämpfer die Belagerung Manilas. In der Karibik blockierten die Amerikaner die spanischen Häfen und landeten im Juni Truppen auf Kuba. Zwei Schlachten, in denen afroamerikanische Einheiten und der von Theodore Roosevelt geführte Freiwilligenverband der *Rough Riders* – eine Mischung aus College-Studenten und hartgesottenen Cowboys – die Hauptlast trugen, führten Anfang Juli zur Einschließung der spanischen Garnison in Santiago de Cuba. Als die spanische Flotte am 3. Juli die Blockade vor Santiago zu durchbrechen versuchte, wurden sämtliche Schiffe versenkt. Damit war das Schicksal der spanischen Kolonialmacht besiegelt, und die Regierung in Madrid mußte um Waffenstillstand ersuchen und die amerikanischen Friedensbedingungen akzeptieren.

Während sich Spanien vom Schock der Niederlage jahrzehntelang nicht erholte, hatten die USA mit relativ geringen Verlusten – von den ca. 5000 Toten waren 400 im Kampf gefallen, der Rest erlag Krankheiten – sämtliche Kriegsziele erreicht. Im Friedensvertrag, der im Dezember 1898 in Paris unterzeichnet wurde, bestätigten die Spanier die Unabhängigkeit Kubas (das vorerst unter amerikanischer Besatzung blieb) und traten Puerto Rico, die Philippinen und Guam an die USA ab. Die Amerikaner setzten die Tradition fort, unterlegenen Gegnern die Gebietsverluste durch Geldzahlungen – in diesem Fall 20 Millionen Dollar – etwas zu versüßen. Unabhängig vom Krieg gegen Spanien, aber gewissermaßen in seinem Windschatten, sicherten sich die USA auch noch die Hawaii-Inseln, die mit ihrem exzellenten Hafen Pearl Harbor als ideales "Sprungbrett" nach Asien galten. Eine Minderheit weißer Zuckerrohrpflanzer hatte zuvor die hawaiianische Königin abgesetzt und die Republik proklamiert. Im Juli 1898 billigte der Kongreß, der bis dahin immer gebremst hatte, auf Vorschlag McKinleys einen Anschlußvertrag, der zwischen der amerikanischen Regierung und den Pflanzern ausgehandelt worden war. 1900 wurde Hawaii dann als Territorium organisiert und erhielt einen ähnlichen Status wie die Karibikinsel Puerto Rico.

Als der Friedensvertrag mit Spanien 1898 zur Ratifizierung anstand, sammelten sich die Gegner der Expansion in der *Anti-Imperialist League* und lieferten der Regierung eine große öffentliche Debatte. Ihre Kritik richtete sich vor allem gegen die Inbesitznahme der Philippinen, mit der die Amerikaner ihrer eigenen antikolonialen Tradition untreu würden und das Selbstbestimmungsprinzip verletzten. Sprecher der Bewegung wie Carl Schurz und Andrew Carnegie behaupteten, die USA könnten ihren politischen Einfluß und ihren Handel auch ohne formelle Gebietserwerbungen weiter ausdehnen. Die Gewerkschaften fürchteten die "Einfuhr" billiger Arbeitskräfte aus den Kolonien, und der Führer der Afro-Amerikaner, Booker T. Washington, sah eine Verschärfung des internen Rassenkonflikts voraus. In die Ablehnungsfront reihten sich allerdings auch Rassisten ein, aus deren Sicht Kolonialbesitz die "Reinheit der angelsächsischen Rasse" gefährdete. Auf Grund dieser widersprüchlichen Positionen gelang es den Anti-Imperialisten nicht, sich auf eine gemeinsame taktische Linie zu einigen. Als der Führer der Demokraten, William J. Bryan, die Parole ausgab, man solle zunächst den Kriegszustand mit Spanien beenden, um dann für die Unabhängigkeit der Philippinen zu streiten, gelang es den Expansionisten im Frühjahr 1899, den Friedensvertrag im Senat mit knapper Zweidrittel-Mehrheit zu ratifizieren. Fast zur selben Zeit begann ein Aufstand philippinischer Freiheitskämpfer unter Emilio Aguinaldo, der von den amerikanischen Besatzungstruppen hart unterdrückt wurde. Guerrillakrieg und "Pazifizierung" kosteten bis 1901 über 4 000 U.S.-Soldaten und ca. 20 000 Filipinos das Leben.

Im Wahlkampf von 1900 vermischte Bryan, der erneut für die Demokraten kandidierte, die außenpolitischen Themen mit der inzwischen unpopulären Gold-Silber-Frage. Das brachte ihn um alle Chancen, zumal McKinley den Gouverneur von New York, Theodore

Roosevelt, der sich als Unterstaatssekretär im Marineministerium und Kommandeur der *Rough Riders* den Ruf eines Kriegshelden erworben hatte, als Vizepräsidentschaftskandidaten präsentierte. McKinley interpretierte den Wahlsieg wohl zu Recht als klare Bestätigung seiner expansionistischen Außenpolitik. Er selbst konnte den Erfolg jedoch nicht mehr nutzen, denn knapp ein Jahr nach seiner Wiederwahl wurde er beim Besuch der Panamerikanischen Ausstellung in Buffalo, New York, von einem Anarchisten ermordet. Neben den russischen Zaren schienen die amerikanischen Präsidenten zu bevorzugten Zielen anarchistischer Gewalttäter zu werden. Durch den Tod McKinleys rückte der erst 42jährige Roosevelt ins Präsidentenamt auf; ihm fiel es nun zu, die durch den Sieg über Spanien errungene Machtposition zu konsolidieren und weiter auszubauen.

Schwerpunkte der amerikanischen Außenpolitik bis zum Ersten Weltkrieg

Theodore Roosevelt entstammte einer angesehenen und wohlhabenden amerikanisch-niederländischen Familie im New Yorker Hudson-Tal. Um seine eher schwächliche körperliche Konstitution auszugleichen, hatte er sich durch ein Fitness-Programm und einen mehrjährigen Aufenthalt als Viehzüchter im Westen abgehärtet. Sein Selbstbewußtsein und sein Ehrgeiz rührten nicht zuletzt vom unbändigen Stolz auf die Vereinigten Staaten her, deren Regierungs- und Gesellschaftssystem seiner Überzeugung nach die Zukunft gehörte. Er sah sich als Repräsentant einer aufstrebenden "neuen" Mittelschicht, die das "amerikanische Experiment" gegen die Gefahren von außen wie gegen die Monopolbestrebungen der Wirtschaftselite im Innern verteidigen mußte. Besser als die meisten seiner Vorgänger im Weißen Haus erkannte er, welche Möglichkeiten gerade die Außenpolitik dem Chef der Exekutive bot, seine Macht und sein Ansehen zu steigern. Ganz bewußt gab er sich das Image eines "modernen" Präsidenten und versuchte, durch Reden und Besuchsreisen direkten Einfluß auf die öffentliche Meinung zu nehmen. Bekannt wurde sein Ausspruch, die USA müßten "mit sanfter Stimme sprechen, aber einen dicken Knüppel (gemeint war die Flotte) in der Hand halten"; Roosevelts Handeln entsprach jedoch nur sehr bedingt dieser Maxime, denn hinter dem Schirm einer drohenden, gelegentlich bombastischen Rhetorik betrieb er eine klug kalkulierende, eher vorsichtige Diplomatie.

Ganz im Einklang mit Captain Mahans geostrategischem Konzept machte Roosevelt die Kanalverbindung zwischen Atlantik und Pazifik zum Kernstück seiner Außenpolitik. Zunächst ließ er sich von den Briten für die Garantie der freien Durchfahrt aller Schiffe die alleinige Befugnis zum Bau und zur Kontrolle des Kanals geben. Dann traf er die Entscheidung für die Kanalroute am Isthmus von Panama, wo in den 1880er Jahren ein französischer Versuch unter Ferdinand de Lesseps gescheitert war. Als die kolumbianische Regierung ihre finanziellen Forderungen in die Höhe schraubte, setzte Roosevelt Ende 1903 ohne Rücksicht auf völkerrechtliche Gepflogenheiten und mit Hilfe eines zwielichtigen französischen Verbindungsmannes, Philippe Buneau-Varilla, die Unabhängigkeit Panamas ins Werk. (Knapp zwanzig Jahre später erleichterten die Amerikaner ihr Gewissen, indem sie Kolumbien mit 25 Millionen Dollar "abfanden".) Die panamesischen Nationalisten traten eine 32 km breite Kanalzone an die USA ab, für die Washington eine einmalige Summe von 10 Millionen Dollar und ein jährliches Entgelt von 250 000 Dollar zahlte. 1906 begann der Bau des "Jahrhundertprojekts", den amerikanische Ingenieure leiteten und der im wesentlichen von amerikanischen Firmen vorangetrieben wurde. Roosevelt scheute keine Kosten und brachte den Kongreß immer wieder dazu, die erforderlichen Gelder zu bewilligen. Er stationierte Militär in der Kanalzone und ließ sie mit schweren Geschützen befestigen. Im Jahr 1914, fast zeitgleich mit dem Kriegsausbruch in Europa, wurde der 82 km lange Panamakanal fertiggestellt und von Präsident Wilson feierlich eingeweiht. Er verkürzte den Seeweg von der Ost- zur Westküste der USA um 8 000 Seemeilen, was große wirtschaftliche Bedeutung hatte, v.a. aber enorme strategische Vorteile einbrachte, weil Kriegsschiffe jetzt innerhalb weniger Tage vom Atlantik in den Pazifik und umgekehrt verlegt werden konnten. Inzwischen war der Flottenbau weiter intensiviert worden, und die USA standen seit 1907 an der zweiten Stelle der Seemächte, übertroffen nur noch von Großbritannien. Die Militärplaner in Washington rechneten zu diesem Zeitpunkt aber bereits nicht mehr mit der Möglichkeit eines amerikanisch-englischen Krieges, sondern richteten ihr Augenmerk ganz auf das Deutsche Reich und Japan als potentielle zukünftige Gegner.

Der Panamakanal in Verbindung mit der Monroe-Doktrin machte die Karibik im Verständnis vieler Amerikaner endgültig zum "Vorgarten" oder "Hinterhof" der USA. Ökonomische Durchdringung und politische Einflußnahme gingen hier Hand in Hand, und die Hemmschwelle für militärische Zwangsmaßnahmen begann zu sinken. Das bekamen als erste die Kubaner zu spüren, deren Souveränität erheblich eingeschränkt wurde. Das von Kriegsminister Elihu Root verfaßte *Platt Amendment,* das die Kubaner 1901 in ihre Verfassung aufnehmen mußten, legte fest, daß alle völkerrechtlichen Verträge, die Kuba abschloß, der Genehmigung durch den amerikanischen Kongreß bedurften. Darüber hinaus wurden die USA ermächtigt, militärisch einzugreifen, wenn sie die territoriale Integrität oder die innere Ordnung der Insel für gefährdet erachteten; und schließlich durfte die U.S. Navy den Stützpunkt Guantanamo unterhalten (was sie heute noch tut). Obgleich die USA also offiziell die Unabhängigkeit Kubas anerkannten, errichteten sie faktisch ein Protektorat über die Insel, das durch die einflußreiche Rolle amerikanischer Landbesitzer, Geschäftsleute und Konzerne noch verstärkt wurde. Dieser halbkoloniale Status provozierte fast zwangsläufig Widerstand, den die USA mehrfach mit militärischen Interventionen beantworteten. Erst 1922 verließen die letzten amerikanischen Besatzungstruppen die Insel, und 1934 hob der Kongreß das *Platt Amendment* im Zeichen von Franklin D. Roosevelts *Good Neighborhood Policy* offiziell auf.

Besonders empfindlich reagierten die USA auf Aktionen, die sie als Mißachtung der Monroe-Doktrin verstanden. Das erfuhren Engländer, Deutsche und Italiener, als sie 1902 die Regierung von Venezuela, die den Staatsbankrott erklärt hatte, durch eine gemeinsame Flottenexpedition zur Anerkennung ihrer Schulden zwingen wollten. Vor Theodore Roosevelts Drohung, notfalls die Flotte einzusetzen, wichen sie zurück und fanden sich mit einem Schiedsgericht ab. Diese zweite Venezuelakrise sorgte wiederum für große Aufregung in der amerikanischen Öffentlichkeit und belastete vorübergehend die Beziehungen der USA zu den europäischen Mächten. Um ähnlichen Zwischenfällen vorzubeugen und den Europäern jeden Vorwand für Strafaktionen in der Karibik zu nehmen (die möglicherweise zur Besetzung von Inseln oder zur Errichtung von Flottenstützpunkten führen konnten), verkündete Roosevelt im Dezember 1904 seine sog. "Ergänzung" (*corollary*) zur Monroe-Doktrin. Formell war sie an die Adresse der lateinamerikanischen Regierungen gerichtet, die gewarnt wurden, durch eigenes Fehlverhalten Situationen heraufzubeschwören, die europäische Mächte zum Eingreifen veranlassen könnten. In flagranten Fällen solchen

Fehlverhaltens oder bei offenkundiger Unfähigkeit der Verantwortlichen würden sich die USA gezwungen sehen, die Aufgaben einer "internationalen Polizeimacht" (*international police power*) auszuüben und für Ordnung, Stabilität und Sicherheit zu sorgen. Die praktische Anwendung folgte auf dem Fuße, als die USA 1905 die Finanzverwaltung der bankrotten Dominikanischen Republik übernahmen. Die eigentlichen Adressaten der *Roosevelt Corollary* waren jedoch die Europäer, denen die Bereitschaft der USA demonstriert werden sollte, die Monroe-Doktrin (in der erweiterten Interpretation des Präsidenten) notfalls mit Gewalt durchzusetzen.

Völkerrechtlich war diese Position mehr als zweifelhaft, und lateinamerikanische Politiker und Juristen hielten Roosevelt die Doktrin der Nichteinmischung in die Angelegenheiten souveräner Staaten und die Forderung nach einem allgemeinen Interventionsverbot entgegen. Dennoch übten die USA bis zum Eintritt in den Weltkrieg wiederholt die von Roosevelt reklamierte "Polizistenrolle" aus, in einigen Ländern wie Kuba, Nicaragua und Mexiko sogar mehrfach. Roosevelts Nachfolger William Howard Taft verlegte sich stärker auf die sog. *Dollar Diplomacy*, die eine wechselseitige Unterstützung von U.S.-Regierung und im Ausland tätigen amerikanischen Konzernen, etwa der 1899 gegründeten United Fruit Co., beinhaltete. Demgegenüber setzte Präsident Wilsons Außenminister William J. Bryan seine Hoffnungen auf die panamerikanische Bewegung, die sich seit Ende der 1880er Jahre auf Kongressen um politische Einigkeit und wirtschaftliche Zusammenarbeit bemühte. Als Anhänger der Friedensbewegung unternahm Bryan auch einen ernsthaften Anlauf, die von den USA auf den Haager Konferenzen von 1899 und 1907 maßgeblich unterstützten Ideen der friedlichen Konfliktregelung und der Schiedsgerichtsbarkeit in die Praxis umzusetzen. Andererseits waren Bryan und Wilson nicht minder von der Überlegenheit des amerikanischen politischen Systems und vom zivilisatorischen Auftrag der USA überzeugt als Roosevelt und Taft. Bei dieser Einstellung fiel es ihnen nicht schwer, Rechtfertigungsgründe für die Einmischung in die Mexikanische Revolution und für die Fortsetzung der Interventionspolitik in der Karibik zu finden. Wilson sprach sogar von der Notwendigkeit, die Nachbarnationen zur Selbstregierung "anzuleiten" und ihnen den Respekt vor dem Gesetz beizubringen. 1917 veranlaßte er den Kongreß zum Kauf der Virgin Islands von Dänemark, um einer befürchteten (aber tatsächlich gar nicht geplanten) Übernahme dieser Inselgruppe durch das Deutsche Reich zuvorzukommen.

Es ist kaum möglich, die verschiedenen Motive der Lateinamerikapolitik in dieser Periode sauber auseinanderzuhalten. Im Grunde ging es den Verantwortlichen in Washington immer um eine umfassende Wahrung der nationalen Interessen, wobei militärische Sicherheitsüberlegungen, wirtschaftliche Profitgesichtspunkte und spezifische Vorstellungen von politischer Entwicklung und sozialem Fortschritt ineinandergriffen. Mit einer schlichten Verurteilung des US-Imperialismus ist es für den Historiker aber nicht getan. Zum einen erzielten die USA in einigen lateinamerikanischen Staaten – wie auch auf den Philippinen – durchaus gewisse Modernisierungserfolge. Analog zu den progressiven Reformen daheim verbesserten sie die Infrastruktur, bauten das Bildungs- und Gesundheitswesen aus, reorganisierten die Finanzverwaltungen und drängten auf demokratische Wahlen. Als zweischneidiges Schwert erwies sich die Ausbildung von Polizei- und Militärverbänden, die in der Folge oft zu Unterdrückungsinstrumenten diktatorischer Regime degenerierten. Andererseits trugen die Lateinamerikaner, insbesondere die gesellschaftlichen Eliten, durch eigene Versäumnisse und Fehler sehr viel dazu bei, daß die USA eine derart ungehinderte Vorherrschaft ausüben konnten. An erster Stelle ist hier die unsolide Finanz- und Steuerpolitik zu nennen, die viele Länder immer wieder in Krisen und Staatsbankrotte hineintrieb. Hinzu kam der mangelnde nationale Zusammenhalt, der es einzelnen Fraktionen der Führungsschicht geraten erscheinen ließ, sich bei dem großen Nachbarn im Norden "rückzuversichern" und ihn in die eigenen innenpolitischen Querelen hineinzuziehen. In dem Maße, wie das nationale Selbstbewußtsein in den lateinamerikanischen Ländern zunahm, wuchs auch die Proteststimmung gegen die erzwungene Modernisierung, die militärischen Eingriffe und den Dollar-Imperialismus der *Yankees*. Auf diese Weise entstand ein politischer und kultureller Antagonismus zwischen den USA und Lateinamerika, der auch nicht verschwand, als die Interventionstruppen überall abgezogen wurden und Präsident Franklin Roosevelt in den 1930er Jahren seine "Politik der guten Nachbarschaft" verkündete.

Den zweiten Schwerpunkt der außenpolitischen Aktivitäten vor dem Ersten Weltkrieg bildete Ostasien, wo die Großmächte seit dem japanisch-chinesischen Krieg von 1895 das zerfallende China in Interessensphären aufteilten und die amerikanischen Kaufleute und

Missionare Gefahr liefen, an den Rand gedrängt zu werden. Nachdem die USA auf den Philippinen und Hawaii Fuß gefaßt hatten, konnte die amerikanische Regierung ihre Asien-Ambitionen mit größerem Nachdruck verfolgen. Außenminister Hay warnte die anderen Mächte in zwei Noten von 1899 und 1900 davor, die territoriale Integrität Chinas zu zerstören, und forderte sie auf, in ihren jeweiligen Einflußzonen allen Nationen gleichberechtigte Handelsmöglichkeiten zu gewähren. Europäer, Russen und Japaner betrachteten dieses Prinzip der *Open Door*, das ihren eigenen Vorstellungen von Kolonialpolitik zuwiderlief, als Verschleierung amerikanischer Monopolbestrebungen. Zunächst änderte sich nicht viel, zumal die Amerikaner 1900 unter deutschem Oberbefehl an der gemeinsamen Niederschlagung des nationalistischen Boxer-Aufstands in Peking teilnahmen. Allmählich traten die Interessenkonflikte aber schärfer hervor, denn die USA bezogen trotz oder gerade wegen ihres wirtschaftlichen Profitstrebens in China den anderen Mächten gegenüber eine anti-kolonialistische Position. Die Chinesen versuchten daraus Kapital zu schlagen, indem sie die Amerikaner gegen die übrigen Eindringlinge ausspielten.

Nach der Jahrhundertwende stiegen die Japaner auf Grund ihrer wirtschaftlichen und militärischen Erfolge zum härtesten Konkurrenten der USA in Asien auf. 1905 vermittelte Präsident Roosevelt in Portsmouth, New Hampshire, einen Frieden zwischen Japan und Rußland in der Absicht, das Gleichgewicht zwischen diesen beiden Mächten möglichst zu erhalten. Sein Engagement trug ihm 1906 den Friedensnobelpreis ein, hinderte die Japaner aber nicht daran, ihre Machtposition auf dem chinesischen Festland immer weiter auszubauen. Wegen der exponierten Lage der Philippinen sah sich Roosevelt deshalb gezwungen, ein politisches Arrangement mit Tokio zu suchen: Im Gegenzug für die japanische Zusage, die amerikanischen Besitzungen in Asien zu respektieren, erkannten die USA die Hegemonie Japans über Korea und die Interessen der Japaner in der Mandschurei an. Ein dauerhafter Ausgleich gelang jedoch nicht, weil die Zielvorstellungen zu unterschiedlich waren und kulturelle Faktoren die Beziehungen zusätzlich belasteten. Die Japaner betrachteten die Amerikaner als Störenfriede in Asien und empörten sich über die rassische Diskriminierung ihrer Landsleute auf Hawaii und in Kalifornien. Als die Schulbehörden von San Francisco 1906 gesonderte Schulen für asiatische Kinder einführten, konnte ein Bruch zwischen Tokio und Washington nur mit Mühe verhindert werden. Um weiteren Demütigungen dieser Art vorzubeugen, sah sich die japanische Regierung genötigt, die Auswanderung in die USA praktisch zu unterbinden. Die Amerikaner wiederum mißtrauten nach wie vor den japanischen Absichten in China und unterstützten ab 1911, als die Revolution ausbrach, die nationalchinesischen Kräfte gegen die Japaner. Ob es ihre Politiker wollten oder nicht, wurden die USA von nun an in die Intrigen und Händel der asiatischen Politik hineingezogen.

Auch in der "Alten Welt", deren Atmosphäre sich durch Rüstungswettläufe und Koalitionsbildungen immer gefährlicher auflud, gab die amerikanische Diplomatie um diese Zeit ihr Debüt. Zwar blieb der praktische Einfluß, den Präsident Roosevelt und seine Emissäre auf den Verlauf der Marokko-Krise von 1905 und der Algeciras-Konferenz im folgenden Jahr ausüben konnten, recht gering. Bei der prekären Balance, die zwischen den Hauptkontrahenten herrschte, bedurfte es allerdings nur einer geringen Bewegung, um den Ausschlag zur einen oder anderen Seite zu geben. Die Episode endete mit einer Enttäuschung der deutschen Regierung, die auf Roosevelts Unterstützung gehofft hatte, und mit einer generellen Verbesserung der amerikanisch-französischen Beziehungen. Vor allem machte sie deutlich, daß die abgeschiedene Selbstgenügsamkeit der USA zu Ende ging, und daß die europäischen Mächte mit einem neuen Akteur auf der politischen Bühne zu rechnen hatten. Die Amerikaner waren auch weiterhin klug genug, sich dem Freundschaftswerben des deutschen Kaisers zu entziehen, weil sie weder in Europa noch in Asien in eine Frontstellung gegen (das mit Japan verbündete) England geraten wollten. Stattdessen traten sie als "Apostel des Friedens" und Repräsentanten einer neuen Epoche der internationalen Zusammenarbeit auf.

Am Vorabend des Ersten Weltkriegs hatte ein *American Empire* Konturen gewonnen, nicht als Kolonialreich im herkömmlichen Sinne, sondern als weltweites System unterschiedlicher Rechtstitel und abgestufter Einflußmöglichkeiten: Neben der einzigen "echten" Kolonie, den Philippinen – deren Einwohnern 1916 die Unabhängigkeit in Aussicht gestellt wurde –, gehörten hierzu Territorien mit U.S.-Gouverneuren (Puerto Rico, Hawaii), Flottenstützpunkte auf dem Weg nach Asien (Samoa, Guam, Midway und weitere Pazifikinseln), Protektorate, in denen der amerikanische Botschafter wie ein Statthalter residierte (Kuba, Panama, Dominikanische Republik, Haiti, Nicaragua), und Staaten, deren Politik weitgehend von U.S.-

Konzernen kontrolliert wurde (etwa Costa Rica und Honduras von der United Fruit Co. und das afrikanische Liberia vom Kautschukproduzenten Firestone). Die meisten Staaten Mittel- und Südamerikas waren inzwischen schon so stark auf den nordamerikanischen Markt ausgerichtet, daß sich auch ihr politischer Handlungsspielraum verringerte. In der westlichen Hemisphäre übten die USA also bereits eine Hegemonie aus, und in Europa und Südostasien machte sich ihr Gewicht allmählich stärker bemerkbar.

2. Das Bemühen um eine innere Erneuerung der Vereinigten Staaten

Triebkräfte und Charakter der "progressiven Bewegung"

Ausgehend von den Reformimpulsen des späten 19. Jahrhunderts, breitete sich nach 1900 eine Aufbruchstimmung in der amerikanischen Öffentlichkeit aus und erfaßte beide großen Parteien. Die Einsicht wuchs, daß die soziale Entwicklung hinter der wirtschaftlichen zurückgeblieben war und daß die Prozesse der Industrialisierung und Urbanisierung nicht länger ihrer Eigendynamik und Eigengesetzlichkeit überlassen werden dürften. Der religiöse Drang, "to make America over again", blieb ein wichtiger Impuls. In den protestantischen Kirchen fand die Doktrin des *Social Gospel* großen Anklang, die christliche Grundsätze in allen Bereichen des menschlichen Lebens verwirklichen wollte. Kennzeichnend wurde nun die Verbindung von moralisch-religiösem Erneuerungsstreben und dem Glauben an die Kraft der Rationalität und der wissenschaftlichen Methoden. Den philosophischen Nährboden lieferte der Pragmatismus, wie er von dem Harvard-Professor William James und – vor allem auf die Erziehung angewandt – von John Dewey vertreten wurde. James lehnte jede Vorherbestimmtheit ab, sei sie calvinistischer, hegelianischer oder marxistischer Art. Er forderte die Menschen auf, die Veränderungen, die sich in einer "offenen" Welt ständig vollzogen, kreativ und mit Phantasie in eine fortschrittliche Richtung zu lenken. Das harmonierte gut mit dem voluntaristischen, individualistischen Ethos, für das die Vereinigten Staaten als das "Land der unbegrenzten Möglichkeiten" inzwischen schon sprichwörtlich bekannt geworden waren. (In Deutschland veröffentlichte Ludwig Max Goldberger 1903 im Anschluß an seine USA-Reise ein

Buch unter diesem Titel.) Dewey forderte eine Umgestaltung des öffentlichen Schulwesens der USA im demokratischen Sinne, die es der Jugend ermöglichen sollte, Kritikfähigkeit und selbständiges Handeln zu erlernen. Auch die Auffassungen von der Bedeutung des Rechts und der Rolle der Richter begannen sich unter dem Einfluß von Juristen wie Roscoe Pound und Oliver Wendell Holmes allmählich zu wandeln. Die an der Harvard Law School gelehrte "soziologische Jurisprudenz" verlangte von dem Richter, sich nicht allein von abstrakten Grundsätzen leiten zu lassen, sondern auch wissenschaftlich gesicherte Fakten (etwa zu den Auswirkungen der Arbeitszeit auf die Gesundheit) bei der Urteilsfindung zu berücksichtigen. Gestützt wurde eine solche Haltung durch die Arbeiten jüngerer Historiker, allen voran Charles A. Beard, der in seinem Buch *An Economic Interpretation of the Constitution of the United States* 1913 nachweisen wollte, daß die amerikanische Verfassung das Werk einer kleinen besitzenden Elite von Pflanzern und Kapitalisten gewesen sei, die ihre Macht sichern wollten. Wenn das zutraf, dann durfte man sie nicht länger unkritisch verehren und statisch auslegen, sondern mußte ihre Bestimmungen flexibel an die Erfordernisse der Zeit anpassen. Es dauerte allerdings bis in die 1930er Jahre, bevor solche Ideen in der aufs Ganze gesehen eher konservativen akademischen Welt Allgemeingut wurden. Mit Vernon L. Parrington und Frederick J. Turner zählte Beard zu den führenden *progressive historians*, die den Verlauf der amerikanischen Geschichte als kontinuierlichen Kampf zwischen fortschrittlich-demokratischen und eigennützig-elitären Kräften beschrieben.

Reformgeist und Reformeifer erreichten zwischen der Jahrhundertwende und dem Kriegseintritt 1917 ihren Höhepunkt. Das *Progressive Movement* dieser Epoche war keine einheitliche, sondern eine sehr heterogene, in manchem sogar widersprüchliche Bewegung. Hinter den vielen Einzelanstrengungen, mit denen die Defizite und Fehlentwicklungen der industriellen Gesellschaft beseitigt werden sollten, standen aber drei gemeinsame Leitideen: Dem republikanischen Erbe entstammte der Gedanke, man müsse dem öffentlichen Interesse Vorrang geben und dem Jeffersonschen Prinzip der Chancengleichheit für alle, das dem Machtanspruch der Monopole und Konzerne geopfert worden war, endlich wieder Geltung verschaffen; zweitens herrschte bei den Reformern weitgehend Einvernehmen darüber, daß die *laissez faire*-Ideologie nicht ins Extrem getrieben werden durfte und die Regierungen und Parlamente die

Pflicht hatten, Mißstände zu bekämpfen und Verbesserungen durchzuführen; drittens schließlich teilten die meisten Progressiven die optimistische Überzeugung, Staat und Gesellschaft könnten mit Hilfe von Wissenschaft und Technik effizienter, rationaler und gerechter gestaltet werden. Dies war die Zeit, in der umwälzende Durchbrüche in den Naturwissenschaften und der Medizin erzielt wurden, als die ersten Automobile vom Fließband rollten und als die Brüder Orville und Wilbur Wright 1903 bei Kitty Hawk an der Küste von North Carolina die erste mit einem Motor versehene Flugmaschine aufsteigen ließen. 1908 stellte Wilbur Wright mit 110 Metern einen Weltrekord im Höhenflug auf, und ein Jahr später führte Orville Wright seine Künste über dem Tempelhofer Feld bei Berlin vor. Wenn der Menschheitstraum vom Fliegen in Erfüllung ging, wenn die Technik alle Grenzen des traditionellen Könnens und Machens überschritt, mußten dann nicht auch die Sozialwissenschaften zu einer neuen, besseren Ordnung der menschlichen Gesellschaften beitragen?

Von seiner sozialen Zusammensetzung her handelte es sich beim Progressivismus im wesentlichen um eine Bewegung der alteingesessenen städtischen Mittel- und Oberschichten. Wie die führende Rolle von Ingenieuren, Verwaltungsfachleuten, Ärzten, Anwälten, Richtern, Professoren und Lehrern dokumentiert, war der Reformschub eng verbunden mit der Professionalisierung und Akademisierung der Gesellschaft, die in dieser Zeit zur Entstehung einer auf Expertenwissen basierenden *new middle class* führten. Besonders stark vertreten waren Angehörige der neuen Frauengeneration, die über höhere Bildung und mehr Freizeit als ihre Vorgängerinnen verfügten, und die sich vornehmlich dem sozialen Bereich, dem Erziehungs- und Gesundheitswesen zuwandten. Die beliebteste Organisationsform blieb die schon von Tocqueville gerühmte *Association*, ein von Staat und Parteien unabhängiger Verein oder Verband. Seit der Depression der 1890er Jahre schossen hunderte solcher *Associations*, *Leagues*, *Federations* und *Clubs* wie Pilze aus dem Boden und führten Reformkampagnen für Ziele, die vom sauberen Trinkwasser bis zum Weltfrieden reichten. Daneben gab es in größerer Zahl intellektuelle "Einzelkämpfer" – Schriftsteller, Journalisten, Wissenschaftler –, die Theodore Roosevelt wegen ihrer scharfen, z.T. überspitzten Sozialkritik mit dem Sammelbegriff der "Schmutzwühler" (*muck-raker*) bedachte. Ideologisch tendierten die progressiven Reformer jedoch eher zur Mitte, zum Ausgleich von

Klassengegensätzen und zur Versöhnung von Traditionslinien, die sich seit Jefferson und Hamilton durch die amerikanische Geschichte zogen. Sie wünschten keinen allmächtigen, bürokratischen und paternalistischen Staat, aber sie verlangten, daß die Bundesregierung innenpolitisch aktiver wurde und die Einzelstaaten als "Laboratorien der Demokratie" Mitverantwortung für bessere Lebensbedingungen, mehr Gerechtigkeit und rascheren Fortschritt übernahmen.

Reformanliegen und Reformerfolge

Den wichtigsten Anstoß zu der Reformbewegung lieferten zweifellos die unhaltbaren Zustände in den rasant wachsenden Städten der USA. Zwischen 1870 und 1910 stieg die Bevölkerung in Städten über 2 500 Einwohnern insgesamt von 25 auf 45 Prozent, aber im Nordosten lebten 1910 bereits zwei Drittel der Menschen in Städten. New York zählte um diese Zeit ca. 4,8 Millionen, Chicago 2,2 Millionen und Philadelphia 1,55 Millionen Einwohner. Hier wie in Detroit, Cleveland und Boston waren über 70 Prozent der Einwohner Immigranten oder deren direkte Nachkommen. 1920 überstieg die Zahl der Stadtbewohner diejenige der Landbewohner, und die USA hatten ihren agrarischen Charakter endgültig eingebüßt. Auf der "Habenseite" dieses Urbanisierungsprozesses standen große, weltweit bewunderte Leistungen: Architekten und Ingenieure der *Chicago School* wetteiferten mit ihren Kollegen in New York darum, der modernen Stadt eine unverwechselbare *Skyline*-Silhouette zu geben (in Chicago, wo 1885 mit dem 10stöckigen Home Insurance Building der erste *skyscraper* errichtet worden war, konzipierten und verwirklichten Louis Sullivan und Frank Lloyd Wright einen eigenen amerikanischen Baustil; New York setzte 1913 mit dem 55stöckigen Woolworth Building neue Maßstäbe für den "Wolkenkratzer"-Bau); auf dem Gebiet des öffentlichen Massenverkehrs waren die amerikanischen Städte mit ihren elektrischen Straßenbahnen und U-Bahnen (die erste Linie in New York wurde 1904 eröffnet) weltweit führend; auch die elektrische Straßenbeleuchtung und das Telefon setzten sich hier schneller durch als überall sonst auf der Welt; und es entstanden riesige vorbildliche Grünanlagen wie der *Central Park* in Manhattan, *Forest Park* in St. Louis und der *Golden Gate Park* in San Francisco. Andererseits wurden weite Bereiche wie das Gesundheits- und Sozialwesen, um das sich in Europa der Staat oder die kommunale Bürokratie kümmerten, vernachlässigt. Hier fanden die Reformer, die ihre Augen nicht mehr vor den Problemen der städtischen Massen verschlossen, ein weites Betätigungsfeld.

Frauen leisteten einen maßgeblichen Beitrag zum Ausbau der sozialen Dienste, wenn sie diese nicht vielerorts überhaupt erst einrichteten. Zentrale Bedeutung erlangte die *Settlement*-Bewegung, deren Initiatorin Jane Addams in den 1890er Jahren von Chicago aus die englische Idee der städtischen Sozialstationen propagierte. Dem Modell des Londoner *Toynbee House* folgend, wurde ihr *Hull House* in Chicago zum Vorbild für über 400 *Settlement Houses* in amerikanischen Städten. Gut 60 Prozent der dort freiwillig tätigen Sozialarbeiter waren Frauen, die häufig führende Positionen innehatten. Von diesen *Settlements* strahlten Reformimpulse in viele Richtungen aus, angefangen beim Bau von Kindergärten und Spielplätzen über Verbesserungen in den Wohnungen und am Arbeitsplatz bis hin zum Kampf gegen die Kinderarbeit in Fabriken. Im Zentrum standen Bemühungen um Gesundheitsfürsorge und Hygiene in den Armenvierteln sowie um Qualitäts- und Reinheitskontrollen von Wasser und Lebensmitteln, für die auch *Lobbies* wie die *National Consumers' League* zu Felde zogen.

Die Reformer sahen ein, daß die drängenden Probleme nur gelöst werden konnten, wenn es gelang, die Regierungen und Verwaltungen der Städte durchsichtiger und leistungsfähiger zu machen. Statt auf die Improvisation und das Patronagewesen der "Bosse" und ihrer "politischen Maschinen" zu vertrauen, setzten sie sich ein für direkt gewählte, allen Einwohnern verantwortliche Bürgermeister, fachlich qualifizierte City-Manager und unabhängige Expertenkommissionen. Lebenswichtige Dienste wie die Wasser- und Abwasserversorgung, Gas, Elektrizität und städtischer Nahverkehr sollten ihrer Ansicht nach in öffentlichen Besitz übergehen oder zumindest unter kommunale Kontrolle gestellt werden. Auf der Ebene der Einzelstaaten strebten die Reformer Verfassungsänderungen an, die den Bürgern mehr unmittelbare Mitsprache sichern sollten, v.a. in der Form von Volksbegehren, Referendum und Abwahl (*recall*) von Parlamentariern oder Amtsinhabern während der Legislaturperiode. Die Parteien mußten ihrer Ansicht nach von privaten Klubs zu öffentlichen Einrichtungen umgeformt werden, die ihre Kandidaten nicht hinter verschlossenen Türen, sondern in offenen Vorwahlen (*direct primaries*) aufstellten. Auf nationaler Ebene galt es, Verfassungszusätze zu erreichen, die eine progressive Einkommensteuer zuließen sowie das Frauenwahlrecht und die Direktwahl der Senatoren festschrieben. Letzteres gelang 1913 mit dem 17. Amendment, während die Frauen wegen des Widerstands in den konservativen Südstaaten und im Kongreß bis 1920 warten mußten, bevor das 19. Amendment Wahlrechtseinschränkungen auf Grund des Geschlechts vollends beseitigte.

Unter dem Druck progressiver Organisationen rafften sich die Staatenparlamente in dieser Periode zu den ersten, noch recht bescheidenen Sozialgesetzen auf. Sie beschlossen Unfall- und Altersrenten, verfügten schärfere Sicherheitsvorschriften für Fabriken und Bergwerke, setzten Höchstarbeitszeiten und Mindestlöhne in der Industrie fest und gewährten Frauen und Jugendlichen besonderen Schutz. Führend auf vielen dieser Gebiete wurde der Staat Wisconsin unter seinem republikanischen Gouverneur Robert M. ("Fighting Bob") LaFollette, der später als Senator nach Washington ging. Ein weiterer Reformschwerpunkt war das Bildungs- und Erziehungswesen. Hier drängten die *Progressives* v.a. auf die gesetzliche Verankerung der Schulpflicht, die Ausrichtung der Lehrpläne an den Erfordernissen der Berufspraxis und die Öffnung der Colleges und Universitäten für begabte Schülerinnen und Schüler aus allen Bevölkerungsschichten. Insbesondere die Fortschritte in der Koedukation konnten sich sehen lassen, denn 1920 stellten Frauen bereits fast die Hälfte aller College-Absolventen. Neben den öffentlichen Schulen gab es eine Vielzahl privater Bildungseinrichtungen, die dazu beitrugen, daß sich der Prozeß der Professionalisierung in den USA staatsferner und offener vollzog als in den meisten europäischen Ländern. Stärker als bis dahin üblich wurden nun die Regierungen für "moralische" Reformen und ein besseres soziales Milieu verantwortlich gemacht. Die 1893 gegründete, von den protestantischen Kirchen unterstützte *Anti-Saloon League* erreichte mit ihren Kampagnen, daß bis 1915 fast alle Staaten die Prostitution gesetzlich untersagten. Hauptziel blieb das Verbot des Alkoholkonsums, der angeblich nicht nur die Moral, sondern auch die Volksgesundheit gefährdete. Dieser Kreuzzug schien 1919 gewonnen, als der 18. Verfassungszusatz die bundesweite Prohibition einführte.

Nationale Politik in der Reformära

Nach der Jahrhundertwende wurde die Reformbewegung zu einem politischen Faktor, dem die nationalen Parteien und der Kongreß Rechnung tragen mußten. Zum Erstaunen vieler Reformer entwickelte gerade Präsident Theodore Roosevelt trotz seines martialischen Gehabes immer mehr Sympathien für ihre Ideen und Anliegen. Obwohl er im Rahmen seiner Politik des *Square Deal*, des "gerechten Ausgleichs" zwischen Unternehmern, Gewerkschaften und Regierung, viele Kompromisse schloß, half er doch mit, einige wichtige progressive Forderungen zu verwirklichen. Gelegentlich bedurfte es dazu eines emotionalen Anstoßes: So drängte er den Kongreß zur Verabschiedung von Hygienestandards für Lebensmittel, nachdem er Upton Sinclairs schockierende Beschreibung der Zustände in den Schlachthöfen von Chicago (*The Jungle*, 1906) gelesen hatte. Weit stärker als alle seine Vorgänger suchte Roosevelt den direkten Kontakt zu den Mitbürgern. Die verschiedenen Reformprojekte boten ihm Gelegenheit, das Weiße Haus gezielt als "Predigtkanzel" (*bully pulpit*) zu nutzen, von der aus er politische und moralische Lehren verkündete. Besonders am Herzen lag dem passionierten Jäger "Teddy" Roosevelt der Natur- und Landschaftsschutz, zu dessen Förderung er mehr als 125 Millionen acres Bundesland als *national forests* deklarierte und 1908 einen ersten nationalen Kongreß einberief. Damit gab er einer Bewegung Auftrieb, deren Anfänge in die 1860er und 1870er Jahre zurückreichten, als Lincoln ein Schutzabkommen für das kalifornische Yosemite-Tal unterzeichnet und Grant das Yellowstone-Gebiet zum ersten Nationalpark der USA erklärt hatte. Auf Initiative des Naturforschers John Muir war es 1890 gelungen, auch Yosemite und andere kalifornische Schutzgebiete in das System der Nationalparks aufzunehmen. Beginnend mit dem Forest Reserve Act von 1891 wurden dann immer mehr Waldgebiete der unregulierten kommerziellen Nutzung entzogen. Im Unterschied zu Muir verstand sich Roosevelt jedoch nicht als *preservationist*, dem in erster Linie an der Unberührtheit der Natur lag, sondern als *conservationist*, der die wirtschaftliche Nutzung der *public domain* befürwortete, solange dies behutsam und im öffentlichen Interesse geschah. Deshalb unterstützte er auch Gesetze wie den Newlands Reclamation Act von 1902, der Erträge aus dem Verkauf von Bundesland für Bewässerungsmaßnahmen in trockenen Regionen bereitstellte.

Der von Roosevelt selbst vorgeschlagene Nachfolger William H. Taft versuchte ab 1909, den Reformkurs beizubehalten und sich als Monopolgegner (*Trust buster*) zu profilieren. In seiner Amtszeit wurde ein von Frauen geleitetes *Children's Bureau* eingerichtet, das den Kampf gegen die immer noch weit verbreitete Kinderarbeit koordinieren sollte. Taft besaß jedoch wenig persönliche Ausstrahlung und definierte die Befugnisse der Bundesregierung wieder sehr eng und zurückhaltend. Auf diese Weise verdarb er es sich mit den Reformern in der Republikanischen Partei, die unter Führung von Robert LaFollette eine eigene Organisation aufbauten. Als LaFollette im Wahlkampf von 1912 erkrankte, sprang Theodore Roosevelt zur allgemeinen Überraschung in die Bresche und ließ sich zum Präsidentschaftskandidaten der Progressive Party küren. Diese Spaltung im Lager der Republikaner kam jedoch einem anderen Progressiven zugute, dem demokratischen Gouverneur von New Jersey, Thomas Woodrow Wilson. Der gebürtige Virginier setzte sich gegen Taft und Roosevelt durch und zog 1913 als erster Südstaatler seit dem Bürgerkrieg ins Weiße Haus ein.

In seiner ersten Amtszeit löste Wilson eine Reihe von Reformversprechen ein, die er während des Wahlkampfes gemacht hatte. An eine Zerschlagung der großen Konzerne war im Ernst zwar nicht mehr zu denken, aber die wirksame Aufsicht der Bundesregierung mußte nach Meinung des Präsidenten den Mißbrauch wirtschaftlicher Macht verhindern. Der Clayton Anti-Trust Act von 1914 richtete die *Federal Trade Commission* ein, die unfaire Handelspraktiken unterbinden und kleinere Konkurrenten vor ruinösem Wettbewerb schützen sollte. Außerdem bestimmte das Gesetz, daß Anti-Trust-Vorschriften nicht länger gegen Gewerkschaften angewendet werden durften. Drastische Zollsenkungen kamen den Verbrauchern zugute, weil billige Importwaren ins Land strömten und die amerikanischen Unternehmen mit ihren Preisen heruntergehen mußten. Der Rückgang der Zolleinnahmen wurde durch eine Einkommensteuer ausgeglichen, die der Kongreß nach Verabschiedung des 16. Amendments 1913 erstmals erheben durfte (1895 hatte der Supreme Court eine Einkommensteuer als verfassungswidrig bezeichnet). Diese Steuer war zwar abgestuft, aber keineswegs dazu gedacht, Einkommen oder Besitz umzuverteilen. Dagegen ließ eine 1916 im Schatten des Weltkrieges durchgeführte Steuerreform erstmals die Tendenz erkennen, die großen Unternehmen und die Besitzenden zugunsten der weniger wohlhabenden Schichten zur Ader zu lassen. Die Farmer erhielten Krediterleichterungen durch den Federal Farm Loan Act, und den Eisenbahnern wurden im Adamson Act der Acht-Stunden-Tag und Lohnerhöhungen zugestanden, als sie 1916 mit Generalstreik drohten. Seit 1913 existierte auch endlich ein – immer noch recht lockeres – Zentralbanksystem auf der Grundlage des Federal Reserve Act, der vorsah, daß die zwölf Distriktbanken gemeinsam über den *Federal Reserve Board* in New York den Geldumlauf und die Zinshöhe beeinflussen konnten. Hierbei hatten europäische Vorbilder und speziell das deutsche Modell der Reichsbank Pate gestanden.

Im Wahlkampf von 1916 sagte Wilson die Fortführung der Reformpolitik zu, doch als die USA 1917 unter seiner Führung in den Krieg eintraten, ging die progressive Ära im wesentlichen zu Ende. Der Präsident setzte nun auf eine enge Zusammenarbeit von Regierung und Unternehmern, von der er sich eine maximale Produktionsleistung versprach, und auch die meisten Reformer stellten ihre Wünsche hinter das Ziel einer erfolgreichen Kriegführung zurück.

Grenzen und Widersprüche der Reformbewegung

Aufs Ganze gesehen blieben die Erfolge der Reformer begrenzt, weil sich die Gegenkräfte des *laissez faire*-Liberalismus und der konservativen Beharrung keineswegs leicht geschlagen gaben. Vielerorts behielten die "Parteibosse", die den Reformern als Feindbilder zur Sammlung ihrer Anhänger dienten, politisch das Heft in der Hand. Wenn die *Progressives* auf der kommunalen und einzelstaatlichen Ebene an Einfluß gewannen, bedeutete das nicht automatisch mehr Demokratie, sondern häufig eine stärkere Kontrolle der Elite, aus der sich die "Fachleute" vorwiegend rekrutierten, zu Lasten der unteren Schichten. Die Hoffnung, daß Formen direkter Demokratie wie Vorwahlen und Volksabstimmungen die politische Partizipation verbessern würden, erfüllte sich ebenfalls nicht, denn der Trend zur geringeren Wahlbeteiligung setzte sich weiter fort. Die Macht des *big business* wurde durch die Anti-Trust-Gesetze und die neuen Interventionsmöglichkeiten der Bundesregierung nur unwesentlich eingeschränkt, zumal in den "unabhängigen" Kommissionen nicht selten Repräsentanten der Industrie den Ton angaben. Etliche Reformvorhaben scheiterten am Widerstand der Gerichte, die weiterhin dem Recht auf Eigentum und dem individuellen Vertragsrecht (*right of contract*) hohe Priorität einräumten. So hob beispielsweise ein New Yorker Gericht 1905 in dem Fall Lochner v. New York die vom Staatenparlament festgesetzte Höchstarbeitszeit für Bäcker mit der Begründung auf, sie enge die Freiheit von Unternehmer und Arbeiter, Abmachungen über die Arbeitszeit zu schließen, auf verfassungswidrige Weise ein. 1918 verwarf der Supreme Court das Verbot der

Kinderarbeit, das der Kongreß zwei Jahre zuvor erlassen hatte, als eine verfassungswidrige Einmischung der Bundesregierung in die Angelegenheiten der Einzelstaaten. Selbst das Engagement in den *Settlement Houses* und der Kampf gegen den Alkohol hatten eine Kehrseite: Da die Reformer dazu neigten, die Wertvorstellungen der protestantischen Mittelschicht als vorbildlich und allgemeingültig anzusehen, ließen sie es häufig an der gebotenen Rücksicht auf die Traditionen und Mentalitäten der Neueinwanderer fehlen. Diese Anpassung an den angelsächsischen kulturellen *mainstream*, die unter dem Schlagwort der *Americanization* mit sanfter Gewalt betrieben wurde, beschwor Spannungen herauf, wo gerade der Abbau von Klassenkonflikten und eine Anhebung des Lebensstandards der unteren Schichten intendiert waren.

In der Einwanderungsdebatte und in der Rassenfrage verhielt sich die Mehrzahl der Reformer überdies alles andere als liberal und fortschrittlich. Viele Progressive vertraten nicht nur vehement die Forderung nach möglichst rascher "Amerikanisierung" der Einwanderer, was deren ethnisch-religiöse Identität zu zerstören drohte, sondern stellten sich auch in die vorderste Front der Verfechter von Einwanderungsbeschränkungen. Darin sahen sie die einzige Möglichkeit, schwere soziale Konflikte und untragbare finanzielle Belastungen zu vermeiden, die sich aus der Überfüllung der Städte mit "menschlichem Müll" (*human garbage*) ergeben würden. Unterstützung erhielten sie sowohl von Seiten der Unternehmer, die eine Radikalisierung der Arbeiterschaft durch Sozialisten und Anarchisten aus Europa befürchteten, als auch von den Gewerkschaften, die immer wieder erfahren mußten, daß Einwanderer als Streikbrecher und Lohndrücker benutzt wurden. In dem Begriff der *new immigration*, der für die Masseneinwanderung des späten 19. und frühen 20. Jahrhunderts geprägt wurde, schwangen Ablehnung und Vorurteile mit, weil die Neuankömmlinge aus Italien, der Habsburgermonarchie und dem Zarenreich – unter ihnen viele Juden – für weniger anpassungsfähig und assimilationsbereit gehalten wurden als die "alten" Einwanderer aus Westeuropa und Skandinavien. In dieser Phase gewann der Nativismus wieder die Oberhand, und die Parole lautete Drosselung und staatliche Kontrolle der Einwanderung. Konservative Organisationen wie die *American Protective Association* und die *Immigrant Restriction League* forderten Lese- und Schreibprüfungen (*literacy tests*) für Einwanderungswillige oder agitierten sogar für eine völlige Schließung der Grenzen. Intellektuelle Fürsprecher einer multi-ethnischen Gesellschaft wie der Journalist Randolph Bourne, der die USA gern als eine "cosmopolitan federation of foreign cultures" gesehen hätte, waren unter diesen Umständen die große Ausnahme. Sprecher der Einwanderer selbst zeigten sich bereit, im amerikanischen "Schmelztiegel" aufzugehen und jagten damit einem Wunschbild nach, das Ralph Waldo Emerson erstmals als "smelting pot" postuliert hatte, und das der jüdische Schriftsteller Israel Zangwill mit seinem Theaterstück *The Melting Pot* ab 1908 popularisierte. Die öffentliche Meinung neigte aber ungeachtet dieser Anpassungsbereitschaft zum Ausschluß, zur *exclusion*, wie sie in Kalifornien auf Druck von Arbeiterorganisationen 1882 erstmals gegen Chinesen verhängt worden war. Das *Gentlemen's Agreement*, das Roosevelt 1907 mit der Regierung in Tokio schloß, beinhaltete ebenfalls praktisch ein Verbot der Einwanderung japanischer Arbeiter. Gegenüber den Europäern verfolgten die meisten Reformer einen Mittelkurs, der auf eine Begrenzung und "Lenkung" der Immigration hinauslief. Das fiel umso leichter, als die "Nachfrage" nach Einwanderern allmählich abnahm, weil die Bevölkerung ohnehin wuchs und weil Maschinen zunehmend ungelernte Arbeiter ersetzten. Eine Expertenkommission unter dem Vorsitzenden Dillingham erarbeitete von 1907 bis 1911 Vorschläge zur Einwanderungsbeschränkung, die dann in eine ganze Reihe von Gesetzen mündeten, mit denen der Kongreß das "goldene Tor" immer mehr schloß. So wurden die Gesundheitsbestimmungen für Einwanderer restriktiver gestaltet, eine Verteilung der Neuankömmlinge auf die verschiedenen Staaten und Territorien in Angriff genommen und der bundesstaatliche *Immigration and Naturalization Service* (INS) ermächtigt, Bewerber zurückzuweisen und bereits zugelassene Personen zu deportieren, die "gefährliche politische und soziale Doktrinen" verbreiteten. 1917 faßte der Kongreß alle bis dahin getroffenen Einzelregelungen im Immigration Act zusammen, der 35 Ausschlußkategorien festlegte und erstmals einen *literacy test* vorsah. Als die Einwandererzahlen nach der kriegsbedingten Unterbrechung wieder zu steigen begannen, wurde ab 1921 ein Quotensystem eingeführt und schrittweise verschärft, das Süd- und Osteuropäer klar benachteiligte und das den Zustrom auf ein Rinnsal reduzierte.

Für das Rassenproblem hatten die Reformer, sofern sie es überhaupt als dringlich wahrnahmen, in der Regel keine bessere Lösung anzubieten als die Segregation und die Anwendung des *separate but equal*-Prinzips. Wie die meisten ihrer Mitbürger konnten sie sich nicht von den biologisch-sozialdarwinistischen oder den älteren theologischen Erklärungen lösen, mit denen die "Minderwertigkeit" der Schwarzen bewiesen wurde. Dabei gewann das Thema eigentlich an Brisanz durch das Klima der Gewalt, das im Süden immer wieder Rassenunruhen und Lynchmorde hervorrief, und durch die beginnende Binnenwanderung der Schwarzen aus den südlichen Agrargebieten in die Städte des Nordens. Während zwischen 1870 und 1890 nur 80000 Afro-Amerikaner in den Norden gekommen waren, betrug die Zahl der Migranten im Zeitraum von 1890 bis 1910 schon 200000. Mit dem Krieg in Europa, der die überseeische Einwanderung unterbrach, setzte dann die *Great Migration* aus dem Süden ein und verlieh der Rassenfrage eine neue Dimension. Zwischen 1910 und 1920 wuchs die schwarze Bevölkerung in New York von 90000 auf über 150000, in Chicago von 44000 auf 110000 und in Detroit von knapp 6000 auf 40000. Die Ghettobildung in den großen Städten hatte zwar schon Ende des 19. Jahrhunderts begonnen, aber erst jetzt wurden die meisten Weißen der Anwesenheit kompakter schwarzer Bevölkerungsgruppen in ihrer Umwelt gewahr. Der New Yorker Stadtteil Harlem spielte zunächst eine Sonderrolle, weil die Afro-Amerikaner hier auf Grund verschiedener Faktoren, zu denen vor allem der Zusammenbruch eines spekulativen Baubooms gehörte, in Häuser zogen, die eigentlich für wohlhabende weiße Familien gebaut worden waren. Statt von einem "Ghetto" sprach man anfangs von einer *black community*, wo Ärzte, Pfarrer, Anwälte und Geschäftsleute eine eigenständige schwarze Führungsschicht bildeten. Harlem galt als die "Negro capital of the world" oder das "black Jerusalem", das den Zuwanderern aus dem Süden ein Gefühl von Befreiung und Hoffnung vermittelte. Bald herrschten aber auch hier wie in den anderen schwarzen Wohngebieten der nördlichen Metropolen drangvolle Enge, Armut und schlechte hygienische Verhältnisse. Eine hohe Kindersterblichkeit, steigender Drogenkonsum und Kriminalität wurden zu weiteren Negativmerkmalen des Ghettos.

Die Politiker in Washington einschließlich der Präsidenten verschlossen vor dieser Entwicklung die Augen oder beriefen sich auf die Zuständigkeit der Staatenregierungen. Nur eine kleine Minderheit weißer Reformer unterstützte aktiv die Anliegen der Afro-Amerikaner, die sich nun vermehrt um Selbsthilfe bemühten. Den Schwarzen des Südens erwuchs eine Führerpersönlichkeit in Booker T. Washington, der 1856 als Sohn von Sklaven geboren worden war und der

1881 eine Berufsschule, das *Tuskegee Institute*, in Alabama gegründet hatte. Mit Blick auf die realen Machtverhältnisse im Süden stellte Washington politische Ziele vorerst zurück und proklamierte den Kampf um die wirtschaftliche Gleichberechtigung als Hauptaufgabe. Sie sollte schrittweise durch harte Arbeit, die Aneignung handwerklicher Fähigkeiten und den Erwerb von Eigentum erreicht werden. Auf diese Weise könnten die Schwarzen ihr Selbstwertgefühl stärken und beweisen, daß sie bildungs- und anpassungsfähig seien. Eine Alternative zu dieser "gradualistischen" Strategie entwickelte William E.B. Du Bois, ein 1868 in Neuengland geborener Afro-Amerikaner, der an der schwarzen Fisk University und in Berlin studiert hatte und nach der Promotion in Harvard als Professor in Atlanta lehrte. Er setzte seine Hoffnung auf das "begabte Zehntel" (*talented tenth*) der Schwarzen, das als intellektuelle Avantgarde den Rassengenossen ein Vorbild geben und sie zur "Kultivierung" anspornen sollte. Die "Anti-Bookerites", darunter auch einige weiße Reformer, trafen sich 1905 auf kanadischem Territorium an den Niagara Falls und legten das Versprechen ab, über die wirtschaftliche Chancengleichheit hinaus auch für das Wahlrecht und die Rechtsgleichheit der "Farbigen" zu kämpfen. Aus diesem *Niagara Movement* ging 1909 die *National Association for the Advancement of Colored People* (NAACP) hervor, die alle politischen und rechtlichen Mittel ausschöpfen wollte, um die Rassendiskriminierung zu beenden. Du Bois fungierte als Herausgeber der Zeitschrift *The Crisis*, aber die Führung der NAACP, die 1914 50 Zweigstellen mit ca. 6000 Mitgliedern hatte, lag überwiegend in der Hand reformerisch gesinnter weißer Anwälte. Ein Problem bestand darin, daß sich Organisationen wie die NAACP oder die *National Urban League* (NUL) mehr um die aufstrebenden Afro-Amerikaner in den Städten kümmerten als um die *sharecroppers* und Pächter auf dem flachen Land, obwohl auch 1920 immer noch 80 Prozent aller Schwarzen im Süden lebten. Mit öffentlichen Kampagnen gegen die Lynchjustiz und mit der Verteidigung von Afro-Amerikanern vor Gericht wurden einige praktische Erfolge erzielt. An der Segregation, der Armut in den Ghettos und der Verschuldung und Abhängigkeit der *sharecroppers* änderte das aber kaum etwas. Von einer Assimilierung und Integration der schwarzen Bevölkerung, die Booker T. Washington und W.E.B. Du Bois mit unterschiedlichen Methoden anstrebten, war man bei Ausbruch des Krieges noch weit entfernt. Washington starb 1915, und Du Bois forderte wenig später die jungen Afro-Amerikaner auf, sich freiwillig zur Armee zu melden und in Europa für die Freiheit zu kämpfen, damit sie anschließend auch in den USA mit größerem Nachdruck ihre Rechte einfordern könnten.

Der Frauenbewegung gelang es in dem allgemeinen Reformklima, viele ihrer alten Forderungen zu verwirklichen, und einige Gruppen wie die Intellektuellen im Umkreis der sozialistischen New Yorker Zeitschrift *The Masses* formulierten bereits neue, feministische Ziele. Sie wollten die Fesseln der Geschlechterrollen und der "separaten Sphären" abstreifen und die Frau in beruflicher, sexueller und kultureller Hinsicht dem Mann völlig gleichstellen. Das waren die ersten Anzeichen einer umfassenderen Revolution in den Beziehungen der Geschlechter, als dem *woman's movement* des späten 19. Jahrhunderts vorgeschwebt hatte. Im praktischen Alltagsleben hielten sich die Fortschritte noch in engen Grenzen, aber für die jüngeren, besser gebildeten Frauen ergaben sich doch schon bedeutsame neue Erwerbsmöglichkeiten: Während die Zahl der in der Landwirtschaft und in Haushalten tätigen Frauen drastisch abfiel, stieg die Kurve der in modernen städtischen Dienstleistungsberufen, d.h. vor allem in Büros Beschäftigten ab 1900 steil an. Das ging einher mit einer generellen Lockerung des Lebensstils, der sich äußerlich in neuen, bequemeren Kleidungsmoden bemerkbar machte.

Anders als die Frauenbewegung blieb die Arbeiterbewegung insgesamt auf Distanz zum *Progressive Movement* und versuchte, weiterhin eigene Wege zu gehen. Die Reformer kümmerten sich zwar um die Belange der Arbeiter, aber sie dachten und handelten doch ganz überwiegend aus einer bürgerlichen Perspektive und verabscheuten Klassenkampfideen. Arbeiterführer wie Eugene V. Debs aus Indiana, der sich als Präsident der AFL-*Railway Union* beim Pullman-Streik von 1894 einen Namen gemacht hatte, und der deutschstämmige Victor Berger aus Milwaukee entwickelten demgegenüber sozialistische Positionen und verfochten sie offensiv in der politischen Arena. 1901 trennte sich Debs von der militanten, dogmatisch-marxistischen *Socialist Labor Party* und trat an die Spitze einer neuen, breiter fundierten Arbeiterpartei, der *Socialist Party of America*. Obwohl auch diese Sammlung von Intellektuellen, Berufspolitikern und Gewerkschaftern, Frauen wie Männern, nicht von inneren Spannungen und Flügelkämpfen verschont blieb, wurde sie vorübergehend zur bestimmenden politischen Kraft der amerikanischen Linken. In der Rhetorik des Klassenkampfes trug Debs im Grunde maßvoll-reformerische Forderungen vor und verschaffte der

Sozialistischen Partei damit eine Massenbasis von über 100 000 Mitgliedern. Seine Popularität erreichte bei den Präsidentschaftswahlen von 1912 ihren Höhepunkt, als er mit 900 000 Stimmen 6 Prozent der abgegebenen Stimmen auf sich vereinigen konnte. Ab 1915 gerieten die Sozialisten mit ihrem pazifistischen Kurs allerdings immer mehr in Widerspruch zur öffentlichen Meinung, und im November 1916 lag ihr Wähleranteil nur noch bei 3,2 Prozent. Nach dem Kriegseintritt der USA beschleunigte sich der Niedergang der Partei dann durch Abspaltungen und den Druck staatlicher Behörden und Gerichte.

Die Gewerkschaften konnten angesichts der günstigen Wirtschaftsentwicklung, die nur 1912/13 von einer Rezession unterbrochen wurde, Lohnerhöhungen und Arbeitszeitverkürzungen durchsetzen. Vom Ende des 19. Jahrhunderts bis 1915 stieg der durchschnittliche Reallohn eines Industriearbeiters von 532 auf 687 Dollar im Jahr. Weil das aber immer noch kaum ausreichte, eine Familie zu ernähren, mußten in der Regel mehrere Familienmitglieder, gerade auch Kinder, mitarbeiten, um den Lebensunterhalt sicherzustellen. Der Kampf für den Acht-Stunden-Tag trug erste Früchte, doch in vielen Industriezweigen, v.a. in den Textilfabriken des Südens, waren 10 bis 13 Stunden Arbeitszeit weiterhin an der Tagesordnung. 1900 gehörten von den 30 Millionen nicht in der Landwirtschaft Beschäftigten 1 Million einer Gewerkschaft an; 1920 lagen die Vergleichszahlen bei ca. 40 Millionen und 5 Millionen. Die bei weitem bedeutendste Gewerkschaft, die *American Federation of Labor* (AFL), allein zählte 1920 4 Millionen Mitglieder, was etwa ein Fünftel der Industriearbeiterschaft ausmachte. Die etablierten Einzelverbände der AFL betrachteten Einwanderer, Afro-Amerikaner und Frauen (1910 waren von 7 Millionen beschäftigten Frauen nur 125 000 organisiert) nach wie vor eher als Konkurrenten denn als Mitstreiter für eine gemeinsame Sache. Die Enttäuschung vieler Arbeiter über die ganz auf die Interessen der weißen Facharbeiterschaft ausgerichtete Taktik der AFL hatte schon 1905 zur Gründung einer neuen Gewerkschaft mit Schwerpunkt in den Bergwerksgebieten der Rocky Mountains und von West Virginia und Pennsylvania geführt. Bei den *Industrial Workers of the World* (IWW) handelte es sich um eine radikale Organisation, die speziell ungelernte Arbeiter und Neueinwanderer ansprach und die durch Streiks und Sabotage den Kampf für die Weltrevolution befördern wollte. Der Schrecken, den die "Wobblies" zeitweise in der amerikanischen

Mittelschicht verbreiteten, stand im krassen Mißverhältnis zu ihrer Mitgliederzahl und ihren Erfolgen. Während des Krieges wurden über 100 IWW-Anführer wegen Behinderung der Rüstungsanstrengungen verhaftet, und Organisatoren von Streiks sahen sich wütenden patriotischen Mobs gegenüber. Vollends ging diese "alternative" Gewerkschaft dann im antikommunistischen *Red Scare* unter, der in den USA auf den Krieg und die Revolutionen in Europa folgte.

Viele der hochgesteckten Erwartungen, mit denen die progressiven Reformer an die Demokratisierung der Gesellschaft, die Herstellung von Chancengleichheit, die Beseitigung der Armut, die "Säuberung" der Städte von Korruption und Unmoral und den Aufbau leistungsfähiger Verwaltungen herangegangen waren, blieben unerfüllt. Manche Erfolge zeitigten auch ganz unerwartete und unerwünschte Resultate, wie das Paradebeispiel der Prohibition zeigt, die das organisierte Verbrechen förderte, anstatt die Moral und Volksgesundheit zu heben. Auf der anderen Seite war die progressive Reformära keineswegs folgenlos: zu ihren wichtigsten Ergebnissen gehört sicherlich ein Bewußtseinswandel in weiten Teilen der Bevölkerung, der Interventionen von Parlamenten und Regierungen in wirtschaftliche und soziale Angelegenheiten nun zumindest unter gewissen dringenden Umständen gerechtfertig erscheinen ließ. Hinzu kam die Stärkung einer unabhängigen öffentlichen Meinung gegenüber dem Parteiengeist, der das späte 19. Jahrhundert beherrscht hatte. Die großen Parteien konnten sich zwar behaupten, nicht zuletzt, weil nur mit ihrer Hilfe eine nationale politische Willensbildung möglich war. Während die Parteibindung der Bürger aber etwas nachließ, gewannen nun die "organisierten Interessen", in die sich die Gesellschaft auffächerte, immer mehr an Gewicht. Die unterschiedlichen Vorschläge und Forderungen, mit denen diese Reform- und Interessengruppen an die Öffentlichkeit traten, machten den politischen Prozeß noch vielfältiger, komplexer und unberechenbarer. Ihre Analysen und ihre Kritik bewirkten aber ein vertieftes Nachdenken über die Grundlagen, Prinzipien und Ziele der amerikanischen Gesellschaft. Diese ständige öffentliche Debatte und die vielen privaten Initiativen hielten den "Prozeß der kleinen Schritte" in Gang, der die Modernisierung in dem immer noch weitgehend dezentralen und relativ schwach bürokratisierten Staatswesen voranbrachte.

3. Die Vereinigten Staaten im Ersten Weltkrieg

Der Weg in den Krieg, 1914–1917

Als die Balkankrise im August 1914 zum europäischen Hegemonialkrieg eskalierte, der auch auf die Kolonialgebiete Afrikas, des Nahen Ostens und Asiens übergriff, erklärte Präsident Wilson die Neutralität der USA und bat die Bevölkerung, sich unparteiisch zu verhalten. Damit befand er sich ganz im Einklang mit der außenpolitischen Tradition seit George Washington und trug darüber hinaus der Sorge vor innerer Zwietracht Rechnung: Es galt zu verhindern, daß die Auseinandersetzung zwischen Sympathisanten der Mittelmächte, zu denen in erster Linie deutsch- und irischstämmige Amerikaner gehörten, und Anhängern der Westmächte die multi-ethnische amerikanische Gesellschaft in eine Zerreißprobe stürzte.

Thomas Woodrow Wilson war 1856 in eine presbyterianische Pfarrersfamilie in Virginia hineingeboren worden und hatte seinen Weg in die Politik über eine akademische Laufbahn als Geschichtsprofessor und Präsident der Princeton University gemacht (die er wieder in die Spitzengruppe der amerikanischen Bildungseinrichtungen führte). Als progressiver Gouverneur von New Jersey trat er 1912 für die Demokratische Partei an, um mit Hilfe einer gestärkten Bundesregierung die nötigen wirtschaftlichen und sozialen Reformen durchzusetzen. Wilson verband die moralische Strenge seiner presbyterianischen Erziehung mit wissenschaftlicher Disziplin, und er war trotz des äußerlich steifen, unnahbaren Auftretens ein mitreißender Redner. Im Stil eines Predigers benutzte er häufig religiöse Bilder, aber auch den einprägsamen Slogan "New Freedom", der eine Erfüllung der in Unabhängigkeitserklärung und Verfassung enthaltenen demokratischen Verheißungen suggerierte.

Gefühlsmäßig und ideologisch stand Wilson als Progressiver den Westmächten näher als dem Deutschen Reich, das aus seiner Sicht Autokratie und Militarismus verkörperte und auf die Zerstörung des europäischen Mächtegleichgewichts hinarbeitete. Auch in der westlichen Hemisphäre schien von Deutschland politisch und wirtschaftlich größere Gefahr auszugehen als von Großbritannien, das sich hier seit langem mit den USA arrangiert hatte. Rein ökonomische Gründe sprachen ebenfalls für eine bevorzugte Behandlung der Entente: Großbritannien war für die Vereinigten Staaten schon im Frieden der bedeutendste Handelspartner und Investor gewesen, und die Engländer kauften nach Kriegsbeginn im großen Stil Lebensmittel, Waffen und Munition in den USA ein. Diese Geschäfte wurden größtenteils durch private amerikanische Bankkredite finanziert, die sich bis 1917 schon auf 2,3 Milliarden Dollar beliefen. Allein im Jahr 1916 exportierte die amerikanische Wirtschaft, die durch den Auftragsboom aus der Vorkriegsrezession gezogen wurde, Rohstoffe und Waren im Wert von 2,75 Milliarden Dollar nach England und Frankreich. Demgegenüber sanken die Ausfuhren nach Deutschland wegen der Autarkiepolitik der Reichsregierung und der englischen Blockade bis 1916 auf ganze 2 Millionen Dollar ab.

Wenn sich unter diesen Umständen innerhalb der Wilson-Administration die Waage auch schon früh zugunsten der Westmächte neigte, so hielten doch einige andere Faktoren die USA vorerst auf Neutralitätskurs. Wilson wußte, daß eine Kriegsbeteiligung sein Reformprogramm gefährden würde; er hatte sein Land tief in die 1911 ausgebrochene mexikanische Revolution verstrickt; und er kannte die Stimmung einer großen Mehrheit der Amerikaner, die fürchteten, daß sie – womöglich an der Seite des autokratischen Zarenreichs – in den Kampf der "imperialistischen" Mächte hineingezogen werden könnten. Der Präsident verhielt sich deshalb keineswegs, wie später oft behauptet wurde, von vornherein "pro-Entente" oder "anti-deutsch", sondern er hatte in allererster Linie die amerikanischen Interessen und seine Wiederwahlaussichten im Auge. Die U.S.-Regierung verurteilte nicht nur die völkerrechtswidrige deutsche U-Boot-Kriegführung, sondern sie legte – wenngleich in schwächerer Form – auch gegen eine Reihe von britischen Blockadepraktiken Protest ein. Am liebsten wäre Wilson in dieser Phase ein Kompromißfriede gewesen, dessen Chancen er durch seinen engen Vertrauten, Colonel Edward M. House, in Europa ausloten ließ. An dieser Grundeinstellung änderte selbst der schwere "Lusitania"-Zwischenfall nichts, bei dem ein deutsches U-Boot am 7. Mai 1915 einen britischen Luxusdampfer auf dem Rückweg von New York vor der irischen Küste versenkte und den Tod von fast 1 200 Menschen, darunter 128 Amerikaner, verursachte. Allerdings lehnte Wilson den Vorschlag seines Außenministers William J. Bryan ab, die Nutzung von Passagierschiffen für den Transport von Rüstungsgütern zu verbieten (die "Lusitania" hatte Gewehrmunition für England an Bord gehabt) und amerikanischen Bürgern zu untersagen, auf Schiffen kriegführender Staaten zu reisen. Bryan trat daraufhin zurück und wurde durch Robert Lansing ersetzt, der den Alliierten günstiger gesonnen war. Als die Reichsregierung jedoch nach der "Lusitania"-krise Zugeständnisse machte und im Mai 1916 den uneingeschränkten U-Bootkrieg vollends einstellte, schienen sich die deutschamerikanischen Beziehungen wieder zu stabilisieren. Um dieselbe Zeit trübte sich das Verhältnis der USA zu Großbritannien und Frankreich, weil die beiden alliierten Regierungen auf der Pariser Wirtschaftskonferenz vom Sommer 1916 ökonomische Kriegsziele formulierten, die mit dem amerikanischen Verlangen nach offenen Märkten und freiem Welthandel unvereinbar waren.

Alle diese Ereignisse wurden in den USA von einer heftigen Debatte zwischen Gegnern und Befürwortern eines amerikanischen Kriegsbeitritts begleitet. Auf der einen Seite entstand eine breite Friedensbewegung, in der sich Vertreter unterschiedlichster Interessengruppen und geistiger Strömungen sammelten. Neben Pazifisten und Quäkern traten auch progressive Reformer wie Robert LaFollette, Sozialisten wie Eugene V. Debs, Frauenrechtlerinnen wie Jane Addams und Großindustrielle wie Andrew Carnegie und Henry Ford öffentlich für die Ziele der unionsweiten *Non-Partisan League* ein. Ihre Anhänger waren überzeugt, daß Unternehmer und Bankiers, die von der Rüstung profitierten, die USA gegen den Willen des Volkes in den Krieg hineinziehen wollten. Dieser Friedensbewegung stellte sich, angeführt vom ehemaligen Präsidenten Theodore Roosevelt, eine aktive Minderheit von "Interventionisten" entgegen, die das Deutsche Reich als Hauptstörenfried der internationalen Ordnung brandmarkten und für die das Eingreifen der USA an der Seite der Westmächte nur eine Frage der Zeit sein konnte. Die Geheimdienste der kriegführenden Staaten versuchten diesen Meinungsstreit zu beeinflussen: Von Mitarbeitern der deutschen Botschaft in Washington wurden deutschfreundliche Organisationen unterstützt und Sabotageakte gegen kriegswichtige Lieferungen an die Entente geplant (der spätere Reichskanzler Franz von Papen mußte deshalb die USA als *persona non grata* verlassen); die Briten verbreiteten ihrerseits übertriebene Berichte von deutschen Greueltaten in den besetzten Gebieten und schürten amerikanische Ängste vor deutschen Expansionsabsichten in Lateinamerika.

Im Wahljahr 1916 überwog noch eindeutig die Friedenssehnsucht in der amerikanischen Bevölkerung. Präsident Wilson versprach, die USA weiterhin aus dem Krieg herauszuhalten, verlangte aber unter dem Schlagwort der *preparedness*, daß sich die Nation auf alle Eventualitäten vorbereiten müsse. Schon vor der Wahl schuf der

Kongreß durch mehrere Gesetze die Grundlage für eine Aufrüstung, mit der die USA ihre Machtposition sichern konnten, ganz gleich, wie der Krieg ausging. Neu im Wahlprogramm der Demokraten war der Vorschlag eines "Völkerbundes" (*League of Nations*), der in Zukunft Aggressionen und Kriege verhindern sollte. Nach seinem knappen Sieg über den republikanischen Kandidaten Charles Evans Hughes im November 1916 warb Wilson erneut für einen "Frieden ohne Sieg" und forderte die Kriegführenden auf, ihre Bedingungen bekanntzugeben. Die hinhaltende Taktik, mit der die Reichsregierung auf diese Friedensvermittlung reagierte, leitete dann allerdings eine Entwicklung ein, die in den Kriegseintritt der USA mündete.

In Berlin setzten sich um diese Zeit die Befürworter eines "Siegfriedens" durch, die glaubten, Großbritannien durch den U-Bootkrieg in die Knie zwingen zu können, bevor die USA überhaupt in der Lage wären, wirksam militärisch zu intervenieren. Diese Annahme sollte sich als letztlich kriegsentscheidender Irrtum erweisen. Nach der Erklärung der Wiederaufnahme des uneingeschränkten U-Bootkrieges, der sich ja nicht zuletzt gegen die Neutralen richtete, brach Präsident Wilson Anfang Februar 1917 die diplomatischen Beziehungen zu Berlin ab, scheute aber immer noch vor dem Krieg zurück. Wieder kam es zu großen Friedensdemonstrationen in amerikanischen Städten, an denen sich nun sogar der ehemalige Außenminister Bryan beteiligte. Der endgültige Stimmungsumschwung trat dann durch die Veröffentlichung des sog. "Zimmermann-Telegramms" ein, einer Depesche, die der deutsche Staatssekretär des Äußeren, Arthur Zimmermann, am 19. Januar 1917 an die Botschaft in Mexiko geschickt hatte. Darin instruierte er den deutschen Botschafter, dem mexikanischen Präsidenten ein Bündnis gegen die USA vorzuschlagen, in das möglichst auch Japan einbezogen werden sollte. Im Falle eines deutschen Sieges würde das Reich dann Mexiko helfen, die 1848 verlorenen Gebiete in Texas, New Mexico und Arizona zurückzubekommen. Da dieses Telegramm aus technischen Gründen über die deutsche Botschaft in Washington lief, konnte es der englische Geheimdienst abfangen und entschlüsseln. Am 24. Februar wurde der Text an Wilson weitergeleitet, der ihn am 1. März veröffentlichen ließ. Die Bevölkerung reagierte erwartungsgemäß heftig, weil die deutsche Offerte an zwei neuralgische Punkte rührte: Sie bedeutete eine Einmischung in die amerikanisch-mexikanischen Beziehungen, die sich durch den Abzug der letzten amerikanischen Interventionstruppen unter General John

J. Pershing gerade gebessert hatten; und sie beschwor das Gespenst eines Zweifrontenkrieges im Atlantik und Pazifik herauf, wo man den Japanern durchaus aggressive Absichten zutraute. Im Kongreß stemmte sich dennoch eine Gruppe von Senatoren bis zuletzt dem Kriegseintritt entgegen. Ihrem Widerstand wurde aber der Boden entzogen, als deutsche U-Boote mehrere amerikanische Schiffe versenkten. Am 2. April forderte Wilson den Kongreß auf, dem Deutschen Reich den Krieg zu erklären: Die USA würden nicht für Eroberungen kämpfen, sondern für Frieden und Gerechtigkeit. Wilsons berühmte Forderung: "The world must be made safe for democracy" bezog sich auch auf die Lage in Rußland, wo der Zar nach der Februar-Revolution abgedankt hatte. Die Kriegserklärung erfolgte am 6. April gegen 50 Stimmen im Repräsentantenhaus (darunter die erste weibliche Abgeordnete, Jeannette Rankin aus Montana) und sechs im Senat. Um ihren besonderen Status zu verdeutlichen, traten die USA als "assoziierte" Macht an die Seite der "alliierten" Westmächte.

Wilson begründete seine Entscheidung mit deutschen Rechtsbrüchen sowie mit der Gefährdung des amerikanischen Handels und der amerikanischen Sicherheit. Gleichzeitig gab er eine moralische Rechtfertigung, indem er den Krieg zum "Kreuzzug für die Demokratie" und zum "war to end all wars" erklärte. Pragmatisches Gleichgewichtsdenken mischte sich mit einem idealistischen, im letzten religiös inspirierten Bekenntnis zu höheren Werten und Prinzipien. Über die "eigentlichen" Motive des Präsidenten wird bis heute gerätselt: Vieles deutet darauf hin, daß Wilson und seine engsten Berater seit Ende 1916 zunehmend zu der Überzeugung gelangt waren, daß die USA nur im Falle einer aktiven Beteiligung am Krieg ihren Interessen und Prinzipien auf der künftigen Friedenskonferenz würden Geltung verschaffen können. Sollte Deutschland siegen, dann drohte die Verwirklichung von "Mitteleuropa"-Plänen, die wenig Rücksicht auf amerikanische Belange nahmen. Aber selbst ein Sieg der Entente-Mächte, das hatten die Wirtschaftsverhandlungen in Paris 1916 gezeigt, konnte zu Lasten der Vereinigten Staaten gehen. Die Beweggründe zum Kriegseintritt waren also spätestens nach dem Scheitern der Vermittlungsaktion gegeben; ohne die strategischen Fehlkalkulationen und diplomatischen Mißgriffe der deutschen Führung wäre es Wilson jedoch schwergefallen, den "Rubikon zu überschreiten" und Bevölkerung wie Kongreß von der Notwendigkeit der Kriegserklärung zu überzeugen.

Die Vereinigten Staaten als kriegführende Macht, 1917/18

So schwer sich die Amerikaner mit der Entscheidung für den Krieg getan hatten, so intensiv und verbissen mobilisierten sie nun ihre großen menschlichen und materiellen Ressourcen. Obwohl sich Hunderttausende freiwillig zum Militär meldeten, wurde im Mai 1917 die Wehrpflicht durch den Selective Service Act eingeführt, der insgesamt 45 Millionen Amerikaner erfaßte, von denen 3 Millionen dienten. In Frankreich kamen 2 Millionen Amerikaner zum Einsatz, davon ca. 400 000 Schwarze, die aber strikt segregiert blieben und hauptsächlich Arbeiten hinter der Front verrichteten. Frauen taten freiwillig Dienst als Krankenschwestern im U.S. Nurse Corps und als Sekretärinnen oder Technikerinnen bei der U.S. Navy und im U.S. Army Signal Corps. Anerkennung als Kriegsdienstverweigerer aus Gewissensgründen (*conscientious objectors*) fanden lediglich 4 000 Amerikaner.

Die ökonomische Mobilisierung fiel relativ leicht, weil die amerikanische Wirtschaft über genügend Produktionsreserven verfügte, um sowohl den militärischen Bedarf als auch den zivilen Konsum zu befriedigen. Unter Einschluß der Lieferungen an die Verbündeten entfiel selbst auf dem Höhepunkt der Anstrengungen nur ein Viertel der Gesamtproduktion auf die Kriegführung. Von einer Zwangs- und Mangelwirtschaft, wie sie die meisten Europäer erfuhren, war man in den USA also weit entfernt. Kennzeichnend für den amerikanischen Ansatz wurden Kommissionen, in denen Regierungsbeamte mit Repräsentanten der einzelnen Wirtschaftszweige und mit Gewerkschaftsvertretern zusammenarbeiteten. Im Zentrum stand der vom Finanzexperten Bernard Baruch geleitete *War Industries Board* (WIB), der planend, lenkend und rationalisierend in die Produktion eingriff und Preise festsetzen konnte. Der *War Trade Board* organisierte und überwachte die wirtschaftliche Kriegführung gegen Deutschland, wobei schwierige Abstimmungsprobleme zwischen den USA und den für die Blockade verantwortlichen britischen Ministerien zu lösen waren. Die *Food Administration* unter dem späteren Präsidenten Herbert Hoover kooperierte mit den Farmerverbänden, um die Agrarerzeugung zu steigern, Lebensmittel in den USA und bei den Verbündeten zu verteilen und den Preisauftrieb zu dämpfen. Die zentralisierende Wirkung des Krieges spiegelte sich auch in Behörden wie dem *War Shipping Board* und der *Railroad Ad-*

ministration wider, die für eine bessere Nutzung der Transportkapazitäten sorgten.

Um Arbeitskämpfe zu vermeiden, richtete die Regierung den *National War Labor Board* als Vermittlungsinstanz ein und drängte die Unternehmen, die Löhne zu erhöhen und die AFL-Verbände als Tarifpartner anzuerkennen. Durch die Einbindung der gemäßigten Gewerkschaften blieb der soziale Friede weitgehend gewahrt, obgleich die Preise kräftig stiegen und die Lebenshaltungskosten 1918 fast doppelt so hoch lagen wie 1913. Der Bedarf an zusätzlichen Arbeitskräften wurde nach dem Versiegen der Einwanderung aus der "internen Reserve" gedeckt: Frauen stellten binnen kurzem ein Fünftel der in den Kriegsindustrien Beschäftigten, und ca. 500 000 Afro-Amerikaner zogen aus dem Süden in die Industriezentren des Nordostens und Mittleren Westens. Während die meisten Frauen bei Kriegsende wieder Männern Platz machen mußten, reichten die sozialen Folgen der *Great Migration* weit über den Krieg hinaus: Einerseits gelangten südliche Lebensart und afro-amerikanische Kultur in die Ghettos der nördlichen Metropolen, von wo aus einzelne ihrer Erscheinungsformen wie der melancholische Blues und der Jazz den Weg in den kulturellen *mainstream* der USA fanden. Andererseits wuchsen die sozialen Spannungen zwischen Weiß und Schwarz und kam es nun auch im Norden häufiger zu Lynchmorden und Rassenunruhen.

Die wirtschaftliche Mobilisierung ging keineswegs reibungslos vonstatten, sondern es gab auch Fehlplanungen, Koordinierungsmängel und Kompetenzenwirrwarr. Noch bevor die Maschinerie auf volle Touren kam, ging der Krieg zu Ende. Der Verteidigungshaushalt, der 1916 ganze 305 Millionen Dollar betragen hatte, erreichte erst 1919 seinen Höchststand mit 13,5 Milliarden Dollar. Trotz allem erzielten die Amerikaner innerhalb kurzer Zeit eine beeindruckende volkswirtschaftliche Leistung. Sie finanzierten nicht nur ihre eigenen Kriegsanstrengungen, sondern zum beträchtlichen Teil auch diejenigen der europäischen Verbündeten, denn in den 33,5 Milliarden Dollar Gesamtausgaben waren 7 Milliarden Kriegskredite enthalten. Zwei Drittel der Kriegskosten wurden durch Steuern aufgebracht, der Rest durch die Ausgabe von Staatsanleihen, die als *Liberty Bonds* noch zusätzliche Propagandawirkung entfalteten. Gesamtwirtschaftlich gesehen bewirkte der Krieg einen Wachstumsschub, der das Bruttosozialprodukt von 40 Milliarden (1914) auf 90 Milliarden Dollar (1920) hinaufschnellen ließ. Bei Berücksichtigung der Inflation bleiben zwar nur 10 Milliarden realer Zuwachs, aber selbst das ist eine beachtliche Expansionsrate.

Integraler Bestandteil des "Kreuzzugs für die Demokratie" war die psychologische Aufrüstung der "Heimatfront" einschließlich der Unterdrückung von politischem Dissens. Anpassungs- und Konformitätsdruck wurden teils durch Steuerung von oben, teils durch spontane Aktionen an der Basis erzeugt. Im Auftrag der Regierung entfachte das *Committee on Public Information*, das der progressive Journalist George Creel leitete und dem bekannte Schriftsteller, Wissenschaftler und Künstler angehörten, eine heftige anti-deutsche Kampagne. Sie traf nicht nur erklärte Sympathisanten des Kaisers, sondern zerstörte auch Institutionen wie deutsche Vereine, Zeitungen und Schulen, auf denen die ethnische Identität der Deutsch-Amerikaner beruhte. (Zur selben Zeit riefen Professoren im Kaiserreich zur Verteidigung der deutschen Kultur gegen "westlichen Materialismus" und "falsche Freiheit" auf.) Der Rückgang der deutschen Sprache in den USA, der auf Grund der nachlassenden Einwanderung von Deutschen seit den 1890er Jahren schon früher begonnen hatte, wurde durch diese Vorgänge weiter beschleunigt. Neben den Deutschstämmigen litten die Iren am meisten unter dem vom *Creel Committee* angestachelten patriotischen Eifer. Die Angst vor Spionen und Saboteuren war nicht völlig unbegründet, aber vom Standpunkt der "loyalen" Amerikaner machte sich jedermann schuldig, der die Beteiligung am Krieg nicht begrüßte oder gar kritisierte. In den Gemeinden und Betrieben überwachten halbstaatliche und private "Selbstschutz"-Organisationen (*Loyalty Leagues, American Protective League, American Defense Society* etc.) alle potentiellen Kriegsgegner und registrierten "unamerikanische" Aktivitäten. Die Regierungen der Einzelstaaten, die Universitäten und das 1908 gegründete *Bureau of Investigation* im Bundesjustizministerium (aus dem 1935 das FBI hervorging) beteiligten sich an dieser Jagd auf den "inneren Feind". Darüber hinaus schuf der Kongreß gesetzliche Grundlagen, um einen möglichen Widerstand gegen die Kriegspolitik im Ansatz zu ersticken: Der Espionage Act von 1917 verbot die Behinderung der Rekrutierung und Aufrüstung und ermöglichte die Presse- und Postzensur; nach dem Sedition Act von 1918 konnte unter Anklage gestellt werden, wer die Regierung, die Uniform oder nationale Symbole wie Fahne und Verfassung verächtlich machte. Zwar hielt sich die Zahl der Verurteilungen in Grenzen, aber in dem hysterischen Klima, das auf diese Weise geschaffen wurde, gingen die abweichenden Stimmen aus der Friedensbewegung und aus dem Lager der amerikanischen Linken unter. Der Supreme Court bestätigte nach Kriegsende in Fällen wie Schenck v. U.S. und Abrams v. U.S. die repressiven Gesetze als verfassungskonform: in dem gegebenen Ausnahmezustand sei der Kongreß befugt gewesen, die vom ersten Amendment garantierte Rede-, Meinungs- und Pressefreiheit einzuschränken. Eugene Debs, der wegen einer Anti-Kriegsrede zu zehn Jahren Gefängnis verurteilt worden war, kandidierte 1920 von seiner Zelle aus für die Präsidentschaft und wurde erst 1921 von Präsident Harding begnadigt. Einzelne Richter erkannten dem Schutz der Grundrechte schon damals einen wesentlich höheren Rang zu, aber in vieler Hinsicht hatte diese restriktive Auslegung der Verfassung bis nach dem Zweiten Weltkrieg Bestand. Aus heutiger Sicht gehört die strafrechtliche Verfolgung der Kriegsgegner – ebenso wie die Diffamierung ganzer Bevölkerungsgruppen – zu den Schattenseiten der nationalen Kraftanstrengung von 1917/18.

Auf dem Kriegsschauplatz konnte zunächst mit Hilfe des Konvoi-Systems eine wirtschaftliche Abschnürung Großbritanniens verhindert werden. Überdies steigerte die amerikanische Teilnahme an der Blockade nun den ökonomischen Druck auf die Mittelmächte. Mit der Requirierung der niederländischen Handelsschiffe in amerikanischen Häfen im März 1918 gaben die USA sogar zu erkennen, daß sie bereit waren, die Rechte der neutralen Staaten, die sie bis 1917 hochgehalten hatten, dem Ziel der Niederringung des Deutschen Reiches unterzuordnen. Nahezu unbehindert von deutschen U-Booten trafen die ersten Truppen der *American Expeditionary Force* (AEF) unter General John J. Pershing im Herbst 1917 in Frankreich ein. Noch bevor sie wirklich in die Kämpfe eingreifen konnten, verkündete Präsident Wilson am 8. Januar 1918 vor dem Kongreß die amerikanischen Kriegsziele, die er in den berühmten "14 Punkten" zusammenfaßte. Die wichtigsten Forderungen betrafen die Abkehr von den Methoden der Geheimdiplomatie und Geheimverträge zugunsten einer "offenen" Diplomatie; die Freiheit der Meere und einen unbehinderten Welthandel; die Begrenzung der Rüstungen und die Regelung der kolonialen Ansprüche; die Rückgabe der von den Mittelmächten besetzten Gebiete und die Verwirklichung des Prinzips der nationalen Selbstbestimmung einschließlich der Errichtung eines unabhängigen polnischen Staates; und schließlich als krönenden Abschluß die Gründung eines Völkerbundes (*general association of nations*), der dafür sorgen sollte, daß eventuelle Konflikte innerhalb der neuen Friedensordnung gewaltfrei gelöst würden. Diese Botschaft erwies sich als eine scharfe Propagandawaffe, aber sie legte Wilson auch auf einen Kurs fest, der mit den Realitäten der europäischen Machtpolitik nur schwer vereinbar war. Anfangs ließ sich der Präsident davon nicht beirren: Wie vor ihm Lincoln, so nutzte Wilson nun die große Machtfülle aus, die ihm die Verfassung gerade in Kriegszeiten als Staatsoberhaupt, Regierungschef und Oberbefehlshaber der Streitkräfte in die Hand gab, um den eingeschlagenen Weg konsequent fortzusetzen.

Auf den Schlachtfeldern Frankreichs gewann der amerikanische Einsatz an Menschen und Material ab Frühjahr 1918, als sich die Balance nach dem russischen Separatfrieden von Brest-Litowsk zugunsten der Mittelmächte zu neigen schien, ausschlaggebende Bedeutung. Mit Hilfe von U.S.-Truppen konnte die deutsche "Schlußoffensive" im Juni zum Stehen gebracht werden, und in den beiden folgenden Monaten gelang es, die gegnerischen Armeen weit zurückzudrängen. Amerikanische Flieger kamen ebenfalls zum Einsatz; der erfolgreichste Pilot, Edward ("Eddy") Rickenbacker, brachte es auf 26 Abschüsse und wurde nach seiner Rückkehr als nationaler Held gefeiert. Später stieg er zum Präsidenten von Eastern Airlines auf, einer der Pioniergesellschaften der zivilen Luftfahrt.

Bei den Kämpfen in Frankreich wurden ca. 50 000 Amerikaner getötet und 200 000 verwundet. Die tatsächlichen Verluste waren aber noch wesentlich höher, denn über 60 000 Soldaten fielen Krankheiten, v.a. einer Grippeepidemie, zum Opfer. Aus amerikanischer Perspektive waren das schwere Opfer in einem Feldzug, der praktisch nur wenige Monate dauerte; gemessen an den Millionen Toten, die Deutsche, Russen, Franzosen und Briten zu beklagen hatten, muteten diese Zahlen jedoch niedrig an. Im September gab die deutsche Oberste Heeresleitung ihre Siegeshoffnungen auf und drängte die politische Führung des Reiches zum Friedensschluß. Bei der Entscheidung der Reichsregierung, am 5. Oktober ein Waffenstillstandsgesuch an Präsident Wilson zu übermitteln, spielte die trügerische Hoffnung auf die "14 Punkte" eine ebenso wichtige Rolle wie bei den rasch eingeleiteten innenpolitischen Reformen und beim Thronverzicht des Kaisers am 9. November. Der Waffenstillstand vom 11. November diktierte der deutschen Seite dann allerdings auf französischen Druck hin sehr harte Bedingungen, die den Friedensvertrag bereits bis zu einem gewissen Grade entgegen den Absichten Wilsons präjudizierten.

Der Versailler Friede und seine Rückwirkungen in den USA

Mit Hilfe eines Expertenkomitees, der von Colonel House geleiteten *Inquiry*, hatte sich Wilson gründlich auf das Abenteuer des Friedenschließens vorbereitet. Als erster amtierender amerikanischer Präsident fuhr er im Dezember 1918 nach Europa, um an der Spitze der U.S.-Friedensdelegation die neue politische Ordnung mitzugestalten. Sein triumphaler Empfang durch die Bevölkerung der alliierten Staaten stand im Kontrast zu der Niederlage der Demokratischen Partei in den Novemberwahlen, bei denen wirtschaftliche Themen wie die Inflation die Außenpolitik bereits wieder in den Hintergrund gedrängt hatten. Ähnlich glücklos agierte Wilson trotz aller persönlichen Anstrengungen auf der Friedenskonferenz der 27 Siegerstaaten, die am 18. Januar 1919 in Paris begann und ihren Höhepunkt mit der Unterzeichnung des Versailler Vertrags am 28. Juni 1919 erreichte.

Aus drei wesentlichen Gründen blieb das Endergebnis deutlich hinter Wilsons Ideen und Zielvorstellungen zurück: Zum einen hatte der Präsident die Absicht der Franzosen und Engländer unterschätzt, Deutschland durch Gebietsabtrennungen, Entwaffnung und hohe Reparationslasten militärisch und wirtschaftlich so sehr zu schwächen, daß es nie wieder zur Gefahr werden konnte. Wilson erkannte die psychologischen und ökonomischen Risiken eines solchen Kurses, doch er mußte Kompromisse schließen, um einen Bruch mit den Verbündeten zu vermeiden. Zweitens litt das Friedensprogramm der *Inquiry* an nahezu unüberwindlichen inneren Widersprüchen, was vor allem bei der Grenzziehung im Osten und bei der Behandlung von Kolonialfragen offenbar wurde. In den ethnisch gemischen Siedlungsgebieten Ost- und Südosteuropas ließ sich das Selbstbestimmungsprinzip nicht mit der Forderung nach der Lebensfähigkeit neuer Staaten wie Polen, Tschechoslowakei und Jugoslawien vereinbaren; eine Ausdehnung des Selbstbestimmungsrechts auf die Kolonialgebiete wiederum kam für die europäischen Mächte noch nicht in Frage, so daß man sich auf die Zwischenlösung einigte, die ehemaligen deutschen Besitzungen als Völkerbundsmandate unter britische, französische und japanische Verwaltung zu stellen. Daß Japan auf diese Weise im pazifischen Raum noch stärker wurde, konnte eigentlich nicht im Interesse der USA liegen. Drittens schließlich trat das deutsche Problem im Verlauf der Konferenz aus der Sicht Wilsons mehr und mehr hinter die revolutionäre Gefahr zurück, die vom bolschewistischen Rußland ausging. Schon die "14 Punkte" waren in gewissem Sinne eine Antwort auf Lenins und Trotzkis Strategie gewesen, mit der Parole vom Selbstbestimmungsrecht aller Völker zum Kampf gegen den "westlichen Imperialismus" und zur "Weltrevolution" aufzurufen. Ohne den Kongreß zu fragen, hatte Wilson im Sommer 1918 amerikanische Truppen nach Nordrußland und Sibirien entsandt, um eine Konsolidierung des bolschewistischen Regimes zu verhindern. Als sich eine Niederlage der gegenrevolutionären "weißen" Kräfte abzeichnete, wurden sie 1920 wieder abgezogen; in der Zwischenzeit war Wilsons Aufmerksamkeit aber von dieser mit Engländern und Franzosen gemeinsam durchgeführten Intervention und vom kommunistischen Umsturz in Ungarn kaum weniger beansprucht worden als von den Bestimmungen des Versailler Vertrags. Hier brach zum ersten Mal der ideologische und machtpolitische Gegensatz zwischen den USA und Sowjetrußland auf, der die weitere Geschichte des 20. Jahrhunderts maßgeblich bestimmen sollte.

Am Ende saß Wilson zwischen allen Stühlen und wurde von überallher angefeindet. Die Deutschen, die illusionäre Erwartungen an seine "14 Punkte" geknüpft hatten, waren maßlos verbittert und bezichtigten ihn der Täuschung und Scheinheiligkeit. Franzosen, Briten und insbesondere die Italiener nahmen ihm übel, ihre Maximalpositionen nicht akzeptiert zu haben. Viele Amerikaner empfanden die Kluft zwischen dem Versprechen einer friedlichen, demokratischen Welt und dem tatsächlichen Ergebnis als so groß, daß sie ernsthaft am Sinn der Kriegsbeteiligung und der gebrachten Opfer zu zweifeln begannen. Wilson tröstete sich mit der Gründung des Völkerbundes, der auf dem Wege der friedlichen Revision die Fehler und Schwächen der Friedensverträge nach und nach beseitigen würde. Aber gerade an der Völkerbundssatzung, die der Präsident für den Kern des Versailler Vertrags hielt, entzündete sich in den USA ein Streit, der das Scheitern seiner Politik besiegelte.

Die Ratifizierungsdebatte des Senats fand in einem Klima statt, das durch die politische Desillusionierung, die Schwierigkeiten der Umstellung von Kriegs- auf Friedenswirtschaft und durch die Furcht vor dem Bolschewismus irrationale und teilweise hysterische Züge annahm. Schreckensberichte über die Revolutionen in Europa, eine Streikwelle von 4 Millionen amerikanischen Arbeitern, blutige Rassenunruhen in mehreren großen Städten und Bombenattentate von Anarchisten lösten 1919/20 eine Art kollektive Paranoia, den *Red*

Scare, aus. Obwohl keine echte Revolutionsgefahr gegeben war (die wenigen amerikanischen Kommunisten konnten sich nicht einmal auf eine gemeinsame Partei einigen), setzten die Behörden landesweit Tausende von Verdächtigen ohne Haftbefehl fest und deportierten mehrere hundert Personen nach Europa. Eine unvoreingenommene, objektive Prüfung des Versailler Vertrags und der in ihm enthaltenen Völkerbundssatzung war in dieser Atmosphäre kaum möglich. Taktische Fehler Wilsons, der es versäumt hatte, führende Republikaner rechtzeitig ins Vertrauen zu ziehen, und der zu keinen wirklichen Zugeständnissen bereit war, erschwerten die Aufgabe zusätzlich. Kritik kam sowohl von Demokraten und Progressiven, die den Völkerbund für eine Interessengemeinschaft der imperialistischen Mächte hielten, als auch von Republikanern, die behaupteten, eine Mitgliedschaft im Völkerbund schränke die Handlungsfreiheit der USA zu sehr ein und erlaube es anderen Staaten, die Monroe-Doktrin zu umgehen und sich in amerikanische Angelegenheiten wie die Einwanderungspolitik einzumischen. Der Hauptvorwurf lautete, die Bestimmungen zur "kollektiven Sicherheit" in Artikel 10 der Völkerbundssatzung würden die Vereinigten Staaten automatisch in jeden europäischen oder kolonialen Krieg hineinziehen. Im September erlitt Wilson auf einer Redetour durch den Westen, die er zur Beeinflussung der öffentlichen Meinung unternahm, einen Schlaganfall und war fortan teilweise gelähmt. Bei der Schlußabstimmung im Senat im März 1920 verfehlte der Versailler Vertrag knapp die notwendige Zweidrittel-Ratifizierungsmehrheit. Die USA blieben deshalb dem Völkerbund fern und nahmen auch die Sicherheitsgarantie zurück, die Wilson Frankreich auf der Friedenskonferenz gegeben hatte. 1921 wurde ein separater Frieden mit dem Deutschen Reich geschlossen, und 1923 verließen die letzten amerikanischen Besatzungstruppen das Rheinland.

Wilson erhielt den Friedensnobelpreis für 1919, doch er sah nach der Niederlage in der Ratifizierungsdebatte sein Lebenswerk als zerstört an. Er blieb bis zum Ende der Amtsperiode im März 1921 im Weißen Haus, war aber zu krank (und inzwischen auch zu unpopulär), um sich für die Wiederwahl zu bewerben. Bei seinem Tod 1924 hinterließ er als politisches Erbe einen Völkerbund, der durch die Abwesenheit der USA und anderer wichtiger Länder seinen Anspruch auf Universalität verloren hatte, und der mit der Aufgabe, die europäischen und weltpolitischen Gegensätze in friedliche Bahnen zu lenken, völlig überfordert war. Dennoch sollte sich die Idee der kollektiven Sicherheit, die mit Wilsons Namen verbunden bleibt, als zählebig genug erweisen, um im Zweiten Weltkrieg unter gewandelten Umständen erneut aufgegriffen zu werden.

Die Konsequenzen des Ersten Weltkrieges

Präsident Wilsons Prestige und seine hervorgehobene Stellung unter den "Friedensmachern" in Paris reflektierten die relative Schwächung Europas durch einen Krieg, der fast 8 Millionen Menschenleben gekostet hatte, und den parallelen Aufstieg der Vereinigten Staaten zur Weltmacht. Wirtschaftlich waren die USA von einem Schuldnerland zum größten Gläubigerland der Erde geworden, und geostrategisch befanden sie sich mit ihrer starken Flotte und der Kontrolle über den Panamakanal in einer Schlüsselposition zwischen Europa und Asien. Die Gefahr, die von den Autarkieplänen der Mittelmächte, aber auch von einigen Projekten der europäischen Verbündeten für den freien Weltmarkt ausgegangen war, schien gebannt. Außerdem hatte der Krieg bewiesen, zu welch entschlossener Kraftentfaltung die amerikanische Nation im Krisenfall trotz aller ethnischen, regionalen und sozialen Unterschiede fähig war. Andererseits fanden sich die Amerikaner aber nicht bereit, im Rahmen des internationalen Systems, das aus dem Weltkrieg hervorgegangen war, eine ihrem Machtzugewinn adäquate weltpolitische Verantwortung zu übernehmen. Das trug in der Folgezeit nicht minder zur Instabilität der Versailler Ordnung bei als das ungeklärte Verhältnis der westlichen Demokratien zur Sowjetunion und die komplexe Verschränkung von Reparations- und Kriegsschuldenproblematik.

In den USA selbst markierten die Wahlen vom November 1920, bei denen die Republikaner mit ihrem Kandidaten Warren G. Harding einen Erdrutschsieg errangen, das Ende einer Epoche. Der Reformgeist war im Krieg weitgehend für patriotische Zwecke absorbiert, der Rest im *Red Scare* erstickt worden, und die Bevölkerung sehnte sich "zurück zur Normalität". Kriegspropaganda und Kriegsteilnahme hatten zur Festigung der nationalen Identität beigetragen; die nationalistischen Aufwallungen und die Unterdrückung von politischem Widerspruch hatten aber auch das Dilemma einer Demokratie sichtbar gemacht, die Gefahr lief, in Krisenzeiten im Innern die Prinzipien und Grundwerte preiszugeben, die sie nach außen verteidigen wollte. Das Todesurteil gegen die Anarchisten Nicola Sacco und Bartolomeo Vanzetti, das trotz internationaler Proteste nach sechsjähriger Haft im August 1927 in Massachusetts vollstreckt wurde, warf noch einmal ein dramatisches Licht auf dieses Dilemma.

Die Auswirkungen des Krieges auf die Struktur des amerikanischen Staates waren eher indirekter Art bzw. machten sich erst mit Verzögerung deutlich bemerkbar. Zur notwendigen zentralen Lenkung von Produktion, Versorgung und Kriegführung war 1917/18 erstmals eine moderne Bürokratie aufgebaut worden. Nach Kriegsende gewann aber das Mißtrauen gegen zentralisierte Regierungsmacht rasch wieder die Oberhand: Die meisten der neu eingerichteten Ämter und staatlichen Lenkungsmechanismen wurden umgehend beseitigt, die Heeresstärke und die Verteidigungsausgaben drastisch reduziert und die Geheimdienste so gut wie abgeschafft. Andererseits blieb jedoch in vielen Köpfen die Kriegsmobilisierung als Modell einer "korporativen" Ordnung erhalten, bei der Staat, Unternehmer und Gewerkschaften an einem Strang ziehen und die Bundesregierung die Richtung angibt. In der Großen Depression der 1930er Jahre und mehr noch während des Zweiten Weltkrieges griff man wieder auf dieses Beispiel zurück.

Der Trend zur Entstehung großer Konzerne setzte sich im Krieg fort und fand 1920 eine Bestätigung, als der Supreme Court in einem Aufsehen erregenden Anti-Trust-Verfahren die Entflechtung der U.S. Steel Corporation ablehnte. Den größten Nutzen aus der Zusammenarbeit für den militärischen Sieg zogen offenbar die Unternehmen, die ihre Profite in die Erweiterung und Modernisierung der Produktion investiert hatten. Die Rückkehr zur Friedenswirtschaft verursachte zwar eine scharfe Rezession, aber der Einbruch war nur von kurzer Dauer, und danach setzte sich die generelle Aufwärtsentwicklung fort. In der politischen Arena besaßen die Unternehmer mit den Handelskammern und *Trade Associations*, die nun für jeden Wirtschaftszweig existierten, effektive Instrumente der Interessenvertretung und des "Lobbyismus". Während der Krieg also einerseits die Weichen auf ökonomisches Wachstum und Konsum stellte, trug er andererseits auch zur Verschärfung sozialer Konflikte bei: Die Gewerkschaften mußten versuchen, mit der wachsenden Macht der Unternehmer Schritt zu halten; und die Afro-Amerikaner, die selbstbewußter aus dem Krieg in den rückständigen Süden oder die wachsenden Ghettos des Nordens zurückkehrten, wollten nicht länger geduldig auf die Gewährung ihrer politischen Rechte warten.

VI.
Prosperität, Große Depression und Zweiter Weltkrieg, 1921–1945

Im Vergleich zu den meisten europäischen Staaten, die der Krieg um Jahre zurückgeworfen hatte und deren Menschen mit scharfen Brüchen und revolutionären Umwälzungen konfrontiert wurden, herrschte in den USA ein hohes Maß an politischer und wirtschaftlicher Kontinuität. Dennoch gewannen auch viele Amerikaner in den beiden Jahrzehnten, die auf den Krieg folgten, den Eindruck, Zeugen geradezu revolutionärer Veränderungen zu sein. Sie erlebten eine beispiellose Phase der Prosperität, dann ab 1929 unvermittelt den Absturz in die schwerste Depression ihrer Geschichte, von 1933 bis 1937 ein dramatisches Reformexperiment im Zeichen des *New Deal* und ab 1938 die Zuspitzung der internationalen Krise, die in den Zweiten Weltkrieg führte. In dieser Zeit sahen sie sich drei fundamentalen Fragenkomplexen gegenüber, deren Beantwortung bestimmend für das ganze 20. Jahrhundert werden sollte: 1. Wie läßt sich eine leistungsstarke Wirtschaft aufrechterhalten, die Wachstum, steigenden Wohlstand und soziale Sicherheit verbürgt? Was muß der Staat in dieser Hinsicht tun, und wie sollen die Kompetenzen zwischen Bundesregierung und Einzelstaaten, zwischen zentraler und lokaler Autorität am besten verteilt werden? 2. Sind die amerikanischen Traditionen – die politischen Prinzipien und die althergebrachten Lebensgewohnheiten – mit der vom technisch-wissenschaftlichen Fortschritt vorangetriebenen "Modernisierung" vereinbar? An welche Werte können sich das Individuum oder die kleine Gemeinschaft in einer "modernen" Gesellschaft halten, die immer unpersönlicher und anonymer zu werden droht? 3. Wieviel Verantwortung tragen die USA als stärkste Wirtschaftsmacht und potentiell stärkste Militärmacht für ihre Nachbarn und den Rest der Welt? Welche Politik ist am ehesten geeignet, dieser Verantwortung gerecht zu werden? Die Debatte über diese Leitfragen wurde in der kurzen Zwischenkriegszeit der 1920er und 1930er Jahre auf vielen Ebenen und mit einer Heftigkeit geführt, die kennzeichnend ist für kulturelle Konflikte, ja, die gelegentlich an den Zusammenprall unterschiedlicher Kulturen erinnerte.

1. Die "Goldenen Zwanziger Jahre"

Prosperität, Konsumkultur und Liberalisierung der Sitten

In dem Klima der Ernüchterung, das sich nach den ideologischen Anspannungen der Kriegs- und frühen Nachkriegszeit in den USA ausbreitete, gewann das Wirtschaftsleben eine überragende Bedeutung. Die Dynamik der amerikanischen Wirtschaft und des riesigen, einheitlichen Binnenmarktes brachte nun die erste "Konsumgesellschaft" hervor, die auf Massenproduktion, Massenverbrauch und Massenkommunikation gegründet war. In dieser Gesellschaft, die eine große Eigenständigkeit gegenüber dem Staat behauptete, entwickelte sich ein neues Wertebewußtsein, eine Kultur des *consumerism*, die im individuellen Konsum den Schlüssel zur Selbstverwirklichung und zur Öffnung neuer Freiräume und Erfahrungshorizonte sah. Ökonomischer Erfolg und Geld schienen zum Maßstab aller Dinge zu werden: Schon 1920 verzeichneten amerikanische Zeitungen stolz, daß es in den USA inzwischen 20 000 Millionäre gab, darunter 162 mit einem Jahreseinkommen von mehr als einer Million Dollar. Solche Anzeichen von Reichtum und Konsumfähigkeit machten die Vereinigten Staaten – im Bewußtsein ihrer Bürger wie aus der Sicht der Europäer – zum Modell und Symbol der Moderne schlechthin: für die meisten ein Vorbild, dem es nachzueifern galt, für manche aber auch ein warnendes Beispiel, an dem man die allgemeine "Vermassung" und den "Niedergang der Kultur" ablesen konnte. Im Deutschland der Weimarer Republik war diese ambivalente Reaktion besonders stark ausgeprägt: Während der *American way of life* auf der einen Seite als gleichbedeutend mit technischem Fortschritt und den Segnungen der Konsum- und Freizeitgesellschaft angesehen wurde, förderten die Erfolgsmeldungen aus den USA auf der anderen Seite tiefsitzende antiamerikanische Ressentiments, wonach man es angeblich mit einer von hemmungslosem Materialismus beherrschten, kulturlosen und dekadenten Gesellschaft zu tun hatte. An solche Klischees und Stereotypen appellierte später die NS-Propaganda, und selbst nach 1945 verschwanden sie nie völlig, sondern wanderten lediglich vom konservativen in das linke, antikapitalistische Lager hinüber.

Wie fast alle Abschnitte der amerikanischen Geschichte, so haben auch die *Golden Twenties* in den letzten beiden Jahrzehnten eine Neubewertung erfahren. Galten sie lange Zeit als Epoche der politischen Passivität und gesellschaftlichen Stagnation, so liegt der Akzent heute stärker auf Aktivismus, Innovation und Modernisierung. Hervorgehoben werden die informelle "korporative" Partnerschaft zwischen der Wirtschaft und den republikanischen Administrationen Harding, Coolidge und Hoover, die enorme Wachstumskräfte freisetzte; der verstärkte Trend zu rationaler Organisation, Expertentum und wissenschaftlicher Planung; und die Selbstorganisation der Gesellschaft in Berufsverbände und Interessengruppen von Produzenten und Verbrauchern. Dieser Perspektivenwechsel führte sogar dazu, daß eine der bestimmenden Persönlichkeiten der Zeit, Präsident Herbert Hoover, dem der Ruf des weltfremden Reaktionärs anhaftete, als "vergessener Progressiver" wiederentdeckt wurde.

Nachdem die Rezession von 1920/21 überwunden war, vollzog sich in der amerikanischen Wirtschaft ein rasanter Aufschwung mit Vollbeschäftigung und jährlichen Wachstumsraten von ca. 5 Prozent. Das Bruttosozialprodukt sank zwar in der Rezession von 90 auf unter 70 Milliarden Dollar ab, lag 1929 aber bereits über 100 Milliarden Dollar. Die industrielle Produktion, die Kapitalerträge und die Unternehmensgewinne stiegen in den 1920er Jahren um gut zwei Drittel an, und die Produktivität pro Arbeitsstunde nahm um 35 Prozent zu. Die Massenkaufkraft erhöhte sich ebenfalls, ohne allerdings mit diesem Tempo mithalten zu können: Das Realeinkommen der Arbeitnehmer nahm um ca. 30 Prozent zu, dasjenige der Farmer (die 1920 noch ca. 11 Millionen der 42 Millionen starken *labor force* ausmachten) stagnierte oder ging sogar leicht zurück. Im Außenhandel profitierten die USA von der Lebensmittelknappheit und dem generellen Nachholbedarf in Europa. Auf den lateinamerikanischen Märkten war es US-Unternehmen während des Krieges zudem gelungen, die deutsche Konkurrenz völlig auszuschalten und den britischen Einfluß weiter zurückzudrängen. An der New Yorker Börse (*Stock Exchange*), wo sich der Durchschnittspreis einer Aktie zwischen 1921 und 1929 fast vervierfachte, stießen Wertpapierhandel und Spekulation in neue Dimensionen vor. Der Dollar wurde neben dem Pfund Sterling zur Leitwährung des Welthandelssystems, und

New York begann, London aus der Position der führenden Finanzmetropole zu verdrängen. Die Bundesregierung verbesserte durch Steuersenkungen, Zollerhöhungen und andere Fördermaßnahmen die Rahmenbedingungen für das *big business*. Gelegentlich führte dabei die Verflechtung von öffentlichen und privaten Interessen wieder zu spektakulären Affären wie dem *Teapot Dome*-Skandal, der erstmals ein Kabinettsmitglied, Präsident Warren G. Hardings Innenminister Albert Fall, hinter Gefängnisgitter brachte. Die Rechtsprechung des Supreme Court, an dessen Spitze nun der ehemalige Präsident William H. Taft stand, begünstigte ebenfalls die Unternehmen gegenüber den Gewerkschaften, deren Mitgliederzahl von 5 Millionen 1920 auf 3,6 Millionen 1929 zurückging. Vizepräsident J. Calvin Coolidge, der nach Hardings Tod im August 1923 ins Weiße Haus einzog, und Herbert Hoover, der 1928 zum Präsidenten gewählt wurde, schwammen auf einer Welle des Optimismus und der Fortschrittsgläubigkeit. Bis in die Arbeiterschaft hinein galten sozialistische Ideen als überholt und reaktionär, und die meisten Amerikaner betrachteten ihre liberal-kapitalistische Wirtschaftsordnung als richtungweisend für die Zukunft der Menschheit. Sozialreformen blieben weitgehend den Einzelstaaten überlassen, aber selbst auf dieser Ebene wirkten die Gerichte häufig als Bremsklötze. Daß der Reformimpuls nicht völlig verlorengegangen war, bewies der Erfolg von Senator Robert LaFollette aus Wisconsin, der 1924 als Präsidentschaftskandidat der *Progressive Party* immerhin fast 5 Millionen Stimmen (16,6 Prozent) auf sich vereinigen konnte.

Zur Hauptstütze der Nachkriegskonjunktur entwickelte sich die Automobilindustrie, die andere Wirtschaftszweige wie die Elektro-, Stahl-, Mineralöl-, Chemie-, Gummi- und Glasindustrie sowie den Straßen- und Brückenbau mitzog. Zwischen 1920 und 1930 stieg die Zahl der Autos in den USA von 8 auf 23 Millionen, wobei in einem einzigen Jahr, 1929, 5 Millionen Wagen verkauft wurden. Um diese Zeit kam ein Automobil auf fünf Personen, und 80 Prozent aller Autos fuhren auf amerikanischen Straßen. Zu diesem phänomenalen Erfolg trugen Fließbandproduktion und Akkordarbeit, die erstmals bei dem legendären Ford-Modell T angewendet wurden, ebenso bei wie die sinkenden Preise (das Modell T, das 1909 für 950 Dollar verkauft worden war, kostete 1926 noch 320 Dollar bei einem durchschnittlichen Jahreseinkommen von 1 300 Dollar für Industriearbeiter). Hinzu kamen nun die Möglichkeiten der Ratenzahlung und die Vermarktung des Autos als des "ultimate symbol of social equality".

Begleit- und Folgeerscheinungen des Autobooms, den die "drei großen" Konkurrenten Ford, General Motors und Chrysler entfachten, waren u.a. bundesstaatliche Infrastrukturverbesserungen durch den Federal Highway Act und das *Bureau of Public Roads* sowie die Einführung der Verkehrsampel durch General Electric im Jahr 1924. Die Werbung bildete jetzt eine eigene, rasch expandierende Wirtschaftsbranche, die das Automobil nicht nur zum unerläßlichen Gebrauchsgegenstand, sondern auch zu einem Kultobjekt stilisierte. Einen maßgeblichen Beitrag dazu leistete der Siegeszug neuer Medien: 1920 nahm in Philadelphia die erste kommerzielle Radiostation ihre Sendungen auf, 1926 gab es ein landesweites Rundfunknetz der National Broadcasting Corporation (NBC), 1927 zeigten die Warner Brothers den ersten abendfüllenden Tonfilm, und Anfang der 1930er Jahre liefen bereits Farbfilme. Finanziert durch große New Yorker Banken bauten Studios wie United Artists, Paramount und Metro-Goldwyn-Mayer in Hollywood bei Los Angeles eine Unterhaltungsindustrie auf, die bald weltweit tonangebend war. Diesen Firmen kam es weniger auf künstlerische Qualität und Kreativität an als auf maximalen Gewinn, aber gerade dadurch setzten sie Modetrends und beeinflußten Geschmack und Verhalten breiter Schichten. Bei einer Gesamtbevölkerung von 120 Millionen besuchten 1930 durchschnittlich 100 Millionen Amerikaner pro Woche die Kinos, die damit den Kirchen (ca. 60 Millionen) den Rang abgelaufen hatten.

Das Bild einer Gesellschaft mit geradezu überbordender Energie und Vitalität wurde geprägt von den Metropolen über 100 000 Einwohner, die doppelt so schnell wuchsen wie die Gesamtbevölkerung, und die in den 1920er Jahren 6 Millionen Zuwanderer aus den ländlichen Regionen aufnahmen, darunter 1,5 Millionen Afro-Amerikaner aus dem Süden. Das löste einen gewaltigen Bauboom in den Städten aus, der – unmittelbar an der Schwelle zur Weltwirtschaftskrise – neue amerikanische Wahrzeichen wie das Chrysler Building und das Empire State Building in New York hervorbrachte. Mit ihrer Eleganz und der Höhe von fast 400 Metern sollten sie nicht nur notwendige Funktionen für die New Yorker Geschäftswelt erfüllen, sondern die amerikanische Modernität und Weltgeltung über den Atlantik nach Europa projizieren. Der Ausbau Manhattans zum Geschäfts- und Bankenplatz war auch ein Beleg für die zunehmende Arbeitsteilung und geographische Segregierung: Während sich die schwarze Bevölkerung zunehmend in Ghettos an den Rändern der Innenstädte sammelte, zogen immer mehr Weiße in die Vorstädte, deren Einwohnerzahl 5–10mal so schnell zunahm wie die der Zentren. Damit begann die für das moderne Amerika charakteristische, bis heute anhaltende "Suburbanisierung". Sie war nicht zuletzt eine Folge der Verschiebung innerhalb der Arbeiterschaft von den *blue collar workers* zu den besser verdienenden *white collar workers*, einer den Angestellten vergleichbaren Gruppe, die 1930 schon 14 Millionen zählte. Diese leistungsorientierte, aufstrebende Mittelschicht wollte sich von den städtischen Massen abheben und ihre Lebensqualität verbessern. Sie kannte den Wert der Bildung und sorgte dafür, daß sich die Zahl der High School-Absolventen gegenüber der Jahrhundertwende vervierfachte. Um 1930 besuchte bereits ein Drittel dieser Absolventen ein College, und der Anteil von Frauen auf Colleges und Universitäten nahm deutlich zu. Der Drang in die Vorstädte mit ihren weiträumigen Wohnvierteln und Grünanlagen entsprang auch dem Verlangen nach einer Privatsphäre, die den einzelnen gegen staatliche Aufsicht wie gegen die Neugier der Nachbarn schützte.

In der neuen urbanen Kultur, die jetzt ihre erste Blüte erlebte, spielten Freizeit und Unterhaltung eine viel wichtigere Rolle als vor dem Krieg. Erstmals verfügte eine größere Zahl von Amerikanern über genügend Muße und Geld, um sich regelmäßig Vergnügungen wie den Besuch von Filmen, Theatern, Musicals und Sportveranstaltungen oder sogar einen Urlaub leisten zu können. Gewiß entsprachen die Hollywood-Filme und der Spielbetrieb am New Yorker Broadway nicht den europäischen Ansprüchen an "hohe Kultur", aber dafür konnten sie als authentischer Ausdruck der unbeschwerten Lebensfreude eines Volkes gelten, das sich stets als "jung" und "dynamisch" verstanden hatte. Viele gebildete Amerikaner mochten immer noch unter einem kulturellen Minderwertigkeitskomplex gegenüber der "Alten Welt" leiden, doch in der Breite überwog nun der Stolz darauf, daß sich die USA endlich mit einer eigenständigen, unverbrauchten und "demokratischen" Kultur von den Europäern abheben konnten. Alle künstlerischen Aktivitäten kreisen um das Hauptthema der Zeit, das Verhältnis zwischen Individuum und Gesellschaft. Die exponierte Stellung und geradezu kultische Verehrung von Hollywood-Stars kann man als eine Antwort auf das Dilemma der "Vermassung" und Anonymisierung in der Konsumgesellschaft deuten. Die gleichen psychologischen Bedürfnisse befriedigte die Filmindustrie mit dem Mythos des Cowboys, der als Einzelkämpfer für Recht und Ordnung streitet und dem Guten zum Sieg verhilft. Im alltäglichen Leben identifizierte man sich mit Sportidolen wie dem Boxer Jack Dempsey und dem Baseballspieler George Herman "Babe" Ruth oder feierte Pioniere und Entdecker wie Charles A. Lindbergh, dem im Mai 1927 der ersten Non-Stop-Alleinflug über den Atlantik gelang. Lindbergh gehörte zu den Wegbereitern eines interkontinentalen Luftverkehrs, der in den 1930er Jahren mit Zeppelinen und Flugzeugen aufgenommen wurde. Der spektakuläre Absturz der "Hindenburg" bei Lakehurst, New Jersey, setzte allerdings 1937 der regelmäßigen Luftschiffverbindung zwischen den USA und Deutschland ein Ende.

Verstädterung, Freizeitgewinn und Konsumorientierung bewirkten eine Liberalisierung der Sitten, die immer noch weitgehend von engen puritanischen Moralvorstellungen geprägt waren. Nicht ganz ohne Grund verdammten konservative Amerikaner das Automobil als ein "Bordell auf Rädern". Mehr Bedeutung kam aber wohl der Tatsache zu, daß jetzt offener über Sexualität und Geburtenkontrolle gesprochen werden konnte als jemals zuvor und daß es leichter fiel, die öffentlich praktizierte Doppelmoral anzuprangern. Die Folgen waren, wie so oft, ambivalenter Art, denn während die sinkende Geburtenrate den Familien und insbesondere den Müttern zugutekam, löste der starke Anstieg der Scheidungsrate besorgte Fragen nach der Zukunft der Familie und dem Schicksal alleinerziehender Mütter aus. Dem Trend zur Liberalisierung und zum Individualismus fiel auch die Prohibition zum Opfer, die 1919 als "Ausläufer" der progressiven Reformära mit dem gesetzlichen Verbot der Herstellung, des Transports und des Verkaufs von alkoholischen Getränken begonnen hatte. Nach anfänglichen Erfolgen zeigte sich, daß solch strenge Vorschriften in einem urbanen Umfeld, in dem Alkoholgenuß als Privatangelegenheit galt, nicht durchgesetzt werden konnten – zumindest nicht ohne eine massive Aufstockung der Polizei und der ca. 3000 Bundesbeamten im *Prohibition Bureau*. Die Verbote wurden nach allen Regeln der Kunst umgangen und verhalfen noch dazu, ganz gegen die Intentionen der Reformer, dem organisierten Verbrechen zum Aufschwung und zu großen Profiten. Die Mafia bemächtigte sich neben der Prostitution und dem Glücksspiel auch des Alkoholgeschäfts, das einem der berüchtigsten Gangster, Alphonse ("Al") Capone, bis zu seiner Verurteilung 1931 pro Jahr etwa 100 Millionen Dollar Gewinn eingebracht haben soll. In Chicago, wo Al Capone sein Hauptquartier aufschlug, wurden in dieser Zeit Jahr für Jahr mehr Morde verübt als in ganz England zusammen. Da die Prohibition offenkundig ein Klima der Gewalt und Gesetzlosigkeit erzeugte, setzten mehrere Einzelstaaten schon während der zwanziger Jahre ihre Durchführungsbestimmungen wieder außer Kraft. Im politischen Kampf der "Trockenen" (Reformer) gegen die "Feuchten" (Anhänger einer Liberalisierung) gewannen schließlich letztere bundesweit die Oberhand und erreichten 1933 mit dem 21. Amendment die Aufhebung der Prohibition, die vierzehn Jahre zuvor mit dem 18. Amendment eingeführt worden war. Damit fand das "noble Experiment" ein unrühmliches Ende, das viele Amerikaner in der Überzeugung bestärkte, der Staat habe kein Recht dazu, die Moral seiner Bürger zwangsweise zu heben. Für entschiedene Reformer bedeutete das eine ähnliche Enttäuschung wie die kaum spürbare Auswirkung des Frauenwahlrechts, von dem sie sich eine ganz neue, bessere Politik versprochen hatten.

Antimodernismus, kulturelle Konflikte und sozialer Protest

Kommerzialisierung, Konsumkultur und Liberalisierung bestimmten in den 1920er Jahren – nach außen noch mehr als im Innern – das Erscheinungsbild der Vereinigten Staaten. Der besondere Reiz, den diese Epoche auf den Historiker ausübt, liegt aber gerade in den Widersprüchen, die der Zusammenprall von Tradition und Moderne erzeugte. Es gab nämlich auch ein ganz "anderes" Amerika, das sich "antimodernistisch", konservativ oder sogar reaktionär gebärdete, und dessen Anhänger mit unterschiedlichen Mitteln gegen den tiefgreifenden gesellschaftlichen Wandel protestierten, den sie als Dekadenz, Sünde und moralischen Niedergang begriffen. Nicht minder bemerkenswert als der schnelle Durchbruch zur städtisch geprägten Massenkonsumgesellschaft erscheint die Tatsache, daß viele althergebrachte Lebensformen und kulturelle Elemente weiterlebten und z.T. sogar noch an Bedeutung gewannen. Erklärt werden müssen also nicht nur Modernisierungsprozesse, sondern auch die Defizite an nationaler Zentralisierung und kultureller Homogenität. Die Hauptbastionen derjenigen, die unbeirrt an den Werten des "weißen angelsächsischen Protestantismus" festhielten, waren die Südstaaten und der agrarische Mittlere Westen. Aber auch in Teilen der städtischen Bevölkerung herrschte das Gefühl vor, das "wahre", "eigentliche" Amerika müsse gegen fremde Einflüsse geschützt werden, die gleichermaßen von Kapitalisten, Immigranten und Afro-Amerikanern ausgingen. Anhänger solcher Strömungen mißtrauten den Versprechungen von kontinuierlichem Fortschritt, Befreiung aus alten Zwängen und Genuß ohne Reue und predigten stattdessen Frömmigkeit, Nüchternheit und Beherrschung. Im Selbstverständnis des einzelnen bedeutete das die Entscheidung für harte Arbeit und Sparsamkeit gegen Korruption, Luxussucht und Verschwendung; für lokale politische Eigenständigkeit gegen einzelstaatliche oder gar bundesstaatliche Aufsicht und Kontrolle; für die enge Einbindung in kleine, zumeist kirchliche Gemeinschaften und buchstabengetreuen Glauben an die Bibel gegen Individualismus und säkulare, wissenschaftliche Stömungen im Christentum. Engstirnige, zuweilen verbohrte Beharrlichkeit mischte sich mit berechtigter Fortschrittskritik zu einem konservativen "Graswurzel-Protest", der in der neueren Forschung starke Beachtung gefunden hat, weil er aller Modernisierung zum Trotz eine Konstante der amerikanischen Geschichte zu bilden scheint. Das Verhalten dieser "Dissidenten" war aber keineswegs immer konsequent, denn es kam durchaus vor, daß sich Mittelschichtsbürger, die den Segnungen der Konsumkultur nicht abgeneigt waren, nativistischen und fundamentalistischen Organisationen anschlossen.

Zum Massenphänomen wurde der Protest gegen die Moderne durch das Wiederaufleben von Nativismus und Rassismus in Form des "neuen" Ku Klux Klan sowie durch den religiösen Fundamentalismus, der sich von der liberalen Reformbewegung des *Social Gospel* abgrenzte. Der Super-Patriotismus der Kriegsjahre und die Fremdenfeindlichkeit, die im *Red Scare* und in der Verschärfung der Einwanderungsbestimmungen zum Ausdruck kam, bildeten den Nährboden für den 1915 in Atlanta, Georgia wiedergegründeten Ku Klux Klan. Mit der Forderung nach "native, white, Protestant supremacy" konnte der Geheimbund, dessen Mitglieder oft ganz offen auftraten, seinen Einfluß weit über den Süden hinaus in den Mittleren Westen und bis an den Pazifik ausdehnen. Auf dem Höhepunkt im Jahr 1925 gehörten ihm mehr als drei Millionen Amerikaner an, darunter auch ca. 500 000 Frauen. Die Haßparolen, die der Klan verbreitete, und die Einschüchterungs- und Terrorkampagnen, die er auf dem flachen Lande wie in kleinen und mittleren Städten betrieb, richteten sich nicht nur gegen Afro-Amerikaner, sondern auch gegen Einwanderer, v.a. Asiaten, sowie gegen Juden und Liberale. Der Versuch, Aggressionen und Konflikte zu schüren, um alles "Unamerikanische" ausgrenzen zu können, war begleitet von Klagen über den Verlust der nationalen Identität und die moralische Laxheit des modernen Lebens, die Ehebruch und Scheidung angeblich zu Alltäglichkeiten werden ließ. In der zweiten Hälfte der 1920er Jahre ebbte diese Welle jedoch schnell ab, weil einer der Führer des Klan schwerer Verbrechen überführt wurde und weil die neue Einwanderungsgesetzgebung den Nativisten viel Wind aus den Segeln nahm. Hier herrschte inzwischen ein breiter nationaler Konsens über die Notwendigkeit und die Vorteile eines Quotensystems. Der Kongreß hatte 1924 den National Origins Act verabschiedet, der die Zahl der Einwanderer auf maximal 164 000 pro Jahr begrenzte und Quoten auf der Basis des Zensus von 1890 festsetzte: das geschah in der Weise, daß man errechnete, wieviele im Ausland geborene US-Bürger die einzelnen Nationalitäten 1890 gestellt hatten; in Zukunft durften dann aus jedem europäischen Land pro Jahr 2 Prozent dieser *foreign born* von 1890 einwandern. Da vor 1890 fast 90 Prozent aller Immigranten aus Nord- und Westeuropa (einschließlich Deutschland) gekommen waren, bedeutete diese Regelung eine klare Benachteiligung der Ost- und Südosteuropäer. Die endgültige Ausformulierung des Quotensystems erfolgte dann 1927, als der Kongreß eine jährliche Obergrenze von 150 000 Einwanderern aus Europa festsetzte und den Anteil der jeweiligen Nationalitäten an der weißen Gesamtbevölkerung der USA von 1920 zur Bemessungsgrundlage machte. Auch in diesem Rahmen fiel der Löwenanteil der zur Verfügung stehenden Plätze Großbritannien, Irland und Deutschland zu – die Deutschen hatten mit ca. 5,5 Millionen Einwanderern zwischen 1820 und 1920 den größten Anteil an der Immigration gehabt –, während sich beispielsweise Italien ab 1928 mit einer Quote von 6 000 pro Jahr begnügen mußte. Die westeuropäischen und skandinavischen Länder nutzten ihre hohen Quoten erwartungsgemäß nicht annähernd aus, so daß das System auf eine starke Drosselung der Gesamteinwanderung hinauslief. Da es weiterhin keine Beschränkung für die Länder der "westlichen Hemisphäre" gab, nahm der Anteil von Kanadiern, Mexikanern, Puertoricanern und anderen Lateinamerikanern nun relativ gesehen zu. Während der Depression Anfang der 1930er Jahre erlitten die Vereinigten Staaten aber sogar erstmals einen "Migrationsverlust", weil mehr Menschen das Land verließen als einwanderten. In der Präsidentschaft von Franklin D. Roosevelt behielten die USA ihre restriktive Einwanderungspolitik bei, obwohl viele der in Europa aus rassischen und politischen Gründen Verfolgten das Land als ihre einzige und letzte Hoffnung ansahen. Die Tatsache, daß von 1933 bis 1938 nur 60 000 Juden Aufnahme fanden und daß auch während des Zweiten Weltkriegs kaum mehr als 200 000 vor dem sicheren Tod gerettet wurden, löste erst viel später heftige Diskussionen und Vorwürfe einer Mitverantwortung am Holocaust aus.

Ungeachtet der zurückgehenden Einwandererzahlen hatte sich der Charakter der amerikanischen Bevölkerung am Vorabend des Zweiten Weltkriegs gegenüber dem späten 19. Jahrhundert ganz wesentlich verändert. War das Land 1890 ethnisch und religiös noch ein Spiegelbild Nordwest- und Mitteleuropas gewesen, so ähnelten viele amerikanische Städte nun einem Mikrokosmos des ganzen europäischen Kontinents. Gleichzeitig nahm aber der Druck zu, alle Einwanderer möglichst schnell zu "amerikanisieren". Das Hauptinstrument dieses Assimilationsbemühens blieb das öffentliche Schulwesen, das gerade auch den Neuankömmlingen die amerikanischen Werte und Ideale vermitteln und ein einheitliches, patriotisches Nationalbewußtsein wecken sollte. Viele Einwanderergruppen der *new immigration* widersetzten sich allerdings dem Konformitätsdruck des amerikanischen "Schmelztiegels" recht beharrlich und blieben, besonders in den ethnischen Enklaven der großen Städte, ihren Traditionen und Lebensgewohnheiten treu. Ironischerweise verhielten sie sich damit in mancher Hinsicht ebenso "antimodernistisch" wie die Nativisten, die gegen die Einwanderung der "dirty dark little people" zu Felde zogen.

Der Begriff Fundamentalismus geht auf eine Pamphletserie zurück, die von 1909 bis 1914 unter dem Titel *The Fundamentals* erschienen war und gefordert hatte, die Bibel als Offenbarung Gottes wörtlich zu nehmen. Liberale Theologen versuchten, die neuen wissenschaftlichen Erkenntnisse mit den christlichen Grundsätzen zu vereinbaren, doch in vielen Religionsgemeinschaften gewannen die Fundamentalisten die Oberhand. Im Süden setzten evangelikale Pfarrer innerhalb und außerhalb der etablierten Kirchen die Tradition der *revivals* fort, und im Norden leisteten hauptsächlich Lutheraner, Reformierte und Katholiken Widerstand gegen den Säkularisierungstrend. Aus einer städtischen Erweckungsbewegung zu Beginn des 20. Jahrhunderts, die sich gegen den als "erstarrt" kritisierten Methodismus richtete, ging das radikale *Pentecostal movement* hervor, das viele lokale Gemeinschaften in den *Assemblies of God* vereinigte. Hohen Symbolwert erlangte in diesem Streit zwischen

Modernisten und Fundamentalisten die Frage, ob die Darwinsche Abstammungslehre im Fach Biologie an den Schulen unterrichtet werden dürfe oder nicht. 1925 wurde der Prozeß gegen den Lehrer John T. Scopes, der in Dayton, Tennessee, die Evolution anstatt der vom Staatsparlament vorgeschriebenen biblischen Schöpfungsgeschichte gelehrt hatte, zum nationalen Medienspektakel. Dazu trug ganz wesentlich bei, daß der ehemalige Außenminister und dreimalige Präsidentschaftskandidat William J. Bryan die Anklage vertrat, und daß die neu gegründete liberale *American Civil Liberties Union* (ACLU) den Prozeß zu einem Musterfall machen wollte. Mit seinen Behauptungen, der Mensch stamme nicht vom Affen ab und die Welt sei in sechs Tagen geschaffen worden, gab sich Bryan in den Augen vieler Landsleute der Lächerlichkeit preis. Dennoch wurde Scopes im "Dayton monkey trial" verurteilt, und der Bann gegen die Evolutionslehre blieb an den öffentlichen Schulen Tennessees und anderer Südstaaten noch mehr als dreißig Jahre lang in Kraft. Vom Standpunkt der Intellektuellen und der urbanen Elite hatte Bryan nur ein hoffnungsloses Rückzugsgefecht geführt. Es stellte sich aber bald heraus, daß der Einfluß der traditionell verstandenen Religion noch lange nicht gebrochen war. Vielmehr wurden weite Teile des ländlichen Amerika während der zwanziger Jahre erneut von einer der seit der Kolonialzeit fast periodisch wiederkehrenden Erweckungsbewegungen erfaßt. Die Fundamentalisten verklärten eine ältere, einfache Gesellschaft, die in Familie, Kirche und kleinen Gemeinschaften gründete. Auf diese Weise verliehen sie einem von vielen Menschen geteilten diffusen Unbehagen am Vordringen der technisch-rationalistischen Industriekultur Ausdruck und versprachen Gewißheiten, wo kritische Geister Zweifel säten. Sie bereicherten die mit Widersprüchen gespickte Dekade um eine weitere Überraschung, indem sie sich erfolgreich dem modernen Massenkommunikationsmittel Radio bedienten, um ihre konservative Botschaft zu verbreiten.

Der Zusammenprall unterschiedlicher Wertesysteme hinterließ auch in der Literatur der Zeit tiefe Spuren. Die Schriftsteller der Avantgarde, von denen viele noch unter dem Trauma des Weltkrieges litten, zog es nach Paris, wo sie den skeptischen und experimentellen Geist der europäischen Moderne in sich aufnahmen. Autoren wie John Dos Passos, F. Scott Fitzgerald, Ernest Hemingway, Sinclair Lewis, Theodore Dreiser und Gertrude Stein waren keine prinzipiellen Fortschrittsgegner, übten aber teils bittere, teils ironisch verfremdete Kritik am Materialismus, an der Konformität und dem engen Provinzialismus, die ihrer Meinung nach die Vereinigten Staaten beherrschten. Diese Haltung wurde von vielen Journalisten und Literaturkritikern in den USA selbst geteilt, unter denen der scharfzüngige (deutschstämmige) H.L. Mencken aus Baltimore hervorragte. Kreative Höhepunkte erreichte das literarische Schaffen dieser Zeit in den Dramen Eugene O'Neills, der Stilelemente der griechischen Tragödie auf amerikanische Themen wie den Bürgerkrieg übertrug, und in den Romanen von William Faulkner, der – beeinflußt durch die Psychoanalyse Sigmund Freuds – die seelischen Spannungen sichtbar machte, denen die Südstaatler zwischen agrarischer Tradition und industriell-kapitalistischer Welt ausgesetzt waren. Große Resonanz fand auch eine andere intellektuelle Strömung, die sich der Moderne gegenüber grundsätzlich ablehnend verhielt und den amerikanischen Süden zum Idealbild gesellschaftlicher Harmonie verklärte. In ihrem Manifest *I'll Take My Stand* von 1930 setzten sich diese *Southern Agrarians* um Allen Tate und Robert Penn Warren zum Ziel, die Südstaatenkultur gegen den vorherrschenden *American way of life*, die agrarische gegen die industrielle Lebensform zu verteidigen.

Zwischen Anpassung, Protest und dem Versuch der wirtschaftlichen und kulturellen Selbstbestimmung bewegten sich die Afro-Amerikaner in den *black communities* oder städtischen Ghettos, von denen Harlem mit über 150 000 Einwohnern nach wie vor das größte und bedeutendste war. Hier trat mit Marcus Garvey, der 1916 aus Jamaica eingewandert war, eine neue, aggressive Führungspersönlichkeit auf. Seine *United Negro Improvement Association*, die eine Alternative zu bürgerlich-gemäßigten Organisationen wie NAACP und NUL darstellen sollte, propagierte kämpferische Selbsthilfe und die Auswanderung nach Afrika, v.a. nach Liberia. Damit knüpfte Garvey an die Kolonisierungskonzepte des 19. Jahrhunderts an, gab ihnen jedoch eine Wendung in Richtung eines schwarzen Nationalismus. 1920 berief er einen internationalen Konvent der *Negro Peoples of the World* nach Harlem ein und faszinierte die Massen mit Aufmärschen von bis zu 25 000 uniformierten Anhängern. Die Bewegung löste sich aber auf, als Garveys Schiffahrtslinie bankrott ging und er selbst 1925 wegen Postbetrugs verurteilt und des Landes verwiesen wurde.

Materiell hatte die schwarze städtische Mittelschicht einen bescheidenen Anteil am Aufschwung der *Golden Twenties*. Eine *Negro Business League* startete in New York *buy black*-Kampagnen, und schwarze Geschäftsleute betätigten sich erfolgreich als Makler oder in anderen Dienstleistungsbereichen. Die Masse der Afro-Amerikaner mußte sich aber weiterhin mit den niedrigsten und schlechtbezahltesten Arbeiten begnügen, wenn überhaupt Jobs angeboten wurden. Kriminalität, Drogenmißbrauch, mangelnde Gesundheitsfürsorge und Instabilität der Familien trugen dazu bei, daß die Sterblichkeit in Harlem schon Mitte der 1920er Jahre um fast die Hälfte über derjenigen der Gesamtbevölkerung lag. Abgesehen vom Sport, wo einige Schwarze wie der Boxer Joe Louis und der Leichtathlet Jesse Owens zu internationaler Berühmtheit aufstiegen, bot nur die Kunst in allen ihren Formen von der leichten Unterhaltung bis zu Dichtung, Malerei und Bildhauerei eine Möglichkeit, die offenen und verdeckten Rassenschranken zu überwinden. Aus New Orleans war inzwischen der Jazz in die Metropolen des Nordens gelangt, und schwarze Musiker aus dem Süden (u.a. Louis Armstrong in Chicago und Edward "Duke" Ellington in New York) leisteten mit dieser Verbindung von Folklore und Improvisation den originellsten Beitrag zur entstehenden amerikanischen Volkskultur. Die weiße Prominenz und geistige Elite fand Interesse an den exotischen, bunten und rauschhaften Zügen des Lebens in Harlem. Aus ihrer Sicht hob sich die "Natürlichkeit" und "Vitalität" der Schwarzen vorteilhaft von der Langeweile der Massenkultur ab. Der Jazz inspirierte auch viele weiße Komponisten, etwa George Gershwin, er beeinflußte die *Country Music* in den Grenzregionen zwischen Norden und Süden, und er fand weltweit begeisterte Freunde wie erbitterte Gegner. Ökonomisch gesehen verhalfen die afro-amerikanischen Musiker einem ganz neuen Wirtschaftszweig, der Schallplattenindustrie, zum Durchbruch.

Die literarische Szene New Yorks stand in dieser Zeit im Zeichen der *Harlem Renaissance* mit ihrem Kult des *New Negro* (der von Weißen verächtlich benutzte Begriff "Negro" sollte ins Positive gewendet werden). Den Anstoß hatten W.E.B. Du Bois und seine Freunde gegeben, als sie künstlerisch begabte Schwarze aus allen Teilen der USA nach New York einluden und durch Stipendien förderten. Innerhalb der Bewegung herrschte eine produktive Spannung zwischen denen, die eine den Standards der weißen Mittelschicht angepaßte "hohe Kunst" zu schaffen versuchten, und denen, die mit ihren Werken ein neues Selbstbewußtsein, Unabhängigkeit und einen schwarzen Rassenstolz demonstrieren wollten. In den Kreisen der gebildeten Afro-Amerikaner, etwa an der

Howard University in Washington D.C., blieb heftig umstritten, ob die Folklore – Spirituals, Folk Songs, Blues, Legenden – ein erniedrigendes Erbe der Sklaverei oder unverzichtbarer Teil einer eigenen Rassenidentität sei. Faszination und Patronage der Weißen endeten allerdings mit dem Börsenkrach von 1929. Wie viele andere künstlerische Aktivitäten auch, brach die *Harlem Renaissance* in der Großen Depression jäh ab. Wer von den Künstlern Glück hatte, fand sich nach 1933 in einem der für Intellektuelle eingerichteten Arbeitsbeschaffungsprogramme des *New Deal* wieder. Eine Generation später wurden aber Repräsentanten der *New Negro*-Bewegung wie Langston Hughes, Alain Locke und Zora Neale Hurston zu Leitfiguren der schwarzen Bürgerrechtler und Feministinnen.

Kulturell bedeuteten die 1920er Jahre die kreativste Periode, die Amerika bis dahin erlebt hatte. Schriftsteller, Musiker, bildende Künstler und Architekten reagierten besonders sensibel auf die Herausforderungen der Moderne und setzten sich in ihrer jeweils eigenen Weise mit den Widersprüchen, Spannungen, Brüchen und Verwerfungen zwischen dem Alten und dem Neuen auseinander. Von nun an wurde die amerikanische Identität nicht mehr allein politisch-ideologisch, sondern auch kulturell definiert. Kultur spielte sich nicht (nur) in höheren Sphären ab und war nicht an eine bestimmte soziale Schicht gebunden; vielmehr wies die kulturelle Szene die gleiche Vielgestaltigkeit und die gleichen Kontraste auf – zwischen Nord und Süd; Ost und West; Schwarz und Weiß; Arm und Reich; Avantgarde und Traditionalisten – wie die amerikanische Gesellschaft selbst. Da künstlerische Aktivität aber auch als Teil des Marktgeschehens, der Beziehungen zwischen Produzenten und Verbraucher verstanden wurde, war diese Kultur von vornherein in die Massenkonsumgesellschaft integriert, selbst wenn einzelne Künstler entschiedene Vorbehalte gegen eine solche Form des menschlichen Zusammenlebens hatten.

Der selektive Unilateralismus der amerikanischen Außenpolitik in den 1920er Jahren

Die republikanischen Präsidenten Harding, Coolidge und Hoover formulierten ihre Außenpolitik in einem Spannungsfeld unterschiedlicher Kräfte und Konzepte. Der Weltkrieg hatte den Glauben an eine Sonderstellung der USA und die Abscheu gegen jede Verwicklung in die Händel anderer Völker keineswegs beseitigt, sondern eher noch bestärkt. Der Wunsch der Amerikaner, die Erfahrungen von 1917/18 nicht noch einmal wiederholen zu müssen, war abzulesen an den Versuchen, Profitinteressen der Rüstungskonzerne für die Kriegsbeteiligung der USA verantwortlich zu machen, am vehementen Einsatz der Friedensgruppen für eine weltweite Abrüstung und an der häufig geäußerten Überzeugung, dem "moralisch verrotteten" Europa sei ohnehin nicht zu helfen. Andererseits nahm aber die Erkenntnis zu, daß die Amerikaner in einer Welt der wechselseitigen Abhängigkeiten lebten, daß sie wirtschaftliche Ziele in Übersee nicht ohne politisches Engagement verfolgen konnten und daß sie Mitverantwortung für gedeihliche internationale Beziehungen trugen. Mochten in der Bevölkerung und im Kongreß auch isolationistische Stimmungen vorherrschen, so steuerten die amerikanischen Politiker und Diplomaten doch bis weit in die 1930er Jahre hinein einen mittleren Kurs zwischen *involvement* und *detachment*, zwischen Teilnahme an der Weltpolitik und Distanz zum Geschehen in anderen Erdteilen. Die Außenminister Charles E. Hughes (1921–25), Frank B. Kellogg (1925–29) und Henry L. Stimson (1929–33) führten keine "Kreuzzüge" mehr, um amerikanische Ordnungsvorstellungen durchzusetzen, sondern waren darauf bedacht, innenpolitischen Streit über die Außenpolitik zu vermeiden. Die weltweiten amerikanischen Interessen sollten möglichst ohne den Einsatz militärischer Machtmittel gewahrt werden: durch vertragliche Rüstungsbegrenzung und Rüstungskontrolle; durch die Stabilisierung des *Status quo* in Europa; durch verbesserte Beziehungen zu den Staaten der westlichen Hemisphäre; und durch die Propagierung von Prinzipien und Doktrinen wie der *Open Door*, der friedlichen Schlichtung von Konflikten, der Nichtanerkennung gewaltsamer Veränderungen und der Ächtung des Krieges. Der Begriff "Isolationismus", der in der Geschichtsschreibung lange geläufig war, trifft auf eine solche Politik nicht zu, die sich besser als *independent internationalism* oder selektiver Unilateralismus charakterisieren läßt. Im Vergleich zu der Zeit vor dem Weltkrieg oder gar vor 1898 waren die USA nun sogar in hohem Maße in die europäischen und asiatischen Angelegenheiten involviert. Die Schwächen dieser Außenpolitik bestanden darin, daß sie wenig Rückhalt in einer weitgehend desinteressierten Bevölkerung fand, daß sie die Grundsätze des Geschäftslebens ohne weiteres auf die internationalen Beziehungen übertragen wollte und daß sie allzuviel Vertrauen in die Wirksamkeit vertraglicher Übereinkünfte und rechtlicher Garantien setzte.

Nach der Ablehnung des Versailler Vertrags und des Völkerbundsbeitritts lösten sich die USA, die ohnehin nur als "assoziierte Macht" gekämpft hatten, vollends von ihren europäischen Verbündeten und schlugen einen unabhängigen Kurs ein. Amerikanische "Beobachter" in der Pariser Botschafterkonferenz der alliierten Hauptmächte und in der Reparationskommission sorgten aber dafür, daß Washington über die Probleme der Durchführung des Versailler Vertrags gut unterrichtet blieb. Das Hauptaugenmerk der Harding-Administration galt zunächst der Lage im Pazifik, die durch das Wettrüsten der Großmächte instabil zu werden drohte. Eine Konferenz im Winter 1921/22, zu der Präsident Harding nach Washington eingeladen hatte, zeitigte aus amerikanischer Sicht positive Ergebnisse: Ein Nichtangriffspakt zwischen den USA, Großbritannien, Japan und Frankreich löste die bisherige britisch-japanische Defensivallianz ab; Vereinbarungen über Obergrenzen und Paritäten beim Schlachtschiffbau dämpften die Sorge vor dem japanischen Expansionismus; und durch die offizielle Anerkennung des Prinzips der *Open Door* schienen die Souveränität und territoriale Integrität Chinas ebenso wie die amerikanischen Wirtschaftsinteressen in diesem Raum gesichert. Tatsächlich verloren die USA aber allmählich an Einfluß, weil sie – anders als England und Japan – die Rüstungsobergrenzen gar nicht erreichten und weil die chinesischen Nationalisten einer friedlichen ökonomischen Penetration immer größere Hindernisse in den Weg legten.

In der westlichen Hemisphäre vollzogen die USA eine allmähliche Abkehr vom militärischen Interventionismus, den Theodore Roosevelt begonnen und Woodrow Wilson fortgesetzt hatte. Politische Kontrolle und ökonomische Vorteile suchte man nun durch eine engere Zusammenarbeit mit den lokalen Eliten zu erlangen. U.S.-Truppen blieben zwar bis 1933/34 in Nicaragua und der Dominikanischen Republik, aber die Hauptinstrumente der Einflußnahme waren Kredite und Militärhilfen, die an befreundete Regierungen vergeben wurden, sowie die Unterstützung der amerikanischen Konzerne, die in den Staaten der Region operierten. Parallel dazu liefen Versuche, die Panamerikanische Bewegung unter Führung der USA wiederzubeleben. Mit dem neuen Etikett der *Good Neighbor Policy* versehen, setzte Franklin D. Roosevelt diese Linie in den dreißiger Jahren dann im wesentlichen fort. Hauptziel blieb allerdings stets, Lateinamerika und die Karibik im Sinne der Monroe-Doktrin als exklusive Interessensphäre der USA gegen Konkurrenz und

Einmischungen anderer Großmächte abzuschirmen. Von einer echten Rücksichtnahme auf die sozialen Probleme und nationalen Empfindlichkeiten der betroffenen Länder war man noch weit entfernt.

Obwohl die USA über reiche Ölreserven und eine leistungsfähige Erdölindustrie verfügten, spielte die wachsende Nachfrage nach Öl nun bereits eine Rolle in den Außenbeziehungen. Das galt für lateinamerikanische Staaten wie Mexiko, Venezuela, Kolumbien und Bolivien, wo U.S.-Konzerne, allen voran Standard Oil, eine starke Position einnahmen, zunehmend aber auch für den Nahen und Mittleren Osten, der als das Fördergebiet der Zukunft galt. Hier besaßen allerdings europäische Unternehmen wie die Royal Dutch/Shell-Gruppe und die Anglo Iranian Oil Company praktisch das Monopol. Mit tatkräftiger Hilfe des State Department gelang es den großen amerikanischen Konzernen immerhin, die britische Konkurrenz in Lateinamerika zurückzudrängen und im Nahen und Mittleren Osten als Juniorpartner in das europäische Erdölkartell aufgenommen zu werden. Ansonsten stießen Amerikaner, die in europäischen Kolonialgebieten und Interessensphären nach Absatzmärkten und Rohstoffen Ausschau hielten, aber zumeist noch auf "Closed Doors".

Die meiste Aufmerksamkeit beanspruchte nach wie vor der europäische Kontinent, auf dem sich durch die Niederlage Deutschlands, den Zerfall der Habsburgermonarchie und die Revolutionierung Rußlands gewaltige Änderungen vollzogen hatten. Die Amerikaner wollten hier weder das aus ihrer Sicht übertriebene Sicherheitsstreben Frankreichs noch den deutschen Revisionismus fördern, sondern auf begrenzte Problemlösungen hinwirken, die zur wirtschaftlichen und politischen Stabilisierung beitragen konnten. Trotz der Befürchtungen, die der Rapallo-Vertrag zwischen Deutschland und Sowjetrußland weckte, blieb das Interesse Washingtons an den Vorgängen in Osteuropa gering. Eine Mitarbeit an dem auf der Genua-Konferenz 1922 diskutierten Wiederaufbauprogramm für Rußland lehnten die USA ab, solange die Moskauer Regierung nicht die Vorkriegsschulden und die Prinzipien der Marktwirtschaft anerkannte. Für vordringlich erachteten Regierungs- und Unternehmerkreise die ökonomische Gesundung Deutschlands, ohne die der stockende Wirtschaftskreislauf nicht in Gang kommen konnte. Nur die Rückkehr zur allgemeinen Stabilität schuf Vertrauen und bot Gewähr für lohnende Kapitalanlagen und den Absatz amerikanischer Exporte in Europa. Als schwerstes Hindernis erwies sich die finanzielle Hinterlassenschaft des Krieges, zum einen die Reparationen, die Deutschland an die Siegermächte zahlen mußte, zum anderen die Kriegsschulden der Alliierten untereinander. Sie beliefen sich auf 26,5 Milliarden Dollar, von denen die Hälfte den USA geschuldet wurde. Während die Alliierten ihre Zahlungsverpflichtungen an die USA nur einhalten zu können glaubten, wenn sie von Deutschland Reparationen erhielten, bestand Washington auf einer Unterscheidung zwischen "politischen" Reparationen und "kommerziellen" Kriegsschulden. Bis 1923 hatten sich Franzosen, Deutsche und Briten derart heillos in die Reparationsproblematik und den Ruhrkampf verstrickt, daß ein Ausweg nur noch mit amerikanischer Hilfe möglich war. Der Plan, der auf der Londoner Konferenz von 1924 angenommen wurde und der die Festsetzung jährlicher Reparationsraten mit einem Stabilisierungskredit für die Weimarer Republik verband, trug den Namen des amerikanischen Bankiers Charles Dawes. Ein Kollege von Dawes, Parker Gilbert, übernahm das Amt des "Reparationsagenten" in Berlin.

Der Dawes-Plan, der eine fünfjährige Erholungs- und Prosperitätsphase einleitete, ließ die Bereitschaft der U.S.-Regierung erkennen, die großen Finanzreserven der Nation einzusetzen, um Europa gemäß den Regeln einer liberal-kapitalistischen Ordnung wiederaufzubauen. In Washington war man sich darüber klar geworden, daß der amerikanische Wohlstand nicht nur auf der eigenen Leistung – der Produktivität, der positiven Handelsbilanz, den Haushaltsüberschüssen – beruhte, sondern auch von aufnahmefähigen europäischen Märkten und einem funktionierenden internationalen Wettbewerb abhing. Ab 1924/25 floß wieder privates amerikanisches Kapital nach Europa, hauptsächlich nach Deutschland, und US-Konzerne nahmen große Investitionen vor, wie etwa Ford in Köln und General Motors in Rüsselsheim. Andererseits beharrten die USA darauf, daß es sich bei der Rückzahlung der Kriegsschulden um reine *business transactions* handele. In Wirklichkeit war aber bereits ein "Schuldenkarussell" in Gang gekommen, bei dem Deutschland mit amerikanischen Krediten seine Reparationen beglich, und die europäischen Siegermächte mit Hilfe dieser Einnahmen Zinsen und Abtrag für die im Krieg aus den Vereinigten Staaten erhaltenen Kredite leisteten. Dieser letztlich unproduktive Kreislauf hätte nur durchbrochen werden können, wenn die USA für eine gleichzeitige Streichung von Reparationen und Kriegsschulden eingetreten wären und wenn der Kongreß die seit 1922 geltenden protektionistischen Zölle abgebaut hätte, um den Europäern höhere

Exporte und Deviseneinkünfte zu ermöglichen. Dazu konnten sich aber weder die Regierung in Washington, noch die Bankiers und die amerikanischen Geldanleger durchringen.

Ähnlich deutliche Widersprüche wies das sicherheitspolitische Engagement der USA in Europa auf. Einerseits gaben die Abgesandten Washingtons bei jeder Gelegenheit ihre Aversion gegen die Übernahme politischer Verantwortung zu erkennen. So hielten sie sich von den Bemühungen des Völkerbunds um kollektive Sicherheit ebenso fern wie von der Locarno-Diplomatie Briands, Stresemanns und Austen Chamberlains. Der Kongreß vereitelte sogar den bescheidenen Versuch, amerikanische Mitglieder in den Internationalen Gerichtshof in Den Haag zu entsenden. Andererseits drängten die Amerikaner ihre ehemaligen Verbündeten, insbesondere die Franzosen und Briten, im Rahmen des Völkerbunds mutige Abrüstungsschritte zu unternehmen, um Deutschlands Forderung nach Gleichberechtigung entgegenzukommen. Den Wunsch der Franzosen nach einer Sicherheitsgarantie gegen Deutschland beantworteten Präsident Coolidge und Außenminister Kellogg schließlich 1928 mit dem Vorschlag eines multilateralen "Kriegsächtungspakts", dem zunächst 15, später sogar über 60 Regierungen beitraten. Vom völkerrechtlichen Standpunkt aus gesehen brachte dieser Briand-Kellogg-Pakt zwar wichtige Fortschritte, doch in der gegebenen Situation wiegte er viele Menschen in falscher Sicherheit, die nicht erkannten, daß es sich bei der Ächtung des Angriffskrieges letztlich nur um einen moralischen Appell ohne bindende Wirkung handelte. Eine Festigung des Völkerbundes wäre zweifellos sinnvoller gewesen, aber sie kam für die auf Unabhängigkeit und "freie Hand" bedachte amerikanische Außenpolitik nicht in Frage.

Die Stabilisierungserfolge, die auf der Grundlage des Dawes-Plans erzielt worden waren, gingen ab 1929 in der Weltwirtschaftskrise unter. In dieses Jahr fiel der nach dem amerikanischen Bankier Owen D. Young benannte Young-Plan, der erstmals eine Gesamtsumme für die Reparationen bestimmte, die Jahresraten herabsetzte und eine neue U.S.-Anleihe gewährte. Obwohl diese "endgültige" Reparationsregelung der Weimarer Republik deutliche Erleichterungen verschaffte (die Laufzeit bis 1988 war von vornherein eher theoretischer Natur), löste sie in Deutschland einen Proteststurm aus, der den rechtsradikalen Parteien Auftrieb gab. Die privaten amerikanischen Kredite waren schon seit 1928 zurückgegangen, weil sich in den USA selbst angesichts des Booms an der Wall Street lukrativere

Anlagemöglichkeiten zu bieten schienen. Nach dem Börsenkrach vom Oktober 1929 wurde der Kreditstrom noch dünner, und nach dem Wahlsieg der Nationalsozialisten im September 1930, der das Vertrauen der amerikanischen Gläubiger in die politische Stabilität der Weimarer Republik untergrub, versiegte er vollends. Nun wurden sogar viele amerikanische Kredite, die nur kurzfristig vergeben worden waren, überstürzt abgezogen. Damit begann nicht nur der Reparations-Kriegsschulden-Kreislauf, sondern die gesamte Wirtschaftstätigkeit zu stocken, und Deutschland und Europa gerieten in den Sog der amerikanischen Krise. Um den totalen Kollaps der Finanzmärkte abzuwenden, verkündete Präsident Hoover 1931 (auf Bitten aus Berlin hin) ein Moratorium, das alle internationalen Zahlungsverpflichtungen für ein Jahr aussetzte. Faktisch bedeutete dies das Ende der Reparationen, das 1932 auf der Konferenz von Lausanne besiegelt wurde. Bis auf Finnland stellten nun auch die Schuldner der USA ihre Zins- und Abtragsleistungen ein, so daß die amerikanischen Gläubiger den größten Teil der über 13 Milliarden Dollar Kriegskredite abschreiben mußten. Vor dem Hintergrund der Großen Depression mutete dieses Debakel aber kaum noch besonders dramatisch an.

Zur selben Zeit zeichnete sich auch in Asien das Scheitern des amerikanischen Konzepts ab, Frieden durch wirtschaftliche Prosperität und behutsame Diplomatie zu gewährleisten. Das Vordringen der Japaner auf dem chinesischen Festland, das 1931 mit der Invasion der Mandschurei begann, konnten die USA weder allein noch im Rahmen des Völkerbunds verhindern oder bremsen. Die Hoover-Administration pochte zwar auf die Regeln und Prinzipien, zu deren Einhaltung sich die Signatarstaaten der Washingtoner Konferenz verpflichtet hatten, aber die Verträge sahen keinerlei Sanktionsmöglichkeiten gegen ein Land vor, das die Bestimmungen mißachtete. Für seinen Vorschlag, Japan mit einem Waffenembargo zu belegen, fand Außenminister Stimson keine Mehrheit im Kongreß. Unter diesen Umständen war die Entscheidung, dem japanischen Marionettenstaat Mandschukuo die diplomatische Anerkennung zu verweigern (was später zur "Stimson-Doktrin" stilisiert wurde), kaum mehr als eine symbolische Geste, die politische und militärische Hilflosigkeit verhüllen sollte. Die Hoffnung auf eine liberal-kapitalistische Weltordnung, die ohne viel Zutun der Regierungen, gewissermaßen durch ihre innere Logik, Stabilität produzierte, hatte sich als trügerisch erwiesen. Vielmehr stellte die Weltwirtschaftskrise die Existenz der Demokratie in Amerika und Europa in Frage und bereitete einer Aufspaltung der Welt in Machtblöcke und ideologische Lager den Boden.

2. Die Vereinigten Staaten in der Krise des demokratisch-kapitalistischen Systems

Ursachen und Verlauf der Große Depression

Der Absturz vom Boom in die Depression erfolgte 1929 für die meisten Amerikaner völlig überraschend, und die Schockwellen der Krise breiteten sich rasch nach Lateinamerika, Europa und Asien aus. Obwohl der Außenhandel nur 5 Prozent des US-Nationaleinkommens ausmachte, nahmen die Vereinigten Staaten doch eine überragende Position in der Weltwirtschaft ein: 1929 erzeugten sie 43,3 Prozent der weltweiten industriellen Produktion (Deutschland und Großbritannien folgten mit 11,1 bzw. 9,4 Prozent) und führten als größte Exportnation Waren im Wert von 5,4 Milliarden Dollar aus; ferner hatten sich die US-Auslandsinvestitionen zwischen 1914 und 1929 auf 17 Milliarden Dollar verfünffacht. Schwere und Tragweite der Depression resultierten also nicht zuletzt aus dem seit Beginn des Jahrhunderts immer engeren Zusammenwachsen der Märkte in den verschiedenen Erdteilen, d.h. aus der Entstehung eines kapitalistischen Weltsystems, dessen Zentrum (*core*) sich von England in die USA verlagert hatte. Die Mechanismen dieses Weltsystems blieben den Zeitgenossen aber noch mehr verborgen als diejenigen, die den nationalen Markt beeinflußten und steuerten.

Herbert Hoover, ein Quäker aus Iowa im Mittleren Westen, der sich im Wahlkampf von 1928 überlegen gegen den Großstadt-Demokraten und Katholiken Alfred E. "Al" Smith durchgesetzt hatte, verkörperte wie kaum ein anderer die soliden Werte und anerkannten Führungsqualitäten der Prosperitätsepoche. Nach einem Studium an der Stanford University in Kalifornien war er als Bergbauingenieur tätig gewesen; der Mobilisierungserfolg, den er mit der *Food Administration* während des Weltkriegs erzielte hatte, trug ihm anschließend die Leitung der *American Relief Association* ein, die humanitäre Hilfe in Europa leistete. Den Präsidenten Harding und Coolidge diente er als Handelsminister und, wie es angesichts seiner Fachkompetenz, seiner Charakterstärke und seines Ehrgeizes hieß, als "assistant secretary for everything else." Hoovers Ideal war die "korporative" Zusammenarbeit zwischen Staat und Wirtschaft, wobei der Bundesregierung eine helfende und koordinierende Rolle zukam, ohne daß sie zu Lenkung und Dirigismus überging. Als Präsident bemühte sich Hoover intensiv, die Unternehmerschaft von den Vorzügen rationaler Organisation und wissenschaftlicher Planung zu überzeugen. Gleichzeitig appellierte er an die traditionelle Fähigkeit der Amerikaner, durch eine gesunde Mischung aus privater Initiative und Gemeinsinn der Nation zum Aufschwung zu verhelfen. All dies paßt keineswegs in das Bild des verbitterten Reaktionärs, das man später von ihm malte. Noch unmittelbar vor dem wirtschaftlichen Zusammenbruch prophezeite er seinen Landsleuten einen baldigen "Sieg über die Armut" und versprach, jede Familie könne demnächst "ein Hühnchen im Kochtopf" haben, so oft sie es wünsche.

Die Kursstürze an der New Yorker Börse am 24. Oktober (*Black Thursday*) und am 29. Oktober 1929 (*Black Tuesday*) wurden zum Fanal einer Krise, die alle bisherigen Maßstäbe sprengte. Obwohl Hoover behauptete, die amerikanische Wirtschaft stehe auf einer "soliden Grundlage", kam es zu Panikreaktionen der Anleger, die den Wert ihrer Aktien bis November 1929 um mehr als die Hälfte fallen sahen. Wie schon bei früheren Gelegenheiten begann die Finanzkrise rasch das gesamte Wirtschaftsleben zu lähmen, und ökonomische, politische und psychologische Faktoren bildeten eine Spirale, die sich immer weiter nach unten drehte. Eine zyklische Rezession ähnlich den Vorgängen 1913/14 und 1920/21 war wohl unvermeidlich gewesen, aber sie wurde durch Fehler und Unterlassungen von politischer Seite sowie durch die weltweiten wirtschaftlichen Verflechtungen zur Katastrophe gesteigert. Zu den wichtigsten langfristigen Ursachen, die Wissenschaftler erst sehr viel später analysierten, gehörte die Überproduktion im Agrarsektor, die infolge der landwirtschaftlichen Erholung in Europa ab Mitte der 1920er Jahre immer spürbarer wurde. Der Einkommensverlust der Farmer auf Grund sinkender Preise und ihre zunehmende Unfähigkeit, Hypothekenzinsen zu zahlen, belasteten viele kleine und mittlere Banken, die später als erste aus Mangel an Liquidität zusammenbrachen. Im industriellen Bereich und in der Bauwirtschaft trat bis 1929 eine Sättigung des Marktes ein, wozu Wettbewerbsverzerrungen durch die Übermacht von Großkonzernen in vielen Branchen ebenso beitrugen wie die unzureichende Massenkaufkraft. Dieses Phänomen der "Unterkonsumption" rührte v.a. daher, daß der Einkommenszuwachs in den 1920er Jahren extrem ungleich ausfiel: Während die reichsten 1 Prozent der Amerikaner ihr Einkommen um 75 Prozent steigern konnten, ergab sich im Schnitt der Bevölkerung nur ein Anstieg von 9 Prozent. Einen strukturellen Schwachpunkt bildete seit langem das amerikanische Finanz- und Bankenwesen, das immer noch sehr dezentral organisiert und keinen wirksamen Kontrollen unterworfen war. Es wurde durch den Anstieg der Kredite stark belastet – allein die Verbraucherkredite wuchsen in den 1920er Jahren von ca. 2,7 auf über 8 Milliarden Dollar –, und es zeigte sich den Folgen der unregulierten Börsenspekulation nicht gewachsen. Nachdem der *Federal Reserve Board* 1927 mit Zinssenkungen das falsche Signal gegeben hatte, war diese *Hausse* seit dem Frühjahr 1928 zu einem regelrechten Spekulationsfieber ausgeartet. Als der Spekulationsboom im Herbst 1929 platzte, geriet das gesamte Finanzsystem ins Wanken, da viele Anleger ihre Aktien im Vertrauen auf ständig steigende Kurse mit geliehenem Geld gekauft hatten. Anstatt die Geldmenge zu erhöhen und für Liquidität zu sorgen, reagierte der *Federal Reserve Board* mit Kreditrestriktionen, was die Panik noch steigerte. Die inneren Schwierigkeiten der USA wirkten sich durch den Stopp des Kreditflusses ins Ausland und die Stockung im Kriegsschulden- und Reparationskreislauf umgehend auf Europa und andere Teile der Welt aus, und die Verschlechterung der weltweiten Wirtschaftslage schlug dann wiederum auf die USA zurück.

Im Einklang mit der Wissenschaft seiner Zeit vertraute Präsident Hoover auf die "Selbstheilungskräfte des Marktes". Wirtschaftskrisen galten als unvermeidliche Konsequenzen ökonomischen und moralischen Fehlverhaltens, die letztlich nur durch "Gesundschrumpfen" zu überwinden waren. Ebenso einmütig gingen die Juristen davon aus, daß die Verfassung keine direkten Hilfen oder massiven Eingriffe der Bundesregierung in das Wirtschaftsgeschehen zuließ. Die klassischen Mittel einer Stabilisierungspolitik wie Zollerhöhungen zum Schutz der heimischen Industrie und Haushaltsausgleich blieben in dieser Krise aber nicht nur wirkungslos, sondern beschleunigten die Talfahrt noch: Der Smoot-Hawley Tariff von 1930, der die Zölle um über 30 Prozent heraufsetzte, trug zur Strangulierung des Welthandels bei, und der Kampf um einen ausgeglichenen Haushalt trieb – wie unter Reichskanzler Brüning in Deutschland – die Deflationsspirale voran. Allerdings verhielt sich Hoover nicht ganz so orthodox, wie man es ihm nach dem Zweiten

Weltkrieg lange vorwarf. So zeigte er sich aufgeschlossen für Arbeitsbeschaffungsprojekte wie den *Hoover Dam* in Colorado, richtete einen *Federal Farm Board* mit dem Ziel ein, die landwirtschaftliche Überproduktion zu drosseln, und unternahm 1932 den Versuch, das Bankwesen durch die *Reconstruction Finance Corporation* zu stützen. Außerdem setzte er sich für eine Beschränkung von "destruktiver" Konkurrenz ein und ließ Eisenbahngesellschaften und anderen Unternehmen direkte Regierungskredite zukommen. Diese durchaus innovativen Maßnahmen gingen aber entweder nicht weit genug oder kamen zu spät, um wirklich Abhilfe zu schaffen. Der Eindruck staatlicher Passivität und Konzeptionslosigkeit, der sich in der Öffentlichkeit breitmachte, wurde durch Hoovers berühmten Ausspruch "prosperity is just around the corner" eher noch verstärkt. Da half es auch nichts, daß Hoover als erster Präsident einen eigenen Pressesekretär engagierte. Besonders fatal für das Ansehen des Präsidenten war, daß er keinerlei Mitgefühl mit den Leiden der betroffenen Menschen erkennen ließ und sie praktisch auf die private Wohltätigkeit verwies (die sich zwischen 1929 und 1933 auch tatsächlich verachtfachte). Das trug ihm bissige, z.T. zynische Kritik ein, etwa wenn die Barackenlager von Obdachlosen an den Stadträndern *Hoovervilles* genannt wurden. Nach dem Krieg, insbesondere in den 1960er und 1970er Jahren, warfen Historiker und Ökonomen Hoover vor, er habe versäumt, rechtzeitig zu einer "keynesianischen" Politik des *deficit spending* überzugehen. In der Frage, ob die Große Depression in den USA und die Weltwirtschaftskrise hätten verhindert werden können, ist inzwischen allerdings eine vorsichtigere Beurteilung eingetreten. Heute geht man davon aus, daß es allenfalls möglich gewesen wäre, durch ein geschickteres Management speziell der Geldpolitik die Schwere der Krise zu mildern und ihre Dauer zu verkürzen. Andererseits formulierte der Engländer John Maynard Keynes seine Theorien erst 1936 auf Grund der Erfahrungen der Depression, und selbst dann setzten sie sich in der Fachwelt keineswegs sofort durch. Vor allem aber war der Handlungsspielraum der Hoover-Administration dadurch beschränkt, daß es der Bundesregierung schlicht an der Planungs- und Regulierungskapazität mangelte, die zur Bekämpfung einer solch schweren Notlage erforderlich gewesen wäre.

Von Ende 1929 an bestätigten über mehrere Jahre hinweg sämtliche statistischen Indikatoren die einzigartige Härte des wirtschaftlichen Rückschlags. Das Bruttosozialprodukt, das private

Einkommen und der Außenhandel schrumpften bis 1933 auf etwa die Hälfte zusammen. Die Investitionen sanken von 10 Milliarden Dollar im Jahr 1929 auf 1 Milliarde 1932 ab, und die Bautätigkeit kam 1932/33 fast vollständig zum Erliegen. Während die Agrarpreise im Schnitt um 60 Prozent fielen, ging die landwirtschaftliche Produktion nur um 6 Prozent zurück, so daß Hunger und Überfluß nebeneinander existierten. In einem einzigen Jahr, 1933, wurden 5 Prozent der amerikanischen Farmen wegen Hypotheken- und Steuerschulden konfisziert oder zwangsversteigert. Von Arbeitslosigkeit betroffen waren auf dem Höhepunkt der Krise 1932/33 ca. 15 Millionen Amerikaner, was einem Viertel der arbeitsfähigen Bevölkerung entsprach (gegenüber weniger als 5 Prozent 1929). Die Zahl der Konkurse überstieg bis Ende 1932 100 000; um diese Zeit waren schon ca. 5 000 Banken zusammengebrochen, und im Jahr darauf ereilte weitere 4 000 das gleiche Schicksal.

Die sozialen Folgen der Depression waren gravierend, weil es so gut wie keine staatliche Fürsorge gab. Anders als in den meisten europäischen Ländern hatten die amerikanischen Arbeitslosen keinerlei Rechtsanspruch auf Unterstützung, sondern waren auf die Armenhilfe der Gemeinden und auf private Wohltätigkeit angewiesen. In den Städten bildeten sich deshalb täglich lange Schlangen vor den Suppenküchen, die von Kirchen oder anderen karitativen Organisationen betrieben wurden. Eher noch schwieriger war die Lage für die Farmer und Pächter im Mittleren Westen und im Südwesten, wo zum Preisverfall noch Naturkatastrophen in Form von Heuschreckenplagen, anhaltender Dürre, Bodenerosion und Sandstürmen hinzukamen. Von Hypothekenschulden erdrückt und durch Zwangsversteigerungen bedroht, machten sich viele von ihnen in einer Art Massenflucht in Richtung Kalifornien auf, das nun als das "gelobte Land" galt. Häufig fanden sie dort aber nur in Obdachlosenlagern Unterkunft und mußten noch froh sein, wenn sie sich als Obstpflücker für Hungerlöhne verdingen konnten. John Steinbecks Roman *Grapes of Wrath* (Früchte des Zorns), der Bilder aus dieser Zeit heraufbeschwor, wurde 1939 umgehend zum Bestseller und als Film zu einem der größten Kassenerfolge der 1940er Jahre.

Gemessen an diesen immensen Nöten und Leiden blieben kollektive Proteste von Betroffenen erstaunlich selten und gemäßigt. In Iowa fand die *Farmers' Holidays Association* zahlreiche Anhänger, deren Führer Milo Reno ab 1931 dazu aufrief, Agrarerzeugnisse von den Märkten fernzuhalten und Zwangsversteigerungen notfalls gewaltsam zu verhindern. Kommunisten engagierten sich in den *Unemployment Councils*, die in vielen Städten "Hungermärsche" durchführten, doch der Mitgliederstand der Kommunistischen Partei der USA war selbst 1932 nicht höher als 12000. Die spektakulärste Form des Widerstands wählten ca. 10000 Veteranen des Ersten Weltkriegs, die sich im Juni 1932 in Washington versammelten, um den Kongreß zur Umwandlung ihrer befristeten Bonusscheine in sofortige Geldzahlungen zu bewegen. Als einige dieser *bonus marchers* ihre Proteste fortsetzten, obwohl der Kongreß den Gesetzentwurf abgelehnt hatte, gingen reguläre Truppen unter dem Befehl von General Douglas MacArthur gegen sie vor und brannten ihr Lager am Rand der Hauptstadt nieder. In der Öffentlichkeit verstärkte dieser unverhältnismäßige Militäreinsatz, den Hoover selbst angeordnet hatte, das Gefühl, dem Präsidenten und der Regierung mangele es an jeglicher Sensibilität für die Empfindungen der Krisenopfer.

Gefährlicher als das offene Aufbegehren war die tiefe psychologische Malaise, von der breite Bevölkerungsschichten durch den unerklärlichen raschen Sturz von der Prosperität in die Krise befallen wurden. In der Regel suchten die Arbeitslosen die Schuld an ihrer Situation bei sich selbst und kämpften verzweifelt darum, die Selbstachtung zu wahren. Dennoch drohte den politischen und wirtschaftlichen Institutionen, die den *American way of life* repräsentierten – insbesondere der Bundesregierung und der *business community* –, bald ein tiefer, möglicherweise irreparabler Vertrauensverlust. Es kamen sogar Zweifel an den Grundfesten der amerikanischen Existenz auf: an der Fähigkeit des einzelnen, sein Schicksal selbst zu gestalten; an der Überlegenheit der Demokratie gegenüber autoritären und diktatorischen Regierungsformen; an den Vorzügen einer kapitalistischen Wirtschaft und eines freien Unternehmertums; und an dem geradezu naturgesetzlichen Fortschritt, der jedermann die Möglichkeit zum sozialen Aufstieg bescherte. Die Wahlen von 1932 erlangten deshalb so überragende Bedeutung, weil sich nun zeigen mußte, ob der politische Prozeß noch die Wünsche und Stimmungen der Bürger reflektierte und ob das amerikanische Regierungssystem fähig war, die Ratlosigkeit, lähmende Ungewißheit, Apathie und Verzweiflung zu überwinden. Wie in der Weimarer Republik und in vielen anderen europäischen Ländern stand das Schicksal der liberalen Demokratie selbst auf dem Spiel.

Die Wahlen von 1932

Der ausbleibende Erfolg der Hooverschen Reformen und das psychologische Ungeschick des Präsidenten bereiteten den Boden für die Übernahme der Regierungsmacht durch die Demokraten und für eine bis dahin unvorstellbare Aktivität der Bundesregierung in Wirtschafts-, Finanz- und Sozialfragen. In Franklin Delano Roosevelt, einem entfernten Verwandten Theodore Roosevelts, erwuchs der Demokratischen Partei gerade rechtzeitig wieder eine charismatische Führerpersönlichkeit vom Schlage eines Woodrow Wilson. Roosevelts Wahlkampfstil hob sich schon deshalb positiv von demjenigen Hoovers ab, weil er Sympathie und Mitgefühl für den "vergessenen kleinen Mann" bekundete, und weil er den Menschen allein durch seine Ausstrahlung wieder Hoffnung auf eine bessere Zukunft vermittelte. Die Parole vom *New Deal*, einer gerechteren Neuverteilung der gesellschaftlichen Chancen, die der Kandidat auf dem Nominierungskonvent der Demokraten in Chicago Ende Juli 1932 ausgab, erwies sich als werbewirksam und mitreißend. Als gewiegter Taktiker verband Roosevelt aber seine öffentlichen Versprechungen eines grundlegenden Wandels mit beruhigenden Hinweisen an die Geschäftswelt, daß radikale Änderungen nicht zu befürchten seien. Er propagierte keinen fertigen Rettungsplan, widersprach sich auch gelegentlich im Detail, zeigte dafür aber die große Richtung an: Die Bundesregierung mußte die Verantwortung für das wirtschaftliche Wohlergehen der Amerikaner übernehmen und das "größte Glück der größten Zahl" ermöglichen. Die Wähler gaben ihm im November mit über 7 Millionen Stimmen Vorsprung vor Hoover (der als einzigen wichtigen Staat Pennsylvania gewann) ein klares Mandat und einen großen Vertrauensvorschuß. Während die Demokratische Partei Mehrheiten in beiden Häusern des Kongresses erobern konnte, entfielen auf sozialistische und kommunistische Kandidaten weniger als eine Millionen der fast 40 Millionen abgegebenen Stimmen.

Franklin D. Roosevelt, der bei seinem Amtsantritt im März 1933 51 Jahre alt war, stammte aus einer angesehenen und wohlhabenden New Yorker Familie niederländischen Ursprungs. Nach der Privatschule in Groton und dem Studium in Harvard hatte er, schon früh von Flottenfragen fasziniert, ab 1913 als Unterstaatssekretär im Marineministerium sein erstes Regierungsamt ausgeübt. Bei den Wahlen von 1920 kandidierte er als Repräsentant des linken Flügels der Demokratischen Partei für den Posten des Vizepräsidenten, unterlag aber zusammen mit James M. Cox dem republikanischen Gespann Harding-Coolidge. Infolge einer schweren Polioerkrankung war er seit 1921 von der Hüfte abwärts gelähmt, blieb aber dennoch – nicht zuletzt dank der Hilfe seiner Frau Eleanor – politisch aktiv. 1928 unterstützte er den erfolglosen Al Smith und trat dessen Nachfolge als Gouverneur des Staates New York an. Zu dieser Zeit galt er als opportunistisch und wenig energisch, so daß sein Ehrgeiz, Präsident zu werden, eher belächelt wurde. Die Wirtschaftskrise bot ihm die ersehnte Chance zum Aufstieg, die er ohne Zögern ergriff und nutzte. Schon die Inaugurationsrede am 4. März 1933 ließ ahnen, daß Roosevelt das Zeug zu einem "starken" Präsidenten hatte, ja daß er das Präsidentenamt und das gesamte amerikanische Regierungssystem prägen würde wie nur ganz wenige seiner Vorgänger. Das einzige, was die Nation zu fürchten hätte, so erklärte er, sei die Furcht selbst, der unbestimmte, lähmende Schrecken, der die Amerikaner daran hindere, den Rückzug in einen Vormarsch zu verwandeln. Der Vergleich der Depression mit einem militärischen Notstand und die Metapher des Krieges durchzogen die gesamte Rede: Roosevelt forderte die innere Geschlossenheit des Volkes, da jeder vom anderen abhängig und die ganze Gesellschaft interdependent sei; er beanspruchte die Führung in dem bevorstehenden Feldzug gegen Not und Elend; und er kündigte an, daß er gegebenenfalls Notstandsbefugnisse vom Kongreß fordern werde, die ähnlich umfassend sein müßten wie diejenigen, die in der Verfassung für den Fall einer fremden Invasion vorgesehen seien.

Der "erste" New Deal

Auf diese Ankündigung eines diktatorischen Regimes auf Zeit brauchte Roosevelt nicht mehr zurückzukommen, weil die Gesetzesvorschläge der Administration im Kongreß keinen nennenswerten Widerstand fanden. Angesteckt vom schwungvoll-optimistischen "spirit of the New Deal", zeigten sich die Abgeordneten und Senatoren kompromißbereit und handlungsfähig, so daß der *New Deal* mit vereinten Kräften auf den Weg gebracht und in den legendären "ersten hundert Tagen" ein wahres Feuerwerk an Reformen abgebrannt werden konnte. Die Hauptstadt selbst, die bis dahin immer noch etwas verschlafen und provinziell gewirkt hatte, veränderte ihren Charakter und wurde lebendiger, dynamischer und interessanter. In den Radioansprachen am Kamin seines Arbeitszimmers (*fireside chats*), mit denen Roosevelt die *New Deal*-Maßnahmen regelmäßig begleitete, präsentierte er den Bürgern seinen experimentellen, zuweilen hektischen Regierungsstil als Ausdruck des pragmatischen Geistes der amerikanischen Politik: Wichtig sei, daß überhaupt etwas geschehe; sollten sich Einzelmaßnahmen als falsch erweisen, könnte man sie ja korrigieren und etwas anderes versuchen. Die Neuerungen, die er einführte, entsprangen also weniger ideologischen Motiven als handfesten politischen Kalkulationen und instinktiven Sympathien für den *forgotten man*.

Erstmals seit Woodrow Wilson verlagerte sich das politische Entscheidungszentrum wieder vom Kongreß in das Weiße Haus und zum Präsidenten selbst, der Entschlossenheit, Phantasie, Führungskraft und auch Humor ausstrahlte. Zu seinen engsten Beratern gehörte eine Gruppe von Professoren, v.a. der New Yorker Columbia University, unter ihnen Adolf A. Berle Jr., Raymond Moley und Rexford Tugwell. Die Mitglieder dieses sog. *Brains Trust* fühlten sich dem neuen wissenschaftlichen Ideal des *social engineering* verpflichtet und glaubten an die Möglichkeit einer "Verbesserung" der Gesellschaft durch gezielte Regierungseingriffe. Sie waren oft reformerischer eingestellt als der Präsident selbst, und einige versuchten sogar, positive Lehren aus dem planwirtschaftlichen Ansatz der Stalinschen Sowjetunion zu ziehen. Im Regierungsapparat baute "FDR", wie er bald mit einer Mischung aus Respekt und Herzlichkeit genannt wurde, auf den Rat seines engen Freundes, Finanzminister Henry Morgenthau Jr., sowie auf die tatkräftige Unterstützung durch Landwirtschaftsminister Henry A. Wallace und Innenminister Harold Ickes. Mit Frances Perkins als Arbeitsministerin berief er erstmals eine Frau in das Kabinett, was dem fortschrittlichen Image der Administration ebenso dienlich war wie das soziale Engagement und die Aufgeschlossenheit in Rassenfragen, die *First Lady* Eleanor Roosevelt an den Tag legte. Eine wichtige Rolle im Hintergrund spielte Roosevelts Vertrauter Harry Hopkins, ein New Yorker Sozialarbeiter, der sich zunächst um die Arbeitslosenhilfe kümmerte und später wichtige Aufgaben als Handelsminister und Sonderbotschafter erfüllte. Von Beginn an verstand es Roosevelt, seine eigene Autorität durch das Nebeneinander konkurrierender Ämter und Personen auf den verschiedenen Ebenen der Administration zu stärken, und im Laufe der Zeit verfeinerte er diese Methode des *divide et impera* immer weiter. Dazu verfügte er über ein feines Sensorium für die Tendenzen und Schwankungen der öffentlichen Meinung, die er durch Reden sowie über die Presse und den Rundfunk (der 1938 schon 26 Millionen amerikanische Haushalte erreichte) kontinuierlich zu beeinflussen suchte. Diese Gabe ließ ihn nur einmal wirklich im Stich, als er 1937/38 glaubte, sich den Supreme Court gefügig machen und die Demokratische Partei von Kritikern "säubern" zu können. Ansonsten gelang es ihm, engen Kontakt mit der Bevölkerung zu wahren, aus der ihn wöchentlich 5 000 bis 8 000 Zuschriften erreichten. Es bedurfte der Hilfe von 50 Angestellten, um diesen Ansturm zu bewältigen.

Die Hilfsmaßnahmen und Reformen des *New Deal* erfaßten jeden Wirtschaftsbereich: das Geld- und Kreditsystem, die Landwirtschaft, den industriellen Sektor, den Arbeitsmarkt und das Sozialwesen. Zur Signatur der Epoche wurden die vielen unabhängigen Exekutivbehörden, die der Kongreß für die verschiedensten Aufgaben schuf und deren Akronyme wie AAA, FDIC, SEC, NRA und FERA bald nur noch Zeitgenossen mit einem besonders guten Gedächtnis beherrschten. Damit trat das Wachstum der bundesstaatlichen Bürokratie in ein neues Stadium, das durch die rasche Zunahme des zentralen, dem Präsidenten direkt unterstellten Lenkungs- und Kontrollinstrumentariums gekennzeichnet war. Höchste Priorität beanspruchte die Bankenkrise, die sich in der langen Übergangsphase zwischen Novemberwahl und Amtsantritt des Präsidenten im März noch dramatisch verschlimmert hatte. (Der Anfang 1933 ratifizierte 20. Verfassungszusatz, der den Regierungswechsel auf den 20. Januar vorverlegte, schuf hier für die Zukunft Abhilfe.) Am Vorabend der Inauguration hatten 38 Staaten ihre Banken geschlossen, und auch in den restlichen Staaten operierten die Institute nur noch auf einer begrenzten Basis. Seit dem Börsenkrach im Oktober 1929 hatten etwa 9 Millionen Amerikaner, meist Angehörige der Mittelschicht, ihre Ersparnisse in einer Gesamthöhe von ca. 2,5 Milliarden Dollar verloren. Roosevelt erklärte umgehend am 5. März 1933 "Bankfeiertage" und berief den Kongreß zu einer Sondersitzung ein. Schon am 9. März wurde der Emergency Banking Act verabschiedet, der stärkere Aufsichtsbefugnisse des Finanzministeriums vorsah. Am 13. März konnten die "sicheren" Banken wieder geöffnet werden, und der Anstieg der Depositen zeigte, daß das Vertrauen der Sparer erstaunlich rasch zurückkehrte. Zur weiteren Beruhigung trug der Glass-Steagall Act bei, der Geldanlagegeschäfte von "normalen"

Bankgeschäften trennte und eine Versicherung der Bankeinlagen durch die *Federal Deposit Insurance Corporation* vorsah. Als Kontrollorgan für die Börse fungierte ab 1934 die *Securities and Exchange Commission*, die eine übersteigerte Spekulation und Insider-Geschäfte verhindern sollte. Außerdem wurde die Möglichkeit geschaffen, über die *Home Owners Loan Corporation* von der Kündigung bedrohte Hypotheken zu refinanzieren, wovon 20 Prozent der Hausbesitzer Gebrauch machten. Die Finanz- und Währungspolitik zielte darauf ab, durch Aufgabe des Goldstandards und Abwertung des Dollars die Deflation zu überwinden und das inländische Preisniveau zu heben. Dieser Alleingang verurteilte das Projekt einer internationalen Währungsstabilisierung zum Scheitern, das die Londoner Weltwirtschaftskonferenz 1933 erörterte. Wie es die Roosevelt-Administration für die USA unternahm, so mußte nun auch jedes andere Land versuchen, sich selbst durch hohe Zölle, Abwertungen und andere protektionistische Maßnahmen aus dem Sumpf der Krise zu ziehen. Auf diese Weise verstärkten die USA den Trend zum ökonomischen Nationalismus, der dem Ideal des freien Welthandels eigentlich zuwiderlief. Der Reciprocal Trade Agreements Act von 1934, der den Präsidenten ermächtigte, die amerikanischen Zölle auf Grund von bilateralen Übereinkommen zu senken, lockerte diese Strategie etwas auf, behielt sie aber im Kern bei. Ökonomisch sinnvoller als die Manipulation von Gold- und Dollarpreisen wäre eine entschlossene Defizit-Politik gewesen, doch in dieser Hinsicht verhielt sich Roosevelt konventionell. Wie die meisten Geschäftsleute und Bankiers fürchtete er hohe Haushaltsdefizite und mahnte zur Sparsamkeit, als die Fehlbeträge anstiegen. Die Kürzungen, die der Kongreß daraufhin vornahm, um das Budget auszugleichen, wirkten der wirtschaftlichen Erholung aber entgegen. Dieser restriktive Kurs wurde erst 1938 aufgegeben, als ein neuer Konjunktureinbruch erfolgte und sich bereits die Notwendigkeit der militärischen Aufrüstung ankündigte.

Ein zweiter Schwerpunkt des *New Deal* war die Stützung der Landwirtschaft, die im Mai 1933 mit dem Agricultural Adjustment Act in Angriff genommen wurde. Er sah eine Kombination von – anfangs noch freiwilligen, später dann auch verordneten – Anbaubeschränkungen und Subventionen für bestimmte Produkte wie Weizen, Baumwolle und Tabak vor, um die landwirtschaftlichen Erzeugerpreise dem industriellen Preisniveau anzugleichen. Da diese Maßnahmen erst 1934 greifen konnten, mußten im Sommer 1933 unpopuläre Vernichtungsaktionen wie das Unterpflügen von Baumwolle und das Abschlachten von Millionen Ferkeln vorgenommen werden. Flankiert wurde dieses System der Produktions- und Preisregulierung durch die Vergabe zinsgünstiger Kredite an Farmer, um massenhafte Zwangsversteigerungen abzuwenden. Vom Anstieg der Preise profitierten allerdings in erster Linie die größeren Farmer, während Kleinbauern und Pächter im Süden zumeist leer ausgingen. Das lag hauptsächlich daran, daß die Zuschüsse und Subventionen mangels einer ausreichenden bundesstaatlichen Verwaltung durch die Regierungen der Einzelstaaten und die lokalen Farmorganisationen verteilt wurden. Im Süden dominierten aber nach wie vor die konservativen Demokraten und ihre weiße Farmer-Klientel, auf deren politische Unterstützung Roosevelt angewiesen war. Das hielt den Präsidenten und die Bundesregierung auch weiterhin davon ab, sich in die Rassenbeziehungen einzumischen.

Das Kernstück dieser ersten Phase des *New Deal* bildete der National Industrial Recovery Act (NIRA), der den industriellen Sektor beleben und den Unternehmen helfen sollte, wieder Profite zu erwirtschaften. Unter der Aufsicht der *National Recovery Administration* (NRA) konnte jede Branche *Codes of Fair Business Practices* aufstellen, deren Ziel es war, "ruinösen Wettbewerb" zu verhindern und – entgegen den Anti-Trust-Bestimmungen – Absprachen über Produktion und Preise zu ermöglichen. Als Zugeständnis an die Gewerkschaften sah die Sektion 7a des NIRA vor, daß Vereinbarungen über Mindestlöhne, Höchstarbeitszeiten, das Verbot der Kinderarbeit und vor allem das Recht auf freie Tarifverhandlungen in die *Codes* aufgenommen werden sollten. Es handelte sich also um eine Art korporative Selbstregulierung von Kapital und Arbeit unter der Schirmherrschaft der Bundesregierung, die man der Bevölkerung mit großem Propagandaaufwand schmackhaft zu machen suchte. Anstatt einer wirklichen Erholung trat aber zunächst nur eine stärkere Monopolbildung ein, und der Widerstand der Unternehmer gegen die Sektion 7a formierte sich gerade erst, als der Supreme Court das Gesetz im Mai 1935 als verfassungswidrig aufhob.

Der experimentelle und improvisatorische Charakter des *New Deal* war am ausgeprägtesten auf dem Gebiet der Arbeitslosenhilfe und Arbeitsbeschaffung, wo eine ganze Reihe von Organisationen aufeinander folgten bzw. mit mehr oder weniger Erfolg nebeneinander her existierten. Während die *Federal Emergency Relief Administration* (FERA) unter Hopkins nur Hilfsprogramme der Einzelstaaten finanziell unterstützte, konnte die im NIRA vorgesehene und von Ickes geleitete *Public Works Administration* (PWA) öffentliche Aufträge für Schul- und Straßenbau und andere Infrastrukturmaßnahmen vergeben. Da Ickes zu zögerlich agierte, betraute Roosevelt Ende 1933 Hopkins mit der Leitung einer neuen Agentur, der *Civil Works Administration* (CWA), die im Winter 1933/34 Millionen Menschen vorübergehend Arbeit beschaffte, dann aber wegen Geldmangels aufgelöst wurde. Als dauerhafter erwies sich das *Civilian Conservation Corps* (CCC), ein freiwilliger Arbeitsdienst für Männer zwischen 18 und 25 Jahren, die in – zumeist dem Militär unterstellten – Lagern mit Landschafts- und Naturschutzaufgaben wie Wiederaufforstung und Erosionsschutz beschäftigt wurden. In ganz andere Dimensionen reichte die *Tennessee Valley Authority* (TVA) hinein, ein regionales Großprojekt, das sich über sieben Staaten erstreckte und Arbeitsbeschaffung mit regionaler Wirtschaftsentwicklung verband. Koordiniert von einem Dreimänner-Gremium als bundesstaatlicher Aufsichtsbehörde, begann entlang des Tennessee River und seiner Nebenflüsse der Bau von Dämmen, Schleusen, Elektrizitätswerken, Stromleitungen und Chemiefabriken. Die Maßnahmen waren aufeinander abgestimmt, um das stets gefährdete und zurückgebliebene Gebiet durch Hochwasserkontrolle, Schiffbarmachung, Energiegewinnung und Erosionsschutz zu industrialisieren und modernisieren. Obwohl es zu Reibungen mit den lokalen Elektrizitätsgesellschaften und anderen Privatunternehmen kam, die sich gegen die billige staatliche Konkurrenz wehrten, trug die TVA dazu bei, die Verdienstmöglichkeiten und die Lebensqualität vieler Menschen zu verbessern. Allerdings lehnte der Kongreß Roosevelts Vorschlag ab, ähnliche Programme für sechs weitere Regionen, die fast die gesamten USA umfaßt hätten, in Auftrag zu geben.

Opposition gegen den New Deal

Das Ergebnis der Zwischenwahlen vom November 1934 bewies, daß die Mehrheit der Bevölkerung hinter Roosevelt stand. Andererseits machten aber auch schon Befürchtungen, Warnungen und Kritik die Runde: Den einen erschien der *New Deal* als "Strohfeuer", das bald wirkungslos verpuffen würde, den anderen dagegen ging er bereits zu weit und beschwor die Gefahr einer politischen und konstitutionellen Revolution herauf. Millionen von Amerikanern erwärmten sich zumindest vorübergehend für die einfachen, z.T. autoritären Lösungen, die populistische Führer und selbsternannte Volkstribunen offerierten. Eine besonders schillernde Persönlichkeit war Huey Long, der von 1928 bis 1932 als Gouverneur von Louisiana amtiert hatte und dann von seinen Wählern in den Senat nach Washington geschickt wurde. Sein *Share our Wealth*-Programm sah vor, den Reichen hohe Steuern und Abgaben aufzuerlegen, mit denen dann jeder amerikanischen Familie ein Haus und ein Jahreseinkommen von 2–3000 Dollar garantiert werden sollten. Bevor dieser dynamische Agitator zu einer echten Gefahr für Roosevelt werden konnte, wurde er jedoch im September 1935 in Louisiana ermordet. 40 Millionen Hörer erreichte angeblich der katholische "Radiopriester" Father Charles E. Coughlin, der in Detroit die *National Union for Social Justice* gründete. Er sah das Heil in einer drastischen Dollarabwertung und in der Verstaatlichung des gesamten Bankensystems. An die Unzufriedenheit und Zukunftsangst der wachsenden Zahl alleinstehender alter Menschen appellierte der kalifornische Arzt Dr. Francis E. Townsend mit seiner Kampagne für *Old-Age Revolving Pensions*: danach sollte jede Person im Alter von über 60 Jahren 200 Dollar monatlich erhalten, aber auch verpflichtet werden, dieses Geld innerhalb von 30 Tagen auszugeben, um die Wirtschaft "anzukurbeln".

Unter wachsenden Druck geriet die Regierung sowohl von seiten der Gewerkschaften, die eine schnellere Beseitigung der Arbeitslosigkeit und "wirtschaftliche Demokratie" forderten, als auch von seiten konservativer Unternehmer, die sich in der *American Liberty League* zusammenschlossen. Diese einflußreiche Organisation attackierte die staatliche Regulierung des Wirtschaftslebens öffentlich als Vorstufe eines kommunistischen oder faschistischen Regimes à la Stalin, Mussolini und Hitler. Rückhalt fand diese Opposition bei den Gerichten, die stets zu den Verteidigern einer "freien" Wirtschaft gehört hatten und die nun zu erkennen glaubten, daß der *New Deal* das amerikanische Verfassungssystem aus den Angeln hob. Auf diese Gefahr wies der Supreme Court unter seinem republikanischen Vorsitzenden Charles E. Hughes unmißverständlich hin, als er im Mai 1935 den National Industrial Recovery Act im Fall Schechter v. U.S. einstimmig für verfassungswidrig erklärte. Konkret bemängelten die Richter, daß der Kongreß zu viele Vollmachten an die Exekutive delegiert habe (so konnte der Präsident die NIRA-Codes ohne parlamentarische Billigung in Kraft setzen), und daß die Bundesregierung auf unzulässige Weise in die wirtschaftlichen Belange der Einzelstaaten eingreife (die Hähnchenfirma Schechter operierte vorwiegend im Staat New York, nicht im *interstate commerce*). Bedroht waren nach Meinung der Richter demzufolge sowohl die Gewaltenteilung auf der bundesstaatlichen Ebene als auch das föderale Gleichgewicht zwischen Zentralregierung und Einzelstaaten. Als der Supreme Court mit ähnlichen Begründungen, z.T. allerdings nur mit knappen 5:4-Entscheidungen, weitere wichtige Gesetze aus den "ersten hundert Tagen" verwarf, schien der gesamte *New Deal* hinfällig zu werden. In der breiten Öffentlichkeit stießen die Entscheidungen des Gerichts, das außerdem noch einzelstaatliche Mindestlohngesetze außer Kraft setzte und zu einer reinen *laissez faire*-Rechtsprechung zurückzukehren schien, allerdings zunehmend auf Unverständnis.

Der "zweite" New Deal

Präsident Roosevelt beantwortete die Kritik und die negativen Gerichtsurteile nicht mit einer Mäßigung, sondern mit der Verschärfung seines Reformkurses. Hatte sich die Regierung bislang um eine Harmonisierung der Interessen von Unternehmern, Bankiers, Farmern und Arbeiterschaft bemüht, so waren die Gesetze des sog. "zweiten" *New Deal* ab 1935 weiter "links" auf der politischideologischen Skala angesiedelt. Sie begünstigten bewußt die Gewerkschaften und die breiten Bevölkerungsschichten, während die Unternehmen wieder einem stärkeren Wettbewerb ausgesetzt und höher besteuert wurden. Als Ersatz für NIRA unterzeichnete der Präsident im Juli 1935 den National Labor Relations Act (oder Wagner Act), der in erster Linie die Rechte der Gewerkschaften absicherte, die Sektion 7a von NIRA versprochen hatte. Die praktische Umsetzung dieser Organisations- und Tarifrechte provozierte eine Serie schwerer Arbeitskämpfe, v.a. in der Automobilindustrie, bei denen die Gewerkschaften aber, anders als früher, auf die Sympathie der Bundesregierung zählen konnten. Ab 1935 bildeten sich neue Industriegewerkschaften, die auch ungelernte Arbeiter aufnahmen und deshalb von der AFL ausgeschlossen wurden. Unter der Leitung von John L. Lewis formten sie 1938 einen eigenen Dachverband, den *Congress of Industrial Organizations* (CIO). Trotz dieser Spaltung hatten die New Deal-Gesetze insgesamt einen positiven Effekt auf die Arbeiterbewegung, denn die Zahl der Gewerkschaftsmitglieder stieg zwischen 1933 und 1941 von weniger als 3 Millionen auf über 8 Millionen an. Vertreter des radikalen Flügels kritisierten jedoch, daß dieser Erfolg mit dem Verzicht auf eine wirkliche "Demokratisierung" der Wirtschaft und zu enger politischer Anlehnung an die Demokratische Partei erkauft worden war.

Einen ersten Schritt in Richtung modernen Sozialstaat unternahm die "Roosevelt-Koalition" aus Demokraten und gemäßigten Republikanern mit dem Social Security Act vom August 1935. Die Finanzierung der Programme zur Altersrente und Arbeitslosenunterstützung erfolgte nicht durch Steuern, sondern durch Arbeitnehmer- und Arbeitgeberanteile an Löhnen und Gehältern, und die Fonds wurden gemeinsam von den Einzelstaaten und der Bundesregierung verwaltet. Es handelte sich aber noch um bescheidene Anfänge, die erst Ende der 1930er Jahre praktische Wirkung entfalteten. Gesetzlich vorgeschrieben war nun auch die Unterstützung einzelner Kategorien von bedürftigen Personen wie Blinde, Gehörlose, Behinderte und abhängige Kinder, die zu den *deserving poor* zählten. Diese *categorical assistance programs* bildeten Keimzellen, aus denen sich das amerikanische Sozialhilfesystem dann erstaunlich schnell entwickelte. Auf eine nationale Krankenversicherung verzichtete die Roosevelt-Administration dagegen, obgleich ein solcher Schutz in den meisten europäischen Staaten um diese Zeit schon zum sozialen Standard gehörte.

Ab 1935 wurde endlich Arbeitsbeschaffung im großen Stil durch die neue *Works Progress Administration* (WPA) betrieben. Geleitet wiederum von Harry Hopkins, einem Meister der Improvisation, förderte die WPA nicht nur massiv Industrie- und Infrastrukturprojekte, sondern beschäftigte auch eine große Zahl von Künstlern und Intellektuellen mit Hilfe des *Federal Theater Project*, des *Federal Writer's Project* und des *Federal Art Project*. Auf diese Weise leistete die WPA auch einen Beitrag zur kulturellen Sinnstiftung, denn im Zentrum aller künstlerischen Produktionen dieser Zeit standen ein "neu entdecktes" Amerika und die amerikanische Nation. Obwohl die Bundesregierung für Arbeitsbeschaffungsmaßnahmen insgesamt 11 Milliarden Dollar ausgab und durchschnittlich 2 Millionen Menschen im Jahr unterstützte, ging die Zahl der Arbeitslosen langsamer als beispielsweise im nationalsozialistischen

Deutschland zurück und stieg 1938 vorübergehend sogar wieder auf über 10 Millionen (= 19 Prozent) an.

Abgerundet wurde der "zweite" *New Deal* durch den Banking Act, der das *Federal Reserve System* reorganisierte und die Verantwortung für die Geldpolitik endgültig von der regionalen auf die nationale Ebene hob, sowie durch eine höhere Besteuerung der Unternehmensgewinne und der Einkommen von besser Verdienenden. Mit ihrer Bereitschaft, Verantwortung für die soziale Lage der Mittel- und Unterschicht zu übernehmen, und mit ihrem gesetzgeberischen Aktivismus verscheuchten Roosevelt und die Demokratische Partei das Gespenst der Resignation und sicherten sich die Zustimmung der Massen. Das bestätigten die Wahlen von 1936 eindrucksvoll, als Roosevelt seinen republikanischen Herausforderer Alfred Landon, den Gouverneur von Kansas, mit 60,8 zu 36,5 Prozent der abgegebenen Stimmen haushoch besiegte.

Die innenpolitische Auseinandersetzung um den Supreme Court

Trotz oder gerade wegen dieses überwältigenden Wahlerfolgs stand Roosevelts zweite Amtszeit innenpolitisch unter keinem guten Stern. Im Kongreß löste sich die parteienübergreifende *New Deal*-Koalition auf, weil die Republikaner die unternehmerfeindliche Politik der Regierung nicht mehr mittragen wollten. Roosevelt war deshalb mehr denn je auf die konservativen Demokraten aus den elf Staaten des "soliden Südens" angewiesen. Die gewalttätige Streikwelle, die 1936/37 die Industrie erfaßte, beunruhigte viele Amerikaner, und auch die 1937 einsetzende Rezession weckte Zweifel an der Richtigkeit des neuen, radikaleren Kurses. Den größten politischen Fehler beging Roosevelt jedoch mit seinem Frontalangriff auf eine ehrwürdige Institution des amerikanischen politischen Systems, den Supreme Court, dessen Urteile ihn zunehmend verärgert hatten, und dem er eine altmodische *horse and buggy*-Rechtsprechung vorwarf. Der Gesetzentwurf zur Reorganisation der Judikative ermächtigte den Präsidenten, für jedes Mitglied des Supreme Court, das mit 70 Jahren nicht von seinem Amt zurücktrat, einen zusätzlichen Richter – maximal sechs, bis zur Gesamtzahl von 15 – zu ernennen. Mit diesem Vorschlag, der leicht als *court packing* zu durchschauen war, verscherzte sich Roosevelt viele Sympathien. Nun warnten sogar liberale Demokraten vor seinen "diktatorischen Anwandlungen", und der Kongreß lehnte das Gesetz im Juli 1937 ab. Im Grunde war der ganze Streit unnötig gewesen, weil der Supreme Court in der Zwischenzeit bereits eine Wende im Sinne Roosevelts vollzogen hatte, die einer "konstitutionellen Revolution" gleichkam. Die herbe öffentliche Schelte, die das Oberste Gericht für seine *New Deal*-kritischen Urteile geerntet hatte, war zumindest an einem der gemäßigten Richter nicht spurlos vorübergegangen. Als er sich von seinen vier konservativen Kollegen abwandte, schlug das Pendel in Richtung einer großzügigen Interpretation der relevanten Verfassungsbestimmungen um. Insbesondere die weite Auslegung der *commerce clause*, zu der sich die Mehrheit nun durchrang, gab der Bundesregierung weitgehend freie Hand bei der Regulierung der Wirtschaft. Damit trug der Supreme Court der Tatsache Rechnung, daß die amerikanische Wirtschaft endgültig zu einem nationalen Markt zusammengewachsen war, und daß sich die föderale Balance zugunsten der Zentralgewalt verschoben hatte. Von nun an zeigte sich das Gericht auch eher geneigt, im Konfliktfall private Besitzansprüche dem öffentlichen Interesse unterzuordnen. Parallel zu diesem Rückzug aus dem Wirtschaftsleben baute die liberale Mehrheit unter Führung von Louis D. Brandeis und Felix Frankfurter den Schutz der im ersten Amendment garantierten Grundrechte aus und wandte sich verstärkt Rassen- und Minderheitenfragen zu.

Die letzten bedeutenden *New Deal*-Gesetze passierten den Kongreß im Jahr 1938: Ein neuer Agricultural Adjustment Act trat an die Stelle des 1936 vom Supreme Court aufgehobenen ersten AAA, und der Fair Labor Standards Act verbot endlich die Kinderarbeit und führte bundesstaatliche Mindestlöhne und Höchstarbeitszeiten ein. Mit den Zwischenwahlen von 1938, die den Republikanern ebenso Gewinne brachten wie der konservativen Opposition innerhalb der Demokratischen Partei – Roosevelt war es nicht gelungen, sie im Vorfeld auszumanövrieren –, ging das epochale Reformwerk zu Ende. Die Depression war zwar noch keineswegs überwunden, aber die Aufmerksamkeit der Öffentlichkeit wurde jetzt immer stärker vom außenpolitischen Geschehen absorbiert.

Die anfangs fast euphorische Bewertung des *New Deal* durch die Historiker ist seit dem Erscheinen von William Leuchtenburgs *FDR and the New Deal* im Jahr 1963 immer nüchterner geworden. Der statistisch meßbare Erfolg der Reformen war in der Tat begrenzt: Ohne den Rüstungsboom des Zweiten Weltkriegs hätte es wohl noch eine ganze Weile gedauert, bevor die angestrebte durchschlagende Produktionssteigerung erreicht worden wäre, von der

Vollbeschäftigung, soziale Sicherheit und eine gerechtere Einkommensverteilung abhingen. Signifikante strukturelle Veränderungen der amerikanischen Wirtschaft blieben ebenso aus wie die von Teilen der Arbeiterbewegung geforderte "Wirtschaftsdemokratie". Es trifft auch zu, daß die Bilanz des *New Deal* für Frauen und Minderheiten eher mager ausfiel. Der Aufstieg von immer mehr Frauen in höhere Regierungs- und Verwaltungspositionen spiegelte sich noch nicht in einer gezielten Verbesserung der Lage weiblicher Arbeitskräfte wider. Ein Viertel der NIRA-Codes sah z.B. bei gleicher Arbeit niedrigere Mindestlöhne für Frauen als für Männer vor, und selbst die fortschrittlichste Arbeitsbeschaffungsorganisation, WPA, beschäftigte nur 14 Prozent Frauen, obwohl deren Anteil an den Erwerbstätigen schon 23 Prozent ausmachte. Fortschritte in der Rassenintegration und der politischen Gleichberechtigung der Afro-Amerikaner ließen sich gegen den Widerstand der Südstaaten-Abgeordneten nicht durchsetzen: Roosevelt wagte es nicht einmal, ein Anti-Lynch-Gesetz in den Kongreß einzubringen. Dafür profitierten die Schwarzen – insbesondere in den Städten – überproportional von den Hilfsprogrammen für arme Amerikaner, was dazu führte, daß sie ihre parteipolitische Loyalität mehrheitlich von der Partei Lincolns auf die Demokraten übertrugen. Je schwächer eine Gruppe organisiert war, desto geringere Aussicht hatte sie, von den *New Deal*-Programmen zu profitieren. Die Native Americans, die der Kongreß mit dem Snyder Act 1924 zu amerikanischen Staatsbürgern gemacht hatte, fanden immerhin energische Fürsprecher im Leiter des *Bureau of Indian Affairs*, John Collier, und in Innenminister Ickes. Der Indian Reorganization Act von 1934 beendete die Politik der Landaufteilung und der zwangsweisen Assimilierung und förderte statt dessen die Selbstverwaltung in den Reservaten durch Stammesräte und Stammesverfassungen. Den Indianern sollte geholfen werden, ihre Sprachen, Religionen und kulturellen Traditionen zu erhalten und zu pflegen. Das war zweifellos ein sinnvoller Kurswechsel, doch die wirtschaftliche Notlage in den Reservaten konnte durch solche Änderungen nur marginal gelindert werden. Überhaupt keine "Lobby" besaßen die Hispanic Americans im Westen, die von den *New Deal*-Maßnahmen oft explizit ausgeschlossen wurden und sogar die Deportation riskierten, wenn sie um Unterstützung nachsuchten.

Aus historischer Perspektive und vor dem Hintergrund der gleichzeitigen Ereignisse im Rest der Welt gesehen, fällt die

Gesamtbewertung des *New Deal* aber dennoch positiv aus. Die Roosevelt-Administration beabsichtigte keine grundlegende, revolutionäre Umwälzung der amerikanischen Gesellschaft, und sie befand sich damit offenbar im Einklang mit der großen Mehrheit der Amerikaner. Zeitgenössische soziologische Untersuchungen lassen erkennen, daß das liberale Koordinatensystem von Individualismus, Eigeninitiative, Konkurrenz und Mobilität trotz der Depression weitgehend erhalten blieb. Es wurde auch ganz bewußt von der Unterhaltungsindustrie Hollywoods bestärkt, die sich 1934 eine Selbstzensur gegen die offene Darstellung von Sex, Gewalt und Unmoral verordnete und deren Produzenten bemüht waren, selbst realistische Gegenwartsschilderungen mit einem optimistischen *happy end* zu versehen. Die Mehrzahl der Bürger hielt offensichtlich am *American Dream* fest und gab die Hoffnung nicht auf, daß sich wirtschaftliche Leistungskraft und Fortschritt mit einem hohen Maß an individueller Freiheit, demokratischer Mitbestimmung und föderaler Selbstverwaltung vereinbaren ließen. Die Verfassung bildete immer noch eine Schranke gegen den allmächtigen Zentralstaat, und die Aversion gegenüber einem bürokratischen Wohlfahrtssystem mit hohen Steuerlasten reichte bis weit in die Mittelschicht hinein.

Der *New Deal* verband die unterschiedlichen Traditionslinien des Hamiltonschen und des Jeffersonschen Staatsdenkens, was notgedrungen zu Ambivalenzen und Widersprüchen führte. So wurde keine umfassende zentrale Lenkung versucht, sondern die Planungen blieben bruchstückhaft und auf einzelne Sektoren bezogen. Die Entwicklung einer leistungsfähigen Bürokratie mußte unter einem antibürokratisch-republikanischen Banner vorangetrieben werden. Entscheidend war aber, daß der *New Deal* den Amerikanern das Gefühl nahm, einem schicksalhaften Verhängnis hilflos ausgeliefert zu sein, und daß er ihnen eine überzeugende demokratische Alternative zu allen autoritären und totalitären Versuchungen bot. Im praktischen Handeln und im Denken der Menschen setzte sich die neuartige Vorstellung durch, daß die Bundesregierung im Interesse der Wohlfahrt aller Bürger das Recht haben mußte, helfend, regulierend und kontrollierend in die Wirtschaftsabläufe einzugreifen. Damit einher ging die Anerkennung einer hervorgehobenen Stellung des Präsidenten und der bundesstaatlichen Exekutive insgesamt nicht nur in der Außenpolitik, sondern jetzt auch in Fragen der Innen-, Wirtschafts- und Sozialpolitik. Dennoch entstand kein nationalstaatlicher *Leviathan*, der die Handlungsspielräume der Individuen und der föderalen Einheiten übermäßig einengte. Vielmehr übte die Bundesregierung in der Praxis die Funktion eines Maklers aus, der zwischen einer immer größeren Zahl von konkurrierenden Interessengruppen vermitteln mußte. Ihre Hauptaufgabe fand sie darin, die Voraussetzungen für Wirtschaftswachstum zu schaffen, einen geregelten pluralistischen Wettbewerb zu gewährleisten und gewisse Mindeststandards der sozialen Sicherheit zu garantieren. Der maßvolle, improvisierte und experimentelle Interventionismus des *New Deal* gefährdete zu keiner Zeit das demokratische politische System, sondern sicherte vielmehr sein Überleben.

3. Die USA in der weltpolitischen Auseinandersetzung mit den expansiven Mächten

Isolationismus und Neutralität, 1933–1938

In den Jahren 1933 bis 1938, in denen sich die Roosevelt-Administration voll und ganz auf die Überwindung der Depression konzentrierte, erreichte die isolationistische Strömung in den USA ihren Höhepunkt. Die Masse der Bevölkerung einschließlich der Politiker gab sich so sehr der Friedenssehnsucht und Kriegsfurcht hin, daß sie die Warn- und Alarmsignale aus Europa und Asien nicht wahrnahm oder bewußt die Augen vor ihnen verschloß. Je aggressiver die Diktatoren und Expansionisten in aller Welt auftrumpften und je stärker der *Status quo* von 1919 unter Druck geriet, desto entschlossener zeigte sich der Kongreß, eine Verwicklung der USA in Konflikte und Kriege zu vermeiden. Während Hitler den Versailler Vertrag durch Rheinlandeinmarsch und Wiederaufrüstung praktisch beseitigte, während Mussolini Abessinien eroberte, und während beide Diktatoren zusammen auf der Seite Francos in den Spanischen Bürgerkrieg eingriffen, beschäftigte sich von 1934 bis 1936 ein Untersuchungsausschuß des Kongresses unter dem Vorsitz des Senators von North Dakota, Gerald P. Nye, mit der Rolle der amerikanischen Rüstungskonzerne im Ersten Weltkrieg. Der Abschlußbericht kam zu dem Ergebnis, die Munitionsfabrikanten hätten die Beteiligung der USA am Krieg befürwortet, um große Profite machen zu können. Er implizierte sogar, daß die Rüstungsindustrie aktiv auf einen Kriegseintritt an der Seite der Westmächte hingearbeitet hätte. Diese Anklagen lösten eine heftige öffentliche Kampagne gegen die *merchants of death* und den *mistake of 1917* aus, an der sich kirchliche Organisationen, viele Intellektuelle und große Teile der akademischen Jugend beteiligten. Eine Gegentendenz machte sich erstmals 1936 bemerkbar, als Amerikaner in den Lincoln-Brigaden freiwillig am Kampf gegen die Faschisten in Spanien teilnahmen, und als Schriftsteller wie Ernest Hemingway (*For Whom the Bell Tolls*; *Wem die Stunde schlägt*) unter dem Eindruck des Bürgerkriegs vom bedingungslosen Pazifismus abrückten. Bei einer Umfrage des Gallup-Instituts, ob die amerikanische Politik darauf abzielen solle, Kriege zu verhindern oder die USA aus jedem Krieg herauszuhalten, entschieden sich im März 1937 aber noch 94 Prozent der Angesprochenen für die zweite Alternative. Das entsprach der Haltung vieler Franzosen und Engländer, die um diese Zeit auf ein *appeasement* Hitlers setzten und ihren Willen bekundeten, unter keinen Umständen "für Danzig sterben" oder "für König und Vaterland kämpfen" zu wollen.

Die Bundesregierung und der Präsident taten zunächst wenig, um dieser Massenstimmung entgegenzuwirken. Die Proteste gegen deutsche Vertragsverletzungen und gegen die Judenboykotte und Rassengesetze der Nationalsozialisten fielen schwach aus, und die Wirtschaftsbeziehungen zwischen den USA und dem Deutschen Reich liefen relativ ungestört, wenn auch auf niedrigem Niveau weiter. Aus dem Spanischen Bürgerkrieg hielten sich die USA – ebenso wie Frankreich und Großbritannien – offiziell heraus, und im Abessinien-Konflikt wirkten sie darauf hin, daß die gegen Italien verhängten Völkerbundssanktionen keinen Stopp der Erdöllieferungen beinhalteten. Der 1933 umgesetzte Entschluß, die Sowjetunion diplomatisch anzuerkennen, entsprang noch nicht strategischen Überlegungen, sondern dem Wunsch, korrekte Beziehungen zu allen Staaten zu unterhalten und durch Agrarexporte die Wirtschaftskrise zu mildern. Die Administration richtete sich offenbar, wenn sie überhaupt eine klare außenpolitische Linie verfolgte, darauf ein, die heraufziehenden Stürme in Europa und Asien aus der sicheren Distanz der westlichen Hemisphäre zu beobachten und durchzustehen. Dafür sprach das geringe Interesse an einer Stabilisierung des Weltwährungssystems ebenso wie die Politik der "guten Nachbarschaft" gegenüber den lateinamerikanischen Staaten, die als Rohstofflieferanten ganz besonders hart von der Wirtschaftskrise getroffen worden waren. Symbolische Akte waren 1933 die Absage

Außenminister Cordell Hulls an jegliche Form von Intervention und 1934 die Aufhebung des *Platt Amendment*, das seit Beginn des Jahrhunderts die Souveränität Kubas eingeschränkt hatte. 1934 versprach der Kongreß außerdem mit Billigung der Regierung den Philippinen die Unabhängigkeit innerhalb des nächsten Jahrzehnts. Hier deutete sich also vor dem Hintergrund der japanischen Expansion auf dem chinesischen Festland ein baldiger politischer und militärischer Rückzug der USA aus Asien an. Immerhin wurde die Flottenrüstung verstärkt und ein Bauprogramm für Flugzeugträger aufgelegt, um die eigenen Küsten und die strategischen Seeverbindungen besser schützen zu können. Alle diese Initiativen müssen vor dem Hintergrund der Depression gesehen werden, die zu einer immer engeren Verzahnung von Innen- und Außenpolitik beitrug.

Ab 1935 schien die außenpolitische Initiative vollends auf den Kongreß überzugehen, der die Stimmung der Bevölkerung reflektierte und in dem die Isolationisten, die hauptsächlich aus dem Mittleren Westen kamen, den Ton angaben. Bis 1937 wurden vier Neutralitätsgesetze verabschiedet, die das Risiko einer kriegerischen Verwicklung verringern sollten, indem sie die Handlungsfähigkeit der Exekutive zunehmend einschränkten. Das erste Gesetz untersagte Waffen- und Munitionslieferungen an alle Kriegführenden – ganz gleich ob Aggressor oder Opfer –, sobald der Präsident die Feststellung traf, daß ein Kriegszustand herrsche. 1936 verbot der Kongreß auch Kredite an kriegführende Länder und dehnte das Waffenembargo auf Fälle von Bürgerkrieg aus. Der Neutrality Act von 1937 schließlich bestimmte, daß Amerikaner die Schiffe kriegführender Staaten meiden mußten, und daß der Präsident nichtmilitärische Güter an Kriegführende nur auf einer *cash and carry*-Basis verkaufen durfte (d.h. sie mußten bar bezahlt und mit eigenen Schiffen in den USA abgeholt werden). Roosevelt versuchte nicht, diese Maßnahmen durch sein Veto zu stoppen, und stimmte einigen sogar ausdrücklich zu. Als japanische Truppen im Sommer 1937 nach Peking und Schanghai vorstießen, wendete er die Neutralitätsgesetze allerdings nicht an, so daß die Waffenlieferungen an China (und zum kleineren Teil auch an Japan) weitergehen konnten. Im Oktober 1937 forderte er vor Zuhörern in Chicago sogar, alle Staaten unter "Quarantäne" zu stellen, die für das Klima der internationalen Anarchie und Instabilität verantwortlich seien. Da die öffentliche Reaktion auf diese "Quarantäne-Rede" jedoch überwiegend negativ ausfiel, hielt sich der Präsident in der Folgezeit wieder zurück.

Der Weg in den Krieg, 1938–1941

Für Roosevelt wie für die meisten demokratischen Politiker in Europa markierten die Sudetenkrise vom Herbst 1938, die Judenpogrome im November 1938 und der deutsche Einmarsch in Prag im März 1939 den psychologischen Wendepunkt. Während der Präsident Ende 1938 dem englischen Premierminister Neville Chamberlain noch zum Erfolg seiner *Appeasement*-Bemühungen gratuliert hatte, erklärte er nach der Besetzung der Tschechoslowakei vor dem Kongreß, "gottesfürchtige Demokratien" könnten der "internationalen Gesetzlosigkeit" gegenüber nicht indifferent bleiben. Der Stimmungswandel in der amerikanischen Bevölkerung vollzog sich aber wesentlich langsamer und mit ähnlich aufwühlenden Begleitumständen wie derjenige von 1914 bis 1917. Die politischen Parteien und die Öffentlichkeit spalteten sich zunächst in Isolationisten, die entweder für einen Rückzug in die unangreifbare "Festung Amerika" plädierten oder am Pazifismus festhielten, und in Internationalisten, die das Sicherheitsinteresse der USA global verstanden und eine Unterstützung der Demokratien gegen die totalitäre Bedrohung forderten. Die isolationistische *America First*-Bewegung konnte prominente Senatoren und Abgeordnete, einflußreiche Geschäftsleute wie den Direktor von Sears Roebuck, Robert E. Wood, Gewerkschaftsführer wie CIO-Chef Lewis und den populären Ozeanflieger Charles Lindbergh ins Feld führen. Selbst im September 1939, nach dem deutschen Überfall auf Polen, lehnten es laut einer Gallup-Umfrage noch 84 Prozent der Amerikaner ab, die amerikanische Flotte oder die Armee (die ohnehin kaum größer war als die bulgarische) gegen das Deutsche Reich einzusetzen. Die Fixierung auf eine falsch verstandene Vorgeschichte des Ersten Weltkriegs hatte eine zumindest partielle Realitätsblindheit der amerikanischen Bevölkerung gezeitigt.

Anders als Wilson, der sich lange um eine echte Neutralität bemüht hatte, steuerte Roosevelt die USA ab Ende 1939 entschlossen und stetig in Richtung Krieg. Mit Rücksicht auf die isolationistische Grundstimmung und die Mehrheitsverhältnisse im Kongreß mußte er dabei allerdings äußerst vorsichtig und gelegentlich auch verdeckt und geheim vorgehen. Sein Hauptziel bestand darin, einen Sieg Hitlers in Europa zu verhindern, weil er erkannte, daß es nach einer Unterwerfung Englands und Frankreichs für die auf sich gestellten Vereinigten Staaten keine dauerhafte Sicherheit geben konnte. Sollte die britische Flotte Hitler in die Hände fallen, dann waren die vitalen Interessen der USA gefährdet. Hinzu kam, daß die Autarkiepolitik des Nationalsozialismus dem traditionellen Verlangen der USA nach einem offenen, ungeteilten Weltmarkt diametral entgegenlief, und daß die NS-Ideologie mit den amerikanischen Vorstellungen von Selbstbestimmung und Völkerrecht unvereinbar war. In einer Welt autarker Machtblöcke mußte die amerikanische Demokratie im Verständnis Roosevelts und der Internationalisten zwangsläufig zugrundegehen. Das war eine sehr weite, geographisch fast unbegrenzte Auslegung des Begriffs "nationale Sicherheit", doch sie entsprach den Realitäten einer durch die moderne Technik "schrumpfenden", wirtschaftlich und politisch zunehmend interdependenten Welt.

Zunächst festigte die Roosevelt-Administration den Zusammenhalt der westlichen Hemisphäre durch ein Arrangement mit Mexiko, dessen Präsident 1938 zur Erbitterung vieler Amerikaner die ausländischen Erdölgesellschaften verstaatlicht hatte. Die "Erklärung von Panama" sah dann 1939 die Einrichtung einer "Sicherheitszone" um Nord- und Südamerika vor, die gemeinsam gegen jeden Angriff von außen verteidigt werden sollte. In Washington nahm man die deutschen Lateinamerika-Ambitionen, wie schon im Ersten Weltkrieg, sehr ernst, und auch diesmal half der englische Geheimdienst kräftig nach, um solche Befürchtungen zu schüren. Noch vor Ablauf des Jahres 1939 wurde die Neutralitätsgesetzgebung erstmals gelockert: von nun an durften zumindest kurzfristige Kredite an Kriegführende vergeben sowie Waffen und Kriegsmaterial auf *cash and carry*-Basis geliefert werden. 1940 stellte der Kongreß 4 Milliarden Dollar für die Aufrüstung bereit, und nach der Niederlage Frankreichs vollzog Roosevelt den Übergang von der Neutralität zur "Nichtkriegführung" (*nonbelligerency*) unter dem Schlagwort "all aid short of war". Nun bemühte sich der Präsident auch um eine überparteiliche Basis für seine Außenpolitik, indem er die Republikaner Stimson und Knox als Kriegs- und Marineminister in das Kabinett nahm. Auf einen dringenden Hilferuf des englischen Premierministers Winston Churchill hin, dessen Land unter dem deutschen U-Boot-Krieg und Luftangriffen zusammenzubrechen drohte, schlossen die USA und Großbritannien im September 1940 das *destroyer-for-bases*-Geschäft ab: Im Gegenzug für die Lieferung von 50 amerikanischen Zerstörern aus dem Ersten Weltkrieg traten die Briten sechs Flottenstützpunkte in der Karibik und in Kanada

– das dem Deutschen Reich am 9. September 1939 den Krieg erklärt hatte – an die USA ab. Mit diesem aus amerikanischer Perspektive vorteilhaften Tausch konnte der Widerstand der Isolationisten gegen eine Unterstützung Großbritanniens geschickt umgangen werden. Kurz zuvor hatten sich die Regierungen in Washington und Ottawa im Ogdensburg-Abkommen auf die Errichtung einer Kette von amerikanisch-kanadischen Luftstützpunkten und Funkstationen bis in den hohen Norden des Kontinents geeinigt. Noch 1940 wurde auch der Bau des Alaska-Highway entlang der Pazifikküste durch British Columbia und das Yukon Territory in Angriff genommen, der eine Abwehr möglicher japanischer Angriffe erleichtern sollte. Das Hyde-Park-Abkommen, das Roosevelt im April 1941 mit dem kanadischen Ministerpräsidenten William L. Mackenzie King schloß, weitete die militärische Zusammenarbeit zwischen den USA und Kanada auf die Wirtschaft aus und linderte die Devisennöte des *Dominion* durch amerikanische Waffenkäufe in Kanada und gemeinsame Produktionsprogramme. Damit waren innerhalb kurzer Zeit wichtige Schritte zum Abbau des Mißtrauens erfolgt, das die Kanadier, die sich unter Kings Führung auf dem Weg zur Eigenstaatlichkeit befanden, dem mächtigen Nachbarn im Süden stets entgegengebracht hatten.

Angesichts der militärischen Erfolge der Achsenmächte in Europa und der Japaner im Fernen Osten führte der Kongreß im September 1940 erstmals in Friedenszeiten die Wehrpflicht ein. Die Aktivitäten und Bündnisse dieser Staaten wurden nun auch in der Öffentlichkeit zunehmend als Bedrohung der USA empfunden. Im Wahlkampf, den Roosevelt gegen den internationalistisch eingestellten Republikaner Wendell Willkie bestritt (FDR's dritte Kandidatur war ebenfalls ein Novum in der US-Geschichte), versprach er den Wählern aber noch, er werde ihre Söhne "nicht in irgendeinen fremden Krieg" schicken. Nach der unangefochtenen Wiederwahl forderte Roosevelt dann eine industrielle Mobilisierung, um die USA zum "Arsenal der Demokratie" zu machen. In der Jahresbotschaft an den Kongreß vom 6. Januar 1941 verkündete er als ideologische Fixpunkte die "Vier Freiheiten": Freiheit von Meinung und Rede, Religionsfreiheit, Freiheit von Not und Freiheit von Angst. Die endgültige Abkehr von der *cash and carry*-Regelung und eine Art "wirtschaftliche Kriegserklärung" an das NS-Regime bedeutete der Lend-Lease Act vom März 1941. Er autorisierte den Präsidenten, Kriegsmaterial an andere Staaten zu verkaufen, zu verleihen oder zu verpachten. Das betraf zunächst v.a. Großbritannien, wurde nach dem deutschen Angriff im Osten aber auch auf die Sowjetunion ausgeweitet. Ebenfalls im März verkündete Roosevelt den "unbegrenzten nationalen Notstand", und einige Monate später gab er grünes Licht für ein streng geheimes amerikanisch-britisches Atomwaffenprogramm, das *Manhattan Project*. Im Atlantik dehnten die USA ihre "Sicherheitszone", die nun auch Grönland und Island einschloß, immer weiter aus und leisteten der britischen Flotte Hilfe gegen deutsche U-Boote. Mit dem Treffen von Roosevelt und Churchill vor Neufundland im August 1941 begann eine enge Kooperation und persönliche Freundschaft, die allen Belastungen der Kriegsjahre standhielt. Die beiden Staatsmänner verpflichteten sich in der Atlantik-Charta, daß ihre Länder gemeinsam für kollektive Sicherheit, Abrüstung, Selbstbestimmung, internationale wirtschaftliche Zusammenarbeit und die Freiheit der Meere eintreten würden. Im Unterschied zu Roosevelt wollte Churchill das Selbstbestimmungsrecht allerdings nur den von den Achsenmächten besiegten Europäern, nicht den kolonisierten Völkern Asiens und Afrikas zugestehen.

Mit dem Schießbefehl auf deutsche U-Boote und dem Konvoischutz für bewaffnete Frachtschiffe bis in englische Häfen nahm Roosevelt im Herbst 1941 die Gefahr kriegerischer Verwicklungen bewußt in Kauf. Inzwischen billigten zwei Drittel der Amerikaner die Unterstützung Großbritanniens, aber eine Kriegserklärung an Deutschland lehnten immer noch 75 Prozent ab. Hitler selbst betrachtete die USA zu dieser Zeit schon als den gefährlichsten "Endgegner" im Kampf um die Weltherrschaft, aber er wollte sich durch Roosevelt nicht zum Krieg provozieren lassen. Die Entscheidung über den Eintritt der Vereinigten Staaten in den Zweiten Weltkrieg fiel deshalb nicht, wie von Roosevelt erwartet, im Atlantik, sondern im Pazifik.

Als die Japaner im Sommer 1940 nach der Niederlage Frankreichs Indochina eroberten und auf die Philippinen und Niederländisch-Ostindien (Indonesien) Druck auszuüben begannen, zeichnete sich ihre *Greater East-Asia Co-Prosperity Sphere* bereits in Umrissen ab. Durch den Nichtangriffspakt mit der Sowjetunion im April 1941 hielt sich die Regierung in Tokio zudem den Rücken für weitere Eroberungszüge frei. Die USA und Großbritannien beantworteten das japanische Vordringen in China und den Gebieten des "pazifischen Randes" (*Pacific rim*) mit Wirtschaftssanktionen, die allmählich verschärft wurden und nach der Einbeziehung von Erdöl einem völligen Boykott gleichkamen. In den Verhandlungen mit dem japanischen Botschafter, die im Frühjahr 1941 in Washington begannen, beharrte Außenminister Cordell Hull auf einem vollständigen Rückzug der Japaner aus China. Die Regierung Tojo, die im Oktober 1941 an die Macht kam, war aber allenfalls bereit, auf weitere Eroberungen zu verzichten, und auch das nur, wenn die USA und Großbritannien ihre Hilfe an China einstellten und das Ölembargo aufhoben. Als Hull dieses "letzte" Angebot am 26. September 1941 ablehnte, entschieden sich die Japaner zum Präventivschlag gegen die USA. Auf diese Weise hofften sie, ein bis zwei Jahre Zeit zu gewinnen, um ihr Expansionsprogramm verwirklichen und einen unüberwindlichen Verteidigungsring um ihre Machtsphäre legen zu können. Bei dem Überraschungsangriff eines japanischen Flugzeugträgerverbandes auf die Basis der US-Pazifikflotte in Pearl Harbor, Hawaii, am 7. Dezember 1941 wurden acht Schlachtschiffe, drei Kreuzer und drei Zerstörer versenkt oder schwer beschädigt sowie fast 200 Flugzeuge außer Gefecht gesetzt. Verschont blieben jedoch die drei Flugzeugträger, die sich auf See bzw. an der amerikanischen Westküste befanden. Die U.S.-Verluste betrugen über 2 400 Tote und ca. 1 100 Verwundete, während die Japaner 29 Flugzeuge und drei Klein-U-Boote verloren. Gleichzeitig setzte die japanische Offensive gegen die Philippinen, Malaya, Thailand und Niederländisch-Ostindien ein. Diese schmachvolle Niederlage löste in den USA einen Schock aus, der die Stimmung über Nacht verwandelte und bis weit über den Zweiten Weltkrieg hinaus weiterwirkte. Am 8. Dezember erklärte der Kongreß auf Vorschlag Roosevelts Japan den Krieg. Die einzige Gegenstimme kam von der Abgeordneten Jeannette Rankin aus Montana, die bereits 1917 den Kriegseintritt der USA abgelehnt hatte (und die später zu den entschiedensten Gegnern des Vietnam-Engagements gehören sollte). Im Einklang mit den Bestimmungen des Dreimächtepakts von 1940 erklärten Deutschland und Italien den USA am 11. Dezember den Krieg und enthoben Roosevelt damit der Notwendigkeit, seine Landsleute von der Notwendigkeit eines Zwei-Fronten-Krieges überzeugen zu müssen. Hitler zeigte sich erfreut, daß Japan in den Krieg eingetreten war, und sicherte Tokio zu, daß er keinen separaten Frieden mit den USA schließen werde. Aus amerikanischer Perspektive verbanden sich damit die militärischen Konflikte, die 1937 in Asien und 1938/39 in Europa begonnen hatten, zu einem einzigen Krieg mit wahrhaft globalen Dimensionen. Die Hauptstadt Washington rückte auch unmittelbar ins Zentrum des politischen Geschehens: hier trafen sich ab dem 22. Dezember 1941

Roosevelt und Churchill zu ihrer ersten Kriegskonferenz ("Arcadia"); und hier wurde Anfang Januar 1942 das Bündnis der 26 Staaten besiegelt, die gegen die Achsenmächte Krieg führten und die sich fortan "United Nations" nannten.

Das Pearl Harbor-Desaster erschütterte nicht nur die Zeitgenossen, sondern löste eine lang anhaltende wissenschaftliche Kontroverse aus. Der Vorwurf, Roosevelt und/oder Churchill seien über den japanischen Angriff informiert gewesen und hätten aus politischen Gründen keine rechtzeitigen Gegenmaßnahmen ergriffen, ist inzwischen mit aller nötigen Klarheit widerlegt worden. Zwar hatten amerikanische Kryptologen den diplomatischen Code der Japaner gebrochen und entzifferten spätestens ab Herbst 1940 unter dem Decknamen MAGIC alle wichtigen Telegramme, die zwischen der japanischen Botschaft in Washington und Tokio bzw. zwischen Berlin und Tokio hin- und hergingen. Um den Angriff auf Pearl Harbor vorhersehen zu können, hätten sie aber in der Lage sein müssen, die höheren japanischen Flottencodes zu lesen, was zu diesem Zeitpunkt noch nicht der Fall war. Ein zentraler Nachrichtendienst, der die vielen Einzelinformationen aus diplomatischen und militärischen Kreisen sammelte und systematisch auswertete, befand sich erst im Aufbau (Roosevelt hatte im Juli 1941 General William J. Donovan zum *Coordinator of Information* ernannt, aus dessen Büro im Sommer 1942 das *Office of Strategic Services (OSS)* hervorging, aber auch danach blieb die Geheimdienststruktur noch unübersichtlich). Zweifel sind jedoch angebracht, ob selbst ein viel besser organisierter Nachrichtendienst die Katastrophe hätte abwenden können. Der japanische Überfall war sorgfältig vorbereitet und wurde von raffinierten Täuschungsmanövern begleitet. Die verschiedenen Hinweise und "Signale", die die Amerikaner empfingen, deuteten auf eine ganze Reihe von möglichen Angriffszielen hin, unter denen Pearl Harbor nur eines war. Alle Verantwortlichen gingen aber wie selbstverständlich davon aus, daß die Japaner gar nicht in der Lage seien, die Flottenbasis auf Hawaii über eine Distanz von fast 5 000 Kilometer erfolgreich zu attackieren. Zu dieser Fehlperzeption trugen auch rassische Vorurteile und nationale Überheblichkeit bei. Insofern resultierte Pearl Harbor aus einer generellen Unterschätzung der japanischen Fähigkeiten, die Roosevelt und die amerikanische Diplomatie dazu veranlaßt hatte, ohne hinreichende militärische Vorbereitung auf einen Konfrontationskurs gegen Tokio zu gehen, der fast zwangsläufig zum Krieg führte. Diesen Fehler mußten Amerikaner und Briten in der Anfangsphase der Auseinandersetzung mit schweren Rückschlägen büßen.

Der Krieg an der "Heimatfront"

Nach der heftigen innenpolitischen Debatte der späten 1930er Jahre wirkte der Krieg wieder solidarisierend, vermittelte ein "Wir-Gefühl" und schweißte die Nation zusammen. Die ersten, die den Zorn und die Erbitterung über Pearl Harbor zu spüren bekamen, waren die Amerikaner japanischer Abstammung an der Westküste der USA, wo sich hysterische Invasionsfurcht ausbreitete. Obwohl es keine Beweise für ein Zusammenspiel zwischen Tokio und dieser etwa 110 000 Personen umfassenden ethnischen Gruppe gab, wurden alle ihre Führer umgehend verhaftet und die Bevölkerung auf der Grundlage einer Verordnung Roosevelts vom Februar 1942 in Lagern (*relocation centers*) im Landesinnern interniert. Da die Japaner jetzt offiziell als *enemy race* galten, unterschied man nicht zwischen Einwanderern der ersten Generation, die keine US-Staatsbürger werden konnten (*Issei*), und ihren in den USA geborenen Kindern, die automatisch die Staatsbürgerschaft erhalten hatten (*Nisei*). Die meisten mußten die gesamte Kriegszeit in Lagern verbringen und büßten ihren Besitz fast vollständig ein. Der Supreme Court bestätigte diese Massendeportation in mehreren Urteilen als verfassungskonform, obwohl eine Minderheit von Richtern sie kritisierte und sogar mit Hitlers Rassenpolitik verglich. (Erst in den 1980er Jahren korrigierte das Oberste Gericht diese Rechtsprechung, und der Kongreß gestand ein, daß den Internierten durch "Rassenvorurteile, Kriegshysterie und Versagen der politischen Führung schweres Unrecht angetan" worden sei.) Das Vorgehen gegen die Deutsch-Amerikaner und Italo-Amerikaner fiel weit weniger drastisch aus, aber auch diese Gruppen galten als Reservoir für potentielle "Fünfte Kolonnen" und wurden (der faschistische *German-American Bund* ebenso wie die Emigranten, die vor den Faschisten und Nationalsozialisten in die USA geflohen waren) durch J. Edgar Hoovers *Federal Bureau of Investigation* und die *Foreign Nationalities Branch* des OSS überwacht. Im Grunde bedurfte es jedoch – anders als im Ersten Weltkrieg – gar keiner starken Repression, da die überwältigende Mehrheit der Amerikaner nach Pearl Harbor den Krieg gegen die Achsenmächte und Japan befürwortete. Das Bündnis mit der

Sowjetunion drängte für die Dauer des Krieges auch die Kommunismusfurcht in den Hintergrund, die den Kongreß nach dem Hitler-Stalin-Pakt noch zu einem Gesetz veranlaßt hatte (Smith Act), das die Deportation subversiver Ausländer und Haftstrafen für Befürworter eines gewaltsamen Umsturzes vorsah.

Unter den gut 200 000 Deutschen, die sich in den USA vor dem Nationalsozialismus in Sicherheit bringen konnten, befanden sich viele prominente Intellektuelle, Wissenschaftler und Künstler, deren Namen in aller Welt mit dem Begriff der "deutschen Kultur" identifiziert wurden. Zu dieser geistigen Elite gehörten die Schriftsteller Thomas Mann und Carl Zuckmayer, der Dramatiker Bertold Brecht, der Physik-Nobelpreisträger Albert Einstein, die Sozialwissenschaftler Franz Neumann, Max Horkheimer, Theodor Adorno und Herbert Marcuse (die an der New Yorker *New School for Social Research* zusammenarbeiteten), der Psychologe Max Wertheimer, die Psychoanalytiker Erich Fromm und Erik H. Erikson sowie die Philosophen Hannah Arendt und Leo Strauss. Der Architekturstil des Bauhauses wurde durch Walter Gropius und Mies van der Rohe in die USA transplantiert, Theater und Film erhielten von Erwin Piscator, Ernst Lubitsch und Billy Wilder neue Impulse, und die amerikanische Musikszene wurde durch Komponisten und Dirigenten wie Arnold Schönberg, Kurt Weill, Bruno Walter und Otto Klemperer bereichert. Der ehemalige Reichskanzler Heinrich Brüning, der seit 1939 Verwaltungswissenschaften an der Harvard University lehrte, war der bekannteste unter den emigrierten Politikern, die allen ideologischen Richtungen von der konservativen Rechten bis zu den Kommunisten angehörten. Die genannten Namen bildeten nur die Spitze eines großen Exodus, der Deutschland intellektuell verarmen ließ, während er dem amerikanischen Geistesleben bis weit über den Krieg hinaus zugutekam. Die meisten Flüchtlinge empfanden die USA als die Antithese zum europäischen Totalitarismus, und viele von ihnen waren bei Kriegsende bereits so gut in die Gesellschaft des Gastlandes integriert, daß eine Rückkehr in die alte Heimat für sie nicht mehr in Frage kam. In dem linksliberalen Klima des *New Deal* überwanden sogar viele Kommunisten und Sozialisten ihre Vorbehalte gegen die amerikanische Form der Demokratie oder stellten sie doch zumindest zurück. Zahlreiche deutsche Emigranten leisteten freiwillig Kriegsdienst, und einige, wie Franz Neumann, Herbert Marcuse und der Historiker Felix Gilbert, ließen sich für die Analyseabteilung des Geheimdienstes OSS rekrutieren.

Der Zweite Weltkrieg bestätigte Tocquevilles Beobachtung aus dem frühen 19. Jahrhundert, daß die Amerikaner als eine republikanische Nation lange zögern, bevor sie Krieg führen, daß sie dann aber umso entschlossener und leidenschaftlicher kämpfen. Die Vereinigten Staaten verfügten 1941 nicht nur über gewaltige menschliche und materielle Ressourcen, sondern sie konnten sie auch in relativ kurzer Zeit mobilisieren. In den 45 Monaten, die der Krieg für die USA dauerte, dienten über 16 Millionen Amerikaner in den Streitkräften, darunter eine Million Afro-Amerikaner (was in etwa ihrem Bevölkerungsanteil entsprach) und ca. 100 000 Frauen im *Women's Army Corps*. Kriegsdienstverweigerung aus religiösen Gründen war möglich, doch wer – wie die Zeugen Jehovas – auch den zivilen Ersatzdienst ablehnte, konnte bestraft und inhaftiert werden. Die finanzielle *Lend-Lease*-Hilfe für die Alliierten betrug 50 Milliarden Dollar, davon 31 Milliarden allein an Großbritannien. 60 Prozent der Gesamtkriegskosten von ca. 370 Milliarden Dollar wurden durch den Verkauf von *War Bonds* und anderen Anleihen aufgebracht. Die Schulden des Bundes stiegen von 49 Milliarden Dollar 1941 auf 259 Milliarden 1945, wobei die Quote der Staatsverschuldung jedoch durch das starke Wachstum des Bruttosozialprodukts gering blieb. Ökonomisch brauchten die USA gar nicht an die Grenze der Belastbarkeit heranzugehen, da auf Grund der Depression noch viele ungenutzte Kapazitäten zur Verfügung standen. Die Kriegsproduktion konnte deshalb gesteigert werden, ohne daß die Regierung den privaten Konsum nennenswert drosseln mußte. Zu den Ausnahmen gehörte die Produktion von Automobilen, die für die Dauer des Krieges zugunsten von Lastwagen- und Panzerbau gestoppt wurde. Nach Aufhebung der Anbaubeschränkungen des *New Deal* gelang es auch der Landwirtschaft, die Erträge um ein Viertel zu steigern, obwohl die Farmbevölkerung im Laufe des Krieges um 6 Millionen auf 24,5 Millionen sank. Ab 1942 vollzog die Volkswirtschaft den Übergang von der leichten Erholung zum sich selbst tragenden Aufschwung mit Vollbeschäftigung und steigenden Löhnen und Preisen. AFL- und CIO-Gewerkschaften verzeichneten von 1941 bis 1946 zusammen noch einmal einen Mitgliederzuwachs von mehr als 4 Millionen auf etwa 13 Millionen. Insgesamt waren am Ende des Krieges ca. 15 Millionen Erwerbstätige gewerkschaftlich organisiert, und kurz danach erreichte der Organisationsgrad mit 37 Prozent seinen historischen Höchststand. Die Inflation, die das *Office of Price Administration* durch Preiskontrollen und Rationierungen nur unvollkommen bekämpfen konnte, löste 1943 eine Streikwelle, v.a. im Kohlebergbau aus. Durch die Vermittlung des *National War Labor Board* und die Befugnis des Präsidenten, ein bestreiktes Unternehmen im Interesse der nationalen Sicherheit unter Regierungsaufsicht zu stellen, lagen die Streikverluste jedoch insgesamt um die Hälfte niedriger als in den 1930er Jahren. Während sich die Unternehmensgewinne verdoppelten, erhöhte sich das Realeinkommen der Arbeitnehmer um ca. 50 Prozent. Da nun häufig mehrere Familienmitglieder verdienten, stiegen die Einkommen der Privathaushalte zwischen 1940 und 1945 im Schnitt sogar um 135 Prozent an. Bis zu einem gewissen Grade sorgte der Krieg also für die gerechtere Einkommensverteilung, die Roosevelt mit dem *New Deal* angestrebt hatte: 1944 verfügten die ärmsten 40 Prozent der Bevölkerung über 15,8 Prozent des gesamten Familieneinkommens (gegenüber 13,3 Prozent 1935/36), die wohlhabendsten 20 Prozent der Amerikaner dagegen "nur" noch über 45,8 Prozent (gegenüber 51,7 Prozent 1935/36).

Die interventionistische, unternehmerkritische Politik des "zweiten" *New Deal* machte im Krieg einem "korporativen Liberalismus" Platz, bei dem sich die Bundesregierung auf eine indirekte Kontrolle und Lenkung der Wirtschaft mit keynesianischen Methoden beschränkte. Wie im Ersten Weltkrieg versuchte die Administration, Unternehmer und Gewerkschaften möglichst gleichberechtigt in die Mobilisierungsanstrengungen einzuspannen. Die zentrale Koordinierung übernahm der *War Production Board* (WPB), in dem Repräsentanten der wichtigsten Ministerien mit Militärs, Unternehmern und Gewerkschaftsführern zusammenarbeiteten. In Schlüsselpositionen rückten Manager aus der Privatwirtschaft ein, die der Regierung für ein symbolisches Gehalt als *Dollar-a-year-men* dienten. Als besonders folgenreich erwies es sich, daß die Streitkräfte ermächtigt wurden, Rüstungsaufträge direkt an Unternehmen zu vergeben. Bis September 1944 gingen auf diese Weise *government contracts* in Höhe von insgesamt 175 Milliarden Dollar an die Wirtschaft, wobei große Konzerne wie General Motors und General Electric, die als leistungsfähig und zuverlässig galten, besonders günstig abschnitten. Hier begann eine Symbiose, die Präsident Eisenhower 1960, am Ende seiner Amtszeit, als "militärisch-industriellen Komplex" charakterisierte. Einen regelrechten "Kriegs-Boom" erlebte auch die Hauptstadt Washington, die erst seit Mitte der 1920er Jahre nach den ursprünglichen Plänen von Pierre L'Enfant zu einem wirklichen nationalen Zentrum ausgebaut wurde. Sie profitierte nicht nur vom Wachstum der Verwaltung und der Präsenz der Militärbürokratie, sondern zog auch Produktionsbetriebe, Firmenhauptquartiere und Lobbyisten jeder Couleur an.

Die Mobilisierung der Arbeitskräfte verlief reibungsloser und effizienter als etwa in Deutschland, wo sich ideologische Vorbehalte, speziell Hitlers Aversion gegen die Frauenarbeit, störend auswirkten. Im Unterschied zum Deutschen Reich, das 1939 bereits Vollbeschäftigung verzeichnete, konnten noch mehrere Millionen arbeitsloser Amerikaner durch die *War Manpower Commission* in die Kriegsproduktion eingegliedert werden. Die großen Städte des Nordens und des Westens – Kalifornien begann jetzt seinen rasanten Aufstieg als bevorzugter Industrie- und Technologiestandort – erlebten von neuem einen starken Bevölkerungszustrom aus dem Süden und aus den ländlichen Gebieten. Afro-Amerikaner waren mit ca. zwei Millionen an dieser phänomenalen Binnenwanderung von 7 Millionen Menschen beteiligt. Zusätzlich verstärkten 6 Millionen weibliche Arbeitskräfte die industrielle *work force*, darunter erstmals im höheren Maße auch verheiratete Frauen, die sich durch gezielte Propagandakampagnen und gute Verdienstmöglichkeiten zu dieser Entscheidung bewegen ließen. Die Zahl der berufstätigen Frauen nahm um 60 Prozent zu, und in einzelnen Rüstungsindustrien, etwa dem Flugzeugbau, waren überwiegend Frauen beschäftigt.

Vor diesem Hintergrund überrascht es nicht, daß nach einigen Anlaufschwierigkeiten die Industrieproduktion verdreifacht und Roosevelts optimistische Prognosen noch übertroffen werden konnten. Besonders spektakuläre Steigerungsraten gab es natürlich in der Rüstungsindustrie, die beispielsweise zwei Drittel des alliierten Schiffsraums zur Verfügung stellte und die Versenkungen durch deutsche U-Boote damit mehr als wettmachte. 1943 bauten die USA bereits ca. 30 000 Panzer, und die Flugzeugfertigung schnellte von knapp 13 000 im Jahr 1940 über 48 000 1942 und 86 000 1943 auf fast 100 000 1944 empor. Man erhöhte aber nicht nur die Produktion, sondern stampfte auch ganz neue Industriezweige aus dem Boden, so etwa die Gummierzeugung durch Erdöl, nachdem Japan 90 Prozent der Anbaugebiete von Naturkautschuk unter seine Kontrolle gebracht hatte. Mit einem Anteil von etwa 45 Prozent an der Erzeugung aller Kriegsgüter wurden die USA tatsächlich zum größten "Waffenarsenal" der Welt, das nicht nur die Demokratien mitversorgte, sondern auch der Sowjetunion und China aushalf. Am besten kommt die amerikanische Überlegenheit und Siegesgewißheit wohl darin zum Ausdruck, daß die Washingtoner Lenkungsgremien 1944, als sich die anderen Mächte verzweifelt um Produktionssteigerungen bemühten, bereits den "sanften" Übergang auf die Friedenswirtschaft vorbereiteten.

Außer den industriellen wurden auch die wissenschaftlichen Ressourcen der Nation voll ausgeschöpft. Große Forschungsaufträge gingen u.a. an das Massachusetts Institute of Technology (MIT) in Boston und das California Institute of Technology (CIT) in Los Angeles. Wie in England erzeugte das Bemühen um die Entschlüsselung der gegnerischen Geheimcodes – an der Harvard University arbeiteten zu diesem Zweck Wissenschaftler mit Ingenieuren der International Business Machines Corporation (IBM) zusammen – eine Initialzündung für die Computertechnologie. Die bedeutendste, wenngleich fragwürdigste wissenschaftliche Errungenschaft war zweifellos die Atombombe, in deren Entwicklung die USA 2 Milliarden Dollar investierten. Den Anstoß gaben politische Flüchtlinge aus Europa wie Albert Einstein und Enrico Fermi, die schon Ende der 1930er Jahre vor einer deutschen Atombombe warnten. 1939 berief Roosevelt daraufhin ein *Advisory Committee on Uranium*, und 1941 setzte er ein hochrangiges *National Defense Research Committee* ein, dem u.a. Vizepräsident Wallace, Kriegsminister Stimson, der Vorsitzende der Vereinigten Stabschefs, General George C. Marshall, und der Präsident von Harvard, James B. Conant angehörten. Nachdem Fermi Ende 1942 an der University of Chicago die Gewinnung von Plutonium durch eine kontrollierte Kettenreaktion gelungen war, wurde 1943 ein eigener, streng geheimer Militärbezirk, der *Manhattan District*, eingerichtet. Nun entschied Roosevelt, auch die Briten und Kanadier, nicht jedoch die Russen am *Manhattan Project* zu beteiligen (zur britischen Delegation gehörte jedoch der deutschstämmige Sowjetspion Klaus Fuchs, der auf diese Weise in das Geheimnis eingeweiht wurde). Unter der wissenschaftlichen Gesamtleitung J. Robert Oppenheimers von der University of California at Berkeley, der 1927 in Göttingen von Max Born promoviert worden war, trieb man in mehreren Zentren gleichzeitig die Forschung voran, hauptsächlich in Oak Ridge, Tennessee (Plutonium), Hanford, Washington (Atomenergie) und in Los Alamos bei Santa Fe, New Mexico, wo die Bombe zusammengebaut wurde. Am 16. Juli 1945 begann dann mit der ersten Detonation einer Atombombe in Alamogordo bei Albuquerque das "Atomzeitalter".

Politik und Kriegführung, 1942–1945

Die unerschöpflich scheinenden Kraftquellen der Nation im Rücken, konnte sich Roosevelt als Regierungschef und Oberbefehlshaber der Streitkräfte der Aufgabe widmen, die "Große Koalition" mit Großbritannien, der Sowjetunion und China zusammenzuhalten und den Zweifrontenkrieg gegen Japan und Deutschland zu führen. Im Unterschied etwa zur straffen Organisation des britischen *War Cabinet* unter Churchill blieb der amerikanische Präsident seinem informellen und pragmatischen Regierungsstil treu. Dazu gehörte auch, daß er keine detaillierten politischen Zielvorgaben entwickelte, sondern zunächst alles den militärischen Notwendigkeiten und dem Ziel eines raschen Sieges unterordnete. Rat holte er sich hauptsächlich von Harry Hopkins, der – ähnlich wie Colonel House im Ersten Weltkrieg – wichtige diplomatische Missionen in Europa erfüllte, sowie von Generalstabschef Marshall, Außenminister Hull, Kriegsminister Stimson, Finanzminister Morgenthau und dem Supreme Court-Richter Felix Frankfurter. Gelegentlich konnten aber auch andere Mitglieder der rapide anschwellenden Administration wie Geheimdienstchef William J. Donovan oder der Leiter der Propagandaorganisation *Office of War Information*, Robert E. Sherwood, Roosevelts Urteil beeinflussen. Von allergrößter Bedeutung war das enge Vertrauensverhältnis zu Winston Churchill, da die wichtigsten Entscheidungen oft in interalliierten Gremien oder auf den verschiedenen Kriegskonferenzen getroffen wurden. Über geheime, abhörsichere Kanäle unterhielten Roosevelt und Churchill bis Kriegsende eine permanente Korrespondenz. Als zentrale militärische Schaltzentrale der USA fungierten ab Dezember 1941 die *Joint Chiefs of Staff* (JCS) unter Vorsitz von General Marshall. Etwas später richteten Amerikaner und Briten gemeinsam die Institution der *Combined Chiefs of Staff* (CCS) ein, die sowohl die militärischen als auch die nachrichtendienstlichen Aktivitäten der Westmächte koordinierte. JCS und CCS bildeten den Kern einer alliierten Militärbürokratie, die im Laufe der Zeit immer differenzierter und leistungsfähiger wurde. Das neben der Atombombe am besten gehütete Kriegsgeheimnis, die Fähigkeit amerikanischer und britischer Kryptologen zur Entschlüsselung vieler wichtiger japanischer und deutscher Funkcodes (MAGIC und ULTRA), blieb innerhalb der zivilen und militärischen Führung beider Länder einem ganz kleinen Personenkreis vorbehalten (und wurde der

Öffentlichkeit in seiner vollen Tragweite erst Mitte der 1970er Jahre bekannt).

Roosevelt ließ sich durch Pearl Harbor nicht von der *Germany first*-Strategie abbringen, die er mit Churchill vereinbart hatte. Während die Briten aber daran dachten, die "Festung Europa" durch den Bombenkrieg und die Unterstützung der Widerstandsbewegungen in den besetzten Ländern langsam zu zermürben, sah General Marshalls Konzept schon für 1943 eine massive Landeoperation an der französischen Atlantikküste vor, um die Rote Armee zu unterstützen, die in Rußland die Hauptlast des Kampfes gegen das Dritte Reich trug. Da Roosevelt jedoch aus politischen Gründen – 1942 war ein Wahljahr – eine frühe Aktion wünschte, entschied er sich im Juli 1942 für Churchills Vorschlag, den deutschen Machtbereich zunächst an der Peripherie, vom Mittelmeer her anzugreifen. Nach der erfolgreichen Landung in Nordafrika (Operation TORCH) im November 1942, bei der General Dwight D. Eisenhower den Oberbefehl führte, trafen sich Churchill und Roosevelt im Januar 1943 in Casablanca. Sie verständigten sich darauf, den Krieg bis zur "bedingungslosen Kapitulation" (*unconditional surrender*) Deutschlands fortzuführen, und terminierten die Invasion in Frankreich auf das Jahr 1944. Angehörige von Feldmarschall Rommels "Afrikakorps", die sich in Algerien, Libyen und Tunesien ergeben mußten, wurden als erste von insgesamt fast 400 000 deutschen Kriegsgefangenen nach Amerika gebracht. In den 500 über die USA verstreuten *Prisoner of War Camps* ging es den meisten von ihnen recht gut; wer als zuverlässig und lernbereit galt, erhielt sogar Gelegenheit, sich – als Vorbereitung für die Zukunft daheim – in Schulungskursen mit demokratischen Ideen und Praktiken vertraut zu machen.

Nach der Eroberung Siziliens im Sommer 1943 landeten britische und amerikanische Truppen auf dem italienischen Festland. Über Italien setzten die USA erstmals ein Jagdflieger-Geschwader ein, das ganz aus afro-amerikanischen Piloten gebildet worden war. Obwohl Mussolini im September 1943 gestürzt wurde und Italien aus dem Krieg ausschied, verlor die alliierte Offensive bald an Schwung und brachte keine entscheidenden strategischen Vorteile. Von Italien und Nordafrika aus konnten die alliierten Geheimdienste aber die Tito-Partisanen in Jugoslawien unterstützen, die mehrere deutsche Divisionen banden. Geld und Waffen gelangten ebenso an die antideutschen Kräfte in Norditalien und Südfrankreich. Gegen Ende

1943 nahm das OSS in den neutralen Ländern Türkei und Schweiz auch Verbindung mit deutschen Widerstandskreisen um General Beck, Admiral Canaris und Carl Goerdeler auf. Eine praktische Zusammenarbeit scheiterte jedoch an der Weigerung der politischen Führung in Washington und London, von der Forderung nach *unconditional surrender* abzurücken. Dabei spielte die Sorge eine wichtige Rolle, westliche Kontakte mit der deutschen Opposition könnten das Bündnis mit der Sowjetunion gefährden. Das OSS, das in der Schweiz durch Allen W. Dulles vertreten war, beschränkte sich deshalb darauf, das anti-nationalsozialistische Potential im deutschen Bürgertum wie in der Arbeiterschaft zur Destabilisierung des Hitler-Regimes zu nutzen, ohne die amerikanische Regierung politisch zu binden.

Trotz der *Germany first*-Strategie, die 60 Prozent des amerikanischen Militärpotentials für den Krieg gegen Hitler reservierte, vollzog sich der Umschwung im Pazifik schneller als auf dem europäischen Kriegsschauplatz. Zum Wendepunkt wurde die Seeschlacht bei den Midway-Inseln im Juni 1942, in der es den Amerikanern – nicht zuletzt auf Grund erfolgreicher Funkaufklärung – gelang, ohne nennenswerte eigene Verluste vier schwere japanische Flugzeugträger zu vernichten. Damit war die Offensivkraft der Japaner gebrochen, und die amerikanischen Streitkräfte konnten in einer Zangenbewegung – von Australien aus unter dem Oberbefehl von General Douglas MacArthur und durch den Nordpazifik unter dem Kommando von Admiral Chester W. Nimitz – zum Gegenangriff übergehen. Gleichzeitig leisteten die USA der Regierung Chiang Kai-schek in China, die sich ins südliche Chungking zurückgezogen hatte, personelle und materielle Hilfe im Kampf gegen die Japaner. Amerikanische Versuche, einen Ausgleich zwischen Chiang und den chinesischen Kommunisten herbeizuführen, die im Norden unter der Führung von Mao Tse-tung einen Guerrillakrieg gegen die japanischen Besatzer führten, blieben jedoch erfolglos. Die Konflikte über die Länder des "pazifischen Randes" kündigten sich auf der Teheran-Konferenz im November 1943 an, bei der die "Großen Drei" Stalin, Churchill und Roosevelt erstmals zusammentrafen. Für Indochina, wo Ho Chi-Minh den Unabhängigkeitskampf gegen die Japaner organisierte, schlugen die USA eine UNO-Treuhandschaft vor, während die Briten die Rückgabe an Frankreich wünschten. In bezug auf Korea einigte man sich erst später auf eine vorläufige Teilung entlang des 38. Breitengrades, wobei russische

Truppen den Norden, amerikanische den Süden okkupieren sollten. Unterdessen setzten die Amerikaner ihr "Inselhüpfen" im Pazifik fort und öffneten im Sommer 1944 mit erfolgreichen Seeschlachten den Weg für die Rückkehr MacArthurs auf die Philippinen.

In Europa hatte Churchill nach der italienischen Kapitulation eine Offensive im Mittelmeer und auf dem Balkan befürwortet, weil er in Erinnerung an den Ersten Weltkrieg schwere Verluste beim direkten Angriff über den Kanal befürchtete. In Teheran fand jedoch Marshalls Invasionsplan Billigung, und die Alliierten sicherten sich gegenseitig zu, keinen Separatfrieden mit Deutschland zu schließen. Roosevelt nahm die Gefahr eines russischen Alleingangs sehr ernst, da die Sowjets die Westmächte durch die Gründung und Protektion des Nationalkomitees "Freies Deutschland" und des Bundes Deutscher Offiziere über ihre letzten Absichten im unklaren ließen. Im OSS war man sich nicht einig, ob Moskau diese nach dem Sieg bei Stalingrad 1943 aus emigrierten deutschen Kommunisten und Kriegsgefangenen gebildeten Organisationen lediglich als Propagandawaffen zur psychologischen Kriegsführung benutzen wollte oder sie für politische Zwecke in Reserve hielt. Für eine baldige Errichtung der "zweiten Front" in Frankreich versprach Stalin Roosevelt sowjetische Hilfe gegen Japan. Churchill konnte sich aber nicht ganz von seiner Idee eines Vormarsches durch den Balkan trennen: Ende 1944 landeten die Briten allein in Griechenland, wo sie rasch in einen Bürgerkrieg zwischen konservativen und linksgerichteten Kräften verwickelt wurden. Hier liegt der Ursprung der amerikanischen Intervention von 1947, die Roosevelts Nachfolger Truman rechtfertigen und verantworten mußte.

Die "Schlacht im Atlantik", die sich alliierte Geleitzüge und deutsche U-Boote lieferten, erreichte 1943 ihren Höhepunkt. Bei dieser Auseinandersetzung profitierten Briten und Amerikaner von Fortschritten in der Radartechnik und von der Fähigkeit ihrer Kryptologen, den Funkverkehr zwischen der deutschen Marineführung und den U-Booten in den Operationsgebieten "mitzulesen". Die Voraussetzungen für die Invasion in Frankreich – die volle Mobilisierung der USA und der Sieg über die U-Boote im Atlantik – waren um die Jahreswende 1943/44 erfüllt. Geleitet wurde das Mammutunternehmen (Operation OVERLORD) von General Dwight D. Eisenhower, den Roosevelt zum Oberbefehlshaber der *Allied Expeditionary Forces* (AEF) ernannt hatte. Die Landung in der Normandie am "D-Day" (6. Juni 1944), an der 200 000 Soldaten mit einer Armada von 2 700 Schiffen beteiligt waren, gelang auf Grund der See- und Luftüberlegenheit der Alliierten, vor allem aber mit Hilfe des Überraschungseffekts, der durch die Entzifferung des deutschen Funkverkehrs im Abhörzentrum Bletchley Park bei London sowie durch Täuschungsmanöver der alliierten Geheimdienste erreicht wurde. Mehr als eine Million Amerikaner kämpften danach zusammen mit Briten, Kanadiern und Franzosen an der Westfront. Zwar stellte Churchill dem Oberkommandierenden Eisenhower General Bernard Montgomery als gleichrangigen Heerführer zur Seite, aber in allen wichtigen strategischen Fragen, wie etwa einer weiteren Landung in Südfrankreich im August 1944 (Operation DRAGOON), setzten sich die Amerikaner auf Grund des ständig zunehmenden Gewichts ihrer materiellen Leistungen durch. Die alliierten Erfolge in Frankreich und Italien sowie der sowjetische Vormarsch im Osten zogen bis Ende 1944 den Ring um Deutschland immer enger zusammen. Mit massiven und z.T. verlustreichen Tagesangriffen trug die U.S. Air Force zu der strategischen Bomberoffensive bei, die das deutsche Wirtschaftspotential schwächen und die Moral der Bevölkerung untergraben sollte. Die völlig unerwartete deutsche Ardennen-Offensive im Dezember 1944 (von den Amerikanern "Battle of the Bulge" genannt) brachte dann aber noch einmal einen Rückschlag, der die USA zur Mobilisierung zusätzlicher Truppen zwang.

Roosevelts dritte Bestätigung im Präsidentenamt im November 1944, diesmal gegen den republikanischen Gouverneur von New York, Thomas F. Dewey, war ein beispielloser Vorgang, der die ungebrochene Popularität "FDR's" bewies. Im Kongreß erzielten die Republikaner aber bereits seit den Zwischenwahlen von 1942 Fortschritte. Für sie standen der Führungsstil des Präsidenten und der "Kult" um seine Person im Widerspruch zum traditionellen Verfassungssystem der USA. (Es dauerte allerdings bis 1951, bevor das 22. Amendment bestimmte, daß niemand öfter als zweimal zum Präsidenten gewählt werden durfte.) Aus innenpolitischen Gründen verlangte Roosevelt, daß der militärische Sieg über Deutschland und Japan mit den geringstmöglichen Verlusten an amerikanischen Menschenleben errungen werden mußte. Andererseits widersetzte er sich entschieden allen Vorschlägen, die Forderung nach bedingungsloser Kapitulation zu lockern. In der Endphase des Krieges wollte er unter allen Umständen verhindern, daß die Zusammenarbeit mit der künftigen zweitstärksten Macht der Erde, der Sowjetunion, in Gefahr geriet. Diesem Ziel ordnete er auch seine Deutschlandpolitik unter, die stets recht unbestimmt und sprunghaft blieb. So erwog er zunächst verschiedene Teilungsmodelle und stimmte im Oktober 1944 auf der 2. Konferenz von Quebec zusammen mit Churchill dem Plan seines Finanzministers Morgenthau zu, der zukünftige deutsche Aggressionen durch eine Internationalisierung des Ruhrgebiets, die Schließung der Kohlegruben und weitere Maßnahmen zur "Entindustrialisierung" oder "Agrarisierung" des Reiches verhindern wollte. Unter dem Druck der öffentlichen Meinung und dem Rat von Harry Hopkins folgend, schwenkte er wenig später aber wieder auf die gemäßigteren Vorstellungen des Außen- und Kriegsministeriums um. Höchste Priorität maß Roosevelt dagegen der Gründung einer neuen Weltorganisation zu, in deren Rahmen die Siegerkoalition der *United Nations* fortgesetzt werden und die Großmächte USA, Sowjetunion, Großbritannien und China als regionale Ordnungshüter oder "Weltpolizisten" agieren sollten. Für die Kooperation mit der Sowjetunion war der Präsident bereit, die Sicherheitsinteressen Moskaus zu respektieren und politische Zugeständnisse zu machen – in Europa zu Lasten Deutschlands und der osteuropäischen Länder, in Asien auf Kosten von Japan und China. Als Stalin im Februar 1945 auf der Konferenz von Jalta den Beitritt zur UNO, eine Kriegserklärung an Japan und freie Wahlen für Polen zusagte, glaubte der bereits schwerkranke Roosevelt, das erhoffte Arrangement mit der Sowjetunion gefunden zu haben. Deshalb setzte er sich über Warnungen von Diplomaten und Militärs hinweg, die eine wirkliche demokratische Neuordnung Polens – dessen "Westverschiebung" die USA in Jalta billigten – zum Testfall für die amerikanisch-sowjetischen Beziehungen machen wollten. Aus demselben Grund lehnte er im März 1945, als die angelsächsischen Truppen den Rhein überquerten, einen "Wettlauf" mit der Roten Armee nach Berlin ab, wie er den Briten vorschwebte. Die USA hielten sich strikt an die Vereinbarungen über eine Zoneneinteilung Deutschlands, die 1944 gemeinsam mit den Sowjets und Briten im Rahmen der *European Advisory Commission* in London getroffen worden waren. Amerikanische Verbände, die über die festgelegten Demarkationslinien bis nach Mitteldeutschland und Böhmen vorstießen, wurden bei Kriegsende wieder zurückbeordert.

Aus der Rückschau erkennt man, daß sich Roosevelt einer Täuschung hingab, als er glaubte, die Sowjetunion würde in der ihr zugestandenen osteuropäischen Einflußsphäre politische und wirtschaftliche Verhältnisse zulassen, die wenigstens vordergründig westlichen Demokratievorstellungen entsprachen. Er unterschätzte die ideologische Fundierung der sowjetischen Politik, die Sicherheit offenkundig nur durch tiefgreifende soziale Umwälzungen unter kommunistischer Führung und durch eine möglichst gleichförmige Ausrichtung der Regime in den befreiten bzw. eroberten Ländern verbürgt sah. Er wollte wohl auch nicht wahrhaben, daß Stalin für den Mord an ca. 4 000 polnischen Offizieren Ende 1939 verantwortlich war, den die Deutschen 1943 aufgedeckt und propagandistisch auszunutzen versucht hatten. Angesichts des Kriegsverlaufs in Europa und des Macht- und Prestigegewinns der Sowjetunion fällt es aber schwer, realistische Handlungsalternativen aufzuzeigen, deren Verfolgung Roosevelt erlaubt hätte, Wunsch und Wirklichkeit der amerikanischen Politik besser in Übereinstimmung zu bringen. Vorrangiges Ziel blieb bis zuletzt die Niederringung des nationalsozialistischen Deutschland, dessen brutale Eroberungs- und Ausrottungspolitik, die im *Holocaust,* der Ermordung von etwa 6 Millionen europäischer Juden gipfelte, einen beispiellosen Zivilisationsbruch darstellte. Als der Präsident am 12. April 1945 in seinem Ferienort Warm Springs an einem Gehirnschlag starb, waren die Siege über Deutschland und Japan so gut wie sichergestellt. Die "Große Allianz" hielt den Belastungen noch stand, das System der Vereinten Nationen nahm Gestalt an, und die USA hatten sich gegenüber der Sowjetunion nicht endgültig festgelegt.

Vizepräsident Harry S. Truman, der die Nachfolge antrat, verfügte über wenig außenpolitische Erfahrung. Er war mit Hilfe der demokratischen "Parteimaschine" von Missouri aus kleinen Verhältnissen zum Senator aufgestiegen und hatte sich im Kongreß durch die Aufdeckung von Mißwirtschaft und Korruption in der Rüstungsindustrie einen Namen gemacht. Roosevelt erkor ihn für die Wahlen von 1944 aus taktischen Gründen zum *running mate*, weil der bisherige Vizepräsident Wallace als zu radikal galt. Von vielen wichtigen Entscheidungen, etwa dem Atomwaffenprogramm, blieb Truman ausgeschlossen. Da er den Warnungen vor einer expansiven, totalitären Sowjetunion von Beginn an mehr Glauben schenkte als Roosevelt, trat er schon bei seinem ersten Treffen mit Außenminister Molotow am 23. April 1945 in Washington undiplomatisch hart auf. Nach der deutschen Kapitulation sah er sich zusammen mit Churchills Nachfolger Clement Attlee einem Sowjetführer Stalin gegenüber, der auf dem Höhepunkt seiner Macht stand. Die Potsdamer

Konferenz im Juli und August 1945 zeigte bereits deutlich die Grenzen der Zusammenarbeit mit der Sowjetunion auf, denn außer der Einsetzung eines Außenministerrates und dem Beschluß, das in vier Besatzungszonen aufgeteilte Deutschland vorläufig als wirtschaftliche Einheit zu behandeln, kam wenig Substantielles zustande. Truman glaubte offenbar, Stalin mit dem Hinweis auf eine "Waffe von unvorstellbarer Vernichtungskraft" beeindrucken zu können, die den USA zur Verfügung stehe. Er ahnte nicht, daß sein Gesprächspartner durch Agentenberichte recht gut über das *Manhattan Project* im Bilde war. Zu diesem Zeitpunkt arbeiteten sowjetische Wissenschaftler auf Befehl Stalins bereits intensiv daran, den Rückstand in der Nukleartechnologie aufzuholen und das amerikanische Atomwaffenmonopol zu brechen.

Im Pazifik hatten die erbitterten Schlachten von Iwo Jima und Okinawa den Amerikanern Anfang 1945 einen Vorgeschmack auf die eventuelle Invasion der japanischen Hauptinseln gegeben. Unter dem wachsenden Druck der amerikanischen Luft- und Seeoffensive signalisierte die Tokioter Regierung generelle Friedensbereitschaft. Sie wollte den Kampf jedoch "ehrenvoll" beenden und lehnte die geforderte bedingungslose Kapitulation weiterhin ab. Nach dem Amtswechsel im Weißen Haus empfahl ein *Interim Committee* aus hohen Militärs und Politikern den frühestmöglichen Einsatz der Atombombe gegen Japan. Die Idee einiger Wissenschaftler, den Japanern eine Vorwarnung in Form einer "Demonstrationsexplosion" zu geben, fand keine Zustimmung. Für den Fall einer Landung in Japan sagte Kriegsminister Stimson einen "Rassenkrieg" mit gewaltigen Verlusten auf beiden Seiten voraus. Als Truman in Potsdam die Nachricht von dem gelungenen "Trinity"-Test aus Alamogordo erhielt, fällte er, beraten von Stimson und Außenminister James Byrnes, die letzte Entscheidung. Neben dem Wunsch, amerikanische Menschenleben zu schonen, spielten dabei eine Reihe anderer Faktoren eine Rolle: Rücksichtnahme auf die antijapanische Stimmung in den USA; Vorstellungen, ein teures Projekt erfolgreich beenden und ein Vermächtnis Roosevelts erfüllen zu müssen; das Gefühl, durch die abschreckende Bestrafung von Kriegsverbrechen, wie sie die Japaner begangen hatten, im Interesse des Weltfriedens zu handeln; und nicht zuletzt das Motiv, die Sowjetunion zu warnen und amerikanischen Forderungen und Sichtweisen geneigter zu machen. Unter den gegebenen Umständen hätte es wohl mehr Mut und moralischer Autorität bedurft, die Bombe nicht einzusetzen, als ihren

Abwurf freizugeben. Bei den Angriffen auf Hiroshima und Nagasaki kamen am 6. und 9. August 1945 zwischen 110 000 und 150 000 Menschen um. Dieser schockierende Schlag bedeutete – zusammen mit dem Einmarsch der Roten Armee in die Mandschurei – das Ende des Krieges in Asien. Nach der japanischen Kapitulation am 14. August, die am 2. September an Bord des Schlachtschiffes "Missouri" in der Bucht von Tokio formell vollzogen wurde, besetzten amerikanische Truppen Japan. Das Schicksal der Bevölkerung und das Überleben des jahrhundertealten japanischen Kaisertums hing von der Gnade und der Einsicht General MacArthurs ab, der als *Supreme Commander for Allied Powers* einem römischen Prokonsul gleich in Tokio residierte.

Die Ergebnisse des Krieges aus amerikanischer Sicht

Die USA hatten im Zweiten Weltkrieg mit den geringsten Opfern die größten Gewinne erzielt. Ihre Gesamtverluste waren beträchtlich, lagen aber mit ca. 300 000 Gefallenen und 670 000 Verwundeten (weniger als 0,5 Prozent der Bevölkerung) weit unter denen der übrigen Großmächte. Dazu trugen auch Fortschritte der Medizin bei, die höhere Überlebenschancen bei Verwundungen sicherten und Epidemien verhinderten. Als einziges Land gingen die USA wirtschaftlich gestärkt aus dem Krieg hervor, und sie allein verfügten über die neue nukleare Massenvernichtungswaffe. Mit der Charta der Vereinten Nationen, die – ganz anders als die Völkerbundsakte 1919/20 – von der amerikanischen Bevölkerung euphorisch begrüßt und vom Senat mit überwältigender Mehrheit ratifiziert wurde, schien der Grund für eine dauerhafte Weltfriedensordnung gelegt. Das System von Bretton Woods, das schon 1944 aus der Taufe gehoben worden war, etablierte den Dollar als internationale Leit- und Reservewährung mit Goldeinlösungsgarantie und entsprach den amerikanischen Vorstellungen von freiem Welthandel und offenen Märkten. Andererseits kündigten sich bereits Auseinandersetzungen mit der Sowjetunion über die Zukunft Deutschlands, die Reparationsfrage, den Status der osteuropäischen Länder und die Interessenabgrenzung auf dem Balkan ab. Der Nahe Osten barg mit seinem Erdölreichtum, der alle Industrieländer begehrlich machte, und mit der Palästinafrage, die sich durch die Einwanderung von jüdischen Überlebenden des *Holocaust* zugespitzt hatte, enormen Konfliktstoff. In China verlor Chiang Kai-schek trotz amerikanischer

Unterstützung immer mehr Boden an seinen kommunistischen Rivalen Mao. Von Indien über Indonesien bis Korea hatte der japanische Schlachtruf des "Asien den Asiaten" die antikoloniale Stimmung geschürt. Das Zugeständnis Roosevelts an die Franzosen, nach dem japanischen Rückzug ihre Herrschaft in Indochina wieder aufzurichten, paßte nicht in das Bild, das sich viele Menschen in den abhängigen Gebieten – und viele Amerikaner selbst – von den Vereinigten Staaten als einem fortschrittlichen Land machten, das für das Selbstbestimmungsrecht der Völker eintrat. Außenpolitisch hatte der Krieg also keineswegs alle Probleme gelöst, sondern sogar eine ganze Reihe von Konfliktfeldern neu geschaffen. Die USA waren zwar zur "Supermacht" mit weltweiter Präsenz aufgestiegen, aber die Amerikaner mußten bald erkennen, daß sich ihre wirtschaftliche und militärische Stärke nicht ohne weiteres und überall in politischen Einfluß umsetzen ließ.

Im Innern hatte der Krieg eine Welle des Patriotismus ausgelöst, die dem Prozeß der Nationalstaats- und Nationsbildung einen neuen kräftigen Schub verlieh. Nach Pearl Harbor herrschte weitestgehender Konsens darüber, daß der Isolationismus gescheitert war und daß die USA niemals mehr militärische Schwäche und mangelnde Vorbereitung zeigen durften. Der glänzende Sieg bestätigte offensichtlich die Vorbildlichkeit der amerikanischen Institutionen und die Überlegenheit des *American way of life*, und aus der Perspektive der *civil religion* erschien die Überwindung des Faschismus als ein neues Kapitel in der Erfüllung des transzendenten Geschichtsauftrags der Vereinigten Staaten. Roosevelts Kriegführung bescherte dem Präsidentenamt überragendes Ansehen und eine hervorgehobene Stellung im Verfassungssystem – eine neuartige Konstellation, die später als *imperial presidency* charakterisiert werden sollte. Die Kriegsmobilisierung setzte den Wachstumstrend der zentralstaatlichen Bürokratie fort, der schon in der *Progressive Era* und im Ersten Weltkrieg begonnen hatte und der nach einer Unterbrechung während der 1920er Jahre im *New Deal* wieder aufgenommen worden war. Auch wenn einige Behörden 1945 aufgelöst wurden, so hinterließ der Krieg doch bleibende Spuren: die Zahl der Bundesbeamten hatte sich von 1,1 auf 3,4 Millionen verdreifacht, und die Bundesregierung war nun imstande, in nahezu jeden Wirtschafts- und Lebensbereich der Bürger einzugreifen. Gleichzeitig wurde die Gesellschaft offener, was sich v.a. an der Rolle der Frauen und der Afro-Amerikaner zeigte. Zahlreiche weibliche Arbeitskräfte mußten zwar ihren Platz für die zurückkehrenden GI's räumen, aber die bessere Integration von Frauen in den Wirtschaftsprozeß und der damit verbundene Status- und Unabhängigkeitsgewinn konnten auf längere Sicht nicht mehr rückgängig gemacht werden. Ähnlich verhielt es sich mit den Afro-Amerikanern, deren Selbstbewußtsein und Optimismus während des Krieges zunahm, obgleich die Rassentrennung in den Streitkräften noch bis 1948 in Kraft blieb. Die Mitgliederzahl der NAACP hatte sich während des Krieges nahezu verzehnfacht, und neue, aggressivere Bürgerrechtsorganisationen wie der 1942 gegründete *Congress of Racial Equality* (CORE) riefen dazu auf, den weltweiten Kampf für die Befreiung von Faschismus und Kolonialismus mit dem Kampf gegen die Rassendiskriminierung im eigenen Land zu verbinden. In vielen Großstädten kam es ab 1943 zu schweren Rassenunruhen, weil Weiße die Zuwanderung der Afro-Amerikaner verhindern wollten und weil sie Roosevelts Anweisung, bei Einstellungen in die Kriegsindustrien die Hautfarbe nicht zu einem Kriterium zu machen, als Zumutung empfanden. Zwischen 1940 und 1950 wuchs die schwarze Bevölkerung in New York von ca. 460 000 auf knapp 750 000, in Chicago von weniger als 300 000 auf etwa 500 000, und in Detroit von ca. 150 000 auf über 350 000. Der schwedische Volkswirtschaftler Gunnar Myrdal analysierte die soziale Lage der Afro-Amerikaner in seiner 1944 veröffentlichten Studie *An American Dilemma* und gelangte zu dem Schluß, den Vereinigten Staaten stünden die einschneidendsten Veränderungen in den Rassenbeziehungen seit Bürgerkrieg und Rekonstruktion bevor.

VII.
Liberaler Konsens und weltpolitische Hegemonie, 1946–1968

Seit der zweiten Hälfte des 20. Jahrhunderts durchdringen sich die amerikanische Geschichte und die Weltgeschichte so sehr, daß es in der historischen Darstellung oft schwerfällt, Trennungslinien zu ziehen. Die amerikanische Elite und die große Mehrheit der Bevölkerung teilten nach 1945 gewisse Grundannahmen über das Verhältnis ihres Landes zum Rest der Welt, die sich mit den Begriffen "American leadership", "democracy", "market economy" und "peaceful change" beschreiben lassen. Der Anspruch auf eine weltpolitische Führungsrolle ergab sich aus der aktuellen wirtschaftlichen und militärischen Vormachtstellung der USA bei Kriegsende, wurde aber auch weiterhin durch den quasireligiösen Glauben an eine besondere amerikanische Mission und Auserwähltheit gespeist. Ferner hegten die meisten Amerikaner kaum Zweifel daran, daß sich das demokratische Regierungssystem mit seinen Hauptelementen begrenzte Regierungsmacht, Gewaltenteilung, Partizipation, Parteienwettbewerb und Schutz der Grundrechte überall durchsetzen würde, wo Menschen frei über ihr Schicksal entscheiden könnten. Die UNO-Charta erschien als eine Fortschreibung der eigenen *Constitution*, und die Ziele der Weltorganisation ließen sich nach amerikanischer Auffassung am besten verwirklichen, wenn in möglichst vielen Staaten demokratische Verhältnisse herrschten. Marktwirtschaft und freier Welthandel waren aus dieser Perspektive Teil der "Geschäftsgrundlage" von 1944/45, nicht nur, weil sie den amerikanischen Interessen am ehesten entsprachen, sondern auch, weil weltweites Wirtschaftswachstum als zentrale Voraussetzung für politische Stabilität und Frieden galt. Dieses liberale Credo wurzelte in der Erfahrung des eigenen – individuellen wie nationalen – ökonomischen Aufstiegs und im sprichwörtlichen Fortschrittsoptimismus, den Außenstehende häufig als naiv empfanden. Schließlich gingen die Amerikaner davon aus, daß die Eckpfeiler der neuen Weltordnung in Bretton Woods und San Francisco gesetzt worden waren, und daß sich der politische und soziale Wandel von nun an im Rahmen dieses *Status quo* auf friedlichem Wege vollziehen sollte. Die Politik der Sowjetunion, des kommunistischen China und der "radikalen" Staaten der Dritten Welt wurde als durch die UNO-Charta nicht gedeckter Versuch verstanden, die etablierte Ordnung umzustürzen. Es schien deshalb legitim, die weitere Ausbreitung des Kommunismus – notfalls sogar gewaltsam – zu verhindern und im Gegenzug freiheitliche Werte und Prinzipien in alle Teile der Welt zu tragen. Die republikanisch-demokratische *American Creed* des 19. Jahrhunderts erhielt damit vollends universalistische Züge.

Das Gefühl der Bedrohung von außen, das sich gegen Ende der 1940er Jahre in den USA breitmachte, förderte ebenso den Zusammenhalt und die Konformität der amerikanischen Gesellschaft wie der stürmische, langanhaltende Wirtschaftsaufschwung, der auf die – unerwartet milde – Nachkriegsrezession folgte. Die 1929 jäh abgebrochene Entwicklung zur Konsum- und Wohlstandsgesellschaft konnte nun fortgesetzt werden, und amerikanische Geschäftsleute, Soldaten und Touristen sowie die Medien, insbesondere die Hollywood-Filme, trugen die Botschaft von den Vorzügen des *American way of life* in andere Erdteile. Gegen die Zentralisierung der Macht in Washington und die "imperiale Präsidentschaft", Erbschaften des *New Deal* und des Zweiten Weltkriegs, regte sich nur noch vereinzelt Widerspruch. Unter der Oberfläche der "Wohlstandsgesellschaft" (*affluent society*) begann es aber in den 1950er Jahren zu gären, weil ein beträchtlicher Teil der Bevölkerung von den Segnungen der Konsumkultur ausgeschlossen blieb, und mehr noch, weil die fortdauernde Rassendiskriminierung einen allmählich unerträglichen Kontrast zu den amerikanischen Idealen zu bilden begann. Nach dem Schock über den Tod des jungen Präsidenten John F. Kennedy, der die Nation zu "neuen Grenzen" hatte führen wollen, wühlten die Bürgerrechtsbewegung und der Vietnamkrieg die amerikanische Gesellschaft tief auf. Die Unruhe kulminierte im Jahr 1968, das in den USA und weltweit eine – auch generationsbedingte – historische Zäsur setzte. Vom Optimismus der frühen Nachkriegszeit, vom idealistischen Schwung der "Ära Kennedy" und vom Ehrgeiz Präsident Johnsons, eine *Great Society* ohne Not und Armut zu bauen, war an der Wende zu den 1970er Jahren nicht mehr viel zu spüren: der politische Konsens zerbröckelte, das Vertrauen der Bevölkerung in die staatlichen Institutionen ließ nach, und die erstarkende überseeische Konkurrenz sowie die materiellen Belastungen des Vietnamkrieges verringerten den Vorsprung der amerikanischen Wirtschaft. Die Hegemonie der USA, ihr moralischer und politischer Führungsanspruch, stieß nicht nur im Forum der Vereinten Nationen und in der nun weitgehend "entkolonisierten" Dritten Welt auf Kritik, sondern wurde zunehmend auch von den Verbündeten in Europa und Asien in Frage gestellt.

1. Die Anfänge des Kalten Krieges und die Grundlegung der nationalen Sicherheit, 1946–1953

Erklärungsmodelle für die Entstehung des Ost-West-Konflikts

Über die Verantwortung für den Zerfall der Siegerkoalition und die Ursachen des Kalten Krieges wird in den USA seit den 1960er Jahren eine intensive, emotional aufgeladene öffentliche Debatte geführt. Den Ausgangspunkt bildeten Memoiren und Werke von beteiligten Politikern, Diplomaten und Rußlandexperten wie Truman, Dean Acheson, W. Averell Harriman und George F. Kennan. Ihrer Meinung nach resultierte der Kalte Krieg aus dem Expansionsstreben der Sowjetunion und dem übertriebenen Mißtrauen Stalins. Sie malten das Bild einer offensiven Moskauer Regierung, die jede Gelegenheit ausnutzte, um ihre Ideologie zu verbreiten und ihr Imperium auszuweiten, und sie charakterisierten Stalin als einen verschlagenen, paranoiden Herrscher, der nach der Unterwerfung Osteuropas darauf hinarbeitete, ganz Deutschland und Europa in den sowjetischen Einflußbereich zu bringen. Eine Umkehrung dieser These erfolgte im Zuge des Aufkommens der "Neuen Linken" in den 1960er Jahren durch die sog. Revisionisten, die, wie Joyce und Gabriel Kolko, in der Tradition der Imperialismus-Kritiker standen. Aus ihrer Sicht strebten die USA selbst nach Expansion und Vorherrschaft, angetrieben durch die dynamischen Kräfte des eigenen kapitalistischen Wirtschaftssystems. Im Gefühl der nahezu unbegrenzten Macht durch die Atombombe setzten sich die Verantwortlichen im amerikanischen *Establishment* über die ökonomischen Bedürfnisse und die Sicherheitsinteressen der Sowjetunion hinweg und versuchten, den kommunistischen Einfluß in Westeuropa auszumerzen und weltweit die revolutionäre Linke zu besiegen. Die Einseitigkeit beider Standpunkte wollten Vertreter einer "realistischen Schule" vermeiden, zu denen neben Historikern wie Norman A. Graebner auch der amerikanische Außenminister Henry A. Kissinger gehörte. Sie warnten vor einer Überbetonung ideologischer und wirtschaftlicher Motive: vielmehr müsse man den Ost-West-Konflikt als eine zwangsläufige Folge der bipolaren Machtverteilung nach 1945 sehen, die dazu geführt habe, daß Russen und Amerikaner jeden Schritt der jeweils anderen Seite als Bedrohung ihrer eigenen Interessen interpretierten und entsprechend handelten. Kissinger verstand die USA in diesem Kontext als eine Ordnungsmacht, die nach 1945 auf ähnliche Weise die internationale Balance hielt, wie Großbritannien im 19. Jahrhundert für das europäische Mächtegleichgewicht gesorgt hatte.

Von "post-revisionistischer" oder "neo-realistischer" Seite, etwa durch John L. Gaddis und Melvyn P. Leffler, sind zusätzliche Faktoren in die Diskussion gebracht worden, die eine differenziertere Betrachtung ermöglichen. Verwiesen wird u.a. auf die Zusammenhänge zwischen Innen- und Außenpolitik in der Sowjetunion wie in den USA; auf die Auswirkungen der "korporativen" Struktur des amerikanischen politischen Systems, in dem Staat, Wirtschaft und Wissenschaft, öffentlicher und privater Sektor, meist Hand in Hand arbeiten; auf die Bedeutung von kulturell bedingten Wahrnehmungsmustern, Feindbildern und Fehlperzeptionen, die das Handeln der Politiker und die öffentliche Meinung oft stärker bestimmten, als es die tatsächlichen Machtverhältnisse taten; auf psychologische Konzepte wie "Glaubwürdigkeit" (*credibility*), die Politiker zuweilen gegen ihr besseres Wissen zu Handlungen veranlaßten; und auf Bestrebungen schwächerer Staaten, die USA zu ihren Gunsten in lokale Konflikte hineinzuziehen. Von Immanuel Wallerstein inspirierte Systemtheoretiker schließlich sehen die USA seit 1945 im Zentrum eines kapitalistischen Systems, das sich seit der frühen Neuzeit herausgebildet hat, das immer weitere Teile der Welt einbezieht und dessen Schwerpunkt sich kontinuierlich verlagert. Nach dieser Theorie ordnet die Hegemonialmacht im Kern (*core*) das System stets so, daß die eigenen Interessen optimal zur Geltung kommen, und sorgt an der "Semi-Peripherie" und der "Peripherie" für die Befolgung der Regeln.

Hieraus ergibt sich, daß eine Analyse des Kalten Krieges drei eng miteinander verknüpfte, aber unterscheidbare Komplexe erfassen muß: die politische Ebene des Staatensystems, die mit Begriffen wie Gleichgewicht, Hegemonie und Bipolarität beschrieben werden kann;

die ökonomische Ebene des kapitalistischen Weltsystems, das sich in Kern, Peripherie und Semi-Peripherie gliedert; und schließlich die ideologische Ebene, auf der es um Welt- und Feindbilder, Wahrnehmungen und kulturelle Prägungen geht. Wenn man dazu auf allen drei Ebenen die Wechselwirkungen zwischen Innen- und Außenpolitik berücksichtigt, die nach dem Ende des Kalten Krieges auch für die Sowjetunion und andere kommunistische Staaten untersucht werden können, dann ahnt man, welch komplizierte Forschungsarbeit noch zu leisten ist. Auf die USA bezogen, lassen sich einige vorläufige Thesen formulieren: 1. Da Stalin nach 1945 nicht die Weltherrschaft, sondern eher begrenzte Ziele anstrebte, erscheint die "Eindämmungsstrategie" der USA (*containment*) aus der kurzfristigen Perspekte als Überreaktion. Längerfristig war diese Haltung den Erfordernissen jedoch recht gut angepaßt, da die Sowjetunion mit der Zeit durchaus globale expansive Bestrebungen entwickelte und auf den Zusammenbruch des kapitalistischen Systems infolge innerer Widersprüche hoffte. 2. Innenpolitisch konnte die Politik des *containment* nur durchgesetzt werden, indem man sie in übersteigerter Form als Abwehrkampf gegen eine neue totalitäre Bedrohung darstellte. Die schon früh entwickelte "Domino-Theorie" weckte die Furcht, lokale Erfolge des Kommunismus würden Kettenreaktionen auslösen, die zum Verlust ganzer Weltregionen und schließlich zum Zusammenbruch der amerikanischen Autorität und Machtposition insgesamt führen könnten. Tatsächlich war die *containment*-Strategie weniger defensiv als offensiv und konstruktiv angelegt, weil sie auf die Integration Westeuropas und des "pazifischen Randes" (*Pacific Rim*) in eine neue ökonomische und politische Ordnung abzielte. 3. Wirtschaftliche Motive waren auf amerikanischer Seite in der Anfangsphase nur sekundär; bei allen wesentlichen Entscheidungen gaben machtpolitische und militärstrategische Überlegungen den Ausschlag. Diese "realistische" Außenpolitik hatte stets aber auch eine "idealistische" Komponente, d.h. sie bezog – bewußt oder unbewußt und mehr oder minder stark – als universal gültig verstandene amerikanische bzw. "westliche" Werte von Demokratie und Menschenrechten ins Kalkül ein. 4. Das Konzept der "nationalen Sicherheit" (*national security*) wurde schon von Truman und dann von allen seinen Nachfolgern sehr weit ausgelegt: "vitale" Interessen der USA waren fast überall berührt, und wirksame Sicherheit schien nur gewährleistet, wenn es gelang, die gesamte Welt in Einklang mit den amerikanischen Vorstellungen und

Werten zu bringen. Die USA strebten also durchaus bewußt nach Führung und Hegemonie, wobei sie ihre wirtschaftliche Stärke nutzten, um ihre politischen Visionen zu verwirklichen. Das letzte Ziel war eine Weltordnung, die dem "amerikanischen Modell" einer Verbindung von pluralistischer Demokratie und freier Marktwirtschaft entsprach. Truman und seine Berater aus der "Ostküstenelite", W. Averell Harriman, Dean Acheson, John J. McCloy und Charles Bohlen (die bis weit in die 1960er Jahre hinein überaus einflußreich blieben), sahen die USA praktisch dazu verpflichtet, einen solchen Zustand herbeizuführen und ihn dann als Ordnungsmacht dauerhaft zu garantieren.

Besatzung und Rekonstruktion in Deutschland und Japan

Die bedeutendste außenpolitische Leistung der USA nach 1945 war zweifellos die aktive Mitwirkung beim Wiederaufbau Westeuropas und die Reintegration der beiden ehemaligen Hauptkriegsgegner Deutschland und Japan in die Völkergemeinschaft. Die Direktive JCS 1067, die General Eisenhowers Verhalten als Militärgouverneur zwischen Kriegsende und endgültigem Friedensschluß leiten sollte, enthielt noch etliche Elemente des Morgenthau-Konzepts, das auf Bestrafung der Deutschen und Zerstörung des deutschen Machtpotentials ausgerichtet gewesen war. Als im Frühjahr 1945 die volle Tragweite der deutschen Kriegsverbrechen und des Massenmords an den Juden bekannt wurde, verhärtete sich die öffentliche Meinung in den USA zunächst sogar noch. Es gab deshalb kaum Widerspruch gegen die Vorschriften, die eine "Fraternisierung" mit Deutschen unter Strafe stellten und Maßnahmen zum Wiederaufbau der Wirtschaft verboten. Deutschland wurde laut JCS 1067 nicht als "befreiter", sondern als "besiegter" Staat behandelt, um der Bevölkerung ihre Mitverantwortung für die Untaten des NS-Regimes vor Augen zu führen. Die Amerikaner scheuten sich auch nicht, systematisch Kriegsbeute in Form deutscher Patente und deutscher Wissenschaftler – speziell der Peenemünder Raketentechniker um Wernher von Braun – zu machen. Noch fragwürdiger war zweifellos die Rekrutierung von General Reinhard Gehlen, dem Chef der Wehrmachtsorganisation "Fremde Heere Ost", der – nach einem Aufenthalt in den Vereinigten Staaten – unter amerikanischer Obhut den Bundesnachrichtendienst in Pullach bei München aufbaute. Vollends unverständlich erscheint aus heutiger Sicht die Zusammenarbeit mit

Klaus Barbie, dem Gestapochef von Lyon, den ein Geheimdienst der U.S. Army – offenbar ohne Kenntnis höherer Stellen – anwarb und später nach Lateinamerika expedierte.

Angesichts der gewaltigen Zerstörungen durch den Bombenkrieg kam es auf lokaler Ebene schon recht früh zu einer partiellen Zusammenarbeit zwischen Besatzungstruppen und deutschen Behörden, die dann in der Regel immer vertrauensvoller und konstruktiver wurde. Wichtige Beiträge zur Linderung der Not und zur Überwindung der Isolierung leisteten die amerikanischen Kirchen – vermittelt durch den ökumenischen Weltrat in Genf und den Vatikan –, die es als Christenpflicht ansahen, den Deutschen aus dem moralischen Abgrund des Nationalsozialismus herauszuhelfen. Besonders taten sich die Quäker hervor, die für ihr humanitäres Engagement 1947 den Friedensnobelpreis erhielten. Auch die Gewerkschaften verhielten sich solidarisch und nahmen rasch Kontakt zur deutschen Arbeiterschaft auf. Millionen von Spendenpaketen gelangten ab 1946 über die private Organisation CARE (*Cooperative for American Remittances to Europe*) an bedürftige Familien. Die Deutschen lehnten sich instinktiv an den mächtigen Sieger an, von dem sie mehr Verständnis und Hilfe als von den europäischen Nachbarn erwarteten, und in der Tat erlebten sie die Amerikaner vorwiegend als "freundliche Feinde". Unter dem Einfluß der veränderten internationalen Lage setzte sich dieser kooperative, versöhnliche Geist dann 1946/47 immer mehr durch.

Die faktische Kontrolle in der amerikanischen Besatzungszone übte General Lucius D. Clay als Deputy Military Governor unter Eisenhower und dann ab 1947 als Militärgouverneur aus. Geboren 1897 in Georgia als Sohn eines US-Senators, hatte Clay als Ingenieur in der Armee Karriere gemacht und während des *New Deal* den Bau von Staudämmen überwacht. Er galt als hart und autoritär, sprach nicht Deutsch und suchte auch bewußt keine Kontakte zu Deutschen. Dafür handelte er pragmatisch und unvoreingenommen, wobei sicher eine Rolle spielte, daß er aus dem Süden der USA stammte, die Geschichte der Rekonstruktion kannte und wußte, daß die Vereinigten Staaten nicht in jeder Hinsicht ein Musterland der Demokratie waren. Er setzte sich entschieden für die großen Ziele der Militärregierung – Entnazifizierung, Demilitarisierung, Demokratisierung und Entflechtung der Wirtschaft – ein, lehnte aber die These von einem negativen deutschen Nationalcharakter, den es zu ändern gelte, ebenso deutlich ab. Als sich abzeichnete, daß die US-

Besatzungszone wegen der Konzeptionslosigkeit und mangelnden Einheit des Alliierten Kontrollrats in Berlin zu einer dauerhaften Belastung des amerikanischen Steuerzahlers werden würde, drängte Clay ab Anfang 1946 auf eine Wiederbelebung der deutschen Wirtschaft. Zu dieser Zeit befürwortete er noch eine Zusammenarbeit mit den Sowjets bei der Umsetzung der Potsdamer Beschlüsse. Die Einstellung der Reparationsleistungen, die aus der US-Zone an die Sowjetunion gingen, richtete sich im Mai 1946 hauptsächlich gegen Frankreichs Obstruktionspolitik im Kontrollrat. Zu den ökonomischen Problemen kamen im Laufe des Jahres 1946 verstärkt auch politische Spannungen mit der Sowjetunion, weniger in Deutschland selbst als vielmehr in Osteuropa, in der Türkei, im Iran, im Nahen Osten und in Asien. Insofern wurde der Kalte Krieg nach Deutschland "importiert", obgleich der ideologische Gegensatz durchaus auch wichtige innerdeutsche Quellen hatte, wie etwa den Streit um die von den Kommunisten betriebene Vereinigung von SPD und KPD.

In den USA selbst fand während dieser Zeit eine grundsätzliche Überprüfung der bisherigen Deutschland- und Europapolitik statt. Zum Umdenken im Kongreß und in der Öffentlichkeit trug ein Besuch bei, den Winston Churchill den Vereinigten Staaten als Privatmann abstattete. Vom Wortlaut der Rede, die er am 5. März 1946 in Fulton, Missouri hielt, blieb den meisten Amerikanern nur der Begriff "iron curtain" im Gedächtnis, der Ängste vor einer hermetischen Abriegelung des sowjetischen Einflußbereichs in Europa heraufbeschwor. Churchills eigentliche Botschaft lautete, daß man mit Moskau nur von einer Position der Stärke aus verhandeln sollte. In der Folgezeit fand Clay mit seinen Mahnungen und Ratschlägen in Washington mehr Gehör, und nach monatelangen internen Beratungen schlug die Regierung einen neuen Kurs ein. Am 6. September 1946 unterstrich Außenminister James F. Byrnes in einer aufsehenerregenden Rede in Stuttgart die Forderung nach wirtschaftlicher Einheit Deutschlands und bot dem deutschen Volk Unterstützung bei dem Versuch an, "seinen Weg zurückzufinden zu einem ehrenvollen Platz unter den freien und friedliebenden Nationen der Welt." Damit war die Voraussetzung für die Vereinigung der britischen und der amerikanischen Zone zur "Bizone" am 1. Januar 1947 geschaffen, die zum Ausgangspunkt der "Weststaatslösung" wurde. Die Besatzungsregierung *Office of Military Government* (OMGUS) beschränkte sich nach und nach auf eine indirekte

Kontrolle des politischen Lebens und förderte den Prozeß der Verfassunggebung in den Ländern der U.S.-Zone. Die Beratung der Länderverfassungen sollte laut einer Weisung Clays an seine Untergebenen "in einer Atmosphäre der Freiheit" stattfinden, um den Deutschen die Identifizierung mit ihren neuen demokratischen Grundordnungen zu erleichtern.

Inzwischen hatte in der Truman-Administration vollends diejenige Richtung die Oberhand gewonnen, die davor warnte, die Fehler des Versailler Vertrags zu wiederholen und durch eine politische Isolierung und wirtschaftliche Bedrückung Deutschlands die Chancen für Demokratie und Wohlstand in ganz Europa zu verspielen. Der inneramerikanische Stimmungswandel fand im Ergebnis der Zwischenwahlen vom November 1946 seine Bestätigung, als die Republikaner in beiden Häusern des Kongresses Mehrheiten errangen. Nach ihrer Abkehr vom Isolationismus der 1930er Jahre waren sie nun bereit, mit dem Präsidenten bei der Durchsetzung zahlreicher wegweisender Entscheidungen zusammenzuarbeiten. Dazu gehörten in erster Linie das Engagement der USA auf dem Balkan, wo die Briten der Lage nicht mehr Herr wurden, und ein umfassendes wirtschaftliches Aufbauprogramm für Europa, das Unterstaatssekretär Dean Acheson angeregt hatte und das unter dem Namen seines neuen Vorgesetzten im State Department, George C. Marshall, als "Marshall-Plan" in die Geschichte einging. Das Verlangen nach 400 Millionen Dollar Hilfsgeldern für die antikommunistischen Kräfte in Griechenland und in der Türkei begründete der Präsident am 12. März 1947 in einer Rede vor dem Kongreß mit der "Truman-Doktrin": sie besagte, "daß es die Politik der Vereinigten Staaten sein muß, die freien Völker zu unterstützen, die sich der Unterwerfung durch bewaffnete Minderheiten oder durch Druck von außen widersetzen." Hier lag schon der Keim der "Domino-Theorie", die später auch auf andere Weltgegenden angewendet wurde. Der republikanische Senator Arthur H. Vandenberg warnte davor, die UNO zu übergehen und einen direkten Zusammenstoß mit der Sowjetunion zu riskieren. Die klaren Mehrheiten für Trumans Initiative im Repräsentantenhaus und im Senat bedeuteten aber den ersten Sieg der *bipartisanship*, einer auf breiten Konsens gegründeten, parteiübergreifenden Außenpolitik. Um diese Zeit begann auch die amerikanische Involvierung in den Nahostkonflikt, weil Truman – entgegen dem Rat des State Department, das gute Beziehungen zu den ölreichen arabischen

Staaten suchte – die Teilung Palästinas und die Anerkennung des Staates Israel befürwortete. Neben dem ehrlichen Mitgefühl für die Opfer und Überlebenden des *Holocaust* spielten dabei auch taktische Überlegungen im Hinblick auf die jüdischen Stimmen im Wahlkampf von 1948 sowie Befürchtungen einer jüdischen Einwanderungswelle in die USA eine Rolle. Allerdings lehnte Truman ein militärisches Eingreifen der USA ab und überließ es privaten amerikanischen Organisationen, die Israelis im Kampf gegen die Araber zu unterstützen.

Von 1945 bis Anfang 1947 hatten die USA über 11 Milliarden Dollar Hilfsgelder nach Europa gepumpt, ohne den allgemeinen Niedergang aufhalten zu können. Im März 1947 erstattete der ehemalige Präsident Herbert Hoover einen alarmierenden Bericht über die Zustände in Europa, der die Truman-Administration zum Umdenken und raschen Handeln zwang. Nach intensiven Vorarbeiten, an denen Dean Acheson, George F. Kennan und W. Averell Harriman maßgeblich beteiligt waren, warb Außenminister Marshall am 5. Juni 1947 in einer Rede an der Harvard University für ein *European Recovery Program*, das den wirtschaftlichen *circulus vitiosus* durchbrechen und den Europäern wieder Vertrauen in die Zukunft ihrer Länder und des gesamten Kontinents geben sollte. Innenpolitisch fand das Wiederaufbauprogramm in den USA breite Unterstützung, denn seine interventionistischen und planerischen Elemente erinnerten die Demokraten an den *New Deal*, während das Streben nach internationaler Arbeitsteilung, stabilen Währungen und soliden Finanzen den Vorstellungen der Republikaner entsprach. Auf der Grundlage des Economic Cooperation Act, den der Kongreß im April 1948 verabschiedete, flossen bis 1952 ca. 14 Milliarden Dollar als Zuschüsse und Kredite an insgesamt 16 Länder einschließlich Westdeutschlands. Die Sowjetunion lehnte eine Beteiligung ab und zwang Polen und die Tschechoslowakei, die bereits erteilte Zusage zurückzunehmen. Der Marshall-Plan trug dazu bei, die "Dollarlücke" zu schließen, die auf Grund der Importbedürfnisse und der Ausfuhrschwäche der europäischen Länder entstanden war. Mit einem Anteil von 1,6 Milliarden Dollar standen die Westzonen bzw. die Bundesrepublik Deutschland nach Großbritannien, Frankreich und Italien an vierter Stelle der Empfängerstaaten. Aus dem amerikanischen GARIOA-Programm (*Government and Relief in Occupied Areas*) erhielten die Deutschen aber noch einmal die gleiche Summe. Diese Finanzhilfe glich in den Nachkriegsjahren das Defizit der westdeutschen Handelsbilanz aus, wirkte psychologisch als Initialzündung für die Wiederbelebung der Wirtschaft und bereitete die Integration in den Weltmarkt vor. Darüber hinaus gab der Marshall-Plan durch die Einrichtung des Europäischen Wirtschaftsrats (*Organization of European Economic Cooperation*, OEEC) im April 1948 den ersten Anstoß zu einer westeuropäischen Integration, von der sich die USA die Lösung der Ruhrfrage und des alten "Sicherheitsdilemmas" zwischen Deutschland und Frankreich versprachen. Vor diesem Hintergrund entstand 1950 – auf Initiative Jean Monnets, der gute Kontakte in die USA unterhielt – der Schuman-Plan, der zur Montanunion und später zur Europäischen Wirtschaftsgemeinschaft (EWG) führte. Im Rahmen des 1947 getroffenen *General Agreement on Tariffs and Trade* (GATT) vollzogen die USA nun auch allmählich die Abkehr von der Hochschutzzoll-Politik der Zwischenkriegszeit. Die Amerikaner förderten also bewußt die wirtschaftliche Konkurrenz Westeuropas, in der Erwartung, daß ein dichter Handels- und Kapitalverkehr allen Seiten zugutekommen würde. Punkt IV des Marshall-Plans bildete schließlich die Keimzelle der Entwicklungshilfe für die "Dritte Welt", die in den 1950er und 1960er Jahren immer wichtiger werden sollte. Auf der Negativseite dieser Stabilisierungs- und Rekonstruktionspolitik standen offene und verdeckte politische Einmischungen, speziell in Italien, wo Vertreter Washingtons offenbar nicht nur mit den konservativen Parteien, sondern sogar mit Mafiakreisen zusammenarbeiteten, um die Kommunisten von der Regierungsverantwortung fernzuhalten.

Nach dem Scheitern der Moskauer Außenministerkonferenz im März 1947 trieben die Amerikaner ihre europäischen Partner zur "Weststaatsgründung" in Deutschland voran, die nun immer deutlicher antikommunistische und antisowjetische Züge erhielt. Eine vorübergehende Teilung Deutschlands wurde in Kauf genommen, um die drei Besatzungszonen fest an den Westen zu binden und die gemeinsame Front gegen die Sowjetunion sicherzustellen. Die Währungsreform im Juni 1948 schuf die Voraussetzung für die Einbeziehung Westdeutschlands und West-Berlins in den Marshall-Plan, provozierte allerdings die sowjetische Berlin-Blockade, die kurzfristig die Furcht vor einem dritten Weltkrieg aufkommen ließ. Truman lehnte die Vorschläge der Militärs ab, mit Bodentruppen den Zugang nach Berlin zu erzwingen, beauftragte dafür aber Clay mit der Organisation einer britisch-amerikanischen Luftbrücke. Auf ca. 270 000 Flügen brachten die "Rosinenbomber" bis Mai 1949 2,5

Millionen Tonnen Versorgungsgüter in die alte Reichshauptstadt und stellten damit Überleben und Freiheit der Menschen in den drei Westsektoren sicher. Die Sowjetunion lenkte schließlich in Verhandlungen am Sitz der UNO in New York ein, strebte nun aber ihrerseits eine Staatsbildung in der östlichen Besatzungszone an. Für Westdeutsche und Amerikaner wurde das Erlebnis der Luftbrücke endgültig zum psychologischen Wendepunkt von der Kriegs- zur Nachkriegszeit. Besonders in der jüngeren Generation setzte sich ein positives Amerikabild durch, das auf lange Zeit hinaus das öffentliche Bewußtsein und das geistig-kulturelle Klima bestimmte.

Amerikanische Verfassungsexperten und aus den USA zurückgekehrte Emigranten begleiteten den Weg, der von der Londoner Konferenz im Frühjahr 1948 über die "Frankfurter Dokumente" und den Parlamentarischen Rat in Bonn am 23. Mai 1949 zum Grundgesetz für die Bundesrepublik Deutschland führte. Sie vermittelten zwischen den zentralistisch eingestellten Briten und den Franzosen, die ein möglichst dezentrales, konföderatives Deutschland wünschten. Die westdeutschen Verfassunggeber übernahmen nicht das präsidentielle Regierungssystem der USA, sondern folgten der eigenen und der europäischen Tradition des Parlamentarismus. Aus amerikanischer Sicht entsprach das Grundgesetz mit seiner föderativen Struktur und festen Verankerung der Grundrechte jedoch im wesentlichen den an eine demokratische Neuordnung geknüpften Erwartungen. Zuvor hatte Clay schon durch seine Weigerung, die Sozialisierungsklausel in der hessischen Verfassung zu akzeptieren, einen Beitrag zur Wiederherstellung des marktwirtschaftlichen Systems geleistet. Die alliierte Kontrolle blieb auch nach Gründung der Bundesrepublik durch Ruhrbehörde und Besatzungsstatut sowie durch die Viermächte-Verantwortung für Berlin erhalten. In der Hohen Kommission auf dem Petersberg bei Bonn waren die USA nun durch den ehemaligen stellvertretenden Kriegsminister und ersten Präsidenten der Weltbank, John J. McCloy, vertreten.

Wenn Amerikaner in den 1950er Jahren auf die Besatzungszeit zurückschauten, fiel die Bilanz keineswegs einhellig positiv aus. Es überwogen sogar besorgte, pessimistische Stimmen, die darauf verwiesen, daß die NS-Vergangenheit trotz der Nürnberger Kriegsverbrecherprozesse und der "Entnazifizierung", die OMGUS in der amerikanischen Zone auf bürokratische Weise mittels Millionen von Fragebögen betrieben hatte, nicht wirklich bewältigt, sondern lediglich verdrängt worden sei. Viele Initiativen zur Beeinflussung der deutschen Mentalität durch *Reeducation* bzw. *Reorientation* und zur Umgestaltung der Gesellschaft im demokratischen Sinne waren – etwa im Schulwesen und im Beamtenrecht – am Traditionsbewußtsein und konservativen Beharrungswillen der Deutschen abgeprallt. Die Dekartellisierung hatte den Einfluß der Wirtschaftseliten nicht gebrochen, und ihre ökonomischen Effekte fielen bereits einem neuen Konzentrationsprozeß zum Opfer. Im Zeichen des militanten Antikommunismus schien sich in der Bundesrepublik eine "Restauration" zu vollziehen, die erneut gefährliche illiberale, antidemokratische Tendenzen zum Vorschein brachte. Solche Behauptungen waren nicht aus der Luft gegriffen, und sie wurden auch von etlichen Westdeutschen geteilt. Die Kritiker unterschätzten aber, in welch hohem Maße westliches Gedankengut und Wertebewußtsein insbesondere durch persönliche Kontakte, die Literatur, die Medien und durch Amerikaaufenthalte bereits nach Deutschland eingeflossen waren. Diese vielfältigen Bemühungen trugen schon Früchte, bevor die Bundesrepublik ab 1953 offiziell an dem von Senator J. Williams Fulbright initiierten akademischen Austauschprogramm teilnahm. Trotzdem dauerte es noch einige Zeit, bis auch die skeptischeren Amerikaner erkannten, daß in Westdeutschland mit ihrer Unterstützung eine lebensfähige, friedfertige und wirtschaftlich prosperierende Demokratie entstand, die wesentlich zur Stabilisierung und Erholung des Alten Kontinents beitrug.

Während Clay und OMGUS in Deutschland nur eine von mehreren Besatzungsmächten repräsentierten, behielten die USA in Japan – zur Verärgerung der Moskauer Führung – das Heft allein in der Hand. Deshalb drohte auch keine Teilung des Landes, wenngleich die Japaner alle Pazifik- und Festlandsbesitzungen verloren. Die USA selbst übernahmen als UNO-Treuhänder die strategisch wichtigen Inselgruppen der Marianen, Karolinen und Marshall Islands. Anders als Deutschland wurde Japan durch den *Supreme Commander for Allied Powers*, General Douglas MacArthur, nur indirekt regiert, weil trotz der bedingungslosen Kapitulation eine japanische Regierung im Amt blieb. Das oberste Gebot der Japan-Planungen, die seit 1942 im State Department liefen, lautete, den japanischen Militarismus zu beseitigen und eine gewaltsame Expansion auf Dauer unmöglich zu machen. In diesem Sinne oktroyierte MacArthur im November 1946 eine radikal-demokratische Verfassung, die eine Ächtung des Krieges und die völlige Entmilitarisierung Japans vorsah. Der *Tenno* verlor zwar seine quasi-göttliche Stellung und wurde auf repräsentative

Funktionen beschränkt; er blieb jedoch als geistig-kulturelles Oberhaupt und als Symbol der nationalen Einheit erhalten. Ansonsten waren die Eingriffe der Besatzungsmacht in den ersten drei Jahren nach dem Krieg noch radikaler als in Deutschland. Die Amerikaner ermutigten linksgerichtete Bewegungen und Gewerkschaften, die sich Anfang 1947 bei den ersten nationalen Wahlen durchsetzten. Die politische Säuberung und Demokratisierung wurde von tiefgreifenden Wirtschaftsreformen flankiert. Eine Bodenreform beseitigte den Großgrundbesitz und sorgte dafür, daß bis 1950 80 Prozent des Ackerlandes in die Hände von Kleinbauern überging. Im industriellen Sektor und im Bankenwesen begann die "Entflechtung" der großen Unternehmensgruppen (*zaibatsu*), die das japanische Wirtschaftsleben beherrscht hatten.

Die Wende zu einer konservativeren Politik erfolgte 1948, als das State Department auf Grund eines Berichts von George F. Kennan die Beendigung der Reparationen und Sozialisierungsexperimente forderte, damit Japan durch vermehrte Exporte zur wirtschaftlichen Selbstgenügsamkeit zurückkehren könne. Der Bankier Joseph Dodge entwarf ein hartes Spar- und Exportförderungsprogramm, das die neue konservative Regierung ab Ende 1948 zur Grundlage ihrer Wirtschaftspolitik machte. Seine Verwirklichung setzte aber die Versorgung der Japaner mit Rohstoffen aus den Gebieten des "pazifischen Randes" voraus, für die sich die USA von nun an verantwortlich fühlten. Im Friedensvertrag vom 8. September 1951 verzichtete Japan endgültig auf alle seit 1854 gemachten territorialen Erwerbungen. Die USA behielten die Insel Okinawa als Stützpunkt und schlossen einen Militärvertrag ab, der die Stationierung amerikanischer Truppen in Japan vorsah. Daraufhin erhielt Japan 1952 seine volle staatliche Souveränität zurück. Flottenbasen und Luftstützpunkte hatten sich die Amerikaner auch auf den Philippinen gesichert, als sie 1946 ihr zwölf Jahre zuvor gegebenes Unabhängigkeitsversprechen wahrmachten. Die USA waren keine Kolonialmacht mehr, aber ihre politisch-militärische Präsenz trug nun einen wahrhaft globalen Charakter.

Die japanische Bevölkerung fand – wie die deutsche – rasch ein positives Verhältnis zu den Amerikanern, und die Führungseliten akzeptierten ohne Widerstand die institutionellen Reformen der Besatzungsmacht. Dagegen erwiesen sich die traditionelle politische Kultur und das soziale Wertesystem Japans als außerordentlich resistent gegen äußere Einflüsse. Mentalitätsmäßig blieben die

Japaner, die sich kaum mit ihrer jüngeren Geschichte auseinandersetzten, den Amerikanern fremder als die Deutschen. Wichtiger war aber aus amerikanischer Perspektive die Einbeziehung Japans in das liberal-kapitalistische Wirtschaftssystem und in die politische Gemeinschaft der "freien Welt". Auch nach der Zulassung von "Selbstverteidigungsstreitkräften" lebten der japanische Militarismus und Expansionismus nicht wieder auf. Vielmehr gewann Japan in den 1950er Jahren als regionale Gegenmacht gegen das kommunistische China immer mehr an Bedeutung für die Vereinigten Staaten.

Die Neuordnung der Exekutive und der Aufbau des amerikanischen Bündnissystems

Das *containment*-Konzept geht auf den Diplomaten George F. Kennan zurück, der Ende der 1930er Jahre in Berlin stationiert war und während des Krieges als Berater von US-Botschafter Harriman in Moskau fungierte. Im Februar 1946 sorgte sein 8 000 Worte umfassendes "langes Telegramm", in dem er die Motive der sowjetischen Außenpolitik analysierte, für Aufsehen im State Department. Eineinhalb Jahre später, als er bereits im *Policy Planning Staff* des State Department tätig war, faßte er seine Gedanken in einem mit "X" gezeichneten Beitrag für die Zeitschrift *Foreign Affairs* zusammen. Sie diente als Sprachrohr des *Council on Foreign Relations* in New York, der unter dem Vorsitz von John McCloy zum informellen Forum des außenpolitischen Establishments der USA wurde. Der "X"-Artikel charakterisierte die Sowjetunion als einen von totalitärer Ideologie und paranoiden Unsicherheitsgefühlen zu grenzenloser Expansion vorangetriebenen Staat. Westliches Entgegenkommen würde diesen Drang – ebenso wie es das *Appeasement* im Falle Hitlers getan hatte – nur noch verstärken. Um die Russen zu stoppen, sei es vielmehr nötig, eine Politik der entschlossenen Eindämmung (*firm containment*) zu betreiben, die sie an jedem Punkt, wo sie die Interessen einer friedlichen und stabilen Welt zu verletzen suchten, mit unüberwindlicher Gegenmacht konfrontiere.

Kennan wollte "Eindämmung" in erster Linie als eine diplomatische, nicht eine militärische Strategie verstanden wissen. Der Truman-Administration und dem Kongreß lieferte das *containment*-Konzept die geeignete geistige Grundlage für ein System von Institutionen und Bündnissen, mit deren Hilfe die USA den Kalten Krieg führten. Durch den Aufbau dieses Systems erwarb sich

Präsident Truman, der im Vergleich zu seinem kultivierten, weltläufigen Amtsvorgänger wie ein schlichtes Gemüt wirkte und deshalb von vielen Amerikanern zunächst nicht recht ernst genommen wurde, den Ruf eines großen Gestalters der Nachkriegswelt. Die rasche Demobilisierung der amerikanischen Streitkräfte von über 8 Millionen 1945 auf ca. 2 Millionen 1946 erkannte er bald als Fehler, der durch Maßnahmen zur Verbesserung der Verteidigungsbereitschaft behoben werden mußte. Psychologisch und rechtlich blieb der "nationale Notstand" des Zweiten Weltkriegs bestehen, und der exekutive Machtapparat wurde nicht weiter reduziert, sondern noch ausgebaut. Die wichtigsten Neuerungen brachte der National Security Act von 1947, der die politisch-militärische Führungsstruktur reorganisierte und straffte. Das Verteidigungsministerium (*Department of Defense*) mit Sitz im 1941/42 errichteten Pentagon vereinigte die bisherigen Ministerien für Krieg und Marine, und die *Joint Chiefs of Staff* übernahmen auch in Friedenszeiten die Koordinierung der Teilstreitkräfte. Das Ende 1945 aufgelöste *Office of Strategic Services* wurde durch eine *Central Intelligence Agency* (CIA) ersetzt, die dem Präsidenten direkt unterstand, und die für die Sammlung und Auswertung geheimer Informationen, Gegenspionage und *Special Operations* wie Sabotage, Subversion und paramilitärische verdeckte Aktionen *(covert action)* zuständig war. Die CIA bildete seither den Mittelpunkt einer rasch expandierenden *intelligence community*, zu der auch die militärischen Geheimdienste und die für die Entschlüsselung des Funkverkehrs zuständigen Stellen gehörten. Als politisches Spitzengremium etablierte das Gesetz den Nationalen Sicherheitsrat (*National Security Council*, NSC), dem Präsident, Vizepräsident, Außenminister und Verteidigungsminister als feste Mitglieder angehören, und zu dessen Sitzungen andere Minister, hohe Beamte und Militärs zugezogen werden können. Seine Aufgabe besteht darin, den Präsidenten in allen die Innen-, Außen- und Militärpolitik betreffenden Fragen zu beraten, die für die nationale Sicherheit relevant sind. Der Nationale Sicherheitsrat wurde Teil des 1939 eingerichteten *Executive Office of the President*, dem andere wichtige Beratergremien wie das *Bureau of the Budget* und der *Council of Economic Advisers* angehören, und das wiederum vom engsten Führungsstab des Präsidenten im *White House Office* koordiniert wird. Damit setzte sich die unter Roosevelt begonnene Zweiteilung der Exekutive in Ministerialbürokratie und persönlichen Beraterkreis des Präsidenten fort. Wie man es bislang nur in Kriegszeiten gewohnt gewesen war, lag der Schwerpunkt der Macht nun permanent im Weißen Haus, dessen Mitarbeiter sich der parlamentarischen und öffentlichen Kontrolle eher entziehen konnten als die Repräsentanten der Ministerialbürokratie. Mit dem *Executive Office* und dem *White House Office* verfügte der Präsident über eine "Hausmacht", die dem Ehrgeiz und den steigenden Ansprüchen der *imperial presidency* genügte. Die wichtigsten Entscheidungen wurden häufig nicht mehr im Kabinett, sondern in anderen exekutiven Gremien oder *ad hoc*-Komitees unter dem Vorsitz des Präsidenten getroffen. Trotz vieler Umgliederungen hielt die Wachstumstendenz dieser präsidentiellen Exekutive, die Kritiker als "Prätorianergarde" oder "republikanischen Hof" bezeichneten, bis in die 1980er Jahre an.

Trumans Geradlinigkeit und Durchsetzungsvermögen zahlten sich bei der Wahl von 1948 aus, als der Präsident allen Meinungsumfragen zum Trotz klar im Amt bestätigt wurde. In der Außenpolitik vollzog die Truman-Administration eine geradezu revolutionäre Wende, indem sie mit dem seit Washingtons und Jeffersons Zeiten geltenden Grundsatz brach, keine langfristigen, bindenden Verpflichtungen einzugehen. Hauptmotive waren dabei zum einen die Erkenntnis, daß ein kollektives Sicherheitssystem im Rahmen der UNO wegen der Veto-Politik der Sowjetunion nicht zustandekommen würde, zum anderen die Schwäche Großbritanniens, die in Europa und im Nahen Osten aus amerikanischer Sicht ein Machtvakuum entstehen ließ. Diese Schwäche war schon Ende 1945 offensichtlich geworden, als die USA das englische Währungssystem mit einem 3,75 Milliarden-Dollar-Kredit stützen mußten (wofür Washington im Gegenzug den Abbau der Empire-Schutzzölle verlangte). Sie äußerte sich später noch krasser in der überhasteten Rückgabe des Palästina-Mandats an die UNO und in der Ablehnung weiterer Verantwortung für die Türkei und Griechenland. Vor diesem Hintergrund entschieden sich die USA und Kanada im April 1949 für die Mitgliedschaft im Brüsseler Pakt, den Großbritannien, Frankreich und die Benelux-Länder ein Jahr zuvor zum Schutz gegen ein wiedererstarkendes Deutschland geschlossen hatten. Dem Vertrag über die *North Atlantic Treaty Organization* (NATO), der zunächst für zwanzig Jahre gelten sollte, traten noch fünf weitere europäische Staaten bei. Er bestimmte, daß ein bewaffneter Angriff auf eines oder mehrere Paktmitglieder in Europa oder Nordamerika als ein Angriff auf alle Verbündeten betrachtet werden würde. Der potentielle

Angreifer, den man im Auge hatte, war nun aber nicht mehr Deutschland, sondern die Sowjetunion. Durch die NATO, für die der Kongreß gleich im ersten Jahr 1,3 Milliarden Dollar Militärhilfe bewilligte, verbanden die USA ihr eigenes Schicksal nahezu untrennbar mit dem Westeuropas. Den gleichen Schritt taten die Kanadier, die den Isolationismus der Zwischenkriegszeit ebenfalls überwunden hatten und – trotz fortbestehender kultureller Vorbehalte gegen den *American way of life* – ihre im Krieg begonnene militärische und wirtschaftliche Zusammenarbeit mit den USA intensivierten. Die Regierung in Ottawa, die sich als Sprecher einer "Mittelmacht" zwischen den Supermächten und den schwachen Staaten verstand, legte allerdings mindestens ebenso großen, wenn nicht größeren Wert auf eine konstruktive Mitarbeit in den Vereinten Nationen.

Der Nordatlantik-Pakt wurde zum Kern eines weltumspannenden amerikanischen Bündnissystems, das im ersten Nachkriegsjahrzehnt Gestalt annahm, und das aus einer Reihe von recht unterschiedlich strukturierten bilateralen und multilateralen Verträgen bestand. Vorangegangen waren bereits der *Inter-American Treaty of Reciprocal Assistance* von Rio de Janeiro (Rio-Pakt, 1947), der die kollektive Sicherheit in der westlichen Hemisphäre verbürgen sollte; und die Gründung der *Organization of American States* (OAS) im Jahr 1948, die den politischen Rahmen für die interamerikanische Kooperation und Konfliktlösung bildete. In den 1950er Jahren folgten dann ein dreiseitiger Defensivpakt mit Australien und Neuseeland (ANZUS, 1951), der sich ursprünglich gegen Japan richtete; ein *Mutual Defense Pact* mit den Philippinen (1951); Militär- und Sicherheitsverträge mit Japan (1951/1960), Südkorea (1953) und Formosa/Taiwan (1954); die *South East Asian Treaty Organization* (SEATO, 1954), zu der sich die USA mit Großbritannien, Frankreich, Australien, Neuseeland, Pakistan, Thailand und den Philippinen zusammenschlossen, um den Schutz der Länder des "pazifischen Randes" zu gewährleisten; sowie schließlich die *Central Treaty Organization* (CENTO), der umgetaufte Bagdad-Pakt von 1955, der als Bindeglied zwischen NATO und SEATO gedacht war und von dem die USA erwarteten, daß er den Nahen und Mittleren Osten gegen ein sowjetisches Vordringen absichern werde. Washington trat dem Pakt 1956 formell nur als Beobachter bei, übernahm aber nach dem Ausscheiden des Irak 1958/59 durch den Abschluß zweiseitiger Beistandsabkommen mit der Türkei, Iran und Pakistan eine führende Rolle. In einer separaten Übereinkunft mit Saudi-Arabien sicherten sich die USA strategisch wichtige Luftwaffenstützpunkte gegen Militärhilfeleistungen an Riad.

NSC 68 und der Korea-Krieg

Im Jahr der NATO-Gründung und der Entstehung zweier deutscher Staaten, 1949, herrschte in der Truman-Administration Krisenstimmung. Im September lagen sichere Hinweise auf einen russischen Atombombenversuch vor, der die Sowjetunion in den Rang einer Supermacht hob. Mit Hilfe ihrer Atomspione in den USA, die erst später enttarnt werden konnten (die Entzifferung der abgefangenen Funksprüche dauerte teilweise bis in die 1960er Jahre), war es den Sowjets gelungen, die Bauzeit ihrer eigenen Atombombe um ca. zwei Jahre zu verkürzen. Der nächste Schlag erfolgte in Asien: wenige Wochen nach dem sowjetischen A-Bomben-Test mußten die Anhänger Chiang Kai-scheks, den Washington bis zuletzt, wenn auch zunehmend halbherzig, unterstützt hatte, vor den kommunistischen Truppen nach Formosa fliehen. Dieser "Verlust Chinas" schockierte die amerikanische Öffentlichkeit und brachte die Truman-Administration in Bedrängnis. Anfang 1950 folgte der Abschluß eines sowjetisch-chinesischen Militär- und Wirtschaftshilfevertrags, der die USA mit einem mächtigen kommunistischen "Block" konfrontierte. Gesteigert wurde die Besorgnis noch durch eine Rezession im eigenen Land und Schwierigkeiten im Handelsverkehr mit Europa und Japan, die den Erfolg von Marshall-Plan und Dodge-Plan in Frage stellten. In dieser Situation beauftragte Truman den Nationalen Sicherheitsrat mit einer generellen Überprüfung der amerikanischen Außenpolitik und der Festlegung neuer diplomatischer und militärischer Prioritäten. Nach ausführlichen, streng geheimen Beratungen auf höchster Ebene lag der Bericht, verfaßt hauptsächlich vom neuen Außenminister Dean Acheson und dem Chef des *Policy Planning Staff*, Paul Nitze, am 7. April 1950 als *National Security Memorandum* No. 68 dem Präsidenten vor. NSC 68 markierte die ideologischen und praktischen Leitlinien, denen die Politik der USA im Kalten Krieg folgte, und es gilt deshalb seit seiner Veröffentlichung 1977 (und mehr noch seit dem Ende des Kalten Krieges) als eines der wichtigsten Dokumente in der amerikanischen Geschichte. Die Autoren beriefen sich auf die grundlegenden Prinzipien und Werte von Unabhängigkeitserklärung, Verfassung und *Bill of Rights* und warnten, daß in der Auseinandersetzung mit der expansiven Sowjetunion "die Erfüllung oder Zerstörung nicht nur dieser Republik, sondern der Zivilisation selbst" auf dem Spiel stehe. Die Idee der Freiheit in einem Rechtsstaat und die Idee der Sklaverei unter der Herrschaft des Kreml seien diametrale, unversöhnliche Gegensätze. Deshalb bedeute in der gegenwärtigen Situation polarisierter Macht "eine Niederlage freier Institutionen an irgendeinem Ort eine Niederlage überall auf der Welt." Ein Präventivkrieg gegen die neuen totalitären Mächte komme für die USA aus moralischen Gründen nicht in Frage. Vielmehr gehe es darum, durch eine umfassende geistig-materielle Stärkung des eigenen Landes und der Bündnispartner den kommunistischen Expansionsdrang zu brechen und auf diese Weise "eine fundamentale Änderung des sowjetischen Systems" zu bewirken, die möglichst von innen heraus erfolgen sollte. Ein passives *containment* reiche nicht aus, sondern gefordert sei "in unserem eigenen Interesse die Verantwortung der Weltführerschaft." Aktive Eindämmungspolitik könne nur auf der Basis militärischer Überlegenheit betrieben werden, aber sie müsse jederzeit eine Tür für Verhandlungen offenlassen, um der Sowjetführung "Rückzüge und Anpassungen in Richtung eines gemäßigten Verhaltens" zu ermöglichen. Gleichzeitig gelte es, ein Abdriften der Alliierten und potentiellen Verbündeten in die Neutralität zu verhindern: "Wenn dies in Deutschland geschehen würde, wäre die Wirkung auf Westeuropa und am Ende auch auf die USA vermutlich katastrophal." Als konkrete Maßnahmen wurden vorgeschlagen eine massive Aufrüstung im konventionellen Bereich und der Bau der Wasserstoffbombe; die Erhöhung der Militär- und Wirtschaftshilfe an verbündete und befreundete Staaten; offene psychologische Kriegführung und verdeckte subversive Interventionen zur Unterminierung des kommunistischen Herrschaftsbereichs; und in den USA selbst die Reduzierung der normalen Staatsausgaben zugunsten von Rüstungs- und Zivilschutzprogrammen.

Hinter diesem Dokument stand die Vision der "einen Welt", die das amerikanische Regierungs- und Wirtschaftssystem angeblich zur optimalen Entfaltung benötigte. Sie sollte nun, nachdem sich die Vereinten Nationen in dieser Hinsicht als ungeeignet erwiesen hatten, durch eine Hegemonie der USA verwirklicht werden. Auf der einen Seite war NSC 68 Ausdruck eines manichäischen Weltbildes, das nach klaren Unterscheidungen zwischen "Gut" und "Böse" verlangte und das – entgegen den ursprünglichen Absichten Kennans – die Militarisierung des Kalten Krieges förderte. Andererseits deuteten die

Verfasser mit ihrer Empfehlung, Verhandlungsspielräume auszuloten und die inneren Schwächen der Sowjetunion zu nutzen, auch schon die Pendelschwünge zwischen Konfrontation und Entspannung an, mit denen die amerikanische Außenpolitik in den folgenden Jahrzehnten gelegentlich Freund und Feind verwirrte. Im Prinzip hielten sich aber alle amerikanischen Regierungen von Truman bis Bush an die Vorgaben von NSC 68, und die Mehrheit der Bevölkerung blieb bis zum Ende des Kalten Krieges im Banne der Ideologie und Mentalität, die aus dem Memorandum sprechen.

Der Ausbruch des Koreakrieges im Juni 1950 trug entscheidend dazu bei, daß das in NSC 68 vorgezeichnete Programm schnell akzeptiert und in die Tat umgesetzt wurde. Nach dem nordkoreanischen Angriff auf den Süden des Landes, den die Amerikaner bereits geräumt hatten, fanden alternative Vorstellungen, wie sie etwa Kennan vertrat, kaum noch Gehör. Am 30. September 1950, als amerikanische Truppen unter dem Kommando General MacArthurs bei Seoul im Rücken der Nordkoreaner gelandet waren, unterzeichnete Präsident Truman das Memorandum und legte die amerikanische Politik damit langfristig fest. Der Koreakrieg muß als Teil eines größeren Ringens um die Länder des "pazifischen Randes" gesehen werden. Die Amerikaner vermuteten zu Recht, daß Moskau dem nordkoreanischen Präsidenten Kim Il Sung "grünes Licht" für den Vorstoß über die Demarkationslinie am 38. Breitengrad gegeben hatte. Aus der Sicht Washingtons ging es darum, die Glaubwürdigkeit gegenüber den Verbündeten zu wahren, mehr aber noch, die "asiatische Peripherie" offenzuhalten, ohne die Japans Wirtschaft isoliert und stranguliert zu werden drohte. Truman ließ die militärische Gegenaktion, an der sich insgesamt 15 Staaten beteiligten, durch die Vereinten Nationen sanktionieren, wobei ihm zugute kam, daß die Sowjetunion wegen der China-Formosa-Frage gerade den Sicherheitsrat boykottierte. Als der sowjetische Delegierte in den Rat zurückkehrte, verlagerten die USA das Entscheidungszentrum der Weltorganisation durch die *uniting for peace*-Resolution kurzerhand in die Generalversammlung, in der die westlichen Länder noch über eine sichere Mehrheit geboten. Nach der Rückeroberung Südkoreas ignorierte Truman chinesische Warnungen und gab als neues Kriegsziel ein "vereintes, unabhängiges und demokratisches Korea" aus. Der Vormarsch der UNO-Truppen verwandelte sich jedoch in einen fluchtartigen Rückzug, als im Oktober 1950 die chinesische Armee in den Krieg eingriff. Stalin hatte die zögerliche Führung in

Peking zu dieser Intervention gedrängt und sie sogar ermutigt, das Risiko eines Weltkriegs in Kauf zu nehmen, da die Westmächte militärisch noch unterlegen seien. Es bedurfte einer erneuten alliierten Gegenoffensive, um Seoul zurückzuerobern und die Front in der Nähe der alten Demarkationslinie zu stabilisieren. Während ursprünglich laut Umfragen 77 Prozent der Amerikaner Trumans Kurs gutgeheißen hatten, befürworteten nun 66 Prozent einen Truppenabzug, und fast die Hälfte der Befragten hielt die ganze Aktion für einen Fehler. MacArthur wollte dagegen bis zum Sieg weiterkämpfen und notfalls sogar Atombomben gegen China einsetzen. Im April 1951 enthob ihn Truman seines Kommandos, um eine weitere Eskalation zu vermeiden und den Vorrang der zivilen vor der militärischen Führung zu demonstrieren. Politisch schadete dieser spektakuläre Konflikt beiden: Trumans Popularitätskurve fiel derart steil ab, daß der Präsident seine Hoffnungen auf eine Wiederwahl begraben mußte, und MacArthur scheiterte 1952 mit seiner Bewerbung für die Präsidentschaftskandidatur der Republikanischen Partei. In Trumans Amtszeit begannen noch Waffenstillstandsverhandlungen, die dann unter Eisenhower im Juli 1953 zu einem Abkommen und zur bis heute fortdauernden Teilung Koreas führten. Für die Amerikaner ging ein verlustreicher Krieg zu Ende, der sie über 54 000 Tote und ca. 100 000 Verwundete kostete und der 54 Milliarden Dollar an Militärausgaben verschlungen hatte.

Obgleich in Korea praktisch der *Status quo* wiederhergestellt worden war, zeitigte der Krieg weltweit bedeutsame wirtschaftliche und politische Konsequenzen. Unter seinem Eindruck verwirklichten die USA das in NSC 68 vorgesehene Rüstungsprogramm, durch das die Eindämmungsstrategie ein materielles Fundament erhielt. Zwischen 1950 und 1953 stiegen die jährlichen Militärausgaben von 13 auf knapp 50 Milliarden Dollar und von 5 auf 13 Prozent des Bruttosozialprodukts; nach einem leichten Rückgang Mitte der 1950er Jahre näherten sie sich bis 1960 diesem Niveau wieder an. Viel Geld wurde dafür verwendet, das weltweite Netzwerk der amerikanischen Stützpunkte auszubauen und zu festigen. Der Mutual Security Act von 1951 faßte die Wirtschafts- und Militärhilfe an die Verbündeten und an Entwicklungsländer zusammen und sah eine generelle Erhöhung der Leistungen vor. In dem Bemühen, den atomaren Vorsprung zu festigen, schreckten amerikanische Regierungs- und Militärbehörden – wie einer schockierten Öffentlichkeit erst in den 1990er Jahren offenbart wurde – nicht einmal davor zurück, Strahlenexperimente an nichtsahnenden Soldaten und Zivilisten vorzunehmen. Die erhoffte militärische Überlegenheit wurde allerdings nicht erreicht, da die Sowjetunion ab 1951/52 ebenfalls massiv aufrüstete und schon 1953 mit dem Besitz der Wasserstoffbombe gleichzog. Von nun an drehte sich die Spirale des Wettrüstens, die erst Ende der 1980er Jahre zum Stillstand kam. Ökonomisch wirkte die sprunghafte Steigerung der Rüstungsausgaben wie ein gewaltiges Konjunkturprogramm, das die Wirtschaft in den USA und – über amerikanische Aufträge – auch in Kanada, Westeuropa und Japan ankurbelte. Insofern leistete der Koreakrieg einen Beitrag zum deutschen "Wirtschaftswunder" und zur Überwindung der schweren Nachkriegsprobleme in Japan.

Der Koreakrieg bereitete außerdem den Boden für die heftig umstrittene Wiederbewaffnung Westdeutschlands, die in Washington bereits Anfang 1950 im Zusammenhang mit der NSC 68-Studie erwogen worden war. Die Widerstände in der amerikanischen Öffentlichkeit, bei den europäischen Verbündeten und in der Bundesrepublik selbst erlahmten, und auch sowjetische "Friedensoffensiven" – die Stalin-Noten von 1952 und einige Initiativen während der "Tauwetter"-Periode zwischen Stalins Tod und dem Aufstand in der DDR im Juni 1953 – konnten die Entwicklung nicht mehr aufhalten. Als die Europäische Verteidigungsgemeinschaft (EVG) 1954 am Widerstand des französischen Parlaments scheiterte, setzten sich die USA umgehend dafür ein, die Bundesrepublik in die NATO zu integrieren. Aus der Sicht Washingtons war sie ein unerläßlicher Partner bei der Umsetzung der antisowjetischen Eindämmungsstrategie in Europa. Zugleich wurde die Bundesrepublik selbst aber durch die Mitgliedschaft in der NATO fest an den Westen gebunden und damit "gezähmt" – ein amerikanischer Kunstgriff, den man rückblickend häufig als *dual containment* bezeichnet. Die amerikanischen Truppen blieben auf deutschem Boden und wurden sogar noch verstärkt, galten aber nicht länger als "Besatzer", sondern als NATO-Verbündete, die für die Sicherheit der Bundesrepublik und West-Berlins Mitverantwortung trugen. Washington unterstützte auch weiterhin nachdrücklich den Prozeß der europäischen Einigung, der 1957 mit den Verträgen von Rom zur Gründung einer Europäischen Wirtschaftsgemeinschaft (EWG) eine wichtige Etappe erreichte. Um der teilweise heftigen innerdeutschen Kritik an einer "einseitigen" Westbindung entgegenzuwirken und die von der Sowjetunion geförderten Neutralitätssehnsüchte in der

Bundesrepublik zu dämpfen, begleitete die US-Regierung ihre
Deutschland- und Europapolitik mit einer planmäßigen Propagandakampagne. Sie zielte darauf ab, das Bewußtsein einer westlichen Werte- und Schicksalsgemeinschaft zu fördern, das Vertrauen
in die Zuverlässigkeit und Glaubwürdigkeit der Führungsmacht USA
zu steigern und die Einsicht in die Notwendigkeit des westdeutschen
Verteidigungsbeitrags zu stärken. Diese Meinungsbeeinflussung, die
zuweilen an Manipulation grenzte, stand natürlich in einer gewissen
Spannung zu den Bemühungen der Nachkriegszeit, die Deutschen zu
mündigen Bürgern zu erziehen. Insgesamt gelang es den Amerikanern in den 1950er Jahren aber recht gut, die widersprüchlichen
Bedürfnisse einer gleichzeitig Demokratisierung und hegemoniale
Kontrolle anstrebenden Deutschlandpolitik miteinander in Einklang
zu bringen.

2. Politik und Gesellschaft in der Eisenhower-Ära, 1953–1960

Der McCarthyismus und das Problem der Bürgerrechte

Der Koreakrieg wirkte in bedrückender Weise auch nach innen, auf
die amerikanische Gesellschaft: er steigerte die antikommunistischen
Emotionen, die durch die Mißerfolge in Osteuropa und China
geweckt worden waren, zu einer hysterischen Verleumdungs- und
Verfolgungswelle. Die Dramatik dieses "Feindbildwechsels" von
Japanern und Deutschen zu Russen und Chinesen sowie vom
Faschismus zum Kommunismus hing sicher damit zusammen, daß
die Sowjetunion während des Zweiten Weltkriegs von der amerikanischen Propaganda bewußt in hellen Tönen gemalt worden war. Um
so heftiger war nun die Empörung über einen Gegner, der die
amerikanische Hilfe offenbar ausgenutzt hatte, um sich selbst
Vorteile zu verschaffen und das demokratische System der USA zu
unterminieren. Die Furcht vor Verschwörungen, für die sich die
Amerikaner in ihrer Geschichte immer wieder anfällig zeigten, fand
in spektakulären Spionagefällen wie den Prozessen gegen einen
hohen Mitarbeiter des State Department, Alger Hiss, und gegen das
Ehepaar Julius und Ethel Rosenberg, die Atomgeheimnisse verraten
hatten und 1953 auf dem elektrischen Stuhl hingerichtet wurden,
reichlich Nahrung. Die Jagd galt aber nicht nur sowjetischen Spionen,
die es unzweifelhaft in beträchtlicher Zahl gab, sondern sie wuchs

sich zu einem System der Gesinnungskontrolle aus, von dem hauptsächlich Staatsangestellte, Künstler und Intellektuelle betroffen waren. So gerieten etwa Filmemacher und Schauspieler aus Hollywood in das Fadenkreuz des (noch aus der Vorkriegszeit stammenden) Kongreßkomitees für *Un-American Activities*, das ab 1947 öffentliche Anhörungen durchführte. Bereits 1947 hatte die Truman-Administration eine Loyalitätsüberprüfung für Bundesangestellte eingeführt, die gut 3 Millionen Menschen erfaßte und über 3 000 von ihnen den Job kostete. Staatenregierungen, Gemeindeverwaltungen und Universitäten standen in ihrem patriotischen Eifer nicht nach, und die Presse schürte das latente Mißtrauen gegen Radikale und Fremde. Selbst die Gewerkschaften verfolgten einen stramm antikommunistischen Kurs und boten sich für die Bekämpfung von Subversion und Sabotage an. Das Justizministerium erreichte 1948 unter Berufung auf den Smith Act aus dem Jahr 1940 die Verurteilung von elf führenden Funktionären der Kommunistischen Partei der USA, denen allenfalls die rhetorische Befürwortung von Gewalt nachgewiesen werden konnte. Dennoch bestätigte der Supreme Court 1951 die Urteile im Fall Dennis v. U.S. mit der Begründung, der Kongreß könne die verfassungsmäßig garantierte Meinungsfreiheit im Interesse der "nationalen Sicherheit" einschränken. Der McCarran Internal Security Act, den der Kongreß im Jahr zuvor über Trumans Veto hinweg verabschiedet hatte, verschärfte die Bestimmungen des Smith Act sogar noch. Alle vom Justizministerium als kommunistisch eingeschätzten Organisationen mußten sich registrieren lassen sowie ihre Mitgliederlisten und Finanzen offenlegen. Ausländer, die sich der Subversion verdächtig machten, konnten deportiert werden, und für den Fall eines nationalen Notstandes war eine Art "Schutzhaft" für potentielle Saboteure und Spione vorgesehen.

Ganz oben auf dieser Welle schwamm der ehrgeizige Joseph R. McCarthy, ein Republikaner aus dem Staat Wisconsin, der 1946 im Alter von 37 Jahren in den Senat gewählt worden war. Dort führte er einen öffentlichen Feldzug zur Aufdeckung kommunistischer Umtriebe, mit dem er ab 1950 ganz Amerika in Atem hielt. Nach den Wahlen von 1952 avancierte er zum Vorsitzenden eines Untersuchungsausschusses, der Angehörige von Ministerien und Behörden inquisitorischen Verhören unterzog. Den meisten Anklang fanden McCarthys Kampagnen bei den Republikanern des Mittleren Westens, die den *New Deal* verabscheuten und Trumans internationalistische Außenpolitik ablehnten. Anfällig zeigten sich aber auch viele einfache Leute, die McCarthys Aversionen gegen die Gebildeten und "Privilegierten" teilten. Präsident Eisenhower wagte nicht einzuschreiten, obwohl ihm das Treiben des Senators keineswegs geheuer war. Erst als McCarthy 1954 die Armee zum Angriffsobjekt wählte und sich bei den im Fernsehen übertragenen *Hearings* selbst bloßstellte, erteilten ihm seine Senatorenkollegen eine Rüge und begann sein Stern in der Öffentlichkeit rasch zu sinken. Völlig isoliert starb er 1957 an den Folgen von chronischem Alkoholmißbrauch.

Im McCarthyismus manifestierte sich der Drang der "Mittelklassegesellschaft", ihre eigenen Normen allgemeinverbindlich zu machen und politisch-kulturelle Abweichungen vom akzeptierten Meinungsspektrum in möglichst engen Grenzen zu halten. Das war im Grunde die Kehrseite des "liberalen Konsens", einer breiten, harmonieorientierten Übereinstimmung in den zentralen Fragen des politischen Lebens, die der Historiker Louis Hartz 1955 in seinem klassischen Werk *The Liberal Tradition in America* auf die einzigartige geschichtliche Erfahrung der Amerikaner zurückführte. Glücklicherweise erwies sich das Phänomen des McCarthyismus – ähnlich wie der *Red Scare* der frühen 1920er Jahre – eher als ein Ausläufer des Weltkriegs denn als dauerhafte Begleiterscheinung des Kalten Krieges. Die gesellschaftliche Modernisierung, die der *New Deal* und der Krieg beschleunigt hatten und die sich in der Prosperität der 1950er Jahre fortsetzte, bewirkte nämlich einen tiefgreifenden Normen- und Wertewandel, der die geruhsame Konformität allmählich aufweichte und zu neuer, kritischer Selbstbesinnung zwang. Das erste Anzeichen dieses Umdenkens war der juristische Paradigmenwechsel, den der Supreme Court 1954, im Jahr des Sturzes von McCarthy, mit dem Urteil im Fall Brown v. Board of Education of Topeka auf dem Gebiet der Rassentrennung und der Bürgerrechte vollzog. Unter dem Vorsitz des neuen Chief Justice Earl Warren, dem ehemaligen Gouverneur von Kalifornien, schlossen sich alle Richter der Argumentation des schwarzen NAACP-Anwalts (und späteren Bundesrichters) Thurgood Marshall an, wonach die Segregation im Bildungswesen das Selbstwertgefühl der afro-amerikanischen Kinder minderte und dauerhafte seelische und soziale Schäden bewirkte. Nach einstimmiger Ansicht des Gerichts verstieß die Rassentrennung in öffentlichen Schulen gegen das 14. Amendment von 1868, das die Einzelstaaten verpflichtete, ihren Bürgern die *equal protection of the law* zu gewährleisten. Mit der Begründung, daß "getrennte Bildungseinrichtungen notwendigerweise ungleich" seien, hob der Supreme Court die seit 1896 geltende *separate but equal*-Doktrin offiziell auf. Im Anschluß an einen Busboykott in Montgomery, Alabama, den der schwarze Baptistenpfarrer Dr. Martin Luther King Jr. organisiert hatte, erklärten die Richter 1956 auch die Segregation in öffentlichen Verkehrsmitteln für verfassungswidrig. Damit begann eine Periode "aktivistischer" Rechtsprechung, in der die Gerichte, allen voran der Supreme Court, zum Motor gesellschaftlicher Reformen wurden. In die Urteile flossen nun modernes Rechtsdenken und neue soziologische Erkenntnisse ein, die das bisherige Rassenverständnis radikal in Frage stellten.

Die empörten Reaktionen weißer Südstaatler, die das Brown-Urteil als klaren Mißbrauch der *judicial power* brandmarkten und sogar eine Amtsanklage gegen Warren forderten, brachten das Gericht nicht von seinem Kurs ab, veranlaßten es allerdings, den Staaten mehr Zeit zum Abbau der Rassenschranken zu geben. Wenig Rückendeckung erhielt der Supreme Court von der Eisenhower-Administration und vom Kongreß, die sich scheuten, das "heiße Eisen" der Rassenbeziehungen anzufassen. Als der Gouverneur von Arkansas 1957 schwarzen Schülern den Zugang zu einer High School in Little Rock verweigerte, schickte Eisenhower aber Truppen in den Süden und stellte die Nationalgarde des Staates Arkansas unter Bundesaufsicht. Auch nach diesem Zwischenfall, der weltweites Aufsehen erregte, blieb der weiße Widerstand ungebrochen und machte die Rassenintegration an den Schulen des "tiefen Südens" nur minimale Fortschritte. Andererseits besaß die entstehende afroamerikanische Protestbewegung im Süden nun eine Handhabe, die es ihr erlaubte, die Forderungen nach rechtlicher und sozialer Gleichheit mit größerem Nachdruck vorzubringen. Außerdem weckte gerade die hartnäckige Resistenz der konservativen Südstaatler den Reformwillen im Rest der Nation und sensibilisierte die Öffentlichkeit für Rassen- und Grundrechtsfragen. Obwohl also praktische Erfolge zunächst noch weitgehend ausblieben, trat ein Bewußtseinswandel ein, der dem System der Rassentrennung allmählich die Legitimität entzog. In einer erstaunlichen Wende schlug das Meinungsklima innerhalb des nächsten Jahrzehnts von einer relativen Geringschätzung zur energischen Verteidigung der Grundrechte um. Der Begriff "liberal" verband sich nicht nur mit dem Kampf gegen die Rassentrennung, sondern erhielt darüber hinaus eine zunehmend individualistische Färbung: Der einzelne Bürger pochte auf die verfassungsmäßigen *civil rights and liberties* und erwartete von den Gerichten, daß sie seine Privatsphäre besser als bisher gegen Zumutungen des Staates und der Gemeinschaft schützten. Damit wuchs aber das Potential für politische und soziale Konflikte, deren Abwesenheit die Theoretiker des "liberalen Konsens" gerade als das hervorstechende Merkmal der amerikanischen Lebensart rühmten.

Leistungen und Widersprüche der Wohlstandsgesellschaft

Die beiden Nachkriegsjahrzehnte haben sich als die Periode des "langen Booms", als "Glanzzeit des modernen amerikanischen Kapitalismus", ins kollektive Gedächtnis der Nation eingeprägt. Gestützt auf ihre weltweite Dominanz und technologische Überlegenheit entfaltete die amerikanische Wirtschaft eine Dynamik, die nicht nur den Reichen und Mächtigen zugutekam, sondern – mehr noch als in den 1920er Jahren und während des Zweiten Weltkriegs – auch der breiten Masse der Bevölkerung. Der Konjunkturzyklus konnte zwar nicht völlig ausgeschaltet werden, aber insgesamt befand sich die Wirtschaft ab 1947, als die Umstellung auf die Friedenswirtschaft vollzogen war, besser im Gleichgewicht als jemals zuvor seit Beginn der Industrialisierung. Das reale Bruttosozialprodukt, gemessen am Wert des Dollars von 1958, wuchs von 213 Milliarden 1945 auf über 500 Milliarden 1960 und erreichte 1970 eine Billion Dollar. Im Jahresschnitt lag das Wirtschaftswachstum bei 4 Prozent – ein Wert, der nach 1970 nur noch selten erreicht wurde. Die Inflationsrate bewegte sich zwischen zwei und drei Prozent und stieg erst ab Mitte der 1960er Jahre infolge des Vietnamkrieges wieder stärker an. Von 1945 bis 1970 wurden über 25 Millionen neue Arbeitsplätze geschaffen, und mit Ausnahme der Rezessionsjahre 1957/58, als die Arbeitslosenquote fast 8 Prozent betrug, herrschte praktisch Vollbeschäftigung. Im selben Zeitraum erhöhte sich das durchschnittliche Realeinkommen um ca. 80 Prozent, allerdings ohne daß sich die ungleiche Einkommensverteilung geändert hätte. 1940 hatten 42 Prozent der Familien ein Eigenheim besessen, 1960 traf das schon auf 62 Prozent zu. Um diese Zeit gehörten Auto, Waschmaschine, Fernseher, Telefon, Staubsauger, Geschirrspüler und andere elektrische Haushaltsgeräte zum Standard, lange bevor sie in Europa für den Durchschnittsbürger erschwinglich wurden. Der freie Samstag, acht Feiertage (statt bisher vier) und zwei Wochen bezahlten Urlaubs sorgten für mehr Freizeit, die hauptsächlich für Unterhaltung und Reisen genutzt wurde. Die Entstehung von Hotel- und Restaurantketten wie Holiday Inn (1952) und McDonalds (1954) sowie die Eröffnung des ersten nationalen Vergnügungsparks "Disneyland" in Kalifornien 1955 signalisierten das Aufkommen einer "Freizeitindustrie", die bald zu einer der größten Wachstumsbranchen werden sollte. Ausgestattet mit einem starken Dollar, konnten es sich von Jahr zu Jahr mehr Amerikaner erlauben, ihren Urlaub in der "Alten Welt" zu verbringen. Dort erregten sie entweder als zahlungskräftige, aber wenig einfühlsame bis instinktlose *ugly Americans* Anstoß, oder sie wurden als Sendboten eines durch Coca-Cola, Rockmusik und Hollywoodstars wie Marilyn Monroe symbolisierten, optimistischen *American way of life* willkommen geheißen.

Die Konsumfähigkeit der amerikanischen Familien erhöhte sich nicht zuletzt deshalb, weil immer mehr Frauen aktiv am Wirtschaftsleben teilnahmen. Während 1950 weniger als 30 Prozent der Frauen erwerbstätig waren, hatten 1970 schon über 43 Prozent einen Job, und im gleichen Zeitraum stieg der weibliche Anteil an der Arbeiterschaft von knapp 28 auf 38 Prozent. Für die Mittelschicht wurde auch die College-Bildung, die der Kongreß schon 1944 durch den Servicemen's Readjustment Act (im Volksmund *GI Bill of Rights* genannt) den heimkehrenden Soldaten ermöglicht hatte, immer selbstverständlicher. Der Prozentsatz der 19jährigen Amerikanerinnen und Amerikaner, die ein College besuchten, verdreifachte sich zwischen 1940 und 1960 von 15 auf 45 Prozent. Werbung und Industrie nahmen sich der jungen Generation als einer wichtigen "Zielgruppe" an, die möglichst früh am Konsum teilhaben sollte. Im Rahmen der allgemeinen Konsumkultur bildete sich eine eigene *youth culture* heraus, deren Idole Filmschauspieler wie James Dean und Marlon Brando oder Rocksänger wie Elvis Presley waren, und deren Ausläufer bald auch Europa erreichten. Diese Jugendkultur barg bereits Elemente der Kritik und des Protests, die ältere Zeitgenossen befremdeten oder sogar ängstigten, aber bis in die Mitte der 1960er Jahre überwogen Anpassung und Konformität. Wie schon während der *Golden Twenties* warnten einzelne Schriftsteller, Wissenschaftler und Intellektuelle vor sinnentleertem Materialismus, kultureller Nivellierung und Entfremdung in einer anonymen Massengesellschaft. Wiederum wog aber für die meisten Amerikaner der Zugewinn an persönlicher Autonomie und Entscheidungsfreiheit, den der steigende Wohlstand erbrachte, die Nachteile des *consumerism* mehr als auf. Da die "Massen" mehr und mehr die ökonomischen und bildungsmäßigen Voraussetzungen erfüllten, um am Kulturprozeß teilzunehmen, verlor der Begriff "Massenkultur" (*popular culture*) aus amerikanischer Perspektive allmählich seinen abschätzigen Beiklang. Amerikanische Künstler wie Andy Warhol, Roy Lichtenstein und Claes Oldenbourg reflektierten diesen Wandel, indem sie Motive und Gegenstände aus dem Alltagsleben – häufig in ironisierender Verfremdung – aufgriffen und zur Schau stellten. Zugleich überwanden die Vertreter dieser *Pop(ular) Art* auch ihre Scheu vor dem kapitalistischen Kunstmarkt und der Massenproduktion von Kunst.

Die Entstehung der Wohlstandsgesellschaft (*affluent society*), wie der Ökonom John Kenneth Galbraith das neue Phänomen 1958 bezeichnete, verdankten die Amerikaner der günstigen weltpolitischen Konstellation, einem weiteren Rationalisierungs- und Technisierungsschub in Industrie und Landwirtschaft und den Erkenntnissen des Keynesianismus, die das staatliche Handeln mehr und mehr beeinflußten. Die Rahmenbedingungen der Weltwirtschaft waren ganz auf die Interessen der amerikanischen Wirtschaft zugeschnitten, die bei Kriegsende 50 Prozent des Welt-Bruttosozialprodukts erwirtschaftete, 60 Prozent aller Industrieprodukte herstellte und knapp die Hälfte des Welthandels bestritt. Sie allein verfügte über die nötigen Reserven, um die Kriegszerstörungen wettzumachen und den Bedarf zu befriedigen, der sich in Europa, Lateinamerika und Asien seit der Krise der 1930er Jahre angestaut hatte. Die technologischen Durchbrüche, die während des Krieges auf vielen Gebieten erzielt worden waren, stimulierten die Produktivität. Erfindungen und Innovationen konnten von den großen amerikanischen Konzernen am besten und schnellsten umgesetzt werden. Sie verstanden es, Bundesmittel für Forschung und Entwicklung zu beschaffen, sie strafften Planung und Management, setzten Computer ein, diversifizierten die Produkte und steigerten ihre multinationalen Aktivitäten. Neben der Automobilindustrie wurden Chemie und Elektronik zu den Schlüsselsektoren einer permanenten technologisch-industriellen Revolution. Ein mindestens ebenso dramatischer Umbruch fand in der Landwirtschaft statt, wo sich die Agro-Industrie endgültig gegen die Familienfarm durchsetzte. Zwischen 1945 und 1970 ging der Anteil der Amerikaner, die auf dem Land lebten, von 17,5 auf 4,7 Prozent zurück, was einer Abwanderung von 25 Millionen Menschen in die Städte entsprach. Der Widerstand gegen die Konzentration wirtschaftlicher Macht schwand allmählich dahin, da die für Anti-Trust-Maßnahmen zuständigen Politiker zu der Einsicht gelangten, daß nur leistungsfähige Großunternehmen im internationalen Wettbewerb bestehen konnten. Gleichzeitig verloren die Gewerkschaften weiter an Einfluß: ihr Aufstieg war schon 1947 vom republikanischen Kongreß durch den Taft-Hartley Act gebremst worden, der die Zwangsmitgliedschaft in Form des *closed shop* für illegal erklärte und die Verwendung von Beiträgen für politische Zwecke untersagte. AFL und CIO schlossen sich zwar 1955 zusammen, konnten aber nicht verhindern, daß der Grad der gewerkschaftlichen Organisation vom Höchststand des Jahres 1946 (37 Prozent) immer weiter absank. Übermäßige Bürokratisierung und Korruptionsaffären höhlten das Ansehen der Gewerkschaften aus, aber die Hauptursache dieser Entwicklung ist im Übergang von der Industrie- zur Dienstleistungsgesellschaft zu suchen, bei dem die USA – wie in vielem anderen auch – weit voraus waren: während der Anteil der in der Industrie Beschäftigten stagnierte, nahm der Dienstleistungssektor ab 1950 kontinuierlich zu und umfaßte 1970 schon ca. 65 Prozent der Erwerbstätigen.

In weit höherem Maße als jemals zuvor trug nun der Staat durch direkte und indirekte Ausgaben zur Schaffung von Arbeitsplätzen und zur Mehrung des Wohlstands bei. Ein Beispiel ist der Bundesfernstraßenbau, der 1947 eingeleitet und 1956 im großen Stil fortgesetzt wurde, und der nicht zuletzt an den postulierten Erfordernissen der "nationalen Sicherheit" ausgerichtet war. Über die Förderung des Wohnungsbaus, des Bildungswesens und der wissenschaftlichen Forschung sowie über verbesserte Sozialleistungen flossen ebenfalls staatliche Gelder in den Wirtschaftskreislauf. Am stärksten fielen aber die Rüstungsausgaben ins Gewicht, mit denen der Bund ganze Wirtschaftszweige und Regionen subventionierte und den aus dem Weltkrieg hervorgegangenen "militärisch-industriellen Komplex" vergrößerte. Im Zuge dieser Entwicklung wurde die Bundesregierung auch ein bedeutender Arbeitgeber, denn die Zahl ihrer zivilen und militärischen Bediensteten stieg von ca. 2,5 Millionen 1950 auf über 6 Millionen 1970. Parallel dazu erhöhte sich die Zahl der Posten, die Einzelstaaten, Kreise, Städte und Gemeinden vergaben, um weitere ca. 6 Millionen. Zusammengenommen waren 1970 etwa 17 Millionen Amerikaner im Staatsdienst oder beim Militär beschäftigt, gegenüber ca. 7,5 Millionen zwanzig Jahre zuvor.

Die Aufrüstung stimulierte einerseits die Forschung und das Wirtschaftswachstum, bewirkte andererseits aber auch problematische Verzerrungen. Ganz abgesehen davon, daß militärische Erwägungen starken Einfluß auf die Politik gewannen, lagen die Gefahren des *military Keynesianism* darin, daß er eine Subventionsmentalität bei den Rüstungsunternehmen förderte und zur Vernachlässigung der zivilen Wirtschaft beitrug. Schon Ende der 1950er Jahre machte sich zudem das Phänomen des *dollar drain* unangenehm bemerkbar, weil die Militärausgaben in Übersee, insbesondere für die Stationierung von hunderttausenden amerikanischer Soldaten in Europa, die Exportüberschüsse aufzehrten. Eine weitere Quelle des Dollarabflusses waren die riesigen Investitionen, die US-Konzerne im Ausland tätigten. Diese "Multis" (*multinational corporations*) nutzten zum einen das niedrigere Lohnniveau in Europa, Lateinamerika und Asien aus, und übersprangen zum anderen die immer noch relativ hohen Zollschranken der EWG und asiatischer Länder. Konservativen Politikern und Ökonomen bereitete außerdem die wachsende Staatsverschuldung Sorgen, doch die "Keynesianer" versicherten, daß sie gemessen am Bruttosozialprodukt und am Reichtum des Landes unbedenklich sei. Mit dem Aufschwung in Westeuropa und Japan, zu dem die USA maßgeblich beitrugen, ging ihr eigener Anteil am Welthandel zurück und nahm die relative Bedeutung der amerikanischen Volkswirtschaft im kapitalistischen System ab. Manche Beobachter, die den Zustand der 1950er Jahre zur Richtschnur erhoben, sahen darin schon die beginnende Erosion der amerikanischen Weltmacht. Im Grunde handelte es sich aber um einen normalen Vorgang, da die ökonomische *Pax Americana* der frühen Nachkriegszeit ganz wesentlich auf der (Selbst)Ausschaltung der Konkurrenten in Europa und Asien beruht hatte.

Wie schon der Hinweis auf die Landflucht zeigt, hielt auch der rasche demographische Wandel an, der zu den hervorstechendsten Merkmalen der amerikanischen Geschichte gehört. Nach der Aufnahme von Hawaii und Alaska in die Union, die 1959 erfolgte, zählten die nunmehr 50 Staaten fast 180 Millionen Einwohner, ein enormer Zuwachs von 40 Millionen oder knapp 30 Prozent gegenüber 1945. Die Ursachen waren – in dieser Reihenfolge – der *Baby Boom* der frühen Nachkriegszeit, die ansteigende Lebenserwartung und sinkende Kindersterblichkeit sowie die Einwanderung. Unter *Baby Boom* versteht man die signifikante Abweichung vom langfristigen

Trend der fallenden Geburtenrate, die nach Überwindung der Depression Ende der 1930er Jahre begann und – mit einer kurzen Unterbrechung im Krieg – bis zum Beginn der 1960er Jahre anhielt. Den Höhepunkt bildete der Zeitraum von 1948 bis 1953, in dem mehr Kinder geboren wurden als in den vorangegangenen dreißig Jahren. Es handelte sich dabei also nicht nur um eine Reaktion auf die Kriegsverluste, sondern um das Zusammenwirken mehrerer Faktoren wie Rückgang des Heiratsalters, niedrige Scheidungsrate und Wunsch der jungen Familien, viele Kinder zu haben, der durch die Prosperität und den Optimismus der Nachkriegszeit gefördert wurde. Gleichzeitig bewirkten die Fortschritte der Medizin, daß mehr Kinder am Leben blieben, und daß die durchschnittliche Lebenserwartung insgesamt deutlich anstieg: zwischen 1940 und 1960 für weiße Amerikaner von 64,2 auf 70,6 Jahre, für Afro-Amerikaner von 53,1 auf 63,6 Jahre.

In der Einwanderungspolitik hielt der Kongreß bis 1965 im Prinzip an der Quotenpolitik der 1920er Jahre fest, die in erster Linie eine Drosselung und Kontrolle der Immigration bezweckte. Ganz auf dieser Linie lag der Immigration and Nationality Act (McCarran-Walter Act) von 1952, der zusätzlich dem McCarthyismus Tribut zollte. Das Gesetz listete nicht weniger als 32 Ausschlußgründe auf, darunter die Mitgliedschaft in einer kommunistischen Partei, und verschärfte die Deportationsvorschriften für unerwünschte Ausländer. Andererseits erhielten nun auch asiatische Länder kleine Einwanderungsquoten, nachdem 1943 mit der Aufhebung des Chinese Exclusion Act (als Entgegenkommen an Tschiang Kai-schek) und 1946 mit einem Sonderstatus für die unabhängigen Philippinen erste Lockerungen in dieser Richtung erfolgt waren. Eine weitere Neuerung, die sich als ausbaufähig erwies, betraf das Präferenzsystem für beruflich und bildungsmäßig besonders gut qualifizierte Antragsteller. Die meisten Einwanderer kamen in diesem Zeitraum aber nicht über die Quoten in die USA, sondern durch Ausnahmeregelungen, mit denen der Kongreß auf besondere Umstände und Notlagen reagierte. So gestattete er 1946 durch den War Brides Act 120 000 Ehefrauen und Kindern von amerikanischen Soldaten aus Europa und Asien die Einreise. Mehrere Sondergesetze, die zwischen 1948 und 1953 verabschiedet wurden, ebneten insgesamt ca. 600 000 *Displaced Persons* – Vertriebene und Flüchtlinge aus Deutschland, Osteuropa und Korea – den Weg in die USA. Ähnliche Maßnahmen ergriff der Kongreß nach dem Aufstand in Ungarn 1956 und nach dem sowjetischen Einmarsch in die Tschechoslowakei 1968. Aus dem zerstörten Deutschland gelangte also nach 1945 ein letzter "Schub" von Auswanderern in die USA, der die Zahl der deutschen Immigranten seit der Kolonialzeit auf über 7 Millionen ansteigen ließ, was gegen Ende dieses Jahrhunderts noch einem Anteil von über 10 Prozent an der gesamten Einwanderung entspricht.

Die Neuankömmlinge aus Deutschland und Europa wurden in den 1950er und 1960er Jahren jedoch zahlenmäßig bereits deutlich von lateinamerikanischen Immigranten übertroffen. Dazu gehörten in erster Linie Mexikaner, die z.T. im Rahmen des *bracero*-Systems als Saisonarbeiter angeworben wurden und die sich hauptsächlich im Südwesten, aber auch in Großstädten wie Chicago, Detroit, Kansas City und Denver niederließen. Puertoricaner, die seit 1917 US-Staatsbürger waren und deren Insel 1952 den Status eines *Commonwealth* erhielt, zog es vor allem in den Großraum New York, wo sie bald eine beachtliche Minderheit bildeten. Nach dem Sieg Fidel Castros 1959 flohen über 500 000 Kubaner in die USA und verwandelten Miami und andere Städte Floridas innerhalb kurzer Zeit in zweisprachige Metropolen.

Das Bevölkerungswachstum durch *Baby Boom*, steigende Lebenserwartung und Immigration ging einher mit einer starken Binnenwanderung, die ganze Regionen, insbesondere den ländlichen Süden und Mittleren Westen, "ausdünnte" und die Städte weiter anschwellen ließ. Der fortdauernde Exodus schwarzer Farmer und *sharecroppers*, die sich vom Baumwollanbau nicht mehr ernähren konnten, führte dazu, daß 1960 die Hälfte aller Afro-Amerikaner außerhalb des Südens lebte. Zugewinne erzielten vor allem Kalifornien und der Südwesten mit Texas, die überproportional vom Aufschwung der Rüstungsindustrien profitierten. Hier kündigte sich die Entstehung des "Sonnengürtels" (*sun belt*) an, der die traditionellen Industriegebiete des Nordostens als bevorzugte Wachstumszone ablösen sollte. Eine der Voraussetzungen für diese Entwicklung bildete die Verfügbarkeit von Klimaanlagen, die das Leben in den heißen Regionen des Südens und Südwestens erträglich und sogar angenehm machten. In den Städten setzte sich der Prozeß der "Suburbanisierung" fort, der schon in den 1920er Jahren begonnen hatte: um 1960 wohnte schon ein Drittel der Amerikaner, hauptsächlich weiße Mittelschichtsfamilien, in den *suburbs* und nahm für diesen Komfort weite Wege zur Arbeit in Kauf. Die alten Formen der Rassentrennung und Diskriminierung wurden auf diese Weise durch eine geographische Segregation ergänzt, die selbst Angehörige der wachsenden afro-amerikanischen Mittelschicht nur schwer durchbrechen konnten.

Den eklatantesten Widerspruch zur amerikanischen Wohlstandsgesellschaft bildeten die Zustände im ländlichen Süden und mehr noch in den Slums und Ghettos der großen Städte, in denen sich Armut, Drogenkonsum und Gewalt dauerhaft einnisteten. Projekte zur Stadterneuerung und "Revitalisierung" der Innenstädte bewirkten häufig nur eine Verlagerung der Problemzonen von einem Stadtteil zum anderen. 1960 lebten ca. 45 Millionen Menschen unterhalb der amtlich definierten Armutsgrenze von 3 000 Dollar Jahreseinkommen pro Familie, die meisten von ihnen Afro-Amerikaner und Neueinwanderer aus Lateinamerika und der Karibik. Die Bundesregierung ignorierte diese Probleme weitgehend oder hielt sich weiterhin bewußt aus den Rassen- und Minderheitenfragen heraus, um politisches Ungemach zu vermeiden. Besuchern aus Europa stach der scharfe Kontrast zwischen Reichtum und Armut, Überfluß und Verwahrlosung oft stärker ins Auge als den Amerikanern selbst, die an solche Formen der sozialen Ungleichheit gewohnt waren. Allmählich wuchs aber in der Bevölkerung die Bereitschaft, endlich auch die benachteiligten Minderheiten am *American Dream* von Freiheit, sozialem Aufstieg und Wohlstand für alle teilhaben zu lassen.

Politische Kontinuität und Immobilismus in den 1950er Jahren

Trotz des raschen Wandels in vielen Bereichen der Gesellschaft zeichnete sich die Politik bis zu Beginn der 1960er Jahre durch ein hohes Maß an Kontinuität und durch eine altmodisch anmutende Geruhsamkeit aus. Soziologen sprachen von einer "selbstgefälligen Gesellschaft" (*complacent society*), und der Politikwissenschaftler Daniel Bell sah 1960 das "Ende der Ideologie" gekommen, da die Amerikaner nunmehr davon ausgingen, daß alle Konflikte über Wirtschaftswachstum zu lösen seien. Diese vertrauensvolle Zuversicht hatte sicher auch mit der Person des Präsidenten Dwight D. Eisenhower zu tun, den die Wähler 1952 und noch einmal 1956 mit großer Mehrheit seinem Konkurrenten, dem intellektuellen Demokraten Adlai E. Stevenson, vorzogen. Liebevoll "Ike" genannt, gab der eher unpolitische Weltkriegsgeneral eine populäre Vaterfigur ab, wie sie den Konsens- und Harmoniebedürfnissen breiter Schichten entgegenkam. Das öffentliche Leben wurde beherrscht von einem unreflektierten Patriotismus, der gelegentlich die Grenze zur Selbstbeweihräucherung überschritt. Nach dem Erlebnis der Großen Depression, des *New Deal* und des Zweiten Weltkriegs verstanden sich die Amerikaner nun ganz fraglos als eine Nation und betrachteten ihr Gemeinwesen als einen Nationalstaat. Dieser Bewußtseinswandel kam schon darin zum Ausdruck, daß Institutionen, die man früher als "Federal" bezeichnet hätte, nun durchweg das Attribut "National" im Namen führten, wie etwa der *National Security Council* oder die 1958 gegründete *National Aeronautics and Space Administration* (NASA). Das Sternenbanner schmückte nicht nur öffentliche Gebäude und Einkaufszentren (*shopping malls*), sondern tauchte zunehmend in den Fenstern und Vorgärten von Privathäusern auf, und die Nationalhymne wurde bei jedem einigermaßen wichtigen Anlaß gespielt. Durch Autobahnen und Flugverkehr rückten die Amerikaner einander näher, und selbst die Konsumgewohnheiten schienen dazu beizutragen, Klassengegensätze und regionale wie ethnische Unterschiede in einer homogenen amerikanischen Nationalkultur aufzuheben.

Halt und Orientierung bot auch die Religion, die nach wie vor eng mit den traditionellen Werten, insbesondere mit der Hochschätzung der Familie, verknüpft war. Die Amerikaner widerlegten eindrucksvoll die Vorhersage, die Religionen würden im Zuge der gesellschaftlichen Rationalisierung und Säkularisierung an Bedeutung verlieren oder sogar verschwinden. Ganz im Gegenteil steigerte die wachsende Komplexität der Lebenswelten offenbar in den Vereinigten Staaten das Verlangen nach religiösen Bindungen. Kirchenmitgliedschaft und Kirchenbesuch nahmen in den 1950er Jahren nicht ab, sondern noch zu. Charismatische Prediger wie der Baptist Billy Graham lösten neue Erweckungsbewegungen aus, und sie lernten auch rasch, sich des modernen Massenmediums Fernsehen zu bedienen. Obgleich die Gerichte immer strenger auf die Beachtung des Jeffersonschen Grundsatzes der Trennung von Kirche und Staat achteten, wurden die Verfassungsverehrung selbst und die Symbole und Rituale der *civil religion* nicht in Frage gestellt. Vielmehr ließ der Kongreß die Geldscheine und Münzen mit der Aufschrift "In God We Trust" versehen, und Eisenhower eröffnete die Kabinettssitzungen mit einem Gebet. Millionen von Amerikanern pilgerten von nun an jedes Jahr in die Hauptstadt Washington, um an den großen Denkmälern – dem 1885 vollendeten Washington-Monument, dem von 1915 bis 1922 erbauten Lincoln Memorial und dem Jefferson Memorial von 1939 – sowie auf dem Heldenfriedhof in Arlington und in den Museen entlang der Mall nationale Geschichte und Kultur in sich aufzunehmen. Während in Europa nach dem Krieg eine skeptische Grundstimmung herrschte, verstärkten in den USA der "Sieg über das Böse" in Gestalt des Nationalsozialismus und die Herausforderung durch den atheistischen Kommunismus offenbar das Bewußtsein, daß ein höheres Wesen die Weltgeschichte lenkte und mit Hilfe der Vereinigten Staaten ihren Sinn offenbarte.

Die Innenpolitik im Übergang von Truman zu Eisenhower

Innenpolitisch herrschte in den 1950er Jahren gewissermaßen die "Ruhe vor dem Sturm". Im Unterschied zu seinen richtungweisenden Entscheidungen in der Außenpolitik hatte Truman hier wenig Erfolg zu verzeichnen. Mit dem *Fair Deal* wollte er Roosevelts *New Deal* fortführen, scheiterte aber am Widerstand des Kongresses und an der reformfeindlichen Stimmung in der Bevölkerung, die er durch das Schüren der Kommunismus- und Radikalenfurcht selbst mitverursacht hatte. Der Weg zu einer sozialen Marktwirtschaft, wie ihn die Bundesrepublik und andere europäische Länder nach 1949 beschritten, blieb den USA deshalb versperrt. Andererseits büßten die Republikaner, die 1946 einen Frontalangriff auf die Reformen des *New Deal* gestartet hatten, schon zwei Jahre später ihre Kongreßmehrheit wieder ein. Es zeigte sich, daß die meisten Bürger den *New Deal* nicht als Abweichung von den amerikanischen Prinzipien und Tugenden ansahen, sondern die sozialen Errungenschaften der Roosevelt-Ära bewahren wollten. Diese stillschweigende Übereinkunft wagten weder die Eisenhower-Administration noch der Kongreß in der Folge aufzukündigen.

Weitgehend einig war man sich auch darin, daß das amerikanische Wirtschaftssystem keiner stukturellen Änderungen bedurfte, da es für genügend Wachstum sorgte, um den Wohlstand der Nation zu mehren und dem Einzelnen gute Aufstiegsmöglichkeiten zu bieten. Eisenhower kritisierte zwar den "militärisch-industriellen Komplex", entwickelte aber während seiner Amtszeit eine beachtliche Fertigkeit in der "korporativen" Partnerschaft mit dem Unternehmertum und den Gewerkschaften. Er verstand es, sich als "Präsident über den Parteien" darzustellen, deren Ansehen und Mobilisierungskraft nachgelassen hatten. Parteizugehörigkeit und Wahlverhalten orientierten sich in diesem Zeitraum weitgehend an wirtschaftlichen Interessen und Klassengesichtspunkten: die untere Mittelschicht und die Arbeiterschaft wählten vorwiegend demokratisch, während die obere Mittelschicht und die Oberschicht den Republikanern zuneigten, die als die Partei des *big business* galten. Diese Unterschiede begannen sich aber mehr und mehr zu verwischen, so daß die These vom bevorstehenden "Ende der Ideologien" in der "Mittelklassegesellschaft" plausibel erschien. Tatsächlich begann jedoch lediglich eine Umorientierung von ökonomischen zu kulturellen Parteiungen, die in den 1970er und 1980er Jahren voll zur Geltung kam. Die großen Parteien hatten ihren Zenit zweifellos bereits überschritten: selbst in ihrem ureigenen Metier, der Vorbereitung und Durchführung von Wahlkämpfen, ließen die Leistungen zu wünschen übrig. Mehr und mehr Bürger blieben den Wahlurnen fern, weil sie sich von den Parteien nicht mehr vertreten fühlten, oder weil sie ihre Anliegen bei spezialisierten Interessengruppen und *Lobbys* besser aufgehoben glaubten.

Eisenhower konnte diese Schwäche des politischen Systems noch überspielen. Nach außen wirkte sein Regierungsstil zurückhaltend und betulich, aber den inzwischen veröffentlichten Akten ist zu entnehmen, daß er die Zügel straff in der Hand hielt, den exekutiven Apparat wie einen Generalstab führte und die wichtigsten Weichenstellungen selbst vornahm. Man spricht deshalb seit einiger Zeit von Eisenhowers *hidden hand presidency*, deren früher kritisierte Passivität nur Fassade war. Auf jeden Fall strahlte Eisenhower Sicherheit aus und trug zur Integration und zum Ausgleich widerstreitender Interessen bei. Mit seinem gemäßigten Pragmatismus kam er allen denen entgegen, die zur Mitte des politischen Spektrums tendierten. Während seiner Amtszeit blieb das Vertrauen in die Institutionen des Staates und dessen führende Repräsentanten erhalten. Mitreißende Zukunftsvisionen, nach denen gerade die jüngeren Amerikaner immer dringlicher verlangten, konnte und wollte er aber nicht bieten.

Die Außenpolitik der Eisenhower-Administration

In der Außenpolitik wahrten Eisenhower und sein Außenminister John Foster Dulles Kontinuität und bauten das von Truman begonnene Bündnissystem weiter aus. Wie alle ihre Nachfolger mußten sie die Erfahrung machen, daß langfristige Pläne nicht selten durch plötzliche Krisen durchkreuzt wurden, und daß außenpolitische Entscheidungen ebenso oft mit Erfordernissen der Innenpolitik kollidierten. Höchste Priorität hatte die Festigung der NATO unter Einschluß der Bundesrepublik Deutschland, um mit der Sowjetunion von einer Position der Stärke aus verhandeln zu können. Eisenhower setzte auf die atomare Überlegenheit der USA und die Wirksamkeit der Drohung mit "massiver Vergeltung" (*massive retaliation*), die Einsparungen bei der konventionellen Rüstung zu ermöglichen schien. Sowjetische Fortschritte bei der Beherrschung der Wasserstoffbombe und in der Raketentechnik verwandelten diesen Vorsprung jedoch recht bald in ein "nukleares Patt". Das entwertete die Strategie der Abschreckung, auch wenn es – anders als Experten der *Ford Foundation* Ende 1957 unter dem Eindruck des "Sputnik-Schocks" im *Gaither Report* behaupteten – niemals eine "Raketenlücke" zum Nachteil der USA gegeben hat. Entgegen den Empfehlungen des Berichts hielt die Eisenhower-Administration die jährlichen Rüstungsausgaben unter 50 Milliarden Dollar, begegnete der technologischen Herausforderung durch die Sowjetunion aber durch die Gründung der NASA und ein nationales Erziehungsprogramm, das besonderen Nachdruck auf Naturwissenschaften und Sprachen legte.

Selbst zu Zeiten amerikanischer Überlegenheit blieb das von Dulles versprochene "Zurückdrängen" (*roll back*) des sowjetischen Einflusses allerdings frommer Wunsch. Die westlichen Geheimdienste unternahmen zwar Operationen zur Destabilisierung der Regimes hinter dem "Eisernen Vorhang", doch sie waren entweder zu dilettantisch angelegt oder wurden schon in einem frühen Stadium von der sowjetischen Gegenspionage aufgedeckt und vereitelt. Als sich 1953 in der DDR und 1956 in Ungarn Gelegenheiten zum militärischen Eingreifen boten, übte die amerikanische Regierung Zurückhaltung und tat alles, um eine Eskalation zu verhindern. Im ersten Fall warnte sie Bonn davor, Öl ins Feuer zu gießen, und beschränkte sich auf eine propagandistische Ausschlachtung des Volksaufstandes vom 17. Juni; im zweiten Fall war ihr Handlungsspielraum durch die gleichzeitige Suezkrise und die bevorstehenden Präsidentschaftswahlen in den USA zusätzlich eingeengt. Anders als Truman, der eine *de facto*-Allianz mit Israel eingegangen war, hatte sich Eisenhower aus strategischen Gründen um ein ausgewogenes Verhältnis zwischen Arabern und Israelis bemüht. Das geheime Zusammenspiel zwischen Großbritannien, Frankreich und Israel, das der Intervention am Suezkanal zugrundelag, betrachtete er als einen persönlichen Affront und einen schweren politischen Fehler. Die Militäraktion lenkte die Aufmerksamkeit vom sowjetischen Vorgehen in Ungarn ab, sie stärkte den gemeinsamen Gegner Nasser, anstatt ihn zu schwächen, und sie schädigte das Ansehen des Westens in den Vereinten Nationen. Die Enttäuschung in Washington ging umso tiefer, als die USA, die in der frühen Nachkriegszeit als Fürsprecher der nach Unabhängigkeit strebenden Völker aufgetreten waren, während der 1950er Jahre viel Rücksicht auf die kolonialen Interessen der europäischen NATO-Partner genommen hatten. Der unverhohlene diplomatische und wirtschaftliche Druck, mit dem die US-Regierung nun die Verbündeten zum Rückzug vom Suezkanal zwang, signalisierte das Ende des "klassischen" europäischen Kolonialismus und der unabhängigen britischen Großmachtrolle. Indem die Amerikaner die Krise gemeinsam mit den Sowjets in der UNO entschärften, konnte Eisenhower sein Image als Friedenspräsident bewahren und seine Wiederwahl im November 1956 endgültig sicherstellen.

In der Folge sahen sich die USA gezwungen, die stabilisierende Funktion, die Großbritannien im Nahen Osten ausgeübt hatte, mehr und mehr selbst zu übernehmen. Dabei ging es in erster Linie um den ungehinderten Fluß des nahöstlichen Erdöls, das für Westeuropa und Japan noch wichtiger war als für die USA selbst, die in Texas und Alaska über eigene beträchtliche Ölvorkommen verfügten und sich zusätzlich aus Kanada und Lateinamerika versorgen konnten. Das Erdölmotiv hatte schon die entscheidende Rolle beim Eingreifen im Iran 1953 gespielt, als die CIA dazu beitrug, Schah Resa Pahlewi wieder auf den Pfauenthron zu heben, um die vom nationalistischen Premierminister Mossadegh vorgenommene Verstaatlichung der Anglo-Iranian Oil Company rückgängig zu machen. Ein Vierteljahrhundert lang blieb der Schah, von dem Washington die Modernisierung des Iran und eine angemessene Beteiligung der amerikanischen Erdölkonzerne an dem bisherigen britischen Monopol erwartete, der engste Verbündete der USA in dieser Region. Zum Hauptgegner avancierte nach 1956 der radikale arabische Nationalismus, personifiziert im ägyptischen Staatspräsidenten Gamal Abdel Nasser, der es Moskau ermöglichte, die amerikanische Eindämmungsstrategie im sog. *southern tier* von Nordafrika bis zum Persischen Golf zu unterlaufen. Am 5. Januar 1957 dehnte Eisenhower die Truman-Doktrin faktisch auf den Nahen Osten aus, indem er die Unabhängigkeit und territoriale Integrität aller Staaten der Region als lebenswichtig für die nationalen Interessen der USA und den Weltfrieden bezeichnete. Der Kongreß billigte diese "Eisenhower-Doktrin" am 9. März 1957 in einer *Joint Resolution* und ermöglichte dem Präsidenten, alle geeigneten Maßnahmen zu treffen, um bewaffnete Aggressionen eines vom Kommunismus kontrollierten Landes abzuwehren. Dieser Beschluß bot wenig später die Handhabe, Jordanien und Libanon, deren konservative Regierungen durch den Umsturz im Irak besonders gefährdet schienen, diplomatisch und militärisch zu stützen. Die vorübergehende Landung von 14 000 amerikanischen Marinesoldaten im Libanon 1958 stellte die größte Militäraktion dar, die Eisenhower während seiner Amtszeit anordnete. Waren bislang 75 Prozent der amerikanischen Auslandshilfe nach Westeuropa geflossen, so erhielten jetzt die "gemäßigten" Regimes im Nahen Osten und in der Golfregion den Löwenanteil der Militär- und Wirtschaftshilfe.

Erste Antworten auf die Revolutionierung der "Dritten Welt"

Im allgemeinen bevorzugte Eisenhower die indirekte Form der Einflußnahme und verdeckte Operationen (*covert action*) der Geheimdienste, um den amerikanischen Interessen an der Peripherie Geltung zu verschaffen. Erfolg hatte er dabei außer im Iran auch in Guatemala, wo die CIA 1954 sogar paramilitärische Mittel anwendete, um die linksgerichtete Regierung Arbenz Guzmán zu Fall zu bringen, die Landbesitz der United Fruit Company entschädigungslos enteignet und Ostblock-Waffen gekauft hatte. Geleitet von Allen W. Dulles, dem Bruder des Außenministers, der sich auf seine OSS-Erfahrungen im Untergrundkampf gegen Hitler stützen konnte und *intelligence* zu einer Wissenschaft erheben wollte, weitete die CIA ihre Aktivitäten weltweit aus. Dulles legte einen starken Akzent auf subversive Operationen, von denen er sich offensichtlich mehr versprach als von der nüchternen Nachrichtensammlung und Analyse. Das erwies sich als zweischneidiges Schwert, denn die Erfolge mußten nicht selten mit internationalen Prestigeverlusten bezahlt werden. Außerdem wurde es immer schwieriger, den expandierenden Geheimdienstapparat zu kontrollieren und Verstöße gegen Gesetze und Verfassung zu unterbinden.

Eine indirekte Strategie verfolgte die Eisenhower-Administration auch in Indochina, wo Ho Chi-Minh 1945 eine unabhängige Republik

Vietnam ausgerufen und den Kampf gegen die französische Kolonialmacht aufgenommen hatte. Die USA unterstützten Frankreich finanziell und durch Waffenlieferungen in einem Gesamtvolumen von 3 Milliarden Dollar und nahmen Paris auf diese Weise bis 1954 fast 80 Prozent der Kriegskosten ab. Als die französischen Truppen aber im Frühjahr 1954 bei Dien Bien Phu zur Entscheidungsschlacht antraten, lehnte Eisenhower eine militärische Intervention strikt ab. Nach der Niederlage Frankreichs nahmen die USA nur inoffiziell als Beobachter an der Genfer Indochina-Konferenz teil, die eine temporäre Teilung Vietnams entlang dem 17. Breitengrad vorsah. Anstatt auf die ebenfalls vereinbarten freien Wahlen für ganz Vietnam hinzuarbeiten, begannen die USA nun jedoch ein Experiment des *nation building*, das Südvietnam gegen den Kommunismus immunisieren sollte. Im katholischen Staatschef Ngo Dinh Diem glaubten die Amerikaner, den geeigneten Repräsentanten einer "dritten Kraft" zwischen konservativer Reaktion und radikalem Nationalismus gefunden zu haben, der das Land wirtschaftlich modernisieren und auf einen pro-westlichen Kurs bringen würde. Dieser Einmischung lagen hauptsächlich vier Motive zugrunde: 1. Südvietnam war wichtig für die regionale ökonomische Integration, die Washington mit Blick auf die Bedürfnisse der japanischen Wirtschaft im "pazifischen Rand" betrieb. 2. Ein stabiles Südvietnam konnte als regionales Gegengewicht gegen China und die Sowjetunion verwendet werden. 3. Der Kontrolle über die Küsten und Häfen des Landes kam eine strategische Bedeutung für die Schiffahrts- und Handelsrouten in der Region zu. 4. Nachdem die USA einmal engagiert waren, stellte sich aus der Sicht Washingtons das Problem der "Glaubwürdigkeit" und des möglichen "Domino"-Effekts, den ein "Verlust" Südvietnams hervorrufen würde. Anfänglich schien die amerikanische Unterstützung, die ab 1955 jährlich ca. 200 Millionen Dollar betrug, positive Wirkungen zu entfalten. Im Laufe der Zeit wuchs aber im Süden der von Nordvietnam aus geförderte Widerstand der Nationalen Befreiungsfront (NLF) und ihres militärischen Arms, den die Amerikaner Vietcong nannten. Als Hanoi 1960 die NLF anerkannte und zum Sturz Diems aufrief, befanden sich etwa 700 US-Militärberater in Südvietnam. Die Frage, ob man sich weiterhin an einen katholischen Diktator in einem Land mit überwiegend buddhistischer Bevölkerung binden sollte, dessen Regierungsapparat korrupt war und der sich hauptsächlich auf die Armee stützte, mußte Eisenhower an seinen Nachfolger Kennedy weitergeben.

Ein ähnlich schwerwiegendes Problem stellte sich um diese Zeit auch in bezug auf Kuba, wo Fidel Castros revolutionäre "Bewegung des 26. Juli" Anfang 1959 die Batista-Diktatur hinweggefegt hatte. Castros erklärtes Ziel war die Beseitigung der ökonomischen Abhängigkeit der Insel von den USA durch landwirtschaftliche Diversifizierung und forcierte Industrialisierung. Dieser Kurs brachte ihn zwangsläufig in Konflikt mit amerikanischen Wirtschaftsinteressen und mit der übergreifenden Entwicklungsstrategie der Eisenhower-Administration für Lateinamerika, die nach der Rezession von 1957/58 darauf ausgerichtet war, eine nationalistische Abkapselung vom Weltmarkt zu verhindern. Die 1959 gegründete *Inter-American Development Bank* sollte private Investitionen in der Region erleichtern und eine Politik der Importsubstituierung verhindern. Da Castro diese Vorgaben und die Regeln der kapitalistischen Marktwirtschaft nicht akzeptierte, fand er weder in den USA selbst noch bei der von den USA dominierten Weltbank Unterstützung. Als er daraufhin die Sowjetunion um Hilfe ersuchte, antwortete Washington mit Wirtschaftssanktionen und im Januar 1961 mit dem Abbruch der diplomatischen Beziehungen. Zu dem Zeitpunkt schmiedete die CIA bereits Pläne zur "Destabilisierung" der kubanischen Revolution und bereitete in Nicaragua Exilkubaner auf eine Invasion und den Sturz Castros vor.

Für Eisenhower und John Foster Dulles waren Vietnam und Kuba nur zwei Symptome einer generellen Tendenz in den Ländern der sog. "Dritten Welt", sich dem Führungsanspruch der USA zu verweigern und zum kommunistischen Gegner umzuschwenken. In diesem Licht sahen sie die "blockfreie Bewegung", die sich Mitte der 1950er Jahre unter Führung Indiens (Nehru), Indonesiens (Sukarno) und Jugoslawiens (Tito) formiert hatte. Ihren politischen "Neutralismus" empfanden sie als einseitig gegen die USA gerichtet, und ihren ökonomischen Konzepten, die Privatinitiative und weltwirtschaftliche Arbeitsteilung mehr oder weniger umfassend durch staatliche Planung und Regulierung ersetzen wollten, begegneten sie mit äußerster Skepsis.

Eisenhowers Deutschland- und Europapolitik

Trotz aller Zuspitzungen an der Peripherie blieben jedoch Europa und insbesondere Deutschland der Kernbereich des Ost-West-Konflikts. Nach dem NATO-Beitritt der Bundesrepublik und der Unterzeichnung des österreichischen Staatsvertrags 1955 deutete sich allerdings erstmals die Möglichkeit eines Abbaus der Konfrontation und einer begrenzten Zusammenarbeit der "Supermächte" an. Die atmosphärische Verbesserung und die kleinen praktischen Fortschritte, die das Genfer Gipfeltreffen von 1955 erbrachte, änderten aber nichts an der grundsätzlichen Unvereinbarkeit des amerikanischen und des sowjetischen Standpunkts in der Deutschlandfrage. Während Moskau eine Neutralisierung Deutschlands anstrebte, beharrte Dulles darauf, daß über das Schicksal Deutschlands nur im Rahmen einer Gesamtlösung der europäischen Sicherheitsproblematik entschieden werden dürfe. Daraufhin ging die Sowjetunion unter der Führung des energischen Nikita Chruschtschow 1958 mit ihrem Berlin-Ultimatum wieder in die Offensive. Überzeugt vom historisch zwangsläufigen Sieg des Sozialismus und ermutigt durch die sowjetischen Weltraumerfolge, begann Chruschtschow die Geduld und die Nerven seiner Gegenspieler zu testen. Mit der Drohung, die Viermächtevereinbarungen über Berlin zu kündigen und einen separaten Frieden mit der DDR zu schließen, stellte er nicht nur die Anwesenheit westlicher Truppen in Berlin, sondern ganz generell die amerikanische Bindung an Westeuropa und die Existenz der NATO in Frage.

Als die Westmächte fest blieben, lenkte der sowjetische Staats- und Parteichef vorerst ein. Chruschtschows Gespräche mit Eisenhower im September 1959 in Camp David (der Präsident hatte das Landhaus bei Washington nach seinem Sohn David benannt) und die Vereinbarung eines Gipfeltreffens in Paris weckten neue Hoffnungen auf eine Annäherung der Großmächte. Im Mai 1960 nahm Chruschtschow jedoch den Abschuß eines der U-2-Aufklärungsflugzeuge, mit denen die USA die sowjetischen Rüstungsanstrengungen überwachten, zum Vorwand, die Konferenz platzen zu lassen. (Später behauptete er, es sei ihm hauptsächlich darum gegangen, die Wahl von Eisenhowers konservativem Vizepräsidenten Richard Nixon zu verhindern.) Im September 1960 schockierte Chruschtschow die amerikanische Öffentlichkeit mit seinen Temperamentsausbrüchen während der New Yorker UNO-Generalversammlung. Er warf den Amerikanern vor, ihre Ureinwohner ausgerottet zu haben, bezichtigte Generalsekretär Dag Hammarskjöld, im Kongo als ein "Instrument der Imperialisten" zu agieren, und klopfte zum Zeichen des Protests mit seinem Schuh auf den Tisch. Im laufenden Präsidentschaftswahlkampf zogen sich also bereits dunkle Wolken über den amerikanisch-sowjetischen Beziehungen zusammen.

3. Höhepunkt und Zerfall des liberalen Konsens, 1961–1968

John F. Kennedys Aufbruch zur New Frontier

Aus den Novemberwahlen 1960 ging der 43jährige demokratische Senator von Massachusetts, John F. Kennedy, als Sieger hervor. Er entstammte einer irisch-katholischen Familie, die durch geschäftliche Erfolge und Reichtum Zugang zur Ostküsten-Elite gefunden hatte. Zum prägenden Erlebnis seiner Jugend war der Aufstieg des Nationalsozialismus geworden, den er von London aus beobachtete, wo sein Vater die USA als Botschafter vertrat. Er lehnte die (vom Vater gutgeheißene) *Appeasement*-Politik der Regierung Chamberlain ab, rief in einem 1940 veröffentlichten Buch zum gemeinsamen Kampf der Demokratien gegen die totalitäre Bedrohung auf und nahm trotz seiner schwachen Konstitution als Kommandant eines Torpedo-Schnellboots am Krieg im Pazifik teil. Nur knapp überlebte er die Versenkung des Bootes durch die Japaner, bewies aber bei der Rettung der Besatzungsmitglieder Nervenstärke und galt fortan als Kriegsheld. Nachdem der ältere Bruder Joseph, auf dem die Hoffnungen des Vaters geruht hatten, 1944 in Europa gefallen war, baute John F. ("Jack") Kennedy mit Hilfe der Familie planmäßig seine politische Karriere auf. Sie brachte ihn zunächst in das Repräsentantenhaus, 1953 in den Senat und 1961 schließlich als jüngsten gewählten Präsidenten und ersten Katholiken ins Weiße Haus.

In der Auseinandersetzung mit seinem republikanischen Gegner Richard M. Nixon plädierte Kennedy für soziale Reformen, Fortschritt und Bewegung auf allen Gebieten. Um den Niedergang der amerikanischen Macht aufzuhalten, für den er die Republikaner verantwortlich machte, appellierte er an den Idealismus und die Opferbereitschaft insbesondere der jungen Generation. Im Umgang mit dem Medium Fernsehen, das erstmals eine wichtige Rolle im Wahlkampf spielte, erwies er sich Nixon deutlich überlegen. Etwa 100 Millionen Amerikaner verfolgten die vier Fernsehdebatten, die sich die Kandidaten lieferten, und die Mehrheit bescheinigte Kennedy ein besseres Abschneiden. Dennoch fiel sein Vorsprung am Wahltag mit 120 000 Stimmen bei 68,8 Millionen abgegebenen Stimmen denkbar gering aus. Die meiste Unterstützung hatte er in den Großstädten, vor allem bei Katholiken und Afro-Amerikanern gefunden.

In vieler Hinsicht kann man Kennedys kurze Amtszeit von 1961 bis 1963 als den Höhepunkt der Periode des "liberalen Konsens" und der "imperialen Präsidentschaft" bezeichnen. Im Gefühl der Bedrohung von außen rückten die Amerikaner – ungeachtet aller politischen Differenzen – enger als bisher zusammen. Selten war das Bewußtsein der nationalen Identität, der moralischen Überlegenheit und der Verantwortung für das Wohl der ganzen Menschheit so stark ausgeprägt wie in diesen Jahren. Nicht einmal Franklin D. Roosevelt hat die Zeitgenossen so fasziniert und die Phantasie der Nachwelt so sehr angeregt wie John F. Kennedy. Sein medienwirksamer Charme und die Mischung aus jugendlichem Idealismus und kühler Rationalität signalisierten den Abschied von der Geruhsamkeit der letzten Eisenhower-Jahre und den Aufbruch zu "neuen Grenzen" – eine Metapher, die den *Frontier*-Mythos für das politische Tagesgeschäft reklamierte. Das Weiße Haus, in das Kennedy mit seiner Familie und den intellektuellen Beratern des neuen *Brains Trust* frischen Wind brachte, umgaben die Medien mit der romantischen Aura eines *Camelot* aus der Artus-Sage. Von wenigen Ausnahmen abgesehen, betrieben Presse-, Rundfunk- und Fernsehjournalisten unkritische "Hofberichterstattung". Nur allzu bereitwillig stellten sie sich in Krisenzeiten – und die Kennedy-Präsidentschaft glich einer permanenten Krise – in den Dienst der Administration und der "nationalen Sicherheit". Als der Präsident im November 1963 einem Attentat zum Opfer fiel, erfüllten die Medien das Bedürfnis nach Heroisierung und Verklärung. In der Öffentlichkeit ist dieser "Kennedy-Mythos" bis heute wirksam, auch wenn sich Historiker seit geraumer Zeit um ein nüchtern-kritisches Urteil bemühen.

Kennedys Inaugurationsrede am 20. Januar 1961 war ganz auf die Außenpolitik zugeschnitten. Der Präsident warnte vor der drohenden Gefahr einer Vernichtung der Menschheit durch Atomwaffen, beschwor aber gleichzeitig die Vitalität der Nation, die zur Verteidigung der Freiheit berufen sei. Die Welt solle wissen, daß die Amerikaner "jeden Preis zahlen, jede Last tragen, jede Entbehrung erdulden, jeden Freund unterstützen und jedem Gegner widerstehen" würden, um diese Mission zu erfüllen. Mit dem immer wieder zitierten Satz: "Frage nicht, was Dein Land für Dich tun kann – frage, was Du für Dein Land tun kannst" nahm Kennedy jeden einzelnen seiner Mitbürger in die nationale Pflicht. Der Appell an die Opferbereitschaft fand Gehör, wenngleich der utopisch-apokalyptische Unterton der Rede auch einige Besorgnis auslöste.

Um Kontinuität zu demonstrieren und die Wirtschaft zu beruhigen, nahm Kennedy einige Republikaner in seine Administration auf. Ansonsten umgab er sich mit jüngeren Akademikern und dynamischen Managern wie McGeorge Bundy, Robert McNamara, Walt W. Rostow und Arthur M. Schlesinger. Zu den engsten Vertrauten zählte sein Bruder Robert, der als Justizminister u.a. für Bürgerrechtsfragen zuständig war. Im Selbstverständnis dieses Führungszirkels sollte das Weiße Haus zur Quelle der Inspiration und zur Schaltzentrale für die gesamte "freie Welt" werden. Eisenhowers hierarchisch strukturierten Regierungsapparat ersetzte Kennedy durch einen flexiblen, sehr persönlichen Regierungsstil. Der Zugewinn an Beweglichkeit und Kreativität mußte allerdings mit Koordinierungsproblemen und einem schwer durchschaubaren, zuweilen sprunghaften Entscheidungsprozeß erkauft werden.

Innenpolitisch versprach die Agenda der *New Frontier* eine Ankurbelung der Wirtschaft, soziale Verbesserungen und Fortschritte in der Rassenfrage. Viele Initiativen blieben aber im Kongreß oder im Kompetenzengerangel zwischen Bundesregierung und Einzelstaaten stecken. Nicht strukturelle Reformen, sondern eine keynesianische "Feinsteuerung" des Wirtschaftskreislaufs sollte die ökonomischen und sozialen Probleme lösen. Die günstige Konjunktur, die den USA durchschnittliche Wachstumsraten von 5 Prozent bei stabilen Preisen bescherte, machte Steuersenkungen weitgehend überflüssig. Während die Gewerkschaften der Kennedy-Administration wohlwollend begegneten, überwog im Unternehmerlager das Mißtrauen gegen die interventionistische Wirtschafts- und Finanzpolitik. Im Oktober 1962 ermächtigte der Kongreß den Präsidenten zu Zollsenkungen, die dann im Rahmen der "Kennedy-Runde" des GATT ausgehandelt wurden. Dieser Prozeß zog sich jedoch zu lange hin, um die Handelsbilanz der USA wirksam zu entlasten. Als die neuen Tarife 1967 endlich in Kraft traten, nützten sie der amerikanischen Wirtschaft weniger als der inzwischen wettbewerbsfähigeren europäischen und asiatischen Konkurrenz.

In der Rassenfrage taktierte Kennedy sehr vorsichtig, um die konservativen Südstaatler nicht unnötig herauszufordern. Prinzipiell erkannte er die Notwendigkeit, die Diskriminierung der Afro-Amerikaner zu beenden, da sie das Eintreten der USA für Freiheit und Gleichheit unglaubwürdig machte und der kommunistischen Propaganda in den neuen unabhängigen Staaten der "Dritten Welt" willkommene Munition lieferte. Lange Zeit begnügte sich die

Administration aber damit, auf die Bürgerrechtsbewegung zu reagieren, von deren Dynamik sie offensichtlich überrascht wurde. Robert Kennedy versuchte zwar, die Demonstranten im Süden vor gewalttätigen weißen Rassisten zu schützen. Gleichzeitig ließ er jedoch die schwarzen Führungspersönlichkeiten vom FBI überwachen, das sie der Zusammenarbeit mit Kommunisten verdächtigte. Erst im Sommer 1963 rang sich der Präsident angesichts der wachsenden Unruhe in der Bevölkerung dazu durch, die Initiative zu ergreifen. Im Juni leitete er dem Kongreß den Entwurf eines Civil Rights Act zu, der ein Verbot der Rassendiskriminierung in allen öffentlichen Einrichtungen vorsah und das Justizministerium ermächtigte, von sich aus gegen die Segregation einzuschreiten. Nach einigem Zögern unterstützte er auch öffentlich den "Marsch auf Washington", mit dem mehr als 200 000 weiße und schwarze Bürgerrechtler unter Führung Martin Luther Kings im August den Kongreß zum Handeln bewegen wollten. Im Fernsehen erklärte Kennedy, die Nation werde "nicht wirklich frei sein, bis alle ihre Bürger frei sind." Obwohl einflußreiche gesellschaftliche Kräfte wie die Gewerkschaften, die Kirchen und der *American Jewish Congress* dem Präsidenten den Rücken stärkten, ließ sich der Kongreß noch Zeit, so daß Kennedy selbst die Annahme des Gesetzes nicht mehr erlebte.

Krisen um Kuba und Berlin

Das Hauptinteresse Kennedys galt der Außenpolitik, bei der ihm weder der Kongreß noch die Verfassung enge Fesseln anlegten. Er sah sich von der Sowjetunion in die Defensive gedrängt und glaubte deshalb, Stärke und Glaubwürdigkeit demonstrieren zu müssen. Weil er aber auch die Gefahren kannte, die der Menschheit von den Massenvernichtungswaffen drohten, agierte er in der Praxis recht vorsichtig, um eine unkontrollierbare Eskalation zu vermeiden. Durch ein umfangreiches Rüstungsprogramm, das die Militärausgaben gemäß den Empfehlungen des *Gaither Report* auf über 50 Milliarden Dollar pro Jahr steigerte, hoffte er, dem Dilemma der "massiven Vergeltung" entgehen und seinen Handlungsspielraum erweitern zu können. In diese Strategie der "flexiblen Antwort" (*flexible response*) fügten sich psychologische Kriegführung und verdeckte Aufstandsbekämpfung (*counterinsurgency*) ein, mit denen Kennedy das Vordringen des Kommunismus in der Dritten Welt aufhalten wollte.

In den Brennpunkt des Kalten Krieges rückten Berlin und Kuba, die nach dem Prinzip von Druck und Gegendruck als Krisenherde untrennbar miteinander verbunden waren. Die Sorge um West-Berlin spielte bereits mit, als sich Kennedy in der Schweinebucht-Krise vom April 1961 gegen eine offene militärische Unterstützung der Exilkubaner aussprach, die mit Hilfe der CIA auf der Insel gelandet waren, aber nichts gegen die Übermacht der Castro-Truppen ausrichten konnten. Die Aktion war noch unter Eisenhower geplant worden, und Kennedy hatte nach seinem Amtsantritt nur recht widerstrebend "grünes Licht" gegeben. Außenpolitisch trug das Unternehmen den USA einen schweren Prestigeverlust und das Propagandaschimpfwort des "Papiertigers" ein. Daheim sah sich Kennedy aus Kreisen der Exilkubaner und deren Sympathisanten den Vorwürfen der "Feigheit" und des "Verrats" ausgesetzt. Größeren innenpolitischen Schaden wendete der Präsident ab, indem er die volle Verantwortung für das Scheitern der Operation auf sich nahm. Das Verhältnis zu CIA-Direktor Allen Dulles und zu den *Joint Chiefs of Staff*, die ihm zur Genehmigung der Invasion geraten hatten, blieb aber dauerhaft getrübt.

Auf dem Wiener Gipfeltreffen Anfang Juni 1961 konfrontierte Chruschtschow den unsicheren Kennedy mit der Absicht, das Berlin- und Deutschlandproblem notfalls im Alleingang zu lösen. Die US-Regierung rechnete daraufhin mit einer Aktion gegen West-Berlin, wo immer mehr DDR-Bürger Zuflucht und eine Ausreisemöglichkeit in den Westen suchten. Dennoch wurde Washington am 13. August vom Mauerbau überrascht und benötigte länger als einen Tag, um eine Stellungnahme abzugeben. Im Grunde war man erleichtert, daß sich die Sowjetunion auf eine Absperrung Ost-Berlins beschränkte und die drei westlichen *essentials* – Präsenz der alliierten Truppen in West-Berlin; freien Zugang nach Berlin; Selbstbestimmungsrecht der Bürger West-Berlins – unangetastet ließ. Deshalb sah Kennedy keinen Grund, die Krise von sich aus zu verschärfen, und riet auch der Bonner Regierung zur Zurückhaltung. Die offenkundige Bereitschaft der Amerikaner, das sowjetische Vorgehen in Berlin und damit die *de facto*-Teilung der Nation hinzunehmen, raubte allerdings vielen Deutschen die Hoffnung auf eine baldige Wiedervereinigung. Bundeskanzler Adenauer argwöhnte, Washington könne in der Deutschland- und Berlinfrage noch weiter nachgeben. Entsprechende Ost-West-Verhandlungen kamen aber ebensowenig zustande wie der angedrohte separate Friedensvertrag zwischen der Sowjetunion und der DDR. Der West-Berliner Bürgermeister Willy Brandt zog aus dem stillschweigenden Arrangement der Supermächte die Konsequenz, daß die Deutschen selbst durch eine "Politik der kleinen Schritte" langfristig auf die Überwindung der Teilung hinarbeiten müßten.

Kennedy blieb auch in der Kubakrise vom Oktober 1962 besonnen, obgleich die Stationierung sowjetischer Mittelstreckenraketen auf der Insel eine viel unmittelbarere Herausforderung und Bedrohung der USA darstellte als der Bau der Berliner Mauer. Tatsächlich war die Lage noch ernster, als sie dem Krisenstab im Weißen Haus damals erschien, denn die sowjetischen Truppen auf Kuba verfügten bereits über 36 einsatzbereite Atomsprengköpfe für die Raketen, die fast jeden Punkt in den USA hätten erreichen können. Der amerikanischen Aufklärung war ebenfalls entgangen, daß die Sowjets taktische Atombomben auf die Insel gebracht hatten, die gegen angreifende US-Truppen eingesetzt werden sollten. Erst dieses 1992 von den Russen gelüftete Geheimnis läßt das wahre Ausmaß der Gefahr erkennen, in der die Welt 30 Jahre zuvor geschwebt hatte. Wenn sich Kennedy, wie von mehreren militärischen und zivilen Beratern empfohlen, für die Bombardierung der Raketenstellungen oder für eine Invasion der Insel entschieden hätte, wäre ein atomarer Schlagabtausch mit der Sowjetunion wohl unvermeidlich gewesen. Stattdessen optierte Kennedy für die mildeste der vorgeschlagenen Maßnahmen, eine als "Quarantäne" bezeichnete Seeblockade Kubas. Auch der Abschuß eines amerikanischen Düsenjägers durch die kubanische Luftabwehr verleitete ihn nicht zu weitergehenden Schritten. In der aufs äußerste gespannten Lage ließ der Präsident die Kontakte nach Moskau (die hauptsächlich über seinen Bruder und einen KGB-Agenten in Washington liefen) nicht abreißen und blieb kompromißbereit. Er erleichterte Chruschtschow das Einlenken, indem er für den Fall des Abzugs der Raketen zusagte, die USA würden Kuba niemals militärisch angreifen. Vertraulich ließ er die sowjetische Führung darüber hinaus wissen, daß die von Moskau beanstandeten amerikanischen Mittelstreckenraketen aus der Türkei entfernt würden. Notfalls wäre er sogar bereit gewesen, eine Vermittlung durch UNO-Generalsekretär U Thant zu akzeptieren. Das erübrigte sich, als Chruschtschow unerwartet rasch den Befehl zum Abzug der Raketen von Kuba gab.

Die westliche Öffentlichkeit, die den Hintergrund des Krisenmanagements nicht kannte, feierte den Ausgang der Krise als persönlichen Triumph des Präsidenten. Kennedy selbst beurteilte die Dinge nüchterner, nachdem er in den Abgrund eines Atomkrieges geblickt hatte. Er war zu der Auffassung gelangt, daß die Sowjetregierung sein Interesse an einer Begrenzung des Wettrüstens teilte und daß er mit Chruschtschow gemeinsam auf dieses Ziel hinwirken konnte. Den neuen Anlauf zu einer "Entspannungspolitik" begründete er am 10. Juni 1963 in einer programmatischen Rede an der American University in Washington. Hier würdigte er die schweren Verluste der Sowjetunion während des Zweiten Weltkriegs, forderte eine "Strategie des Friedens" und regte eine verbesserte Kommunikation zwischen Ost und West an, um den Teufelskreis des gegenseitigen Mißtrauens zu durchbrechen. Den ersten praktischen Erfolg erzielte er mit einem Teststopp-Abkommen, in dem sich Briten, Amerikaner und Russen verpflichteten, keine weiteren überirdischen Atomwaffenversuche durchzuführen. Vitale Interessen der USA gefährdete er dabei nicht, denn technologische Fortschritte hatten Explosionen in der Atmosphäre inzwischen überflüssig gemacht. Ein besonders positives Echo fanden Kennedys Ideen bei den deutschen Sozialdemokraten, für die Egon Bahr, der Berater Willy Brandts, im Juli 1963 "Wandel durch Annäherung" als Alternative zur sterilen Konfrontation der Blöcke forderte.

Kennedy, de Gaulle und Adenauer

In den transatlantischen Beziehungen verwoben sich Anfang der 1960er Jahre Fragen der Nuklearstrategie, der Europapolitik und der Bündnisbeziehungen zu einem schwer entwirrbaren Knäuel. Die Umorientierung von der "massiven Vergeltung" zur "flexiblen Antwort" weckte bei den NATO-Partnern die Befürchtung, die USA könnten sich von Europa "abkoppeln" und ihren atomaren Schutzschild zurücknehmen. Das Projekt einer aus Schiffen bestehenden Multilateralen Atomstreitmacht (MLF), mit dem Kennedy die Europäer zu beruhigen versuchte, stieß nur in Bonn auf Gegenliebe und wurde nie realisiert. Ebenso erging es Kennedys *Grand Design*, dem Grundriß einer neuen Allianzstruktur, in der Westeuropa die Rolle eines Juniorpartners der amerikanischen Führungsmacht spielen sollte. Dieser symbolträchtig am 4. Juli 1962 in Philadelphia enthüllte Plan prallte mit der Vision des französischen Staatspräsidenten Charles de Gaulle von einem "Europa der Vaterländer" zusammen, das sich – unter Führung der Atommacht Frankreich – als eigenständige Kraft zwischen den USA und der Sowjetunion etablieren würde. In Washington empfand man es als schweren Schlag, daß de Gaulle Anfang 1963 Großbritannien den Beitritt zur EWG versperrte und daß er Adenauer mit dem deutsch-französischen Freundschaftsvertrag auf seinen unabhängigen Kurs zu ziehen versuchte. Auf amerikanischen Druck hin "entschärfte" der Bundestag das Abkommen durch eine Präambel, in der die Notwendigkeit der atlantischen Gemeinschaft betont wurde. Zusätzlich belastet wurden die Beziehungen durch den ersten ernsthaften Handelskonflikt zwischen den USA und der EWG, den Brüssel 1962 durch die Verdoppelung des Zolls auf gefrorene Hühner ausgelöst hatte. Im sog. "Hähnchenkrieg" (*chicken war*) gelang es den Amerikanern nicht, die Europäer zur Rücknahme der Zollerhöhungen zu bewegen. Kennedys Deutschlandbesuch im Juni 1963, den die Administration als großes Medienereignis plante, diente hauptsächlich dem Zweck, die Bevölkerung der Bundesrepublik von dem "Irrweg" einer gegen die USA gerichteten deutsch-französischen Allianz abzubringen. Der triumphale Empfang zeigte dem Präsidenten, daß eine solche Gefahr nicht ernsthaft gegeben war. Den Deutschen, die noch unter dem Eindruck des Mauerbaus standen, blieb vor allem der Satz "Ich bin ein Berliner" in Erinnerung, den Kennedy in seine Rede am Schöneberger Rathaus einfügte. Mit diesen Worten wollte der Präsident die innere Verbindung zwischen der Standhaftigkeit der West-Berliner und den demokratischen Bestrebungen überall auf der Welt zum Ausdruck bringen.

Die Widersprüche der Dekolonisierung und der Vietnamkonflikt

Im gleichen Zeitraum, in dem sich die Lage in Europa stabilisierte, wurden die "entkolonisierten" und unterentwickelten Weltregionen zum eigentlichen Schlachtfeld des Kalten Krieges. Aus amerikanischer Sicht sollte eine Kombination von Wirtschaftshilfe und militärischer Unterstützung verhindern, daß die Kommunisten die sozialen Konflikte, die im Modernisierungsprozeß zwangsläufig auftraten, für ihre politischen Zwecke ausnutzten. Durch die Wirren im Kongo, der 1960 von Belgien schlecht vorbereitet in die Unabhängigkeit entlassen wurde, rückte eine Zeitlang der afrikanische Kontinent in den Brennpunkt des Interesses. Die USA beteiligten sich maßgeblich an einer bewaffneten UNO-Operation zur Wiederherstellung von Sicherheit und Ordnung, in deren Verlauf Generalsekretär Dag Hammarskjöld im September 1961 bei einem Flugzeugabsturz ums Leben kam. Amerikanische Politiker und Diplomaten wirkten darauf hin, daß der als Verbündeter Moskaus geltende Patrice Lumumba von der Macht ferngehalten wurde, und die CIA war möglicherweise in seine Ermordung verwickelt. Kennedy hatte schon früh auf die Bedeutung Afrikas für die Weltwirtschaft und den Ost-West-Konflikt hingewiesen, aber erst die Kongokrise veranlaßte die Administration in Washington, gründlich über eine längerfristige Afrika-Politik nachzudenken. Der Absicherung der westlichen Hemisphäre gegen den kubanischen Revolutionsvirus diente die "Allianz für den Fortschritt", ein Kooperationsabkommen mit 19 lateinamerikanischen Staaten, für das der Kongreß 20 Milliarden Dollar auf zehn Jahre bereitstellte. Überaus positive Resonanz bei der Jugend fand Kennedys Idee eines *Peace Corps*, das Entwicklungshelfer nach Afrika, Asien und Lateinamerika schicken sollte, um technisches *know how* und westliche Werte zu vermitteln. Auch wenn viele der hochgesteckten Erwartungen enttäuscht wurden, so gelang es Kennedy doch immerhin, in den USA ein Problembewußtsein für Entwicklungsfragen zu wecken, das den Europäern noch weithin fehlte. (Während seines Deutschlandbesuchs nahm der Präsident an der Gründungszeremonie des Deutschen Entwicklungsdienstes teil, zu dem er die Bundesregierung mit dem *Peace Corps* inspiriert hatte.) Anders als Eisenhower war Kennedy bereit, progressiv-nationalistische Bewegungen und Regierungen zu tolerieren, selbst wenn sie sich nicht eindeutig auf die Seite des Westens schlugen. Damit gerieten die USA aber in ein mehrfaches Dilemma: in vielen Fällen war diese "dritte Kraft" so schwach, daß sie sich nicht einmal mit amerikanischer Hilfe gegen radikalere Konkurrenten durchsetzen konnte; andernorts, speziell in Lateinamerika, hätte ihre Unterstützung bedeutet, traditionell pro-westliche konservative Regimes fallenzulassen und zumindest vorübergehend instabile Verhältnisse in Kauf zu nehmen; in der nahöstlichen Krisenregion schließlich brachte Kennedys Sicherheitsgarantie für Israel gemäßigte und radikale Araber gleichermaßen gegen die USA auf.

Den Beweis für die Entschlossenheit der USA, ihrer weltpolitischen Verantwortung gerecht zu werden und den Vormarsch des Kommunismus an der Peripherie zu stoppen, wollte Kennedy in Südvietnam antreten. Aus der Sicht der Administration bildete dieses Land, in dem 1961 etwa 15 000 von Nordvietnam und China unterstützte Guerrillas operierten, den strategischen Schlüssel zu ganz

Südostasien. Kennedy ging davon aus, daß der Kampf gemäß der *counterinsurgency*-Doktrin unterhalb der Schwelle des Krieges mit einer Mischung von wirtschaftlichen, psychologischen und militärischen Maßnahmen gewonnen werden konnte. Als Ziel gab er an, die "Herzen und Sinne" der südvietnamesischen Bevölkerung zu gewinnen und dadurch die Guerrillabewegung zu isolieren. Entgegen dem Geist und Buchstaben des (von den USA allerdings nicht unterzeichneten) Genfer Indochina-Abkommens verstärkte er das amerikanische Militärpersonal in Südvietnam, das die Armee bei der Bekämpfung des Vietcong unterstützen sollte. Nach Anfangserfolgen wurde im Juli 1962 in Washington beschlossen, die mittlerweile 6 000 amerikanischen Militärberater ab 1965 schrittweise abzuziehen. 1963 verschlechterte sich die Lage jedoch, und die Zahl der US-Soldaten in Südvietnam stieg weiter an. Außerdem begannen die Amerikaner nun, die südvietnamesische Armee systematisch aufzurüsten. Als die Buddhisten-Unruhen im Herbst 1963 offenbarten, daß der Diktator Diem keinen Rückhalt mehr in der Bevölkerung besaß, gab Washington über die Botschaft in Saigon und CIA-Kanäle "grünes Licht" für einen Militärputsch. Am 1. November 1963 wurde Diem gestürzt und kurz danach ermordet. Bevor Kennedy auf die neue Situation reagieren konnte, fiel er selbst dem Attentat in Dallas zum Opfer. Die viel diskutierte Frage, ob er die Verwicklung der USA in einen konventionellen Krieg vermieden hätte, läßt sich deshalb allenfalls spekulativ beantworten. Dafür sprechen seine generelle Vorsicht und seine Fixierung auf *counterinsurgency*; dagegen seine Furcht vor dem "Domino"-Effekt in Südostasien und dem Verlust der Glaubwürdigkeit der USA in der Welt.

Realität und Mythos der "Ära Kennedy"

Das Geschehen zwischen der Ermordung Kennedys in Dallas am 22. November 1963 und seiner feierlichen Beisetzung auf dem Nationalfriedhof in Arlington verdichtete sich für viele Amerikaner zu einem Epocheneinschnitt, zum "Verlust der Unschuld", die später im Vietnamkrieg und in Watergate ihre Bestätigung fand. Hinter der kollektiven Trauer trat das Bemühen zurück, die Motive und Umstände des Attentats detailliert aufzuklären. Die von Präsident Johnson eingesetzte Warren-Kommission kam 1964 zu dem Ergebnis, Lee Harvey Oswald habe als Einzeltäter gehandelt. Auch ein 1977 vom Kongreß gebildeter Untersuchungsausschuß konnte keine gegenteiligen Beweise präsentieren, obwohl in der Zwischenzeit mehrere Verschwörungstheorien – genannt wurden u.a. die Mafia, das KGB, Exilkubaner und die CIA – aufgekommen waren. Aus dem vor kurzem freigegebenen geheimen Aktenmaterial haben sich bislang ebenfalls keine sicheren Anhaltspunkte für ein Mordkomplott ergeben.

Das tragische Ende John F. Kennedys hat sicherlich wesentlich zur Legendenbildung und zur Entstehung des "Kennedy-Mythos" beigetragen. Es gibt aber auch tiefere Gründe für die Faszination, die immer noch von dem 35. Präsidenten der USA ausgeht. Viele seiner Initiativen enthielten gute Ansätze, die er selbst nicht mehr mit letzter Konsequenz verfolgen konnte. Der bemerkenswerte Versuch, gleichzeitig Kalten Krieg zu führen und Gemeinsamkeiten mit dem ideologischen und machtpolitischen Gegner auszuloten, barg bereits alle Vorzüge und Widersprüche der späteren Entspannungspolitik in sich. Zumindest in einer Hinsicht nahm die Vision der *New Frontier* konkrete Gestalt an: im Mai 1961 hatte Kennedy den Kongreß aufgefordert, ein Weltraumprogramm zu finanzieren, das bis zum Ende des Jahrzehnts einem Amerikaner die Landung auf dem Mond ermöglichen sollte. Damit gab er das Startzeichen für einen prestigeträchtigen "Wettlauf zum Mond", den die USA im Juli 1969 gegen die Sowjetunion gewannen. Das milliardenschwere Apollo-Unternehmen brachte aber nicht nur Amerikaner auf den Mond, sondern trug dazu bei, die Vereinigten Staaten ins Zeitalter der Informations- und Kommunikationsrevolution zu katapultieren.

Das harmonische Familienleben im Weißen Haus war, wie man inzwischen weiß, schöner Schein, den die Medien einem leichtgläubigen Publikum vorgaukelten. In der Verbindung von Intelligenz, Reichtum, Schönheit, Erfolg, Macht und Glück verkörperten John und "Jacky" Kennedy den "amerikanischen Traum" *par excellence*, wie ihn Millionen ihrer Landsleute träumten. Jacqueline Kennedy hatte keinen politischen Einfluß, aber sie verstand es als *First Lady*, sich ein eigenes Betätigungsfeld zu verschaffen. Ihrem Interesse an moderner Kunst ist es mitzuverdanken, daß die Hauptstadt Washington endlich ein weltoffenes Flair erhielt, und daß die Avantgarde in den USA "salonfähig" wurde. In diesen Jahren begann die amerikanische Kultur, die bis dahin im Schatten der europäischen gestanden hatte, die Alte Welt zu erobern. Seit 1971 erinnert das *Kennedy Center for the Performing Arts* am Potomac an diesen häufig übersehenen Aspekt der Kennedy-Ära.

Lyndon B. Johnsons Projekt der "Great Society"

Als Vizepräsident Lyndon B. Johnson unmittelbar nach dem Attentat in Dallas an Bord der *Airforce One* zum Präsidenten vereidigt wurde, waren der innere Konsens sowie die außenpolitische und wirtschaftliche Hegemonie der USA noch weitgehend intakt. Der ehrgeizige, mit allen Wassern gewaschene Texaner Johnson hatte seinen Heimatstaat von 1949 bis 1961 im Senat vertreten und kannte wie kaum ein anderer die politischen Spielregeln, nach denen der Kongreß funktionierte, und die das Verhältnis zwischen Exekutive und Legislative bestimmten. Um die vom Vorgänger eingeleiteten Initiativen fortzuführen und seine eigenen Ziele zu verwirklichen, machte er sich die tiefe Betroffenheit und die Stimmung der nationalen Solidarität zunutze, die der Tod Kennedys hervorgerufenen hatte. Die innenpolitische Agenda, mit der er das Gesetz des Handelns an sich riß, hatte zwei Schwerpunkte: die endgültige rechtliche und politische Gleichstellung der schwarzen Amerikaner, die Johnson der Öffentlichkeit als Vermächtnis des toten John F. Kennedy präsentierte, und die Gewährleistung der sozialen Sicherheit für alle Amerikaner, die ihm seit seinen Tagen als Lehrer und Direktor einer texanischen *New Deal*-Behörde für arbeitslose Jugendliche vorschwebte.

Der Kampf um die ungeschmälerten Bürgerrechte der Afro-Amerikaner war inzwischen zu einer sozialen Bewegung geworden, die von schwarzen und weißen Aktivisten gemeinsam vorangetrieben wurde und die Sympathien der Bevölkerungsmehrheit eroberte. Dazu trug nicht zuletzt der oft rabiate Widerstand weißer Südstaatler gegen die Rassenintegration bei, den die Medien anprangerten und der dem Ansehen der USA im Ausland schadete. Überdies war der Bewegung in Dr. Martin Luther King ein unangefochtener Führer erwachsen, der den vielen Einzelbestrebungen und lokalen Protesten durch sein Charisma und die Verkündung des Prinzips des gewaltlosen Widerstands – nach dem Vorbild von Mahatma Gandhi – Richtung und Ziel zu geben vermochte. Der Supreme Court und ältere Organisationen wie NAACP und NUL spielten zwar weiterhin eine wichtige Rolle, aber das Geschehen verlagerte sich mehr und mehr in die Städte und Gemeinden des Südens, wo die schwarze Bevölkerung selbst mit Demonstrationen und Boykotten immer mutiger für ihre Grundrechte kämpfte. Die Initiative ging häufig von der *Southern Christian Leadership Conference* (SCLC) aus, die King und Ralph Abernathy

1957 in Atlanta ins Leben gerufen hatten, und in der die Tradition der schwarzen Kirchen aus der Zeit der Sklaverei fortlebte. Neben den Geistlichen trugen schwarze *churchwomen*, die schon lange in der sozialen und karitativen Arbeit engagiert waren, ganz erheblich zur moralischen und organisatorischen Stärke der SCLC bei. Die studentische Jugend, die zunehmend an der Rassenfrage und anderen gesellschaftlichen Problemen Anteil nahm, wurde seit 1960 vom *Student Non-Violent Coordinating Committee* (SNCC, im Jargon "snick" genannt) mobilisiert. Es war aus den spektakulären *sit-ins* hervorgegangen, mit denen afro-amerikanische Studenten in den Bars und Restaurants von Greensboro, North Carolina, die Aufhebung der Segregation erzwungen hatten. Das Credo der SNCC-Mitglieder formulierte am besten die schwarze Aktivistin Ella Baker mit den Worten "strong people don't need strong leaders." Eine ähnliche Philosophie vertraten die Anhänger des *Congress of Racial Equality* (CORE), der noch aus dem Zweiten Weltkrieg stammte. Seine weißen und schwarzen Mitglieder taten sich insbesondere bei den *freedom rides* im "tiefen Süden" der USA hervor, mit denen ab 1961 die Überwindung der Rassentrennung in Bussen und anderen Verkehrsmitteln erreicht werden sollte, und die häufig von weißen Gewaltaktionen begleitet wurden. Darüber hinaus setzten sich SNCC und CORE jetzt entschieden für die Gewährung des uneingeschränkten Wahlrechts an die Afro-Amerikaner im Süden ein. Bei ihren *registration drives*, die ebenfalls auf erbitterte Gegenwehr der lokalen weißen Bevölkerung stießen, kamen mehr als zehn Bürgerrechtler ums Leben. Unter den Opfern des Rassenhasses waren viele Juden, die einen hohen Mitgliederanteil an den liberalen Bürgerrechtsorganisationen verzeichneten und die sich als Angehörige einer Minderheit aus historischen Gründen den diskriminierten Afro-Amerikanern besonders eng verbunden fühlten.

Trotz dieser aufopferungsvollen Arbeit an der Basis kann die Bedeutung der Persönlichkeit Martin Luther Kings – insbesondere seine Wirkung auf liberale weiße Amerikaner – kaum hoch genug eingeschätzt werden. Die Rede "I have a dream", mit der er am 28. August 1963 – hundert Jahre nach der Emanzipationsproklamation – vor dem Lincoln Memorial in Washington seinen Traum von einer harmonischen, "farbenblinden" amerikanischen Gesellschaft verkündete, wurde weithin als emotionaler Höhepunkt des bisherigen Kampfes und Auftakt zur entscheidenden Phase der Bürgerrechtsbewegung verstanden. King gewann noch an Popularität und internationalem Ansehen, als das Osloer Nobel-Komitee ihm 1964 den Friedensnobelpreis verlieh. Vor diesem Hintergrund konnte Präsident Johnson den Kongreß im Juni 1964 endlich dazu bewegen, den noch unter Kennedy vorbereiteten Civil Rights Act zu verabschieden. Dieses Gesetz brachte den größten Fortschritt in den Rassen- und Geschlechterbeziehungen seit der Sklavenbefreiung 1865 und der Gewährung des Wahlrechts an Frauen 1920: es untersagte jegliche Diskriminierung auf Grund von Hautfarbe, Religion, nationaler Herkunft oder Geschlecht; es hob die Rassentrennung in der Öffentlichkeit explizit auf; und es schloß die Zuweisung von Bundesmitteln an einzelstaatliche Programme aus, die Minderheiten benachteiligten. Ebenfalls noch 1964 verbot das 24. Amendment die Erhebung der Wahlsteuer (*poll tax*) oder anderer Steuern, mit denen die Südstaaten seit Ende des 19. Jahrhunderts die Afro-Amerikaner (und arme Weiße) von der Stimmabgabe abgehalten hatten. Weil der Kongreß auf diese Weise Versprechen wahrmachte, die radikale Republikaner schon zur Zeit der Rekonstruktion nach dem Bürgerkrieg gegeben hatten, sprach man bald von einer *Second Reconstruction*, die den Schwarzen und anderen Minderheiten ebenso wie den Frauen endlich die in Verfassung und *Bill of Rights* niedergelegten Grund- und Menschenrechte bescherte. Als Präsident Johnson in den Wahlen vom November 1964 mit 61,1 Prozent der abgegebenen Stimmen einen Erdrutschsieg über seinen Republikanischen Herausforderer, den erzkonservativen und militant antikommunistischen Senator Barry M. Goldwater aus Arizona errang, zeichnete sich ab, daß die Bürgerrechtsbewegung einen tiefgreifenden Bewußtseinswandel in der amerikanischen Bevölkerung bewirkt hatte, der die Fortschritte in der Rassenfrage irreversibel machte. Regierung, Kongreß, Gerichte und öffentliche Meinung wetteiferten nun geradezu miteinander, dieses dunkle Kapitel der amerikanischen Geschichte hinter sich zu bringen. Der Voting Rights Act von 1965 (und spätere Supreme Court-Urteile wie Katzenbach v. Morgan von 1968) beseitigte die letzten Hindernisse, die dem Wahlrecht der Afro-Amerikaner in einigen Staaten – z.B. in Form von Schreibprüfungen – noch entgegenstanden. Das Gesetz, das später mehrfach ergänzt wurde, um den Schwarzen wirkliche politische Chancengleichheit zu sichern, ermächtigte außerdem Bundesbeamte zur Überwachung der Wählerregistrierung in den Einzelstaaten. Waren 1960 nur 20 Prozent der Schwarzen in die Wählerlisten eingetragen, so ließen sich zu Beginn der 1970er Jahre über 60 Prozent der wahlberechtigten Afro-Amerikaner registrieren; die Zahl der schwarzen Wähler verdoppelte sich im Jahrzehnt nach 1964 von zwei auf vier Millionen. Einerseits verstärkten weiße Kandidaten nun ihr Bemühen um schwarze Wählerstimmen, andererseits trugen per Gesetz oder Gerichtsbeschluß verfügte Änderungen der Wahlkreiseinteilung dazu bei, daß schwarze Bewerber selbst bessere Chancen erhielten, gewählt zu werden. Ab Ende der 1960er Jahre kam es immer häufiger vor, daß afro-amerikanische Politiker Bürgermeisterposten, Parlamentssitze und andere Wahlämter errangen. Zwar gehen diese Erfolge nicht allein oder in erster Linie auf das Konto Präsident Johnsons, aber der moderate Südstaaten-Demokrat hatte es doch immerhin vermocht, die Entwicklung, die einer gesellschaftspolitischen Revolution gleichkam, aus dem Weißen Haus und über den Kongreß zu beeinflussen und mitzusteuern. Als der Supreme Court 1967 im Fall Lovings v. Virginia das Verbot von Eheschließungen zwischen Angehörigen unterschiedlicher Rassen für verfassungswidrig erklärte, wollten viele Amerikaner gar nicht glauben, daß solche Gesetze in einzelnen Staaten der USA noch existierten.

Kaum minder gravierende Auswirkungen hatte die Neuregelung der Einwanderung, die ebenfalls schon unter Kennedy ins Auge gefaßt worden war. Das aus den 1920er Jahren stammende Quotensystem, das die Länder der "Dritten Welt" benachteiligte und den Unternehmern die Anwerbung billiger Arbeitskräfte in Lateinamerika und Asien erschwerte, wurde mit dem Immigration Act von 1965 durch Obergrenzen für die westliche und die östliche Hemisphäre ersetzt. Im Rahmen dieser *hemispheric ceilings*, die der Kongreß für den Westen auf 120 000, für den Osten auf 170 000 Immigranten jährlich festsetzte, sollte kein einzelnes Land in Zukunft mehr als 20 000 Auswanderer pro Jahr schicken. Wenn man diese Zahlen in der Folgezeit auch häufig veränderte, so stand doch die gesamte Einwanderungsregulierung von nun an auf einer neuen Grundlage: Die rassisch motivierten Privilegien für West- und Nordeuropäer entfielen, das Tor für Neuankömmlinge aus den unterentwickelten Regionen der Erde öffnete sich ein Stück weit, und der Strom der Einwanderung wurde insgesamt breiter und ethnisch wie religiös vielfältiger. Auf der einen Seite betonte diese Entwicklung den traditionellen multi-ethnischen Charakter und den kulturellen Reichtum der Vereinigten Staaten, auf der anderen Seite gesellten sich zu der Rassenfrage, die noch keineswegs gelöst war, neue

Minderheitenprobleme hinzu, deren Brisanz erst allmählich ins öffentliche Bewußtsein drang.

Mit der politischen und rechtlichen Gleichstellung der Afro-Amerikaner wuchs der Druck, auch die soziale Lage dieser Bevölkerungsgruppe zu verbessern, die von jeher am unteren Ende der Einkommens- und Wohlstandsskala rangierte. Durch die günstige Wirtschaftsentwicklung in ihrem Optimismus bestärkt, wollte die Johnson-Administration dieses Problem nun im Rahmen eines großangelegten Reformprogramms lösen, das den von Franklin Roosevelt mit dem *New Deal* begonnenen Aufbau des Sozialstaates vollendete und das Gespenst der Armut endgültig aus der amerikanischen Gesellschaft verbannte. Auch auf diesem Weg folgte der Kongreß der Führung des Präsidenten und legte einen reformerischen Elan an den Tag, wie ihn Washington seit den 1930er Jahren nicht mehr erlebt hatte. Zu den wichtigsten Neuerungen, die zwischen 1964 und 1966 eingeführt wurden, gehörten eine bundesstaatliche Krankenversicherung für ältere Amerikaner (*Medicare*) und Bundeszuschüsse an die Einzelstaaten, um die Gesundheitsversorgung der Wohlfahrtsempfänger sicherzustellen (*Medicaid*). Der "bedingungslose Kampf gegen die Armut", den Johnson nach seiner Wahl proklamiert hatte, wurde auch mit Lebensmittelkarten (*food stamps*) geführt, die Städte und Gemeinden zu Lasten des Bundeshaushalts an Bedürftige ausgeben konnten. Ferner verabschiedete der Kongreß Gesetze, die darauf abzielten, das Bildungswesen und die Zukunftschancen der jungen Generation zu verbessern, die heruntergekommenen Innenstädte zu sanieren, das öffentliche Verkehrswesen und den Verbraucherschutz auszubauen, Kunst und Kultur zu fördern, und die noch vieles andere mehr in Angriff nahmen. Unter dem Schlagwort des "kooperativen Föderalismus" (*cooperative federalism*) kam es auf verschiedenen Gebieten zu einer Verquickung bundesstaatlicher und einzelstaatlicher Aufgaben, die den Charakter des amerikanischen Regierungssystems merklich veränderten. Da der Kongreß in der Regel Bedingungen an die Gewährung von Zuschüssen knüpfte, nahmen seine Eingriffs- und Kontrollbefugnisse im gleichen Maße zu, wie die Staaten in Abhängigkeit von der Washingtoner Zentralgewalt gerieten. Hinter allem stand Johnsons liberale Vision der *Great Society*, einer modernen, gerechten und harmonischen Gesellschaft, die dem Rest der Welt zum Vorbild dienen sollte. Gemessen an der Zahl der unter dem statistischen Existenzminimum lebenden Amerikaner, die sich zwischen 1960 und

1970 generell von 22,4 auf 12,6 Prozent, bei Afro-Amerikanern von 55,1 auf 31 Prozent verringerte, kam die Johnson-Administration diesem Ziel beträchtlich näher. Anstatt die Gesellschaft zu befrieden, löste der Modernisierungsschub jedoch zusätzliche Unruhe aus und wirkte polarisierend: Den einen flößten die vielen Neuerungen Angst vor einem übermächtigen, alles regulierenden bürokratischen "Leviathan" ein, den anderen, die das Versprechen sozialer Gleichheit und Gerechtigkeit wörtlich nahmen, gingen sie nicht weit genug. Konservativ-religiöse Kreise fühlten sich von Urteilen des liberalen Warren Court abgestoßen, die u.a. Schulgebete und Bibellesen in öffentlichen Schulen untersagten und das Verbot der Pornographie lockerten. Diese Ängste und enttäuschten Erwartungen wurden noch durch den Vietnamkrieg gesteigert, dessen Auswirkungen die amerikanische Bevölkerung erst jetzt voll zu spüren bekam. Johnsons Absicht, das militärische Engagement der USA in Südostasien auszuweiten, ohne die Verwirklichung der *Great Society* aufs Spiel zu setzen, erwies sich rasch als undurchführbar. Schon 1967 zwangen die steigenden Kriegskosten die Regierung zur Kürzung von Sozialprogrammen und zu Steuererhöhungen. Nun verband sich der radikal-reformerische Geist, der vor allem die akademische Jugend erfaßt hatte, mit dem Protest gegen den Vietnamkrieg und erzeugte die brisante politische Atmosphäre, die sich in den Explosionen des Jahres 1968 entlud.

Die Ausweitung des Vietnamkrieges und die inneramerikanische Protestbewegung

Präsident Johnson übernahm zwar alle wichtigen außenpolitischen Berater seines Vorgängers, aber es mangelte ihm an dem Augenmaß und diplomatischen Geschick, das Kennedy in Krisensituationen bewiesen hatte. Darüber hinaus neigte er zu einer restriktiven Informationspolitik und Verschleierungstaktik, die in der Öffentlichkeit zu Recht das Gefühl aufkommen ließ, von der eigenen Führung hintergangen zu werden. Gegenüber der Sowjetunion setzte er die vorsichtigen Entspannungsbemühungen fort, indem er Moskau Kredite für umfangreiche Weizenkäufe in den USA gewährte (was nicht zuletzt den amerikanischen Farmern zugutekam) und 1968 – zusammen mit Großbritannien – ein Abkommen über die Nichtweiterverbreitung von Kernwaffen (Atomsperrvertrag) schloß, das 1970 in Kraft trat. Gleichzeitig setzte er die Verbündeten und insbesondere die Bundesrepublik unter Druck, sich mehr als bisher an den Verteidigungsausgaben zu beteiligen und durch Rüstungskäufe in den USA die amerikanische Zahlungsbilanz zu entlasten. Er konnte darauf verweisen, daß die Stationierung von über 400 000 Soldaten in Europa die USA Jahr für Jahr ca. 700 Millionen Dollar kostete, und daß die Deutschen trotz ihres "Wirtschaftswunders" wenig Neigung zur gerechten Lastenteilung (*burden sharing*) zeigten. Diese Pressionen trugen maßgeblich dazu bei, daß Adenauers glückloser Nachfolger Ludwig Erhard 1966 zurücktrat und den Weg für eine "Große Koalition" von CDU/CSU und SPD unter Kanzler Kurt-Georg Kiesinger freimachte. Die Beziehungen zu Frankreich blieben getrübt, zumal Präsident de Gaulle 1966 die französischen Streitkräfte aus der militärischen Integration der NATO löste und die Kommandostäbe der Allianz aus Paris verbannte.

Problematische Entscheidungen traf Johnson in der Lateinamerika- und der Nahostpolitik: Das militärische Eingreifen in die Machtkämpfe rivalisierender Gruppen in der Dominikanischen Republik im Jahr 1965 sollte ein "zweites Kuba" verhindern, kostete die USA aber viel von den Sympathien, die Kennedy mit der "Allianz für den Fortschritt" bei den südlichen Nachbarn erworben hatte; durch die rückhaltlose Unterstützung Israels während des Sechs-Tage-Krieges 1967 isolierten sich die USA im arabischen Lager und wurden als Vermittler im Nahostkonflikt unglaubwürdig. Das Schicksal der Johnson-Administration entschied sich aber in Vietnam, über dessen innere Verhältnisse – wie Verteidigungsminister Robert McNamara später freimütig zugab – der Beraterkreis des Präsidenten nur sehr unzureichend unterrichtet war. Im Wahljahr 1964 galten die Demokraten noch als die "Partei des Friedens", aber Johnson wollte in der Auseinandersetzung mit Goldwater, der einen härteren Kurs gegenüber Nordvietnam forderte, keineswegs als "soft on Communism" erscheinen. Trotz der offensichtlichen Verschlechterung der militärischen Situation lehnte er deshalb diplomatische Initiativen zur Wiederaufnahme der Genfer Indochina-Konferenz ab, die zu einer Neutralisierung von Südvietnam hätten führen können. Die US-Regierung setzte sich dabei über die Ratschläge ihrer europäischen Verbündeten hinweg und ließ auch nicht zu, daß die UNO mit der Vietnam-Frage befaßt wurde. Von Beginn an lieh Johnson den Militärs, die den Einsatz konventioneller Machtmittel befürworteten, ein offeneres Ohr als Kennedy es getan hatte. Ein möglicherweise von den USA selbst provozierter Zwischenfall im

Golf von Tongking, bei dem amerikanische Kriegsschiffe unter nordvietnamesisches Feuer gerieten, lieferte ihm den Vorwand, sich vom Kongreß eine bereits vorbereitete Generalvollmacht zur Ausweitung des Krieges geben zu lassen. Die *Gulf of Tonkin Resolution*, die beide Häuser am 7. August 1964 bei nur zwei Gegenstimmen annahmen, ermächtigte den Präsidenten, "alle nötigen Maßnahmen zur Abwehr bewaffneter Angriffe gegen US-Truppen zu ergreifen und zukünftige Aggressionen zu unterbinden." Damit ließ das Parlament der Exekutive praktisch freie Hand und billigte zumindest indirekt die extrem weite Auslegung der präsidentiellen *war power*, die den Kern der *imperial presidency* ausmachte.

Nach Johnsons Wahlsieg prüfte die Administration Anfang 1965 unter strikter Geheimhaltung verschiedene Vietnam-Optionen und entschied sich sowohl gegen einen Rückzug als auch gegen die Fortsetzung des Engagements im bisherigen Maßstab. Vielmehr sollte der amerikanische Einsatz nun "umgehend und substantiell" erhöht werden. Das bedeutete massive Luftangriffe auf Nordvietnam und den Ho Chi Minh-Pfad, die Entlaubung ganzer Dschungelregionen, die Vermienung von Häfen sowie eine progressive Verstärkung der amerikanischen Bodentruppen. Innerhalb von drei Jahren stieg die Zahl der in Südvietnam stationierten amerikanischen Soldaten von 23 000 auf über 500 000 an, die nun die Hauptlast des Krieges trugen. Trotz dieser kostspieligen und verlustreichen Eskalation gelang es weder, den Nachschub aus Nordvietnam zu stoppen und die Guerrilla von der bäuerlichen Bevölkerung des Südens zu trennen, noch das Regime in Saigon zu stabilisieren und die Moral der südvietnamesischen Armee zu stärken. Die wichtigsten Gründe für diesen Mißerfolg waren die Entschlossenheit und Opferbereitschaft der Gegenseite und das Versäumnis der US-Regierung, eine übergreifende Strategie zu entwickeln und klare Kriegsziele zu definieren. Rücksichtnahme auf die Sowjetunion und China, die Sorge vor einem Atomkrieg und Meinungsverschiedenheiten innerhalb der Administration erlaubten keine unbegrenzte, allein den militärischen Erfordernissen folgende Kriegführung. Den Verantwortlichen in Washington wurde auch allmählich bewußt, daß eine der wesentlichen Prämissen der Vietnampolitik – die Notwendigkeit der Eindämmung eines expansiven China – gar nicht mehr zutraf. Die Volksrepublik China war durch die Kulturrevolution, deren katastrophale Auswirkungen der westlichen Öffentlichkeit weitgehend verborgen blieben, zu sehr geschwächt, um die amerikanischen

Interessen in Südostasien ernsthaft bedrohen zu können. Überdies verdichteten sich die Anzeichen von Spannungen zwischen Peking und Hanoi sowie zwischen Peking und Moskau, die bereits Kennedy auszunutzen gehofft hatte. Das Gespenst eines *sino-soviet bloc*, der ganz Südostasien unter seine Kontrolle bringen wollte, schwand immer mehr dahin, ohne daß sich dies vorerst auf die amerikanische Vietnamstrategie auswirkte.

Die Regierung in Washington tat weiterhin alles, um die weltpolitischen Hintergründe und das wirkliche Geschehen in Südostasien vor der amerikanischen Öffentlichkeit zu verheimlichen. Dazu trug die relativ kritiklose Haltung der Medien bei, deren Repräsentanten nicht als unpatriotisch gelten wollten und sich gelegentlich auch von Regierungsbeamten und Militärs manipulieren ließen. Je mehr der Krieg in den USA jedoch zum Fernsehereignis mit schockierenden Bildern und täglichen *body counts* von getöteten Vietnamesen wurde, desto lauter meldeten sich Opponenten zu Wort, und desto heftiger entbrannte der Kampf um die öffentliche Meinung. Auf Grund der Wehrpflicht, die bis 1973 in Kraft war, kamen immer mehr Menschen unmittelbar mit dem Krieg in Berührung: Insgesamt dienten fast drei Millionen Amerikaner in Vietnam, und Millionen andere mußten fürchten, daß dieses Schicksal sie selbst oder einen engen Familienangehörigen traf.

Der Ursprung der amerikanischen Anti-Kriegsbewegung lag in den Kampagnen gegen Atombombenversuche und Aufrüstung, die bereits in den 1950er Jahren geführt worden waren. Nun floß dieser Protest mit der Bürgerrechtsbewegung zusammen, wobei häufig Kirchengruppen und studentische Organisationen wie die 1956 gegründeten *Students for a Democratic Society* (SDS) die Verbindung herstellten. Das *Port Huron Statement* des SDS von 1958 forderte die Beendigung des Kalten Krieges, eine "echte" partizipatorische Demokratie sowie die Sicherung der Bürgerrechte und persönlichen Freiheiten aller Amerikaner. An den Universitäten breitete sich, angestoßen u.a. von den Schriften des Soziologen C. Wright Mills (*The Power Elite*, 1956) und des deutsch-amerikanischen Philosophen Herbert Marcuse (*The One-Dimensional Man*, 1964), neomarxistisches und antikapitalistisches Gedankengut aus. Die USA erschienen durch diese Brille als eine mit den Merkmalen "formaler" Demokratie nur unzureichend verhüllte Klassengesellschaft, deren Eliten daheim und in der Welt Unterdrückung und Ausbeutung betrieben. Im Unterschied zur "alten Linken" der 1920er und 1930er Jahre machten die Vertreter der *New Left* die positiven Gegenkräfte nicht mehr in erster Linie in der Arbeiterklasse aus, sondern in der kritischen Jugend, speziell der Studentenschaft. Die Resonanz war beachtlich, denn auf ihrem Höhepunkt gegen Ende der 1960er Jahre zählte die Studentenorganisation SDS etwa 100 000 Mitglieder. Wie in Westeuropa, so wurden nun auch in den USA Fidel Castro, Ernesto "Che" Guevara, Mao Tse-tung und Ho Chi Minh zu Idolen einer wachsenden Zahl junger Menschen, die sich mit den armen Völkern der Dritten Welt solidarisierten und den Vorwurf des Imperialismus und Neokolonialismus gegen das politische *establishment* des eigenen Landes richteten. Das Verbrennen von Einberufungsbescheiden (*draft-card burning*) und die Flucht nach Kanada oder Übersee galten aus dieser Perspektive als moralische Widerstandsakte gegen staatliche Willkür. Etwa 120 000 Wehrdienstpflichtige setzten sich ins Ausland ab, weil sie nicht in einen Krieg geschickt werden wollten, den sie für sinnlos oder sogar verbrecherisch hielten.

In ihren Vorträgen, Büchern und Presseorganen (*Partisan Review*, *Nation*, *New Republic*) versuchten die intellektuellen Führer der *New Left* dem vielschichtigen sozialen und politischen Protest ideologische Kohärenz und eine klare Richtung zu geben. Parallel zu diesen Debatten der "Neuen Linken" radikalisierte sich die Bürgerrechtsbewegung. Einige ihrer Sprecher befürworteten nun "revolutionäre Gewalt" zum Sturz des kapitalistischen Systems und erhoben unter dem Schlagwort *black power* Forderungen nach einem separaten Vorgehen der Afro-Amerikaner. Martin Luther King blieb zwar den Prinzipien der Gewaltfreiheit und der Rassenintegration treu, aber auch er zeigte sich von den geringen sozialen Fortschritten enttäuscht und begann über die Notwendigkeit einer grundlegenden Umgestaltung der amerikanischen Gesellschaft nachzudenken. Jüngere Führer der SCLC wie der Reverend Jesse Jackson in Chicago versuchten vor allem das Selbstwertgefühl und den Rassenstolz der Afro-Amerikaner zu stärken. Schwarze Künstler gaben die Parole *black is beautiful* aus, um ihre Landsleute von der Nachahmung weißer Sitten, Gebräuche und Moden abzubringen. Den extremen Flügel bildeten Gruppen wie die *Nation of Islam* (*Black Muslims*), die von ihnen abgespaltene *Organization of Afro-American Unity* unter Malcolm X (der 1965 von rivalisierenden *Black Muslims* ermordet wurde), radikale Studentenführer wie Stokely Carmichael und H. Rap Brown, sowie die 1966 im kalifornischen Oakland von Huey Newton und Bobby Seale gegründeten *Black Panthers*, denen sich auch Eldridge Cleaver und Angela Davis anschlossen. Unter dem Eindruck der weltweiten Dekolonisierung predigten sie einen schwarzen Nationalismus, die Rückkehr zu den Quellen der afrikanischen Kultur und "direkte Aktionen" gegen weiße Rassen- und Klassenherrschaft. Den Nährboden für ihre Agitation bildeten die trostlosen Zustände in den Ghettos der Metropolen, in denen es schon 1964 zu ersten Unruhen gekommen war. Im August 1965 explodierten Haß und Gewalt in Los Angeles im Schwarzenviertel Watts, und 1967 brachen in insgesamt 22 Städten *city riots* aus, die Hunderten von Menschen das Leben kosteten (in Detroit allein 43) und große materielle Schäden anrichteten.

Der soziale Gärungsprozeß erfaßte auch andere Bevölkerungsgruppen und Minderheiten, steigerte ihre Ansprüche und beflügelte ihre Aktivitäten. Erleichtert wurde dieses generelle Aufbegehren gegen gesellschaftliche "Repressionen" und Rollenzuweisungen durch einen Wandel des Rechtsempfindens und der Rechtskultur (*legal culture*) in den USA. Hatten die Richter jahrzehntelang die Eigentums- und Vertragsrechte in den Mittelpunkt ihrer Erwägungen gestellt, so wandten sie sich nun mit ebensolcher Akribie und Vehemenz den in Verfassung und *Bill of Rights* verbrieften Grundrechten zu. In nahezu allen Bereichen von der Religions-, Meinungs- und Pressefreiheit über die Verfahrensrechte des Angeklagten im Prozeß bis hin zum Recht auf eine geschützte Privatsphäre, das sie aus dem 10. Amendment herauslasen, reduzierten die Gerichte die Eingriffsmöglichkeiten staatlicher Organe und erweiterten damit zugleich die Autonomie des Individuums. Geradezu exemplarisch manifestierte sich diese Tendenz in der Rechtsprechung des Warren Court, dem seit 1961 mit Thurgood Marshall erstmals ein Afro-Amerikaner angehörte. "Liberal" bedeutete in diesem Zusammenhang die Herstellung einer möglichst vollkommenen Rechts- und Chancengleichheit, verbunden mit einer weitgehenden kulturellen Selbstbestimmung des Einzelnen und der gesellschaftlichen Gruppen. Der Kampf um individuelle und kollektive Rechte wurde denn auch zur Signatur der 1960er Jahre. Maßgeblich beteiligt waren neben den weißen und schwarzen Bürgerrechtlern die Frauen, die ihre immer noch gravierende Benachteiligung im Berufsleben und die Herabwürdigung zu "Sexualobjekten" in einer Männerwelt überwinden wollten. Mit den eher konventionellen Methoden der *women's rights*-Bewegung versuchte dies die *National Organization of American Women* (NOW), die 1966 nach dem Vorbild von NAACP von Betty

Friedan gegründet wurde, der Verfasserin des Bestsellers *The Feminine Mystique* von 1963. Unter der Parole "equal partnership with men" kümmerte sich NOW um die praktische Verwirklichung der Bestimmungen des Civil Rights Act aus dem Jahr 1964, die eine Gleichbehandlung von Frauen und Männern im beruflichen Alltag gewährleisten sollten. Erfolge konnte die Organisation auch an den Schulen und Universitäten verzeichnen, wo immer mehr *women's studies programs* eingerichtet wurden und neue Disziplinen wie *women's history* entstanden. Durch spektakuläre Aktionen, z.B. die Verhinderung von Miss-America-Wahlen, machte dagegen ein anderer Ableger der Frauenbewegung, das *women's liberation movement*, auf sich aufmerksam. Die Protagonisten von *women's lib*, die sich in lokalen Kollektiven zusammenschlossen und eine zentrale Leitung ablehnten, strebten die revolutionäre Umgestaltung der Geschlechterbeziehungen und die Überwindung der patriarchalischen Struktur der westlichen Gesellschaften an. Sie führten den Begriff "gender" in die Debatte ein, der als umgreifende Kategorie allmählich alle anderen Konzepte zurückdrängte. Die amerikanische Geschichtswissenschaft profitierte insgesamt von den Impulsen der *New Left*-Bewegung und des Feminismus, deren Anhänger den Blick stärker als bisher auf die benachteiligten, "unterprivilegierten" Teile der Bevölkerung – Arbeiter, Afro-Amerikaner, Minderheiten insgesamt, Frauen – richteten, und die sich neuen Methoden und Disziplinen wie Sozialgeschichte, Alltagsgeschichte und Mentalitätsgeschichte zuwandten. Allerdings schossen die "revisionistischen" Interpretationen oft über das Ziel hinaus und boten konservativen Kritikern große Angriffsflächen.

Der Kampf um "gleiche Rechte für alle" fand schließlich auch bei den Native Americans und der rasch wachsenden Gruppe der Hispanic Americans Widerhall. Die offizielle Indianerpolitik war inzwischen mit ihrem seit 1953 verfolgten Bemühen gescheitert, die Ureinwohner, deren Zahl seit der Jahrhundertwende wieder anstieg, den anderen US-Bürgern völlig gleichzustellen und möglichst viele von ihnen außerhalb der Reservate anzusiedeln bzw. die Reservate in gewöhnliche *Counties* umzuwandeln. In der Praxis hatten diese Konzepte der *termination* und *relocation* eine zunehmende Desorientierung und Verelendung der indianischen Gemeinschaften bewirkt. Als einziger Ausweg aus dem Dilemma verblieb die Stärkung der Selbstverwaltung und Wirtschaftskraft der Reservate, die in den 1960er Jahren in Angriff genommen, aber noch keineswegs konsequent verfolgt wurde. Nachdem die Bundesmittel für die indianische Bevölkerung im Rahmen der *Great Society* seit 1965 erhöht worden waren, verabschiedete der Kongreß 1968 den Indian Civil Rights Act, der den mehr als ein Jahrhundert zuvor vom Marshall Court verkündeten Prinzipien wenigstens teilweise Geltung verschaffte. Das allgemeine Reformklima ermutigte die Indianer, ihre Anliegen offensiv und mit eigener Stimme vorzutragen. Ältere Organisationen wie der *National Congress of American Indians* (NCAI) von 1944 traten dabei hinter Neugründungen zurück, unter denen sich der *National Indian Youth Council* (1961) und das militante *American Indian Movement* (AIM), das 1968 von Chippewas in Minnesota gegründet wurde, am meisten Gehör verschafften. Eine *Mexican-American Political Association* existierte seit 1960, doch erst die 1965 in Kalifornien beginnenden Streiks der *United Farm Workers* unter Führung von Cesar Chavez lenkten die Aufmerksamkeit der Nation auf das harte Los der mexikanischen Wanderarbeiter und Tagelöhner im Westen der USA. Die Ablösung der Bezeichnung "Mexican-Americans" durch "Chicanos" und "Hispanics", die in dieser Zeit erfolgte, deutete darauf hin, daß die spanisch sprechenden Neueinwanderer allmählich eine eigene kulturelle Identität entwickelten.

Zum politischen und sozialen Protest der sechziger Jahre gesellten sich vielfältige Strömungen, die heute unter dem Begriff der *counterculture* zusammengefaßt werden. Ihre Träger waren zumeist – in der Nachfolge von "beat"-Künstlern oder *beatniks* aus den 1950er Jahren wie Jack Kerouac und Allen Ginsberg – Intellektuelle und Jugendliche aus den bürgerlichen weißen Mittelschichten, die sich von den Konventionen, Zwängen und Tabus des *mainstream*-Amerika emanzipieren wollten und nach Alternativen zur Konsumkultur und "technokratischen" Rationalität der modernen Gesellschaft suchten. "Bewußtseinserweiterung" versprachen sie sich von neuen, aggressiven Formen der Rock- und Pop-Musik, von Drogen wie Marihuana, LSD und Heroin, von fernöstlicher Meditation und Religiosität und von einem freizügigen Umgang mit der Sexualität (der durch die Verfügbarkeit der Pille zur Empfängnisverhütung erleichtert wurde). Frühe Bastionen der Gegenkultur waren East Greenwich Village in New York und der Haight-Ashbury-Distrikt in San Francisco, von wo aus sich das Lebensgefühl, die Verhaltensweisen und die unkonventionellen Erscheinungsformen – lange Haare, Bärte, Jeans etc. – der "hippies", "peaceniks" und "Blumenkinder" über die USA auszubreiten begannen. Während das traditionelle Amerika diese Phänomene als abstoßend und provozierend empfand, wurden sie auf der anderen Seite des Atlantik eifrig nachgeahmt und prägten bald das Bild, das sich die nachwachsende Generation der Europäer von den "fortschrittlichen" Vereinigten Staaten machte.

Das Epochenjahr 1968

Gegen Ende der 1960er Jahre schien es, als wären endgültig alle Schleusen geöffnet worden, die in der Epoche des "liberalen Konsens" abweichende Meinungen und Gesellschaftskritik zurückgestaut hatten. Nahezu im Gleichklang mit Westeuropa, dessen Staaten und Gesellschaften ebenfalls von Anti-Vietnamkriegs-Demonstrationen und Jugendprotesten erschüttert wurden, erreichte die Emotionalisierung und Radikalisierung des politischen Lebens in den USA im Jahr 1968 ihren Höhepunkt. Zum Wendepunkt des Vietnamkrieges wurde die auf das vietnamesische Neujahrsfest Ende Januar 1968 terminierte Tet-Offensive des Vietcong. Rein militärisch betrachtet, erlitt die Guerrillabewegung dabei zwar eine Niederlage, die sie noch stärker als zuvor von Nordvietnam abhängig machte. An der amerikanischen "Heimatfront" waren die psychologischen Auswirkungen des Geschehens, insbesondere des Vordringens von Vietcong-Kämpfern auf das streng bewachte Gelände der US-Botschaft in Saigon, jedoch so gravierend, daß eine Fortsetzung des Krieges im bisherigen Stil nicht mehr in Frage kam. Zu offensichtlich hatte das Konzept des *nation building*, das in anderen Fällen erfolgreich gewesen war, in Südvietnam versagt. Die öffentliche Meinung verlangte ein Ende oder zumindest eine Reduzierung des militärischen Engagements, und auch in Administration und Kongreß kehrte sich das Verhältnis zwischen "Falken" (*hawks*) und "Tauben" (*doves*) binnen kurzem zugunsten der letzteren um. Immer mehr Angehörige der politischen Elite erklärten ihren Dissens und verweigerten Präsident Johnson die Gefolgschaft. So vertrat der ehemalige Außenminister Dean Acheson die Ansicht, die nationale Sicherheit der USA sei durch die innere Zerrissenheit stärker gefährdet als durch eine mögliche kommunistische Machtübernahme in Südvietnam. Kaum weniger scharf als die demonstrierenden Studenten auf der Straße geißelte J. William Fulbright im Senat und in seinen Schriften die "Arroganz der Macht", die Regierung und amerikanische Militärs der Dritten Welt und den Verbündeten gegenüber an den Tag legten. Wirtschaftsexperten wiesen darauf hin, daß der Devisenabfluß gefährliche Formen annahm, und daß die USA bald nicht mehr in der Lage sein würden, ihre Verpflichtung zum Eintausch von Dollarnoten gegen Gold zu erfüllen.

Einen schweren Schlag für Johnsons politische Ambitionen bedeutete die Entscheidung des populären Robert Kennedy, sich um die Präsidentschaftskandidatur der Demokratischen Partei zu bewerben. Johnson reagierte darauf zunächst mit dem Versprechen, keine weiteren Truppen mehr nach Vietnam zu schicken, und gab schließlich Ende März 1968, nervlich und physisch zerrüttet, seinen überraschenden Verzicht auf die Wiederwahl bekannt. Gleichzeitig stoppte er die Bombardierung Nordvietnams und erklärte sich bereit, nach einer Verhandlungslösung zu suchen. Die öffentliche Erregung wurde noch gesteigert, als Martin Luther King am 4. April in Memphis, Tennessee, dem Mordanschlag eines entflohenen weißen Zuchthäuslers zum Opfer fiel. In 29 Staaten einschließlich des *District of Columbia* und in 125 amerikanischen Städten brachen daraufhin Rassenunruhen aus, die häufig nur durch den Einsatz von Nationalgarde und regulärem Militär unter Kontrolle gebracht werden konnten. Die Kette der traumatischen Erlebnisse setzte sich am 5. Juni mit der Ermordung Robert Kennedys fort, der gerade einen wichtigen Vorwahlsieg in Kalifornien errungen hatte. Der Täter war ein junger Palästinenser, dem die israelfreundliche Haltung Kennedys mißfiel. Durch den Tod von King und Kennedy verloren die Bürgerrechtsbewegung und die liberale Linke innerhalb weniger Wochen ihren charismatischen Führer und ihren politischen Hoffnungsträger. Kennedy wäre wohl als einziger in der Lage gewesen, die alte *New Deal*-Koalition aus Reformkräften, Industriearbeiterschaft und Minderheiten zusammenzuhalten. Die Empörung und Verbitterung entlud sich im August 1968 während des Parteikonvents der Demokraten in Chicago, der einen chaotischen Verlauf nahm und von schweren Zusammenstößen zwischen Demonstranten und der Polizei überschattet wurde. Die Delegierten nominierten Vizepräsident Hubert H. Humphrey als Kompromißkandidaten, konnten aber das negative Image nicht beseitigen, das den Demokraten nun als der *party of disorder* anhaftete. Von dem konservativen Gegenschlag (*backlash*), den die innenpolitischen Turbulenzen des Jahres 1968 erzeugten, profitierte in erster Linie der Republikanische Kandidat Richard Nixon. Mit dem Versprechen, für *law and order* daheim und einen ehrenvollen Frieden in Vietnam zu sorgen, zog er viele Amerikaner auf seine Seite, die sich von den militanten Anti-Kriegsprotesten und der Hippie-Szene abgestoßen fühlten. Das Wahlergebnis im November fiel dennoch recht knapp aus, weil Humphrey kurz vor dem Urnengang auf den Beginn von Vietnam-Friedensverhandlungen hatte verweisen können, und weil der radikalkonservative Gouverneur George C. Wallace aus Alabama als Unabhängiger im Süden beachtliche Erfolge erzielte. Nixon lag mit 43,4 Prozent der Wählerstimmen und 301 Wahlmännern vor Humphrey (42,7 Prozent/191 Wahlmänner), während Wallace immerhin 13,5 Prozent und 46 Elektoren verbuchen konnte. Mehr noch als der sogenannten "schweigenden Mehrheit" verdankte Nixon, den die meisten Beobachter nach der Niederlage gegen John F. Kennedy 1960 und der erfolglosen Bewerbung um das Amt des Gouverneurs von Kalifornien 1962 schon abgeschrieben hatten, sein politisches Comeback den Fraktions- und Flügelkämpfen in der Demokratischen Partei.

Die Hauptverantwortung für die Auszehrung und den Zerfall des "liberalen Konsens" trifft Lyndon B. Johnson und seine Mitarbeiter, die vielversprechend begonnen hatten, am Ende aber einen politischen Scherbenhaufen hinterließen. Der Krieg in Vietnam, über dessen Sinn und Kosten Johnson die Bevölkerung niemals offen unterrichtete, hatte das Ansehen der USA in der Welt beschädigt, ihre wirtschaftliche Hegemonie unterminiert und das Projekt der *Great Society* zum Scheitern verurteilt. Bei der rechtlichen Gleichstellung der Afro-Amerikaner und anderer Minderheiten sowie beim Ausbau des Sozialstaates waren durchaus Fortschritte erzielt worden, aber diese Verbesserungen hatten neue Erwartungen geweckt, die auch ohne den Aderlaß des Vietnamkrieges nur schwer hätten erfüllt werden können. Die seit dem *New Deal* kaum noch gestellte Frage, ob es denn überhaupt die Aufgabe der Bundesregierung sei, für Gleichheit und soziale Gerechtigkeit zu sorgen, sollte die Amerikaner fortan intensiv beschäftigen und entzweien. Ungewiß war auch, wie eine derart aufgewühlte Nation zielstrebige Außenpolitik betreiben und ihren internationalen Führungsanspruch aufrechterhalten konnte. Daß sich die Sowjetunion weiterhin nicht scheute, westliche Verwirrung und Schwäche auszunutzen, hatte sie bewiesen, als Truppen des Warschauer Pakts auf dem Höhepunkt der amerikanischen Krise im August 1968 in die Tschechoslowakei einmarschierten und das Reformexperiment des "Prager Frühlings" abrupt beendeten.

VIII.
Krise des nationalen Selbstverständnisses und konservative Renaissance, 1969–1992

Aus einfachen Verhältnissen hatte sich Richard Nixon mit unbändiger Energie, eiserner Disziplin und einer gehörigen Portion Gerissenheit, die ihm den Spitznamen *Tricky Dick* einbrachte, den Weg an die Spitze des Staates gebahnt. Geboren 1913 im südkalifornischen Yorba Linda, war er in einer Quäkerfamilie aufgewachsen, die nahe Los Angeles ein Lebensmittelgeschäft betrieb. Nach Jurastudium und Militärdienst schaffte er den Sprung in die nationale Politik, wurde 1946 ins Repräsentantenhaus gewählt und zog 1950 in den Senat ein. In der Phase des McCarthyismus tat er sich durch scharfe Attacken gegen Alger Hiss hervor, einen prominenten Mitarbeiter des State Department, der schließlich wegen Meineids verurteilt wurde. Eisenhower diente er acht Jahre lang als Vizepräsident, wobei vor allem seine – häufig turbulent verlaufenden – Auslandsreisen für Schlagzeilen sorgten. Nachdem er die Rückschläge der Wahlniederlagen von 1960 und 1962 verkraftet hatte, ging sechs Jahre später mit dem Sieg über Hubert Humphrey sein privater "amerikanischer Traum" in Erfüllung. Die Präsidentschaft wurde aber für ihn selbst wie für seine Landsleute zu einer herben Enttäuschung, am Ende gar zum Alptraum. Zunächst schien es Nixon zu gelingen, die innen- und außenpolitische Lage des Landes zu stabilisieren. Während seiner zweiten Amtszeit stürzten die Vereinigten Staaten jedoch in die schwerste Krise seit dem Bürgerkrieg, verursacht diesmal nicht durch eine Revolte gegen die Bundesregierung, sondern durch den leichtfertigen und willkürlichen Umgang mit der Macht im Zentrum des Staates selbst. Der Watergate-Skandal offenbarte die schlimmsten Auswüchse der *imperial presidency* und erschütterte das Vertrauen der Bevölkerung in die Institutionen des Bundesstaates. Die demütigende Niederlage im Vietnamkrieg, die sich noch vor Nixons Rücktritt 1974 abzeichnete, traf die sieggewohnte und im Glauben an die moralische Überlegenheit der USA erzogene Nation ins Mark. Der Wertverlust des Dollars nach Freigabe der Wechselkurse im Jahr 1971 und die Pressionen der OPEC-Staaten, die auf den Nahostkrieg von 1973 folgten, zeigten den Amerikanern überdies die Grenzen ihrer wirtschaftlichen Macht und Unabhängigkeit auf. Bemerkenswerterweise führten diese schweren Schläge, die das nationale Selbstbewußtsein innerhalb kurzer Zeit erlitt, nicht zur Rückbesinnung auf die Werte des "liberalen Konsens". Vielmehr setzte sich auch unter dem Demokratischen Präsidenten Jimmy Carter der Trend zum Konservatismus fort, der Nixon 1968 ins Weiße Haus gebracht hatte. In den 1980er Jahren, in denen die Republikaner Ronald Reagan und George Bush die militärische Macht und den weltweiten Einfluß der USA wieder stärkten, deutete sich sogar ein neuer "konservativer Konsens" an, der durch das überraschende Ende des Kalten Krieges noch gefestigt wurde. Wie der "liberale Konsens" in den ersten beiden Nachkriegsjahrzehnten, schloß dieser "konservative Konsens" innenpolitischen Streit und tiefgehende Meinungsunterschiede zwar keineswegs aus; unübersehbar war aber, daß das politische Spektrum insgesamt nach rechts rückte, und daß von konservativer Seite eingebrachte Themen wie Bewahrung der Familie, Patriotismus, Wiederbelebung des Föderalismus und Deregulierung der Wirtschaft zunehmend die öffentliche Debatte bestimmten. Diese geistig-kulturelle Umorientierung fand vor dem Hintergrund einer demographischen und ökonomischen Entwicklung statt, die den ethnischen Pluralismus der amerikanischen Gesellschaft weiter verstärkte und die Modernisierung der Wirtschaft vorantrieb, zugleich aber auch die Unterschiede zwischen Arm und Reich deutlich akzentuierte.

1. Die krisenhaften siebziger Jahre

Zerfall der Anti-Kriegs-Front und Auffächerung der Bürgerrechtsbewegung

Die konservative Wende gegen den Geist des *New Deal* und das von ihm geschaffene *big government*, die Nixon im Wahlkampf angekündigt hatte, vollzog sich zunächst eher in der Rhetorik als in der politischen Praxis. Vorerst wirkte die liberale Grundhaltung in vielen Bereichen und Institutionen weiter fort, etwa an den Universitäten und Colleges, die sich seit dem Krieg für breite Bevölkerungsschichten geöffnet hatten, oder im Kongreß, der nach wie vor von den

Demokraten beherrscht wurde, und nicht zuletzt auch im Supreme Court, an dessen Spitze zwar 1969 mit Warren E. Burger ein konservativer Chief Justice trat, dessen Richtermehrheit aber bis in die 1980er Jahre hinein dem progressiven Kurs des Warren Court verpflichtet blieb. Die großen Parteien suchten ihre Attraktivität zu steigern, indem sie zu einer Kandidatenaufstellung im Rahmen von "offenen" Vorwahlen übergingen, an denen sich alle Bürger ungeachtet ihrer Parteipräferenz beteiligen konnten. Damit erhielt das demokratische Element im politischen Leben Auftrieb, auch wenn die Wahlbeteiligung insgesamt nicht zunahm und eine übermäßige Personalisierung der Politik mit der neuen Praxis verbunden war. Das öffentliche Meinungsklima wurde nach wie vor von den großen Ostküstenblättern *New York Times* und *Washington Post* bestimmt, die im Verlauf des Vietnamkrieges zu einer kritischen, regierungsunabhängigen Berichterstattung gefunden hatten. In diesem "liberalen Establishment" machte Nixon denn auch die Gegner aus, die ihn angeblich "vernichten" wollten, und gegen die er sich mit allen, auch unlauteren Mitteln wehren zu müssen glaubte.

Kennzeichnend für die Diskrepanz zwischen Wunsch und Wirklichkeit war das Schicksal von Nixons Projekt eines *New Federalism*, der dazu dienen sollte, die bundesstaatliche Bürokratie einzudämmen, Verantwortung an Einzelstaaten und Gemeinden zurückzugeben und *government* wieder generell näher an die Bürger heranzubringen. Tatsächlich trat eher das Gegenteil ein, weil die Nixon-Administration zu einem echten Kompetenz- und Machtverzicht gar nicht bereit war, und weil die Regierungen und Parlamente der Einzelstaaten angesichts der drängenden Wirtschaftsprobleme zusätzliche Aufgaben weder übernehmen wollten noch konnten. Der Kongreß betrieb sogar eine moderate Expansion der bundesstaatlichen Zuständigkeiten, indem er 1970 als Reaktion auf das gestiegene Umweltbewußtsein die *Environmental Protection Agency* (EPA) einrichtete und mit dem Clean Air Act aus demselben Jahr und dem Clean Water Act von 1972 nationale Standards festschrieb. Obwohl die USA also ähnlich einem großen Tanker, der nur sehr langsam auf Steuerbewegungen reagiert, ihren Kurs zunächst kaum spürbar veränderten, machten sich doch erste Anzeichen eines Stimmungs- und Mentalitätswandels bemerkbar. Hierzu zählte in erster Linie die Auffächerung der Bürgerrechts- und Studentenbewegung in zahlreiche Gruppen und Initiativen, die jeweils eigene Ziele definierten, getrennte Wege gingen und recht unterschiedliche

Erfolge verbuchen konnten. Nixons Strategie, den Frieden in Vietnam "herbeizubomben", bewirkte kurzfristig noch einmal eine Massenmobilisierung der Kriegsgegner, doch sie erwies sich lediglich als ein letztes Aufflackern des rebellischen *spirit of 68*. Studentische Demonstrationen gegen die Ausweitung des Krieges auf Kambodscha und Laos im Frühjahr 1970 beantworteten die Behörden mit dem Einsatz von Militär und der Verhängung des Kriegsrechts über mehrere Universitäten. Der blutige Zwischenfall an der Kent State University in Ohio im Mai, bei dem Nationalgardisten vier Studenten erschossen und elf weitere verwundeten, und ein Bombenanschlag an der University of Wisconsin in Madison, der im Sommer ebenfalls ein Menschenleben kostete, signalisierten das Ende der breiten Anti-Kriegsbewegung. In der Bevölkerung überwog nun eindeutig die Sorge vor dem "sozialen Chaos", und die Mehrheit vertraute darauf, daß Nixon und sein Nationaler Sicherheitsberater, der deutschstämmige Historiker Henry Kissinger, dem vietnamesischen Alptraum ein baldiges Ende bereiten würden. Der allmähliche Abzug der US-Kampftruppen aus Südvietnam trennte die liberalen Kriegsgegner und Pazifisten, die ihr Ziel für weitgehend erreicht hielten, vom harten Kern der Anti-Imperialismus-Kämpfer. Zuvor schon hatte die *counterculture* mit dem Woodstock-Festival, zu dem sich im August 1969 über 400 000 junge Leute in den New Yorker Catskill Mountains versammelten, ihren heute legendären Höhepunkt erreicht. Je klarer die Aussichtslosigkeit eines frontalen Angriffs gegen die Autorität des Staates zu Tage trat, desto mehr konzentrierte sich das politische Engagement der Bürger auf Einzelanliegen oder wich ganz und gar der Befriedigung privater Bedürfnisse. Während einerseits der Aktivismus ethnischer Minderheiten, der Frauenbewegung, der Homosexuellen (*gay and lesbian movement*) und der Umweltschützer eher noch zunahm, flüchteten sich andererseits mehr und mehr Menschen in mystische Kulte, abgeschiedene Kommunen, selbstzerstörerischen Drogenkonsum oder verzweifelten Terrorismus. Dieses letzte Phänomen erreichte in den USA zwar nicht dasselbe Ausmaß wie etwa in der Bundesrepublik oder Italien, aber einzelne in die Illegalität abgetauchte Gruppen, etwa die *Weather Underground Organization*, bewiesen kaum weniger Fanatismus und Entschlossenheit als die "Rote Armee Fraktion" oder die "Roten Brigaden". Die *Weathermen*, eine extreme Splittergruppe des zerfallenden SDS, verübten bis 1975 etwa 20 Bombenanschläge gegen öffentliche Einrichtungen, um "das System" zu treffen. Anders als in Europa fanden die Terroristen jedoch so gut wie keine bürgerlichen Sympathisanten, und gegenüber dem FBI, das die Protestszene systematisch unterwanderte, hatten sie auf Dauer keine Chance.

Auf mehr Verständnis in der Bevölkerung konnten dagegen die militanten Native Americans hoffen, die sich 1969 handstreichartig der ehemaligen Gefängnisinsel Alcatraz vor San Francisco bemächtigten, 1971 kurzfristig das *Bureau of Indian Affairs* in Washington okkupierten und 1973 am symbolischen Ort des Wounded Knee-Massakers von 1890 einen blutigen Zusammenstoß mit der Bundespolizei provozierten. Eingedenk der langen Kette von Unrecht, das an den Ureinwohnern verübt worden war, fiel die Antwort des Staates moderat und konstruktiv aus: Der Indian Self-Determination Act von 1974 stärkte die Souveränität der Stammesregierungen in den Reservaten, und der vier Jahre später verabschiedete American Indian Religious Freedom Act stellte die indianischen Kulte auf eine Stufe mit den christlichen, jüdischen und islamischen Glaubensbekenntnissen. Die Gerichte bedienten sich nun John Marshalls Formel der *domestic dependent nations* aus den 1830er Jahren nicht mehr so sehr, um die Abhängigkeit der Stämme von der Bundesregierung zu unterstreichen, als vielmehr mit der ehrlichen Absicht, den wirtschaftlichen und religiösen Rechten der Indianer Geltung zu verschaffen. Zugleich trugen die Bemühungen des Kongresses und einzelner Staaten um materielle Entschädigung der Native Americans für vertragswidrige Landenteignungen seit der Kolonialzeit erste Früchte.

Auch der afro-amerikanischen Bevölkerung schienen Radikalisierung und Zerfall der Bürgerrechtsbewegung und das wachsende Verlangen nach *law and order* nicht zu schaden. Die aufstrebende schwarze Mittelschicht machte so eifrig von den seit 1965 geschaffenen rechtlichen Möglichkeiten Gebrauch, daß sich das Bild vieler Städte gründlich veränderte und der Anblick wohlhabender schwarzer Geschäftsleute und erfolgreicher Politiker keine Seltenheit mehr war. Der Supreme Court hielt an seiner auf Rassenintegration abzielenden Rechtsprechung fest und bestätigte beispielsweise 1971 im Fall Swann v. Charlotte-Mecklenburg Board of Education die Notwendigkeit des Bustransfers (*busing*) von weißen Schulkindern in schwarze Stadtteile und vice versa, um ein ausgewogenes Verhältnis der Rassen im Schulsystem zu gewährleisten. Allerdings kam es einige Jahre später wegen dieser von oben verordneten Schülertransporte zu heftigen Protesten der irisch-amerikanischen Arbeiterbevölkerung von Boston, die offenbarten, wie brisant die Frage immer noch war. Vielerorts unterliefen weiße Mittelschichtfamilien nun die Absichten der Behörden, indem sie ihre Kinder in Privatschulen ummeldeten. Diese "weiße Flucht" konservierte Rassenschranken, die man mit dem *busing* gerade hatte beseitigen wollen. Zum anderen zentralen Streitpunkt in der Rassen- und Minderheitenfrage entwickelte sich *affirmative action*, eine Praxis, die erstmals 1968 vom Labor Department der Bundesregierung angewendet worden war. Nach diesem Muster schrieben Ministerien und Gerichte in den 1970er Jahren immer differenziertere Prozeduren vor, deren Einhaltung dazu führen sollte, daß historisch benachteiligte Bevölkerungsgruppen ihren gerechten Anteil an der Erziehung und am Stellenmarkt erhielten. In vielen Bereichen kam es daraufhin zu Quotenregelungen und Vorzugsbehandlungen von *minorities* und Frauen, um bisherige Diskriminierungen wettzumachen und gleiche Ausgangspositionen zu schaffen. Das betraf vor allem die Einstellungspraxis der staatlichen Bürokratie und öffentlicher Betriebe, aber auch die Erteilung von öffentlichen Aufträgen an Minderheiten-Unternehmer oder die Integration von *minority*-Studenten und Studentinnen in bestimmte universitäre Programme. Hiergegen erhob sich schon bald der Vorwurf der *reverse discriminiation*, die vor allem weiße Männer treffe. Kritiker monierten außerdem die wachsenden Möglichkeiten der Bundesregierung, sich in lokale Belange einzumischen, indem sie etwa nur solche Bildungsprogramme finanziell förderte, die den *affirmative action*-Vorschriften entsprachen. Abgesehen von wenigen Ausnahmen wie der Aufhebung einer globalen Quotenregelung an der Medizinischen Fakultät der University of California in Davis im Jahr 1978 (Bakke v. University of California) ließen sich die Gerichte von solchen Argumenten zunächst jedoch nicht beeindrucken.

Die liberale Rechtsprechung kam in steigendem Maße auch den Frauen zugute, von denen immer mehr – aus ökonomischem Zwang oder freiwillig – den Weg in das Berufsleben antraten. Innerhalb einer Generation, von 1960 bis 1990, stieg die Zahl der arbeitsfähigen Frauen, die einen Job ausübten, kontinuierlich von 35 auf 58 Prozent an. Darin kam ein grundlegender Einstellungswandel zur Berufstätigkeit zum Ausdruck, die nicht länger als Privileg der Männer und nur vorübergehendes "Schicksal" der Frauen angesehen wurde. Aus der Sicht der Frauenbewegung brachte das Jahr 1973 einen Durchbruch von historischer Tragweite, als der Supreme Court im Fall Roe v.

Wade ein Gesetz des Staates Texas aufhob, das die Abtreibung unter Strafe stellte. Nachdem der Staat New York bereits mit der Liberalisierung seines Abtreibungsgesetzes vorangegangen war, gab das Oberste Gericht nun den Schwangerschaftsabbruch während der ersten drei Monate völlig frei und erfüllte damit eine Forderung, der sich traditionelle Frauenrechtlerinnen und moderne Feministinnen gleichermaßen verpflichtet fühlten. Welch kolossaler Bewußtseinswandel hier innerhalb kurzer Zeit eingetreten war, kann man an der Tatsache ermessen, daß bis Mitte der 1960er Jahre in vielen Einzelstaaten sogar noch der Verkauf von Verhütungsmitteln verboten gewesen war. Nun erlaubten es die Verfügbarkeit der Pille und die Fristenregelung, daß alle wesentlichen Entscheidungen über Sexualität und Reproduktion außerhalb staatlicher Kontrolle im freien Einvernehmen der Geschlechtspartner getroffen wurden. Auch dieser Fortschritt hatte allerdings seinen Preis, wie etwa die Verdoppelung der Scheidungsrate allein in den 1970er Jahren belegte.

Beim Bemühen, die beruflichen Aufstiegschancen der Frauen durch eine lupenreine rechtliche Gleichstellung mit den Männern zu verbessern, erlitt die Frauenbewegung einen Rückschlag, der als frühes Indiz der konservativen Trendwende gelten kann. Als wichtigstes gemeinsames Projekt hatten die seit 1970 vereinigten gemäßigten und radikalen Organisationen einen Verfassungszusatz in die Wege geleitet, der jegliche Diskriminierung auf der Grundlage des Geschlechts ausschließen sollte. Dieses *Equal Rights Amendment* (ERA) passierte 1972 den Kongreß, verfehlte aber die nötige Ratifizierungsmehrheit, da nur 35 anstatt der erforderlichen 38 Staatenparlamente ihre Zustimmung erteilten. Obwohl der Kongreß Ende der 1970er Jahre die Ratifizierungsfrist noch einmal verlängerte, gelang es nicht, die Bedingungen für das Inkrafttreten des ERA zu erfüllen, das deshalb 1982 endgültig *ad acta* gelegt wurde. Im Kampf um ERA, den die Frauenbewegung und ihre liberalen Verbündeten gegen konservative Anhänger einer "natürlichen Ordnung" und christlich-fundamentalistische Kritiker der "sexuellen Revolution" und der Abtreibung führten, zeichneten sich erstmal die kulturellen Fronten des ausgehenden 20. Jahrhunderts ab. Die Niederlage bezeugte den wachsenden Einfluß der konservativen Strömung, darf aber keineswegs als Symptom des Scheiterns der gesamten Reformbewegung gedeutet werden. Sie stellte nicht die Hauptergebnisse des kulturellen Umbruchs in Frage, der sich in den 1960er und frühen 1970er Jahren vollzogen hatte: Das waren zum einen die Gewährleistung der vollen Bürgerrechte für die Afro-Amerikaner und zum anderen der Bewußtseinswandel in der Bevölkerungsmehrheit, der rassistische und sexistische Einstellungen zwar nicht völlig beseitigte, wohl aber jedem offenen Rassismus und jeder offenen sexuellen Diskriminierung die Legitimitätsgrundlage entzog. Die Hoffnung, auf dem Weg über die rechtliche Gleichheit rasch zur sozialen Gerechtigkeit zu gelangen, erfüllte sich jedoch nicht. Solche von der *Great Society*-Parole geweckten übersteigerten Erwartungen erzeugten Enttäuschungen und Frustrationen, die zur Quelle neuer gesellschaftlicher Spannungen wurden. Die fortschrittlich-optimistische Bürgerrechtsbewegung gehörte Mitte der 1970er Jahre bereits der Vergangenheit an; man sprach nicht mehr von einem *civil rights movement*, sondern von den neuen *social movements*, unter denen die Ökologiebewegung als besonders zukunftsträchtig galt. Mit Aktionen wie der Feier des ersten "Earth Day" im April 1970 versuchten die amerikanischen Umweltschützer das Bewußtsein ihrer an Energieverschwendung gewöhnten Landsleute für die Knappheit der natürlichen Ressourcen, die Verschmutzung von Luft und Gewässern und die globalen Klimaprobleme zu schärfen. Obwohl die öffentliche Resonanz für Anliegen dieser Art im Laufe des Jahrzehnts durch Ölkrisen und Schwierigkeiten mit der Atomenergie zunahm, blieb der Einfluß der *environmentalists* jedoch begrenzt, zumal sie sich fast ausschließlich an den lokalen "Graswurzeln" der Gesellschaft organisierten.

Das "Disengagement" in Vietnam und die Suche nach einem globalen Mächtegleichgewicht

Präsident Nixon machte keinen Hehl daraus, daß er allen staatlichen Bemühungen, das Los der Minderheiten zu verbessern, skeptisch gegenüberstand. Mit Blick auf die öffentliche Meinung wäre es aber unsinnig gewesen, die Errungenschaften der Bürgerrechtsbewegung anzutasten. Um das Wohlwollen der konservativen Wähler zu erhalten, genügte es, gelegentlich Kritik am "Aktivismus" der Gerichte zu üben und einzelne Maßnahmen wie das *busing* zu mißbilligen. Ansonsten standen während der ersten Amtszeit ganz andere Themen im Vordergrund, die den Außenpolitiker Nixon weit mehr reizten und die Administration vollauf beschäftigten. Dabei verblüfften Nixon und Henry Kissinger (der den nominellen Außenminister William P. Rogers schnell in den Schatten stellte) Anhänger und Gegner gleichermaßen mit kühnen Schachzügen, die neue weltpolitische Konstellationen ermöglichten.

Psychologischen Auftrieb in der Anfangsphase lieferte die – vom Fernsehen weltweit direkt übertragene – Landung zweier amerikanischer Apollo-Astronauten auf dem Mond am 21. Juli 1969. Dieses symbolträchtige Unternehmen war zwar einer Initiative Kennedys zu verdanken, doch Nixon konnte sich im Glanz des Erfolges sonnen, den die Wissenschaftler und Ingenieure der NASA in einem bis zuletzt spannenden Wettrennen mit der sowjetischen Konkurrenz errungen hatten. Höchste Priorität auf der politischen Tagesordnung erhielt natürlich der Vietnamkrieg, dessen Beendigung Nixon und Kissinger im Rahmen einer Gesamtstrategie ansteuerten, die sie den Zeitgenossen gegenüber vorerst nicht offenbaren konnten oder wollten. Die intellektuellen Vorgaben stammten von Henry Kissinger, der sein Denken an der von Metternich, Castlereagh und Bismarck betriebenen "Großen Politik" des 19. Jahrhunderts geschult hatte. Ihm schwebte die Rückkehr zu einer "realistischen", möglichst ideologiefreien Gleichgewichtspolitik vor, deren Hauptziel die Stabilisierung der internationalen Beziehungen und der Erhalt des *Status quo* war. In diesem Konzept, das bewußt von allen Bemühungen absah, die inneren Verhältnisse der Großmächte zu ändern, sollten die USA eine Ordnungsfunktion übernehmen, die in etwa derjenigen entsprach, die Frankreich im 17. Jahrhundert und Großbritannien im 18. und 19. Jahrhundert ausgeübt hatten. Auf diese Weise wollte Kissinger sowohl die Fehler einer "missionarischen" Außenpolitik vermeiden, die westliche Rechts- und Verfassungsvorstellungen verabsolutierte, als auch einer allzu gutgläubigen Haltung vorbeugen, die den Interessenausgleich mit den globalen Konkurrenten durch einseitige Vorleistungen zu erreichen gedachte. Ein solches *balance of power*-Streben mußte in den USA "typisch europäisch" und "unamerikanisch" anmuten, und es ließ sich auch nicht leicht mit der Philosophie von NSC 68 vereinbaren, die ja die Legitimität des kommunistischen Systems in Frage stellte und explizit auf den inneren Wandel der Sowjetunion abzielte. Dennoch gelang es Kissinger und Nixon, auf dieser Grundlage eine konkrete Politik der *Détente* zu entwickeln, die über weite Strecken zur Signatur der 1970er Jahre wurde.

Einen ersten Hinweis auf den neuen Kurs lieferte Nixon noch 1969 mit seiner rasch zur "Doktrin" stilisierten Erklärung, daß sich die Länder der Dritten Welt im Kampf gegen den Kommunismus in erster Linie selbst helfen müßten. Die USA würden in Zukunft nur noch ausnahmsweise militärisch intervenieren und ihre Lasten mit den Verbündeten und regionalen Ordnungsmächten teilen. Zum Modell einer derartigen Ordnungsmacht avancierte um diese Zeit der Iran, dessen Aufrüstung und wirtschaftliche Modernisierung die Amerikaner betrieben, ohne sich allerdings der zunehmenden inneren Brüchigkeit des autoritären Schah-Regimes bewußt zu werden oder ihr gar Rechnung zu tragen. Für Vietnam empfahl Kissinger eine Politik des *decent interval*, da der Krieg nicht mehr zu gewinnen sei, sondern allenfalls noch ehrenhaft beendet werden könne. Eine "bedingungslose Kapitulation" der USA kam jedoch nicht in Frage, da sie die Nation unnötig gedemütigt und ein "geopolitisches Desaster" in Südostasien angerichtet hätte. Die politischen Erschütterungen, die der amerikanische Rückzug auszulösen drohte, sollten durch eine Annäherung an das kommunistische China gemildert werden, das sich seit 1969 in einem offenen Grenzkonflikt mit der Sowjetunion befand. Von der Verbesserung der amerikanisch-chinesischen Beziehungen erhofften sich Nixon und Kissinger zugleich aber auch eine Mäßigung der Sowjetunion, die man zu weiteren Entspannungs- und Rüstungskontrollschritten nutzen konnte.

Die amerikanische Öffentlichkeit nahm die konkreten Entscheidungen, die Nixon vor diesem Hintergrund in Südostasien traf, als einen Schlingerkurs zwischen Reduzierung des militärischen Engagements und Eskalation des Krieges wahr. Einerseits wurden die US-Bodentruppen in Vietnam, deren Stärke 1970 noch bei 300 000 Mann stand, bis 1972 auf 24 000 verringert; parallel dazu erfolgte im Zuge des "Vietnamisierungskonzepts" eine beträchtliche Aufrüstung der südvietnamesischen Streitkräfte, die wieder die Hauptlast des Landkrieges übernehmen sollten. Andererseits steigerte Nixon den Bombenkrieg gegen Nordvietnam, um die Moral im Süden zu stärken und die Regierung in Hanoi bei den Waffenstillstandsverhandlungen kompromißbereit zu stimmen. Im April 1970 befahl der Präsident sogar die Ausweitung des Krieges auf Kambodscha und Laos, wobei die Bombardierung von Zielen in diesen beiden Ländern weitgehend geheimgehalten wurde. Die Kritik in der amerikanischen Bevölkerung und in der Weltöffentlichkeit fand zusätzliche Nahrung, als 1971 ein Prozeß das Massaker von My Lai enthüllte, das 1968 von einer US-Einheit unter Leutnant William L. Calley an vietnamesischen Zivilisten verübt worden war. Einen ähnlichen Effekt hatte die

Veröffentlichung der sog. *Pentagon Papers*, die ebenfalls 1971 gegen den Willen der Nixon-Administration in der *New York Times* erfolgte. Diese schon Jahre zuvor angefertigte geheime Studie, die den Ursprung der amerikanischen Verstrickung in Vietnam und die wiederholte Täuschung der Öffentlichkeit dokumentierte, war von einem ehemaligen Mitarbeiter des Verteidigungsministeriums, Daniel Ellsberg, an die Presse weitergegeben worden. Obwohl Nixon selbst durch die Dokumente nicht belastet wurde, hatte die Administration im Interesse der "nationalen Sicherheit" eine einstweilige Verfügung gegen den Abdruck in der *New York Times* zu erlangen gesucht, war aber vor dem Supreme Court unterlegen.

Während die Situation in Vietnam festgefahren schien, betrieben Nixon und Kissinger mit beachtlichem Geschick ihr "dreidimensionales Spiel" auf der weltpolitischen Bühne. Ein erstes Anzeichen für Chinas Öffnung zum Westen lieferte die Einladung an eine amerikanische Tischtennis-Mannschaft im Jahr 1971. Auf diese "Ping-Pong-Diplomatie" folgte eine Geheimreise Kissingers nach Peking, und im Februar 1972 stattete Nixon dann persönlich unter großer Anteilnahme der Medien Mao und Chu En-Lai seinen Besuch ab. Unter deutlicher Anspielung auf die Sowjetunion stellte das gemeinsame Kommuniqué fest, daß man sich jedem Versuch eines Landes oder einer Staatengruppe widersetzen werde, im asiatisch-pazifischen Raum eine Hegemonie zu errichten. Der "sino-sowjetische Block", in dessen Bann die amerikanischen Politiker und Militärs seit Ende der 1940er Jahre gestanden hatten, gehörte damit endgültig der Vergangenheit an. Mit Rücksicht auf Peking fror die US-Regierung nun auch ihre politischen Beziehungen zu Taiwan ein, nachdem sie sich Anfang der 1970er Jahre noch gegen eine Mitgliedschaft der Volksrepublik China in den Vereinten Nationen gewehrt hatte. Die Distanzierung von Taiwan war die Vorbedingung für die Aufnahme voller diplomatischer Beziehungen zwischen Washington und Peking, die allerdings erst 1979 erfolgte.

Wie erwartet, eignete sich die "chinesischen Karte" sehr gut, um die Entspannung gegenüber der Sowjetunion voranzutreiben. In dieser Hinsicht war die Ende 1969 in Bonn gebildete sozialliberale Koalition unter Bundeskanzler Willy Brandt mit ihrer "neuen Ostpolitik" bereits vorgeprescht, was in den USA Überraschung auslöste, weil gerade die Westdeutschen lange Zeit alle Auflockerungstendenzen mit Argwohn verfolgt hatten. Von nun an befanden sich die amerikanische und die westdeutsche Außenpolitik in einem weitgehenden Einklang, der lediglich durch das latente Mißtrauen Washingtons gestört wurde, die Bonner Regierung könnte den Sowjets im Interesse der deutschen Einheit oder der deutschen Wirtschaft zu weit entgegenkommen und ihre NATO-Pflichten vernachlässigen. Die wichtigsten Früchte dieser Entspannungsära waren das Vier-Mächte-Abkommen über Berlin im Dezember 1971, das die "neue Ostpolitik" eng an die amerikanische *Détente* koppelte, und die im Mai 1972 von Nixon und Breschnew in Moskau unterzeichneten Rüstungskontrollvereinbarungen SALT I (*Strategic Arms Limitation Treaty*) und ABM (*Anti-Ballistic Missiles Treaty*). Sie sahen noch keine echte Abrüstung vor, legten aber erstmals Höchstgrenzen für interkontinentale Atomraketen fest und limitierten den Aufbau ballistischer Raketenabwehrsysteme, die das "Gleichgewicht des Schreckens" hätten gefährden können.

Die amerikanischen Entspannungsbemühungen waren nicht nur politisch-strategisch, sondern auch wirtschaftlich motiviert, da die negativen ökonomischen Konsequenzen des Vietnamkrieges in den USA immer spürbarer wurden. Nach seinem Amtsantritt sah sich Nixon mit wachsenden Haushaltsdefiziten, steigender Inflation und Arbeitslosigkeit konfrontiert, und 1971 wies die US-Handelsbilanz erstmal seit 1890 wieder höhere Einfuhren als Ausfuhren auf. Um die amerikanische Industrie wettbewerbsfähiger zu machen und den Devisenabfluß zu stoppen, schreckte die Nixon-Administration nun nicht einmal mehr vor der Preisgabe des Währungssystems von Bretton Woods zurück, das seit 1944 die monetäre Stabilität der Weltwirtschaft verbürgt hatte. Im Dezember 1971 wurde es durch ein neues Abkommen ersetzt, das die Vereinigten Staaten von der Goldeinlösungspflicht entband und ihnen erlaubte, den Dollar abzuwerten und innerhalb bestimmter Grenzen "floaten" zu lassen. Diese Regelung erwies sich lediglich als Zwischenschritt zur endgültigen Freigabe des Wechselkurses, die 1973 erfolgte und die, von einigen "Zwischenhochs" abgesehen, den kontinuierlichen Niedergang des Dollar gegenüber "festen" Währungen wie der D-Mark und dem Yen bestätigte. Die kurzfristig belebende Wirkung der Währungspolitik und die Hoffnungen auf gute Geschäfte mit der Sowjetunion, die durch den Abschluß eines Handelsvertrags im Oktober 1972 und neue Weizenverkäufe genährt wurden, halfen Nixon im Präsidentschaftswahlkampf 1972. Eine echte Stabilisierung der wirtschaftlichen Lage trat jedoch nicht ein, und das bislang unbekannte Phänomen der "Stagflation" – geringes Wachstum bei gleichzeitiger Inflation – sollte die USA durch das gesamte Jahrzehnt begleiten.

Mit der *Détente* gegenüber der Sowjetunion verbanden Nixon und Kissinger auch die Erwartung, daß Moskau die Regierung in Hanoi drängen würde, den Rückzug der USA aus Vietnam zu erleichtern. Tatsächlich gelang es Kissinger gerade noch rechtzeitig zum Wahltermin, mit dem nordvietnamesischen Unterhändler Le Duc Tho im Oktober 1972 in Paris ein Waffenstillstandsabkommen zu vereinbaren. Allerdings stieß die Bestimmung, die es den nordvietnamesischen Truppen gestattete, im Süden zu bleiben, auf den erbitterten Widerstand der Regierung Thieu in Saigon, die darin zu Recht ihr langfristiges Todesurteil erblickte. Hanoi konterte mit der Forderung nach dem Rücktritt Thieus und der Bildung einer Koalitionsregierung unter Einschluß der Kommunisten in Südvietnam. Nach seiner Wiederwahl im November ordnete Nixon daraufhin erneut ein massives Bombardement Nordvietnams an, das Freund und Feind gleichermaßen beeindrucken und den "toten Punkt" überwinden sollte. Am 27. Januar 1973 wurde der Waffenstillstand schließlich in kaum veränderter Form unterzeichnet – zur Erleichterung der meisten Amerikaner und fast der gesamten Welt, die noch im selben Jahr die Vergabe des Friedensnobelpreises an Kissinger und Le Duc Tho erlebte. In dem Abkommen verpflichteten sich die USA, ihre Truppen vollständig aus Südvietnam abzuziehen, während Hanoi die Freilassung von 600 amerikanischen Kriegsgefangenen zusagte. Um der Saigoner Regierung die bittere Pille des Verbleibens kommunistischer Truppen im Süden zu versüßen, gab Nixon Staatspräsident Thieu die geheime Zusage, "daß die USA mit voller Macht reagieren würden, falls die Nordvietnamesen das Abkommen verletzen sollten."

Mit dem Pariser Waffenstillstand schienen die USA doch noch einen relativ glimpflichen Ausweg aus einer Verstrickung gefunden zu haben, die die Nation 58 000 Tote und 300 000 Verwundete gekostet hatte, und deren finanzielle Bilanz sich auf etwa 150 Milliarden Dollar bezifferte. Gemessen an den mehr als zwei Millionen toten Vietnamesen und an den gewaltigen Schäden, die der Krieg in Südostasien angerichtet hatte, mutete das noch verhältnismäßig gering an. Der Zerfall des "sino-sowjetischen Blockes" und die Entspannungspolitik mit der Sowjetunion legten aber die Frage nahe, ob diese Opfer überhaupt hätten gebracht werden müssen, um den Vormarsch eines weitgehend imaginären "internationalen Kommunismus" aufzuhalten. Nixon und Kissinger glaubten jedenfalls, mit ihrer "pentagonalen Gleichgewichtspolitik" eine Alternative zu dem seit 1945 betriebenen, stark ideologisch fundierten *containment* gefunden zu haben. Ihren Vorstellungen nach sollten sich die fünf "Kraftzentren" der Welt – Nordamerika, Westeuropa, die Sowjetunion, Japan und China – wechselseitig in der Balance halten, wobei den USA dank ihrer strategischen Lage und ihrer wirtschaftlichen und militärischen Stärke eine Schlüsselrolle zukommen würde. Laut Kissinger hatten die Amerikaner fortan insbesondere darauf zu achten, daß sie jeweils bessere Beziehungen zu Moskau und Peking pflegten, als die beiden kommunistischen Mächte miteinander unterhielten. Ein derart globales Kalkül war geeignet, die Bedeutung Vietnams zu relativieren und die Sorgen vor einem "Domino-Effekt" in Südostasien zu mindern. In jedem Fall stellte dieser "realistische" Ansatz die wichtigste Veränderung der amerikanischen Außenpolitik seit Beginn des Kalten Krieges dar.

Der Watergate-Skandal und der erzwungene Rücktritt Präsident Nixons

Die Wahlen im November 1972 bescherten Nixon – bei einer Wahlbeteiligung von nur 55,7 Prozent – mit ca. 61 Prozent der abgegebenen Stimmen und 520 von 537 Wahlmännerstimmen einen überwältigenden Sieg. Erleichtert worden war die Wiederwahl durch ein weiteres politisches Attentat im Mai 1972, dem diesmal Nixons erzkonservativer Herausforderer George C. Wallace, der Gouverneur von Alabama, zum Opfer fiel (er überlebte zwar die Pistolenschüsse, blieb aber an den Rollstuhl gefesselt); die Hauptursache für den Erdrutsch lag jedoch in der Person des als extrem liberal geltenden George McGovern, eines Senators aus South Dakota, mit dessen Aufstellung die Demokraten die politische Mitte praktisch kampflos an die Republikaner preisgaben. Unter diesen Umständen hätte es Nixon vermutlich gar nicht nötig gehabt, seine Chancen durch unlautere Machenschaften zu verbessern, mit denen er ein insgeheim eingerichtetes *Committee to Re-elect the President* betraute. Diese zwielichtige Truppe, der auch ehemalige Mitglieder von FBI und CIA angehörten, erlangte später unter dem bezeichnenden Akronym CREEP traurige Berühmtheit. Der am 17. Juni 1972 verübte Einbruch im Washingtoner Watergate-Hotel, bei dem etliche CREEP-"Klempner" (*the plumbers*) auf frischer Tat ertappt wurden, als sie

Abhöranlagen in der nationalen Parteizentrale der Demokraten installieren wollten, setzte die Kette der Ereignisse in Gang, die Nixon zwei Jahre später zum Rücktritt zwangen.

Die mit dem Wort "Watergate" umschriebene Verfassungs- und Vertrauenskrise ist im wesentlichen auf strukturelle Schwächen der "imperialen Präsidentschaft" zurückzuführen, die durch negative Charaktereigenschaften Nixons noch verstärkt wurden. Angesichts der Kritik, mit der führende Presseorgane seine Vietnam-Politik bedachten, verbreitete Nixon seit 1970 eine Art "Belagerungsmentalität" um sich, die Geheimniskrämerei und autoritäre Führungsmethoden förderte. Nixon und Kissinger trieben die *imperial presidency* auf die Spitze, indem sie sich fast nur noch auf den Beraterstab im Weißen Haus und den *National Security Council* stützten und selbst wichtige Ministerien wie das State Department weitgehend aus dem Entscheidungsprozeß ausschalteten. Privat war Nixon ein unsicherer Mensch voller Ressentiments, dessen Mißtrauen unter den Belastungen des Vietnamkrieges paranoide Züge annahm. Im Verlangen des Kongresses und der Öffentlichkeit, einer übermächtigen Exekutive Zügel anzulegen, sah der Präsident Anzeichen für die moralische Degeneration der Amerikaner, die zum Untergang der Weltmacht USA führen müßten. Die Sperrung von Geldern für Militäraktionen in Kambodscha, die der Kongreß 1970 vorgenommen hatte, bildete den Auftakt zu einem heftigen Konflikt zwischen dem Parlament, das sein Mitspracherecht in außenpolitischen Angelegenheiten zurückerobern wollte, und dem Päsidenten, der die zur Gewohnheit gewordenen Vorrechte der Exekutive verteidigte. Ein neues Zeichen seines wiedergewonnenen Selbstbewußtseins setzte der Kongreß 1973 mit dem War Powers Act, der bestimmte, daß der Präsident das Parlament innerhalb von 48 Stunden über alle militärischen Aktionen unterrichten muß, und daß der Einsatz von US-Truppen innerhalb von 60 Tagen zu beenden ist, es sei denn, der Kongreß beschließt eine formelle Kriegserklärung.

Dieser politische und verfassungsrechtliche Prinzipienstreit geriet während Nixons zweiter Amtszeit immer mehr in den Sog des Watergate-Skandals, den die beiden *Washington Post*-Journalisten Carl Bernstein und Bob Woodward mit Hilfe eines – bis heute unbekannten – Informanten aus dem Umkreis des Präsidenten ab Januar 1973 Stück für Stück enthüllten. Nixon versuchte, seinen eigenen Kopf zu retten, indem er die Strafverfolgung der Watergate-Einbrecher behinderte und dann, als sich die Schlinge allmählich zuzog, einen Mitarbeiter nach dem anderen "opferte". Anhörungen vor einem Untersuchungsausschuß des Senats ergaben jedoch Hinweise auf Tonbandaufzeichnungen, die insgeheim von allen Gesprächen im Weißen Haus gemacht worden waren. Bald konzentrierte sich das gesamte Interesse auf diese *White House tapes*, deren Freigabe Nixon unter Berufung auf sein *executive privilege* und die "nationale Sicherheit" strikt ablehnte. Die Krise erreichte ihren ersten Höhepunkt im "Saturday Night Massacre" vom Oktober 1973, als der Justizminister und dessen Stellvertreter ihre Ämter zur Verfügung stellten, um Nixons Anweisung, den Sonderankläger im Watergate-Fall, Archibald Cox, zu entlassen, nicht Folge leisten zu müssen. Nixon setzte seinen Willen zwar dennoch durch, aber die Glaubwürdigkeit der Administration war schwer erschüttert, zumal im selben Monat Vizepräsident Spiro Agnew mit dem Vorwurf der Korruption und Steuerhinterziehung konfrontiert wurde und zurücktreten mußte. Vor diesem Hintergrund leitete das Justizkomitee des Repräsentantenhauses nach den in der Verfassung vorgesehenen Regeln das Verfahren der Amtsanklage (*Impeachment*) gegen den Präsidenten ein.

Überschattet wurden diese spektakulären Ereignisse für einige Zeit durch den Ausbruch des vierten Nahostkrieges nach 1948, 1956 und 1967, als dessen Termin Ägypten und Syrien ganz bewußt den höchsten jüdischen Feiertag, Yom Kippur, am 6. Oktober 1973 gewählt hatten. Die Offensive, mit der die ägyptische Führung unter Präsident Anwar as-Sadat die seit 1967 anhaltende Patt-Situation am Suezkanal überwinden wollte, brachte den Staat Israel an den Rand einer existenzbedrohenden Niederlage. Die US-Regierung sah sich gezwungen, die israelischen Verluste an Kriegsgerät und die sowjetischen Lieferungen an Ägypten durch eine massive Luftbrücke in den Nahen Osten auszugleichen, obwohl sie damit Sanktionen der arabischen Länder riskierte. Als die Israelis schließlich im Sinai zum Gegenangriff übergingen, verhinderte Kissinger durch diplomatischen Druck auf Jerusalem eine erneute Demütigung der Ägypter, die zur offenen Intervention der Sowjetunion und zu einem russisch-amerikanischen Zusammenstoß hätte führen können. Diese Entscheidung war durch geheime Signale Sadats erleichtert worden, der sich endgültig aus der sowjetischen Abhängigkeit befreien wollte und Anschluß an den Westen suchte. Während die amerikanische Öffentlichkeit noch unter dem Schock des arabischen Ölembargos stand, das den Preis für importiertes Erdöl innerhalb weniger Monate vervierfachte und die Inflation enorm anheizte, manövrierte der inzwischen zum Außenminister ernannte Kissinger die USA in eine strategische Vermittlerposition im Nahostkonflikt. Mit den Truppenentflechtungsabkommen am Suezkanal und auf den Golanhöhen, die hauptsächlich seiner "Shuttle-Diplomatie" zu verdanken sind, vollbrachte er eine bedeutende konstruktive Leistung, die über die israelische Räumung der Sinai-Halbinsel und das Camp David-Abkommen 1978 im Jahr 1979 zum Frieden zwischen Ägypten und Israel führte. Auf diese Weise legte er den Grundstein für den Friedensprozeß in der Region, der trotz vieler Rückschläge nie völlig zusammenbrach, der aber auch heute noch nicht zum erfolgreichen Abschluß gelangt ist.

Für Nixon erbrachten die Erfolge seines Außenministers allerdings ebensowenig Entlastung wie die Herausgabe der "gereinigten" Tonbänder im April 1974. Ende Juli wies der Supreme Court den Anspruch des Präsidenten auf *executive privilege* zurück und bestimmte, daß die unedierte Fassung der Tonbänder den Ermittlungsbehörden und dem Kongreß zugänglich zu machen sei. Um dieselbe Zeit beschloß das Justizkomitee des Repräsentantenhauses, dem 21 Demokraten und 17 Republikaner angehörten, in drei Punkten Amtsanklage gegen Nixon zu erheben: wegen Behinderung von Rechtsverfahren, wegen Machtmißbrauchs und wegen Mißachtung der Autorität des Kongresses. Der letzte Vorwurf blieb umstritten, aber bei den ersten beiden Anklagepunkten (*obstruction of justice*; *abuse of power*) stimmten mehrere Republikaner gemeinsam mit den Demokraten, so daß klare Mehrheiten von 27:11 und 28:10 zustandekamen. In die Enge getrieben und einem Nervenzusammenbruch nahe, gab Nixon schließlich am 5. August die unbearbeiteten Tonbänder heraus, die den Beweis erbrachten, daß der Präsident selbst die Vertuschung (*cover-up*) des Watergate-Einbruchs befohlen hatte. Obwohl die "smoking gun" nun gefunden war, weigerte sich Nixon immer noch, die politischen Konsequenzen zu ziehen. Erst als die Führer des Kongresses ihm klarmachten, daß nur wenige Abgeordnete und Senatoren zu ihm hielten und daß es deshalb keinen Zweifel mehr am Ausgang des *Impeachment* geben könne, trat er am 9. August 1974 von seinem Amt zurück. Die Welt verfolgte gebannt diesen Sturz, der kein Beispiel in der amerikanischen Geschichte hatte, und der manche Beobachter an ein Schmierenschauspiel, andere an eine Tragödie von Shakespearschen Ausmaßen erinnerte. Die Nachfolge trat Gerald R. Ford aus Michigan an, der Führer der Republikaner im Repräsentantenhaus, der erst im Oktober 1973 von Nixon zum Vizepräsidenten ernannt worden war. Insgesamt 25 Mitglieder der Nixon-Administration mußten für ihre Rollen im Watergate-Skandal mit Gefängnisstrafen büßen, und Nixon selbst entging diesem Schicksal wohl nur durch den präsidentiellen Gnadenakt, den Ford ihm persönlich – zur Empörung vieler seiner Landsleute – kurz nach dem Amtsantritt erwies. Bewunderer der US-Verfassung trösteten sich mit dem Gedanken, daß die Amerikaner zur Wahrung demokratischer Prinzipien sogar bereit seien, die Schwächung ihrer weltpolitischen Führungsposition in Kauf zu nehmen, und daß der "Selbstreinigungsprozeß" im Innern die Wende zum Besseren bereits eingeleitet habe. Nixons Amtsführung war jedenfalls geeignet, die alte republikanische Maxime zu bestätigen, wonach mangelhaft begrenzte Macht unweigerlich in Mißbrauch endet. Für eine Bevölkerung, die den Vietnamkrieg als Abschied von der politischen Naivität und Unschuld erlebt hatte, intensivierte "Watergate" das Gefühl des schwindenden Vertrauens in die Institutionen des Staates und in die Fähigkeit der Nation, die Zukunft zu meistern.

Der nächste Tiefschlag für die kollektive Psyche ließ nicht lange auf sich warten: Im April 1975 trat die nordvietnamesische Armee zur Schlußoffensive gegen das Regime im Süden an, dessen Überlebenschancen durch den allmählichen Entzug amerikanischer Hilfe durch den Kongreß drastisch gesunken waren. Der Fall von Saigon mit Bildern von Menschen, die sich in panischer Angst an Hubschrauberkufen festklammerten, geriet zur öffentlichen Demütigung der USA. Die gewaltsame Vereinigung Vietnams, die Umbenennung Saigons in Ho Chi Minh-Stadt und die kommunistische Machtübernahme in Laos und Kambodscha zogen den letzten Schleier von dem Desaster der amerikanischen Indochina-Politik hinweg und ließen alle über zwei Jahrzehnte erbrachten materiellen und menschlichen Opfer als absolut sinnlos erscheinen. In den Vereinten Nationen schlug die Kritik an den USA fast schon in Verachtung um, was sich am deutlichsten in der (sowohl anti-israelischen als auch anti-amerikanischen) Resolution der Vollversammlung vom 11. November 1975 manifestierte, die den Zionismus als eine Form der Rassendiskriminierung bezeichnete. Auch die von vielen Staaten der Dritten Welt vehement vorgetragenen Forderungen nach einer "neuen Weltwirtschaftsordnung" und einer "Weltinformationsordnung" ließen erkennen, daß das Prestige der Vereinigten Staaten und der Glaube an die Zukunft des von ihnen repräsentierten demokratisch-kapitalistischen Systems auf einen Tiefpunkt gesunken waren. Hinzu kam, daß amerikanische Einrichtungen und US-Bürger weltweit immer häufiger zu Zielscheiben terroristischer Attacken wurden, ohne daß die Regierung sie zu schützen vermochte. Die europäischen und asiatischen Verbündeten lavierten aus Furcht vor Ölembargos und Terroranschlägen eher hilflos zwischen den Fronten und stellten sich die Frage, ob die Vereinigten Staaten außenpolitisch überhaupt noch handlungsfähig seien. Nachdem der Zusammenbruch des Systems von Bretton Woods die unangefochtene wirtschaftliche Vorherrschaft der USA beendet hatte, war nun durch Vietnam und Watergate auch ihre politische Hegemonie schwer beeinträchtigt, die doch gerade auf der moralischen Autorität der Führungsmacht und der freiwilligen Unterordnung der schwächeren Partner beruhte. Vordergründig gingen die Amerikaner zwar rasch zur Tagesordnung über und schienen den "langen nationalen Alptraum", von dem Präsident Ford sprach, zu verdrängen. Andererseits konstatierten Zeitgenossen sicher nicht zu Unrecht ein "Vietnam-Trauma", das die Menschen von jedem weiteren militärischen Engagement in fernen Erdteilen abschreckte, und das sie daran zweifeln ließ, ob ihr Land die Bürde der Weltmacht weiterhin tragen sollte. Die Schuld an der allgemeinen Malaise gab man nicht nur den Republikanern, die seit 1969 im Weißen Haus regierten, sondern auch den liberalen Demokraten, die sich zu weit von den Sorgen und Nöten des "einfachen Bürgers" entfernt hatten.

Politik im Schatten von Vietnam und Watergate

Präsident Ford gehörte 1975 zu den Unterzeichnern der Schlußakte von Helsinki, mit der die Konferenz für Sicherheit und Zusammenarbeit in Europa (KSZE) gegründet und der territoriale *Status quo* auf dem geteilten Kontinent garantiert wurde. Ford erntete damit die Früchte der Entspannung, die im Zuge der *Détente* und der deutschen Ostpolitik gereift waren. Wenig später zeichnete sich aber ab, daß die Sowjetunion die Beruhigung der Situation in Europa und die innere Schwäche der USA zu einer neuen Offensive in der Dritten Welt zu nutzen gedachte. Diese Herausforderung anzunehmen, fiel nun umso schwerer, als Nixon die amerikanische Präsidentschaft kurz vor der zweihundertsten Wiederkehr der Unabhängigkeitserklärung im Jahr 1976 in ihre schwerste Krise gestürzt hatte.

In Anbetracht der Umstände, denen er das Amt verdankte, konnte Gerald Ford kaum mehr als ein Übergangspräsident sein. Die voreilige Entscheidung, Nixon zu begnadigen, verziehen ihm die Wähler nicht mehr, obgleich er mit seiner freundlich-biederen Art eine versöhnliche Note in die Politik brachte. Noch deutlicher als zuvor betonte der Kongreß sein Mitsprache- und Kontrollrecht und versuchte, das Regierungshandeln durchschaubar zu machen. So setzte er spezielle Ausschüsse zur Überwachung der Geheimdienste ein und verschärfte 1974 den Freedom of Information Act, der Bürgern Einsicht in die über sie angelegten geheimen Dossiers gewährte (und zugleich die Recherchen von Historikern und Journalisten in den staatlichen Archiven erleichterte). Wirtschaftlich litten die USA noch unter dem "Ölpreisschock", der zweistellige Inflationsraten produzierte und speziell die Autoindustrie in eine tiefe Rezession abrutschen ließ. Die Konkurrenz aus Europa und Japan, die billigere und sparsamere Autos herstellte, zwang die amerikanischen Konzerne Ford, General Motors und Chrysler zu Rationalisierungen und Massenentlassungen, die dazu beitrugen, daß die Arbeitslosigkeit 1975 auf 11 Prozent kletterte. Angesichts dieser schlechten Ausgangslage und vieler kleiner Ungeschicklichkeiten im politischen Tagesgeschäft und im Wahlkampf fiel Präsident Fords Niederlage im November 1976 noch recht knapp aus. Mit 48 zu 50 Prozent unterlag er dem Demokratischen Bewerber James Earl ("Jimmy") Carter, einem wohlhabenden Erdnußfarmer, der seinem Heimatstaat Georgia als Gouverneur gedient hatte, national aber ein völlig unbeschriebenes Blatt war. Anders als vier Jahre zuvor George McGovern hatte es Carter mit dem Versprechen von persönlicher Integrität und Fachkompetenz geschafft, die traditionelle Klientel der Demokraten im Süden, in der Industriearbeiterschaft und unter den Minderheiten zu mobilisieren. Im Zeichen des Politikverdrusses, der die Wahlbeteiligung unter 54 Prozent drückte, kam der mangelnde Bekanntheitsgrad Carter offenbar ebenso zugute wie sein ostentativ schlichter Regierungsstil, mit dem er sich bewußt vom Glanz der imperialen Präsidentschaft absetzte. Carters Familiensinn und sein Bekenntnis, ein "wiedergeborener Christ" zu sein, entsprachen dem konservativen Zeitgeist, dem sich kein Politiker mehr ganz entziehen konnte. Rasch stellte sich jedoch heraus, daß es dem Präsidenten und seinen unerfahrenen Beratern nicht nur an ökonomischen Rezepten und einer klaren politischen Linie mangelte, sondern daß auch die Koordinierung zwischen dem Weißen Haus und dem Kongreß nicht klappte.

Carter war als *outsider* nach Washington gekommen und konnte sich nie mit den dort geltenden Regeln anfreunden, ließ aber auch die Führungsstärke vermissen, die nötig gewesen wäre, um die alten Verhaltensmuster durch neue zu ersetzen. Das führte zu Reibungsverlusten und allerhand Leerlauf, die dem politischen System ähnlich zu schaffen machten wie die "Stagflation" der Wirtschaft. Weder mit technokratischer Detailverbissenheit noch mit moralischen Appellen vermochte Carter die politische Apathie und den Zynismus zu überwinden, die sich nach Watergate in den USA ausgebreitet hatten. Viele Reformvorhaben wie eine nationale Krankenversicherung, eine Durchforstung der Wohlfahrtsprogramme und ein gerechterer Steuertarif blieben stecken, und das löbliche Bemühen, Rohstoffe einzusparen und den Energieverbrauch zu drosseln, kam zu spät, um die Folgen der zweiten Ölkrise ab 1979 aufzufangen. Als das Regime des Schah unter dem Druck der islamischen Revolution ins Wanken geriet und die OPEC den Ölpreis auf über 30 Dollar pro Faß erhöhte, erlebten die Amerikaner, die um diese Zeit mehr als ein Drittel ihres Energiebedarfs durch Importe deckten, erneut Versorgungsengpässe und drastische Preissteigerungen. Um die galoppierende Inflation in den Griff zu bekommen, erhöhte die *Federal Reserve* den Diskontsatz, bis die Bankzinsen 20 Prozent erreichten und die Investitionstätigkeit praktisch zum Erliegen kam. Als Erbe der Carterschen Innenpolitik blieb den Amerikanern – neben der Einrichtung zweier neuer Ministerien, des *Department of Education* und des *Department of Energy* – vor allem die Aufhebung der bundesstaatlichen Regulierung des Flugverkehrs im Jahr 1978 in Erinnerung. Diese Maßnahme, die am Beginn einer Ära der Deregulierung und Entkartellisierung stand, ließ innerhalb eines Jahrzehnts die Zahl der US-Fluggesellschaften auf über 70 ansteigen, die pro Jahr mehr als 400 Millionen Passagiere beförderten.

Auf außenpolitischem Terrain, das ihm zunächst ganz fremd war, hielt Carter Freund und Feind durch sein sprunghaftes, unberechenbares Agieren in Atem. Im Wahlkampf hatte er sich für eine Fortführung der *Détente* und verstärkte Abrüstungsanstrengungen eingesetzt, aber zu Beginn seiner Amtszeit machte er die weltweite Gewährleistung der Menschenrechte zum Dreh- und Angelpunkt aller diplomatischen Aktivitäten. Damit neigte er wieder der – von Kissinger absichtlich vernachlässigten – idealistischen und moralischen Komponente der amerikanischen Außenpolitik zu, was die

Sowjetführung prompt als feindseligen Akt interpretierte. Da nun auch der Kongreß wirtschaftliche Zugeständnisse vom Moskauer Wohlverhalten gegenüber ausreisewilligen Juden abhängig machte, wurde die Entspannung zunächst auf Eis gelegt. In anderen Konfliktregionen fiel Carters Einsatz für Menschenrechte und Selbstbestimmung auf fruchtbareren Boden. So fand er im Senat eine Zweidrittel-Mehrheit für den schrittweisen Souveränitätsverzicht in der Panama-Kanalzone bis zur endgültigen Rückgabe des Wasserweges im Jahr 1999; in Camp David konnte er den ägyptischen Präsidenten Sadat und den israelischen Regierungschef Begin 1978 dazu bewegen, den Friedensprozeß im Nahen Osten voranzutreiben; und der Republik Südafrika gab er erstmals unmißverständlich die amerikanische Ablehnung der Apartheid-Politik zu verstehen.

Im Kongreß und in der amerikanischen Bevölkerung gewannen derweil die Entspannungskritiker an Boden, die darauf verweisen konnten, daß die Rüstungsausgaben der Sowjetunion für Heer, Luftwaffe und Flotte unaufhörlich stiegen, und daß Russen und Kubaner ihren Einfluß und ihre Truppenpräsenz in einer Reihe von Staaten, insbesondere auf dem afrikanischen Kontinent, kontinuierlich ausbauten. Von dieser Warte betrachtet, hatte es den Anschein, als erstrebe Moskau eine militärische Überlegenheit über die USA, und als breite sich der Kommunismus im Windschatten der offenbar für Europa reservierten *Détente* in weiten Teilen der Dritten Welt ungehindert aus. Mit einer gewissen Zeitverzögerung drohte also der "Domino"-Effekt, der für den Fall einer Niederlage in Vietnam vorhergesagt worden war, doch noch einzutreten. Die Aversion der Amerikaner gegen kommunistische Ideologien und Regimes wurde zusätzlich geschürt durch das Wüten der Roten Khmer unter Pol Pot in Kambodscha, das seit 1975 ca. drei Millionen Menschenleben gekostet hatte, und dessen ganze Tragweite erst gegen Ende des Jahrzehnts offenbar wurde, als die Vietnamesen das Land besetzten. Trotz aller Enttäuschungen nahm Carter den Gesprächsfaden zur Sowjetunion wieder auf und unterzeichnete im Juni 1979 mit Leonid Breschnew in Wien das SALT II-Abkommen, das an die Stelle des ausgelaufenen SALT I-Vertrags treten sollte. Diese Zeremonie erwies sich jedoch als Schlußakt der *Détente*, denn innerhalb weniger Monate schlug das internationale Klima auf Grund der Vertreibung des Schah aus dem Iran, der Geiselnahme in der amerikanischen Botschaft in Teheran und des sowjetischen Einmarsches in Afghanistan nachhaltig um.

Carter selbst war an dieser Entwicklung nicht schuldlos, denn er hatte bereits vor dem Wiener Treffen unter dem Einfluß seines Sicherheitsberaters Zbigniew Brzezinski die Weichen in Richtung Aufrüstung und einer Politik der Stärke gegenüber der Sowjetunion gestellt. Der polnischstämmige Brzezinski erkannte auch recht früh die Möglichkeit, durch Unterstützung der *Solidarnosc*-Bewegung in Polen und anderer osteuropäischer Dissidentengruppen, die sich auf die Menschenrechtsklausel der Helsinki-Akte beriefen, die Stabilität des sowjetischen Imperiums zu unterminieren. In der Administration wurde nach dem Vorbild von NSC 68 eine geheime Direktive PD 59 ausgearbeitet, deren Ziel lautete, die USA zur Führung eines erfolgreichen Atomkrieges auf allen Stufen der Eskalation zu befähigen. Gleichzeitig spielte Carter mit dem Gedanken, eine Neutronenbombe ins amerikanische Waffenarsenal aufzunehmen, die menschliches Leben, nicht jedoch Material vernichtete. Wegen der Proteste seiner europäischen Partner, die noch ganz der Entspannungspolitik verpflichtet waren, machte er diese Entscheidung aber wieder rückgängig. Auf eine Initiative der Europäer hin erfolgte dagegen im Dezember 1979 der sog. NATO-Doppelbeschluß, der Moskau Abrüstungsverhandlungen anbot, gleichzeitig aber die Stationierung amerikanischer Mittelstreckenraketen in Europa für den Fall vorsah, daß die Sowjetunion ihre gegen die NATO-Länder in Stellung gebrachten SS 20-Raketen nicht innerhalb einer bestimmten Frist freiwillig abbaute. Zusätzlich zu diesen irritierenden Signalen in der Rüstungs- und Militärpolitik muß man Carter die völlige Fehleinschätzung der Lage im Iran ankreiden, die er noch dadurch verschlimmerte, daß er – menschlich durchaus respektabel – den krebskranken Schah nach dessen Flucht zur Behandlung in die USA einlud. Damit provozierte er aber im November 1979 den Sturm iranischer Revolutionäre auf die US-Botschaft in Teheran und die Geiselnahme von über 50 amerikanischen Diplomaten. Die Sorge um ihr Schicksal beherrschte für den Rest von Carters Amtszeit das öffentliche Interesse und engte den Handlungsspielraum der Administration gefährlich ein.

Die Hauptverantwortung für den Rückfall in den Kalten Krieg lag jedoch bei der alternden sowjetischen Führung, die sich offenbar von der inneren und äußeren Schwäche der USA zu gesteigerter Aggressivität und Expansionsbereitschaft verleiten ließ. Ihren entscheidenden Fehler beging sie Ende 1979 mit der Entscheidung, den Zusammenbruch des kommunistischen Regimes in Kabul durch eine direkte militärische Intervention zu verhindern. Der sowjetische Truppeneinmarsch nach Afghanistan um die Jahreswende 1979/80 wurde in den Vereinigten Staaten nicht als defensive Maßnahme einer um ihre Interessensphäre besorgten Großmacht interpretiert, sondern erschien vor dem Hintergrund der forcierten sowjetischen Aufrüstung und der Krise im Iran als eindeutiges Überschreiten des legitimen Einflußbereichs, das die gesamte Region des Persischen Golfes und damit in letzter Konsequenz die Existenz der westlichen Welt bedrohte. Da die Voraussetzungen für einen politischen Kurswechsel innerhalb der Carter-Administration bereits geschaffen worden waren, erfolgte die Reaktion rasch und mit ungewohnter Entschlossenheit. Der Präsident verbot den Export von Weizen und moderner Technologie in die Sowjetunion und verhängte einen Boykott über die Olympischen Spiele, die 1980 in Moskau stattfanden. Zugleich leitete die CIA Hilfsmaßnahmen für diejenigen Gruppen der afghanischen Bevölkerung ein, die sich der sowjetischen Okkupation gewaltsam widersetzten. Darüber hinaus drohte Carter ein direktes militärisches Eingreifen der USA an, falls eine ausländische Macht versuchen sollte, die westliche Ölzufuhr vom Persischen Golf abzuschneiden. Diese "Carter-Doktrin" wurde durch die Aufstellung einer für den Wüstenkrieg geeigneten *Rapid Reaction Force* praktisch untermauert. Schließlich zog der Präsident das SALT II-Abkommen, das von Anfang an den Unwillen der "Falken" im Senat erregt hatte, und das ohnehin den technischen Entwicklungen hinterherhinkte, aus dem Ratifizierungsverfahren zurück.

Diese Härte verwunderte nicht nur die Sowjets, die offenbar geglaubt hatten, mit Carter leichtes Spiel zu haben, sondern zwang auch die aus allen Entspannungsträumen gerissenen Westeuropäer zur Neubestimmung ihres Verhältnisses zu den beiden Supermächten. Wenig Eindruck machte Carters Wandlung von der "Taube" zum "Falken" dagegen auf die amerikanische Öffentlichkeit, die wie gebannt das Geiseldrama in Teheran verfolgte, das den vielen Demütigungen der 1970er Jahre eine neue, kaum noch zu verkraftende nationale Schmach hinzufügte. Um den gordischen Knoten zu zerschlagen, ging der Präsident sogar das hohe Risiko einer militärischen Befreiungsaktion ein. Angesichts von Carters Pechsträhne verwunderte es kaum jemanden, daß dieses Unternehmen im April 1980 kläglich scheiterte, als ein amerikanischer Hubschrauber und ein Transportflugzeug in der iranischen Wüste zusammenstießen und ihre Besatzungen ums Leben kamen. Danach zog sich Carter ganz ins Weiße Haus zurück und begründete seine Passivität im Präsidentschaftswahlkampf mit den pausenlosen diplomatischen Bemühungen um die Freilassung der Geiseln. Als der Wahltag im November heranrückte, ohne daß Carter der Bevölkerung eine Erfolgsmeldung präsentieren konnte, war seine Niederlage gegen den Republikanischen Herausforderer Ronald Reagan, den die meisten Beobachter anfangs nicht sonderlich ernst genommen hatten, so gut wie besiegelt. Mit 41 zu 50,8 Prozent der abgegebenen Stimmen (der unabhängige Kandidat John B. Anderson, ein liberaler Republikaner, errang 6,6 Prozent) fiel sie unerwartet deutlich aus und wurde noch dadurch unterstrichen, daß die Republikaner erstmals seit 1955 die Mehrheit im Senat stellten. Viele traditionelle Wähler der Demokraten hatten ihrer Partei den Rücken gekehrt und waren entweder den Wahlurnen ferngeblieben oder ins gegnerische Lager übergegangen. Dem ehemaligen Hollywood-Schauspieler Reagan, der von 1966 bis 1974 den Posten des Gouverneurs von Kalifornien bekleidet hatte und 1976 bei seiner ersten Bewerbung um die Präsidentschaftskandidatur der Republikaner gescheitert war, blieb es vorbehalten, am 20. Januar 1981, dem Tag der Inauguration, die Freilassung der amerikanischen Diplomaten nach 444-tägiger Geiselhaft zu verkünden. Schärfer konnte der Kontrast zwischen dem angestrengt, aber glücklos operierenden Carter und seinem Nachfolger, der die Erfolge offenbar mühelos einheimste, kaum ausfallen.

2. Demographische, soziale und kulturelle Trends im letzten Drittel des 20. Jahrhunderts

Die Wiederbelebung des amerikanischen Patriotismus

Rascher wirtschaftlicher und sozialer Wandel sowie Bevölkerungswachstum und Mobilität waren schon immer Kennzeichen der amerikanischen Lebenswirklichkeit gewesen. Seit den 1970er Jahren schienen sich viele dieser Veränderungen aber noch zu beschleunigen und den Vereinigten Staaten ein ganz neues Aussehen zu geben. Gleichzeitig traten konservative Strömungen stärker hervor und gewannen zunehmend Einfluß auf die öffentliche Debatte und das geistig-kulturelle Klima des Landes. Offenbar waren es gerade die Allgegenwart und das schubartige Tempo des Wandels, die – ähnlich wie in den 1920er Jahren – der Suche nach festen Orientierungen und moralischen Gewißheiten Auftrieb verliehen. Damit einher gingen ein nachlassendes Interesse an der Politik, der immer weniger Menschen die Lösung der privaten und öffentlichen Probleme zutrauten, und eine Entfremdung von den Institutionen des Bundesstaates, die eher als Belastung oder gar Bedrohung denn als notwendige Ordnungsfaktoren wahrgenommen wurden. Andererseits überwanden die meisten Amerikaner die "Traumata" von Vietnam und Watergate offenbar erstaunlich rasch. Bei einer 1981 durchgeführten Meinungsumfrage bezeichneten sich 76 Prozent als "sehr stolz" und 15 Prozent als "ziemlich stolz" auf ihre Nation. (Die Vergleichswerte für die Bundesrepublik Deutschland lagen mit 17 bzw. 39 Prozent am unteren Ende der internationalen Skala). Mit seinem Versprechen, die "amerikanische Größe" wiederherzustellen, appellierte Präsident Reagan geschickt an dieses große Reservoir von Patriotismus. Der Glaube an die Nation und an die Verfassung schloß aber in den USA eine distanzierte Haltung zu einzelnen Institutionen und zu den jeweiligen "Herrschenden" nie aus. Diese Verbindung von grundsätzlicher Bejahung des Regierungssystems und skeptischem Machtmißtrauen wird häufig geradezu als Charakteristikum der amerikanischen *civic culture*, der partizipatorischen politischen Kultur der USA angesehen.

Vom "Schmelztiegel" zum "Multikulturalismus"

Die Einwohnerzahl der USA, die 1960 knapp 180 Millionen betragen hatte, stieg über 203 Millionen 1970 und 226,5 Millionen 1980 auf 248,7 Millionen 1990 und liegt derzeit bei etwa 255 Millionen. Es waren aber weniger diese absoluten Zahlen als die Veränderung der Altersstruktur sowie der ethnischen und rassischen Zusammensetzung der Bevölkerung, die für Diskussionsstoff sorgte. Vor allem wegen der höheren Lebenserwartung ist die amerikanische Gesellschaft in den letzten Jahrzehnten deutlich "älter" geworden, was erhebliche Auswirkungen insbesondere auf die Kosten des Gesundheitswesens und der Sozialrenten hat. Waren 1950 nur 13 Prozent der Amerikaner über 60 Jahre alt, so lag ihr Anteil 1990 schon bei 18 Prozent mit weiter steigender Tendenz. Das Image der jungen, dynamischen und mobilen Nation ist damit zumindest in Frage gestellt. Seit der Lockerung und Umstrukturierung der Einwanderungsbestimmungen Mitte der 1960er Jahre nahm die Bedeutung der Immigration für die allgemeine demographische Entwicklung wieder zu. Während von

1961 bis 1970 ca. 3,3 Millionen Menschen legal in die USA eingewandert waren, steuerte die Immigration in den 1970er Jahren ca. 4,5 Millionen, in den 1980er Jahren sogar über 7 Millionen zum Bevölkerungswachstum bei. Nicht eingeschlossen ist hierin die illegale Einwanderung, die sich nach Schätzungen seit einiger Zeit fast auf der gleichen Höhe bewegt wie die legale Einwanderung. (Man nimmt an, daß sich 1990 etwa 12 Millionen Menschen ohne offizielle Erlaubnis in den USA aufhielten.) Mit dem Refugee Act von 1980 wurde ein spezielles Asylrecht geschaffen, das dem Präsidenten in Absprache mit dem Kongreß erlaubt, aus "humanitären Gründen" Flüchtlinge über die Einwanderungs-Obergrenzen hinaus zuzulassen. Die Zahl dieser Asylanten schwankte seit der Verabschiedung des Gesetzes zwischen 30 000 und 200 000 im Jahr. Unter diesen Umständen scheint es berechtigt, von einer "dritten Welle" der Masseneinwanderung (nach den 1840/50er Jahren und der Periode von 1870 bis zum Ersten Weltkrieg) zu sprechen, die Mitte der 1960er Jahre begann und bis heute anhält. Die Zahl der Amerikaner, die im Ausland geboren sind, wird für 1995 mit 22,6 Millionen angegeben. Der Prozentsatz dieser *foreign born* ist damit innerhalb von 25 Jahren um fast 4 Prozent auf nunmehr 8,7 Prozent gestiegen. Auch wenn das noch ein ganzes Stück von der Höchstmarke des Jahres 1910 (14,7 Prozent) entfernt ist, erkennt man daran, daß die USA ihren Status als einer der bevorzugten Zielorte der weltweiten Migrations- und Flüchtlingsströme behalten haben, die im Laufe des krisengeschüttelten 20. Jahrhunderts weiter angeschwollen sind.

Die Hauptbedeutung der "dritten Welle" der Masseneinwanderung liegt darin, daß sie die ethnische, rassische und religiöse Vielfalt der Vereinigten Staaten spürbar erhöht. Zum Teil geht das auf die bewußte Entscheidung des Kongresses zurück, das diskriminierende Quotensystem, das bis in die Zeit nach dem Zweiten Weltkrieg galt, durch "hemisphärische" oder weltweite Obergrenzen der Zuwanderung zu ersetzen, innerhalb derer jedem Land gleiche Konditionen eingeräumt wurden. In der Praxis schlugen aber politische und wirtschaftliche Einflüsse stärker zu Buche als diese wohlgemeinten bürokratischen Richtlinien. So setzte nach dem Ende des Vietnamkrieges Mitte der 1970er Jahre ein großer Exodus aus den Staaten des ehemaligen Indochina ein, zu dessen Bewältigung sich die Amerikaner moralisch verpflichtet fühlten. Allein 1978 wurden 90 000 Vietnamesen aufgenommen, 1982/83 fast 55 000 Laoten und

Kambodschaner. In der westlichen Hemisphäre führte die schlechte Wirtschaftslage, mit der viele Länder Zentral- und Mittelamerikas und der Karibik während der 1980er Jahre zu kämpfen hatten, zu steigender legaler, aber auch illegaler Einwanderung in die USA. Die Konsequenzen dieser Entwicklung werden mit Begriffen wie "ethnischer Pluralismus", "Multikulturalismus", aber auch mit eher negativ besetzten Schlagwörtern wie "the browning of America" oder gar "thirdworldization" beschrieben. In jedem Fall hat die neue Einwanderung schon jetzt dem Rassenproblem, unter dem man lange Zeit den Schwarz-Weiß-Gegensatz verstand, eine neue Dimension verliehen, die selbst bei einem besonnenen Zeitgenossen wie dem Historiker Arthur M. Schlesinger Sorgen vor dem möglichen "disuniting of America" weckt. Waren im Zeitraum 1951–60 noch 60 Prozent der USA-Einwanderer Europäer, so sank ihr Anteil in den 1980er Jahren auf ganze 11 Prozent. Dafür kamen nun 44 Prozent aller Immigranten aus Lateinamerika und der Karibik und 41,6 Prozent aus Asien. Zunehmend wichtige Herkunftsregionen wurden der Nahe und Mittlere Osten, Afrika und (nach der Auflösung der Sowjetunion) Osteuropa, auch wenn die absoluten Zahlen vorerst noch gering blieben. Immerhin tragen inzwischen 4 Millionen orthodoxe Christen und 5 Millionen Moslems zum multi-religiösen Charakter der amerikanischen Gesellschaft bei.

Der Zensus von 1990 läßt erkennen, in welchem Ausmaß die USA bereits zu einem "Land der ethnischen Minderheiten" geworden sind. Danach haben etwa ein Viertel der Amerikaner nicht-weiße Vorfahren, an erster Stelle weiterhin die Afro-Amerikaner, deren Zahl sich zwischen 1950 und 1990 von 15 Millionen (= 10 Prozent der Gesamtbevölkerung) auf 30 Millionen (= 12,1 Prozent) verdoppelt hat. Die schwarze Mittelschicht ist breiter geworden und verfügt heute über deutlich mehr politischen und wirtschaftlichen Einfluß als noch in den 1970er Jahren. Auch zur Bereicherung des Kulturlebens tragen die Afro-Amerikaner weiterhin ganz erheblich bei, nicht nur in der Unterhaltungsbranche, in der sie stets präsent waren, sondern in allen Sparten der künstlerischen Produktion. Weltweite Anerkennung fanden diese Leistungen beispielsweise in der Verleihung des Literatur-Nobelpreises 1994 an Toni Morrison, die sich in ihren Romanen vornehmlich mit den historischen Erfahrungen der Sklaverei auseinandersetzt. Unterrepräsentiert sind die Afro-Amerikaner immer noch an Colleges und Universitäten, obwohl der Anteil schwarzer Studenten und Professoren beiderlei Geschlechts in absoluten Zahlen beträchtlich gestiegen ist. Viele Schwarze sehen nach wie vor in einer sportlichen Karriere den besten oder einzigen Weg zu gesellschaftlichem Aufstieg, Wohlstand und Anerkennung. Das Bild zahlreicher populärer Sportarten wie American Football, Basketball, Boxen und Leichtathletik wird denn auch eindeutig von Afro-Amerikanern bestimmt. Die schwarze Unterschicht, zu der man derzeit etwa 10 Millionen Menschen rechnet, steht dagegen in einem recht prekären Loyalitätsverhältnis zum amerikanischen Staat und seinen Institutionen. Gerade junge Männer werden häufig straffällig, und ihr Anteil an der Häftlingsbevölkerung ist überproportional hoch. Die Bundesregierung und die meisten Einzelstaaten haben versucht, die Identifizierungsmöglichkeiten für Afro-Amerikaner zu verbessern, indem sie den Geburtstag Martin Luther Kings zum offiziellen Feiertag erklärten. Ein solcher symbolischer Akt, der Kings Zielsetzungen der Rassenharmonie und der Gewaltfreiheit in den Kanon der *civil religion* aufnahm, kann aber – so verdienstvoll er sein mag – handfeste materielle Integrationsanstrengungen nicht ersetzen.

Relativ gesehen noch schneller als die schwarze Bevölkerung wuchs die heterogene Gruppe der Asian Americans von 3,7 Millionen 1980 auf 7,3 Millionen 1990, was knapp 3 Prozent der Einwohnerschaft der USA entspricht. Wegen ihrer Strebsamkeit und ihrer überdurchschnittlichen Erfolge an Schulen und Universitäten werden die Asiaten häufig als *model minority* bezeichnet und den anderen Gruppen als leuchtendes Beispiel vor Augen gestellt (was ihnen das Zusammenleben mit anderen Minderheiten nicht unbedingt erleichtert). Am auffallendsten ist jedoch zweifellos die starke Präsenz der Hispanic Americans, denen 1970 9 Millionen, 1980 14,6 Millionen, 1990 aber schon 22,4 Millionen (= 9 Prozent der Gesamtbevölkerung) zugerechnet wurden. In dieser ebenfalls aus vielen Nationalitäten bestehenden Gruppe überwiegen die Chicanos, d.h. Amerikaner spanisch-mexikanischer Herkunft mit starkem indianischen Einschlag. Einen erstaunlichen Aufschwung verzeichnen schließlich auch die Native Americans, die der Zensusbericht von 1990 auf 2 Millionen beziffert (gegenüber 800 000 im Jahr 1970), von denen nur noch jeder vierte in einem Reservat lebt. Da die ethnische Zuordnung bei der Volkszählung neuerdings hauptsächlich durch "self-identification" erfolgt, geht man davon aus, daß wachsendes indianisches Selbstbewußtsein und "Rassenstolz" für die hohe Steigerungsrate mitverantwortlich sind.

Den Prognosen der Demographen zufolge wird die weiße Bevölkerung der USA in Zukunft praktisch stagnieren, während die Gruppen der Hispanics, Asian Americans und African Americans weiter wachsen und Mitte des nächsten Jahrhunderts zusammen die Mehrheit stellen werden. Einen Vorgeschmack bietet Kalifornien, wo der Anteil der "Minderheiten" Mitte der 1990er Jahre schon 42 Prozent beträgt, und wo in den öffentlichen Schulen weniger als die Hälfte der Kinder Weiße sind. Kaum jemand hegt heute noch den Wunsch oder gibt sich auch nur der Hoffnung hin, daß es möglich sein könnte, alle Neueinwanderer im herkömmlichen Sinne zu assimilieren und zu "amerikanisieren". Selbst das Bemühen einiger Staatenparlamente, Englisch als Amtssprache verbindlich zu machen, hat aus rechtlichen und politischen Gründen wenig Erfolgsaussichten. Nach der Abkehr vom Ideal des "Schmelztiegels" (*melting pot*) scheint lediglich die Wahl zwischen ethnischem Pluralismus und ethnischem Partikularismus bzw. Separatismus zu bleiben. Die Verfechter des Pluralismus billigen den einzelnen Minderheiten die Bewahrung und Fortbildung ihrer jeweiligen kulturellen Identität zu, möchten ihnen jedoch eine säkulare Haltung, Kritikfähigkeit und Toleranz vermitteln. Auf diese Weise würde eine "multikulturelle" Gesellschaft entstehen, deren innerer Zusammenhalt nicht durch Konformität, sondern gerade durch die gleichberechtigte Anerkennung und Beteiligung aller Gruppen gewahrt wird. Aus dem Bemühen, diese Gleichberechtigung in der Praxis durchzusetzen, ist speziell an den Universitäten das Phänomen der *political correctness* (pc) erwachsen, das in der amerikanischen Öffentlichkeit und sogar im Ausland für Wirbel sorgt. Im wesentlichen handelt es sich dabei um Kataloge von Sprach- und Verhaltensvorschriften, deren Beachtung gewährleisten soll, daß kein Angehöriger einer ethnischen, religiösen oder kulturellen Gruppe bzw. einer sonstigen Minderheit in seiner Würde verletzt wird. Die Grenze zwischen freier Meinungsäußerung und unerlaubter "hate speech" zu ziehen, erweist sich oft als schwierig, zumal der Supreme Court nach dem Zweiten Weltkrieg der im ersten Amendment garantierten "freedom of speech" einen besonders hohen Stellenwert eingeräumt hat. Es gibt allerding auch eine andere, radikalere Vision von "Multikulturalismus", deren Verfechter keine universal gültigen, allgemeinverbindlichen Werte und Normen mehr anerkennen und das gesamte Konzept der "westlichen Zivilisation" als bedrückenden Ballast abwerfen wollen. Diese Stimmen, denen nichts mehr an nationaler Einheit gelegen ist und die ganz offen Partikularismus, ethnische Absonderung, Intoleranz und Sektierertum predigen, sind mittlerweile unüberhörbar geworden.

Ähnlich wie in den meisten westeuropäischen Ländern hat die steigende legale und illegale Zuwanderung bei den "alteingesessenen" Bürgern, beginnend in den 1980er Jahren, zu Abwehrreaktionen und Forderungen nach effektiven Kontrollen und Verboten geführt. Die Kritiker der liberalen Einwanderungspolitik verwiesen u.a. auf den Anstieg der Kriminalität und der Armut, auf die hohen sozialen Kosten, die angeblich durch Illegale verursacht werden, und sie warnten vor der Gefahr von Konflikten zwischen einzelnen Minderheitengruppen, wie sie bei gelegentlichen Rassenunruhen sichtbar geworden war. Der Immigration Reform and Control Act von 1986 ließ schon im Namen erkennen, daß die Politiker diesem öffentlichen Druck nachgaben, und daß es fortan hauptsächlich um die Regulierung und Reduzierung der Zuwanderung gehen sollte. Durch weitere Gesetze wie den Immigration Act von 1990, der nicht weniger als 277 Druckseiten umfaßt, gestaltete der Kongreß die Rechtslage immer komplexer und komplizierter. Dennoch wuchs die Protesthaltung in besonders betroffenen Staaten wie Kalifornien, das mittlerweile zu einem Viertel aus Immigranten besteht, und dessen Steuerzahler jährlich etwa eine Milliarde Dollar für die Versorgung illegaler Einwanderer aufbringen müssen. Im November 1994 nahmen die Bürger von Kalifornien in einem Referendum die einwanderungsfeindliche "proposition 187" an, die vorsieht, daß illegale Ausländer den Anspruch auf wichtige soziale Dienste und Hilfsleistungen verlieren, und daß ihre Kinder von öffentlichen Schulen ausgeschlossen werden. Diese Maßnahmen liegen vorerst noch auf Eis, bis die Gerichte über ihre Verfassungsmäßigkeit entschieden haben. Unterdessen arbeitet der Kongreß jedoch schon an einer neuen Reform, die eine schrittweise Reduzierung der legalen Einwanderung um ein Drittel auf 450 000 pro Jahr sowie eine härtere Bekämpfung der illegalen Einwanderung beinhaltet, und die möglicherweise einige der umstrittenen Bestimmungen von "proposition 187" aufnehmen wird. Die ethnische Vielfalt, die bunten Farbtöne der Gesellschaft und der "Multikulturalismus", die auf europäische Besucher gewöhnlich große Faszination ausüben, sind den Amerikanern selbst also zunehmend zum Problem geworden und lassen viele von ihnen sorgenvoll in die Zukunft blicken.

Bevölkerungsverschiebungen und Strukturwandel der Wirtschaft

Parallel zur Zunahme der Minderheiten setzte sich die Verlagerung der Schwerpunkte des Bevölkerungswachstums vom Nordosten und dem Gebiet der Großen Seen in Richtung *sun belt* fort, der von den Staaten an der südlichen Atlantikküste (Virginia, North Carolina, South Carolina, Georgia) über Florida und Texas bis nach Kalifornien reicht. Diese Entwicklung wiederum stand in unmittelbarem Zusammenhang mit dem Strukturwandel in der amerikanischen Industrie, der dem gesamten Wirtschaftsgefüge neue Konturen verlieh. Das Aufkommen kostengünstig produzierender Konkurrenten in Europa und Asien ließ "alte", vornehmlich im Nordosten angesiedelte Branchen wie die Textil- und die Eisen- und Stahlindustrie schrumpfen und zwang die verbliebenen US-Unternehmen zu ständigen Rationalisierungen, Innovationen und Anpassungsleistungen. Große Konzerne diversifizierten ihre Produktion oder verlegten sie teilweise ins Ausland, wo "Multis" wie IBM, Gilette, Mobil und Coca-Cola schon in den 1970er Jahren mehr als die Hälfte ihrer Profite machten. In anderen Bereichen setzte eine neue Konzentrationswelle ein, die beispielsweise bewirkte, daß einige wenige Großbrauereien über 70 Prozent des amerikanischen Biermarktes kontrollieren.

Da Regierungen und Kongreß den Verlockungen einer protektionistischen Politik weitgehend widerstanden, waren die amerikanischen Unternehmen gezwungen, ihre Wettbewerbsfähigkeit unter dem Druck steigender Importe ständig zu verbessern. Das gelang etwa der Automobilindustrie recht gut, wobei allerdings die Vorteile der Verbraucher mit dem Wegfall von Arbeitsplätzen bezahlt werden mußten. Andererseits öffneten sich durch das Festhalten an den Prinzipien des freien Welthandels aber auch Chancen für die Entstehung neuer Wachstumsbranchen wie der Computerindustrie, die lange Zeit mit dem Silicon Valley in Kalifornien identifiziert wurde. Von hier nahm die Revolution der Unterhaltungselektronik ihren Ausgang, und hier begann Ende der 1970er Jahre der Siegeszug des *Personal Computer* (PC), der fünfzehn Jahre später mit über 60 Millionen Exemplaren in amerikanischen Haushalten schon ein alltäglicher Gebrauchsgegenstand geworden war. Zum Image Kaliforniens als eines *High-Tech*-Staates trug auch die Vergabe großer Rüstungsaufträge an Unternehmen der Luft- und Raumfahrtindustrie bei, die sich dort bereits im Zweiten Weltkrieg niedergelassen hatten. Innovationsfreude und Zukunftsorientierung blieben aber nicht auf den pazifischen Westen beschränkt, sondern erfaßten viele Staaten des *sun belt*, die in- und ausländische Investoren unter Hinweis auf niedrige Steuern, ein mäßiges Lohnniveau und günstige Bodenpreise anlockten. Der Rest des Landes, insbesondere der agrarische Mittlere Westen und der *manufacturing belt* im Nordosten, der zum *rust belt* zu verkommen drohte, hatte dagegen große Mühe, Anschluß zu halten. Überlagert wurde der industrielle Modernisierungsprozeß durch einen generellen Trend zur Dienstleistungsgesellschaft, der für hochentwickelte Staaten typisch ist, den die USA jedoch in vieler Hinsicht vorwegnahmen, und den sie immer noch anführen. Während allein in den 1970er Jahren wegen Produktionsverlagerungen ins Ausland oder Umstrukturierungen zwischen 30 und 40 Millionen Arbeitsplätze in der Industrie verlorengingen, schritt die Expansion des Dienstleistungssektors offenbar unaufhaltsam voran: 1990 beschäftigte er schon 76 Prozent aller berufstätigen Amerikaner und erzeugte ca. 70 Prozent des Bruttosozialprodukts, beides mit steigender Tendenz. Die Lasten der "Deindustrialisierung" trug vor allem die Arbeiterschaft des Nordostens und Mittleren Westens in Form von Jobverlusten, sinkenden Reallöhnen und reduziertem Einfluß der Gewerkschaftsbewegung. Die Abwanderung vieler Unternehmen in den Süden, der nie starke Gewerkschaften gekannt hatte, und das gewerkschaftsfeindliche Klima, das von Regierungsseite – etwa durch die Entlassung streikender Fluglotsen 1981 – noch geschürt wurde, bewirkten einen kontinuierlichen Rückgang des Organisationsgrades, der 1990 nur noch bei 16 Prozent der in Industrie und Dienstleistung Beschäftigten lag. Als politischer Faktor fielen die Gewerkschaften damit praktisch aus, und der amerikanische "Korporatismus" reduzierte sich mehr und mehr auf das "give and take" von Regierungen und Wirtschaftsvertretern.

Die Bevölkerungsverschiebung hin zum "Sonnengürtel" ist an den Einwohnerzahlen der Metropolen abzulesen: Im Unterschied zu den *metropolitan areas* des Nordostens und Mittleren Westens, die stagnierten oder sogar leicht schrumpften (New York, Boston, Philadelphia, Chicago, Detroit), gab es im *sun belt* deutliche Zuwächse, am stärksten für den Großraum Los Angeles (allein ca. 4 Millionen in den 1980er Jahren), aber auch für San Francisco und Umgebung, für Dallas und Houston in Texas, für Miami in Florida, für Atlanta in Georgia und für den Einflußbereich der Hauptstadt Washington, der sich nach Maryland und Virginia erstreckt. Im *sun belt* liegen dementsprechend auch die Staaten mit dem größten Bevölkerungszuwachs: Kalifornien, das 1950 nur 10,6 Millionen Einwohner hatte, heute dagegen mit über 30 Millionen an der Spitze der Statistik steht; Texas, dessen Bevölkerung allein in den 1980er Jahren von 7,7 auf 17 Millionen zunahm; und Florida, dessen Einwohnerzahl sich im selben Zeitraum von 2,8 auf 13 Millionen fast verfünffachte. Der Boom im "Sonnengürtel" blieb natürlich nicht ohne politische Folgen, da die Sitzverteilung im Repräsentantenhaus und die Zuweisung der Wahlmännerstimmen für die Präsidentschaftswahlen gemäß der Einwohnerzahl erfolgt. Historisch gesehen bedeutete diese Gewichtsverlagerung das Ende der jahrzehntelangen Rückständigkeit und Vernachlässigung des Südens, auch wenn einige Südstaaten wie Alabama und Mississippi immer noch zu den ärmsten der Union gehören. Die bessere Ausgewogenheit zwischen den Großregionen dürfte in Zukunft dem inneramerikanischen Wettbewerb und der unionsweiten Arbeitsteilung zugutekommen.

Insgesamt schritt die Verstädterung weiter fort, denn 1990 lebten schon fast 80 Prozent aller Amerikaner in Orten über 2 500 Einwohnern (gegenüber 64 Prozent im Jahr 1950). Nach wie vor ziehen die Metropolen mit ihren Wolkenkratzerzentren, ihrem Verkehrsgewühl und ihren schier endlos ausufernden Vorstädten die Menschen geradezu magisch an. Die Völker- und Rassenvielfalt und die kulturelle Vitalität von New York, Los Angeles und San Francisco wirken in vieler Hinsicht wie die Vorwegnahme einer Weltgesellschaft, die sich im 21. Jahrhundert global herausbilden könnte. Gerade in den Metropolen zeigen sich aber auch die Schattenseiten der Urbanisierung recht deutlich, denn trotz aller Bemühungen um Stadterneuerung ist es nur in wenigen Fällen gelungen, die Elendsquartiere an den Rändern der Zentren zu sanieren. Slums und Ghettos halten nach wie vor einen großen Teil der amerikanischen Unterschicht, insbesondere gut ein Drittel der Afro-Amerikaner, in einem Teufelskreis von Arbeitslosigkeit, Armut, Drogenkonsum, Kriminalität und Gewalt gefangen. In den wohlhabenderen Vierteln wiederum leiden viele Menschen am Verlust der nachbarschaftlichen Wärme, an der Gleichförmigkeit und Sterilität der Konsumwelt und an der Isolierung und mangelnden Kommunikationsmöglichkeit des Einzelnen. Die Angst vor Verbrechen grassiert überall, aber einem rigorosen Schußwaffenverbot stehen das zweite Amendment der US-Verfassung und die starke Lobby der *National Rifle Association* entgegen. Stattdessen setzt die Gesellschaft wieder vermehrt auf die abschreckende Wirkung der Todesstrafe, die in den 1960er Jahren im Zuge der liberalen Reformen von den meisten Staaten abgeschafft worden war. Nachdem der Supreme Court im Jahr 1976 Hinrichtungen offiziell erlaubte, haben inzwischen 38 Staaten die Todesstrafe wieder eingeführt.

Nachlassendes Wirtschaftswachstum und soziale Härten

Von einem generellen wirtschaftlichen Niedergang der Vereinigten Staaten zu sprechen, wie es manchmal geschieht, geht an der vielschichtigen Realität vorbei. Gemessen an den beiden ersten Nachkriegsjahrzehnten schwächte sich die gesamtwirtschaftliche Dynamik seit Ende der 1960er Jahre jedoch ab, und im Vergleich zu den aufstrebenden Wirtschaftsmächten Europas und Asiens, insbesondere der Bundesrepublik Deutschland und Japan, verloren die USA an Boden. Wuchs das Bruttosozialprodukt in der Nachkriegszeit um durchschnittlich 4 Prozent pro Jahr, so lag die Zuwachsrate in den 1970er Jahren bei 2,9 Prozent, in den 1980er Jahren bei 3,2 Prozent. Ähnlich verhielt es sich mit dem Produktivitätszuwachs, der unter 2 Prozent absank, gegenüber beinahe 3 Prozent in den 1950er und 1960er Jahren. Dieses verminderte Wachstum machte sich im internationalen Vergleich rasch bemerkbar: In absoluten Zahlen führten die USA 1990 mit einem Bruttosozialprodukt von 5,4 Billionen Dollar die Weltstatistik zwar noch klar an, doch ihr Anteil am Welt-BSP fiel von 50 Prozent im Jahr 1945 auf unter 30 Prozent ab, und beim BSP pro Einwohner lagen die Amerikaner 1990 nur noch an neunter Stelle; von 1960 bis 1970 ging der US-Anteil am Welthandel um 16 Prozent zurück, und im folgenden Jahrzehnt schrumpfte er noch einmal um 25 Prozent; der industrielle Export der USA machte 1980 16,8 Prozent des Weltexports aus, 1988 nur noch 15,1 Prozent.

Diese Bilanz wird dadurch aufgehellt, daß die US-Wirtschaft in der Lage war, zwischen 1970 und 1995 43 Millionen neue Jobs zu schaffen (41 Millionen davon im Dienstleistungssektor), wodurch sich die Zahl der Erwerbstätigen um gut die Hälfte erhöhte und die Arbeitslosigkeit – abgesehen von Rezessionsjahren – zwischen 5 und 7 Prozent gehalten werden konnte. Damit heben sich die USA beispielsweise günstig von den EG/EU-Staaten ab, in denen der Zuwachs an Arbeitsplätzen im selben Zeitraum nur 7 Prozent betrug, und die mit einer entsprechend höheren Arbeitslosigkeit zu kämpfen haben. Das ist sicher zum Teil darauf zurückzuführen, daß die amerikanischen Steuern nach wie vor relativ niedrig sind und die Staatsquote, d.h. der Anteil der Staatsausgaben am Bruttoinlandsprodukt, mit 34 Prozent weiterhin ganz erheblich unter demjenigen der meisten europäischen Staaten liegt (in Deutschland beträgt er derzeit 50 Prozent). Einen nicht unwesentlichen Beitrag leistete auch die anhaltende Abwertung des Dollars, mit der sich die USA Wettbewerbsvorteile auf den Weltmärkten verschafften. Seit 1985 hat die US-Währung etwa die Hälfte ihres Wertes gegenüber der Deutschen Mark und dem japanischen Yen eingebüßt. Allerdings forderte der Vorrang für *job creation* seinen Preis: Bei einem beträchtlichen Teil der neuen Arbeitsplätze handelt es sich um schlecht bezahlte und sozial ungenügend abgesicherte Jobs. Deshalb sind in den USA während der vergangenen 20 Jahre die Realeinkommen der Arbeitnehmer nicht mehr gestiegen, sondern – wenn man Zusatzleistungen wie Renten und Krankenversicherung hinzurechnet – allenfalls konstant geblieben. Die geringer Verdienenden mußten sogar deutliche Verluste hinnehmen, und die Einkommensunterschiede wurden ab Mitte der 1970er Jahre insgesamt wieder größer. Das wohlhabendste Fünftel der Haushalte konnte seine Position über die letzten 20 Jahre hinweg kontinuierlich verbessern und buchte 1995 gut 49 Prozent des Gesamteinkommens (gegenüber 43 Prozent zu Beginn der 1980er Jahre und 48 Prozent 1988) auf sein Konto; das ärmste Fünftel der Haushalte mit einem Jahreseinkommen von unter 13 000 Dollar büßte dagegen im selben Zeitraum noch einen Prozentpunkt ein und erhält derzeit etwas mehr als 3 Prozent des Gesamteinkommens. Damit ging auch der Anteil der übrigen drei Fünftel, die man als Mittelschicht bezeichnen kann, von knapp 53 auf ca. 48 Prozent zurück. Im Vergleich zu Europa blieb der Lebensstandard dieser *Middle Class* allerdings recht hoch, da sich die Lebenshaltungskosten auf einem relativ niedrigen Niveau gehalten haben. Andererseits ließen die stagnierenden oder sinkenden Realeinkommen und die Öffnung der Einkommensschere die Armutsrate wieder in die Höhe klettern, nachdem sie in den 1960er und 1970er Jahren gesunken war. 1990 fielen 33,6 Millionen Amerikaner (= 13,5 Prozent) unter die statistische Armutsgrenze, die für eine vierköpfige Familie bei einem Jahreseinkommen von ca. 13 000 Dollar lag (Zusatzleistungen wie Lebensmittelmarken, *Medicaid* und Wohngeld werden dabei nicht mitgerechnet). Die großen sozialen Unterschiede spiegeln sich darin wider, daß Hispanics etwa dreimal so häufig,

Afro-Amerikaner sogar fast viermal so häufig von Armut betroffen waren wie Weiße. In jüngerer Zeit erleiden dieses Schicksal hauptsächlich alleinerziehende Mütter und ihre Kinder, deren Zahl infolge der Instabilität der Familien stark zugenommen hat: Wenn man die Armutsrate von 1994, die bei 14,5 Prozent der Bevölkerung lag, unter diesem Aspekt aufschlüsselt, dann zeigt sich, daß fast 22 Prozent aller Kinder als arm galten, während weniger als 12 Prozent der Rentner in diese Kategorie fielen. Besonders bedrückend ist die Tatsache, daß etwa zwei Drittel der schwarzen Kinder auf die Wohlfahrt angewiesen sind. Afro-Amerikaner und Hispanics sind auch überproportional unter den ca. 35 Millionen Amerikanern vertreten, die 1990 überhaupt nicht gegen Krankheit versichert waren. Obdachlose (*homeless people*) und Bettler nehmen inzwischen einen festen, unübersehbaren Platz im amerikanischen Alltagsleben ein. Mehr als alles andere hat in den letzten Jahren die Frage, was man gegen das Entstehen einer "permanenten Unterschicht" in den Slums und auf den Straßen der Großstädte unternehmen könne, die Gemüter erregt. In dieser Debatte überwiegt allerdings keineswegs Mitleid, sondern eine Philosophie, die höchstens Hilfe zur Selbsthilfe erlaubt und notfalls sogar auf härtere Maßnahmen wie den Entzug von staatlichen Wohlfahrtsleistungen setzt.

Wirtschaftsliberalismus, religiöser Fundamentalismus und Neokonservatismus

Die Attacken gegen den "Wohlfahrtsstaat" sind Ausfluß einer breiteren konservativen, anti-etatistischen Strömung, die seit Ende der 1960er Jahre immer mehr Einfluß auf das öffentliche Bewußtsein gewonnen und Wellen bis nach Europa geschlagen hat. Der auf den Progressivismus zu Beginn des Jahrhunderts zurückgehende Glaube an die Möglichkeit, die Gesellschaft durch staatliche Interventionen und *social engineering* zu verbessern, machte einer zunehmend skeptischen Einstellung Platz. Auch die Hoffnung, man könne die Wirtschaft mit keynesianischen Methoden auf dem Wachstumspfad halten, erhielt in den Krisen der 1970er Jahre einen schweren Dämpfer. Aus diesen Enttäuschungen resultierte die Forderung nach einer endgültigen Abkehr vom *New Deal* und von der Utopie der *Great Society*. Als Alternative pries man die Entfesselung der Marktkräfte durch Beseitigung unnötiger staatlicher Eingriffe und Regulierungen, die Privatisierung öffentlicher Aufgaben und schließlich die Rückbildung des angeblich weit über das erforderliche Maß hinaus gewachsenen Regierungsapparats, verbunden mit einer Wiederbelebung des Föderalismus. Da die Sozialausgaben rein ökonomisch gesehen ein zusätzlicher Kostenfaktor sind, gerieten sie aus dieser Richtung schon früh unter Beschuß. Eine solche wirtschaftsliberale Haltung, die überholt geglaubte Ordnungsvorstellungen des "Nachtwächterstaates" mit ökonomischem Fortschrittsglauben verband, befreite den Einzelnen von den Zwängen sozialer Verantwortung und ermunterte ihn (oder sie), ohne schlechtes Gewissen den eigenen materiellen Vorteil zu suchen und den Gewinn zu maximieren. Das kam einer Generation von Amerikanern entgegen, die vom Engagement gegen den Vietnamkrieg ernüchtert waren und keinen größeren Wunsch verspürten, als sich voll und ganz ihren persönlichen Angelegenheiten widmen zu dürfen. Diese "Wendung nach innen" konnte auch in esoterische Zirkel, Kulte und andere private Nischen führen, aber gesellschaftlich wirksam wurde sie in den 1980er Jahren vor allem in der Figur des "Yuppie" (*young urban professional*), der sich ehrgeizig ins Geschäftsleben stürzte und an der Börse spekulierte (und gelegentlich auch manipulierte), um zu schnellem Reichtum und höherem sozialen Status zu gelangen. Die Avantgarde dieser Bewegung bildeten "corporate raiders", die riskante, zum Teil illegale Finanzpraktiken erfanden, um in Schwierigkeiten geratene Firmen unter ihre Kontrolle zu bringen, und die innerhalb weniger Jahre durch "takeovers" und "mergers" ganze Wirtschaftsimperien zusammenkauften. Mit ihrem unbedingten Erfolgsstreben, ihrer Gewissenlosigkeit und ihrer Geringschätzung staatlicher Vorschriften (für die einige von ihnen später ins Gefängnis wanderten) waren sie gleichermaßen Produkte des neuen Wirtschaftsdenkens, wie sie selbst halfen, die materialistische "Goldgräberstimmung" der Reagan-Ära zu prägen.

Eine andere wichtige Quelle des Konservatismus bildete das evangelikale protestantische Christentum, dessen Anhänger den gesellschaftlichen Wandel vornehmlich als Dekadenz und Niedergang empfanden. In Form von Erweckungsbewegungen, die um das persönliche Bekehrungserlebnis, den buchstabengetreuen Glauben an die Bibel und eine strenge Moral kreisten, verliehen sie der Religion wieder einen hohen Stellenwert und ein deutlich sichtbares Profil im öffentlichen Leben. Die *New Christian Right* hatte ihre Vorläufer in den Radiopfarrern der Zwischenkriegs- und frühen Nachkriegszeit, die christlichen Fundamentalismus mit militantem Antikommunismus und Patriotismus mischten. Später wurde v.a. das südliche Kalifornien zum Experimentierfeld eines rechten "Graswurzel"-Radikalismus, von dem Politiker wie Barry Goldwater und Ronald Reagan profitierten. Seit den 1970er Jahren führten charismatische Prediger einzelnen Denominationen wie der *Southern Baptist Convention* und der *Assemblies of God*-Kirche Millionen neuer Mitglieder zu. Via Radio, Fernsehen und den Büchermarkt fanden "televangelists" vom Schlage eines Jerry Falwell oder Pat Robertson ein nationales Publikum, das sie nicht nur spirituell, sondern auch politisch mobilisieren konnten. Die Führer dieses fundamentalistischen Kreuzzuges differierten in vielen Punkten, aber sie schufen sich gemeinsame Feindbilder: nach außen den atheistischen Kommunismus und insbesondere die Sowjetunion, im Innern die liberalen Politiker, Juristen und Intellektuellen, die sie für den Zerfall der Familien, die mangelnde christliche Erziehung der Jugend, für Abtreibung, Pornographie, Rauschgiftmißbrauch und viele andere Erscheinungen der "permissiven" Gesellschaft verantwortlich machten. Die verschiedenen "Gegenkulturen" und die Frauenbewegung identifizierten sie mit der sexuellen Revolution, die alle moralischen Schranken niedergerissen und den ungeborenen Kindern das Recht auf Leben genommen hatte; die AIDS-Epidemie, die sich seit Beginn der 1980er Jahre in den USA ausbreitete, betrachteten sie als eine Strafe Gottes für die offen zur Schau gestellte Homosexualität. Spätestens seit 1968, so lautete ihr Befund, waren die USA von einer allgemeinen Dekadenz befallen, die nur durch eine grundlegende moralische Erneuerung überwunden werden konnte. In einer Zeit relativer politischer Apathie fiel es den gut organisierten und mit Spendengeldern reichlich ausgestatteten Fundamentalisten nicht übermäßig schwer, Wahlentscheidungen in ihrem Sinne zu beeinflussen. So trug etwa Jerry Falwells *Moral Majority* 1980 und 1984 von ihrer Hochburg in Kalifornien aus zum Sieg Ronald Reagans bei, indem sie mehrere Millionen neuer Wähler für die Republikaner registrierte. Als Präsident konnte Reagan allerdings bei weitem nicht alle Erwartungen erfüllen, die diese Anhängerschaft in ihn setzte. Dafür sorgte an erster Stelle der Supreme Court, der trotz gelegentlicher Abstriche den Kern der liberalen Errungenschaften der Nachkriegs- und Bürgerrechtsepoche bewahrte. Da Reagan während seiner beiden Amtszeiten aber insgesamt vier neue Richter ernennen konnte – darunter die erste Frau, Sandra Day O'Connor – verschob sich auch im Obersten Gericht die Balance weiter zugunsten der konservativen Kräfte. Die evangelikalen Prediger selbst hielten sich im täglichen Leben nicht immer an die hohen moralischen Maßstäbe, die sie öffentlich verkündeten. Das änderte jedoch kaum etwas daran, daß ihre Botschaft von der Rückkehr zu den alten amerikanischen Werten von Familie, Kirche und Patriotismus in breiten Kreisen der Bevölkerung, die durch gesellschaftlichen Wandel und wirtschaftliche Stagnation verunsichert waren, auf fruchtbaren Boden fiel. Nach wie vor bekennen sich heute über 90 Prozent der Amerikaner zum Glauben an Gott, und die Kirchen genießen bei Umfragen regelmäßig weit mehr Vertrauen als staatliche Institutionen wie der Kongreß oder der Supreme Court. Die Zahl der politisch engagierten Fundamentalisten ist demgegenüber relativ gering: Aus dem Reigen der religiösen Gruppierungen, die sich zur Neuen Christlichen Rechten zusammengetan haben, ragt seit Ende der 1980er Jahre die *Christian Coalition* des Fernsehpredigers Pat Robertson und des Juristen Ralph Reed mit ihren mittlerweile bundesweit rund 250 000 Mitgliedern hervor.

Den Versuch, die einzelnen Facetten der konservativen Weltsicht zu einer kohärenten Ideologie zusammenzufügen, unternahmen einige Schriftsteller und Journalisten, die sich unter dem Einfluß des neoliberalen österreichischen Ökonomen Friedrich August von Hayek und des deutschstämmigen Philosophen Leo Strauss von der linken zur rechten Seite des politischen Spektrums bewegt hatten. Mit dem wirtschaftsliberalistischen Credo knüpften sie an den Konservatismus des *Gilded Age* und der 1920er Jahre an, den die amerikanischen Liberalen durch den *New Deal* und die *Great Society* überholt zu haben glaubten. Ihre "neokonservative" Kritik zielte vor allem gegen den Staatsinterventionismus, der angeblich die Grundlagen des Wirtschaftswachstums zerstörte und durch Sozialleistungen neue Formen von Abhängigkeit und Armut schuf, sowie gegen die Philosophie der Moderne, deren Lehren die bürgerliche Gesellschaft und damit die westliche Zivilisation selbst in Frage stellten. Als Abwehr- und Heilmittel boten Autoren wie Irving Kristol und Daniel Bell die Rückbesinnung auf die "jüdisch-christliche Tradition" und die Wertmaßstäbe bürgerlicher Moral und Ethik an. Ihre Analysen und Rezepte waren nicht unbedingt originell, sondern in mancher Beziehung eher intellektuelle Umschreibungen der vorherrschenden Stimmungslage. Mit Presseorganen wie *Public Interest*, *National Interest* und *Encounter,* die ihnen als Sprachrohre dienten, bestimmten die Neokonservativen jedoch mehr und mehr die Themen der öffentlichen Debatte und nahmen den Liberalen die Meinungsführerschaft ab. Ein besonders anspruchsvolles Niveau erreichte die von Norman Podhoretz herausgegebene Zeitschrift *Commentary*, für die u.a. der demokratische Senator Daniel P. Moynihan und die Wissenschaftler Nathan Glazer und Seymour M. Lipset schrieben. Sie verteidigten die Prinzipien der Leistungsgesellschaft, warnten vor den Gefahren von *affirmative action*-Programmen für Minderheiten und befürworteten eine Stärkung der amerikanischen Machtposition. Angesichts der Wechselwirkungen, die stets zwischen Politik, Publizistik und Geschichtsschreibung bestehen, konnte es nicht verwundern, daß sich in der Historiographie eine positivere Beurteilung der US-Außenpolitik nach 1945 sowie des amerikanischen Kapitalismus und der von ihm geschaffenen "Konsumkultur" durchzusetzen begann.

Aus einer anderen Richtung als die Neokonservativen unterziehen in jüngerer Zeit die Kommunitaristen die liberal-individualistische Kultur der USA einer Grundsatzkritik. Diese Bewegung, zu deren Theoretikern der Religionswissenschaftler und Soziologe Robert N. Bellah zählt, fordert eine Rückbesinnung auf den gemeinschaftsorientierten Republikanismus der Frühzeit der USA und die Wiederbelebung lokaler "Zwischengewalten" – Nachbarschaft, Gemeinde, Bürgerassoziation, Kreis, Einzelstaat – als Gegengewicht gegen die Allmacht der Bundesregierung. Die Vorliebe der Kommunitaristen für kleine soziale Einheiten, für Dezentralisierung, Selbsthilfe und unmittelbare Partizipation deckt sich zumindest teilweise mit den Ideen des *New Federalism*, die bereits Nixon verkündet hatte. Neokonservatismus und Kommunitarismus kommen eigenständigen, theoretisch untermauerten Ideologien nahe, was dem pragmatischen Erbe der USA eigentlich widerspricht. Das neokonservative Gedankengut fand sogar Eingang in die geistigen Auseinandersetzungen auf dem europäischen Kontinent, überraschenderweise am frühesten und intensivsten in Frankreich, wo nach 1945 eindeutig linke Ideologien dominiert hatten. Diesseits und jenseits des Atlantik wurden jedenfalls in den 1980er Jahren die politischen Veränderungen von einem merklichen Wandel des geistig-intellektuellen Klimas begleitet.

3. Die Ära Reagan-Bush und das Ende des Kalten Krieges

Präsident Reagan: Der "große Kommunikator" im Weißen Haus

Die Präsidentschaft Ronald Reagans von 1981 bis 1989 gehört wegen ihrer inneren Widersprüchlichkeit und ihrer gravierenden, heute immer noch schwer abzuschätzenden Auswirkungen sicherlich zu den erstaunlichsten Episoden der neueren amerikanischen Geschichte. Obwohl Reagans Außenpolitik die internationalen Spannungen zunächst gefährlich steigerte, konnte der Präsident in seiner zweiten Amtszeit zusammen mit dem sowjetischen Staats- und Parteichef Michail Gorbatschow den Kalten Krieg bändigen und schließlich ganz liquidieren. Seine als "Reaganomics" bezeichnete Wirtschaftspolitik verlieh dem amerikanischen Kapitalismus neue Dynamik, hinterließ aber schwere Probleme in Form hoher Haushaltsdefizite und einer explosionsartig wachsenden Staatsverschuldung. Die angekündigte "moralische Revolution" blieb weitgehend in Rhetorik stecken, während Individualismus und Materialismus in einem neuen *Gilded Age* Triumphe feierten. Reagans Image als "großer Kommunikator" und väterlich-gutmütiger Führer der Nation kontrastierte mit den illegalen Machenschaften, die zum *Iran-Contra*-Skandal führten und die gesamte Administration ins Zwielicht brachten. Bei alledem wurde nie recht klar, inwieweit der Präsident wirklich selbst die Richtlinien der Politik bestimmte, und inwieweit er von seinen Beratern einschließlich der resoluten *First Lady* Nancy Reagan gelenkt wurde.

Obgleich Ronald Reagan als 70jähriger älter war als alle Präsidenten, die vor ihm regierten, konnte er die Mehrzahl seiner Landsleute durch einen Führungsstil überzeugen, der eine klare ideologische Linie mit taktischer Flexibilität und einer gewissen Lässigkeit bei der Behandlung von Detailfragen verband. Der Schlüssel zum Verständnis dieser Haltung ist in der Biographie Reagans zu suchen, der sich – wie nicht wenige seiner Vorgänger – aus bescheidenen Anfängen nach oben gearbeitet hatte. Der Mittlere Westen, wo er im ländlichen Illinois aufwuchs, prägte sein konservatives Weltbild und bestärkte ihn im Glauben an die amerikanischen Tugenden des Individualismus und der Selbsthilfe. Als Sportreporter in Iowa und ab 1937 als Film- und Fernsehschauspieler in Hollywood lernte er, sich in Szene zu setzen und die Herzen der "kleinen Leute" zu erwärmen. Das gewerkschaftliche Engagement machte ihn mit der Technik des Kompromisses vertraut und führte ihn 1947 sogar an die Spitze der Filmschauspielergewerkschaft. Es entsprach auf geradezu typische Weise dem Geist des "liberalen Konsens", daß er sich lange Zeit den Roosevelt-Demokraten zugehörig fühlte, bis ihn eine Moderatoren- und Rednertätigkeit für General Electric ab Mitte der 1950er Jahre allmählich ins Republikanische Lager überwechseln ließ. Reagans Wahl zum Gouverneur von Kalifornien Ende 1965 war ein frühes Zeichen der politischen Trendwende, denn der amerikanische Westen ging dem Rest der Nation in der Opposition gegen *big government* und den Washingtoner "Zentralismus" um einige Jahre voran. Bereits in seiner Amtsführung als Gouverneur klaffte jedoch eine Lücke zwischen Rhetorik und Realität, denn entgegen den Wahlversprechungen stiegen die Staatsausgaben und die Zahl der öffentlichen Bediensteten in Kalifornien weiter an. Ähnliches geschah auf nationaler Ebene während seiner Zeit im Weißen Haus, aber alle Widersprüche wurden durch eine geschickte Medienregie weitgehend überspielt. Sicher nicht ganz zu Unrecht spricht man deshalb von einer "Fernsehpräsidentschaft", bei der es in erster Linie auf das äußere Erscheinungsbild ankam, während die Substanz der Politik in den Hintergrund trat.

Reaganomics: Amerikanische Wirtschafts- und Finanzpolitik ab 1981

Die Strategie des Weißen Hauses war ganz darauf ausgerichtet, einer verunsicherten und mißtrauischen Bevölkerung durch rasches Handeln den Eindruck von Mut, Entschlossenheit und Tatkraft zu vermitteln. Reagan selbst, dessen Popularitätskurve nach einem glücklich überstandenen Attentat 1981 anstieg, nutzte seine telegenen Fähigkeiten und seinen Charme, um im direkten Gespräch mit den Bürgern das erschütterte Selbstvertrauen der Nation zu stärken und eine optimistische Stimmung zu erzeugen. Mochten viele Intellektuelle auch durch die patriotische Rhetorik und das missionarische Welt- und Geschichtsverständis des Präsidenten befremdet oder sogar abgestoßen sein: die Masse der amerikanischen Bevölkerung lernte bald Reagans gewandtes Auftreten, seine humorvolle Mitmenschlichkeit und seinen festen Glauben an den Fortbestand des *American Dream* zu schätzen. Unter diesen Voraussetzungen fiel es nicht schwer, das Wirtschaftsprogramm der Administration relativ ungeschoren durch den Kongreß zu bringen, obwohl die Demokraten im Repräsentantenhaus weiterhin die Mehrheit hatten. *Reaganomics* ging von einer angebotsorientierten Wirtschaftstheorie aus (*supplyside economics*) und enthielt im Kern eine auf drei Jahre verteilte 25-prozentige Kürzung der Einkommensteuer. Außerdem wurde die Deregulierung der Wirtschaft, die bereits unter Carter begonnen hatte, im großen Stil auf Gebiete wie das Banken-, Verkehrs- und Kommunikationswesen ausgedehnt. Besonderes Aufsehen erregte Mitte der 1980er Jahre die Zerstückelung des Telefonriesen American Telephone & Telegraph Corporation (AT & T), die scharfen Wettbewerb und sinkende Gebühren für Ferngespräche zur Folge hatte. Die massiven Steuersenkungen entsprachen genau dem Zeitgeist, der sich auf der Ebene der Einzelstaaten bereits in "Steuerrevolten" und Referenden wie der kalifornischen "proposition 13" von 1978 manifestiert hatte. Die Einkommensausfälle des Staates von rund 750 Milliarden Dollar, die man einkalkulierte, sollten durch Kürzungen bei den Sozialausgaben und – sobald die Konjunkturbelebung einsetzte – steigende Steuereinkünfte ausgeglichen werden. Tatsächlich begann die Wirtschaft, die nach dem zweiten Ölpreisschock von 1979 in eine schwere Rezession geraten war, ab Anfang 1983 wieder zu wachsen, ohne daß die Geldwertstabilität erneut in Gefahr geriet. Der Aufschwung stellte sich gerade rechtzeitig ein, um Reagan und seinem Vizepräsidenten George Bush 1984 eine klare Wiederwahl gegen die Demokratischen Kandidaten Walter Mondale und Geraldine Ferraro zu sichern. Die Demokraten hatten vergeblich gehofft, mit der Nominierung einer Frau für das zweithöchste Amt im Staat eine größere Zahl weiblicher Wähler auf ihre Seite zu ziehen.

Trotz der erfolgreichen Überwindung der "Stagflation" ging die Rechnung der *Reaganomics*-Experten allerdings nicht auf, denn die durch die Steuersenkung entstandene Finanzlücke im Bundeshaushalt konnte nicht mehr geschlossen werden. Das lag zum Teil an politischen Widerständen gegen die Kürzungsvorschläge, hauptsächlich jedoch an der massiven Aufrüstung, die den Rüstungsetat um über 40 Prozent in die Nähe von 300 Milliarden Dollar pro Jahr steigen ließ. Trotz einer gewissen Rückverlagerung von Kompetenzen und Verantwortlichkeiten an die Einzelstaaten im Rahmen des "neuen Föderalismus" expandierten darüber hinaus die bundesstaatliche Bürokratie und die Gesamtausgaben des Bundes weiter. Der Tax Reform Act von 1986, den der Kongreß mit breiter Mehrheit verabschiedete, beinhaltete zwar eine Generalüberholung des gesamten Steuerwesens, erbrachte aber keine Mehreinnahmen. Die Folge war ein rasches Anwachsen des Haushaltsdefizits, das 1980 noch unter 80 Milliarden Dollar gelegen hatte, auf die Rekordhöhe von 221 Milliarden Dollar im Jahr 1986. In der Folgezeit machte sich der Gramm-Rudman Act von 1985 positiv bemerkbar, der automatische Haushaltskürzungen für den Fall vorsah, daß der Kongreß das Defizit nicht unter Kontrolle bekam. Das Hauptziel dieses Gesetzes, den Bundeshaushalt bis 1991 auszugleichen, blieb jedoch ein frommer Wunsch. Vielmehr stiegen die Defizite in der Regierungszeit von Reagans Nachfolger George Bush wieder an, und das Rezessionsjahr 1991 brachte mit einem Fehlbetrag von 269 Milliarden Dollar einen neuen Rekord. Seit der 1990 erfolgten Preisgabe des Gramm-Rudman Act, den der Supreme Court in Teilen für verfassungswidrig erklärt hatte, tobt im Kongreß und zwischen Kongreß und Weißem Haus ein permanenter Kampf um Ausgabensenkungen und Einnahmenerhöhungen, der den ohnehin äußerst komplizierten Budgetprozeß fast hoffnungslos in Unordnung gebracht hat. Mehrfach drohte die völlige Lähmung des Systems, wenn der Haushalt nicht rechtzeitig verabschiedet werden konnte, und die Regierung mußte sich mühsam mit temporären Ausgabengenehmigungen behelfen.

Ein nicht minder problematisches Erbe der Reagan-Ära ist die riesige Schuldenlast des Bundes, die von 914 Milliarden Dollar im Jahr 1980 auf 2,6 Billionen Dollar 1988 anstieg, im Januar 1993 4 Billionen Dollar überschritt und 1995 bei 4,7 Billionen Dollar stand. Im selben Zeitraum erhöhte sich der Anteil der Schulden am Bruttosozialprodukt von 35 auf 65 Prozent. Innerhalb weniger Jahre häuften die Amerikaner demnach einen Schuldenberg an, der um ein Vielfaches höher war als alle Schulden zusammen, die ihre Vorfahren seit der Entstehung des Bundesstaates gemacht hatten. Der einzige Trost dürfte darin zu suchen sein, daß die Pro-Kopf-Verschuldung im internationalen Vergleich noch erträglich ist, vornehmlich deshalb, weil die meisten amerikanischen Einzelstaaten verfassungsrechtlich daran gehindert sind, ihre Ausgaben durch Kredite zu finanzieren. Allerdings führten die permanenten Haushaltsdefizite und die seit den 1970er Jahren negative Handelsbilanz zwangsläufig dazu, daß die Vereinigten Staaten, die im Ersten Weltkrieg zur größten Gläubigernation der Erde aufgestiegen waren, ab 1985 wieder mehr Kapital importierten als ausführten und binnen weniger Jahre zur größten Schuldnernation der Erde wurden. Der Umstand, daß die Amerikaner deutlich über ihre Verhältnisse leben, belastet sowohl ihre eigene Wirtschaft als auch die Weltwirtschaft. Inzwischen absorbieren die USA jährlich ca. 25 Prozent der internationalen Kreditströme, während im Innern der hohe Finanzbedarf für Zinsleistungen die Investitionsmöglichkeiten der Unternehmen einengt.

Die ökonomische Katastrophe, die manche Experten angesichts dieser Zahlen vorhersagten, ist jedoch ausgeblieben. Schaut man auf Indikatoren wie Wachstum, Inflation und Arbeitslosigkeit, dann befindet sich die amerikanische Wirtschaft seit 1983 generell in einer besseren Verfassung als in den 1970er Jahren. Trotz des Wertverlusts gegenüber "harten" Währungen wie der D-Mark und dem Yen ist der Dollar die bevorzugte Weltreservewährung geblieben, und trotz der Konkurrenz aus Europa und Asien hat New York seinen Platz als globales Finanzzentrum behauptet. Das Verdienst für diese relative Stabilität kommt in erster Linie dem *Federal Reserve Board* zu, der seine monetären Kompetenzen immer besser auszuschöpfen verstand, und der in Krisensituationen wie dem Börsenkrach vom Oktober 1987 durch umsichtiges Gegensteuern Panikreaktionen verhinderte. Betrachtet man die gesamte Nachkriegszeit, dann darf die fundamentale Tatsache nicht aus dem Blick geraten, daß die amerikanische Wirtschaft ungeachtet von insgesamt acht, zum Teil recht scharfen Rezessionen immer wieder Wachstumskräfte mobilisieren konnte und bis heute nicht mehr in eine Systemkrise vom Ausmaß der Großen Depression der 1930er Jahre gestürzt ist. Mit diesem Hinweis sollen der relative ökonomische Niedergang und die enormen ungelösten Probleme nicht geleugnet oder beschönigt, sondern lediglich in eine historische Perspektive gerückt werden.

Amerikanische Außenpolitik von der atomaren Nachrüstung der NATO zur Wiedervereinigung Deutschlands, 1981–1990

Als Ronald Reagan ins Weiße Haus einzog, war der mit den Begriffen Vietnam und Watergate beschriebene Tiefpunkt des außenpolitischen Einflusses und des Ansehens der Amerikaner in der Welt bereits überwunden. Als "historische Wasserscheide" können die Jahre 1979/80 gelten, als die USA unter dem Eindruck der iranischen Revolution und des sowjetischen Einmarsches nach Afghanistan von der *Détente* wieder zu einer aktiven Politik des *containment* übergingen. Von da an stabilisierte sich die weltpolitische Position der USA, während auf Seiten der Sowjetunion und des Warschauer Pakts ein immer rascher fortschreitender Machtverfall einsetzte. Die Renaissance des Konservatismus in den USA und der Kurswechsel gegenüber der Sowjetunion blieben nicht ohne Einfluß auf Europa, sondern bewirkten in vielen Ländern innenpolitische Umorientierungen: beispielsweise in Großbritannien, wo die 1979 gewählte Premierministerin Margret Thatcher zur treuesten Verbündeten Reagans wurde; in Frankreich, wo Präsident François Mitterand nicht lange nach seinem Amtsantritt 1981 einen konservativen wirtschaftspolitischen Richtungswechsel vollzog; und nicht zuletzt in der Bundesrepublik Deutschland, wo eine konservativ-liberale Koalition 1982 den sozialdemokratischen Regierungschef Helmut Schmidt ablöste. Schmidt hatte sich zuvor energisch und erfolgreich gegen den Versuch Washingtons zur Wehr gesetzt, das deutsch-sowjetische Erdgasgeschäft durch ein Röhrenembargo zu verhindern. Der Gleichklang zwischen Bonn und Washington wurde fortan lediglich durch das Bemühen der neuen Regierung unter Bundeskanzler Helmut Kohl etwas gestört, im innerdeutschen Verhältnis die Errungenschaften der Entspannung so weit wie möglich zu bewahren.

Mit Appellen an den amerikanischen Patriotismus, dem Versprechen, die Größe und Überlegenheit der USA wiederherzustellen, und offenen Drohungen an die Adresse Moskaus gab Präsident Reagan dem Kalten Krieg einen dramatischen, unversöhnlich klingenden Akzent. Seine Rede vor fundamentalistischen Christen im März 1983, in der er die Sowjetunion in der Sprache der Apokalypse als "evil empire" und den "focus of evil in the modern world" bezeichnete, erregte weltweit Aufsehen und Besorgnis. Im gleichen Monat kündigte Reagan die *Strategic Defense Initiative* (SDI) an, deren Ziel es war, die USA durch ein hochmodernes, weltraumgestütztes Raketenabwehrsystem vor nuklearen Überraschungsangriffen zu schützen. In Verbindung mit der enormen konventionellen Aufrüstung und der Stationierung von Pershing II-Mittelstreckenraketen und Marschflugkörpern in Westeuropa, zu der die NATO ab Ende 1983 ungeachtet aller öffentlichen Proteste schritt, schien das SDI-Projekt eine Konfrontation der beiden Militärblöcke mit katastrophalen Folgen für die ganze Menschheit in greifbare Nähe zu rücken. Der Kampf um die Nachrüstung stürzte viele westliche Länder, insbesondere die Bundesrepublik, in eine innenpolitische Zerreißprobe. Dem Anliegen der Friedensbewegung, die sinnlose Rüstungsspirale zu stoppen, war die moralische Berechtigung nicht abzusprechen. Letzten Endes stimmten die Regierungen und die

Mehrheit der Bürger aber der Stationierung zu, weil sie eine Schwächung oder gar Spaltung des NATO-Bündnisses vermeiden wollten. Aus der Rückschau stellt diese Entscheidung einen der wichtigsten Wendepunkte in der Geschichte des Kalten Krieges dar. Im Zuge der Auseinandersetzung flammten immer wieder antiamerikanische Emotionen auf; die Sprecher der Friedensbewegung wurden aber nicht müde zu betonen, daß ihr Protest allein der Politik der Reagan-Administration gelte, und daß sie sich mit dem amerikanischen Volk solidarisch fühlten. Einen verbreiteten "Antiamerikanismus" hat es in der Tat nicht gegeben, denn aufs Ganze gesehen nahm die Empfänglichkeit der europäischen Jugend für die Hervorbringungen der amerikanischen Pop-, Medien- und Konsumkultur in den siebziger und achtziger Jahren eher zu als ab, und glichen sich die Lebensstile auf beiden Seiten des Atlantik weiter einander an.

In den USA selbst hatten sich im Juni 1982 noch 800 000 Menschen zur der bislang größten amerikanischen Demonstration im New Yorker Central Park versammelt, um ihrer Forderung nach "Einfrieren" der Atomrüstung (*nuclear freeze*) Nachdruck zu verleihen. Im Herbst 1983 kam es jedoch zu heftigen antisowjetischen Gefühlsausbrüchen, als der Abschuß eines koreanischen Verkehrsflugzeugs mit 269 Passagieren bekannt wurde, das sich in russischen Luftraum verirrt hatte. Nun fanden selbst an vielen Universitäten Protestmärsche und antisowjetische Kundgebungen statt. Die US-Regierung stellte die Sowjetunion vor der Weltöffentlichkeit bloß, indem sie dem Sicherheitsrat der Vereinten Nationen den Funkverkehr der an dem Zwischenfall beteiligten russischen Jägerpiloten präsentierte, den die *National Security Agency* mit bis dahin ultrageheimen Überwachungs- und Abhörtechniken aufgezeichnet hatte. Moskau revanchierte sich für diese und andere Demütigungen mit dem Boykott der Olympischen Spiele von 1984 in Los Angeles, auf den es auch die übrigen Ostblockländer verpflichtete. Niemals seit der Kuba-Krise des Jahres 1962 war die Temperatur des Kalten Krieges derart eisig gewesen. Während sich NATO und Warschauer Pakt in Europa hochgerüstet und unbeweglich gegenüberstanden, ließ die Reagan-Administration keine Gelegenheit aus, um die Risse und Sprünge zu verbreitern, die im sowjetischen Imperium sichtbar wurden. Das geschah jedoch häufiger verdeckt als offen, teils weil eine solche Methode effektiver erschien, teils wegen der Widerstände im Kongreß, dessen Mehrheit – eingedenk des Vietnam-Debakels – außenpolitische Alleingänge des Präsidenten und militärische Verwicklungen in der Dritten Welt verhindern wollte.

Ins Zentrum des sowjetischen Einflußbereichs zielte die Unterstützung der polnischen Opposition, die nach der Verhängung des Kriegsrechts Ende 1981 in den Untergrund gegangen war. Hierbei suchten die Amerikaner auch die Kooperation mit dem Vatikan und dem für seinen strikten Antikommunismus bekannten polnischen Papst Johannes Paul II. Ebenfalls dicht an der russischen Grenze operierten die amerikanischen Geheimdienste in Pakistan und Afghanistan, wo sie durch Waffenlieferungen an die moslemischen Rebellen dazu beitrugen, die Verluste der sowjetischen Besatzungstruppen immer höher zu schrauben. Neuer Schwerpunkt amerikanischer Interessen und Aktivitäten wurde eindeutig die ölreiche und strategisch wichtige Region des Persischen Golfes. Im iranisch-irakischen Krieg, den der irakische Staatschef Saddam Hussein 1980 mit einer Invasion im Nachbarland ausgelöst hatte, lehnten die USA auf die Seite des Irak, zum einen, weil sich Bagdad aus der Abhängigkeit von Moskau löste, zum anderen, weil Washington dem islamisch-fundamentalistischen und extrem antiwestlichen Khomeini-Regime nicht die Vorherrschaft am Persischen Golf zugestehen wollte. Insgeheim erfolgten 1985/86 aber auch – teilweise über Israel – Waffenlieferungen an den Iran, um "gemäßigte Kräfte" in Teheran zu unterstützen und amerikanische Geiseln zu befreien. Der besonnene Außenminister George Shultz und Verteidigungsminister Caspar Weinberger hatten sich intern gegen dieses riskante Geschäft ausgesprochen, waren aber überstimmt worden. Hier lag eine der Wurzeln des Iran-Contra-Skandals, der die Endphase von Reagans Präsidentschaft überschatten sollte. Der Krieg zwischen Iran und Irak erlaubte den USA, ihre militärische Präsenz in der Golfregion auszubauen: Die Geheimdienste verfolgten jede Bewegung der beiden Seiten, die U.S. Navy hielt die Schiffahrtslinien offen und eskortierte Öltanker, und das Pentagon wertete Carters "schnelle Eingreiftruppe" zum *United States Central Command* auf.

Die Krisenregion des Nahen Ostens konnte durch die Zusammenarbeit mit Ägypten, das auch unter dem Nachfolger des 1981 ermordeten Sadat, Hosni Mubarak, an dem Friedensprozeß festhielt, sowie durch immer engere wirtschaftliche und militärische Kontakte zu Saudi-Arabien einigermaßen stabilisiert werden. Dreh- und Angelpunkt der Nahostpolitik blieb jedoch die Freundschaft mit Israel, für dessen Sicherheit sich die Amerikaner, insbesondere diejenigen jüdischer Abstammung, verantwortlich fühlen. Nach Israel und Ägypten floß auch der Löwenanteil der amerikanischen Wirtschafts- und Militärhilfe – allein bis 1987 ca. 63 Milliarden Dollar. Trotz dieses hohen Einsatzes gelang es den USA aber weder, den Bürgerkrieg im Libanon zu für Israel günstigen Bedingungen zu beenden, noch den gemäßigten arabischen Staaten eine Lösung des Palästinakonflikts schmackhaft zu machen, die Westbank und Gazastreifen als autonome Gebiete unter jordanische Oberhoheit gestellt hätte. Washingtons Konzept einer strategischen Allianz mit Israel, das seit geraumer Zeit über Nuklearwaffen verfügte, störte die Araber ebenso wie die israelische Siedlungspolitik, mit der die konservative Regierung Menachim Begins in den besetzten Gebieten vollendete Tatsachen zu schaffen suchte. Die von den USA stillschweigend gebilligte israelische Invasion im Libanon, mit der Jasir Arafats Palästinensische Befreiungsorganisation PLO vernichtet werden sollte, erwies sich als Bumerang. Im Zusammenhang mit dieser Aktion mußte Reagan im Oktober 1983 einen seiner schwersten außenpolitischen Rückschläge hinnehmen, als 239 US-Marines, die zusammen mit anderen westlichen Einheiten den Abzug der PLO aus Beirut überwacht hatten, einem Terroranschlag zum Opfer fielen. Das Ergebnis des Krieges war eine verstärkte Kontrolle Syriens über den Libanon, die den Interessen Washingtons strikt zuwiderlief. In den weiteren Rahmen des Nahostkonflikts fiel auch der amerikanische Luftangriff auf Libyen im April 1986, der – völkerrechtlich sehr problematisch – als Vergeltungsschlag für libysche Terrorakte deklariert wurde, und der das Leben Oberst Gaddafis nur knapp verfehlte. Offenbar rächte sich der libysche Geheimdienst mit der Sabotage eines PanAm-Verkehrsflugzeuges, das im Dezember 1988 mit über 200 Menschen bei Lockerbie in Schottland abstürzte.

An der Peripherie in Asien, Afrika und Lateinamerika lief die amerikanische Politik im wesentlichen darauf hinaus, Kommunismus und Sozialismus zu bekämpfen und den Einfluß derjenigen Länder zurückzudrängen, die – wie Nordkorea und Kuba – als Klienten der Sowjetunion und Förderer des internationalen Terrorismus galten. Dabei betrachteten die Amerikaner wieder alle lokalen und regionalen Konflikte durch die Brille des Ost-West-Gegensatzes und scheuten sich nicht, mit autoritären Regimen zusammenzuarbeiten, solange diese für die "freie Welt" optierten. Die ohnehin recht schwach ausgeprägte Neigung, Problemlösungen im Rahmen der Vereinten Nationen zu suchen, wich vollends dem Verlangen nach absoluter Handlungsfreiheit. Entwicklungspolitik hieß jetzt vor allem, die Staaten der Dritten Welt von den Vorzügen der freien Marktwirtschaft und der Notwendigkeit eines günstigen Investitionsklimas zu überzeugen.

Für viele überraschend, bedeutete der Rückzug aus Indochina keineswegs das Ende der amerikanischen Präsenz in Ostasien. Durch die wirtschaftlichen Reformen in China nach dem Tode Maos 1976 und durch den ökonomischen Aufschwung von Japan, Südkorea, Taiwan, Hongkong, Thailand und Singapur erlangte diese Region sogar zunehmende Bedeutung für die USA. Das amerikanische Interesse am Ausbau der Handelsbeziehungen im pazifischen Raum ergänzte sich mit dem Wunsch vieler Länder, die USA als politisch-militärisches "Gegengewicht" gegen ein übermächtiges Japan und ein aufstrebendes China zu erhalten. Das traf beispielsweise für Indonesien unter General Suharto zu, der 1965 einen kommunistischen Putschversuch blutig niedergeschlagen hatte, oder für die Philippinen, die den USA auch nach dem Sturz der Marcos-Diktatur im Jahr 1986 Militärstützpunkte zur Verfügung stellten, und letzten Endes sogar für Vietnam, zu dem Washington allerdings erst 1995 wieder diplomatische Beziehungen anknüpfte. Der wichtigste Partner hieß weiterhin Japan, auch wenn der ökonomische Konkurrenzdruck zunahm und die Bewunderung der Amerikaner für die Erfolge des fernöstlichen "Wirtschaftsriesen" sich mit Neid und Ärger mischte. Das Bündnis aus dem Jahr 1960 gewährleistet nach wie vor die Sicherheit Japans, und es nimmt gleichzeitig den schwächeren Nachbarn in der Region die Sorge vor einer unkontrollierten japanischen Aufrüstung.

Afrika wurde in den 1980er Jahren zum Schauplatz von "Stellvertreterkriegen", bei denen sich auf sowjetischer Seite vor allem die Kubaner, für die westlichen Interessen dagegen hauptsächlich Südafrika engagierte. Nachdem Portugal Mitte der 1970er Jahre die Kolonien Angola und Mozambique aufgegeben hatte, griffen kubanische Truppen zugunsten marxistischer Befreiungsbewegungen ein. 1978 war zudem eine sowjetisch-kubanische Intervention in Äthiopien erfolgt, das Krieg gegen Somalia führte und mit Separatismusbestrebungen in Eritrea zu kämpfen hatte. Schließlich festigte die Sowjetunion noch ihren Einfluß in der Volksrepublik Jemen und damit am Golf von Aden. Da der Kongreß größere Militäraktionen nicht zuließ, verlegte sich die Reagan-Administration darauf, antimarxistische Kräfte durch geheimdienstliche Kanäle oder via Pretoria zu unterstützen. Nicht zu Unrecht ging man in Washington davon aus, daß es leichter sei, instabile Regimes und deren Helfer in Bedrängnis zu bringen, als selbst – wie in Vietnam geschehen – eine unpopuläre Regierung durch *counterinsurgency* an der Macht zu halten. Die Folge waren jahrelange Guerrillakriege, die Russen und Kubaner zur Erhöhung ihres Einsatzes zwangen, die aber vor allem der lokalen Bevölkerung große Opfer abverlangten und die betroffenen Staaten auf lange Zeit hinaus politisch und wirtschaftlich zerrütteten. Konstruktiver fiel der amerikanische Beitrag zur Lösung der Probleme im südlichen Afrika aus, was allerdings weniger der Reagan-Administration zu verdanken war als der öffentlichen Meinung in den USA, die immer entschiedener gegen die Apartheid Stellung bezog. Über das Veto des Präsidenten hinweg verhängte der Kongreß 1986 Sanktionen gegen Südafrika, die durch die Entscheidungen vieler Bürgergruppen und US-Firmen zum "de-investment" noch verschärft wurden. Dieser Druck erleichterte den Übergang Namibias zur Unabhängigkeit und öffnete schließlich den Weg zur demokratischen Umgestaltung der Republik Südafrika. In dem Maße, wie sich der Kalte Krieg abschwächte, verlor das Apartheid-Regime auch den Rückhalt, den es lange Zeit in Washingtoner Regierungskreisen gefunden hatte.

In der westlichen Hemisphäre betrachteten die USA seit dem Zweiten Weltkrieg die Machtübernahme linksgerichteter Regierungen als eine Verletzung der Monroe-Doktrin und als Gefährdung ihrer nationalen Sicherheit, insbesondere, wenn solche Regimes Kontakte mit Kuba und der Sowjetunion pflegten. Das hatte der sozialistische Präsident Chiles, Salvador Allende, erfahren müssen, gegen den die Nixon-Administration eine mehrjährige "Destabilisierungskampagne" führte und dessen Sturz und Ermordung 1973 mit amerikanischer Billigung erfolgt war. Unter Präsident Carter hatten die USA die Gewährleistung der Menschenrechte in den Mittelpunkt gestellt, aber die Regierung Reagan kehrte wieder den ideologischen Antikommunismus hervor und nahm eine Haltung ein, die man in Anlehnung an die Interventionspolitik Theodore Roosevelts und Woodrow Wilsons als "new interventionism" bezeichnete. Einer der Höhepunkte dieses Kurses war die Invasion der Karibikinsel Grenada im Jahr 1983, die offiziell mit der Gefährdung amerikanischer Menschenleben durch einen blutigen Regierungsumsturz begründet wurde, in Wirklichkeit aber den Einfluß und das Prestige Kubas in der Karibik treffen sollte und wohl auch empfindlich getroffen hat. Für die USA handelte es sich um die erste größere Militäroperation nach dem Vietnamkrieg, und ihr Erfolg wurde von den Anhängern Reagans als Beleg für die Überwindung des "Vietnam-Traumas" gewertet.

Das wichtigste Experimentierfeld des "neuen Interventionismus" war jedoch Mittelamerika und hier insbesondere Nicaragua, wo 1979 eine von der sandinistischen Befreiungsfront geführte Volkserhebung das Regime des Diktators Somoza hinweggefegt hatte. Präsident Carter war den Sandinisten noch wohlwollend oder zumindest neutral begegnet, aber Reagan ging nach seiner Wahl sofort auf Distanz, zumal sich eine Zusammenarbeit zwischen Nicaragua und der Sowjetunion anbahnte und im Nachbarland El Salvador der Bürgerkrieg ausgebrochen war. Der amerikanische Kongreß wollte jedoch keine militärische Einmischung zulassen und versuchte durch das Boland-Amendment von 1984, die Regierung auf rein humanitäre Hilfe festzulegen. Das hinderte Reagan aber nicht daran, die CIA unter dem befreundeten Direktor William Casey mit der Unterstützung der nicaraguanischen "Contras" zu beauftragen, die von Honduras und Costa Rica aus gegen die Sandinisten operierten. Auf diese Weise löste er nicht nur einen heftigen innenpolitischen Streit aus, sondern machte sich auch in Europa, wo viele Menschen mit den Sandinisten sympathisierten, noch unbeliebter. Überdies brachte er die USA auf Kollisionskurs mit den Vereinten Nationen und dem Internationalen Gerichtshof, der die Verminung nicaraguanischer Häfen als Bruch des Völkerrechts verurteilte.

Während die CIA-Aktivitäten ein offenes Geheimnis waren, blieb den Amerikanern zunächst verborgen, wie die Regierung ohne Mittelbewilligung durch den Kongreß die Finanzierung der Contras bewerkstelligte. Erst nach und nach kam ans Licht, daß ein Mitglied des *National Security Council*, Oberstleutnant Oliver North, Profite aus den geheimen Waffenlieferungen an den Iran sowie andere, von befreundeten Regierungen "gespendete", Gelder am Kongreß vorbei an die Contra-Rebellen geleitet hatte. Ein gemeinsamer Untersuchungsausschuß von Repräsentantenhaus und Senat enthüllte 1987 – ausgerechnet im Jahr des 200jährigen Verfassungsjubiläums – die ganze Tragweite des *Iran-Contra*-Skandals. Er deckte eine Vielzahl illegaler und verfassungswidriger Aktivitäten auf, in die außer Oliver North hohe Beamte der Reagan-Administration wie Sicherheitsberater Robert McFarlane und dessen Nachfolger John Poindexter verwickelt waren. Obgleich diese Vorgänge vom verfassungsrechtlichen Standpunkt aus möglicherweise schwerer wogen als die Watergate-Affäre, taten sie Reagans Beliebtheit in den USA keinen

Abbruch. Zwar wurden 1988/89 mehrere seiner Mitarbeiter angeklagt und verurteilt, doch der Präsident selbst, dem keine direkte Einflußnahme auf den Entscheidungsprozeß nachgewiesen werden konnte, kam ungeschoren davon.

Dieser "Teflon-Effekt", wie man das Abgleiten aller Kritik an der Person Reagans nannte, hing natürlich in erster Linie mit der günstigen Wendung in den amerikanisch-sowjetischen Beziehungen zusammen, die inzwischen eingetreten war. Das herannahende Ende des Kalten Krieges ermöglichte dann auch einen Friedensschluß zwischen Sandinisten und Contras, der 1989 unter Vermittlung des Präsidenten von Costa Rica, Oscar Arias, und des deutschen EG-Beauftragten Hans-Jürgen Wischnewski zustandekam. Nicht alle Amerikaner sahen es gern, daß die Europäische Gemeinschaft ihr wachsendes politisches Gewicht ausgerechnet im traditionellen "Hinterhof" der USA in die Waagschale warf. Das Nicaragua-Problem verlor aus amerikanischer Sicht aber vollends an Brisanz, als eine konservative Parteienallianz unter Violeta Chamorro die Sandinisten bei demokratischen Wahlen von der Macht verdrängte. Ein letzter "Ausläufer" des neuen Interventionismus erreichte im Dezember 1989 Panama, dessen Präsident Manuel Noriega offensichtlich in den internationalen Drogenhandel involviert war und diktatorische Allüren entwickelte. Die von Präsident Bush befohlene Militäraktion führte nach einigen Tagen zur Verhaftung Noriegas, der später in den USA angeklagt und zu einer Zuchthausstrafe verurteilt wurde.

Reagans Politik der offenen und verdeckten Einmischung in lateinamerikanische Konflikte beeinträchtigte die Position und das Prestige der USA in der westlichen Hemisphäre erstaunlicherweise nur vorübergehend oder gar nicht. Das Hauptinteresse der lateinamerikanischen Staaten, deren Wirtschaftsentwicklung in den 1980er Jahren stagnierte, galt der Lösung der Schuldenkrise, die ohne die Hilfe der US-Regierung und amerikanischer Banken nicht zu erreichen war. Als die Krise am Ende des Jahrzehnts durch den Einsatz von Präsident Bush und Außenminister James Baker entschärft wurde, hatte in vielen karibischen und lateinamerikanischen Staaten bereits ein Prozeß der wirtschaftlichen Liberalisierung und politischen Demokratisierung eingesetzt, der im wesentlichen den Vorstellungen Washingtons entsprach. Der Niedergang des Ostblocks beschleunigte diese Entwicklung und ließ die antikapitalistische und antiamerikanische Rhetorik im Süden weitgehend verstummen. Zu

Beginn der 1990er Jahre waren sich Nordamerika und Lateinamerika, trotz des weiterbestehenden großen Wohlstandsgefälles, näher als jemals zuvor in der neueren Geschichte der beiden Kontinente.

Sowjetisch-amerikanische Annäherung, Überwindung der deutschen Teilung und Ende des Kalten Krieges

Der außenpolitische Kontrast zwischen der ersten und der zweiten Amtszeit Präsident Reagans hätte kaum größer sein können. Deutete im Wahljahr 1984 noch vieles auf eine Verhärtung und Eskalation des Ost-West-Konflikts hin, so trat ab 1985 eine Entwicklung ein, die zur allgemeinen Verwunderung in immer schnelleren Schritten zum Abbau von Spannungen und schließlich sogar zur Überwindung des Kalten Krieges führte. Als Reaktion auf die Stationierung amerikanischer Mittelstreckenraketen in Europa hatte die Sowjetunion zunächst alle Abrüstungsverhandlungen auf Eis gelegt. Bei den ersten beiden Treffen Reagans mit dem neuen Generalsekretär der KPdSU, Michail Gorbatschow, die 1985 in Genf und 1986 in Reykjavik auf Island stattfanden, näherten sich die Positionen beider Seiten in der Rüstungsfrage aber schon so weit an, daß die Westeuropäer fürchteten, die Supermächte könnten sich über ihre Köpfe hinweg einigen. Ende 1987 verständigten sich Reagan und Gorbatschow dann in Washington auf die sog. "doppelte Null-Lösung", die im Kerngebiet Europas eine vollständige Eliminierung der atomaren Kurz- und Mittelstreckenraketen zwischen 300 und 3 400 Meilen Reichweite beinhaltete, und die auch von den europäischen NATO-Ländern mitgetragen wurde. War es bis dahin immer nur um eine Begrenzung der Aufrüstung gegangen, so tilgte der INF (*Intermediate Nuclear Forces*)-Vertrag eine ganze Kategorie von Waffen aus dem Arsenal der Supermächte, die erstmals auch "on-site inspections" zur Verifizierung von Abrüstungsmaßnahmen zuließen. Anläßlich von Reagans Moskau-Besuch im Mai 1988 verkündete Gorbatschow den Abzug der sowjetischen Truppen aus Afghanistan, und wenige Monate später stellte er sogar eine einseitige Reduzierung der Streitkräfte und Panzer seines Landes in Aussicht. Damit waren noch vor Reagans Ausscheiden aus dem Amt im Januar 1989 günstige Voraussetzungen für eine substantielle Verringerung sowohl der strategischen als auch der konventionellen Rüstung geschaffen, über die seit einiger Zeit wieder bilateral zwischen Washington und

Moskau und multilateral im Rahmen der KSZE und der Vereinten Nationen verhandelt wurde.

Gänzlich unerwartet gelangte Ende der 1980er Jahre die "deutsche Frage" auf die Tagesordnung der Weltpolitik. Reagans erster Besuch in der Bundesrepublik war 1985 von der Nachrüstungsdebatte überschattet und hatte zudem eine heftige Kontroverse um das deutsch-amerikanische Versöhnungsritual auf dem Soldatenfriedhof von Bitburg in der Eifel ausgelöst, wo auch Angehörige der Waffen-SS bestattet worden waren. Mit unverhohlener Sorge verfolgte man danach in Washington alle Anzeichen, die auf einen Bonner "Neutralismus" oder eine gefühlsmäßige Distanzierung der deutschen Öffentlichkeit von der Führungsmacht USA hindeuteten. Ein neuralgischer Punkt in den deutsch-amerikanischen Beziehungen blieb der Osthandel der Bundesrepublik, der aus Washingtoner Sicht zur Stabilisierung der kommunistischen Herrschaft beitrug. Als Präsident Reagan im Sommer 1987 erneut nach Deutschland kam, standen die Sowjetunion und ganz Osteuropa schon im Zeichen von Gorbatschows Reformpolitik, die *glasnost* (Offenheit) und *perestroika* (gesellschaftliche Umgestaltung) versprach. Vor diesem Hintergrund konzipierte Reagan seine Rede am Brandenburger Tor vom 12. Juni nicht als Klage oder Anklage, sondern als eine "Botschaft der Hoffnung und des Triumphes". Er stellte die Frage, ob die Nachrichten aus Moskau einen tiefgreifenden Wandel ankündigten oder den Westen in falscher Sicherheit wiegen sollten. Wenn Gorbatschow wirklich Frieden, Wohlstand und Liberalisierung anstrebe, dann könne er ein unmißverständliches Zeichen setzen: "Come here to this gate! Mr. Gorbatschow, open this gate! Mr. Gorbatschow, tear down this wall!"

Diese Äußerungen wurden weithin als typischer Ausdruck von Reagans rhetorischem Überschwang und seiner Neigung zu dramatischen publizistischen Effekten gewertet. Innerhalb kurzer Zeit nahm die von Gorbatschow beabsichtigte Lockerung des starren planwirtschaftlich-bürokratischen Apparats der Sowjetunion jedoch den Charakter eines revolutionären Umbruchs an, der den gesamten Ostblock auflöste und am 9. November 1989 tatsächlich zur Öffnung der Berliner Mauer führte. Über die Ursachen und Triebkräfte dieses Vorgangs, der in seiner Tragweite nur mit den Veränderungen im Gefolge des Ersten Weltkriegs vergleichbar ist, wird noch lange Zeit diskutiert und gestritten werden. Vermutlich waren aber die innere – wirtschaftliche wie ideologische – Schwäche der Sowjetunion und der Druck von außen, den die USA unter Carter und Reagan seit Ende der 1970er Jahre ausübten, gleichermaßen für den Zusammenbruch des kommunistischen Herrschaftssystems verantwortlich. Die amerikanischen Antworten auf das dramatische Geschehen in Osteuropa mußte nun George Bush geben, der ehemalige CIA-Direktor und Vizepräsident seit 1981, der nach seinem klaren Wahlsieg über den Demokratischen Gouverneur von Massachusetts, Michael Dukakis, im Januar 1989 das politische Erbe Reagans angetreten hatte.

Bush entstammte einer wohlhabenden und angesehenen Familie Neuenglands und war zunächst Manager und Unternehmer in der texanischen Ölindustrie gewesen. Als erfahrener Außenpolitiker und "Patrizier", dem Reagans Populismus und ideologischer Eifer fremd blieben, agierte er in der Umbruchsphase eher zurückhaltend und insgesamt sehr besonnen. Assistiert von Außenminister James Baker III, Sicherheitsberater Brent Scowcroft und Verteidigungsminister Richard Cheney unterstützte er so lange wie möglich Gorbatschows Reformkurs und bemühte sich darum, den Strom der Veränderungen in sichere Bahnen zu kanalisieren. Andererseits gelangte die Bush-Administration früher als die europäischen NATO-Verbündeten zu der Auffassung, daß die Überwindung der deutschen Teilung, die schon vor dem Mauerfall in den Bereich des Möglichen rückte, weder hinausgezögert noch gar verhindert werden sollte. Zu eindeutig hatten sich die USA stets zum Prinzip des Selbstbestimmungsrechts der Völker und zu freien Wahlen für ganz Deutschland bekannt, und zu offensichtlich war auch die Zustimmung der amerikanischen Bevölkerung zu einer raschen Wiedervereinigung. Die Rate der Befürwortung variierte im Laufe des Jahres 1990, aber sie sank nie unter 60 Prozent ab. Laut einer Meinungsumfrage vom April 1990 fanden sogar 76 Prozent der Amerikaner, die Wiedervereinigung sei eine "gute Idee", und selbst die Mehrheit der Bürger jüdischen Glaubens stimmte dieser Einschätzung zu. Ungeachtet der Anfang der 1970er Jahre erfolgten diplomatischen Anerkennung der DDR identifizierten weite Teile der Öffentlichkeit den zweiten deutschen Staat mit Mauer und Stacheldraht und mit der "widernatürlichen" Teilung Europas. Die meisten Amerikaner gingen deshalb ganz selbstverständlich davon aus, daß der Westen und die USA größeren Nutzen aus der Wiedervereinigung ziehen würden als die Sowjetunion. Von den bedeutenden Presseorganen warnte lediglich die *New York Times* vor einer allzu raschen Fusion der beiden deutschen

Staaten. Angesichts der zögerlichen bis ablehnenden Haltung in London, Paris und anderen westlichen Hauptstädten war die diplomatische Unterstützung der Bush-Administration von vitaler Bedeutung für die Regierung Kohl-Genscher, die ihrerseits von den Ereignissen in der DDR überrollt zu werden drohte.

Bush hatte erstmals im April 1989 öffentlich Sympathie für die Idee einer Wiedervereinigung erkennen lassen. Einen Monat später regte er in Mainz an, die Bundesrepublik und die USA sollten künftig als "partners in leadership" handeln. Das beinhaltete allerdings den Wunsch nach engen Konsultationen, der aus Washingtoner Sicht in der Anfangsphase des Vereinigungsprozesses nicht immer hinreichend erfüllt wurde. Innerhalb der Administration gab es ein hohes Maß an Übereinstimmung in der Deutschlandfrage, auch wenn die Absichten der Sowjetführung und die Verläßlichkeit des deutschen Bündnispartners im Nationalen Sicherheitsrat offenbar etwas skeptischer beurteilt wurden als im State Department. Nach dem Fall der Mauer trat die US-Regierung ganz bewußt an die Spitze des Zuges, der sich in Richtung deutsche Einheit in Bewegung setzte, und sie gab die einmal eroberte Führung nicht mehr ab. Gerade wegen dieses frühen Einschwenkens auf den Wiedervereinigungskurs verstand sich die amerikanische Regierung aber auch als Sachwalterin der Nachbarstaaten Deutschlands und insbesondere Polens, das um die Integrität seiner Westgrenze fürchtete. Im Dezember 1989 definierte Bush vor der NATO in Brüssel die Voraussetzungen, unter denen sich die USA eine Wiedervereinigung vorstellen konnten: Dazu gehörten in erster Linie die Abhaltung freier Wahlen in der DDR, eine Zusicherung der Bundesregierung, daß die Ostgrenzen entsprechend den Bestimmungen der KSZE-Schlußakte nur durch friedliche Verhandlungen geändert werden dürften, und die dauerhafte Zugehörigkeit Gesamtdeutschlands zur NATO und zur Europäischen Gemeinschaft. Anfang Februar 1990 verständigten sich das State Department und das Bonner Auswärtige Amt auf das Format der "Zwei-plus-Vier"-Verhandlungen zwischen den beiden deutschen Staaten und den vier Siegermächten des Zweiten Weltkriegs. Anschließend flog Secretary of State James Baker nach Moskau, wo es ihm gelang, Gorbatschow und Außenminister Schewardnadze für dieses Konzept zu gewinnen. Der Besuch von Bundeskanzler Kohl und Außenminister Genscher in Moskau am 10. Februar bestätigte die bereits gefundene Lösung. Das Treffen zwischen Bush und Kohl Ende Februar in Washington stand unter dem Eindruck der öffentlichen Debatte in den USA über eine deutsche Grenzgarantie für Polen. Eine offizielle Beteiligung Warschaus an den "Zwei-plus-Vier"-Verhandlungen lehnte die US-Regierung jedoch ab. Die wirklich wichtigen Entscheidungen fielen dann im engen Kreis der amerikanischen, deutschen und sowjetischen Unterhändler, während sich Briten und Franzosen weitgehend ausgeschlossen fanden. Innerhalb weniger Monate wurde den Wünschen und Vorbehalten Washingtons Rechnung getragen: Zunächst durch die Volkskammerwahlen im März 1990, die eine klare Mehrheit für die Wiedervereinigung ergaben; dann im Juni 1990 durch den formellen Beschluß der beiden deutschen Parlamente, die deutsch-polnische Grenze als endgültig anzuerkennen; und schließlich durch die Einigung zwischen Kohl und Gorbatschow Mitte Juli 1990 am Schwarzen Meer, die den Verbleib Deutschlands in der NATO gewährleistete. In diesem letzten Punkt waren die USA auch gegenüber Gorbatschow hart geblieben, der vergeblich um Washingtons Zustimmung zu einem mindestens teilweise neutralisierten Deutschland nachgesucht hatte. Diese Haltung lag ganz auf der Linie des *dual containment*, mit der sich die Amerikaner Neutralitätstendenzen in Mitteleuropa stets widersetzt hatten. Der Zwei-plus-Vier-Vertrag, der am 12. September in Moskau unterzeichnet wurde, zog einen Schlußstrich unter den Zweiten Weltkrieg, indem er die Rechte und Verantwortlichkeiten der vier Siegermächte für Berlin und für "Deutschland als Ganzes" beendete und dem deutschen Volk die volle Souveränität zurückgab. Nach der formellen Wiedervereinigung am 3. Oktober 1990 drängten die USA im Sinne ihres übergreifenden Integrationskonzeptes auf den Fortgang der europäischen Einigung. Damit trugen sie zumindest indirekt zum Zustandekommen des Vertrags von Maastricht über die Europäische Union bei, der im Februar 1992 signiert wurde und im November 1993 in Kraft trat. Die Wiedervereinigung Deutschlands kann mit Fug und Recht als Triumph der amerikanischen Politik bezeichnet werden, denn sie erfolgte – trotz ihres auch für Washington überraschend plötzlichen Zustandekommens – im wesentlichen zu den Bedingungen, die man in den USA von jeher für notwendig und unverzichtbar gehalten hatte: Es handelte sich um eine freie Entscheidung des deutschen Volkes, die weder zu Lasten seiner Nachbarn ging noch den Zusammenhalt des westlichen Bündnisses und das Mitspracherecht Washingtons in europäischen Angelegenheiten gefährdete. Darüber hinaus war der Schulterschluß mit Bonn in der Vereinigungsfrage geeignet, die Beziehungen zu Deutschland dauerhaft zu festigen, dessen Gewicht in Europa und in der Weltpolitik nach amerikanischer Auffassung nahezu zwangsläufig weiter zunehmen mußte.

Festigkeit im Grundsätzlichen und gleichzeitig pragmatisches Eingehen auf sich rasch wandelnde Umstände kennzeichnete auch das Verhältnis zur Sowjetunion. Der Zerfall des Warschauer Pakts, der bereits 1989 begann, nahm der Abrüstungsfrage viel von ihrer bisherigen Brisanz. Für Kontinuität in diesem Bereich sorgte Bushs Chefunterhändler Paul Nitze, der schon an der Formulierung von NSC 68 im Jahr 1950 beteiligt gewesen war. Die Wiener MBFR (*Mutual and Balanced Force Reduction*)-Verhandlungen, die sich jahrelang hingezogen hatten, konnten im November 1990 unter dem neuen Kürzel CFE (*Conventional Armed Forces in Europe*) erfolgreich abgeschlossen werden. Der Vertrag setzte Obergrenzen fest für die schweren Waffen – Panzer, Artillerie, Flugzeuge und Angriffshubschrauber –, die zwischen Atlantik und Ural stationiert werden dürfen, und verpflichtete insbesondere die Sowjetunion zu tiefen Einschnitten in ihre konventionelle Rüstung. Eine Zusatzvereinbarung vom Juli 1992 regelte die Truppenstärken in Europa, wobei die Höchstgrenze für die USA auf 250 000 Mann festgesetzt wurde. Ähnlich wie in Asien waren nun auch die meisten europäischen Länder einschließlich Rußlands daran interessiert, aus Gründen der Sicherheit und Stabilität zumindest eine symbolische Präsenz der US-Militärmacht auf dem Kontinent zu erhalten. Die Angst vor einem nuklearen Holocaust machte Erleichterung und vorsichtigem Optimismus Platz, als Russen und Amerikaner bei den *Strategic Arms Reduction Talks* (START) im Juli 1991 und im Januar 1993 Abmachungen trafen, die eine drastische Verringerung der Interkontinentalraketen und Atomsprengköpfe zum Ziel haben. Gemäß START-2, das der amerikanische Senat 1996 ratifizierte, sollen die USA und Rußland die Zahl der Atomsprengköpfe bis zum Jahr 2003 um jeweils 8 000 auf 3 500 bzw. 3 000 reduzieren. Beide Seiten haben sich verpflichtet, sämtliche landgestützten Interkontinentalraketen mit Mehrfachsprengköpfen zu vernichten und die seegestützten Interkontinentalgeschosse auf 1 700 bis 1 750 zu begrenzen. Der Rückzug der nuklearen Kurzstreckenraketen und der taktischen Atomwaffen aus Ost- und Westeuropa war bereits Ende 1992 weitgehend abgeschlossen. Nach der Auflösung der Sowjetunion ging es den USA hauptsächlich darum, das Entstehen neuer Atommächte von der

Ukraine bis Kasachstan und die Verbreitung von Nuklearwaffen über den Mittleren Osten zu verhindern. Außerdem kam es endlich zu einem internationalen Vertrag, der Produktion, Verwendung, Lagerung und Export von chemischen Waffen untersagte.

Im Unterschied zu ihrer aktiven Rolle bei der deutschen Wiedervereinigung und bei der Abrüstung tat die Bush-Administration anscheinend nichts, was den Zerfallsprozeß der Sowjetunion beschleunigt hätte. Die Sorge um politische und wirtschaftliche Stabilität und der Wunsch nach friedlichem Wandel hielten sie sogar davon ab, auf die ersten Unabhängigkeitsregungen in den baltischen Staaten positiv zu reagieren. Obwohl die USA also über Jahre hinweg maßgeblich dazu beigetragen hatten, den sowjetischen Machtbereich ideologisch und materiell zu unterminieren, verharrte die Washingtoner Regierung in der entscheidenden Phase in der Rolle eines interessierten, aber unbeteiligten Beobachters. Auf den ersten Blick scheint das der in NSC 68 niedergelegten langfristigen Strategie der USA zu widersprechen, die das zerstörerische Potential der Nationalitätenfrage ja explizit einkalkuliert hatte. Hinter der Zurückhaltung verbarg sich allerdings die seit 1989 auf höchster Regierungsebene gereifte Gewißheit, daß die Zeit ohnehin für den Westen arbeitete, und daß der nun angebrochene Schlußakt des Kalten Krieges fast ohne eigenes Zutun mit dem vollständigen Sieg der Vereinigten Staaten und des Westens enden werde. Unter diesen Umständen galt es, jede unnötige Demütigung des Gegners zu vermeiden, um einem eventuellen anti-westlichen Revisionismus von vornherein die Spitze zu nehmen. Ob die US-Regierung dabei von einer zutreffenden Lageeinschätzung ausging, ist schwer zu sagen, zumal der erst unter Präsident Clinton aufgedeckte Spionagefall Aldrich Ames darauf hindeutet, daß die Informationen der CIA über die Sowjetunion seit Mitte der 1980er Jahre alles andere als verläßlich waren. Es bleibt umstritten, ob der Kollaps des sowjetischen Imperiums hauptsächlich durch interne Schwächen und das Scheitern von Gorbatschows Reformen verursacht worden ist oder durch den Druck des überlegenen Westens oder durch den Verlust des Feindbildes infolge der deutschen Ost- und Friedenspolitik. Vermutlich spielten alle diese Faktoren eine Rolle und verstärkten sich wechselseitig. Bemerkenswert erscheint jedoch, daß der Zusammenbruch zu einer Zeit erfolgte, als die Prognosen westlicher Experten, die "überdehnte" Supermacht USA sei zum Niedergang verurteilt, die Medien und den Büchermarkt beherrschten.

Statt lautstark den "Sieg im Kalten Krieg" zu feiern, bemühte sich die Bush-Administration sowohl vor als auch nach dem Moskauer Putsch vom August 1991, marktwirtschaftliche Reformen und Demokratie im ehemaligen Ostblock zu fördern und die Sowjetunion bzw. das von Boris Jelzin repräsentierte Rußland über die KSZE, die "Gruppe der 7" und die Wirtschaftsorganisationen der Vereinten Nationen in das internationale Handels- und Währungssystem einzubinden. Angesichts der gewaltigen Probleme, die dieser Transformationsprozeß aufwarf, und angesichts des begrenzten finanziellen Spielraums, über den die US-Regierung verfügte, waren hier von vornherein keine schnellen, spektakulären Erfolge zu erwarten. Im Bereich der Sicherheitspolitik setzte Bush eindeutig auf die NATO, die sich als transatlantisches Kooperations- und Koordinierungsorgan bewährt hatte, und die durch strukturelle Reformen sowie eine Betonung ihres politischen Charakters zum geeigneten Ansprechpartner der Nachfolgestaaten der Sowjetunion umgeformt werden sollte.

Vom Golfkrieg zur Abwahl von Präsident Bush

Aus amerikanischer Perspektive traten die deutsche Wiedervereinigung, die Neuordnung Osteuropas und die epochalen Abrüstungsfortschritte vorübergehend hinter eine neue Krise am Persischen Golf zurück, die mit dem Überfall des Irak auf Kuweit am 2. August 1990 ihren Anfang nahm. Zu spät war den Amerikanern klar geworden, daß der Diktator Saddam Hussein, den sie über das Ende des iranisch-irakischen Krieges 1988 hinaus mit Waffen versorgt hatten, das gesamte regionale Gleichgewicht bedrohte. Nach kurzer anfänglicher Unsicherheit gelang es der Regierung Bush, eine breite internationale Koalition zu organisieren, die vom Weltsicherheitsrat mit der Wiederherstellung der territorialen Integrität Kuweits beauftragt wurde. Entscheidend war Resolution 678 vom 29. November 1990, die den Irak ultimativ zum Rückzug aufforderte und gleichzeitig den USA eine Führungsrolle bei der Abwehr der irakischen Aggression zubilligte. 28 Staaten aus fünf Kontinenten erklärten sich bereit, unter amerikanischem Oberkommando Truppen einzusetzen, falls wirtschaftliche Sanktionen keine Wirkung zeigen sollten. *Operation Desert Shield*, wie der Aufbau einer alliierten Militärstreitmacht von über 500 000 Männern und Frauen (ca. 10 Prozent der amerikanischen Soldaten waren weiblichen Geschlechts) im Golfgebiet genannt wurde, wäre ohne die seit langem sorgfältig gepflegten Beziehungen zu Saudi-Arabien und Ägypten kaum möglich gewesen. Kurz vor Ablauf des Ultimatums ersuchte Präsident Bush den Kongreß um Genehmigung eines offensiven Vorgehens, die nach heftiger Debatte am 16. Januar 1991 mit Mehrheiten von 250:183 im Repräsentantenhaus und 52:47 im Senat relativ knapp erteilt wurde. Derart innen- wie außenpolitisch abgesichert, gab Bush den Befehl zur massiven Bombardierung des Irak und schließlich am 23. Februar 1991 zur Bodenoffensive, *Operation Desert Storm*, die Kuweit innerhalb weniger Tage befreite. Sowohl im Luft- als auch im Landkrieg spielten die USA ihre gewaltige technologische Überlegenheit aus, was den gewünschten Eindruck auf die – allerdings nur selektiv informierte – Weltöffentlichkeit nicht verfehlte. Nach den Beschwerden von Presse und Fernsehen über ihren Ausschluß von der Grenada-Invasion 1983 wurden amerikanische Reporter diesmal in sog. *pools* zusammengefaßt, deren Bewegungsfreiheit allerdings eingeschränkt war und deren Berichte einer Militärzensur unterlagen. Eine Innovation im Medienbereich stellten die Übertragungen des Fernsehsenders CNN dar, die via Satellit direkt aus Bagdad in die USA und andere Teile der Welt erfolgten. Sie verursachten der Bush-Administration viel Ärger, da sie in mancher Hinsicht der irakischen Propagandalinie zu folgen schienen.

Der Sieg über Saddam Hussein, der die Amerikaner entgegen pessimistischen Vorhersagen weniger als 150 Tote kostete, rief in den USA patriotische Aufwallungen hervor, wie man sie seit 1945 nicht mehr erlebt hatte, und schien das "Gespenst des Vietnamkrieges" endgültig zu verscheuchen. Auch in Europa, wo zu Beginn unter der Parole "Kein Blut für Öl" noch antiamerikanische Proteste laut geworden waren, trat ein deutlicher Stimmungswandel ein. Dazu trugen in erster Linie irakische Raketenangriffe auf Israel bei, mit denen Saddam Hussein eine Verknüpfung zwischen der Kuweitfrage und der seit Ende 1987 anhaltenden Revolte der Palästinenser (*Intifada*) gegen die israelische Besatzung herzustellen versuchte. In diesem Zusammenhang geriet auch die Bonner Regierung unter öffentlichen Druck, weil aus amerikanischen Kanälen bekannt wurde, daß deutsche Firmen dem Irak – und möglicherweise ebenso Libyen – beim Aufbau einer Giftgasproduktion geholfen hatten. (Später stellte sich heraus, daß an der geheimen chemischen und nuklearen Aufrüstung des Irak auch amerikanische und britische Firmen beteiligt gewesen waren.) In gewissem Sinne ging von den Attacken

Saddam Husseins gegen Israel auch etwas Gutes aus, denn die USA nutzten die allgemeine Empörung und die gewandelte Weltlage, um den nahöstlichen Friedensprozeß auf einer internationalen Konferenz in Madrid (30. Oktober bis 1. November 1991) wieder in Gang zu bringen. Mit großer Genugtuung registrierten die Amerikaner Mitte Dezember 1991 den Beschluß der UN-Vollversammlung, die Resolution vom November 1975 zu widerrufen, die Zionismus als eine Form der Rassendiskriminierung verurteilt hatte. Noch vor Ende seiner Amtszeit räumte Präsident Bush ein weiteres Hindernis auf dem Weg zum Nahostfrieden beiseite, indem er erstmals entschieden Front gegen den Bau weiterer israelischer Siedlungen auf der Westbank und im Gazastreifen machte. Die Regierung Yitzhak Shamir hatte allein 1990/91 über 20 000 Wohnungen in den besetzten Gebieten und in Ost-Jerusalem errichten lassen, um vollendete Tatsachen zu schaffen. Bushs Entscheidung, die von Israel gewünschten Kreditgarantien von 10 Milliarden Dollar zur Eingliederung jüdischer Einwanderer aus der ehemaligen Sowjetunion mit der Forderung nach einem Siedlungsstopp zu verknüpfen, war im Kongreß und in jüdischen Kreisen der USA selbst heftig umstritten. Sie trug im Sommer 1992 zum Machtwechsel vom konservativen Likud-Block zur Arbeiterpartei von Yitzhak Rabin bei, der sich in der Palästinenserfrage flexibler und kompromißbereiter zeigte.

Der erfolgreiche Abschluß des Golfkrieges sah George Bush auf dem Höhepunkt seiner Popularität und verleitete den Präsidenten dazu, die Vision einer "neuen Weltordnung" zu verkünden. Die Ernüchterung folgte auf dem Fuße, und sie hatte sowohl außen- als auch innenpolitische Ursachen. Zunächst wurde offenkundig, daß die US-Regierung die Standfestigkeit Saddam Husseins unterschätzt hatte, der trotz der schweren Niederlage seiner Armeen fortfuhr, ethnische und religiöse Minderheiten zu tyrannisieren und den Abrüstungsauflagen des Weltsicherheitsrates zu trotzen. Nun rächte sich, daß Bush auf Wunsch der arabischen Verbündeten und aus Sorge vor einem Zerfall des Irak die Offensive abgebrochen hatte, bevor sie zum Sturz Saddam Husseins hatte führen können. Der Glorienschein des Sieges verblaßte zusätzlich dadurch, daß die USA die Kriegskosten weitgehend auf die Verbündeten abwälzten, insbesondere auf Japan und Deutschland, die keinen nennenswerten militärischen Beitrag geleistet hatten. Obwohl man darin auch ein Element des *burden sharing* sehen konnte, wirkte dieses Vorgehen weithin wie das Eingeständnis finanzieller Schwäche und ließ

Zweifel am künftigen amerikanischen Führungsvermögen aufkommen. Dann löste die Desintegration der Sowjetherrschaft eine neue Welle des Nationalismus und religiösen Fanatismus aus, die im Kaukasus und auf dem Balkan blutige Konflikte und Bürgerkriege entfesselte. Schließlich beteiligten sich die USA an einer humanitären Intervention der Vereinten Nationen in dem von Bandenkämpfen und Hungersnöten geplagten Somalia, die schlecht geplant war und ein klares Ziel vermissen ließ. Schien es während der Kuweit-Krise so, als hätten die Amerikaner die UN als wichtigen Ordnungsfaktor "wiederentdeckt", so gewannen nun erneut die alten Ressentiments und das Verlangen nach uneingeschränkter Handlungsfreiheit die Oberhand. Der Kongreß blieb immer weiter mit den Finanzbeiträgen zur UN im Rückstand und brachte die Weltorganisation ausgerechnet zu einer Zeit in Zahlungsschwierigkeiten, in der sie endlich von den Fesseln des Kalten Krieges befreit worden war. Für die Amerikaner fiel auf der einen Seite die sowjetische Bedrohung weg, aber auf der anderen Seite gestaltete sich die internationale Lage eher unübersichtlicher denn stabiler. Daraus resultierten ein generelles Unbehagen an der Außenpolitik und der Wunsch, zunächst einmal die Verhältnisse im eigenen Land in Ordnung zu bringen.

Wirtschaftliche Schwierigkeiten und Zweifel an Bushs innenpolitischer Kompetenz ließen die Autorität des Präsidenten, die im Frühjahr 1991 fast unangreifbar schien, überraschend schnell verfallen. Bereits 1990 hatte in den USA eine Rezession eingesetzt, die länger als gewohnt anhielt, und deren Bekämpfung 1992 zum Hauptwahlkampfthema avancierte. Die üblichen negativen Begleiterscheinungen einer Konjunkturschwäche wurden noch durch den Zusammenbruch zahlreicher Bausparkassen in den Schatten gestellt, die sich im vorhergehenden Aufschwung mit Immobilienspekulationen übernommen hatten. Diese landesweite Krise der *Savings and Loan Institutes* kostete den Staat mehr als 200 Milliarden Dollar und verschlimmerte die ohnehin schon prekäre Haushaltslage. In der Situation sah sich Präsident Bush genötigt, einen Budgetkompromiß mit dem Kongreß zu schließen, der Einsparungen, aber auch höhere Steuern und Abgaben vorsah. Mehr noch als der erfolglose Japan-Besuch Anfang 1992 untergrub dieser Bruch eines Wahlversprechens ("Read my lips: No new taxes!") die Popularität des Präsidenten, der im Wahljahr zunehmend matt und konzeptionslos wirkte. Entgegen den Erwartungen vieler Europäer, die den erfolgreichen Außenpolitiker Bush favorisierten, gaben die amerikanischen Wähler im

November 1992 dem jugendlichen Gouverneur von Arkansas, William Jefferson ("Bill") Clinton den Vorzug, der ein offenes Ohr für ihre wirtschaftlichen Sorgen hatte, sich im Stile John F. Kennedys als Hoffnungsträger der jungen Generation darbot und eine liberale Erneuerung von Staat und Gesellschaft in Aussicht stellte. Die Demokraten konnten ihre Position bundesweit verbessern und erzielten Einbrüche in die republikanischen Hochburgen des Südens und Westens. Bei einer gegenüber 1988 um knapp vier Prozent auf 54 Prozent gestiegenen Wahlbeteiligung zogen ungewöhnlich viele Frauen in den Kongreß ein – 47 ins Repräsentantenhaus und 8 in den Senat, darunter die erste afro-amerikanische Senatorin, Carol Mosely Braun aus Illinois. Allerdings ließen die – nie zuvor erreichten – 19 Prozent der abgegebenen Stimmen, die auf einen unabhängigen Kandidaten, den texanischen Unternehmer und Milliardär H. Ross Perot, entfielen, die verbreitete Unzufriedenheit mit beiden großen Parteien und dem politischen "Establishment" insgesamt erkennen. Drei Jahre nach dem Fall der Mauer, den der nun fast 90jährige ehemalige amerikanische Diplomat und Historiker George F. Kennan einen "turning point of the most momentous historical significance" genannt hatte, vollzogen seine Landsleute eine Wende nach innen, die den Rest der Welt teils verständnisvoll abwartend, teils irritiert zurückließ.

IX.
Die Vereinigten Staaten nach dem Kalten Krieg

Der Historiker muß sich stets der Vorläufigkeit seiner Urteile bewußt sein. Das gilt in ganz besonderem Maße für Aussagen über die jüngste Vergangenheit, die noch so gut wie unerforscht ist und erst allmählich Konturen gewinnt. Völlig unmöglich erscheint es nach den Erfahrungen des letzten Jahrzehnts, die weitere Entwicklung der internationalen Beziehungen und der amerikanischen Innenpolitik sicher zu prognostizieren. Dennoch soll abschließend versucht werden, eine vorläufige Bilanz der Amtszeit des 42. Präsidenten der Vereinigten Staaten, William Jefferson ("Bill") Clinton, zu ziehen und die Zukunftsperspektiven der USA in einer interdependenten Welt abzuschätzen.

1. Im Kampf gegen die "konservative Revolution": Die erste Clinton-Administration, 1993–1997

Mit der Eroberung der Präsidentschaft stellte Bill Clinton unter Beweis, daß Reichtum und Herkunft aus der Oberschicht in den USA auch weiterhin nicht zu den Voraussetzungen für eine glänzende politische Karriere gehören. Nachdem er den leiblichen Vater schon vor der Geburt im August 1946 durch einen Unfall verloren hatte, wuchs er in Arkansas bei seiner Mutter und dem Stiefvater Roger Clinton auf, einem Autohändler, dessen Namen er im Alter von 15 Jahren annahm. Eine Begegnung mit John F. Kennedy, dem er im Juli 1963 im Weißen Haus als Delegierter einer nationalen Jugendorganisation die Hand schütteln durfte, weckte den Wunsch in ihm, Politiker zu werden. Mit Stipendien und Teilzeitjobs finanzierte er seine Studien an der Georgetown University in Washington, in Oxford (auf dem Höhepunkt des Vietnamkrieges 1968–70) und an der Yale Law School. Im Alter von 30 Jahren hatte es der intelligente und ehrgeizige Bill Clinton schon zum Justizminister von Arkansas gebracht, und 1978 wurde er – zweiunddreißigjährig – zum jüngsten Gouverneur in der Geschichte der USA gewählt. Seine reformerische, auf die Verbesserung des Bildungssystems und die Schaffung von Arbeitsplätzen ausgerichtete Politik verhalf dem Staat Arkansas, der in der nationalen Einkommensstatistik traditionell auf einem der letzten Plätze rangiert, zu beachtlichen Fortschritten, und empfahl Clinton selbst für den Vorsitz der nationalen Gouverneurskonferenz. Diesen Posten hatte er zu einer Zeit inne, als die Einzelstaaten mit innovativem Geist und verstärkten Aktivitäten auf die Herausforderungen des "neuen Föderalismus" reagierten. Clintons schwungvoller Wahlkampf, der ihn – zusammen mit seinem als Umweltexperten bekannten Vizepräsidentschaftskandidaten Al Gore und einer Schar von Helfern und Presseleuten – auf Busreisen kreuz und quer durch das ganze Land führte, hob sich deutlich von der ideenlosen Routine der Republikaner ab. Die Wahl markierte einen Generationswechsel, denn mit Clinton und Gore setzte sich das *baby boom ticket* gegen den Weltkriegsveteranen George Bush durch.

Der Elan der Wahlkampfzeit ließ sich aber nicht ohne weiteres ins Weiße Haus übertragen, und die ersten Jahre der Clinton-Administration riefen viele Erinnerungen an Jimmy Carters Schicksal wach. Ebensowenig wie sein letzter demokratischer Vorgänger im Amt vermochte Clinton das Verlangen der Amerikaner nach zielstrebiger und verläßlicher *presidential leadership* zu erfüllen, und ähnlich wie Carter wurde er in Washington das Image des unerfahrenen, detailbesessenen Außenseiters nicht los. Vergleichbar war auch der "Drang zur Mitte", der Clinton bewog, von vielen traditionell-liberalen Grundsätzen der Demokratischen Partei Abschied zu nehmen und Anerkennung als effizienter und pragmatischer *New Democrat* zu suchen. Damit zeichnete sich aber schon früh ab, daß es Clinton nicht gelingen würde – was ein großer Teil seiner Wähler gehofft hatte –, den neokonservativen Trend der Ära Reagan-Bush zu beenden. Wider Willen gab er diesen Strömungen und der Anti-Washington-Stimmungslage durch allerhand Ungeschicklichkeiten, personelle Fehlbesetzungen und wankelmütiges Verhalten sogar noch Auftrieb. Zu allem Überfluß litt die moralische Autorität des Präsidenten unter Korruptionsvorwürfen, die aus dem dubiosen "Whitewater"-Immobiliengeschäft herrührten, das Clinton Jahre vor der Wahl zusammen mit seiner Frau Hillary und Freunden in Arkansas getätigt hatte. Im Unterschied zu allen bisherigen *First*

Ladies geriet auch Hillary Rodham Clinton ins Fadenkreuz der Opposition, weil sie als erfolgreiche Anwältin eine politische Rolle spielen wollte, und weil ihr selbstbewußt-emanzipatorisches Auftreten den konservativen Kritikern ein besonderer Dorn im Auge war.

Ganz im Einklang mit seinen Wahlkampfaussagen legte Clinton den Schwerpunkt der Regierungsaktivität auf die Innenpolitik, fand aber nicht einmal in der eigenen Partei genügend Unterstützung, um die gesteckten Ziele zu erreichen. Das Kernstück seines Programms, die grundlegende Reform des Gesundheitswesens durch Einführung einer allgemeinen Krankenversicherung nach europäischem Vorbild, wurde in den ersten beiden Jahren zwischen den Kongreßfraktionen und zwischen den Interessengruppen der Ärzte, der Pharmaindustrie, der Versicherungsgesellschaften, der Verbraucher, der Senioren und manch anderer Lobbies vollkommen zerrieben. Ebenso auf der Strecke blieb die geplante Steuer auf den Energieverbrauch, die der Verschwendung entgegenwirken und dem Umweltschutz zugutekommen sollte. Der Ölverbrauch, der 1982 mit ca. 15 Mio barrel pro Tag einen Tiefpunkt erreicht hatte, lag 1995 wieder über 18 Mio barrel, und der Anteil der Importe war im selben Zeitraum von 28 auf 46,3 Prozent gestiegen. Damit lag der Anteil der USA am gesamten Welt-Energiekonsum bei ca. 25 Prozent. Ein Gesetz zur Verbrechensbekämpfung unterband zwar den Handel mit bestimmten Typen halbautomatischer Schußwaffen, trug aber in erster Linie dem konservativen Begehren nach mehr Polizisten und mehr Gefängnissen Rechnung.

In der Außenwirtschaftspolitik schlug der Präsident einen Kurs ein, der eher den Vorstellungen der Republikaner als den Erwartungen seiner Wähler entsprach. So befürwortete er die Ratifizierung des Nordamerikanischen Freihandelsabkommens (*North American Free Trade Agreement*, NAFTA) mit Kanada und Mexiko, das die Bush-Administration ausgehandelt hatte, und brachte bis Ende 1993 die Uruguay-Runde des GATT zum Abschluß, bei der es um weitere Zollsenkungen und Handelserleichterungen ging. NAFTA trat Anfang 1994 in Kraft, und das GATT wurde 1995 durch die neue Welthandelsorganisation WTO abgelöst. In beiden Fällen mußte Clinton protektionistische Widerstände im eigenen politischen Lager und seitens der Gewerkschaften überwinden, die um Arbeitsplätze in den USA fürchteten. Der regionalen Wirtschaftskooperation und der Öffnung von Märkten diente die Gipfelkonferenz der asiatisch-pazifischen Nationen (APEC) in Seattle im November 1993, die regelmäßige Kontakte vereinbarte. Dagegen erhob sich kaum Widerspruch, aber vielen Amerikanern ging der Druck auf Japan, seinen Überschuß im Handel mit den USA zu verringern, nicht weit genug.

Auf dem Feld der Außen- und Sicherheitspolitik hatte es zunächst den Anschein, als habe das Ende des Kalten Krieges die Amerikaner, die jahrzehntelang an das "Gleichgewicht des Schreckens" gewöhnt gewesen waren, eher verunsichert als mit neuem Selbstbewußtsein gewappnet. In der Öffentlichkeit wurde ausgiebig über die "Friedensdividende" spekuliert, die man sich von der Abrüstung und der Reduzierung amerikanischer Truppen in Übersee erhoffte. Bald stellten die Amerikaner jedoch ernüchtert fest, daß der militärisch-industrielle Komplex mit Rücksicht auf Konjunktur und Arbeitsplätze nur allmählich abgebaut werden konnte, und daß neue kostspielige internationale Verpflichtungen auf die USA zukamen. In dieser Situation wirkte das unrühmliche Ende der von Bush begonnenen Somalia-Mission im Jahr 1993 geradezu lähmend und erschütterte das – ohnehin begrenzte – Vertrauen in die Handlungsfähigkeit der Vereinten Nationen nachhaltig. Aber auch die relativ reibungslos verlaufende unilaterale Militäraktion, mit der die USA im September 1994 den von Putschisten gestürzten Präsidenten Haitis, Jean-Bertrand Aristide, wieder in sein Amt einsetzten, löste in der Bevölkerung mehr Widerspruch als Zustimmung aus. Ein militärisches Engagement im bosnischen Bürgerkrieg, dessen Grausamkeit die großen Fernsehanstalten den Amerikanern täglich vor Augen führten, schien unter diesen Umständen praktisch ausgeschlossen.

Die Clinton-Administration überließ deshalb das Bosnien-Problem den europäischen Bündnispartnern und der UN, und Außenminister Warren Christopher konzentrierte seine diplomatischen Anstrengungen auf die Lösung des Nahostkonflikts, die seit dem Golfkrieg in greifbare Nähe gerückt war. Das Abkommen zwischen der PLO und Israel, das durch norwegische Vermittlung zustandekam und im September 1993 in Washington unterzeichnet wurde, markierte einen Meilenstein auf dem Weg zu einem umfassenden Frieden im Nahen Osten. In Rußland stärkten die USA weiterhin Präsident Jelzin den Rücken, obwohl seine Haltung beim zweiten Putschversuch in Moskau im Herbst 1993 und sein Vorgehen im Tschetschenien-Konflikt öffentliche Kritik hervorriefen. Es überwog aber die Hoffnung, Jelzin werde das Land auf Reformkurs halten und einen

Rückfall in Kommunismus oder extremen Nationalismus verhindern können. Im Rahmen der NATO boten die USA Rußland Anfang 1994 eine "Partnerschaft für den Frieden" an, mit der ein Klima des Vertrauens geschaffen werden soll, das die Ausdehnung der Allianz nach Osten erlaubt. Parallel dazu unternahm Washington große Anstrengungen, um eine Weiterverbreitung von Atomwaffen zu verhindern: durch bilaterale Abmachungen mit den Nachfolgestaaten der Sowjetunion und mit Nordkorea, durch die Isolierung der sogenannten "Pariastaaten" Iran, Irak und Libyen, und durch eine Verlängerung des Atomsperrvertrags aus dem Jahr 1970. Als Gegenleistung für die Bereitschaft der "nuklearen Habenichtse", dauerhaft auf Kernwaffen zu verzichten, sagte die US-Regierung zu, gemeinsam mit den anderen Atommächten bis 1996 ein globales Teststopp-Abkommen auszuhandeln.

Bei den Zwischenwahlen vom November 1994 interessierten außenpolitische Themen jedoch weit weniger als das konfuse Bild, das die Administration nach innen bot. Abgesehen von der Konjunkturerholung, die für Wachstumsraten zwischen 2 und 3 Prozent sorgte und eine Reduzierung des Haushaltsdefizits ermöglichte, standen die Anhänger Clintons mit leeren Händen da. Mangelnde Führungsstärke und Zweifel an der Charakterfestigkeit des Präsidenten, innerparteiliche Querelen und allgemeine Politikverdrossenheit mündeten in eine schwere Abfuhr für die Demokraten, die sich erstmals seit 1953 wieder republikanischen Mehrheiten im Repräsentantenhaus und im Senat gegenübersahen. Außerdem büßten die Demokraten mehrere Gouverneursposten und die Mehrheit in 17 Staatenparlamenten ein. Damit ging die innenpolitische Initiative vollends an die Republikaner verloren, die sich durch den "Sieg im Kalten Krieg" ideologisch bestätigt fühlten und unter dem Banner ihres radikal-konservativen, populistischen Parteiprogramms *Contract With America* zum Sturm auf die letzten Bastionen des Sozialstaates antraten. Der *Contract*, den hunderte von Kandidaten der Republikanischen Partei auf Bundes- und Einzelstaatsebene unterzeichnet hatten, rief zur "nationalen Erneuerung" auf und versprach, das Vertrauen zwischen Abgeordneten und Wählern wiederherzustellen. Das Dokument listete 18 spezifische Reformmaßnahmen und -gesetze auf, mit denen die Republikaner im Kongreß den Prinzipien der individuellen Freiheit und persönlichen Verantwortlichkeit, der begrenzten Regierungsmacht und der nationalen wie persönlichen Sicherheit wieder Geltung verschaffen wollten. Clintons Schwäche rücksichtslos ausnutzend, schwang sich der neue *Speaker of the House*, Newt Gingrich, zu einer Art Gegenpräsident auf und trieb den Kongreß zur Vollendung der von Reagan begonnenen "Revolution" an. Besonders starken Rückhalt fand er bei den 74 neu ins Repräsentantenhaus gewählten republikanischen Abgeordneten (*freshmen*), die entschlossen waren, keine Kompromisse mit dem politischen Gegner einzugehen.

In der zweiten Hälfte seiner Amtszeit wandte sich Clinton, der als innenpolitischer Reformer angetreten war, notgedrungen ganz überwiegend der Außenpolitik zu, wodurch er paradoxerweise an Statur gewann und seine Wiederwahlaussichten verbesserte. Allerdings entsprach diese Wende durchaus der Logik des amerikanischen Verfassungssystems, das der Exekutive in den auswärtigen Angelegenheiten weitgehende Entscheidungsbefugnisse und die größten Gestaltungsmöglichkeiten gibt. Auf außenpolitischem Gebiet kann der Präsident Entschlossenheit und Stärke demonstrieren, um Kapital für die Auseinandersetzungen mit dem Kongreß im Innern zu sammeln. Diese Lehre beherzigte Clinton nun im Hinblick auf den Krieg in Bosnien, der im Juli 1995 mit der Eroberung der UN-"Schutzzonen" von Srebrenica und Zepa durch die Serben und den darauf folgenden Massakern an der moslemischen Bevölkerung einen brutalen Höhepunkt erreichte. Auf Wunsch der europäischen Bündnispartner, insbesondere Frankreichs, die der ständigen Demütigungen ihrer Blauhelmsoldaten überdrüssig geworden waren, beteiligten sich die USA ab Ende August an NATO-Luftangriffen, die den serbischen Belagerungsring um Sarajewo sprengten. Anschließend gelang es einer amerikanischen Verhandlungsdelegation unter dem State Department-Mitarbeiter Richard Holbrooke, in zähen Verhandlungen mit den Kriegsparteien und der Regierung in Belgrad einen Waffenstillstand zu vereinbaren. Erleichtert reagierte die Welt dann am 21. November 1995 auf die Nachricht vom Friedensschluß zwischen Serben, Kroaten und Moslems in Dayton, Ohio, der Mitte Dezember in Paris formell unterzeichnet wurde. Der Kongreß, der die Bosnien-Aktivitäten der Administration lange Zeit äußerst skeptisch verfolgt hatte, konnte sich nun nicht mehr dem Verlangen des Präsidenten verschließen, 20 000 US-Soldaten für die *Operation Joint Endeavor* bereitzustellen, mit der die NATO – unterstützt von zahlreichen Nichtmitgliedern, darunter Rußland – das Friedensabkommen in die Praxis umsetzen wollte. Auf diese Weise hatte Clinton nicht nur den entscheidenden Beitrag zur Beendigung der Kriegsgreuel geleistet, sondern darüber hinaus der NATO ein neues

Betätigungsfeld eröffnet und den Europäern die Unerläßlichkeit amerikanischer Führung vor Augen geführt. Eine ähnlich dominierende Rolle spielten die USA auch bei den Verhandlungen über eine unbefristete Erneuerung des Atomsperrvertrags, die im Mai 1995 erfolgreich abgeschlossen wurden. Im September 1996 konnte Clinton dann am Sitz der Vereinten Nationen in New York auch einen umfassenden nuklearen Teststoppvertrag unterzeichnen, dem allerdings bis heute noch nicht alle Atommächte beigetreten sind. Mit amerikanischer Unterstützung kam im September 1995 außerdem ein Abkommen zwischen der PLO und Israel über die Ausweitung der palästinensischen Autonomie im Westjordanland zustande. Trotz der Ermordung des israelischen Ministerpräsidenten Yitzhak Rabin durch einen jüdischen Fanatiker Anfang November 1995 konnten im Januar 1996 die ersten freien Wahlen in den Autonomiegebieten abgehalten werden. Als der syrische Präsident Hafez el Assad endlich Verhandlungsbereitschaft erkennen ließ, und als sich Clinton auch noch vermittelnd in den Nordirland-Konflikt einschaltete, wurde er von der Presse bereits zum "Friedenspräsidenten" stilisiert. Die diplomatische Anerkennung Vietnams weckte schließlich Hoffnungen auf eine Aussöhnung mit dem einstigen Kriegsgegner.

Mit diesen außenpolitischen Erfolgen im Rücken, bot Clinton dem Ansturm der Republikaner im 104. Kongreß der Vereinigten Staaten besser Paroli, als man es Anfang 1995 vermutet hatte. Die republikanische Agenda enthielt in komprimierter Form alle wesentlichen Forderungen, die seit den 1970er Jahren von konservativer Seite vorgebracht worden waren: Steuersenkungen und Ausgabenkürzungen in nahezu allen Bereichen, ausgenommen die Landesverteidigung; Festschreibung eines ausgeglichenen Bundeshaushalts in der Verfassung; Rückverlagerung vieler Befugnisse, insbesondere im Sozialbereich, von der Bundesregierung zu den Einzelstaaten; grundlegende Umgestaltung des Wohlfahrtssystems; Abbau der bundesstaatlichen Bürokratie und weitere Deregulierung der Wirtschaft; Lockerung von Umweltauflagen; Drosselung der Einwanderung und Bekämpfung der Kriminalität; Stärkung der traditionellen amerikanischen Werte im allgemeinen und der Familie im besonderen. Nach einigen Anfangserfolgen brach sich die "republikanische Revolution" jedoch am ideologischen Übereifer ihrer Verfechter, am unerwartet hartnäckigen Widerstand der Demokraten im Kongreß und an der Fehleinschätzung der öffentlichen Meinung. Die Republikaner interpretierten den Wahlsieg vom November 1994 als

Mandat für eine grundsätzliche politische Wende, ohne zu bedenken, daß weniger als 40 Prozent der wahlberechtigten Bürger ihre Stimme abgegeben hatten. Wie vor ihnen die Demokraten, mußten sie die Erfahrung machen, daß einfache Mehrheiten in beiden Häusern des Kongresses nicht ausreichen, um ein Wahlprogramm kompromißlos und ohne Abstriche durchzusetzen. In der Öffentlichkeit mobilisierte ihre harsche Rhetorik Gegenkräfte, zumal anläßlich des verheerenden Bombenanschlags in Oklahoma City im April 1995 der Eindruck entstand, die "republikanische Revolution" ermuntere den Rechtsextremismus in den USA. Hinzu kam, daß sich die Forderungen nach Kostenbegrenzung im Gesundheitswesen, speziell die angekündigten Einschnitte beim *Medicare*-Programm, als ausgesprochen unpopulär erwiesen.

Das Scheitern der Republikaner zeichnete sich bereits ab, als wichtige Verfassungszusätze, die einen ausgeglichenen Bundeshaushalt festschreiben, die Wiederwahlmöglichkeiten von Abgeordneten und Senatoren einschränken und das Verbrennen der amerikanischen Fahne unter Strafe stellen sollten, im Kongreß nicht die erforderliche Zweidrittel-Mehrheit fanden. Die Patt-Situation wurde offensichtlich, als Clinton die von den Republikanern eingebrachten Haushaltsgesetze mit seinem Veto stoppte: wiederum fehlten die nötigen Stimmen an der Zweidrittelmehrheit in Repräsentantenhaus und Senat, um den Einspruch des Präsidenten zurückzuweisen. Die Republikaner spielten daraufhin den letzten Trumpf der Legislative aus, indem sie sich weigerten, den Zeitraum bis zur Verabschiedung eines Haushalts durch temporäre Finanzbewilligungen zu überbrücken. Da Clinton hart blieb, resultierte diese Taktik um die Jahreswende 1995/96 zweimal hintereinander in Teilschließungen des Washingtoner Regierungsapparats. In der Bevölkerung kostete diese dramatische Konfrontation von Legislative und Exekutive jedoch vor allem die Republikaner Sympathien, zumal der Präsident mit einem eigenen Plan, den Bundeshaushalt innerhalb von sieben Jahren auszugleichen, Kompromißbereitschaft zu beweisen schien.

Auf diese Weise gingen die Amerikaner ohne Haushalt und mit einer gehörigen Portion "Politikverdrossenheit" (dieser deutsche Begriff ist inzwischen in den amerikanischen Sprachgebrauch übergegangen) in den Präsidentschaftswahlkampf von 1996. Die Alternativen waren erkennbar, bewegten sich aber im Spektrum des "konservativen Konsens": auf der einen Seite der moderate Konservatismus der Clinton-Demokraten, die sich nun selbst zum Haushaltsausgleich (*balanced budget*) bekannten und dem *big government* abschworen, die aber die wesentlichen Errungenschaften des Sozialstaates bewahren wollten; auf der anderen Seite die von Robert ("Bob") Dole, einem 72jährigen Senator aus Kansas angeführten Republikaner, die sich in ihrer großen Mehrheit weiterhin dem *Contract With America* verpflichtet fühlten. Für sie stellte der ausgeglichene Haushalt in erster Linie ein Mittel zur Kürzung oder Beseitigung von bundesstaatlichen Ausgabeprogrammen dar, und sie verbanden den Kampf gegen die herkömmliche soziale Fürsorge mit der Vision einer weitgehend "staatsfreien", auf alte amerikanische Tugenden gegründeten Leistungsgesellschaft. In wirtschaftlicher Hinsicht traten allerdings erhebliche Spannungen zwischen den traditionell freihändlerisch gesonnenen Anhängern der Republikanischen Partei und einem eher protektionistisch und unternehmerfeindlich eingestellten Flügel zutage. Diese Spannungen wurden noch durch den Außenseiter Ross Perot verschärft, der 1992 den Republikanern mehr Stimmen abnahm als den Demokraten und der 1996 mit seiner Reform Party erneut zur Wahl antrat.

Der Wahlkampf zeigte, daß kontrovers diskutierte Themen wie die Sozialfürsorge oder das Abtreibungsrecht nicht an Parteizugehörigkeiten gebunden sind. Angesichts explodierender Kosten im Sozial- und Gesundheitswesen, die das künftige Rentensystem vor große Herausforderungen stellen werden, näherten sich die Positionen Clintons und seines Herausforderers Bob Dole weitgehend an. Die Unterzeichnung eines Sozialhilfegesetzes durch den Präsidenten im August 1996, das in vielen Punkten die Forderungen der Republikaner erfüllt, deutete darauf hin, daß sich der konservative Trend wohl kaum umkehren, sondern höchstens mäßigen und verlangsamen würde.

2. Prosperität, Skandale und *Impeachment*: Die zweite Clinton-Administration

Als Wahlkämpfer erwies sich Bill Clinton seinem Herausforderer Bob Dole, dessen Kampagne durch zahlreiche Pannen und widersprüchliche Aussagen zur Steuerfrage gestört wurde, eindeutig überlegen. Der Präsident reklamierte den wirtschaftlichen Aufschwung und die sinkende Arbeitslosigkeit für sich und warf den

Republikanern soziale Kälte und Verständnislosigkeit gegenüber den Nöten der Durchschnittsamerikaner vor. In den Novemberwahlen 1996 errang er einen ungefährdeten Sieg, der allerdings bei den Wahlmännerstimmen mit 379 zu 159 weit klarer ausfiel als bei der Gesamtstimmenzahl, wo er (bei einer Wahlbeteiligung von 49 Prozent) über einen Anteil von 49,2 Prozent nicht hinauskam. Am meisten Unterstützung erhielt Clinton von den ethnischen Minderheiten und den Frauen, sowie regional im Nordosten und an der Westküste. Die Republikanische Partei schnitt in den Staaten des Südens und Mittleren Westens gut ab und verteidigte ihre Mehrheit in beiden Häusern des Kongresses. Ross Perot vereinigte fast 8 Millionen Stimmen (= 8,4 Prozent) auf sich, konnte aber auf Grund des Mehrheitswahlrechts keine einzige Wahlmännerstimme gewinnen. Das Ergebnis deutete darauf hin, daß sich die amerikanische Bevölkerung zwar der Notwendigkeit von Reformen und Sparmaßnahmen bewußt war, daß die Mehrheit aber radikale Veränderungen ablehnte. Angesichts der Komplexität und zunehmenden Geschwindigkeit des wirtschaftlichen und sozialen Wandels orientierten sich die Amerikaner wieder stärker zur Mitte des politischen Spektrums hin. Viele Wähler nahmen dabei offenbar bewußt die Fortsetzung des "divided government", den Gegensatz von Demokratischer Exekutive und Republikanischer Legislative in Kauf, der Regierung und Parteien zum Kompromiß zwingt, wenn sie etwas bewegen wollen.

In seiner zweiten Antrittsrede vom Januar 1997 verband Clinton den Stolz auf die historische Leistung der USA, das freiheitlich-demokratische Staatsmodell in diesem Jahrhundert gegen alle autoritären und totalitären Herausforderungen erfolgreich verteidigt zu haben, mit dem Versprechen, der amerikanischen Nation durch die Reduzierung von rassischen und sozialen Spannungen eine "Brücke ins 21. Jahrhundert" zu bauen. Der patriotische Ton der Botschaft paßte zu dem Klima wachsenden Nationalstolzes, wie es sich auch in der Errichtung neuer Monumente für Präsident Franklin D. Roosevelt und für die Teilnehmer am Koreakrieg in der Hauptstadt Washington bemerkbar machte. Innenpolitisch gingen Regierung und Kongreß recht behutsam zu Werke, indem sie versuchten, durch Ausgabenkürzungen, Steuersenkungen für die Mittel- und Oberschichten sowie durch Modifizierungen des Wohlfahrtssystems und steuerliche Anreize für Geringverdienende (*Earned Income Tax Credit*) die wirtschaftliche Dynamik zu erhalten und die Zahl der Arbeitslosen und Sozialhilfeempfänger weiter zu reduzieren. Zur Überraschung selbst vieler Fachleute erzielte die US-Wirtschaft sowohl 1997 als auch 1998, offenbar unbeeindruckt von den Finanzkrisen in Asien, Rußland und Lateinamerika, ein Wachstum von jeweils 4 Prozent, im letzten Quartal 1998 sogar von 5,6 Prozent. Dadurch wurden wiederum hunderttausende neuer Arbeitsplätze geschaffen, und die Arbeitslosenrate sank auf unter 5 Prozent, was – gemessen an den Zuständen in Europa – schon fast als Vollbeschäftigung gelten kann. Der flexible Arbeitsmarkt und die vergleichsweise niedrigen Steuern und Sozialabgaben eröffneten auch geringer qualifizierten Arbeitnehmern Job-Chancen. Unter diesen günstigen Umständen schienen sogar die Rassen- und Minderheitenprobleme in den Großstädten an Brisanz zu verlieren. In einigen Branchen machte sich bereits ein Mangel an Arbeitskräften bemerkbar, so daß der Druck auf den Kongreß zunahm, die strengen Einwanderungsbestimmungen wieder zu lockern. Der anhaltende Boom auf dem Aktienmarkt war selbst dem Notenbankchef Alan Greenspan nicht ganz geheuer und veranlaßte ihn zu einer Warnung vor "irrationalem Überschwang." Die steigenden Aktienpreise kamen aber nicht nur den Wohlhabenden zugute, sondern brachten auch vielen Durchschnittsbürgern zusätzliches Geld in die Haushaltskasse und trugen damit zu einem günstigen Konsumklima bei. Trotz des kräftigen Wirtschaftswachstums blieben die Inflationsrate gering und die Zinsen niedrig, was in erster Linie der klugen Geldpolitik des *Federal Reserve Board* unter Alan Greenspan zu verdanken war. Vor diesem Hintergrund gelang es der Clinton-Administration drei Jahre früher als vorgesehen, das Defizit im Bundeshaushalt vollständig zu eliminieren und für das Haushaltsjahr 1998/99 erstmals seit langer Zeit wieder einen Überschuß zu erwirtschaften. Dazu trug auch bei, daß der Kongreß dem Präsidenten 1996 endlich das sogenannte "line item veto" zugestanden hatte, mit dessen Hilfe er einzelne Gesetzesbestimmungen, die ihm zu kostspielig oder unnötig erscheinen, ablehnen kann, ohne das gesamte Gesetzesvorhaben gefährden zu müssen. Die Sparmaßnahmen steigerten das Vertrauen der Investoren und ermöglichten eine Herabsetzung der Zinsen, und die sinkende Inflationsrate wiederum spornte das Wachstum des privaten Sektors an. Ein ökonomischer "Schönheitsfehler" blieb das Handelsdefizit der USA, das 1998 die Rekordhöhe von fast 170 Milliarden Dollar erreichte. Die amerikanischen Verbraucher, die von billigen Einfuhren profitierten, störte das aber wenig, und die Experten rechtfertigten die negative Bilanz mit der Verpflichtung der USA, als "wirtschaftliche Lokomotive" andere Regionen der Welt durch Importe aus der Rezession zu ziehen.

1997 gab es in den USA – neben den Arbeitslosen und Sozialhilfeempfängern – zwar immer noch 19 Million sogenannte "working poor", die sich mit dem Mindestlohn von 5,15 Dollar pro Stunde oder wenig mehr zufriedengeben mußten. Unbestritten ist ferner, daß sich die Einkommens- und Vermögensschere in den letzten Jahren noch weiter geöffnet hat und die USA damit zu den Ländern mit den größten Unterschieden zwischen Arm und Reich gehören. Dennoch erreichte die allgemeine Stimmungslage der Bevölkerung ein Hoch, wie man es seit den 1960er Jahren nicht mehr erlebt hatte. Gleichzeitig setzte sich die Tendenz weiter fort, mit aller Entschlossenheit die Kriminalität einzudämmen und die Interessen der Opfer von Gewalttaten stärker zu berücksichtigen. Vor allem die Bürgermeister der Großstädte taten sich als Verfechter von "law and order" und "zero tolerance" gegenüber Gesetzesbrechern hervor. Tatsächlich gelang es, die Verbrechensrate zu drücken und den Einwohnern der Metropolen ein Gefühl größerer Sicherheit zu vermitteln. Eine Konsequenz dieser harten Linie ist der Anstieg der Todesurteile und Hinrichtungen, der von der Mehrheit der amerikanischen Bevölkerung akzeptiert wird, während er in Europa Anstoß erregt oder sogar Empörung auslöst. Deutlicher als in anderen Bereichen machen sich hier kulturelle und mentalitätsmäßige Unterschiede auf beiden Seiten des Atlantik bemerkbar.

Angesichts der geschilderten Zustände wäre zu erwarten gewesen, daß sich Präsident Clinton unbehindert von inneren Schwierigkeiten energisch um die Lösung weltwirtschaftlicher und außenpolitischer Probleme kümmern würde. Das hatte er gewiß beabsichtigt, doch der Lewinsky-Skandal machte ihm einen Strich durch die Rechnung und brachte ihn an den Rand der Amtsenthebung. Ausgangspunkt war eine Privatklage wegen sexueller Belästigung, die Paula Jones, eine ehemalige Regierungsangestellte von Arkansas, 1994 gegen Clinton eingereicht hatte und die sich auf einen angeblichen Vorfall während Clintons Amtszeit als Gouverneur von Arkansas bezog. Ebenfalls bereits 1994 hatte ein Bundesberufungsgericht auf der Grundlage eines Gesetzes, das aus der Zeit des Watergate-Skandals stammte, den ehemaligen Bundesrichter und Justizbeamten in den Reagan- und Bush-Administrationen, Kenneth Starr, als Sonderermittler (*Independent Counsel*) zur Klärung von Vorwürfen eingesetzt, die im

Zusammenhang mit dem bereits 1978 getätigten Whitewater-Immobiliengeschäft gegen Bill und Hillary Clinton laut geworden waren. In der Folge dehnte der ehrgeizige Starr seine Untersuchungen auf tatsächliche oder vermutete Unregelmäßigkeiten der Clinton-Administration aus und nahm auch das Privatleben des Präsidenten unter die Lupe. In diesem Zusammenhang gelangte er im Januar 1998 in den Besitz von insgeheim auf Tonband aufgezeichneten Gesprächen, aus denen hervorging, daß Präsident Clinton zwischen November 1995 und März 1997 im Weißen Haus mehrfach sexuellen Kontakt mit der Praktikantin Monica Lewinsky hatte. Ebenfalls im Januar 1998 gaben sowohl Lewinsky, die inzwischen mit Hilfe des Präsidenten-Vertrauten Vernon Jordan einen Job in New York gefunden hatte, als auch Clinton selbst im Paula-Jones-Prozeß eidesstattliche Erklärungen ab, in denen sie eine Beziehung zueinander bestritten. Danach wies Clinton in einer Fernsehansprache an die Nation die inzwischen kursierenden Gerüchte ebenfalls weit von sich. Als Starr jedoch Ende Januar 1998 das Verfahren vor einer Bundesanklagekammer (*Grand Jury*) eröffnete, geriet Clinton unter wachsenden Druck, und die Fragen nach Monica Lewinsky verfolgten ihn sogar auf seinen Auslandsreisen. Der Versuch des Präsidenten, sich selbst und seinen Mitarbeitern weitere gerichtliche Vernehmungen durch Berufung auf das "executive privilege" zu ersparen, wurde vom Supreme Court im Mai 1998 zurückgewiesen. Obwohl eine Richterin in Arkansas einen Monat zuvor die Klage von Paula Jones verworfen hatte, ließ Starr nicht locker, sondern bewog Lewinsky Ende Juli durch die Gewährung umfassender Straffreiheit zur Zeugenaussage vor der *Grand Jury*. Nachdem Lewinsky am 6. August unter Eid sexuelle Kontakte zu Clinton eingestanden hatte, mußte auch der Präsident elf Tage später in einer Video-Aussage für die *Grand Jury* und anschließend vor der Öffentlichkeit eine "unangemessene und unschickliche" Beziehung zu der Praktikantin zugeben. Unbeeindruckt von Clintons wiederholten Entschuldigungen für sein Fehlverhalten stellte Starr bis September den Abschlußbericht für das Repräsentantenhaus fertig, der sich ganz auf die Lewinsky-Affäre konzentrierte und schwere Vorwürfe gegen den Präsidenten erhob. Die Abgeordneten machten den Starr-Report umgehend der Öffentlichkeit zugänglich, und der Justizausschuß des Repräsentantenhauses ging kurz darauf noch einen Schritt weiter, indem er das vertrauliche Clinton-Video für die Medien freigab. Von nun an boten die Amerikaner der erstaunten Weltöffentlichkeit über fünf Monate hinweg das Schauspiel einer Nation, die sich geradezu masochistisch fast nur noch mit sich selbst beschäftigt. In der Bereitschaft der Politiker und Journalisten, sofort sämtliche Einzelheiten der Affäre publik zu machen und auszuschlachten, offenbarte sich eine bedenkliche Seite der amerikanischen politischen Kultur im Medienzeitalter.

Ungeachtet vieler warnender Stimmen aus dem In- und Ausland und unbeirrt von den für Clinton günstigen Meinungsumfragen steuerten die Republikaner auf ein Amtsenthebungsverfahren (*Impeachment*) gemäß Artikel II, Absatz vier der Verfassung hin, wie es bislang nur ein einziges Mal in der amerikanischen Geschichte, 1868 (erfolglos) gegen Präsident Andrew Johnson stattgefunden hatte. Die Gründe waren vielfältiger Art: ehrliche Sorge um die Würde des Präsidentenamtes und die Integrität des Verfassungs- und Rechtssystems der USA; moralische Entrüstung über einen Amtsinhaber, der ein uneingeschränktes Schuldbekenntnis vermied und statt dessen Zuflucht zu juristischen Spitzfindigkeiten nahm; Enttäuschung darüber, daß der Präsident seiner Vorbildfunktion für die Bevölkerung nicht gerecht wurde; aber auch ein irrationaler Haß in religiös-fundamentalistischen Kreisen auf den früheren Haschischraucher und Vietnamkriegsgegner Clinton, der nun als Ersatz für das entschwundene Feindbild des Sowjetkommunismus herhalten mußte. Die meisten Verfassungsrechtler und Historiker waren sich einig, daß Clintons Verfehlungen nicht als "High Crimes and Misdemeanors" im Sinne des *Impeachment*-Paragraphen gelten konnten. Aber weder ihre Expertise noch der Ausgang der Zwischenwahlen im November 1998, bei der die Republikanische Partei entgegen allen Vorhersagen fünf Sitze im Repräsentantenhaus verlor, bewirkten ein Umdenken oder Einlenken. Zu verlockend erschien vielen Republikanern der Gedanke, sich durch eine öffentliche Demütigung Clintons für den 25 Jahre zurückliegenden erzwungenen Rücktritt Richard Nixons "rächen" zu können. Auf diese Weise rückte die Lewinsky-Affäre unversehens ins Zentrum des "Kulturkampfes", den die christlich-konservative Rechte seit längerem gegen den "Liberalismus" der 68er-Generation führt, den sie für den sittlichen Niedergang der USA verantwortlich macht. Dabei ließen die Republikaner politisch und rechtlich außer acht, daß die Verfassungsväter ganz bewußt mit der Zweidrittel-Mehrheit im Senat eine hohe Hürde gegen die Amtsenthebung von Präsidenten errichtet hatten, um rein politische Verfahren so weit wie möglich auszuschließen. Ein parteienübergreifender

Konsens kam aber weder im Justizausschuß noch im Repräsentantenhaus selbst zustande, dessen republikanische Mehrheit am 19. Dezember 1998 die beiden Anklagepunkte Meineid vor einer Grand Jury und Behinderung der Justiz billigte. Damit war die Entscheidung im Senat bereits vorgezeichnet, zumal in der Zwischenzeit neue Enthüllungen – auf die wohl mancher Republikaner insgeheim gehofft hatte – ausblieben.

Der Prozeß gegen Clinton, der schließlich vom 7. Januar bis zum 12. Februar 1999 unter dem Vorsitz des Obersten Richters William Rehnquist vor dem Senat stattfand, wirkte unter diesen Umständen wie eine Antiklimax. Immerhin gelang es den Senatoren, mit einem fairen, würdevollen und zügigen Verfahren einen Teil des Schadens wieder gutzumachen, der durch die verbissene Fahndungsarbeit des Sonderermittlers, die Sensationslust mancher Medien und den Starrsinn der republikanischen Repräsentanten angerichtet worden war. Bei der Schlußabstimmung wurde der Anklagepunkt des Meineids mit 55:45 Stimmen zurückgewiesen, während sich im Punkt Justizbehinderung ein 50:50-Gleichstand ergab. In beiden Fällen schlossen sich einige republikanische Senatoren ihren demokratischen Kollegen an, die ohne Ausnahme für Clinton votierten. Da zu einer Verurteilung 67 Stimmen erforderlich gewesen wären, war das *Impeachment* kläglich gescheitert. Es kam auch nicht mehr zu einer formellen Rüge des Präsidenten durch den Senat oder den gesamten Kongreß, die wohl nur als parteienübergreifende Alternative zum *Impeachment* eine Chance gehabt hätte.

Am Ende stand die Republikanische Partei als Verlierer da, weil sie sich immer weiter vom Denken und Fühlen der Bevölkerungsmehrheit entfernt hatte, die erstaunlich gelassen auf die Debatte über Clintons private und öffentliche Moral reagierte. Das politische Debakel kostete nicht nur Repräsentantenhaus-Sprecher Newt Gingrich (der die Verantwortung für die Stimmeneinbußen bei den Zwischenwahlen übernahm) und einige andere prominente Parteiführer ihre Ämter, sondern läßt auch Warnungen vor einem Verlust der Kongreßmehrheit bei den Wahlen im November 2000 durchaus realistisch erscheinen. Kenneth Starr hat die Institution des *Independent Counsel* mit fragwürdigen Ermittlungspraktiken, die 40 Millionen Dollar verschlangen, *ad absurdum* geführt, und das entsprechende Gesetz wird vermutlich nicht mehr verlängert werden. Bill Clinton profitierte vom Beistand eines hochkarätigen Anwaltsteams, aber er "überlebte" das *Impeachment* vor allem wegen des blinden Eifers seiner radikalen Gegner und wegen der günstigen wirtschaftlichen Lage, die ihm Zustimmungsraten von über 60 Prozent bescherte. Meinungsumfragen zeigten, daß insbesondere die Afro-Amerikaner zu Clinton standen, den sie von allen führenden weißen Politikern am ehesten als Anwalt ihrer Interessen betrachten. Unterstützung erhielt Clinton auch von der Frauenbewegung, deren Repräsentantinnen das Eintreten des Präsidenten für ihre Belange, insbesondere für die Beibehaltung der liberalen Abtreibungspraxis, zu schätzen wissen. Mit ausschlaggebend war sicher auch die Haltung der "First Lady" Hillary Rodham Clinton, die ihrem Ehemann demonstrativ den Rücken stärkte und damit Absetzbewegungen im Lager der Demokraten verhinderte. Ganz anders als während der Watergate-Affäre kam es im Fall Lewinsky zu keinem einzigen Rücktritt im Umkreis des Präsidenten, obgleich der Druck der Medien zeitweise sehr stark war. Das spricht dafür, daß es sich bei der Lewinsky-Affäre, wie der amerikanische Historiker Alan Brinckley meint, eher um eine Parodie als um eine Wiederholung von Watergate handelte. Tatsächlich erwuchs aus den Fehltritten und Lügen Clintons weder eine ernsthafte Beeinträchtigung seiner Regierungsfähigkeit, noch beschworen sie eine echte Gefahr für das Verfassungssystem der USA herauf. Deshalb sind sie mit den illegalen Aktivitäten, die zu Nixons Rücktritt führten, nur schwer zu vergleichen. Von einem "Sieg" Clintons kann aber keine Rede sein, weil selbst viele Abgeordnete und Senatoren aus den eigenen Reihen seine Eskapaden im Weißen Haus und seine anschließenden Vertuschungsversuche scharf kritisieren. Schwerer wiegt noch, daß die Affäre viel wertvolle Zeit verschlang, die politische Glaubwürdigkeit des Präsidenten in Zweifel zog, seine moralische Autorität schwächte und ihren Schatten auch über den Rest seiner Amtszeit werfen wird. Von einer machtvollen Stellung gegenüber dem Kongreß kann keine Rede mehr sein, und der Glanz der "imperialen Präsidentschaft" scheint vollends zu verblassen. Nicht ganz ernst gemeint, aber für das generelle Meinungsklima doch bezeichnend war es denn auch, daß die Presse 1998 nicht einen der Präsidenten, sondern Walt Disneys Comic-Figur Mickey Mouse anläßlich ihres 70. Geburtstages zum "berühmtesten Amerikaner des 20. Jahrhunderts" kürte.

Dabei ist die Bürde der weltpolitischen Verantwortung, die der amerikanische Präsident zu tragen hat, auch nach dem Ende des Kalten Krieges schwer genug und nimmt im Zeichen der "Globalisierung" eher wieder zu. Das zeigt der Blick auf einige der Probleme, denen sich Clinton intensiver hätte widmen können, wenn seine Präsidentschaft von Affären verschont geblieben wäre. So mußte er vieles der Außenministerin Madeleine K. Albright überlassen, die aus einer jüdisch-tschechischen Familie stammt, und mit der erstmals eine Frau an die Spitze des State Department gelangte. Sie wurde unterstützt vom neuen Verteidigungsminister William Cohen, einem republikanischen Senator, durch dessen Ernennung Clinton seine Bereitschaft zu einer überparteilichen Sicherheitspolitik demonstrierte.

Die größte Gefahr ging zunächst von der internationalen Finanzkrise aus, die im Sommer 1997 in Thailand, Malaysia und Indonesien begann, rasch alle "emerging markets" in Asien erfaßte, der kränkelnden japanischen Wirtschaft einen zusätzlichen Schlag versetzte und dann auch Rußland und Lateinamerika in Mitleidenschaft zog. Durch ihr ständiges Drängen auf eine umfassende Liberalisierung der Finanzmärkte und möglichst ungehinderte Kapitalbewegungen waren Präsident Clinton und sein Finanzminister Robert Rubin nicht ganz schuldlos an der Misere, wenngleich die Hauptverantwortung bei den Politikern, Ökonomen und Bankiers vor Ort lag. Das Krisenmanagement des Internationalen Währungsfonds (IWF) zeigte nur begrenzte Wirkung, ebenso wie die Stabilisierungsbemühungen der führenden westlichen Industriestaaten mit den USA an der Spitze. Die Gefahr einer weltweiten Rezession scheint immer noch nicht völlig gebannt, auch wenn sich die US-Wirtschaft und der gemeinsame europäische Markt mit der neuen Euro-Währung bislang erstaunlich resistent gegen negative äußere Einflüsse erwiesen haben.

Politisch und militärisch blieben der Nahe und Mittlere Osten und der Balkan vordringliche Krisenregionen. Der nahöstliche Friedensprozeß war seit den israelischen Wahlen vom Mai 1996, aus denen Benjamin Netanjahu als Sieger hervorging, zum Stillstand gekommen. Er ließ sich trotz Clintons persönlichem Engagement auf der Konferenz am Wye River in Maryland Ende Oktober 1998 und einer anschließenden *Good Will*-Tour des Präsidenten nach Gaza und Jerusalem nicht wiederbeleben. Paradoxerweise war es für Clinton und seine Unterhändler einfacher, mit dem alternden PLO-Führer Jassir Arafat Gemeinsamkeiten zu finden, als mit Netanjahu, der aus innenpolitischen Gründen zäh an seinen Positionen festhielt. Der Tod des jordanischen Königs Hussein beraubte die Amerikaner Anfang 1999 überdies einer wertvollen Stütze bei ihren Vermittlungsbemühungen zwischen Israelis und Palästinensern. Die Hoffnungen richten sich nun auf einen politischen Umschwung nach den israelischen Wahlen im Frühjahr 1999, aber die von Arafat angekündigte einseitige Ausrufung eines PalästinenserStaates könnte eine neue Krise heraufbeschwören. Nicht minder verfahren erscheint derzeit die Lage in der Golfregion, wo sich sowohl der Irak als auch der Iran und Afghanistan (und im weiteren Umkreis auch die beiden Atommächte Pakistan und Indien) dem amerikanischen Einfluß zu entziehen versuchen. Hier finden islamistische Terroristen wie Osama bin Laden Unterschlupf, der offenbar für die verheerenden Bombenattentate gegen die US-Botschaften in Kenia und Tansania im August 1998 verantwortlich ist, und dem die kurz darauf folgenden amerikanischen Raketenangriffe auf Ziele in Afghanistan und Sudan wenig anhaben konnten.

Alle Versuche der Clinton-Administration, den Irak zur Erfüllung der UNO-Abrüstungsauflagen zu zwingen, sind bislang am Widerstand Saddam Husseins gescheitert, der die Meinungsverschiedenheiten im Sicherheitsrat zwischen Amerikanern und Briten auf der einen und Russen, Chinesen und Franzosen auf der anderen Seite weidlich ausnutzt. Der Konflikt eskalierte erneut Mitte Dezember 1998, als die Regierungen in Washington und London einen kritischen Bericht des UNO-Abrüstungsbeauftragten Richard Butler zum Anlaß nahmen, schwere Luftangriffe gegen irakische Militär- und Rüstungsinstallationen zu richten. Da diese Operation "Desert Fox" unmittelbar in die Vorbereitung des *Impeachment* gegen Clinton fiel, wurde sofort über die Motive des Präsidenten spekuliert. Die Bemühungen der US-Regierung, das Regime Saddam Husseins durch Sanktionen und gezielte Militärschläge sowie mit Hilfe der irakischen Opposition und der CIA zu destabilisieren, dauern allerdings schon geraume Zeit an und finden im Kongreß breite Unterstützung. Hieraus könnten sich allerdings langwierige und kostspielige Verwicklungen ergeben, für die niemand eine Erfolgsgarantie abzugeben wagt. Mehr Chancen als Risiken sehen die amerikanischen Politiker und Unternehmer dagegen in den asiatischen Nachfolgestaaten der Sowjetunion wie Kasachstan und Usbekistan, die wegen ihres vermuteten Reichtums an Erdöl und anderen Bodenschätzen zu wichtigen Feldern auf dem geostrategischen Schachbrett der Jahrhundertwende geworden sind.

Ein gefährliches, zeitlich unbestimmtes Engagement zeichnet sich auf dem Balkan ab, wo die USA im Rahmen der NATO nach Teilerfolgen in Bosnien den blutigen Streit zwischen Serben und albanischer Bevölkerungsmehrheit im Kosovo zu entschärfen versuchten. Weder massiver diplomatischer Druck noch die am 24. März 1999 begonnenen NATO-Luftangriffe, die Moskau vehement kritisiert, konnten die Serben unter Präsident Milošević bislang zu einem Einlenken in der Kosovofrage bewegen. Vielmehr sahen sich die NATO-Staaten mit der organisierten Vertreibung hunderttausender von Kosovo-Albanern konfrontiert, die die gesamte Region zu destabilisieren droht. Der Krieg auf dem Balkan und die Konfrontation mit Rußland überschatteten Ende April 1999 auch die Feiern zum 50. Jahrestag der NATO in Washington, anläßlich derer die Aufnahme von drei neuen Mitgliedern – Polen, Ungarn und Tschechische Republik – besiegelt wurde. Die notwendige Zustimmung des Senats zu dieser historischen NATO-Osterweiterung hatte Präsident Clinton ein Jahr zuvor gegen beträchtliche innenpolitische Widerstände durchgesetzt. Als militärisches und politisches Bündnis bleibt die NATO für die USA von überragender Bedeutung, weil sie auf absehbare Zeit eine Führungsrolle oder zumindest ein starkes Mitspracherecht der Nordamerikaner in europäischen Angelegenheiten gewährleistet. Dazu passen Clintons Ankündigungen, die USA würden ihre Rüstungsausgaben in den nächsten Jahren wieder erhöhen und die Forschungen für ein System zur Abwehr von Raketenangriffen weiter vorantreiben.

Die außenpolitische Bilanz der zweiten Clinton-Administration wurde verbessert durch die Vermittlung des US-Senators George Mitchell im Irland-Konflikt, die dazu beitrug, daß sich die Streitparteien im April 1998 auf eine schrittweise Lösung verständigten. Deshalb wurde Präsident Clinton auf seinem Irland-Besuch im September trotz des über ihm schwebenden *Impeachment* begeistert gefeiert. Auch wenn die Umsetzung des Abkommens noch Schwierigkeiten bereiten wird, scheint doch ein Durchbruch gelungen, der mit der Verleihung des Friedensnobelpreises an zwei führende irische Unterhändler belohnt wurde. Angesichts des tiefsitzenden Mißtrauens zwischen den beteiligten religiösen und politischen Gruppen wird der Einfluß, den die USA vor allem auf die IRA ausüben können, sicher auch in Zukunft benötigt werden. Guten Willen demonstrierten Bill und Hillary Clinton auf ihrer ausgedehnten Afrikareise im März/April 1998, die als ein Signal an die jungen Eliten des "Schwarzen Kontinents" gedacht war, ihre internen Streitigkeiten zu überwinden, um den von Amerika angeführten Zug in Richtung Globalisierung nicht zu verpassen. Ob diese Botschaft verstanden wurde bzw. mit Blick auf die enormen politischen und wirtschaftlichen Probleme Afrikas überhaupt beherzigt werden kann, wird erst die Zukunft zeigen. Ebenso offen ist das Verhältnis zu China, dem Clinton im Juni/Juli 1998 einen groß angekündigten und stark beachteten Besuch abstattete. Hier mühen sich die USA bislang wenig überzeugend, ihre Forderung nach Wahrung der Menschenrechte mit besseren Handelsbeziehungen und der Aufrechterhaltung des Machtgleichgewichts in Ostasien in Einklang zu bringen. Zu den vielen außenpolitischen Terminen, die Clinton 1998 wahrnahm, zählte im Mai die Teilnahme an der Berliner Feier zum 50. Jahrestag der Luftbrücke. Clintons Bekenntnis zur deutsch-amerikanischen Freundschaft und zur europäischen Einigung wurde vielfach als Wahlkampfhilfe für Bundeskanzler Helmut Kohl verstanden. Man kann aber davon ausgehen, daß die Amerikaner diese wichtigen bilateralen Beziehungen auch zukünftig von parteipolitischen Erwägungen weitgehend freihalten werden.

Im transatlantischen Dialog lebte die Auseinandersetzung mit den historischen Belastungen wieder auf, wie die Reaktionen auf Steven Spielbergs Kriegs- und Holocaust-Filme und vor allem die breite Diskussion der Thesen Daniel J. Goldhagens zum deutschen Antisemitismus zeigten. Das wiedererwachte Interesse der Amerikaner an der jüngeren Vergangenheit hatte auch ganz konkrete Folgen, etwa für Schweizer Banken, die Rechenschaft über den Verbleib der Ersparnisse von Holocaust-Opfern geben mußten, oder für deutsche Firmen, die sich wegen des Einsatzes von Zwangsarbeitern im Zweiten Weltkrieg mit Sammelklagen aus den USA konfrontiert sahen. Da deutsche Unternehmen seit einiger Zeit verstärkt auf dem amerikanischen Markt investieren oder sogar strategische Allianzen mit US-Konzernen eingehen, wie im Fall von DaimlerChrysler, sind die Verantwortlichen auf beiden Seiten daran interessiert, öffentlichen Streit durch rasche und angemessene Entschädigungsregelungen für Überlebende der NS-Diktatur zu vermeiden.

Das vorläufige Gesamturteil über die beiden Clinton-Administrationen fällt zwiespältig aus. Auf der positiven Seite stehen eine erfolgreiche Wirtschafts- und Finanzpolitik, die Sensibilität in Rassen- und Minderheitenfragen sowie außenpolitische Fortschritte bei der NATO-Erweiterung und in den Krisenregionen Naher Osten und Irland. Dagegen mangelt es an Führung in den weltwirtschaftlichen Turbulenzen seit 1997 und an einem klaren Kurs gegenüber

Rußland, China und den Staaten der Golfregion. Die Folgen der Kosovo-Intervention sind noch kaum abzusehen. Manchen Erfolg im Innern wie die Reform des staatlichen Wohlfahrtssystems und den ausgeglichenen Bundeshaushalt hat Clinton durch eine Annäherung an die konservativen Positionen seiner politischen Gegner erreicht. Dieser "Drang zur Mitte" steigerte offenbar den Zorn der ausmanövrierten Republikaner und ihre Bereitschaft, das *Impeachment* in Gang zu setzen, das trotz des Freispruchs als ein Makel an Clinton haften bleiben wird. Insgesamt entsteht somit der Eindruck, daß das Potential dieser Präsidentschaft durch die persönlichen Schwächen des Amtsinhabers nicht voll ausgenutzt werden konnte. Zu den längerfristig folgenreichsten Entscheidungen Clintons zählt vermutlich die Ernennung von zwei hoch angesehenen Juristen, Ruth Bader Ginsburg und Stephen Breyer, zu Richtern am Supreme Court, deren Einfluß eine noch stärkere Abkehr des Obersten Gerichts von den liberalen Grundsätzen der Nachkriegszeit verhindern wird.

3. Die USA an der Schwelle zum 21. Jahrhundert

Heute sind sich die Experten nicht mehr so sicher wie noch vor wenigen Jahren, daß das *American Century*, das der Herausgeber des *Life Magazine*, Henry Luce, 1941 für die Zeit nach dem Zweiten Weltkrieg prophezeite, bereits an sein Ende gelangt ist. Es spricht zwar vieles dafür, daß die Welt in ein "globales" 21. Jahrhundert eintritt, dessen Kennzeichen eine immer engere wirtschaftliche Verflechtung und ein multipolares politisches Mächtesystem sein werden. Andererseits befinden sich die USA derzeit in einer guten Ausgangsposition, um auch in dieser neuen Konstellation eine maßgebliche, vielleicht sogar auf lange Sicht hinaus dominante Rolle zu spielen. Keine Macht scheint besser für ein *global century* gerüstet zu sein als die USA: weder die Europäer, die große Mühe haben, ihre Union im Innern und nach außen an die gewandelten Bedingungen anzupassen, noch Japan, das sich in Asien selbst aufstrebenden Konkurrenten und Rivalen gegenübersieht, noch China oder gar Rußland, das weiterhin um wirtschaftliche Konsolidierung und politisches Gleichgewicht ringt. Dagegen profitieren die USA schon rein geographisch von ihrer günstigen Mittellage zwischen Europa und Asien sowie von der unmittelbaren Nähe der südamerikanischen Wachstumsmärkte. Der Handel mit Asien entwickelte sich bis zur Finanzkrise von 1997 besonders dynamisch, allerdings mit einem deutlichen Bilanzdefizit zu Lasten der USA. Im Vergleich dazu sind die Handelsbeziehungen mit Europa besser ausgeglichen und scheinen darüber hinaus auf einem sichereren politischen Fundament zu stehen.

Die ökonomische Modernisierung ist in den USA am weitesten fortgeschritten, was sich u.a. daran ablesen läßt, daß neue Arbeitsplätze fast ausschließlich im Dienstleistungsbereich geschaffen werden und daß amerikanische Firmen ihren Vorsprung in der Hochtechnologie nicht nur wahren, sondern sogar ausbauen konnten. Zur Symbolfigur dieser Entwicklung ist der Unternehmer Bill Gates aus Seattle geworden, der 1975 die Computerfirma Microsoft Corp. gründete und sie binnen kurzem zum internationalen Branchenführer machte. Der Weltmarktanteil der USA auf dem *high-tech*-Sektor lag 1995 bei 28 Prozent, derjenige Japans bei 19 Prozent, der deutsche bei 13 Prozent. Durch interne Umstrukturierungen ("downsizing", "streamlining") und durch Zusammenschlüsse ("mergers") haben sich die großen amerikanischen Unternehmen in den 1990er Jahren für den weltweiten Wettbewerb im Zeichen der "Informationsrevolution" gewappnet. Die neue Fusionswelle hat insbesondere den Bankensektor und die Medien erfaßt, die immer mehr zu integrierten Elementen des *big business* werden und Standards für die globale Kommunikation setzen. Mit Hilfe dieser nahezu konkurrenzlosen Medien wird der kulturelle Einfluß der USA in die entferntesten Winkel der Welt getragen. Internet und "Datenautobahn" sind amerikanische Erfindungen, die das Leben der Menschen vermutlich ebensosehr verändern werden wie der Übergang zur maschinellen Produktion im 19. Jahrhundert. Der "militärisch-industrielle Komplex", der dem Kalten Krieg entstammt, ist in einen "militärisch-technologischen" Komplex umgeformt worden, der die Grenzen der Forschung voranschiebt und unablässig Innovationen produziert. Offenbar wird der auf hohe Produktivität, einen flexiblen Arbeitsmarkt und kurzfristige Gewinnmaximierung ausgerichtete amerikanische "Aktionärskapitalismus" (*shareholder capitalism*) besser mit dem rasanten Strukturwandel fertig als die konkurrierenden Unternehmensformen in Europa und Japan. Welche sozialen und psychologischen Härten mit den dadurch bewirkten permanenten Veränderungen der Lebens- und Arbeitswelt verbunden sind, läßt sich derzeit allenfalls erahnen.

Die finanzielle Konsolidierung des Bundesstaates hat innerhalb weniger Jahre, erleichtert durch das stetige Wirtschaftswachstum und sinkende Energiepreise, erstaunliche Resultate gezeitigt. War 1995 noch ein Haushaltsdefizit von 172 Milliarden Dollar zu verzeichnen, so wurde 1999 bereits ein Überschuß erzielt, und Regierungsexperten rechnen in den nächsten 15 Jahren mit 4,4 Billionen Dollar Mehreinnahmen, die für die Verringerung der Staatsschulden (derzeit 5,5 Billionen Dollar), für die Sanierung der Sozialsysteme und für Steuersenkungen verwendet werden können. Außerdem verzeichnete man 1998 in den USA die niedrigste kombinierte Rate von Arbeitslosigkeit und Inflation seit den "goldenen" 1960er Jahren. Zwischen 1983 und 1997 wurden nicht weniger als 30 Millionen neue Arbeitsplätze geschaffen, viele von ihnen im Süden der USA, wo die Betriebe immer noch durchschnittlich 10–15 Prozent billiger produzieren können als im Rest des Landes. Der protektionistische Druck hat entsprechend nachgelassen, und die Sorge, die USA könnten sich in eine "Festung Amerika" zurückziehen, wird heute trotz der Asienkrise und der hohen Handelsdefizite nur noch verhalten geäußert. Die erfolgreich abgeschlossene Uruguay-Runde des GATT, die Gründung der WTO sowie die regionale Kooperation im Rahmen von NAFTA, APEC und der amerikanisch-europäischen "Neuen Transatlantischen Agenda" vom Dezember 1995 bieten langfristig gute Voraussetzungen für einen freien, wachsenden Welthandel. Die NAFTA-Zusammenarbeit mit Kanada und Mexiko soll bis zum Jahr 2005 zu einer gesamtamerikanischen Freihandelszone (*Free Trade Area of the Americas*) ausgebaut werden. Ähnliche Vorstellungen existieren bereits für eine transatlantische Freihandelszone, die Amerika und die Europäische Union verbinden könnte. Trotz der unleugbaren wirtschaftlichen Schwierigkeiten, mit denen die USA wie alle fortgeschrittenen Industrieländer zu kämpfen haben, und trotz des relativen Bedeutungsrückgangs gegenüber Asien und Westeuropa ist also vorerst nicht abzusehen, wer den USA die Position im Zentrum (*core*) der Weltwirtschaft ernsthaft streitig machen könnte. Die mittlerweile ca. 270 Millionen US-Amerikaner stehen am Ende des 20. Jahrhunderts, gemessen sowohl am Nationalvermögen als auch am Bruttosozialprodukt pro Kopf der Bevölkerung, weiterhin an der Spitze aller Staaten. 1998 übertraf ihre kollektive Wirtschaftsleistung diejenige der über 290 Millionen Einwohner der Euro-Zone mit 13,5 zu 10,9 Billionen Dollar. Die Konkurrenz der Europäischen Union fürchten sie deshalb keineswegs, sondern stellen sich selbstbewußt dem weltweiten Wettbewerb. Der amerikanische Wohlstand bleibt aber von einer insgesamt wachsenden Weltwirtschaft abhängig, denn als Oase der Prosperität können die USA auf Dauer nicht existieren.

Ohne den Begriff der "einzigen verbliebenen Supermacht" überstrapazieren zu wollen, läßt sich feststellen, daß die außenpolitische und militärstrategische Situation der USA heute günstiger ist als jemals zu Zeiten des Kalten Krieges. Militärisch sind die Vereinigten Staaten auf absehbare Zeit so gut wie unverwundbar, selbst wenn man davon ausgeht, daß es infolge des Geschehens auf dem Balkan zu einem Wiederaufleben der Ost-West-Spannungen kommen könnte. Ebensowenig stellt China eine unmittelbare Bedrohung dar, selbst wenn es in Asien einen aggressiveren Kurs einschlagen sollte. Nur die US-Amerikaner sind in der Lage, mit ihren modernen Streitkräften und Waffen an nahezu jedem Ort der Erde militärische Präsenz zu zeigen, wenn sie es aus Gründen der eigenen nationalen Sicherheit für geboten halten. Die Planer im Pentagon haben sich darauf eingerichtet, daß ihr Land notfalls zwei "begrenzte Kriege" in geographisch weit auseinanderliegenden Weltregionen führen kann. Als besonders gefährlich werden radikale Staaten wie Iran, Irak, Libyen und Nordkorea wahrgenommen, die in der Lage sind, Massenvernichtungswaffen zu entwickeln oder zu beschaffen. Die drei erstgenannten Länder stellen auch deshalb eine Bedrohung dar, weil sie den Zugang zu wichtigen Rohstoffquellen sperren könnten und weil sie – zusammen mit Syrien und dem Sudan – anti-westliche fundamentalistische Bewegungen in der islamischen Welt unterstützen. Diese Bewegungen unterminieren aus der Sicht Washingtons die Stabilität befreundeter Staaten im Nahen und Mittleren Osten, behindern den Friedensprozeß in dieser Region und schrecken – wie der Lockerbie-Zwischenfall 1988, die Bombenexplosion im New Yorker World Trade Center 1993 und die Zerstörung der US-Botschaften in Nairobi und Daressalam im August 1998 zeigen – nicht vor Terrorangriffen auf amerikanische Bürger und Einrichtungen zurück. Ihnen gilt deshalb die spezielle Aufmerksamkeit der US-Geheimdienste, die zunehmend auch in die Bekämpfung des internationalen Drogenhandels und in die Industriespionage eingeschaltet werden. Von einer "naiven" Großmacht USA kann schon lange keine Rede mehr sein; das Potential an außenpolitischer und militärstrategischer Sachkenntnis, das im amerikanischen Regierungsapparat, an den Spitzenuniversitäten und in den *Think Tanks* privater Stiftungen versammelt ist, sucht heute vielmehr auf der ganzen Welt seinesgleichen. Auffallend ist in jedem Fall das hohe Maß an

"Ungebundenheit" der Weltmacht USA, die derzeit völlig frei entscheiden kann, ob sie im Verein mit anderen Ländern und im Rahmen der Vereinten Nationen oder auf eigene Faust handeln soll. Obgleich die US-Regierung Ende 1996 die Wahl des Ghanaers Kofi Annan zum Nachfolger des bei den Amerikanern unbeliebten UNO-Generalsekretärs Boutros-Ghali durchsetzen konnte, bleiben die Beziehungen zu der Weltorganisation gespannt. Die Administration widersetzt sich weiterhin konsequent allen Bestrebungen der Staaten der "Dritten Welt" in Richtung einer "neuen Weltwirtschaftsordnung", und der Kongreß verstärkt durch das Zurückhalten von Mitgliedsbeiträgen in Milliardenhöhe den finanziellen und politischen Druck auf die UNO. Die Neigung der USA zu Alleingängen manifestiert sich auch in unilateralen Handelssanktionen gegen Länder wie Kuba, Libyen und Iran, die ungeachtet europäischer und asiatischer Proteste verhängt wurden. Ein solches Verhalten darf nicht als Isolationismus mißverstanden werden, nach dem sich viele Amerikaner wohl sehnen mögen, der aber beim jetzigen Stand der Globalisierung und wirtschaftlichen Verflechtung keine echte Option mehr darstellt. Gerade die relative Ungebundenheit bürdet den USA ein außerordentlich hohes Maß an politischer Verantwortung auf, der sich die kommenden amerikanischen Regierungen und Parlamente gewachsen zeigen müssen.

Aller Voraussicht nach wird die NATO auch weiterhin die Achse bilden, um die sich die amerikanisch-europäischen Beziehungen drehen. Außer der langen Tradition bewährter Zusammenarbeit spricht dafür, daß das Bündnis in den vergangenen Jahren reformbereit und flexibel auf die neuen Herausforderungen reagiert hat, und daß die Franzosen bereit sind, ihre Streitkräfte wieder stärker in die militärischen Strukturen der NATO zu integrieren. Die schwierigste Zukunftsaufgabe besteht darin, die NATO nach Osten zu erweitern, ohne nationalistische Reaktionen in Rußland heraufzubeschwören. Ein Erfolg der Bosnien-Friedensmission, an der die Russen beteiligt sind, und die rasche Beendigung des Kosovo-Kriegs wären diesem Ziel gewiß dienlich. Außerdem werden die USA schon jetzt von einigen Bündnispartnern, insbesondere von Frankreich, dazu gedrängt, den Europäern ein stärkeres Mitspracherecht und generell mehr Gewicht in der Allianz einzuräumen. So sehr die Amerikaner prinzipiell die europäische Integration einschließlich der neuen Gemeinschaftswährung befürworten, so allergisch haben sie bislang stets auf Versuche reagiert, die USA und Kanada aus Europa "hinauszudrängen". Bei den Bemühungen, das amerikanisch-europäische Verhältnis besser auszubalancieren, dürfte Deutschland deshalb wieder die Schlüsselrolle zufallen. Von den Regierungen in Bonn bzw. Berlin erwartet man, daß sie den "Spagat" zwischen europäischer Einigung und atlantischer Partnerschaft weiterhin aushalten, und daß sie die globalen Interessen der amerikanischen Politik berücksichtigen. Obwohl die Zahl der US-Soldaten in Deutschland nach der Verabschiedung der Alliierten aus Berlin im September 1994 auf ca. 70 000 gesunken ist, gibt es keine Anzeichen für eine Lockerung der engen deutsch-amerikanischen Bande, die seit Kriegsende auf nahezu allen Gebieten geknüpft worden sind. Psychologisch kann das Verhältnis aber durch rechtsradikale Umtriebe und rassistische Zwischenfälle in Deutschland belastet werden, die in der amerikanischen Öffentlichkeit Sorgen vor einem neuen deutschen Nationalismus wecken. Allerdings existiert in den USA selbst eine zunehmend aktive rechtsradikale Szene, deren Mitglieder nicht vor Gewalttaten zurückschrecken. Seit den Bombenanschlägen von Oklahoma City 1995 und während der Olympischen Spiele 1996 in Atlanta müssen die Amerikaner mit dem Bewußtsein leben, daß es auch in ihrem eigenen Land keinen absoluten Schutz gegen politisch und religiös motivierten Terrorismus gibt.

Die größten Gefahren für die zukünftige Entwicklung der Vereinigten Staaten drohen nicht von außen, sondern von Abnutzungserscheinungen des eigenen politischen Systems sowie von innergesellschaftlichen – politischen, wirtschaftlichen und kulturellen – Spannungen und Widersprüchen. Beängstigende Formen hat der Vertrauensverlust der Bevölkerung in die Institutionen des Bundesstaates und in die "politische Klasse" insgesamt angenommen. Selbst wenn man die niedrige Beteiligung an Präsidentschafts- und Kongreßwahlen durch Hinweise auf eine stärkere lokale Partizipation und auf die rege Lobbytätigkeit hunderter von Interessenverbänden und *Political Action Committees* relativiert, muß es bedenklich stimmen, daß kaum noch die Hälfte aller Bürgerinnen und Bürger den Weg zu den Wahlurnen findet. Bei den Zwischenwahlen vom November 1998 sank die Wahlbeteiligung auf 36 Prozent, ein historisches Tief seit 1942, und an den Präsidentschaftswahlen von 1996 beteiligten sich nur noch 32 Prozent der 18–24jährigen US-Bürger. Die Hoffnungen auf "dritte" Parteien und unabhängige Präsidentschaftskandidaten sind ein Symptom der politischen Entfremdung, aber sie bleiben regelmäßig unerfüllt, weil das Mehrheitswahlrecht Außenseitern kaum eine Chance gibt. Hinzu kommt das Problem der Blockade des politischen Entscheidungsprozesses durch den Gegensatz zwischen Kongreß und Weißem Haus oder zwischen Senat und Repräsentantenhaus. Solche Schwierigkeiten sind zwar im amerikanischen System der Gewaltenteilung angelegt, aber ihr gehäuftes Auftreten in jüngerer Zeit und die abnehmende Bereitschaft, Kompromisse einzugehen, geben doch zu denken. In Verbindung mit dem traditionellen Machtmißtrauen der Amerikaner könnte sich hieraus eine dauerhafte Beeinträchtigung, wenn nicht sogar eine schleichende Paralyse des Regierungsapparats ergeben. Die Ehrfurcht vor der über 200 Jahre alten Verfassungsordnung macht grundsätzliche Reformen, wie sie von Expertenkomitees hin und wieder diskutiert werden, sehr unwahrscheinlich. Allenfalls darf man erwarten, daß es gelingt, die schwerfällige und langwierige Prozedur der Haushaltsverabschiedung zu erleichtern und die gröbsten Verzerrungen des Wahlrechts und der Wahlkampffinanzierung abzustellen. Ob das System, wie die Republikaner behaupten, durch den "neuen Föderalismus" insgesamt leistungsfähiger werden wird, erscheint fraglich. Eher könnte das Wohlstandsgefälle zwischen den armen und den reichen Regionen der USA noch größer werden als es jetzt bereits ist. Die Beschneidung der Bundeskompetenzen und die Verlagerung von Aufgaben hin zu den Staaten ist allerdings inzwischen aus dem Stadium der Diskussionen herausgelangt und zeitigt praktische Resultate. Diesem Trend zollt auch der Supreme Court Tribut, der 1994 im Fall U.S. v. Lopez erstmals seit dem *New Deal* wieder eine enge Auslegung der *commerce clause* vorgenommen hat. Noch 1985 hatte das Gericht im Urteil zu Garcia v. SAMTA erklärt, die Grenzen der *commerce power* seien verfassungsmäßig nicht zu bestimmen, und die Einzelstaaten könnten ihre Rechte allein durch die Teilnahme am politischen Prozeß sichern. Aus eigener Initiative wird die konservative Richtermehrheit – gemäß ihrem Bekenntnis zur "juristischen Zurückhaltung" (*judicial restraint*) gegenüber Entscheidungen der Legislative – aber wohl keine treibende Kraft bei der Dezentralisierung des amerikanischen Regierungssystems werden. Der schon im Garcia-Urteil formulierte Grundsatz, daß die Verfassung nicht die Rechte von Regierungen schütze, sondern die Kompetenzen zwischen der bundesstaatlichen und einzelstaatlichen Ebene aufteile, um die Freiheit des Individuums zu gewährleisten, läßt aber offenbar einen beträchtlichen Spielraum für die Umverteilung von Befugnissen im föderativen System der USA. Der tief verwurzelte Glaube der Amerikaner an das Prinzip des *limited government* und insbesondere an die Notwendigkeit, die Macht des Bundesstaates in Grenzen zu halten, ist nach dem Abebben der äußeren Bedrohung wieder zu einem bedeutsamen politischen Faktor geworden. Welche Konsequenzen dies für die Funktions- und Handlungsfähigkeit des Bundesstaates insgesamt haben wird, bleibt abzuwarten.

Eine zweite Gefahrenquelle stellt die soziale Deklassierung derjenigen Bürger dar, die auf dem Weg in die "Informationsgesellschaft" nicht mithalten können. Der allmähliche Rückzug des Staates aus Wirtschaft und Sozialwesen beschleunigt die ungleiche Einkommens- und Besitzverteilung: 1995 wurden die größten Disparitäten zwischen den hohen und den niedrigen Einkommen in den USA seit Beginn der offiziellen Messungen vor fünfzig Jahren verzeichnet. Während die reichsten fünf Prozent der Amerikaner ihr Durchschnittseinkommen zwischen 1980 und 1995 um 40 Prozent auf nunmehr 183 000 Dollar im Jahr steigern konnten, mußte der Rest der Bevölkerung im gleichen Zeitraum reale Einbußen zwischen zwei und vier Prozent hinnehmen. Obwohl sich die Lage seither gebessert hat, verdienen Angehörige der amerikanischen Mittelschicht derzeit im Schnitt nur wenig über 30 000 Dollar im Jahr. Entgegen dem sprichwörtlichen "amerikanischen Optimismus" glaubt heute nur noch knapp die Hälfte der Bürger, daß es der nächsten Generation besser gehen wird als ihren Eltern. Statistiken der OECD zeigen, daß die USA mittlerweile unter allen fortgeschrittenen Industrieländern die krassesten Einkommensunterschiede aufweisen. Jeder dritte amerikanische Bürger ist nicht krankenversichert, jeder dritte amerikanische Arbeiter hat keinen Anspruch auf Arbeitslosengeld, und 19 Millionen Amerikaner gelten auf Grund ihres geringen Verdienstes als "working poor". Das betrifft besonders die Afro-Amerikaner, die einen großen Teil der permanenten *underclass* in den metropolitanen Regionen und den verarmten Agrargebieten stellen. In der Diagnose stimmen nahezu alle Politiker überein, doch während die Demokraten an sozialstaatlichen Rezepten festhalten, plädieren die Republikaner für eine radikale Revision, die über den Abbau der Staatsbürokratie, die Kürzung oder Streichung von Sozialhilfen und die Beseitigung von Minderheitenquoten zu mehr Eigenverantwortung und Effizienz führen soll. Zunehmend Gehör finden sie damit bei Staaten- und Bundesgerichten, die den Anwendungsbereich von *affirmative action* immer stärker einengen und Quoten nur noch bestehen lassen, wenn konkrete Diskriminierungen in der Vergangenheit nachgewiesen werden können. Der Ruf zur Besinnung auf die eigenen Fähigkeiten und zur Selbsthilfe ist auch unter den Afro-Amerikanern lauter geworden, zuletzt beim "Marsch der Millionen Männer" auf Washington, den der islamische Prediger Louis Farrakhan im Herbst 1995 anführte. Es wäre aber sicher falsch, solche Äußerungen als Zustimmung zu den gesellschaftspolitischen Vorstellungen der Republikaner zu werten. Gerade im Fall der Afro-Amerikaner gehen soziale, rassische und religiöse Probleme eine komplexe Verbindung ein. Die Rassenunruhen in Los Angeles 1992 und die leidenschaftlichen Reaktionen auf den Freispruch des schwarzen Sport- und Medienidols O.J. Simpson in einem spektakulären Mordprozeß Ende 1995 haben bewiesen, welch hohes Gefahrenpotential diese Frage auch weiterhin birgt. Farrakhans *Nation of Islam* ist eine offen rassistische Organisation, in deren religiösen Lehren die Weißen als "blue-eyed devils" erscheinen, die am Tag des Jüngsten Gerichts von Allah vernichtet werden. Ob die Forderung radikaler Afro-Amerikaner nach erneuter Trennung der Rassen einen Ausweg öffnet, darf bezweifelt werden, da die schwarze Mittelschicht bereits weitgehend integriert ist und sich nicht um die Früchte der Bürgerrechtsbewegung bringen lassen will. Das Aufkommen der Separatismus-Parole zeigt aber, daß viele Blütenträume der 1960er Jahre verwelkt sind und das Verhältnis zwischen Schwarz und Weiß ein neuralgischer Punkt der amerikanischen Gesellschaft bleiben wird.

Dieser alte, auf die Sklaverei zurückgehende Gegensatz ist im Grunde nur ein Aspekt der zunehmenden Auffächerung der amerikanischen Gesellschaft in ethno-kulturell und religiös definierte Gruppen und Grüppchen. Die Vielfalt der Rassen und Glaubensbekenntnisse, die durch die Einwanderung seit den 1960er Jahren begünstigt wurde, die aber zum historischen Erbe der Vereinigten Staaten gehört, birgt Chancen und Gefahren. Von jeher folgten die politischen Bruchlinien in den USA nur bedingt den wirtschaftlichen Interessen, sondern verliefen eher entlang ethnischer, religiöser, regionaler und kultureller Grenzen. Den letzten Zensusdaten von 1998 zufolge haben die USA insgesamt 271 Millionen Einwohner, davon 32,8 Millionen Afro-Amerikaner (= 12,1%), 30,8 Millionen Hispanics (= 11,4%), 9,9 Millionen Asian Americans (= 3,7%) und 2 Millionen Native Americans (= 0,7%). Zu den über 1500 Glaubensgemeinschaften gehören nicht nur alle großen Weltreligionen, sondern auch indianische und afrikanische Naturreligionen. Je weiter die Fragmentierung der Gesellschaft voranschreitet, desto zahlreicher werden die Reibungsflächen und Konfliktfelder, und desto schwerer dürfte es fallen, die Menschen auf Gemeinsamkeiten zu verpflichten.

Das macht sich im Abbröckeln der liberalen Werte bemerkbar, die lange Zeit unangefochten galten, und die von Regierungen und Gerichten in jeden Lebensbereich hineingetragen wurden. Heute gilt es bereits nicht mehr als ausgemacht, daß sich mit dem Konzept des ethnischen Pluralismus und mit den Symbolen und Ritualen der *civil religion* eine nationale Wertegemeinschaft erhalten läßt. In Zukunft bliebe dann als kleinster gemeinsamer Nenner eine extreme Form des Multikulturalismus übrig, die nationale Identität und Solidarität durch ein bloßes Nebeneinanderherleben ersetzt. Im Extremfall könnte der Zerfallsprozeß sogar zum "kulturellen Krieg" eskalieren, der gelegentlich von radikalen Wortführern einzelner Gruppen schon angedroht wird. Gerade vor dem Hintergrund der amerikanischen Geschichte, die neben manchem Irrtum viele Beispiele für bewältigte Herausforderungen und gelöste Probleme bereithält, muten solche Untergangsvisionen aber übertrieben pessimistisch und unrealistisch an. Zweifellos hat der Wegfall der kommunistischen Bedrohung dazu beigetragen, gesellschaftliche Bindungen zu lockern und kulturelle Gegensätze zu intensivieren. Wenig deutet aber darauf hin, daß die Vereinigten Staaten in absehbarer Zeit das Schicksal ihres weltpolitischen Rivalen Sowjetunion teilen und von inneren Konflikten zerrissen werden könnten. Die Amerikaner profitieren nach wie vor von der Entscheidung der Verfassungsväter, die kirchliche Sphäre strikt von der politischen zu trennen, was die Gefahr eines *cultural war* erheblich mindert. Aus der gemeinsamen Geschichte und der *civil religion*, der quasi-religiösen Verfassungsverehrung, lassen sich darüber hinaus gerade in Krisenzeiten patriotische Kräfte schöpfen, die den Zusammenhalt der Nation verbürgen dürften. Die Debatte über Clintons Amtsenthebungsverfahren deutet darauf hin, daß der gesellschaftliche Wertewandel unumkehrbar ist, und fundamentalistische Appelle und Parolen allenfalls ein Drittel der US-Bürger mobilisieren können. Die "neue Grenze" des amerikanischen Experiments besteht darin, der Welt zu beweisen, daß ein friedliches und produktives Zusammenleben von Menschen aller Hautfarben, Glaubensbekenntnisse und politisch-ideologischer Überzeugungen in einem demokratischen Gemeinwesen möglich ist. Wenn dies gelingen sollte, werden die USA ein Beispiel geben, das auf Dauer wichtiger ist als die Demonstration wirtschaftlicher Stärke und militärischer Macht.

X.
Anhang

1. Kommentierte Bibliographie

Übergreifende Literatur und Hilfsmittel

Bibliographische Hilfsmittel erleichtern den Zugang zu Themen aus der amerikanischen Geschichte. Dabei gelten *America: History and Life*, die seit 1964 in Santa Barbara, Cal. erscheint, und der Hauptkatalog der *Library of Congress* in Washington (veröffentlicht in Form des *National Union Catalogue*) als umfassendste Bibliographien. *America: History and Life* verzeichnet neben Rezensionen (darüber ist ein Teil der erscheinenden Monographien erschließbar), Dissertationen und Zeitschriftenliteratur auch Filme, Videos und Microfilm- sowie Microfichesammlungen. Der Katalog der *Library of Congress* ist vor allem dazu geeignet, Monographien und Zeitschriften zu bibliographieren. Ein Verzeichnis der Hochschulschriften liefert *Dissertation Abstracts International*. Diese Reihe erscheint seit 1938 in Ann Arbor, Mich. Alle diese Hilfsmittel liegen mittlerweile auch im benutzerfreundlichen CD-ROM Format vor. Zudem kann man über das Internet von Deutschland aus Literaturrecherchen in der *Library of Congress* und anderen US-Bibliotheken durchführen.

Über die methodischen Ansätze der amerikanischen Geschichtsschreibung und über den aktuellen Forschungsstand zu den verschiedenen Themenbereichen informieren Jürgen Heideking u. Vera Nünning, *Einführung in die amerikanische Geschichte,* München 1998; Eric Foner (Hrsg.), *The New American History,* Philadelphia ²1997; Peter Novick, *That Noble Dream: The "Objectivity Question" and the American Historical Profession,* Cambridge/New York 1988; Stanley I. Kutler (Hrsg.), *American Retrospectives: Historians on Historians,* Baltimore – London 1995; Peter Burke (Hrsg.), *New Perspectives on Historical Writing,* University Park, PA 1992.

Nachschlagewerke sind dazu geeignet, sich rasch und gezielt über Ereignisse, Begriffe, Personen oder Sachprobleme zu informieren. Dabei hat die *Encyclopedia Americana* als grundlegendes Standardwerk zu gelten. In deutscher Sprache wurden kürzlich vorgelegt: Rüdiger Wersich (Hrsg.), *USA Lexikon. Schlüsselbegriffe zu Politik, Wirtschaft, Gesellschaft, Kultur, Geschichte und zu den deutsch-amerikanischen Beziehun-*

gen, Berlin 1995; Udo Sautter, *Lexikon der amerikanischen Geschichte*, München 1997. In knapper Form über die amerikanische Ereignisgeschichte informiert Günter Moltmann, *USA-Ploetz. Geschichte der Vereinigten Staaten zum Nachschlagen*, Freiburg ³1993. Ausführlicher ist Richard B. Morris (Hrsg.), *Encyclopedia of American History*, New York ⁶1982. Mit Spezialbereichen der Geschichte beschäftigen sich eine Reihe von weiteren Nachschlagewerken, die jeweils knappe Beiträge zu themenbezogenen Stichworten liefern. Der politischen Geschichte widmet sich Jack P. Greene (Hrsg.), *Encyclopedia of American Political History*, New York 1984. Außenpolitische Probleme behandelt Alexander DeConde (Hrsg.), *Encyclopedia of American Foreign Relations*, New York 1978. Einzelaspekte der Wirtschaftsgeschichte stehen im Mittelpunkt der von Glenn Porter herausgegebenen *Encyclopedia of American Economic History*, New York 1980. Der erste Band der neuen *Cambridge Economic History of the United States*, der die Kolonialzeit behandelt, ist 1996 in Cambridge, New York und Melbourne erschienen. Die Verfassungsgeschichte betrachtet Leonard Levy (Hrsg.), *Encyclopedia of the American Constitution*, New York 1986. Die Religionsgeschichte ist Gegenstand von J. Gordon Melton (Hrsg.), *Encyclopedia of American Religions: A Comprehensive Study of the Major Religious Groups in the United States*, New York 1991. Zur Geschichte der Afro-Amerikaner sollte man konsultieren: W. Augustus Low (Hrsg.), *Encyclopedia of Black America*, New York 1981 sowie Randall M. Miller und John David Smith (Hrsg.), *Dictionary of Afro-American Slavery*, New York 1988. Mit den Erscheinungsformen der Südstaatenkultur beschäftigen sich Charles Reagan Wilson u. William Ferris (Hrsg.), *Encyclopedia of Southern Culture*, Chapel Hill, N.C./London 1989. Aspekte der Einwanderungsgeschichte behandelt Stephen Thernstrom (Hrsg.), *Harvard Encyclopedia of American Ethnic Groups*, Cambridge, MA 1980. Ausführungen zu Stichwörtern aus der Sozialgeschichte liefert die *Encyclopedia of American Social History* von Elliott J. Gorn und Peter W. Williams (Hrsg.), New York 1993. Radikale Bewegungen und Strömungen finden Erwähnung in Mari Jo Buhle und Paul Buhle (Hrsg.), *Encyclopedia of the American Left*, Urbana, IL 1992.

Das grundlegende Standardwerk über Persönlichkeiten aus Geschichte und Gegenwart der Vereinigten Staaten ist *The Dictionary of American Biography*, das seit 1928 in New York erscheint und auch in einer Kurzfassung vorliegt: *The Concise Dictionary of American Biography*, New York ³1980. Eine neues großes biographisches Nachschlagewerk entsteht derzeit unter dem Titel *American National Biography* an der Columbia University in New York. Aktuellere Informationen, vor allem über Zeitgenossen, liefert *Who's Who* (Chicago), das alle zwei Jahre neu erscheint. Eine Spezialausgabe des *Who's Who* informiert über Personen aus dem politischen Leben der USA: *Who's Who in American Politics*,

New York [14]1993. Auch die *Current Biography*, New York 1940ff. liefert in Jahresbänden Informationen über Zeitgenossen. Hier finden vor allem Persönlichkeiten aus dem kulturellen Bereich Eingang. Auskünfte über Frauen, die in der amerikanischen Geschichte eine Rolle gespielt haben und denen die meisten Nachschlagewerke keinen Eintrag widmen, geben die beiden Werke Edward T. James, *Notable American Women, 1607–1950. A Biographical Dictionary*, Cambridge, MA 1971 und Barbara Sicherman et al., *Notable American Women: The Modern Period. A Biographical Dictionary*, Cambridge, MA 1980.

Allgemeine Einführungen zur amerikanischen Geschichte, die Studierenden in Form von *College Handbooks* einen breitangelegten Überblick über die Zeit von der Entdeckung Amerikas bis zur Gegenwart bieten, liegen in großer Zahl vor. Die wichtigsten dieser Handbücher in englischer Sprache sind: Bernard Bailyn et al., *The Great Republic: A History of the American People*, Lexington, MA [4]1993; John M. Blum et al., *The National Experience: A History of the United States*, New York [8]1993; Paul S. Boyer et al., *The Enduring Vision: A History of the American People*, Lexington, MA [2]1993; James Henretta et al., *America's History*, New York [2]1993; Mary Beth Norton et al., *A People and a Nation: A History of the United States*, New York [4]1995 und George B. Tindall und David E. Shi, *America: A Narrative History*, New York [4]1996; Carol Berkin et al., *Making America: A History of the United States,* Boston/New York 1997. In deutscher Sprache führen in das Thema ein: Willi Paul Adams (Hrsg.), *Die Vereinigten Staaten von Amerika*, Fischer Weltgeschichte, Frankfurt a.M. [15]1994; Erich Angermann, *Die Vereinigten Staaten von Amerika seit 1917*, dtv Weltgeschichte des 20. Jahrhunderts, München [9]1995; Hans R. Guggisberg, *Geschichte der USA*, Stuttgart [3]1993; Udo Sautter, *Geschichte der Vereinigten Staaten von Amerika*, Stuttgart [6]1998; Horst Dippel, *Geschichte der USA*, München 1996. Einen ausführlichen landeskundlichen und historischen Überblick vermitteln Willi Paul Adams et al. (Hrsg.), *Länderbericht USA*, Bundeszentrale für politische Bildung, Bonn [2]1992. In einem chronologisch und einem thematisch angelegten Teil werden die wichtigsten Aspekte der amerikanischen Geschichte und Gesellschaft behandelt. Eine neue Quellensammlung zu den deutsch-amerikanischen Beziehungen, die auch eine ausführliche Bibliographie enthält, legen vor: Reiner Pommerin und Michael Fröhlich (Hrsg.), *Quellen zu den deutsch-amerikanischen Beziehungen 1776–1917*. Darmstadt 1996. Die Reihe *Major Problems in American History* (Heath Verlag) widmet sich in ihren Beiträgen speziellen Themenbereichen der amerikanischen Geschichte. Quellen und Forschungsaufsätze vermitteln einen guten Zugang zu den einzelnen Schwerpunktthemen und Forschungskontroversen.

Aktuelle Einführungen in das politische System der Vereinigten Staaten und den Aufbau des Regierungsapparates bieten Emil Hübner,

Das politische System der USA: Eine Einführung, München ³1993; Wolfgang Jäger und Wolfgang Welz, *Regierungssystem der USA. Lehr- und Handbuch*, München ²1995; Horst Mewes, *Einführung in das politische System der USA*, Heidelberg 1986; Peter Lösche, *Die Vereinigten Staaten: Innenansichten*, Hannover 1997. Etwas älter, aber dennoch von gleicher Relevanz sind: Ernst Fraenkel, *Das amerikanische Regierungssystem*, Opladen ⁴1981 und Kurt L. Shell, *Das politische System der USA*, Stuttgart 1975. Einen Überblick über die Geschichte der amerikanischen Parteien bieten Arthur M. Schlesinger, Jr. (Hrsg.), *History of the United States Political Parties*, New York 1973; Helmut Klumpjan, *Die amerikanischen Parteien: Von ihren Anfängen bis zur Gegenwart*, Opladen 1998. Die Geschichte der amerikanischen Wahlen behandelt Arthur M. Schlesinger, Jr. (Hrsg.), *History of American Presidential Elections, 1789–1868*, New York 1971. Wichtig für das Verständnis der intellektuellen Grundlagen und geistigen Strömungen ist Hans Vorländer, *Hegemonialer Liberalismus: Politisches Denken und politische Kultur in den USA 1776–1920*, Frankfurt a.M./New York 1997. Der von Jürgen Heideking herausgegebene Band *Die amerikanischen Präsidenten. 41 historische Portraits von George Washington bis Bill Clinton* (München ²1997) vermittelt einen Einblick in die Biographien der amerikanischen Präsidenten und die wichtigsten Ereignisse und Entwicklungen während ihrer Amtsperioden. Im Anhang des Buches finden sich Tabellen zu Wahlergebnissen und zur Zusammensetzung der Kongresse seit 1789. Auf Aspekte, die für das Staats- und Gesellschaftsgefüge der Vereinigten Staaten charakteristisch sind, gehen ein: Erwin Helms, *USA: Staat und Gesellschaft. Werden und Wandel*, Hannover ⁹1993 und Peter Lösche, *Amerika in Perspektive: Politik und Gesellschaft der Vereinigten Staaten*, Darmstadt 1989.

Als Einstiegslektüre in die amerikanische Außenpolitik eignet sich: Warren I. Cohen (Hrsg.), *Cambridge History of American Foreign Relations*, 4 Bde. Cambridge 1993. Problemfelder und Entwicklungen werden hier nach Stichworten gegliedert in kurzen Beiträgen erläutert. Als Standardwerke zum Thema sind zu empfehlen: Thomas A. Bailey, *A Diplomatic History of the American People*, Englewood Cliffs, NJ ¹⁰1980 und Walter LaFeber, *The American Age: United States Foreign Policy at Home and Abroad since 1750*, New York ²1994. In deutscher Sprache liegen vor: Ernst-Otto Czempiel, *Amerikanische Außenpolitik. Gesellschaftliche Anforderungen und politische Entscheidungen*, Stuttgart 1979; Stefan Fröhlich, *Amerikanische Geopolitik: Von den Anfängen bis zum Ende des Zweiten Weltkrieges*, Landsberg am Lech 1998 und Detlef Junker, *Von der Weltmacht zur Supermacht. Amerikanische Außenpolitik im 20. Jahrhundert*, Mannheim 1995, der eine knappe analytische Übersicht bietet. Zu den deutsch-amerikanischen Beziehungen vgl. James Cooney et al., *Deutsch-Amerikanische Beziehungen. German American*

Relations, Frankfurt a.M. 1989 [Bisher 2 Bände]; Frederick C. Luebke, *Germans in the New World. Essays in the History of Immigration*, Urbana, IL 1990 und Frank Trommler (Hrsg.), *Amerika und die Deutschen: Bestandsaufnahme einer 300jährigen Geschichte*, Opladen 1986. (Die englische Ausgabe erschien 1985 in Zusammenarbeit mit Joseph McVeigh).

Aus der Fülle von Untersuchungen zur amerikanischen Verfassungsgeschichte sei hier auf einige Klassiker verwiesen, die nichts von ihrer Gültigkeit verloren haben: Edward S. Corwin, *American Constitutional History*, New York 1964; ders., *The Constitution and What it Means Today*, Princeton, NJ [12]1958; Edward Dumbauld, *The Bill of Rights and What it Means Today*, Westport, CT 1957 sowie Alfred H. Kelly, Winfred A. Harbison u. Herman Belz, *The American Constitution: Its Origins and Development*, New York [6]1980. Als Studien, die die Verfassung in ihren kulturellen Kontext einbetten, sind zu empfehlen: Michael Kammen, *Sovereignty and Liberty: Constitutional Discourse in American Culture*, Madison, WI 1988 und ders., *A Machine that Would Go of Itself: The Constitution in American Culture*, New York [3]1994. Mit dem Obersten Bundesgericht befassen sich Paula A. Freund (Hrsg.), *The Oliver Wendell Holmes Devise: History of the Supreme Court of the United States*, New York/London 1971 – [bisher 9 Bände] und Bernard Schwartz, *History of the Supreme Court*, New York 1993. Zur amerikanischen Rechtsgeschichte vgl. Winfried Brugger, *Einführung in das öffentliche Recht der USA*, München 1993; Lawrence M. Friedman, *A History of American Law*, New York [2]1985 sowie John W. Johnson, *Historic U.S. Court Cases, 1690–1990: An Encyclopedia*, New York 1992.

Eine neue Reihe zur amerikanischen Wirtschaftsgeschichte eröffnen Stanley L. Engerman und Robert E. Gallman (Hrsg.) mit der *Cambridge Economic History of the United States*, Cambridge 1996. Daneben bieten einen guten Einstieg in dieses Feld: Carl Ludwig Holtfrerich (Hrsg.), *Wirtschaft USA: Strukturen, Institutionen und Prozesse*, Wien/München 1991; Douglas C. North, *Growth and Welfare in the American Past: A New Economic History*, Englewood Cliffs, NJ [3]1983 und Robert W. Fogel und Stanley L. Engerman, *The Reinterpretation of American Economic History*, New York 1971.

Die wichtigsten Forschungsaufsätze zur amerikanischen Frauengeschichte wurden herausgegeben von Nancy Cott, *History of Women in the United States. Historical Articles on Women's Lives and Activities*, 20 Bde. München 1992. Darüber hinaus gelten als epochenübergreifende Standardwerke zur amerikanischen Frauengeschichte: Sara Evans, *Born for Liberty: A History of Women in America*, New York 1989; Linda Kerber u. Jane DeHart (Hrsg.), *Women's America: Refocusing the Past*, New York [4]1995 und Nancy Woloch, *Women and the American Experience*, New York [2]1994. Die Geschichte des amerikanischen Westens untersuchen Clyde A. Milner, Carol A. O'Connor und Martha A. Sandweiss, *The Oxford History of the American West*, New York 1994 und Richard White, *It's Your Misfortune and None of My Own: A History of the American West*, Norman, OH 1991.

Die wichtigsten Gesamtdarstellungen zur Religionsgeschichte sind Sydney E. Ahlstrom, *A Religious History of the American People*, New Haven, CT/London 1972 und Martin E. Marty, *Modern American Religion*, Chicago 1986. Ausführlich auf die Entstehung der einzelnen religiösen Gruppen und Denominationen gehen ein Winthrop S. Hudson u. John Corrigan, *Religion in America: A Historical Account of the Development of American Religious Life*, New York ^{5}1992. Einen guten Überblick über die amerikanische Kulturgeschichte vermitteln Richard W. Fox und T.J. Jackson Lears (Hrsg.), *The Power of Culture: Critical Essays in American History*, Chicago/London 1993 und Luther S. Luedtke (Hrsg.), *Making America: The Society and Culture of the United States*, Chapel Hill, NC 1992. Als Literaturgeschichten sind zu empfehlen: Sacvan Bercovitch (Hrsg.), *The Cambridge History of American Literature*, Cambridge 1994; Emory Elliott (Hrsg.), *Columbia Literary History of the United States*, New York 1988 und Kindlers Neues Literatur Lexikon, *Hauptwerke der amerikanischen Literatur. Einzeldarstellungen und Interpretationen*, 20 Bde. München 1995.

Aus der großen Zahl von Quellensammlungen und Quelleneditionen soll hier lediglich auf einige wichtige Publikationen hingewiesen werden. Als Quellensammlungen allgemeiner Art angelegt sind die Bände von Henry S. Commager und Milton Cantor (Hrsg.), *Documents of American History*, Englewood Cliffs, NJ ^{10}1988 und Richard Morris (Hrsg.), *A Documentary History of the United States*, 36 Bde. New York 1968–1975. Öffentliche Reden und Stellungnahmen von amerikanischen Präsidenten werden herausgegeben in den *Public Papers of the Presidents of the United States. Containing the Public Messages, Speeches, and Statements of the Presidents*, Washington. Die Antrittsreden der Präsidenten von Washington bis Clinton findet man in den *Inaugural Addresses of the Presidents*, Avenel, NJ 1995. Für Reden der Präsidenten zur Lage der Nation vgl. Fred S. Israel (Hrsg.), *The State of the Union Messages of the Presidents, 1789–1905*, New York 1966. Wichtigste Grundlage für Arbeiten zur amerikanischen Außenpolitik sind die *Papers Relating to the Foreign Relations of the United States*, Washington. Statistisches Quellenmaterial wird regelmäßig herausgegeben vom U.S. Bureau of the Census in dem *Statistical Abstract of the United States*, Washington. Ein handliches Nachschlagewerk sind die *Historical Statistics of the United States, From Colonial Times to the Present*, Washington 1976. Historisches Kartenmaterial liefert der *Historical Atlas of the United States. Centennial Edition*, hrsg. v. National Geographic Society, Washington 1988.

Fachzeitschriften gewähren einen umfassenden Einblick in die Erträge der amerikanischen Geschichtswissenschaft, da sie sowohl Forschungsaufsätze als auch Rezensionen von wissenschaftlicher Literatur darbieten. Es gibt sie für fast jedes Spezialgebiet der amerikanischen Geschichte. Mit allgemeinen Themen befassen sich die *American Historical Review*, das *Journal of American History*, das *Journal of American Studies*, die *Amerikastudien/American Studies*, die *Reviews in American History* sowie das *American Quarterly*. Internationale Beziehungen und Themen der Außenpolitik werden in *Diplomatic History, Foreign Policy* und *Foreign Affairs* behandelt. Den Themen, die Bezug zur Frauen- und Geschlechtergeschichte haben, widmen sich das *Journal of Women's History* sowie die Zeitschriften *Gender and History, Feminist Studies* und *Signs*. Die Geschichte der amerikanischen Arbeiterschaft und ihrer Organisationen wird in *Labor History* diskutiert. Mit Themen der Entwicklung und Geschichte der amerikanischen Landwirtschaft beschäftigt sich die Zeitschrift *Agricultural History*. Das *Journal of American Ethnic History* liefert Beiträge zur Einwanderungsgeschichte und zur Geschichte der verschiedenen ethnischen Gruppen in den Vereinigten Staaten. Daneben gibt es eine ganze Reihe von Zeitschriften, die sich mit der historischen Entwicklung der Einzelstaaten auseinandersetzen. Siehe z.B. *Pennsylvania Magazine of History and Biography, New York History, Virginia Magazine of History and Biography, California History, Illinois Historical Journal, Wisconsin Magazine of History* und *Louisiana History*. Forschungsbeiträge zur Geschichte einzelner amerikanischer Regionen findet man in Zeitschriften wie dem *Journal of Southern History*, der *Pacific Historical Review*, dem *New England Quarterly* und dem *Western Historical Quarterly*. (Weitere Fachzeitschriften werden in der Literatur zu den einzelnen Kapiteln dieses Bandes aufgeführt.)

Zu Kapitel I: Kolonien und Empire

Einen Überblick über laufende Forschungsergebnisse und Kontroversen bietet *The William and Mary Quarterly. A Magazine of Early American History and Culture* (Hrsg. v. Institute of Early American History and Culture, Williamsburg); die ausführlichen Rezensionen gewähren einen umfassenden Einblick in die Erträge der Forschung. Eine knappe, deutschsprachige Einführung zur amerikanischen Kolonialgeschichte, die sich in Darstellung und Quellen gliedert, wird vorgelegt von Hermann Wellenreuther, *Der Aufstieg des ersten Britischen Weltreiches. England und seine nordamerikanischen Kolonien 1660–1763*, Düsseldorf 1987. Die britische Debatte über die amerikanischen Kolonien reflektiert Leo Francis Stock (Hrsg.), *Proceedings and Debates of the British Parliaments Respective North America, 1542–1754*, 5 Bde. Washington, D.C. Reprint 1966–1967. Als Einstieg ist besonders der von Jack P. Greene u. J.R. Pole herausgegebene Sammelband *Colonial British America. Essays in the New History of the Early Modern Era,* Baltimore/London 1984 zu empfehlen. Daneben bieten einen guten Überblick: James A. Henretta, *The Evolution of American Society, 1700–1815: An Interdisciplinary Analysis,* Lexington, MA 1973; Donald W. Meinig, *The Shaping of America: A Geographical Perspective on 500 Years of History. Vol. 1: Atlantic America, 1492–1800,* New Haven, CT/London 1986; R.C. Simmons, *The American Colonies: From Settlement to Independence,* Harlow 1976. Teilweise überholt, aber zur politischen Geschichte nach wie vor wichtig ist die Studie von Charles M. Andrews, *The Colonial Period of American History,* 4 Bde. New Haven, CT 1934–1938. Ein weiterer "Klassiker" stammt von Daniel J. Boorstin, *The Americans: The Colonial Experience,* New York 1958. An neuen Darstellungen zur politischen und ideologischen Entwicklung sei auf folgende Werke verwiesen: Jack P. Greene, *Peripheries and Center: Constitutional Development in the Extended Policies of the British Empire and the United States, 1607–1788,* New York/London 1986; J.R. Pole, *The Gift of Government: Political Responsibility from the English Restoration to American Independence,* Athens, OH 1983. Zur Sozialgeschichte vgl. Jack P. Greene, *Pursuits of Happiness: The Social Development of Early Modern British Colonies and the Formation of American Culture,* Chapel Hill, NC London 1988. Mit der europäischen Einwanderung befaßt sich Bernard Bailyn, *The Peopling of North America,* New York 1986. Die frühe deutsche Auswanderung und die Akkulturation der Einwanderer untersuchen Andreas Brinck, *Die deutsche Auswanderungswelle in die britischen Kolonien Nordamerikas um die Mitte des 18. Jahrhunderts,* Stuttgart 1993; A.Gregory Roeber, *Palatines, Liberty, and Property: German Lutherans in Colonial British America,* Baltimore/London 1993. Die Geschichte der indigenen Völker und das Verhältnis zwischen Einwanderern und Indianern behandeln James Axtell, *After Columbus: Essays in the Ethnohistory of Colonial North America,* New York/Oxford 1988; Francis Jennings, *Empire of Fortunes: Crown, Colonies, and Tribes in the Seven Years War in America,* New York/London 1988. Überblicksdarstellungen zur Sklaverei liegen vor von Eugene D. Genovese, *Roll, Jordan, Roll: The World the Slaves Made,* New York 1974; Robert William Fogel, *Without Consent or Contract: The Rise and Fall of American Slavery,* New York/ London 1989; Peter Kolchin, *American Slavery, 1619–1877,* New York 1993; Peter J. Parish, *Slavery, History and Historians,* New York/London 1989. Eine neue Gesamtinterpretation dieses schwierigen Themas unternimmt Ira Berlin, *Many Thousands Gone: The First Two Centuries of Slavery in North America,* Cambridge, MA/London 1998. Wichtige Aspekte der Frauengeschichte behandelt Marylynn Salmon, *Women and the Law of Property in Early America,* Chapel Hill, NC 1986. Eine wirtschaftshistorische Einführung bieten John J. McCusker & Russell

Menard, *The Economy of British America, 1607–1789,* Chapel Hill, NC 1985.

Zu Kapitel II: Revolution, Verfassunggebung und Anfänge des Bundesstaates, 1763–1814

Quellen zur Revolutionszeit finden sich in: Bernard Bailyn (Hrsg.), *Pamphlets of the American Revolution 1750 to 1776,* Cambridge, MA 1965 und Richard C. Simmons und P.D.G. Thomas (Hrsg.), *Proceedings and Debates of the British Parliaments Respecting North America 1754–1783,* Dobbs Ferry, NY 1982–1985. In großangelegten Editionsprojekten werden seit einiger Zeit die Nachlässe zahlreicher Akteure der Amerikanischen Revolution einer breiten Öffentlichkeit zugänglich gemacht, darunter die gesammelten Schriften und die Korrespondenz von George Washington, John Adams, Thomas Jefferson, James Madison, Benjamin Franklin, Thomas Paine oder Alexander Hamilton. Zu den genannten Persönlichkeiten liegen eine große Anzahl Biographien vor. Für den hier infrage kommenden Zeitraum siehe v.a.: Ronald W. Clark, *Benjamin Franklin: A Biography,* London 1983; John E. Ferling, *John Adams: A Life,* Knoxville, TN 1992; Douglas S. Freeman, *George Washington: A Biography,* 7 Bde. New York 1948–1957 (einbändige Zusammenfassung 1968; Paperback 1985); John E. Ferling, *The First of Men: A Life of George Washington,* Knoxville, TN 1988; James Thomas Flexner, *George Washington,* 4 Bde. Boston/Toronto 1965–1972; Dumas Malone, *Jefferson and His Time,* 6 Bde. Boston 1948–1981; Noble E. Cunningham, *In Pursuit of Reason: The Life of Thomas Jefferson,* Baton Rouge, LA/London 1987; Norman K. Risjord, *Thomas Jefferson,* Madison, WI 1994; Robert A. Rutland, *The Presidency of James Madison,* Lawrence, KS 1990; Jack N. Rakove, *James Madison and the Creation of the American Republic,* New York 1990; Jacob E. Cooke, *Alexander Hamilton,* New York 1982; Gerald Stourzh, *Alexander Hamilton and the Idea of Republican Government,* Stanford, CA 1970; John Keane, *Tom Paine: A Political Life,* Boston 1995. Eine deutschsprachige Quellenedition zur Geschichte dr Amerikanischen Revolution bearbeiteten Angela Adams & Willi Paul Adams (Hrsg.), *Die Amerikanische Revolution und die Verfassung 1754–1791,* München ²1995. Drei deutschsprachige Darstellungen liegen vor von Willi Paul Adams, *Republikanische Verfassung und bürgerliche Freiheit. Die Verfassungen und politischen Ideen der Amerikanischen Revolution,* Darmstadt 1973 (speziell zu den Verfassungen der Einzelstaaten); Hans-Christoph Schröder, *Die Amerikanische Revolution,* München 1982; Horst Dippel, *Die Amerikanische Revolution, 1763–1787,* Frankfurt a.M. 1985. Aus der Fülle von Gesamtdarstellungen und Einzeluntersuchungen sei auf folgende Werke hingewiesen: Eine gründliche, von ausgewiesenen Fachleuten verfaßte

Einführung mit Handbuchcharakter bieten Jack P. Greene & J.R. Pole (Hrsg.), *The Blackwell Encyclopedia of the American Revolution*, Oxford 1991. Weiterhin sind zu empfehlen: Bernard Bailyn, *The Ideological Origins of the American Revolution*, Cambridge, MA 1967; Edward Countryman, *The American Revolution*, London 1986; Jack P. Greene (Hrsg.), *The American Revolution: Its Character and Limits*, New York/London 1987; Robert Middlekauff, *The Glorious Cause. The American Revolution, 1763–1789*, New York/Oxford 1982; Jack N. Rakove, *The Beginnings of National Politics: An Interpretive History of the Continental Congress*, New York 1979; Edmund S. Morgan, *Inventing the People: The Rise of Popular Sovereignty in England and America*, New York/London 1988; Gary Wills, *Jefferson's Declaration of Independence*, New York 1978; Gordon S. Wood, *The Creation of the American Republic, 1776–1787*, Chapel Hill, NC 1969. Eine aufsehenerregende neue Interpretation vom gleichen Autor erschien u. d. T. *The Radicalism of the American Revolution*, New York 1992. Unter kulturgeschichtlichen Aspekten untersucht die Revolution Kenneth Silverman, *A Cultural History of the American Revolution*, New York 1987. Zur Geschichte des Unabhängigkeitskrieges vgl. Don Higginbotham, *The War of American Independence: Military Attitudes, Policies, and Practice, 1763–1789*, New York 1971; John Shy, *A People Numerous and Armed: Reflections on the Military Struggle for American Independence*, New York 1976. Der Rolle der Frauen in der Amerikanischen Revolution widmen sich Linda K. Kerber, *Women of the Republic: Intellect and Ideology in Revolutionary America*, Chapel Hill, NC 1980 u. Mary Beth Norton, *The Revolutionary Experience of American Women, 1750–1800*, Boston 1980. Zur Diskussion der Sklaverei in der Amerikanischen Revolution vgl. Ira Berlin & Ronald Hoffman (Hrsg.), *Slavery and Freedom in the Age of the American Revolution*, Charlottesville, VA 1983; Gary B. Nash, *Race and Revolution*, Madison, WI 1990. Das *Journal of the Early Republic* stellt vierteljährlich neue Ergebnisse der Forschung sowie Rezensionen zu Studien über die Geschichte der jungen Republik vor. Eine ausführliche Quellensammlung zur Entstehung und Ratifizierung der Verfassung wird herausgegeben v. John P. Kaminski et al. (Hrsg.), *The Documentary History of the Ratification of the Constitution*, Madison, WI 1975ff. Von zentraler Bedeutung für die Interpretation der Verfassung ist Jacob E. Cooke (Hrsg.), *The Federalist*, Middletown, CT 1961; eine deutsche Übersetzung der *Federalist Papers* editierten Angela u. Willi Paul Adams (Hrsg.), *Hamilton/Madison/Jay: Die Federalist-Artikel*, Paderborn 1994. Eine deutschsprachige Geschichte zur Entstehung der Verfassung bietet Jürgen Heideking, *Die Verfassung vor dem Richterstuhl. Vorgeschichte und Ratifizierung der Amerikanischen Verfassung, 1787–1791*, Berlin/ New York 1988. Aus der Fülle amerikanischer Untersuchungen sei auf zwei neuere Darstellungen verwiesen: Richard Beeman, Stephen Botein

& Edward C. Carter II (Hrsg.), *Beyond Confederation: Origins of the Constitution and American National Identity*, Chapel Hill, NC 1987; Lance Banning, *The Sacred Fire of Liberty: James Madison and the Founding of the Federal Republic*, Ithaca, N.Y./London 1995. Die ideologischen Wurzeln verfolgt J.G.A. Pocock, *The Machiavellian Moment: Florentine Political Thought and the Atlantic Republican Tradition*, Princeton, NJ 1975. Als "Klassiker", der die Forschungsdiskussion maßgeblich beeinflußt hat, ist immer noch lesenswert Charles A. Beard, *An Economic Interpretation of the Constitution of the United States*, New York 1913 (dt. Übersetzung Frankfurt a.M. 1974). Das Verhältnis von Sklaverei und Verfassung ist Gegenstand eines kommentierten Quellenbandes: John P. Kaminski (Hrsg.), *A Necessary Evil? Slavery and the Debate Over the Constitution*, Madison, WI 1995. Zur Gesellschaft der Gründerjahre vgl. Joyce Appleby, *Capitalism and a New Social Order: The Republican Vision of the 1790s*, New York 1984; Richard Hofstadter, *The Idea of a Party System: The Rise of Legitimate Opposition in the United States, 1780–1840*, Berkeley, CA 1969; Jack Larkin, *The Reshaping of Everyday Life 1790–1840*, New York 1988. Die politische Geschichte der jungen amerikanischen Republik wird ausführlich behandelt von Stanley Elkins & Eric McKitrick, *The Age of Federalism*, New York/Oxford 1993; Ralph Ketcham, *Presidents Above Party: The First American Presidency, 1789–1829*, Chapel Hill, NC [2]1987; James Roger Sharp, *American Politics in the Early Republic: The New Nation in Crisis*, New Haven, CT/London 1993. Die Entstehung einer nationalen politischen Kultur beschreibt David Waldstreicher, *In the Midst of Perpetual Fetes: The Making of American Nationalism, 1776–1820*, Chapel Hill, NC 1997. Zur Außenpolitik vgl. Donald R. Hickey, *The War of 1812: A Forgotten Conflict*, Urbana, IL/Chicago 1989; Lawrence S. Kaplan, *Entangling Alliances with None: American Foreign Policy in the Age of Jefferson*, Kent, OH/London 1987; J.C.A. Stagg, *Mr. Madison's War: Politics, Diplomacy, and Warfare in the Early Republic 1783–1830*, Princeton, NJ 1983; Robert W. Tucker & David C. Hendrickson, *Empire of Liberty: The Statecraft of Thomas Jefferson*, New York/Oxford 1990. Allgemeine militärpolitische Fragen werden behandelt von Richard H. Kohn, *Eagle and Sword: The Beginnings of the Military Establishment in America*, London/New York 1975. Wirtschafts- und sozialgeschichtliche Probleme untersuchen Howard B. Rock, *Artisans of the New Republic: The Tradesmen of New York City in the Age of Jefferson*, New York/London 1984; Sean Wilentz, *Chants Democratic: New York City and the Rise of the American Working Class, 1788–1850*, New York 1984 und Curtis P. Nettels, *The Emergence of a National Economy*, New York 1962. Die Geschichte der Sklaverei und der Emanzipation im Norden werden dargestellt von David B. Davis, *The Problem of Slavery in the Age of Revolution, 1770–1823*, Ithaca, NY 1975; Donald R. Wright, *African

Americans in the Early Republic, 1789–1831, Arlington Heights, IL 1993. Übergreifende Studien zur Rolle der Frau im frühen 19. Jahrhundert bieten Nancy Cott, *Bonds of Womenhood: "Women's Sphere" in New England, 1780–1835,* New Haven, CT 1977 und Joan M. Jensen, *Loosening the Bonds: Mid-Atlantic Farm Women, 1750–1850,* New Haven, CT 1986.

Zu Kapitel III: Demokratisierung, Marktwirtschaft und territoriale Expansion, 1815–1854

Zur Entwicklung des Parteienwesens und der Ideologien im Zeitalter zwischen 1815 und 1854 vgl. die zeitgenössische Betrachtung von Alexis de Tocqueville, *Über die Demokratie in Amerika* (zahlreiche deutsche Ausgaben). Marie-Luise Frings, *Henry Clays American System und die sektionale Kontroverse in den Vereinigten Staaten von Amerika 1815–1829,* Frankfurt 1979, das bereits genannte Werk von Hofstadter sowie Joel H. Silbey, *The Partisan Imperative: The Dynamics of American Politics before the Civil War,* New York 1985, befassen sich mit grundlegenden Problemen der Epoche. Donald B. Cole, *The Presidency of Andrew Jackson,* Lawrence, KS 1993 bietet einen fundierten Überblick über die amerikanische Politik und Gesellschaft in den 1830er Jahren. Eine stärker Jacksons Leben einbeziehende Studie stammt von Robert V. Remini, *The Life of Andrew Jackson,* New York 1988. Remini hat auch Jacksons wichtigsten Kontrahenten portraitiert: *Henry Clay, Statesman for the Union,* New York/London 1991. Ebenso aufschlußreich für ein Verständnis der Zeit ist die Arbeit von Merrill D. Peterson, *The Great Triumvirate: Webster, Clay and Calhoun,* New York 1987. Vgl. daneben Edward Pessen, *Jacksonian America: Society, Personalities, and Politics,* Homewood, IL [2]1978; Harry L. Watson, *Liberty and Power: The Politics of Jacksonian America,* New York 1990. Rechtsgeschichtliche Fragen behandelt Morton J. Horwitz, *The Transformation of American Law, 1780–1860,* Cambridge, MA 1977. Mit der territorialen Expansion und der Verdrängung der indigenen Bevölkerung befassen sich Ray A. Billington, *Westward Expansion: A History of the American Frontier,* New York/London [5]1982; Frederick Merk, *Manifest Destiny and Mission in American History. A Reinterpretation,* New York 1963; Robert V. Remini, *Andrew Jackson and the Course of American Empire,* New York 1984; Ronald N. Satz, *American Indian Policy in the Jacksonian Era,* Lincoln, NE 1975; John Unruh, *The Plains Across: The Overland Emigrations and the Trans-Mississippi West, 1840–1860,* Urbana, IL 1979. Die "Marktrevolution" als neues Interpretationskonzept wird diskutiert seit Charles G. Sellers, *The Market Revolution: Jacksonian America, 1815–1846,* New York/Oxford 1991; vgl. auch Thomas C. Cochran, *Frontiers of Change: Early Industrialism in America,* New York 1981; Carter Goodrich, *Government Promotion of American Canals and*

Railroads, 1800–1890, New York 1960; David A. Hounshell, *From the American System to Mass Production, 1800–1932: The Development of Manufacturing Technology in the United States,* Baltimore/London 1984; George R. Taylor, *The Transportation Revolution, 1815–1860,* White Plains, NY 1951. Das Phänomen des Goldrausches um die Jahrhundertmitte untersuchen Norbert Finzsch, *Die Goldgräber Kaliforniens: Arbeitsbedingungen, Lebensstandard und politisches System um die Mitte des 19. Jahrhunderts,* Göttingen 1982 und Malcolm J. Rohrbough, *Days of Gold: The California Gold Rush and the American Nation,* Berkeley, CA/London 1997. Aufschlußreiche Lokalstudien unter Einbeziehung der Arbeitergeschichte bieten Alan Dawley, *Class and Community: The Industrial Revolution in Lynn, Massachusetts, 1780–1860,* Cambridge, MA 1981; Jonathan Prude, *The Coming of the Industrial Order: Town and Factory Life in Rural Massachusetts, 1810–1860,* Cambridge 1983. Der wichtigen Frage des Finanz- und Bankensystems widmet sich Bray Hammond, *Banks and Politics in America from the Revolution to the Civil War,* Princeton, NJ 1967. Das religiöse und kulturelle Leben vor dem Bürgerkrieg behandeln (neben dem bereits genannten Werk von Jack Larkin) Perry Miller, *The Life of the Mind in America: From the Revolution to the Civil War,* New York 1966; Lewis Perry, *Boat Against the Current: American Culture Between Revolution and Modernity, 1820–1860,* New York/Oxford 1993. Mit den Mormonen befaßt sich die biographisch angelegte Arbeit von Leonard J. Arrington, *Brigham Young: American Moses,* New York 1985. Zur Sklaverei vgl. die bereits zum Kapitel II genannten Arbeiten. Zur Lage der Afro-Amerikaner im Norden vgl. Leon F. Litwack, *North of Slavery: The Negro in the Free States, 1790–1860,* Chicago 1965. Die Abolitionisten-Bewegung bearbeitet Louis Gerteis, *Morality and Utility in American Anti-Slavery Reform,* Chapel Hill, NC 1987. Einen Überblick zur Frauenbewegung bieten Ellen Du Bois, *Feminism and Suffrage: The Emergence of an Independent Women's Movement in America, 1848–1869,* Ithaca, NY 1978; Sara Evans, *Born for Liberty: A History of Women in America,* New York 1989; Keith Melder, *Beginnings of Sisterhood: The American Women's Rights Movement, 1800–1850,* New York 1977. Die Erfahrungen von Frauen im Westen schildert Julie R. Jeffrey, *Frontier Women: The Trans-Mississippi West, 1840–1860,* New York 1979. Ein "Klassiker" der Immigrations- und Akkulturationsgeschichte ist Oscar Handlin, *Boston's Immigrants: A Study in Acculturation,* Cambridge, MA 1959. Mit der deutschen Immigration sowie theoretischen Problemen der Immigrationsforschung befaßt sich Frederick C. Luebke, *Germans in the New World: Essays in the History of Immigration,* Urbana, IL/Chicago 1990. Das übergreifende Werk von Roger Daniels (siehe Abschnitt IV) deckt ebenfalls den hier in Frage kommenden Zeitraum ab. Für den Mittleren Westen vgl. Kathleen Neils Conzen, *Immigrant Milwaukee 1836–1860: Accommodation and*

Community in a Frontier City, Cambridge, MA 1976. Außenpolitisch relevante Fragestellungen untersuchen Reginald Horsman, *Race and Manifest Destiny: The Origins of American Racial Anglo-Saxonism*, Cambridge, MA 1981; Paul H. Bergeron, *The Presidency of James K. Polk*, Lexington, KS 1987 (übergreifend, aber ausführlich zum amerikanisch-mexikanischen Krieg); Johannes Eue, *Die Oregon-Frage: Amerikanische Expansionspolitik und der Pazifische Nordwesten, 1818–1848*, Münster/ Hamburg 1995; Ernest R. May, *The Making of the Monroe Doctrine*, Cambridge, MA/London ²1976 sowie Dexter Perkins, *A History of the Monroe Doctrine*, Boston ²1963. Zu den deutsch-amerikanischen Beziehungen in dieser Phase vgl. Günter Moltmann, *Atlantische Blockpolitik im 19. Jahrhundert*, Düsseldorf 1973.

Zu Kapitel IV: Bürgerkrieg, Industrialisierung und soziale Konflikte im Gilded Age, 1855–1896

Eine deutschsprachige Quellensammlung zu Aspekten des Bürgerkriegs wurde vorgelegt von Victor Austin (Hrsg.), *Der Amerikanische Bürgerkrieg in Augenzeugenberichten*, Düsseldorf 1963. Aus der Reihe *Major Problems in American History* liegt ein Band zum Bürgerkrieg und zur Rekonstruktion vor, der wichtige Quellen und Aufsätze abdruckt: Michael Perman (Hrsg.), *Major Problems in the Civil War and Reconstruction*, Lexington, MA 1991. Die sektionale Krise und die Vorgeschichte des Bürgerkriegs behandeln William W. Freehling, *The Road to Disunion*, 2 Bde. New York/Oxford 1990; Kenneth M. Stampp, *America in 1857: A Nation on the Brink*, New York/Oxford 1990; David M. Potter, *The Impending Crisis, 1848–1861*, New York/London 1976. Zur Entstehung der Republikanischen Partei vgl. Jörg Nagler, *Frémont Contra Lincoln: Die deutsch-amerikanische Opposition in der Republikanischen Partei während des amerikanischen Bürgerkriegs*, Frankfurt a.M. 1983; William E. Gienapp, *The Origins of the Republican Party, 1852–1856*, New York/Oxford 1986. Mit den Anfängen der Frauenbewegung befaßt sich Ellen C. DuBois, *Feminism and the Suffrage: The Emergence of an Independent Women's Movement in America, 1848–1869*, Ithaca, NY 1978. Die gesammelten Schriften Abraham Lincolns haben herausgegeben Roy P. Basler et al. (Hrsg.), *The Collected Works of Abraham Lincoln*, 12 Bde. New Brunswick, NJ 1953–1990. Biographien bzw. biographische Materialien zu Abraham Lincoln bieten Mark E. Neely, Jr., *The Abraham Lincoln Encyclopedia*, New York/London 1982; Stephen Oates, *With Malice Toward None: A Life of Abraham Lincoln*, New York 1977; Philip S. Paludan, *The Presidency of Abraham Lincoln*, Lawrence, KS 1994; David H. Donald, *Lincoln*, New York 1995; Gabor S. Boritt (Hrsg.), *The Historian's Lincoln: Pseudohistory, Psychohistory and History*, Urbana, IL/Chicago 1988; James G. Randall, *Lincoln the President*, 4 Bde. New

York 1945–1955; Gary Wills, *Lincoln at Gettysburg: The Words that Remade America,* New York 1992. Merrill D. Peterson, *Lincoln in American Memory,* New York/Oxford 1994 befaßt sich mit dem Nachleben des Präsidenten in der kollektiven Erinnerung der amerikanischen Nation. Zusammenfassende Darstellungen zum Bürgerkrieg stammen von Richard E. Beringer et al., *Why the South Lost the War,* Athens, GA 1986; Bruce Catton, *The Civil War,* Boston ²1987; David P. Crook, *The North, the South, and the Powers, 1861–1865,* New York/London 1974. Den besten Überblick vermittelt James M. McPherson, *Battle Cry of Freedom. The Civil War Era,* Oxford 1988 (dt. Ausgabe u. d. T. *Für die Freiheit sterben. Die Geschichte des amerikanischen Bürgerkrieges,* München 1992). Die Entwicklung in den Nordstaaten während des Krieges untersucht J. Matthew Gallman, *The North Fights the Civil War: The Home Front,* Chicago 1994. Zur Geschichte der Südstaaten vgl. Paul D. Escott, *After Secession: Jefferson Davis and the Failure of Southern Nationalism,* Baton Rouge, LA 1978; Drew Gilpin Faust, *The Creation of Confederate Nationalism: Ideology and Identity in the Civil War,* Baton Rouge, LA/London 1988; Emory M. Thomas, *The Confederate Nation: 1861–1865,* New York/London 1979. Zur Zentralisierung und Stärkung der Macht des Bundes vgl. Richard F. Bensel, *Yankee Leviathan: The Origins of Central State Authority in America, 1859–1877,* Cambridge, MA 1990; Stephen Skowronek, *Building a New American State: The Expansion of National Administrative Capacities 1877–1920,* Cambridge, MA/London 1982; Theda Skocpol, *Protecting Soldiers and Mothers: The Political Origins of Social Policy in the United States,* Cambridge, MA/London 1992. Die Geschichte der Wiedereingliederung der Südstaaten in die Union beleuchten Eric Foner, *Reconstruction: America's Unfinished Revolution, 1863–1877,* New York ²1989; ders, *A Short History of Reconstruction,* New York 1990; Michael Perman, *The Road to Redemption: Southern Politics, 1869–1879,* Chapel Hill, NC/London 1984. Zur Präsidentschaft Andrew Johnsons vgl. Albert Castel, *The Presidency of Andrew Johnson,* Lawrence, KS 1979 sowie Hans L. Trefousse, *Impeachment of a President: Andrew Johnson, the Blacks, and Reconstruction,* Knoxville, TN 1975. Mit den unmittelbaren politischen und gesellschaftlichen Auswirkungen des Bürgerkriegs im Süden befaßt sich Dan T. Carter, *When the War Was Over: The Failure of Self-Reconstruction in the South, 1865–1867,* Baton Rouge, LA/London 1985. Zur Geschichte der Afro-Amerikaner im letzten Drittel des 19. Jahrhunderts vgl. Leon F. Litwack, *Been in the Storm so Long: The Aftermath of Slavery,* New York 1979; Jay Mandle, *The Roots of Black Poverty: The Southern Plantation Economy After the Civil War,* Durham, NC 1978; Howard N. Rabinowitz, *Race Relations in the Urban South, 1865–1890,* New York/Oxford 1977. Die Politik der Republikaner im Süden wird untersucht von Richard N. Current, *Those Terrible Carpetbeggars:*

A Reinterpretation, New York/Oxford 1988. Die gründlichste Studie zum Ku Klux Klan stammt von Allen W. Trelease, *White Terror: The Ku Klux Klan Conspiracy and Southern Reconstruction*, New York/London 1972. Für die Geschichte der Rassenbeziehungen im Süden zur Zeit des *Gilded Age* vgl. Graines M. Foster, *Ghosts of the Confederacy: Defeat, the Lost Cause and the Emergence of the New South 1865 to 1913*, New York 1987; Howard N. Rabinowitz, *The First New South, 1865–1920*, Arlington Heights, IL 1992; Joel Williamson, *A Rage for Order: Black-White Relations in the American South since Emancipation*, New York 1986 sowie C. Vann Woodward, *The Strange Career of Jim Crow*, New York ³1974. Wesentliche Aspekte des *Gilded Age* werden in Quellen und Aufsätzen vorgestellt von Leon Fink (Hrsg.), *Major Problems in the Gilded Age and the Progressive Era*, Lexington, MA 1993. Darin ist u.a. Frederick Jackson Turners einflußreicher Essay *The Significance of the Frontier in American History* (1893) abgedruckt. Mit der Rezeption Turners befaßt sich Mathias Waechter, *Die Erfindung des Amerikanischen Westens. Die Geschichte der Frontier-Debatte*, Freiburg i.Br. 1996. Einen allgemeinen Überblick über das *Gilded Age* geben Sean Dennis Cashman, *America in the Gilded Age*, New York 1984 und Howard Wayne Morgan (Hrsg.), *The Gilded Age*, Syracuse, NY 1970. Die umfassendste Darstellung zum Westen bietet *The Oxford History of the American West*. Hrsg. v. Clyde A. Milner II., Carol A. O'Connor u. Martha A. Sandweiss, New York/Oxford 1994. Vgl. daneben die gleichermaßen für den Westen, Chicago und den wirtschaftlichen Aufstieg der USA interessante Arbeit von William Cronon, *Nature's Metropolis: Chicago and the Great West*, New York/London 1992. Weitere wichtige Arbeiten zum Westen stammen von William Cronon, George Miles u. Jay Gitlin (Hrsg.), *Under an Open Sky: Rethinking America's Western Past*, New York 1992; Robert V. Hine, *The American West*, Boston ²1984; *The Reader's Encyclopedia of the American West*. Hrsg. v. Howard L. Lamar, New York 1977. Einen Überblick über die Geschichte der indigenen Völker Nordamerikas bieten Francis P. Prucha, *The Great Father: The United States Government and the American Indians*, Lincoln, NE 1986 und Robert M. Utley, *The Indian Frontier of the American West, 1846–1890*, Albuquerque, NM 1984. Mit der Geschichte des Eisenbahnwesens befaßt sich John F. Stover, *American Railroads*, Chicago 1970. Eine klassische Studie zur Landwirtschaft stammt von Gilbert C. Fite, *The Farmer's Frontier*, New York 1966. Mit der Industrialisierung befassen sich W. Elliot Brownlee, *Dynamics of Ascent: A History of the American Economy*, New York 1974; Edward C. Kirkland, *Industry Comes of Age, 1860–1897*, New York 1961 sowie Glenn Porter, *The Rise of Big Business, 1860–1910*, Arlington Heights, IL 1973. Die Arbeiterbewegung und Arbeitsbedingungen untersuchen Hartmut Keil (Hrsg.), *German Workers' Culture in the United States 1850 to 1920*, Washington/London 1988 und David Montgomery, *The Fall of* the House of Labor: The Workplace, the State, and American Labor Activism, 1865–1925, Cambridge/New York 1987; Melvyn Dubofski, Labor in American History, New York ⁴1984; Leon Fink, Workingmen's Democracy: The Knights of Labor and American Politics, Urbana, IL 1983 sowie Philipp S. Foner, A History of the Labor Movement in the United States, 10 Bde. New York 1947–1994. Zum Populismus vgl. Lawrence Goodwyn, The Populist Movement: Short History of the Agrarian Revolt in America, New York 1978. Zur Einwanderung vgl. Thomas J. Archdeacon, Becoming American: An Ethnic History, New York 1983; Roger Daniels, Coming to America: A History of Immigration and Ethnicity in American Life, New York 1990; Reinhard R. Doerries, Iren und Deutsche in der Neuen Welt. Akkulturationsprozesse in der amerikanischen Gesellschaft im späten neunzehnten Jahrhundert, Wiesbaden 1986; Wolfgang Helbich et al. (Hrsg.), Briefe aus Amerika. Deutsche Auswanderer schreiben aus der Neuen Welt 1830–1930, München 1988; Dirk Hoerder (Hrsg.), Distant Magnets: Expectations and Realities in the Immigrant Experience 1840–1930, New York/London 1993. Zur Politik vgl. übergreifend Richard L. McCormick, The Party Period and Public Policy: American Politics from the Age of Jackson to the Progressive Era, New York 1989 sowie Morton Keller, Affairs of State: Public Life in Late Nineteenth-Century America, Cambridge, MA 1977. Zur Geschichte der Frauen vgl. Carl N. Degler, At Odds: Women and the Family from the Revolution to the Present, New York/Oxford 1979 u. Linda K. Kerber & Jane S. DeHart, Women's America: Refocusing the Past, New York ⁴1995.

Zu Kapitel V: Imperialismus, progressive Reformbewegung und Erster Weltkrieg, 1897–1920

Den Übergang zur Expansionspolitik untersuchen David S. Trask, The War with Spain in 1898, New York 1981; Joseph Smith, The Spanish-American War: Conflict in the Caribbean and the Pacific, 1895–1902, London/New York 1994; Elisabeth Glaser-Schmidt, "Die Philippinen den Filipinos!" Die amerikanische Debatte über die Wirtschafts- und Verwaltungspolitik auf den Philippinen, 1898–1906, Frankfurt a.M./Bern/ New York 1986. Neue Gesamtdarstellungen zur Geschichte der USA in der Zeit des Progressivism und des Ersten Weltkrieges bieten John Milton Cooper, Pivotal Decades: The United States, 1900–1920, New York 1990 sowie Sean Dennis Cashman, America in the Age of the Titans: The Progressive Era and World War I, New York/London 1988. Daneben sind als Einführungen zu empfehlen die an den Regierungszeiten der Präsidenten orientierten Arbeiten von Lewis L. Gould, The Presidency of William McKinley, Lawrence, KS 1980; ders., The Presidency of Theodore Roosevelt, Lawrence, KS 1991; Kendrick A. Clements, The Presidency of

Woodrow Wilson, Lawrence, KS 1992. Bahnbrechende und zu Kontroversen Anlaß gebende, außenwirtschaftsgeschichtliche Aspekte in den Mittelpunkt stellende Arbeiten stammen von William A. Williams, *The Tragedy of American Diplomacy,* New York ²1962; Walter LaFeber, *The New Empire, 1860–1898,* Ithaca, NY 1963. In Deutschland hat diese Interpretation aufgenommen Hans-Ulrich Wehler, *Der Aufstieg des amerikanischen Imperialismus: Studien zur Entwicklung des Imperium Americanum 1865–1900,* Göttingen 1974. Ragnhild Fiebig-von Hase, *Lateinamerika als Konfliktherd der deutsch-amerikanischen Beziehungen, 1889–1903,* 2 Bde., Göttingen 1986 diskutiert neben den politischen auch die wirtschaftlichen und sicherheitspolitischen Aspekte der amerikanischen Außenpolitik. Eine alternative, auf Theodore Roosevelt konzentrierte Interpretation stammt vom Raimund Lammersdorf, *Anfänge einer Weltmacht: Theodore Roosevelt und die transatlantischen Beziehungen der USA, 1901–1909,* Berlin 1994. Die wachsende Bedeutung Asiens für die Außenpolitik der USA veranschaulichen Ute Mehnert, *Deutschland, Amerika und die "Gelbe Gefahr". Zur Karriere eines Schlagworts in der Großen Politik, 1905–1917,* Stuttgart 1995; Michael H. Hunt, *The Making of a Special Relationship: The United States and China to 1914,* New York 1983; Akira Iriye, *Pacific Estrangement: Japanese and American Expansion, 1897–1911,* Cambridge, MA 1972. Zum Progressivismus, seinen ideologischen Spielarten und seinen Auswirkungen auf die Gesellschaft vgl. Arthur S. Link u. Richard L. McCormick, *Progressivism,* Arlington Heights, IL 1983; Martin J. Sklar, *The Corporate Reconstruction of American Capitalism, 1890–1916: The Market, the Law, and Politics,* Cambridge/New York 1988; Robert Wiebe, *The Search for Order, 1877–1920,* New York 1967. Zum Kampf der Afro-Amerikaner um Gleichberechtigung vgl. Louis R. Harlan, *Booker T. Washington,* 2 Bde. New York/Oxford 1972–1983; Charles F. Kellogg, *NAACP: The History of the National Association for the Advancement of Colored People, 1909–1920,* Baltimore 1967; David L. Lewis, *W.E.B. Du Bois. Biography of a Race, 1868–1919,* New York 1993; Gilbert Osofsky, *Harlem: The Making of a Ghetto,* New York 1966. Ein von Noralee Frankel u. Nancy S. Dye herausgegebener Sammelband (*Gender, Class, Race, and Reform in the Progressive Era,* Lexington, KY 1991) widmet sich einer breiten Palette von Frauenfragen. Das weit über den biographischen Rahmen hinausgehende Standardwerk zu Woodrow Wilson stammt von Arthur S. Link, *Wilson,* 5 Bde. Princeton, NJ 1947–1965. Link geht ausführlich auf die politische und gesellschaftliche Entwicklung der USA bis 1917 ein; er und seine Mitarbeiter haben auf vorbildliche Weise eine Quellensammlung über Wilson und seine Zeit herausgegeben (*The Papers of Woodrow Wilson,* 69 Bde. Princeton, NJ 1966–1994). Die Außenpolitik der USA vor dem Eintritt in den Ersten Weltkrieg behandeln Patrick Devlin, *Too Proud to Fight: Woodrow Wilson's Neutrality,* New York/

Oxford 1975 und Ralph Dietl, *USA und Mittelamerika: Die Außenpolitik von William J. Bryan, 1913–1915*, Stuttgart 1996. Den deutsch-amerikanischen Beziehungen widmet sich Reinhard R. Doerries, *Washington-Berlin 1908/17*, Düsseldorf 1975 (englische, erweiterte Ausgabe u.d.T. *Imperial Challenge*, Chapel Hill, NC/London 1989). Zur Geschichte der Vereinigten Staaten im Ersten Weltkrieg vgl. Robert H. Ferrell, *Woodrow Wilson and World War I, 1917–1921*, New York 1985; David M. Kennedy, *Over Here: The First World War and American Society*, New York/Oxford 1980; Ronald Schaffer, *America in the Great War: The Rise of the Welfare State*, New York/Oxford 1991. Frederick C. Luebke, *Bonds of Loyalty: German-Americans and World War I*, DeKalb, IL 1974 befaßt sich mit dem Schicksal der deutschstämmigen Amerikaner in der Zeit des Ersten Weltkrieges. Die amerikanische Position auf der Friedenskonferenz von Versailles sowie die nachfolgenden Auseinandersetzungen in der amerikanischen Öffentlichkeit und im Kongreß über den Versailler Vertrag und den Völkerbund behandeln Lloyd E. Ambrosius, *Woodrow Wilson and the American Diplomatic Tradition: The Treaty Fight in Perspective*, Cambridge 1987; Thomas J. Knock, *To End all Wars: Woodrow Wilson and the Quest for a New World Order*, New York/Oxford 1992; Klaus Schwabe, *Deutsche Revolution und Wilson-Frieden: Die amerikanische und deutsche Friedensstrategie zwischen Ideologie und Machtpolitik 1918/19*, Düsseldorf 1971 (englische, überarb. Ausgabe u.d.T. *Woodrow Wilson, Revolutionary Germany, and Peace Making*, Chapel Hill, NC/London 1985). Robert K. Murray, *Red Scare: A Study in National Hysteria, 1919–1920*, Minneapolis, MN 1955 beleuchtet die innenpolitischen Ereignisse des Jahres 1919. Paul L. Murphy, *The Constitution in Crisis Times, 1918–1969*, New York 1972 behandelt die Verfassungsgeschichte und den Wandel der Rechtsprechung durch den Supreme Court.

Zu Kapitel VI: Prosperität, Große Depression und Zweiter Weltkrieg, 1920–1945

Allgemeine Einführungen zur Geschichte Amerikas in den zwanziger Jahren bieten Ellis W. Hawley, *The Great War and the Search for a Modern Order*, New York 1979; William Leuchtenburg, *The Perils of Prosperity, 1914–1932*, Chicago 1958. Immer noch lesenswert ist Robert S. Lynd & Helen Merrell Lynd, *Middletown: A Study in Modern American Culture*, New York 1929. Jon C. Teaford, *The Twentieth Century American City*, Baltimore 1986 befaßt sich mit der Urbanisierung. Wichtige Aspekte der Konsumkultur werden bearbeitet von Gary Cross, *Time and Money: The Making of Consumer Culture*, London/New York 1993; James Flink, *The Automobile Age*, Cambridge, MA 1988; Susan Smulyon, *The Commercialization of American Broadcasting, 1920–1940*,

Washington 1994. Für die dreißiger Jahre vgl. Gary Bert Best, *The Nickel and Dime Decade: Popular Culture During the 1930s,* Westport, CT 1993. Richard K. Tucker, *The Dragon and the Cross: The Rise and Fall of The Ku Klux Klan in Middle America,* Hamden, CT 1991 sowie Kathleen M. Blee, *Women of the Klan,* Berkeley, CA 1991 befassen sich mit der Geschichte des Ku Klux Klan im 20. Jahrhundert. Den religiösen Fundamentalismus behandelt George M. Marsdon, *Fundamentalism and American Culture: The Shaping of Twentieth-Century Evangelicanism, 1870–1925,* New York 1980. Zur Entstehung einer afro-amerikanischen Kultur im Norden der USA vgl. Nathan Huggins, *The Harlem Renaissance,* New York 1971; *The Harlem Renaissance. A Historical Dictionary for the Era.* Hrsg. v. Bruce Kellner, New York/London 1984. Den schwarzen Nationalismus der 1920er Jahre untersucht Judith Stein, *The World of Marcus Garvey: Race and Class in Modern Society,* Baton Rouge LA/London 1986. Eine ausführliche Arbeit über die Afro-Amerikaner in den 30er und 40er Jahren wird vorgelegt von John Egerton, *Speak Now Against the Day: The Generation Before the Civil Rights Movement in the South,* New York 1994. Die Frauenbewegung ist Gegenstand eines Sammelbandes, hrsg. v. Lois Scherf u. Joan M. Jensen, *Decades of Discontent: The Women's Movement, 1920–1940,* Boston 1987. Zur Außenpolitik der zwanziger Jahre vgl. Frank Costigliola, *Awkward Dominion: American Political, Economic, and Cultural Relations with Europe, 1919–1933,* Ithaca, NY 1983; Werner Link, *Die amerikanische Stabilisierungspolitik in Deutschland 1921–32,* Düsseldorf 1970; Emily Rosenberg, *Spreading the American Dream: American Economic and Cultural Expansion, 1890–1945,* New York 1982; Joan Hoff Wilson, *American Business and Foreign Policy, 1920–1933,* Lexington, KY 1972; Gilbert Ziebura, *Weltwirtschaft und Weltpolitik 1922/24–1931. Zwischen Rekonstruktion und Zusammenbruch,* Frankfurt 1984. Den neuesten Forschungsstand zur Weltwirtschaftskrise reflektieren Barry J. Eichengreen, *Golden Fetters. The Gold Standard and the Great Depression, 1919–1933,* New York 1992 u. Robert S. McElvaine, *The Great Depression: America 1929–1941,* New York ²1993. Vgl. auch das Standardwerk von Charles P. Kindleberger, *Die Weltwirtschaftskrise 1929–1939,* München 1973. Martin C. Fausold, *The Presidency of Herbert Hoover,* Lawrence, KS 1975 befaßt sich mit der Präsidentschaft Hoovers. Zur Persönlichkeit und Politik Franklin D. Roosevelts vgl. Frank Freidel, *Franklin D. Roosevelt: A Rendezvous with Destiny,* Boston 1990; William E. Leuchtenberg, *Franklin D. Roosevelt and the New Deal, 1932–1940,* New York 1963. Eine Biographie über Eleanor Roosevelt liegt vor von Lois Scharf, *Eleanor Roosevelt: First Lady of American Liberalism,* Boston 1987. Der New Deal wird zusammenfassend dargestellt von Anthony J. Badger, *The New Deal: The Depression Years, 1933–1940,* Basingstoke 1989; Roger Biles, *A New Deal for the American*

People, New York 1991. Den Fortgang der innenpolitischen Entwicklung schildert Alan Brinkley, *The End of Reform: New Deal Liberalism in Recession and War,* New York 1995. Donald Worster, *Dust Bowl: The Southern Plains in the 1930s,* New York/Oxford 1979 liefert eine ökologisch fundierte Sozialstudie. Wesentliche Darstellungen zur Außenpolitik Roosevelts stammen von Wayne S. Cole, *Roosevelt and the Isolationists, 1932–1945,* Lincoln, NE/London 1983; Robert Dallek, *Franklin D. Roosevelt and American Foreign Policy, 1932–1945,* New York/Oxford 1979; Detlef Junker, *Der unteilbare Weltmarkt. Das ökonomische Interesse in der Außenpolitik der USA, 1933–1941,* Stuttgart 1975. Als Einführung ist besonders geeignet die Darstellung und Quellensammlung von Detlef Junker, *Kampf um die Weltmacht. Die USA und das Dritte Reich 1933–1945,* Düsseldorf 1988. Mit Aspekten der deutschen Emigration in die Vereinigten Staaten befaßt sich Sibylle Quack, *Zuflucht Amerika: Zur Sozialgeschichte der Emigration deutsch-jüdischer Frauen in die USA 1933–1945,* Bonn 1995. Eine Gesamtdarstellung zur jüdischen Emigration stammt von Richard Breitman & Alan M. Kraut, *American Refugee Policy and European Jewry, 1933–1945,* Bloomington/Indianapolis, IN 1987. Zum Zweiten Weltkrieg vgl. die umfassende Gesamtdarstellung von Gerhard Weinberg, *Eine Welt in Waffen. Die globale Geschichte des Zweiten Weltkrieges,* Stuttgart 1995. Zur Nachkriegsplanung siehe Lloyd C. Gardner, *Spheres of Influence: The Great Powers Partition Europe, from Munich to Yalta,* Chicago 1993; Georg Schild, *Bretton Woods and Dumbarton Oaks: American Economic and Political Postwar Planning in the Summer of 1944,* New York 1995. Eine wichtige Quelle für diesen Zeitraum ist Warren F. Kimball (Hrsg.), *Churchill & Roosevelt: The Complete Correspondence,* 3 Bde. Princeton, NJ 1984. Die Aktivitäten des amerikanischen Geheimdienstes und seine Perzeption des deutschen Widerstands haben aufgearbeitet Jürgen Heideking & Christof Mauch, *USA und deutscher Widerstand: Analysen und Operationen des amerikanischen Geheimdienstes OSS,* Tübingen 1993; dies., (hrsg. unter Mitarbeit von Marc Frey), *American Intelligence and the German Resistance to Hitler,* Boulder, CO 1996; Christof Mauch, *Schattenkrieg gegen Hitler: Das Dritte Reich im Visier der amerikanischen Geheimdienste, 1941–1945,* Stuttgart 1999.

Zu Kapitel VII: Liberaler Konsens und weltpolitische Hegemonie, 1946–1968

Der von Robert Griffith herausgegebene Band *Major Problems in American History Since 1945: Documents and Essays,* Lexington, MA 1992 druckt wesentliche Quellen und Aufsätze zu zahlreichen Aspekten amerikanischer Nachkriegsgeschichte ab. Die *Public Papers of the Presidents* (Truman, Eisenhower, Kennedy, Johnson) enthalten v.a. Reden und Abdrucke der Pressekonferenzen. Aus der Fülle biographischer Arbeiten sei auf folgende Studien zu den Präsidenten verwiesen: David McCullough, *Truman,* New York 1992; Kurt L. Shell, *Harry S. Truman: Politiker – Populist – Präsident*, Göttingen/Zürich 1998; Stephen Ambrose, *Eisenhower,* 2 Bde. New York 1983/1984; James N. Giglio, *The Presidency of John F. Kennedy,* Lawrence, KS 1991; Richard Reeves, *President Kennedy: Profile of Power*, New York 1993; Paul K. Conkin, *Big Daddy From the Pedernales: Lyndon B. Johnson,* Boston 1986; Robert Dallek, *Flawed Giant: Lyndon Johnson and His Times, 1961–1973*, New York 1998. Eine wichtige politologische Gesamtdarstellung zu den Präsidenten stammt von Richard E. Neustadt, *Presidential Power and the Modern Presidency: The Politics of Leadership from Roosevelt to Reagan,* New York 1990. Einführungen in die Außenpolitik der Vereinigten Staaten bieten Stephen E. Ambrose, *Rise to Globalism: American Foreign Policy since 1938*, New York ⁷1991; Walter LaFeber, *America, Russia, and the Cold War, 1945–1990,* New York ⁶1990; Thomas J. McCormick, *America's Half Century: United States Foreign Policy in the Cold War,* Baltimore/London ²1995. Den beginnenden Kalten Krieg behandeln John L. Gaddis, *The Long Peace: Inquiries into the History of the Cold War*, New York/Oxford 1987; Melvyn P. Leffler, *A Preponderance of Power: National Security, the Truman Administration, and the Cold War*, Stanford, CA 1992; Melvyn P. Leffler & David S. Painter (Hrsg.), *Origins of the Cold War: An International History,* New York/London 1994. Die Anfänge der amerikanischen Deutschlandpolitik untersuchen John Gimbel, *The American Occupation of Germany: Politics and the Military, 1945–1949,* Stanford, CA 1968; Klaus-Dietmar Henke, *Die amerikanische Besetzung Deutschlands,* München 1995; Warren F. Kimball, *Swords or Ploughshares? The Morgenthau Plan for Defeated Nazi Germany, 1943–1946,* Philadelphia/New York 1976; Axel Frohn, *Neutralisierung als Alternative zur Westintegration: Die Deutschlandpolitik der Vereinigten Staaten von Amerika 1945–1949*, Frankfurt a.M. 1985; Wolfgang Krieger, *General Lucius D. Clay und die amerikanische Deutschlandpolitik 1945–1949,* Stuttgart 1987; Gunther Mai, *Der alliierte Kontrollrat in Deutschland 1945–1948. Alliierte Einheit – Deutsche Teilung?* München 1995; Helmut Mosberg, *Reeducation: Umerziehung und Lizenzpresse im Nachkriegsdeutschland,* München 1991; Hermann-Josef Rupieper, *Der besetzte Verbündete: Die amerikanische Deutschlandpolitik 1949–1955,* Opladen 1991; Thomas Schwartz, *America's Germany: John J. McCloy and the Federal Republic of Germany,* Cambridge, MA/London 1991; Klaus Larres, *Politik der Illusionen: Churchill, Eisenhower und die deutsche Frage 1945–1955,* Göttingen/ Zürich 1995. Für die deutsche Perspektive vgl. Hans-Jürgen Grabbe, *Unionsparteien, Sozialdemokratie und Vereinigte Staaten von Amerika 1945–1966,* Düsseldorf 1983. Mit der amerikanischen Wirtschaftspolitik und der Hilfe für Westeuropa befassen sich Gerd Hardach, *Der Marshall-Plan*, München 1994; Michael J. Hogan, *The Marshall Plan: America, Britain, and the Reconstruction of Western Europe, 1947–1952*, Cambridge, MA 1987; Wilfried Mausbach, *Zwischen Morgenthau und Marshall: Das wirtschaftspolitische Deutschlandkonzept der USA 1944–1947*, Düsseldorf 1996. Thomas G. Fraser, *The USA and the Middle East since World War II*, Basingstoke/London 1989 vermittelt einen Überblick über die amerikanische Politik im Nahen Osten. Wichtige Darstellungen zum Vietnamkrieg stammen von George C. Herring, *America's Longest War: The United States and Vietnam, 1950–1975*, New York ³1996; Gabriel Kolko, *Anatomy of a War: Vietnam, the United States, and the Modern Historical Experience*, New York 1985; Marilyn B. Young, *The Vietnam Wars 1945–1990*, New York 1991. Wichtig sind die Erinnerungen von Robert S. McNamara, *In Retrospect: The Tragedy and Lessons of Vietnam*, New York 1995. In deutscher Sprache zu diesem Thema siehe nun auch die Einführung von Marc Frey, *Geschichte des Vietnamkriegs: Die Tragödie in Asien und das Ende des amerikanischen Traums*, München ³1999. Zur innenpolitischen Entwicklung vgl. John M. Blum, *Years of Discord: American Politics and Society, 1961–1974*, New York 1991; William H. Chafe, *The Unfinished Journey: America Since World War II*, New York ³1995; John Patrick Diggins, *The Proud Decades: America in War and Peace, 1941–1960*, New York 1988; Robert A. Divine (Hrsg.), *The Johnson Years*, 3 Bde. Lexington, KY 1987–1993; Richard M. Fried, *Nightmare in Red: The McCarthy Era in Retrospective*, New York 1990; William E. Leuchtenberg, *A Troubled Feast: American Society Since 1945*, Glenview, IL 1979; Allen J. Matusow, *The Unravelling of America: A History of Liberalism in the 1960s*, New York 1984; William O'Neill, *American High: The Years of Confidence, 1945–1960*, New York 1986. Einen Überblick über die sich wandelnden wirtschaftlichen Bedingungen vermitteln Carl Degler, *Affluence and Anxiety*, New York 1968; Alfred D. Chandler, *The Visible Hand: The Managerial Revolution in American Business*, Cambridge, MA 1977; Martin Feldstein (Hrsg.), *The American Economy in Transition*, Chicago 1980; Robert F. Zieger, *American Workers, American Unions, 1920–1985*, Baltimore 1986. Die Entwicklung amerikanischer Städte und das Wachstum der Vororte untersuchen Kenneth Fox, *Metropolitan America: Urban Life and Urban Policy in the United States, 1940–1980*, Chicago 1985; Kenneth T. Jackson, *Crabgrass Frontier: The Suburbanization of America*, New York 1985. Mit der *popular culture* (Fernsehen, Musik, Film, populärer Roman) befaßt sich George Lipsitz, *Time Passages: Collective Memory and American Popular Culture*, Minneapolis 1991. Vgl. auch Erik Barnouw, *Tube of Plenty: The Evolution of American Television*, New York 1982. Die Bürgerrechtsbewegung behandeln Taylor Branch, *Parting the Waters: America in the*

King Years, 1954–1963, New York 1988; ders., *Pillar of Fire: America in the King Years, 1963–1965*, New York 1998; David Garrow, *Bearing the Cross: Martin Luther King and the Southern Christian Leadership Conference, 1955–1968*, New York 1986; Robert Weisbrot, *Freedom-Bound: A History of America's Civil Rights Movement*, New York 1990. Mit der Rolle der Frau in der Gesellschaft befassen sich Suzanne M. Bianchi & Daphne Spain, *American Women in Transition*, New York 1986; William H. Chafe, *Women and Equality: Changing Patterns in American Culture*, New York 1977; Alice Kessler-Harris, *Out of Work: A History of Wage-Earning Women in the United States*, New York 1982; Rosalind Rosenberg, *Divided Lives: American Women in the Twentieth Century*, New York 1992.

Zu Kapitel VIII: Krise des nationalen Selbstverständnisses und konservative Renaissance, 1969–1992

Eine Überblicksdarstellung zur Geschichte der USA während der Präsidentschaft Nixons und Fords stammt von Kim MacQuaid, *The Anxious Years: America in the Vietnam Watergate Era*, New York 1989. Politische Biographien zu Nixon und Ford legten vor: Stephen E. Ambrose, *Nixon*, 3 Bde. New York 1987–1991; Edward L. & Frederick H. Schapsmeier, *Gerald R. Ford's Date with Destiny*, New York 1989. Zur Außenpolitik vgl. Ernst-Otto Czempiel, *Amerikanische Außenpolitik: Gesellschaftliche Anforderung und politische Entscheidungen*, Stuttgart 1976; Raymond L. Garthoff, *Détente and Confrontation: American-Soviet Relations from Nixon to Reagan*, Washington 1985; Robert W. Gregg, *About Face? The United States and the United Nations*, Boulder, CO/London 1993; Robert L. Litwak, *Détente and the Nixon Doctrine*, New York 1984; Christian Hacke, *Zur Weltmacht verdammt: Die amerikanische Außenpolitik von Kennedy bis Clinton*, Berlin 1997. Vgl. daneben die Erinnerungen von Henry Kissinger, *Memoiren*, 2 Bde. München 1979–1982. Zur Watergate-Krise vgl. neben der Darstellung der an der Aufdeckung der Affäre beteiligten Journalisten Bob Woodward & Carl Bernstein, *The Final Days*, New York 1976, Michael Schudson, *Watergate in American Memory*, New York 1992; Stanley J. Kutler, *The Wars of Watergate: The Last Crisis of Richard Nixon*, New York 1990. Die Wirtschaftspolitik Reagans behandelt Benjamin Friedman, *Day of Reckoning: The Consequences of American Economic Policy Under Reagan and After*, New York 1988. Zu den Themen Einwanderung und Multikulturalismus vgl. Arthur M. Schlesinger, Jr., *The Disuniting of America*, New York 1992 sowie Reed Ueda, *Postwar Immigrant America: A Social History*, Boston/New York 1994. Über die Lage der Afro-Amerikaner informieren Reynold Farley & Walter R. Allen, *The Color Line and the Quality of Life in America*, New York 1987. Aus feministischer Perspektive beleuchten die Geschlechterbeziehungen Susan Faludi, *Backlash: The Undeclared War Against American Women*, New York 1991; Marilyn French, *The War Against Women*, New York 1992. Die kulturellen Wechselwirkungen zwischen den USA und Europa analysiert Richard H. Pells, *Not Like US: How Europeans have Loved, Hated, and Transformed American Culture Since World War II*, New York 1997. Burton J. Kaufman, *The Presidency of James Earl Carter, Jr.*, Lawrence, KS 1993 bietet einen ausgewogenen Überblick über die Geschichte der USA unter Carter. Vgl. daneben die positive Einschätzung seiner Präsidentschaft von John Dumbrell, *The Carter Presidency: A Reevaluation*, New York ²1995. Zur Geschichte der Vereinigten Staaten in den 1980er Jahren vgl. allgemein Larry Berman (Hrsg.), *Looking Back on the Reagan Presidency*, Baltimore 1990; Helga Haftendorn & Jakob Schissler (Hrsg.), *The Reagan Administration: A Reconstruction of American Strength?* Berlin/New York 1988; Hartmut Wasser (Hrsg.), *Die Ära Reagan. Eine erste Bilanz*, Stuttgart 1988. Zur Auseinandersetzung um die künftige Rolle Amerikas in der Weltpolitik vgl. Paul Kennedy, *The Rise and Fall of the Great Powers*, New York 1987 sowie Joseph Nye, *Bound to Lead: The Changing Nature of American Power*, New York 1990. Die Iran-Contra-Affäre erschließt sich aus dem kommentierten Quellenband von Peter Kornbluh & Malcolm Byrne (Hrsg.), *The Iran-Contra Scandal: The Declassified History*, New York 1993. Eine wissenschaftliche Darstellung der Präsidentschaft George Bushs liegt noch nicht vor. Siehe dafür: James A. Baker, *The Politics of Diplomacy: Revolution, War and Peace 1989–1992*, New York 1995; George W. Bush und Brent Scowcroft, *A World Transformed: The Collapse of the Soviet Empire, the Unification of Germany, Tiananmen Square, the Gulf War*, New York 1998. Die deutsche Vereinigung behandeln Elisabeth Pond, *Beyond the Wall: Germany's Road to Unification*, Washington 1993; Philip Zelikow & Condolecza Rice, *Germany Unified and Europe Transformed: A Study in Statecraft*, Cambridge, MA/London 1995. Eine ausgewogene Darstellung zum Irak-Krieg stammt von Lawrence Freedman & Efraim Karsh, *The Gulf Conflict 1990–1991*, Princeton, NJ 1993. Zu den Problemen der Übergangszeit siehe auch Stefan Fröhlich, *Die USA und die neue Weltordnung: Zwischen Kontinuität und Wandel*, Bonn/Berlin 1992.

Zu Kapitel IX: Die Vereinigten Staaten nach dem Kalten Krieg

Informationen und Hintergrundanalysen zum aktuellen Geschehen in den Vereinigten Staaten bieten neben einschlägigen deutschen Zeitungen und Wochenmagazinen The Economist, Newsweek, Time Magazine, sowie die gemeinsam von der Washington Post und der New York Times publizierte International Herald Tribune. Der mittlerweile überall zu empfangende

Nachrichtensender CNN liefert mehrmals am Tag Nachrichten aus den Vereinigten Staaten. Die Amerika Häuser in einer Reihe von deutschen Städten unterhalten Bibliotheken mit einer Vielzahl von Nachschlagewerken, Monographien und populären oder wissenschaftlichen Zeitungen und Zeitschriften; sie bieten in Informationsveranstaltungen über Politik und Gesellschaft, Literatur und Film, Studienberatungen etc. ein breitgefächertes Angebot. Auf der Grundlage des Zensus von 1990 liegt eine zahlreiche Aspekte der amerikanischen Gegenwart berührende Einführung vor: Sam Roberts, *Who We Are: A Portrait of America Based on the Latest US Census*, New York 1993. Vgl. auch Michael Golay und Carl Rollyson, *Where America Stands*, New York 1996. Eine Biographie von Charles F. Allen & Jonathan Portis, *The Comeback Kid: The Life and Career of Bill Clinton*, New York 1992 skizziert das Leben des 41. Präsidenten bis zur Inauguration. Eine erste Bilanz von Clintons Amtszeit bieten Colin Campbell und Bert A. Rockman (Hrsg.), *The Clinton Presidency: First Appraisals*, Chatham, NJ 1996. Zur Innenpolitik der ersten Amtsjahre vgl. Martin Thunert, *Die Innenpolitik der USA unter Präsident Clinton zwischen Reform und Gegenreform*, in: Aus Politik und Zeitgeschichte B 17/95, S. 3–12. Einen Überblick über die Außenpolitik der USA bieten Ernst-Otto Czempiel, *Clintons Weltpolitik. Eine Bilanz des ersten Amtsjahres*, in: Aus Politik und Zeitgeschichte B 9/94, S. 3–12; Charles M. Weston, *Die US-Außenpolitik zwischen Kontinuität und Neubestimmung*, in: Ebd., 17/95, 13–21. Für eine selbstbewußte Führungsrolle der USA in der Weltpolitik des 21. Jahrhunderts plädiert der ehemalige Sicherheitsberater von Präsident Carter, Zbigniew Brzezinski, *Die einzige Weltmacht: Amerikas Strategie der Vorherrschaft*, Weinheim/Berlin 1997. Heftig diskutiert werden die Thesen von Samuel Huntington, *Kampf der Kulturen: Die Neugestaltung der Weltpolitik im 21. Jahrhundert*, Berlin 1998 (engl.: *Clash of Civilizations and the Remaking of World Order*, New York 1996).

2. Karten

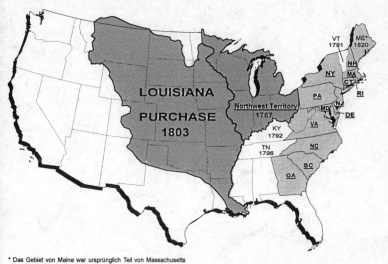

* Das Gebiet von Maine war ursprünglich Teil von Massachusetts

Karte 1: Die dreizehn Gründerstaaten und die territoriale Expansion bis 1803

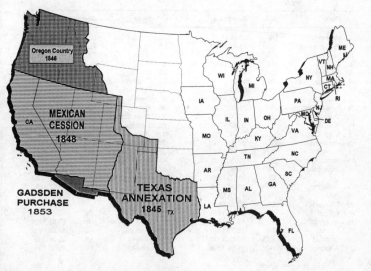

Karte 2: Die territoriale Expansion bis 1853

Karte 3: Die fünfzig Einzelstaaten und die Daten ihrer Aufnahme in die Union

	Staat	Abk.	Aufnahme		Staat	Abk.	Aufnahme
1.	Delaware	DE	07.12.1787	26.	Michigan	MI	26.01.1837
2.	Pennsylvania	PA	12.12.1787	27.	Florida	FL	03.03.1845
3.	New Jersey	NJ	18.12.1787	28.	Texas	TX	29.12.1845
4.	Georgia	GA	02.01.1788	29.	Iowa	IA	28.12.1846
5.	Connecticut	CT	09.01.1788	30.	Wisconsin	WI	29.05.1848
6.	Massachusetts	MA	06.02.1788	31.	California	CA	09.09.1850
7.	Maryland	MD	28.04.1788	32.	Minnesota	MN	11.05.1858
8.	South Carolina	SC	23.05.1788	33.	Oregon	OR	14.02.1859
9.	New Hampshire	NH	21.06.1788	34.	Kansas	KS	29.01.1861
10.	Virginia	VA	25.06.1788	35.	West Virginia	WV	20.06.1863
11.	New York	NY	26.07.1788	36.	Nevada	NV	31.10.1864
12.	North Carolina	NC	21.11.1789	37.	Nebraska	NE	01.03.1867
13.	Rhode Island	RI	29.05.1790	38.	Colorado	CO	01.08.1876
14.	Vermont	VT	04.03.1791	39.	North Dakota	ND	02.11.1889
15.	Kentucky	KY	01.06.1792	40.	South Dakota	SD	02.11.1889
16.	Tennessee	TN	01.06.1796	41.	Montana	MT	08.11.1889
17.	Ohio	OH	01.03.1803	42.	Washington	WA	11.11.1889
18.	Louisiana	LA	30.04.1812	43.	Idaho	ID	03.07.1890
19.	Indiana	IN	11.12.1816	44.	Wyoming	WY	10.07.1890
20.	Mississippi	MS	10.12.1817	45.	Utah	UT	04.01.1896
21.	Illinois	IL	03.12.1818	46.	Oklahoma	OK	16.11.1907
22.	Alabama	AL	14.12.1819	47.	New Mexico	NM	06.01.1912
23.	Maine	ME	15.03.1820	48.	Arizona	AZ	14.02.1912
24.	Missouri	MO	10.08.1821	49.	Alaska	AK	03.01.1959
25.	Arkansas	AR	15.06.1836	50.	Hawaii	HI	21.08.1959

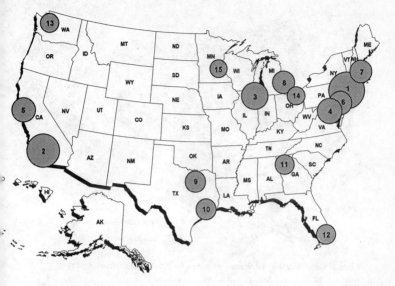

Karte 4: Urbane Ballungszentren

Nr.	Gebiet (CMSA)*	Einwohnerzahl 1996
1	New York-Northern New Jersey-Long Island	19,94 Mio
2	Los Angeles-Riverside-Orange County	15,50 Mio
3	Chicago-Gary-Kenosha	8,60 Mio
4	Washington-Baltimore	7,16 Mio
5	San Francisco-Oakland-San Jose	6,61 Mio
6	Philadelphia-Wilmington-Atlantic City	5,97 Mio
7	Boston-Worcester-Lawrence	5,56 Mio
8	Detroit-Ann Arbor-Flint	5,28 Mio
9	Dallas-Fort Worth	4,57 Mio
10	Houston-Galveston-Brazoria	4,25 Mio
11	Atlanta	3,54 Mio
12	Miami-Fort Lauderdale	3,51 Mio
13	Seattle-Tacoma-Bremerton	3,32 Mio
14	Cleveland-Akron	2,91 Mio
15	Minneapolis-St. Paul	2,77 Mio

* CMSA: Consolidated Metropolitan Statistical Area

Quelle: U.S. Bureau of the Census <http://www.census.gov>

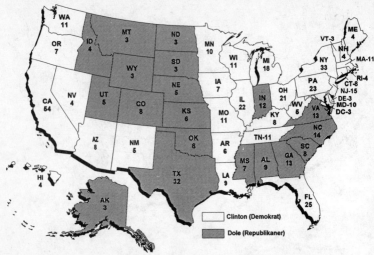

Karte 5: Verteilung der Wahlmännerstimmen der Präsidentschaftswahl 1996

Kandidat	Stimmenzahl	Prozent	Wahlmänner
Bill Clinton	47.402.357	49,24 %	379
Bob Dole	39.198.755	40,71 %	159
Ross Perot	8.085.402	8,40 %	-

Quelle: Federal Election Commission <http:\\www.fec.gov>

3. Tabellen und Graphiken

Territoriale Expansion der Vereinigten Staaten

Gebiet	Jahr	Hinzugewonnene Fläche	Gesamtfläche
1. USA	1790		2.301.693 km²
2. Louisiana Purchase	1803	2.142.426 km²	4.444.119 km²
3. Vertrag mit Spanien (u.a. Florida)	1819	186.488 km²	4.630.607 km²
4. Texas Annexation	1845	1.010.470 km²	5.641.077 km²
5. Oregon Territory	1846	739.652 km²	6.380.729 km²
6. Mexican Cession	1848	1.370.153 km²	7.750.882 km²
7. Gadsden Purchase	1853	76.768 km²	7.827.650 km²
8. Alaska	1867	1.518.806 km²	9.346.456 km²
9. Hawaii	1898	16.705 km²	9.363.161 km²
USA	1995		9.529.063 km²

Quelle: U.S. Bureau of the Census, Historical Statistics of the United States, Colonial Times to 1970, Bicentennial Edition, Washington, D.C., 1975; Fischer Weltalmanach 1996.

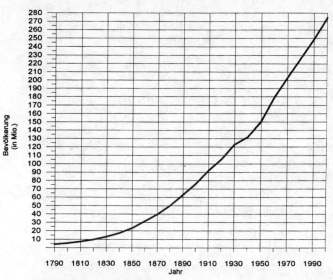

Bevölkerung der USA, 1790-2000*

*Der Wert für das Jahr 2000 beruht auf einer Schätzung.

Quelle: U.S. Bureau of the Census, Historical Statistics of the United States, Colonial Times to 1970; U.S. Bureau of the Census, Statistical Abstract of the United States 1994 (114th edition), Washington, D.C., 1994; <http://www.census.gov>

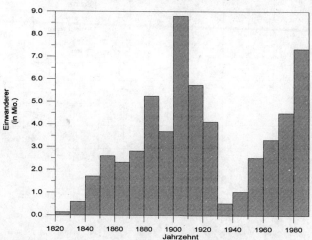

Einwanderung in die USA nach Jahrzehnten, 1820-1990

Quelle: Stephan Thernstrom (Hrsg.), Harvard Encyclopedia of American Ethnic Groups, Cambridge, MA / London: Harvard University Press 1980; U.S. Bureau of the Census, Statistical Abstract of the United States 1994.

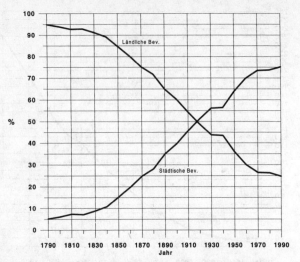

Verhältnis zwischen städtischer und ländlicher Bevölkerung

Quelle: U.S. Bureau of the Census, Historical Statistics of the United States, Colonial Times to 1970; Statistical Abstract of the United States 1994.

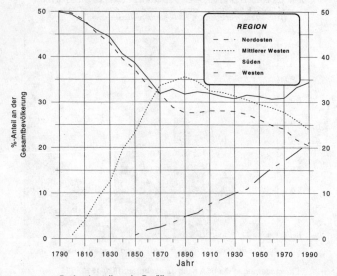

Regionalverteilung der Bevölkerung

Quelle: U.S. Bureau of the Census, Historical Statistics of the United States, Colonial Times to 1970; Statistical Abstract of the United States 1994.

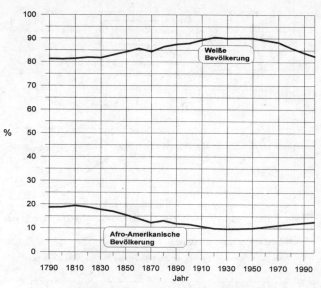

Anmerkung: In dieser Graphik werden die *Hispanic Americans*, die in den Zensusberichten im Regelfall nicht als eigenständige Ethnie aufgeführt werden, ihrem Anteil nach den beiden aufgeführten Gruppen zugeordnet.

Verhältnis zwischen afro-amerikanischer und weißer Bevölkerung

Quelle: U.S. Bureau of the Census, Historical Statistics of the United States, Colonial Times to 1970; Statistical Abstract of the United States 1994; <http:\\www.census.gov>

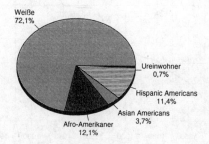

Anmerkung: Die Kategorie der Ureinwohner wird in den Zensusberichten noch in Indianer, Eskimos und Aleuten unterschieden.

Ethnische Zusammensetzung der amerikanischen Bevölkerung 1998

Quelle: U.S. Bureau of the Census, <http:\\www.census.gov>

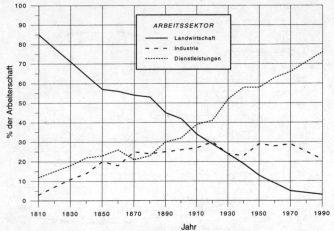

Wandel der Arbeitsmarktstruktur

Quelle: Nach: Henretta et al. (Hrsg.), America's History, New York: Worth Publishers 1993.[2]

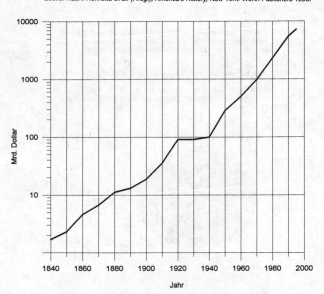

Entwicklung des Bruttosozialproduktes der USA, 1840-1995

Anmerkung: Die BSP-Werte werden auf einer logarithmischen Skala dargestellt.

Quelle: U.S. Bureau of the Census, Historical Statistics of the United States, Colonial Times to 1970; James A. Henretta et al., America's History, New York: Worth Publishers[3]1997.

4. Zeittafel

30 000–12 000 v.Chr.	Besiedlung Nordamerikas
1 000–1 300 n.Chr.	Mississippi-Kultur
1565	Spanier gründen St. Augustine, Florida
1607	Jamestown, Virginia, als erste dauerhafte englische Kolonie auf dem nordamerikanischen Festland gegründet
1619	die ersten Afrikaner werden nach Virginia gebracht
1620	Pilgrims gründen Plymouth-Kolonie
1629	Puritaner gründen Massachusetts Bay-Kolonie
1634	Gründung von Maryland
1636	Roger Williams gründet Rhode Island
1637	Pequot-Wars gegen Indianer im Neuengland
1639	Siedler im Connecticut-Gebiet schließen sich zusammen
1663	Gründung der Carolina-Kolonie
1664	Briten übernehmen Neu-Amsterdam (New York) von den Niederländern
1681	William Penn gründet die Quäker-Kolonie Pennsylvania
1692	Hexenprozesse in Salem, Massachusetts
1732	Gründung von Georgia
ab 1734	religiöse Erweckungsbewegung (*Great Awakening*) in Neuengland
1754	Beginn des *French and Indian War*; Benjamin Franklins Einigungsplan von Albany scheitert
1759	Eroberung von Quebec
1763	Friede von Paris: Kanada fällt an Großbritannien
1765	*Stamp Act* löst Protestwelle in den Kolonien aus
1770	Boston-Massaker fordert fünf Tote
1772	Kolonien richten Korrespondenzkomitees ein
1773	*Boston Tea Party* als Protest gegen Teesteuer
1774	britische Strafmaßnahmen gegen Massachusetts (*Coercive Acts*); erster Kontinentalkongreß tagt in Philadelphia

1775	mit Gefechten bei Lexington und Concord, Massachusetts, beginnt der Unabhängigkeitskrieg; zweiter Kontinentalkongreß tritt in Philadelphia zusammen
1776	Sieg bei Saratoga; Annahme einer Konföderationsverfassung (*Articles of Confederation*) durch den Kongreß; sie wird bis 1781 von den Staaten ratifiziert
1778	Bündnis mit Frankreich
1781	britische Kapitulation in Yorktown
1783	Friedensvertrag von Paris bestätigt die Unabhängigkeit der Vereinigten Staaten
1787	*Northwest Ordinance* des Kongresses regelt Besiedlung und Organisation des Ohio-Gebiets
Mai.–Sept. 1787	Verfassungskonvent in Philadelphia
1787/88	Alexander Hamilton, James Madison und John Jay verteidigen den Verfassungsentwurf in den *Federalist Papers*
1788	neue Bundesverfassung tritt in Kraft
1789	George Washington erster Präsident der USA
1790	Alexander Hamiltons Finanzprogramm vom Kongreß angenommen
1791	*Bill of Rights* als Ergänzung zur Verfassung
1795	*Jay Treaty* mit Großbritannien
1796	Washingtons *Farewell Address* verurteilt Parteiengeist und warnt vor permanenten Bündnissen
1798	unerklärter Krieg gegen Frankreich
1801	Thomas Jefferson dritter Präsident der USA
1803	Kauf des Louisiana-Gebiets von Napoleon
1803	*Marbury v. Madison* bestätigt die Kompetenz des *Supreme Court*, Kongreßgesetze für verfassungswidrig zu erklären
1804–05	Lewis und Clark-Expedition von St. Louis zum Pazifik
1812–14	Krieg gegen Briten und Indianer
1815	Friedensvertrag von Gent
ab 1817	*American Colonization Society* fördert Rücksiedlung von Schwarzen nach Afrika
1820	Missouri-Kompromiß in der Sklavereifrage

Zeittafel 545

1823	Monroe-Doktrin
1825	Eröffnung des Erie-Kanals
4.7.1826	Thomas Jefferson und John Adams sterben am 50. Jahrestag der Unabhängigkeitserklärung
1828	Baltimore and Ohio Railroad
1830	*Indian Removal Act* erlaubt Vertreibung der Indianer aus dem Gebiet östlich des Mississippi
ab 1831	William Lloyd Garrison kritisiert die Sklaverei in der Zeitung *The Liberator*
1832	Antisklaverei-Gesellschaft in Neuengland gegründet
1832/33	Zollstreit zwischen der Bundesregierung und South Carolina (*Nullification Crisis*)
1835	Alexis de Tocqueville: *De la démocratie en Amérique*
1836	Siedler in Texas erklären ihre Unabhängigkeit von Mexiko
1838	Vertreibung der "fünf zivilisierten Stämme" (*Trail of Tears*)
1842	Überland-Treck von Siedlern nach Oregon beginnt
1845	Texas als Sklavenstaat in die Union aufgenommen
1846–48	Krieg gegen Mexiko
1846	Teilung des Oregon-Territoriums mit Großbritannien; Mormonen ziehen zum Großen Salzsee (Utah)
ab 1847	starke Einwanderungswelle aus Irland und Deutschland
1848	"Goldrausch" in Kalifornien Gründung der *Free Soil Party* Treffen von Frauenrechtlerinnen in Seneca Falls, New York Friedensvertrag von Guadalupe Hidalgo mit Mexiko
1850	Aufnahme von Kalifornien als sklavenfreier Staat Sklavereikompromiß im Kongreß
1851	Gründung der fremdenfeindlichen *American Party*
1852	Harriet Beecher Stowe: *Uncle Tom's Cabin*
1854	Kansas-Nebraska Act; Gründung der *Republican Party*
1857	Beginn einer Wirtschaftskrise
1857	sklavereifreundliches Urteil des Supreme Court im Fall *Dred Scott v. Sanford*

1858	Lincoln-Douglas-Debatten in Illinois
1859	John Browns Überfall auf Harper's Ferry
1860	Wahl Abraham Lincolns zum Präsidenten; South Carolina sagt sich als erster Staat von der Union los
1861	die Sezessionsstaaten bilden die Confederate States of America
12.4.1861	mit der Beschießung von Fort Sumter vor Charleston, South Carolina, beginnt der amerikanische Bürgerkrieg
22.9.1862	Vorläufige Emanzipationserklärung (tritt am 1.1.1863 in Kraft)
1.–3.7.1863	Sieg des Nordens in der Schlacht von Gettysburg, Pennsylvania
4.7.1863	Kongreß richtet *Freedmen's Bureau* für befreite Sklaven ein; Beginn der *Reconstruction*
1864	Eroberung von Atlanta, Georgia, General William T. Shermans "March to the Sea"; Wiederwahl Lincolns
9.4.1865	Kapitulation von General Robert E. Lee bei Appomattox Court House
14.4.1865	Ermordung Lincolns in Washington
1866	13. Amendment hebt die Sklaverei auf
1867	Alaska von Rußland gekauft
1868	Amtsenthebungsverfahren gegen Präsident Andrew Johnson scheitert knapp; 14. Amendment sichert Afro-Amerikanern Bürgerrechte zu
1869	erste transkontinentale Eisenbahnverbindung
1870	15. Amendment gewährt männlichen Afro-Amerikanern das Wahlrecht
1871	Großbrand verwüstet Chicago
1872	Andrew Carnegie errichtet Stahlwerk in Pittsburgh
1873	Finanzpanik löst mehrjährige Wirtschaftskrise aus
1874	*Women's Christian Temperance Union* beginnt Kampf gegen den Alkoholkonsum
1876	US-Kavallerieeinheit wird am Little Bighorn River, Montana, von Indianern aufgerieben
1877	mit der Wahl von Rutherford B. Hayes zum Präsidenten endet die *Reconstruction*

1878	Gustavus Swift setzt Kühlwagen in der Fleischindustrie ein
1879	Thomas A. Edison erfindet die Glühbirne
1881	Ermordung von Präsident James A. Garfield Kongreß schließt Chinesen von der Einwanderung aus
1883	*Civil Service Act* reformiert die Verwaltung
1885	erstes modernes Hochhaus in Chicago errichtet
1886	Bombenanschlag auf dem Haymarket in Chicago Gründung der *American Federation of Labor* (AFL)
1887	*Dawes Severalty Act* stellt Indianerpolitik auf neue Grundlage; *Interstate Commerce Commission* reguliert das Eisenbahnwesen
1889	Oklahoma wird für weiße Siedler geöffnet Beginn des Schlachtflottenbaus
1890	Massaker an Indianern bei Wounded Knee, South Dakota Alfred Thayer Mahan: *The Influence of Seapower on History*
1892	Gründung der populistischen *People's Party*
1893	Beginn einer mehrjährigen Wirtschaftskrise Frederick Jackson Turner: *The Significance of the Frontier in American History* Weltausstellung in Chicago *Interstate Commerce Commission; Sherman Anti-Trust Act*
1895	Konflikt mit Großbritannien über Grenzziehung in Venezuela
1896	*Supreme Court* erklärt in *Plessy v. Ferguson* die Rassentrennung für verfassungskonform
1898	Krieg gegen Spanien; die USA erobern Kuba, Puerto Rico und die Philippinen; Hawaii und Guam werden annektiert
1900	Henry Ford beginnt in Dearborn, Michigan, mit der Fließbandproduktion von Automobilen
1901	Ermordung von Präsident William McKinley; Nachfolger Theodore Roosevelt Gründung der *Socialist Party*
1903	Panama-Kanal-Vertrag
1904	Ergänzung der Monroe-Doktrin (*Roosevelt Corollary*)

1905	Präsident Roosevelt vermittelt im russisch-japanischen Krieg
1906	Erdbeben zerstört San Francisco
1909	Gründung der *National Association for the Advancement of Colored People* (NAACP)
1912	Gründung der *Progressive Party*; Wahl Woodrow Wilsons zum Präsidenten
1913	*Federal Reserve Act* führt Zentralbanksystem ein
1914	*Clayton Antitrust Act*
1915	deutsches Uboot versenkt amerikanisches Passagierschiff "Lusitania"
6.4.1917	Kriegserklärung an das Deutsche Reich
1918	Präsident Wilson schlägt Gründung eines Völkerbundes vor (Vierzehn-Punkte-Programm)
1919	US-Senat lehnt Versailler Vertrag und Völkerbund ab Unterdrückung und Deportation von Radikalen (*Red Scare*) 18. Amendment führt bundesweites Alkoholverbot (*Prohibition*) ein (1933 durch 21. Amendment wieder aufgehoben)
1920	19. Amendment gewährt Frauenwahlrecht
1921	Washingtoner Flottenkonferenz der Großmächte
1924	*National Origins Act* begrenzt die Einwanderung durch ein Quotensystem Indianer werden US-Staatsbürger – Dawes-Plan zur Stabilisierung der europäischen Wirtschaft
1927	Charles Lindbergh überquert im Alleinflug den Atlantik
1928	Kellogg-Briand-Pakt zur Kriegsächtung
1929	Kurssturz an der Wall Street löst Weltwirtschaftskrise aus Young-Plan regelt deutsche Reparationsverpflichtungen
1933	Präsident Franklin D. Roosevelt leitet das Reformprogramm des *New Deal* ein
1935–37	Kongreß verabschiedet Neutralitätsgesetze
1935	Gründung des *Congress of Industrial Organizations* (CIO)
1940	Wiedereinführung der Wehrpflicht

März 1941	*Lend-Lease Act* zur Unterstützung der Alliierten
Aug. 1941	Verkündung der Atlantic Charter
7.12.1941	japanischer Überraschungsangriff auf Pearl Harbor
11.12.1941	deutsche Kriegserklärung an die USA
1942	Internierung der Japaner an der Westküste
1943	Präsident Roosevelt fordert "unconditional surrender"
1944	Landung der Alliierten in der Normandie Wirtschaftskonferenz von Bretton Woods, New Hampshire
1945	Jalta-Konferenz
12.4.1945	Tod Roosevelts in Warm Springs, Georgia; Nachfolger Harry S. Truman
25.4.1945	Beginn der San Francisco-Konferenz; Gründung der Vereinten Nationen
8.5.1945	Kapitulation des Deutschen Reiches
Juli–Aug. 1945	Konferenz von Potsdam
Aug. 1945	Abwurf von Atombomben auf Hiroshima (6.8.) und Nagasaki (9.8.)
2.9.1945	Kapitulation Japans
1947	Truman-Doktrin und Beginn des Kalten Krieges Gründung des *National Security Council* (NSC) und der *Central Intelligence Agency* (CIA)
1948	Marshall-Plan vom Kongreß verabschiedet; Luftbrücke für Berlin eingerichtet
1949	USA treten der NATO bei
1950–53	USA führen UNO-Koalition im Korea-Krieg
1951	22. Amendment begrenzt die Amtszeit des Präsidenten auf acht Jahre
1953	US-Interventionen im Iran und in Guatemala
1954	Höhepunkt der Kommunistenfurcht (McCarthyism) Supreme Court erklärt in *Brown v. Board of Education* die Rassentrennung im Bildungswesen für verfassungswidrig
1955	USA beteiligen sich an der Genfer Indochinakonferenz Vereinigung der AFL/CIO
1955/56	Martin L. King organisiert Busboykott in Montgomery, Alabama; Beginn der Bürgerrechtsbewegung

1957	Rassenunruhen in Little Rock, Arkansas Höhepunkt des "Baby Boom"
1958	US-Intervention in Libanon
Nov. 1960	John F. Kennedy schlägt Richard Nixon im Präsidentschaftswahlkampf
1961	Invasion in der Schweinebucht auf Kuba scheitert
Aug. 1961	Berlinkrise nach Mauerbau
Okt. 1962	Kubakrise
28.8.1963	"Marsch auf Washington"; Martin Luther Kings "I have a Dream"-Rede
22.11.1963	Ermordung John F. Kennedys in Dallas, Texas; Nachfolger Lyndon B. Johnson
1964	*Civil Rights Act* Eskalation des Vietnamkrieges nach Zwischenfall im Golf von Tongking
1965	*Voting Rights Act* *Immigration Act* löst das nationale Quotensystem ab
1966	Gründung der *National Organization for Women* (NOW)
Jan. 1968	Tet-Offensive des Vietcong
4.4.1968	Ermordnung von Martin Luther King in Memphis, Tennessee
5.6.1968	Ermordung von Robert Kennedy in Los Angeles
Nov. 1968	Wahlsieg Richard M. Nixons
1969	*American Indian Movement* (AIM) besetzt Alcatraz Stonewall-Zwischenfall stößt *Gay Liberation Movement* an
21.7.1969	Apollo II-Mission landet auf dem Mond
1970	Invasion von Kambodscha löst neue Antikriegsproteste aus Einrichtung der *Environmental Protection Agency* (EPR)
1971	Veröffentlichung der *Pentagon Papers*
1972	Präsident Nixon besucht die Volksrepublik China Abschluß des SALT I-Abrüstungsvertrags in Moskau
1973	arabischer Ölboykott nach Yom-Kippur-Krieg
1973	Vietnam-Friedensschluß in Paris *Supreme Court* legalisiert in *Roe v. Wade* den Schwan-

	gerschaftsabbruch in den ersten drei Monaten Kongreß verabschiedet den *War Powers Act*
1974	Watergate-Skandal führt zum Rücktritt Präsident Nixons; Nachfolger Gerald R. Ford
1975	Fall von Saigon beendet den Vietnamkrieg
1978	Präsident Jimmy Carter vermittelt Camp David-Friedensabkommen zwischen Ägypten und Israel
1979	Aufnahme diplomatischer Beziehungen mit der Volksrepublik China Revolution im Iran und Geiselnahme in der Teheraner US-Botschaft sowjetische Invasion in Afghanistan; SALT II-Vertrag scheitert im Senat
Nov. 1980	Ronald W. Reagan besiegt Präsident Carter
1981	Freilassung der Geiseln in Teheran US-Intervention in Nicaragua
1983	US-Intervention in Grenada, Karibik
1984	mit Geraldine Ferraro tritt erstmals eine Frau als Vizepräsidentschaftskandidatin an
1986	Iran-Contra-Affäre
1989	US-Intervention in Panama
1991	USA führen Koalition im Golfkrieg gegen Irak Auflösung der Sowjetunion beendet Kalten Krieg
1992	Rassenunruhen in Los Angeles Bill Clinton schlägt Präsident George Bush Beginn eines Wirtschaftsbooms
1993	US–Intervention in Somalia scheitert USA vermitteln Friedensabkommen zwischen Israel und den Palästinensern
1994	US-Intervention in Haiti Sieg der Republikaner bei den Kongreßwahlen
1995	US-Intervention beendet Bosnien-Krieg
1996	Wiederwahl Clintons; die zweite Amtszeit ist von Affären überschattet
Jan. 1998	Beginn des Lewinsky-Skandals
Aug. 1998	Bombenanschläge auf US-Botschaften in Kenia und Tansania; Vergeltungsschläge der USA in Afghanistan und Sudan

Dez. 1998	Britisch-amerikanische Luftangriffe auf den Irak; Einleitung eines Impeachment-Verfahrens gegen Präsident Clinton durch das U.S.-Repräsentantenhaus
Febr. 1999	Freispruch Clintons im U.S.-Senat
März 1999	Beginn des Kosovo-Krieges

[aus: Einführung in die amerikanische Geschichte, ed. Jürgen Heideking und Vera Nünning. München: Beck 1998]

5. Die Präsidenten der Vereinigten Staaten

1.	George Washington	1789–1797	Federalist
2.	John Adams	1797–1801	Federalist
3.	Thomas Jefferson	1801–1809	Jeff. Republican
4.	James Madison	1809–1817	Jeff. Republican
5.	James Monroe	1817–1825	Jeff. Republican
6.	John Quincy Adams	1825–1829	Jeff. Republican
7.	Andrew Jackson	1829–1837	Demokrat
8.	Martin Van Buren	1837–1841	Demokrat
9.	William Henry Harrison	1841 (gest.)	Whig
10.	John Tyler	1841–1845	Whig
11.	James K. Polk	1845–1849	Demokrat
12.	Zachary Taylor	1849–1850 (gest.)	Whig
13.	Millard Fillmore	1850–1853	Whig
14.	Franklin Pierce	1853–1857	Demokrat
15.	James Buchanan	1857–1861	Demokrat
16.	Abraham Lincoln	1861–1865 (erm.)	Republikaner
17.	Andrew Johnson	1865–1869	Republikaner
18.	Ulysses S. Grant	1869–1877	Republikaner
19.	Rutherford B. Hayes	1877–1881	Republikaner
20.	James A. Garfield	1881 (erm.)	Republikaner
21.	Chester A. Arthur	1881–1885	Republikaner
22.	Grover Cleveland	1885–1889	Demokrat
23.	Benjamin Harrison	1889–1893	Republikaner
24.	Grover Cleveland	1893–1897	Demokrat
25.	William McKinley	1897–1901 (erm.)	Republikaner
26.	Theodore Roosevelt	1901–1909	Republikaner
27.	William H. Taft	1909–1913	Republikaner
28.	Woodrow Wilson	1913–1921	Demokrat
29.	Warren G. Harding	1921–1923 (gest.)	Republikaner
30.	Calvin Coolidge	1923–1929	Republikaner
31.	Herbert C. Hoover	1929–1933	Republikaner

32.	Franklin D. Roosevelt	1933–1945 (gest.)	Demokrat
33.	Harry S. Truman	1945–1953	Demokrat
34.	Dwight D. Eisenhower	1953–1961	Republikaner
35.	John F. Kennedy	1961–1963 (erm.)	Demokrat
36.	Lyndon B. Johnson	1963–1969	Demokrat
37.	Richard M. Nixon	1969–1974 (Rücktritt)	Republikaner
38.	Gerald R. Ford	1974–1977	Republikaner
39.	Jimmy Carter	1977–1981	Demokrat
40.	Ronald Reagan	1981–1989	Republikaner
41.	George Bush	1989–1993	Republikaner
42.	Bill Clinton	1993–	Demokrat

[aus: Horst Dippel, *Geschichte der USA*. München: Beck 1996]

XI.
Register

1. Namenregister

Abernathy, Ralph 397
Acheson, Dean G. 344, 347, 350–351, 360, 410
Adams, Abigail 44, 99
Adams, Charles Francis 208
Adams, Herbert B. 207
Adams, John 24, 34–36, 44, 46, 56, 75–76, 79, 85–91, 102–104, 111
Adams, John Quincy 79, 96, 104–106, 110–111, 117, 134–136, 147
Adams, Samuel 33–35, 65
Addams, Jane 248, 262
Adenauer, Konrad 390, 403
Adorno, Theodor W. 326
Agassiz, Louis 215
Agnew, Spiro 428
Aguinaldo, Emilio 236
Albright, Madeleine K. 495
Alexander d. Große 150
Alexander I von Rußland 106
Allen, Richard 49
Allende, Salvador 464
Ames, Aldrich 473
Anderson, John B. 437
Annan, Kofi 503
Anneke, Mathilde Franziska 153
Anthony, Susan B. 215
Arafat, Jasir 462, 495–496
Arbenz Guzmán, Jacob 382
Arendt, Hannah 326
Arias, Oscar 466
Aristide, Jean-Bertrand 482
Armstrong, Louis 288
Arthur, Chester A. 210, 229
Assad, Hafez el 485

Astor, Johann Jacob 94
Attlee, Clement 337

Bahr, Egon 392
Bailyn, Bernard 36
Baker, Ella 398
Baker, James 466, 469–470
Baltimore, George Calvert Earl of 6
Bancroft, George 206
Banneker, Benjamin 49
Barbie, Klaus 348
Barlow, Joel 83
Bartholdy, Frédéric Auguste 200
Beard, Charles A. 245
Beaumont, Gustave de 127
Beck, Ludwig 333
Beecher Stowe, Harriet 128
Beecher, Lyman 126, 128
Beethoven, Ludwig van 98
Begin, Menachim 434, 462
Belknap, Jeremy 83
Bell, Alexander G. 205
Bell, Daniel 376, 452
Bell, John 164
Bellah, Robert N. 453
Bellamy, Edward 218
Berger, Victor 257
Berle, Adolf A., Jr. 304
Bernard, Francis 33
Bernstein, Carl 427
Bin Laden, Osama 496
Birney, James G. 145
Bismarck, Otto v. 185, 211, 233
Blackstone, Sir William 23, 37
Bohlen, Charles 347

Bolingbroke, Henry St. John, Viscount 23, 37
Booth, John Wilkes 174
Born, Max 330
Bourne, Randolph 254
Boutros-Ghali, Boutros 503
Brandeis, Louis D. 313
Brando, Marlon 370
Brandt, Willy 391–392, 423
Braun, Carol Mosely 478
Braun, Wernher von 347
Brecht, Berthold 326
Breckinridge, John C. 164
Breschnew, Leonid 434
Breyer, Stephen 499
Briand, Aristide 294
Brinckley, Alan 494
Brown, H. Rap 406
Brown, John 160, 163
Brüning, Heinrich 298, 326
Bryan, William Jennings 223–224, 236, 240, 261, 263, 286
Bryce, James 210
Buchanan, James 149, 159, 161, 164
Buchanan, Pat 490
Bundy, McGeorge 388
Buneau-Varilla, Philippe 238
Burger, Warren E. 415
Burgoyne, John 52
Burke, Edmund 21, 39
Bush, George 362, 414, 456–457, 466, 469–477, 480, 482
Butler, Richard 496
Byrnes, James F. 338, 349

Calamity Jane (Martha Jane Cannary) 190
Calhoun, John C. 95, 135, 140–142, 148, 152, 157
Calley, William L. 422
Canaris, Wilhelm 333
Capone, Alphonse "Al" 281
Carmichael, Stokely 406
Carnegie, Andrew 205, 236, 262
Carter, James Earl "Jimmy" 414, 432–437, 456, 461, 464–465, 469, 480

Casey, William 465
Castro, Fidel 375, 384, 390, 406
Chamberlain, Austin 294
Chamberlain, Houston Steward 215
Chamberlain, Neville 319
Chamorro, Violeta 466
Channing, Edward 231
Charles I. 10
Charles II. 7, 14–15
Chavez, Cesar 409
Cheney, Richard 469
Chiang Kai-schek 333, 339, 360, 374
Christopher, Warren 482
Chruschtschow, Nikita 385, 390–391
Chu En-Lai 423
Churchill, Winston 320, 322, 324, 331–334, 336–337, 349
Clark, William 93
Clay, Henry 95, 97, 107, 110–111, 117, 135–136, 141–142, 146, 149, 154, 159
Clay, Lucius D. 348–350, 352–354
Cleaver, Eldridge 407
Cleveland, Grover 210, 223, 230, 234
Clinton, DeWitt 115
Clinton, Hillary Rodham 480–481, 491, 494, 497
Clinton, Roger 479
Clinton, Sir Henry 53
Clinton, William Jefferson "Bill" 473, 478–499, 508
Cody, William F. "Buffalo Bill" 193–194
Cogswell, Joseph 206
Cohen, William 495
Coke, Sir Edward 37
Collier, John 314
Conant, James B. 330
Coolidge, Calvin 277–278, 289, 294, 303
Cornwallis, Charles Lord 53
Coughlin, Charles E. 309
Cox, Archibald 428
Cox, James M. 303
Coxey, Jacob E. 220
Crazy Horse 194

Namenregister

Creel, George 267
Crèvecoeur, St. John de 18, 102
Crockett, David 136, 147
Cromwell, Oliver 59
Custer, George A. 194

Darwin, Charles 202, 215, 286
Davis, Angela 407
Davis, Jefferson 164, 169, 174
Dean, James 370
Debs, Eugene V. 257–258, 262, 268
Deere, John 118
Dempsey, Jack 281
Dewey, George 235
Dewey, John 244–245
Dewey, Thomas 335
Dickinson, John 33, 35
Diem, Ngo Dinh 383, 395
Dillingham, William P. 254
Disney, Walt 494
Dix, Dorothea 127
Dodge, Joseph 355, 360
Dole, Robert "Bob" 487
Donelson, Andrew Jackson 152
Donovan, William J. 324, 331
Dos Passos, John 286
Douglas, Stephen A. 153–154, 156, 161–164
Douglass, Frederick 127–128
Dreiser, Theodore 286
Du Bois, William E.B. 256–257, 288
Dukakis, Michael 469
Dulles, Allen W. 382, 390
Dulles, John Foster 379–380, 384–385
Dwight, Timothy 83

Earp, Wyatt 190
Edison, Thomas A. 205
Einstein, Albert 326, 330
Eisenhower, Dwight D. 328, 332, 334–335, 347, 363, 376–385, 388, 390, 395, 413
Elisabeth I. 6
Ellington, Edward "Duke" 288
Ellsberg, Daniel 423

Emerson, Ralph Waldo 124, 175, 254
Erhard, Ludwig 403
Erikson, Erik H. 326
Everett, Edward 206

Fall, Albert 278
Falwell, Jerry 451
Farragut, David G. 168
Farrakhan, Louis 507
Faulkner, William 287
Ferguson, Adam 59
Fermi, Enrico 330
Ferraro, Geraldine 456
Fillmore, Millard 145, 159
Finney, Charles G. 123
Fiske, John 57, 232
Fitzgerald, F. Scott 286
Ford, Gerald R. 429–432
Ford, Henry 205, 262
Forrest, Nathan Bedford 182
Franco, Francisco 316
Frankfurter, Felix 313, 331
Franklin, Benjamin 17, 23–24, 26, 30, 52, 56
Frémont, John C. 150, 159
Freud, Sigmund 287
Friedan, Betty 407–408
Fromm, Erich 326
Fuchs, Klaus 330
Fulbright, J. William 354, 410
Fulton, Robert 115

Gaddafi, Muammar al 462
Gaddis, John L. 345
Gage, Thomas 39
Galbraith, John Kenneth 371
Gallatin, Albert 91, 96
Galloway, Joseph 35–36
Gandhi, Mahatma 397
Garfield, James 210
Garibaldi, Guiseppe 153
Garrison, William Lloyd 127–129
Garvey, Marcus 287
Gates, Horatio 52
Gates, William Henry ("Bill") 500
Gaulle, Charles de 392–393

Gehlen, Reinhard 347
Genet, Edmond Charles 81–82
Genscher, Hans-Dietrich 470
George II. 7
George III. 26, 28, 32, 34, 36, 38–40, 42, 53, 56
Geronimo 195
Gerry, Elbridge 72
Gershwin, George 288
Gilbert, Felix 326
Gilbert, Parker 293
Gingrich, Newt 484, 493
Ginsberg, Allen 409
Ginsburg, Ruth Bader 499
Glazer, Nathan 453
Gobineau, Joseph de 215
Goerdeler, Carl 333
Goethe, Johann Wolfgang v. 98
Goldberger, Ludwig Max 244
Goldhagen, Daniel Jonah 498
Goldwater, Barry M. 399, 403, 451
Gompers, Samuel 219, 224
Gorbatschow, Michail 454, 467–471, 473
Gordon, Thomas 37
Gore, Al 480
Goya, Francisco José de 98
Graebner, Norman A. 345
Graham, Billy 377
Grant, Ulysses S. 168, 172–173, 180–181, 183, 194, 208
Grasse, François Comte de 53
Greene, Nathaniel 53
Greenspan, Alan 489
Grenville, George 29–31
Grimké, Angelina 128
Grimké, Sarah 128
Gropius, Walter 326
Guevara, Ernesto "Che" 406

Hall, Prince 49
Hamilton, Alexander 53, 64–65, 68, 72–73, 77–81, 86–87, 90–91, 246
Hammarskjöld, Dag 385, 394
Hanna, Mark 224

Hannibal 150
Harding, Warren G. 268, 273, 277–278, 289, 291, 303
Harriman, W. Averell 344, 347, 351, 356
Harrison, Benjamin 210
Harrison, William Henry 95, 144–145
Hartz, Louis 367
Hawthorne, Nathaniel 124, 175
Hay, John 235, 242
Hayek, Friedrich August v. 452
Hayes, Rutherford B. 183–184, 210, 218
Hearst, William Randolph 232
Hecker, Friedrich 152–153
Hemingway, Ernest 286, 317
Henry, Patrick 35, 41, 65
Herzen, Alexander Iwanowitsch 153
Hickock, James B. "Wild Bill" 190
Hiss, Alger 365, 413
Hitler, Adolf 309, 316, 319, 322–323, 325, 329, 333, 356, 382
Ho Chi Minh 333, 382, 406
Holbrooke, Richard 484
Holliday, Doc 190
Hooker, Thomas 12
Hoover, Herbert 277–278, 289, 295–299, 301–303, 351
Hoover, J. Edgar 325
Hopkins, Harry 304, 308, 311, 331, 336
Hopkinson, Francis 24, 83
Horkheimer, Max 326
House, Edward M. 261, 270, 331
Howe, Richard 51, 54
Howe, William 51–52, 54
Hughes, Charles E. 290, 309
Hughes, Langston 289
Hull, Cordell 318, 323, 331
Humboldt, Wilhelm v. 207
Hume, David 23
Humphrey, Hubert H. 411–413
Humphreys, David 83
Hussein, König v. Jordanien 495
Hussein, Saddam 461, 474–476, 496
Hutcheson, Francis 59

Namenregister

Ickes, Harold 304, 308, 314

Jackson, Andrew 97, 105, 110–111, 135–142, 147
Jackson, Thomas H. "Stonewall" 167
James I. 10
James II. 14
James, William 244
Jay, John 56, 73, 82
Jefferson, Thomas 5, 36–37, 41–42, 61, 63, 78–79, 81, 85–94, 98, 100–104, 107, 111, 159, 188, 214, 222, 245–246, 358, 377–378
Jelzin, Boris 474, 482
Johann, Erzherzog 152
Johannes Paul II. 461
Johnson, Andrew 174, 177–181, 186, 492
Johnson, Lyndon B. 225, 343, 395, 397, 399–404, 410–412
Jones, Paula 490–491
Jordan, Vernon 491

Kellogg, Frank B. 290, 294
Kennan, George F. 344, 351, 354, 356, 361, 478
Kennedy, Jacqueline 396
Kennedy, John F. 225, 343, 383, 386–397, 402–403, 405, 412, 421, 478–479
Kennedy, Robert 388–389, 411
Kerouac, Jack 409
Key, Francis Scott 97
Keynes, John Meynard 299
Kiesinger, Kurt-Georg 403
Kim Il Sung 363
King, Martin Luther Jr. 368, 389, 397–399, 411, 441
Kissinger, Henry A. 345, 416, 420–423, 425–429, 433
Klemperer, Otto 326
Knox, Frank 320
Kohl, Helmut 459, 470–471, 498
Kolko, Gabriel 344
Kolko, Joyce 344
Kolumbus, Christoph 2, 83

Kossuth, Louis 153
Kristol, Irving 452

L'Enfant, Pierre 78, 92, 328
Lafayette, Marie Joseph Marquis de 53, 79
LaFollette, Robert M. 249, 251, 262, 278
Landon, Alfred 312
Lansing, Robert 261
Lazarus, Emma 200
Le Duc Tho 425
Lease, Mary E. 222
Lee, Richard Henry 35, 40, 85
Lee, Robert E. 165, 167, 171–173, 231
Leffler, Melvyn P. 345
Lenin, W.I.U. 271
Lesseps, Ferdinand de 238
Leuchtenburg, William 313
Lewinsky, Monica 490–492, 494
Lewis, John L. 310, 319
Lewis, Meriwether 93
Lewis, Sinclair 286
Lichtenstein, Roy 371
Lieber, Franz 152
Lincoln, Abraham 146, 150, 158–159, 161–167, 169–172, 174–177, 185, 214, 225, 231–232, 250, 269
Lindbergh, Charles A. 281, 319
Lipset, Seymour M. 453
Livingston, Robert R. 92
Lloyd, Henry Demarest 218
Locke, Alain 289
Locke, John 37, 41, 46
Lodge, Henry Cabot 230
Long, Huey 309
Louis Philippe 83
Louis, Joe 288
Lubitsch, Ernst 326
Luce, Henry 499
Ludwig XVI. 52, 80
Lumumba, Patrice 394

MacArthur, Douglas 301, 333–334, 339, 362–363
Mackenzie, William L. 321

Madison, James 64—65, 69—70, 73—75, 78—79, 86, 89, 94—96, 99—101, 105
Mahan, Alfred T. 229, 238
Malcolm X. 406
Mann, Horace 126
Mann, Thomas 326
Mao Tse-tung 333, 340, 406, 423, 463
Marcuse, Herbert 326, 405
Marshall, George C. 330—332, 334, 350—351
Marshall, John 88—89, 117, 137—139, 409, 417
Marshall, Thurgood 367, 407
Mason, George 46, 71—72
Mazzini, Guiseppe 153
McCarthy, Joseph R. 366—367
McClellan, George B. 168, 172
McCloy, John J. 347, 353, 356
McFarlane, Robert 465
McGovern, George 426, 432
McKinley, William 223—224, 226, 233—234, 236—237
McMaster, John Bach 231
McNamara, Robert 388, 403
Melville, Herman 175
Mencken, H.L. 287
Metternich, Klemens Fürst v. 106
Mickey Mouse 494
Mills, C. Wright 405
Milošević, Slobodan 497
Mitchell, George 497
Mitterand, François 459
Moley, Raymond 304
Molotow, Wjatscheslaw Michailowitsch 337
Mondale, Walter 456
Monnet, Jean 352
Monroe, James 92, 104—106, 108, 110
Monroe, Marilyn 370
Montcalm, Louis Joseph Marquis de 27
Montesquieu, Charles de Secondat, Baron de 23, 44, 49, 64, 69, 73
Montgomery, Bernard 335
Morgan, John Pierpont 204—206, 223
Morgenthau, Henry Jr. 304, 331, 336
Morrison, Toni 440
Morse, Samuel 116
Mossadegh, Mohammed 381
Most, Johann 218—219
Mott, Lucretia 129
Moynihan, Daniel P. 453
Mubarak, Hosni 461
Mussolini, Benito 309, 316, 332
Myrdal, Gunnar 341

Napoleon Bonaparte 86, 90, 92—96, 98, 112
Napoleon III. 169, 185
Nasser, Gamal Abdel 381
Neale Hurston, Zora 289
Nehru, Dschawaharlal 384
Netanjahu, Benjamin 495
Neumann, Franz 326
Newton, Huey 406
Nimitz, Chester W. 333
Nitze, Paul 360, 472
Nixon, Richard M. 385—386, 411—416, 420—432, 453, 464, 492, 494
Noriega, Manuel 466
North, Frederick Lord 34, 38
North, Oliver 465
Nye, Joseph 316

O'Connor, Sandra Day 451
O'Neill, Eugene 287
O'Sullivan, John L. 146
Oakley, "Little Annie" 190
Oldenbourg, Claes 371
Olney, Richard 230
Onís, Luis de 105
Oppenheimer, J. Robert 330
Oswald, Lee Harvey 395
Otis, James 30
Owen, Robert 124
Owens, Jesse 288

Pahlewi, Resa 381, 433—435
Paine, Thomas 40, 59
Papen, Franz v. 262
Parrington, Vernon L. 245
Pastorius, Franz Daniel 16, 17

Namenregister

Peale, Charles Willson 24, 83
Penn, William 15–17
Perkins, Frances 304
Perot, H. Ross 478, 487–488
Perry, Oliver 97
Pershing, John J. 264, 268
Pierce, Franklin 153, 155–156, 161
Pinckney, Thomas 82
Piscator, Erwin 326
Pitt, William 26, 28, 39
Pocahontas 3
Podhoretz, Norman 453
Poindexter, John 465
Polk, James K. 145, 148–153, 155
Pontiac 29
Pot, Pol 434
Pound, Roscoe 245
Powhatan 3
Presley, Elvis 370
Priestley, Joseph 83
Prosser, Gabriel 99, 132
Pulitzer, Joseph 232
Pullman, George 220

Rabin, Yitzhak 476, 485
Ramsay, David 83
Randolph, Edmund 65, 72
Rankin, Jeannette 264, 323
Reagan, Nancy 454
Reagan, Ronald 414, 437–438, 451, 454–469, 480, 484, 490
Reed, Ralph 452
Rehnquist, William 493
Reno, Milo 300
Revels, Hiram R. 179
Rhodes, James Ford 231
Rickenbacker, Edward 269
Rittenhouse, David 24
Robertson, Pat 451–452
Rochambeau, Jean Baptiste Donatien de Vimeur, Compte 53
Rockefeller, John D. 204–205
Rockingham, Charles Watson-Wentworth, Marquis of 33
Rogers, William P. 420
Rohe, Mies van der 326

Rommel, Erwin 332
Rönne, Friedrich Ludwig v. 152
Roosevelt, Eleanor 303–304
Roosevelt, Franklin D. 225, 239, 241, 284, 291, 302–308, 310–315, 317–325, 331–338, 340–341, 378, 387
Roosevelt, Theodore 230–231, 235–240, 242–243, 246, 250–251, 262, 291, 302, 464
Root, Elihu 230, 239
Rosenberg, Ethel 365
Rosenberg, Julius 365
Rostow, Walt W. 388
Rubin, Robert 495
Rush, Benjamin 24, 45, 76
Russel, John Lord 169
Ruth, George Herman 281

Sacco, Nicco 274
Sadat, Anwar as 428, 434, 461
Sanders, George N. 153
Santa Ana, Antonio López de 147, 150-151
Schamir, Yitzhak 476
Schewardnadze, Edward 470
Schlesinger, Arthur M. 388, 440
Schmidt, Helmut 459
Schönberg, Arnold 326
Schurz, Carl 153, 165, 208, 236
Schuyler, Philip 39
Scopes, John T. 286
Scott, Dred 160
Scott, Winfield 150
Scowcroft, Brent 469
Seale, Bobby 406
Seward, William 169, 174
Seymour, Horatio 181
Shays, Daniel 63
Shelley, Percy B. 98
Sheridan, Philip H. 194–195
Sherman, William T. 172–173, 194
Sherwood, Robert E. 331
Shultz, George 461
Sigel, Franz 153, 165, 185
Simpson, O.J. 507
Sinclair, Upton 250

Sitting Bull 194—195
Skelton, Mary Wayles 41
Slidell, John 149—150
Smith, Adam 47
Smith, Alfred 296, 303
Smith, John 9
Smith, Joseph 124—125
Sombart, Werner 198
Somoza, Anastasio 465
Spencer, Herbert 202
Spielberg, Steven 498
Spies, August 219
Stalin, Josef W. 309, 333—334, 336—338, 344, 346, 362—364
Stanton, Elizabeth Cady 129, 215
Starr, Kenneth 490—491, 493
Stein, Gertrude 286
Steinbeck, John 300
Steuben, Friedrich Wilhelm Baron v. 53
Stevens, Thaddeus 178
Stevenson, Adlai E. 376
Stimson, Henry L. 290, 295, 320, 330—331, 338
Strauss, Leo 326, 452
Stresemann, Gustav 294
Stuart, Gilbert 83
Suharto 463
Sukarno 384
Sullivan, Louis 247
Sumner, Charles 178
Sumner, William Graham 202
Swift, Gustavus 204—205

Taft, William Howard 240, 250—251, 278
Talleyrand, Charles Maurice de 83, 86
Taney, Roger B. 141—142, 160—161
Tappan, Henry Philipp 206
Tate, Allen 287
Taylor, Frederick W. 202
Taylor, Zachary 144—145, 150, 153
Tecumseh 95, 96
Teller, Henry M. 234
Tenskwatawa 95
Thant, U 391
Thatcher, Margaret 459

Thoreau, Henry David 175
Ticknor, George 206
Tito, Josip Broz 332, 384
Tocqueville, Alexis de 123, 125, 127, 210, 246, 327
Townsend, Francis E. 309
Trenchard, John 37
Trist, Nicholas 150
Trotzki, Leo 271
Truman, Harry S. 334, 337—338, 344, 346—347, 350—352, 356—360, 362—363, 366, 378—379
Trumbull, John 83
Tubman, Harriet 132
Tugwell, Rexford 304
Turner, Frederick Jackson 187—188, 198, 245
Turner, J.M. William 98
Turner, Nat 132
Twain, Mark 207
Tyler, John 144, 148

Van Buren, Martin 134—135, 140, 143—145, 154
Vanderbilt, Cornelius 204—205
Vanzetti, Bartolomeo 274
Vesey, Denmark 132

Walker, William 156
Wallace, George C. 412, 426
Wallace, Henry A. 304, 330, 337
Wallerstein, Immanuel 345
Walter, Bruno 326
Warhol, Andy 371
Warren, Earl 367—368, 415
Warren, Mercy Otis 83, 99
Warren, Robert Penn 287
Washington, Booker T. 236, 255—256
Washington, George 26, 39, 51, 53—54, 57, 63—65, 68, 75, 77—80, 82—86, 88—92, 98, 101, 104, 260, 358, 377
Washington, Martha 84
Wayne, Anthony 84
Weaver, James B. 223
Weber, Max 198

Webster, Daniel 96, 142, 159
Weill, Kurt 326
Weinberger, Caspar 461
Wertheimer, Max 326
West, Benjamin 24
Westinghouse, George 205
Wheatley, Phillis 49
Whitman, Walt 175
Whitney, Eli 100
Wilder, Billy 326
Wilhelm II. 233–234, 243, 267, 269
Wilkes, John 32
Willard, Frances 216
Williams, Roger 11
Willkie, Wendell 321
Wilmot, David 154
Wilson, Woodrow 210, 225–226, 231, 238, 240, 251–252, 260–264, 268–273, 291, 302, 304, 319, 464

Winthrop, John 10
Wischnewski, Hans–Jürgen 466
Witherspoon, John 64
Wolfe, James 27
Wood, Gordon S. 102
Wood, Robert E. 319
Woodward, Bob 427
Wright, Frank Lloyd 247
Wright, Orville 246
Wright, Wilbur 246

Young, Brigham 125
Young, Owen D. 294

Zangwill, Israel 254
Zimmermann, Arthur 263
Zuckmayer, Carl 326

2. Sachregister

Abessinien 316–317
Abilene, Kansas 191
Abolitionisten 15, 47–48, 99, 108, 127–129, 131, 145, 155, 160, 163, 170, 216
  Frauen 128–129, 181
Abtreibung 418–419, 451, 487, 494
Adams-Onis-Vertrag (1819) 105
Adamson Act (1916) 251
Aden, Golf v. 463
Affirmative Action 418, 453, 506
The Affluent Society 371
Afghanistan 434, 435–436, 458, 461, 467, 496
Afrika 3, 5, 7, 47, 100–101, 108–109, 119, 166, 229, 393–394, 434, 440, 462–464, 494, 497–498
Afro-Amerikaner 1, 102, 122, 157, 160–161, 211, 304
  Bevölkerungsentwicklung 100, 112, 131, 164, 213, 255–256, 341
  Bildung 126, 440–441
  Binnenwanderung 131, 255, 279, 329, 375
  Bürgerkrieg 170–171, 175
  Emanzipation 48, 84, 100, 132, 146, 166, 170–171, 173, 175, 184–185, 213, 398
  Erster Weltkrieg 265–266, 274
  Frauen 131, 449, 478
  Gewerkschaften 217, 219, 258
  Gilded Age 212–215, 217, 219
  Great Migration 255–266
  Kolonialzeit 3–7, 18–19
  Kultur 132–133, 266, 288–289, 440–441
  Lebensstandard 131–133, 182–183, 189, 279, 314, 376, 401–402, 406, 440–441, 446, 449, 494–495
  Lynchjustiz 255–256, 266, 314
  Nach 1945 367–368, 374–376, 386, 388–389, 397–402, 406–407, 411–412, 417–418, 420, 440–442, 446, 494–495
  Progressivismus 226, 253, 254–257
  Rassenunruhen 255, 266, 272, 407, 411, 443, 507
  "Rekolonisierung" 108–109, 166, 287
  Rekonstruktion 176–177, 179, 182–184, 187, 213
  Religion 133, 180, 397–398
  Revolution 47–49, 84, 93, 99–100
  Schwarzer Nationalismus 287–289, 406–407
  Segregation 180, 213–215, 254–257, 341, 343, 367–368, 375–376, 388–389, 397–400
  Spanisch-Amerikanischer Krieg 235–236
  Unabhängigkeitskrieg 52, 54–55
  Wahlrecht 48, 144, 179, 213, 215, 398–400
  Zweiter Weltkrieg 327, 329, 332, 340–341
  Zwischenkriegszeit 279, 283, 287–289, 304, 307, 314
Ägypten 169, 428–429, 461–462, 475
Alabama 106, 164, 195, 412, 426, 446
Alamogordo, New Mexico 330, 338
Alaska 106, 149, 186, 224, 321, 373, 381
Albany Plan of Union 26
Albany, New York 14, 96, 115, 134
Albuquerque, New Mexico 330
Algerien 332
Alien and Sedition Acts (1798) 86, 91
Alleghanies 201
Amendments (s. Verfassung, Zusätze)
American Academy of Arts and Sciences 24
American Anti-Slavery Society 127–128
American Civil Liberties Union (ACLU) 286

American Colonization Society 100, 108, 127
American Commonwealth 210
An American Dilemma 341
American Federation of Labor (AFL) 219–221, 257–258, 266, 310–311, 327, 372
American Historical Association 187, 207
American Jewish Congress 389
American Party 145, 158–159
American Philosophical Society 24
American Protective Association 253
American Relief Organization 296
American System (Henry Clay) 110–111, 117, 135, 160
American Telephone and Telegraph Co. (AT & T) 205, 456
American Women Suffrage Association 216
Anglikanische Kirche 8–10, 13, 15, 18
Anglo-Iranian Oil Company 292, 381
Angola 463
Ann Arbor, Michigan 206
Annapolis, Maryland 57, 65, 165
Anti-Freimaurerpartei 144–145
Anti-Imperialist League 236
Anti-Saloon League 249
Antietam (Schlacht bei) 167–168, 170, 175
Antifederalists 79
Apachen 193, 195
Appalachen 29, 50, 56, 93, 116
Appomattox Court House (Kapitulation von) 173
Arbeiter 119, 122, 123, 329, 379
    Arbeitslosigkeit 300–301, 369, 432, 445, 447
    Erster Weltkrieg 266, 272
    Frauen 119, 217–221, 249, 314, 329, 340–341, 370, 408, 418, 445
    Gilded Age 199, 209, 217–221, 224–225
    Progressivismus 231, 249, 251–254, 257–259
    Zwanziger Jahre 277, 280

Arizona 263, 399
Arkansas 165, 176, 368, 478–480, 490–491
Arlington Cemetary (Friedhof) 378, 395
Articles of Confederation 49–51, 64–66, 72
Asian Americans 201, 283, 441–442, 507
Asien 120, 229, 236, 241–243, 260, 295, 296, 318, 349, 371, 373, 394, 440, 462, 499, 501–502
Astoria 94, 105
Atlanta 172–173, 175, 256, 283, 398
Atlanta (Olympische Spiele 1996) 504
Atlantik-Charta 322
Atomteststoppvertrag (1996) 392, 483, 485
Atomwaffen 322, 330–331, 338–339, 344, 360–361, 363–364, 380, 387, 389, 391–392, 402, 404–405, 424, 435, 460, 467, 472–473, 482–483
Aufklärung 17, 23–24, 27, 37, 41, 79, 90, 98
Australien 333, 359
Außenpolitik (s.a. Einträge zu anderen Staaten; Erster u. Zweiter Weltkrieg; Vietnamkrieg; Verträge; Organisationen)
    Nach der Revolution 79–84, 90, 92–97, 120
    Handelsvertrag mit Preußen (1785) 61
    Entangling Alliances 83, 90
    Adams-Onís-Vertrag (1819) 105
    Antebellum 104–106
    Konvention von 1818 105
    Monroe-Doktrine 105–106, 238–240, 272, 291–292, 464
    Oregon-Grenzvertrag mit Großbritannien (1846) 149
    Texasfrage 147–148
    Vertrag v. Guadelupe Hidalgo (1848) 150–151
    Gadsden Purchase (1853) 151
    Revolutionen in Europa (1848/49) 151–153

Bürgerkrieg 166, 168–169, 171
Gilded Age 185–187
Imperialismus 226–244
Spanisch-Amerikanischer Krieg 234
Hay-Pauncefote-Abkommen (1901) 230
Open Door Politik 242, 290–291
Dollar Diplomacy 240
Erster Weltkrieg 261–264, 268–273, 319
Vierzehn Punkte 268–269, 271
Versailler Vertrag 270–273, 291, 316, 350
Völkerbund 263, 268–273, 291, 294–295
Zwischenkriegszeit 289–296, 306, 316–318
Selektiver Unilateralismus 290
Konferenz v. Washington (1921/22) 291, 295
Dawes-Plan 293–294
Briand-Kellog-Pakt 294
Young-Plan 294–295
Isolationismus 316–319, 350
Nye-Komitee 316–317
Good Neighbor-Politik (Lateinamerika) 239, 241, 291–292, 317–318
Erklärung v. Panama (1938) 320
Hyde-Park-Abkommen (1941) 21
Atlantik-Charta 322
Zweiter Weltkrieg 319–325, 331–340
Morgenthau-Plan 336, 347
Weltpolitische Hegemonie 342–345
Kalter Krieg 342–355, 359–386, 389–395, 402–405, 410–412, 414, 420–426, 428–431, 433–437, 454, 458–477
Bipartisanship 350
Truman-Doktrin 334, 350
Nationale Sicherheit 320, 346–347, 387, 423, 428
Dekolonisierung 333, 381, 393–395, 407

Entwicklungspolitik 352, 384, 393–394, 463
Bretton Woods 339, 343, 424, 431
Eindämmungsstrategie 346–347, 356–357, 360–361, 363–364, 426, 458
North Atlantic Treaty Organization (NATO) 358–360, 364, 380–381, 392, 435, 459–460, 467, 469–471, 474, 483–484, 496–498, 503
Glaubwürdigkeit 345, 362, 365, 383, 389, 395
Inter-American Treaty of Reciprocal Assistance (1947) 359
Organization of American States (OAS, 1948) 359
Economic Cooperation Act (1948) 351
European Recovery Program 351
Marshall-Plan 350–352, 360
Berlin-Blockade 352
National Security Memorandum 68 (NSC–68) 360–364, 421, 435, 472–473
Domino-Theorie 346, 350, 383, 395, 426, 434
South East Asian Treaty Organization (SEATO) 359
ANZUS 359
Central Treaty Organization (CENTO) 359
Massive Retaliation 380, 389, 392
Roll-Back 380
Suezkrise 380–381
Eisenhower-Doktrin 381–382
Flexible Response 389, 392
Berlin-Krise 390–391
Kuba-Krise 391–392, 460
Europäische Integration 364, 392–393, 471, 503
Atomteststopp-Abkommen (1963) 392, 485
Gulf of Tonkin Resolution (1964) 404
Nixon-Doktrin 421–422

Sachregister

Entspannungspolitik 362, 392, 396, 402, 421–426, 431, 433–436, 458
Atomsperrvertrag (1968/1970) 402, 483, 485
Viermächteabkommen über Berlin (1971) 424
Anti-Ballistic Missiles Treaty (1972) 424
Pariser Waffenstillstand (Vietnam 1973) 425
Konferenz für Sicherheit und Zusammenarbeit in Europa (KSZE) 431, 435, 468, 470, 474
Camp David-Abkommen (1978) 429, 434
SALT I (Strategic Arms Limitation Treaty) 424, 434
SALT II 434, 436
Carter-Doktrin 436
Granada-Invasion (1983) 464–465
Boland-Amendment (1984) 465
Iran-Contra-Skandal 454, 461, 465–466
Strategic Defense Initiative (SDI) 459
Panama-Intervention (1989) 466
Rüstungskontrolle 424, 433–435, 459, 467, 472, 474
INF (Intermediate Nuclear Forces)-Vertrag 467
Deutsche Vereinigung 468–472, 474
CFE (Conventional Armed Forces in Europe)-Vertrag 472
MBFR (Mutual and Balanced Force Reduction)-Verhandlungen 472
START (Strategic Arms Reduction Talks) 472
Golfkrieg (1991) 474–476
Clinton-Administration 479, 480, 482, 487, 489, 491, 496–498
North American Free Trade Agreement (NAFTA) 481, 501

Bosnien-Konflikt 482, 484
Friedensabkommen v. Dayton (1995) 484
Nahostkonflikte 350, 380–382, 403, 414, 428–429, 434, 461–462, 476, 482
Vereinte Nationen 47, 324, 333, 336–337, 339, 342–344, 350, 354, 358–359, 361–362, 381, 393, 403, 460, 462, 468, 474, 476–477, 487
Zukünftige Entwicklung 490–492

Baby Boom 373–375
Bakke v. University of California (1978) 418
Baltimore 8, 19, 97, 112, 116, 165, 207
Bank of the United States 77, 91, 109
Second Bank of the United States 109–110, 117, 141–142
Banking Act (1935) 312
Bankkrieg 141–142
Baptisten 9, 13, 18, 47, 49, 131, 133, 368, 377
Barbados, 4
Baton Rouge, Louisiana 168
Baumwolle 93, 100, 120–121, 131, 137, 166, 169, 213, 228, 306, 375
Belgien 393
Benevolent Empire 126
Berlin 206, 246, 256, 263, 293, 336, 349, 352–353, 364, 385, 390–391, 393
Bevölkerungsentwicklung 17, 25, 90, 92, 100, 111, 112–114, 130–131, 146, 154, 159, 167, 199, 201, 227–228, 247–248, 279, 285, 327, 371–374, 438–442, 444, 446
Bildungswesen 8, 13, 23–24, 45, 49, 111, 126–127, 129, 180, 192, 205–207, 245–246, 249, 280, 285, 367–368, 370, 372, 380, 401, 408
Bill of Rights 22, 46, 71, 75–76, 79, 166, 360, 399, 407

Binnenwanderung 20, 112–114, 201, 279, 329, 375, 444–446
Bitburg, Eifel 468
Black Hills, Dakota 194
Black Muslims 406
Black Panthers 407
Blues 266
Board of Trade and Plantations 21–22
Bolivien 292
Bonn 206, 353
Book of Mormon 125
Bosnien 482, 484, 496, 498, 503
Boston Massacre 34
Boston Tea Party 34–35
Boston 10, 12, 16, 19, 24, 33–35, 39, 49, 51, 96, 112–113, 116, 118, 126–127, 247, 330, 445
Boxer-Aufstand 242
Bretton Woods 339, 343, 424, 431
Briand-Kellog-Pakt 294
Britisch-Guyana 230
Brook Farm, Mass. (Gemeinschaft) 124
Brown v. Board of Education of Topeka (1954) 367–368
Buena Vista (Schlacht bei) 150
Buffalo, New York 237
Büffelherden 193–194
Bull Run (Schlacht bei) 166
Bunker Hill (Schlacht von) 39
Bureau of Indian Affairs 196, 314
Bureau of Public Roads 279
Burenkrieg 230
Bürgerkrieg 56, 104, 116, 125, 129–130, 133, 147, 157–175, 188, 202, 211, 251, 341
   Ursachen 157
   Vorgeschichte 157–166
   Sezession 164–166
   Verlauf 166–175
   Seekrieg 168–169
   Außenpolitik 166, 168–169, 171
   Niederlage des Südens 173
   Indianer 193
Bürgerrechtsbewegung 195, 343, 367–368, 388–389, 397–400, 405–406, 411, 415, 507

Calvinisten 9, 10, 37–38
Cambridge, Mass. 12, 39
Canton, Ohio 224
Cape Cod 9
Carter-Doktrin 436
Cooperative for American Remittances to Europe (CARE) 348
Carnegie Endowment for International Peace 206
Carnegie Steel Co. 205, 220
Carpetbeggars 182
Casablanca 332
Cato's Letters, 37
Central Pacific Company 189
Charleston 4, 7, 19, 53, 55, 100, 165
Cherokee 7, 137, 138–139
Cherokee Nation v. Georgia (1831) 137–138
Chesapeake 3–4, 6–8, 47, 52–53, 96
Cheyenne 194–195
Chicago 114, 116, 118, 191, 218–219, 221, 232, 247, 255, 281, 288, 302, 318, 341, 375, 411, 445
Chickasaw 137, 139
Chile 464
China 120, 291, 318, 329, 360–363, 365, 394
Beziehungen zu China:
   Imperialismus 241–243
   Zweiter Weltkrieg 322–323, 331, 333, 336
   "Verlust" Chinas 339–340
   Kalter Krieg 343, 356, 383
   Korea-Krieg 360–363
   Vietnamkrieg 383, 404–405
   Détente 423, 426, 463
   Gegenwart 498–499, 502
Chinese Exclusion Act (1882) 189, 254, 374
Chippewa 409
Choctaw 137, 139
Christian Coalition 452
Chrysler 279, 432
Chungking 333
Cigar Makers' Union 219
Cincinnati 114, 221

Cincinnatus 77
Civil Religion 75, 98, 174–175, 231–232, 340, 377–378, 441, 508
Civil Rights Act (1875) 183
Civil Rights Act (1964) 389, 399, 408
Clayton Anti-Trust Act (1914) 251
Cleveland, Ohio 114, 201, 221, 247
Coca-Cola 370
Colorado 216, 223
Colored Methodist Episcopal Church 180
Columbia River 94, 148
Columbus, Ohio 115
Comanchen 195
Commentary 453
Common Law 4, 22–23, 99, 117
Common Sense, 40
Commonwealth System 116–117
Confederate States of America (s.a. Bürgerkrieg) 164–175
Congress of Industrial Organizations (CIO) 310–311, 319, 327, 372
Congress of Racial Equality (CORE) 398
Congressional Government 210
Connecticut 10, 12, 22, 43, 48, 52, 71
Connecticut Compromise 71
Constitutional Union Party 164
Contract with America 483, 487
Contras 465–466
Costa Rica 244, 465–466
Council on Foreign Relations 356
Counterculture 409–410, 416, 451
Country-Ideologie 37, 41, 46, 49, 53, 58–60, 73, 81, 90
Cowboy 191–192, 280
Creek 7, 137, 139
The Crisis 256
Cult of domesticity 129
Currency Act (1764) 30

Dakota Territorium 193
Dallas, Texas 395, 397, 445
Dänemark 240
Danzig 317

Daressalam (Bombenanschlag 1998) 502
Dawes-Plan 293–294
Dawes Severelty Act (1887) 196
De l'esprit des lois, 44, 49
Declaration of Sentiments 129
Declaratory Act (1766) 33
Deficit Spending 299, 306, 371–373, 449
Delaware 6, 8, 14, 16, 18, 48, 100, 120, 165, 205
Democratic Review 146
De la Démocratie en Amérique 123, 210
Demokratische Partei 139, 141, 152, 260, 263, 270, 272, 296, 337, 379, 386, 403
  Entstehung 111, 135
  Antebellum 142–145, 148, 154–155, 157–161
  Bürgerkrieg 164, 167, 172
  Rekonstruktion 177, 181–185
  Gilded Age u. Progressivismus 208–210, 223–225
  New Deal 302–303, 305, 311–314
  1968 411–412
  Seit den Siebziger Jahren 415, 426–427, 431–432, 437, 455, 469, 478, 480, 483
Dennis v. U.S. (1951) 366
Denver, Colorado 375
Detroit 201, 205, 255, 341, 375, 407, 445
Deutsch-Amerikaner 15, 152, 165, 179, 185, 200–201, 221, 257, 260, 267, 325, 375
Deutschland (s.a. Preußen) 112–113, 218, 243, 284
  Beziehungen zu Deutschland vor 1949:
    Revolution von 1848 152
    Deutsch-Französischer Krieg (1870/71) 185
    Vor dem Ersten Weltkrieg 202, 206–207, 229–230, 233, 239, 243

Erster Weltkrieg 226, 238, 240–241, 260–264, 269–272, 277
Weimarer Republik 281, 292–295
Nationalsozialismus 295, 301, 312, 319–323, 326
Zweiter Weltkrieg 331–332, 335–338, 347, 348
Besatzung 339, 344, 347–353
Marshall-Plan 351
Beziehungen zur Bundesrepublik:
Weststaatsgründung 352–354
Kultur- u. Wissenschaftsaustausch 354
Fünfziger/Sechziger Jahre 359, 361, 364–365, 380, 390–393, 403
Ostpolitik 423–424, 447
Deutsche Vereinigung 468–474
Gegenwart 476, 492, 504
Deutsche Mark 424, 448, 458
Deutsche Demokratische Republik 364, 380, 385, 390–392, 469–470
Vergleiche 175, 199, 211, 227, 252, 378, 448, 459

Die protestantische Ethik und der Geist des Kapitalismus 198
Dien Bien Phu (Schlacht von) 383
Disneyland 370
Dissenter 15, 20
District of Columbia 78
Dodge City 191
Dollar (s.a. Finanzwesen, Goldstandard, Wirtschaft) 277–278, 306, 339, 351, 372, 403, 411, 413, 424
Dominikanische Republik 229, 240, 243, 291, 403
Dominion of New England 21
Domino-Theorie 56, 346, 350, 383, 395, 426, 434
Dred Scott v. Sanford (1857) 160–161, 162, 163
Dritte Parteien (s.a. einzelne Parteien) 209, 222–225, 251, 257–258, 278, 493

Dritte Welt 344, 352, 382–384, 388, 393–395, 406, 411, 430, 431, 461
Du Pont 205
Dual Federalism 203

Earned Income Tax Credit 488
East India Company 34
Economic Cooperation Act (1948) 351
An Economic Interpretation of the Constitution of the United States 245
Economist 197
Einwanderung
Kolonialzeit 8–12, 15–16, 91
Jahrhundertmitte (19. Jhd.) 104, 112–114, 119, 126, 145, 153, 158, 160
Gilded Age 189–190, 198–202, 209, 220, 223
Progressivismus 227–228, 243, 247, 253–254
New Immigration 253–254, 284–285
Zwischenkriegszeit 284–285
Nach 1945 373–375, 400, 438–441
Ethnien:
Chinesen 189, 201, 254
Deutsche 8, 16–17, 23, 51–52, 112–114, 158, 200–201, 375
Exilanten 326
Iren 17, 113–114, 158, 200–201, 260, 267
Italiener 239, 253–254
Japaner 201, 254, 325
Juden, Osteuropäer 253–254
Schotten 8, 17
Skandinavier 113–114, 200
Einwanderungsgesetze 91, 189, 200, 223, 254, 283–284, 374, 400, 438–439, 443
Naturalization Act (1802) 112–113
Chinese Exclusion Act (1882) 189, 254, 374

Gentlemen's Agreement (1907) 254
Immigration Act (1917) 254
National Origins Act (1924) 284
War Brides Act (1946) 374
Immigration and Nationality Act (1952) 374
Immigration Act (1965) 400
Immigration Reform and Control Act (1986) 443
Immigration Act (1990) 443
Immigration and Naturalization Service 254

Einzelstaaten
Rechte u. Verantwortung 86–89, 91, 99, 109, 117, 157, 175–176, 203, 211, 253, 310, 415, 456, 480, 487–488
Souveränität 111, 117, 135, 140–141, 164
Staatenmerkantilismus 116–117
Wirtschaftspolitik 116–117, 203, 211, 310, 457

Eisenbahn
Antebellum 116, 119, 156
2. Hälfte 19. Jhd. 125, 167, 188–190, 192, 204, 218–219, 220, 222–223
20. Jhd. 299, 350

Eisenhower-Doktrin 381–382
El Salvador 465
Ellis Island (Einwanderungsbehörde) 200
Encounter 452
Entangling Alliances 83, 90
Environmental Protection Agency (EPA) 415
Equal Rights Amendment (ERA) 419
Era of Good Feeling 104–111
Erdöl 292, 329, 381, 428–429, 431, 433, 436, 496
Erie-Kanal 115, 125
Eritrea 463
Erster Weltkrieg 226, 238, 260–274, 289, 319–320, 325, 327, 334, 340, 468

Europäische Gemeinschaft (EG) 447, 466, 470
Europäische Union (EU) 471, 501
Europäische Verteidigungsgemeinschaft (EVG) 364
Europäische Wirtschaftsgemeinschaft (EWG) 364, 373, 393
Euro-Währung 495
Exzeptionalismus (s.a. Nation) 188, 197

Fair Deal 378
Farmers' Alliance 222
Faschismus (s.a. Deutschland, Nationalsozialismus) 309, 316–317, 365
FDR and the New Deal 313
Federal Bureau of Investigation (FBI) 267, 325, 389, 417, 426
Federal Farm Board 299
Federal Farm Loan Act 251
Federal Highway Act 279
Federal Processions 74–75
Federal Reserve Board 202, 251–252, 298, 312, 433, 458, 489
Federal Trade Commission 251
Federalist Papers 73–74
Federalists 72–74, 77–88, 93, 96–97, 104, 110
Female Moral Reform Society 127
The Feminist Mystique 408
Finanzwesen (s.a. Dollar, Federal Reserve Board, Goldstandard, Wirtschaft)
Revolutionsepoche 30, 61–64, 66
Junge Republik 77–78, 90–91
Antebellum 103, 109–110, 116, 118, 122
1860–1918 202, 221, 223–224, 251–252
Zwischenkriegszeit 277–278, 293, 297–300, 305–306, 312
Nach 1945 372–373, 424, 433, 448, 450, 456–458, 489
Finnland 295
Firestone 244
Florida 7, 27, 35, 55–56, 95–96, 105, 137, 139, 164, 183, 193, 375, 444, 446

Föderalismus 68–69, 72–74, 97, 157–158, 176, 186, 203, 212, 253, 275, 316, 401–402, 414–415, 450, 453, 456, 480, 505
For Whom the Bell Tolls (Wem die Stunde schlägt) 317
Ford Foundation 206
Ford Motor Co. 205, 278–279, 293, 432
Foreign Affairs 356
Forest Reserve Act (1891) 250
Fort Duquesne 26
Fort Orange 14
Fort Sumter 165
Fox Indianer 139
Frankreich
    Siebenjähriger Krieg 25–27, 29, 37
    Unabhängigkeitskrieg 52–56, 62
    Französische Revolution 78–82, 85–88
    Louisiana Purchase 90, 92–93
    Bürgerkrieg 169, 185
    Beziehungen bis 1919 200, 243, 261–263, 265, 268–271
    Beziehungen bis 1945 291–294, 317, 319–320, 322, 332, 334–335, 340
    Nach 1945 349, 351–353, 359, 380, 383, 392–393, 453, 459, 470–471, 484, 492, 503
    Kolonien 2, 12, 27–28, 30, 93, 99, 152–153
    Vergleich 60, 112, 233
Frauen 112, 153, 201, 215–217
    Arbeit 119, 217–220, 257–258, 314, 329, 340, 370, 418
    Erster Weltkrieg 265–266
    Feminismus 257, 408
    Frauenbewegung 128–129, 153, 181, 196, 215–217, 219–220, 257, 262, 407–408, 416, 418–419, 451
    Nach 1945 370, 399, 407–408, 416, 418–419, 449, 456, 474, 478
    Progressivismus 248–250, 257
    Reformen 124–125, 128–129, 196, 215–217, 246, 248–249, 408
    Wahlrecht 44, 129, 181, 212, 215–216, 220, 248–249, 281, 399
    Westen 190–191, 216
    Women's Liberation Movement 408
    Zweiter Weltkrieg 329, 340–341
    Zwischenkriegszeit 280, 283, 304, 314
Free Soil Party 145, 152, 154, 159–160
Freedmen's Bureau 177–178, 180
Freedom of Information Act (1966/1974) 432
Freetown, Sierra Leone 55
Freiheitsstatue 200, 232
Frieden von Brest-Litowsk (1918) 269
Frieden von Gent (1814) 97, 100
Frieden von Greenville (1795) 84
Frieden von Paris (1763) 27
Frieden von Paris (1783) 56–57, 61
Frieden von Portsmouth (1905) 242
Friedensbewegungen 262–263, 268, 290
Frontier 2, 19–20, 55, 89, 95, 112, 114–115, 121, 123, 144, 162, 187–188, 191, 207, 216
Frontier-These 187–188, 198
Fugitive Slave Act (1850) 155, 161
Fulton, Missouri 349
The Fundamentals 285
Fundamentalismus, religiöser 283, 285–286, 402, 419, 450–452

Gag Rule (1836) 128
Gaither Report 380, 389
Garcia v. SAMTA (1985) 505
Geheimdienste 274, 324, 335, 348, 380, 382, 432, 461, 463, 502
    Central Intelligence Agency (CIA) 357, 381–382, 384, 390, 394–396, 426, 436, 465, 469, 473
    National Security Agency (NSA) 460

Sachregister

Office of Strategic Services (OSS) 324–326, 333–334, 357, 382
General Agreement on Tariffs and Trade (GATT) 352, 388, 481, 501
General Electric 205, 279, 328, 455
General Motors 279, 293, 328, 432
Genf (Gipfeltreffen 1985) 467
Georgia 5, 7–8, 22, 45, 48, 53, 66, 120, 137–138, 164, 172–173, 213, 432
Gesellschaft (s.a. Afro-Amerikaner; Bevölkerungsentwicklung; Frauen; Konsumgesellschaft; Native Americans; Sozialwesen; Wohlstandsgesellschaft)
  Ständegesellschaft 7–9
  Antebellum 102–104, 118, 120–129
  Gilded Age 192, 199, 208, 211, 212–225
  Progressivismus 231, 246–249, 252–259, 273–274
  Erster Weltkrieg 262–263, 267–268
  Zwanziger Jahre 276–289
  Nach 1945 365–379, 397–402, 405–412, 414–420, 438–449, 492–497
Gesundheitswesen (s.a. Sozialwesen) 247–249, 448, 481, 486–487
Gettysburg (Schlacht von) 169, 171–172, 175
Gettysburg Address 172
Gewaltenteilung
  Einzelstaaten 45–47
  Konföderation 49–50
  Oberste Gerichte 45, 48
  Verfassung 66–72
  Federalist 73–74
  Union 76, 138, 140–141, 175, 176, 203, 309–310, 342, 492–494
Gewerkschaften (s.a. Einzelgewerkschaften) 122, 206, 217–221, 236, 251, 253, 257–259, 274, 278, 307, 309–311, 327, 348, 366, 372, 378, 388–389, 445, 481
Gibbons v. Ogden (1824) 117

Gilded Age 207
Goldstandard 212, 223–224, 236, 306
Golf v. Mexiko 61, 105, 116
Golfkrieg 474–476
Göttingen 206, 330
Granges 221–222
Grapes of Wrath 300
Great Awakening 13, 23, 47, 49, 85
Great Migration 255, 266
Great Salt Lake 125
Great Society 343, 400–402, 412, 449, 452
Greensboro, NC 398
Grenada 464
Griechenland 334, 350, 358
Grönland 322
Großbritannien 9, 100, 113, 200, 284
  Kolonialreich 1, 14, 20–22, 25–28, 29–36
  Sklavenhandel 4
  Bürgerkrieg 20
  Restauration 21
  Salutary Neglect 21–22, 29
  Glorious Revolution 10, 21, 142
  Merkantilsystem 25–26
  Revolutionsepoche 40, 43, 51–56, 58, 60–61
  Verfassung 67, 69
  Junge Republik 77, 80–82, 84, 88, 91
  Krieg von 1812 94–97, 104
  Oregon-Gebiet 105, 147–149
  Lateinamerika 106, 229–230, 238–239, 277
  Wirtschaftsbeziehungen 121, 166
  Bürgerkrieg 169, 186
  Erster Weltkrieg 243, 260–264, 268–271
  Zwischenkriegszeit 284, 291, 293
  Zweiter Weltkrieg 319–325, 327, 331, 334–336
  Nach 1945 345, 350–351, 353, 358–359, 380–381, 392–393, 402, 459, 470–471
  Vergleiche 76, 90, 112, 119–120, 197, 199, 233, 281, 317

Große Depression 274, 294–303, 313, 317–318, 374
Große Seen 29, 56, 61, 96, 105, 114–116, 201, 204, 444
Gruppe der Sieben (G–7) 474
Guadelupe Hidalgo, Vertrag v. 150–151, 154
Guam 235, 243
Guantanamo, Kuba (U.S. Stützpunkt) 239
Guatemala 382
Gullah 5, 133

Haager Konferenzen (1899/1907) 240
Haiti 92, 99, 109, 132, 146, 243, 482
Halle 206
Hampton Road, (Schlachten bei) 168, 173
Hanford 330
Hanoi 405, 425
Harlem 255, 287–289
Harlem Renaissance 288–289
Harpers Ferry, Virginia 163
Hartford, Conneticut 96
Havanna 234
Hawaii 187, 229, 236, 242–243, 323–324, 373
Hay-Pauncefote-Abkommen (1901) 230
Haymarket-Affäre 219
Heidelberg 206–207
Heilige Allianz 106
Helsinki (s.a. Außenpolitik, KSZE) 431, 435
Hexenverfolgung 11
Hiroshima 339
Hispanic Americans 314, 375–376, 408–409, 441–442, 448–449, 507
Ho Chi Minh-Stadt 430
Holiday Inn 370
Hollywood 279, 315, 343, 366, 370, 437, 454
Holocaust 337, 339, 347, 351
Homestead Gesetz (1862) 159
Homestead Streik 220
Homosexuelle 416, 451
Honduras 156, 244, 465
Hongkong 235, 463
Hoover Dam, Colorado 299
Houston 445
Hudson 14, 16, 52, 91, 115, 117, 237
Hudson's Bay Company 94
Hugenotten 17–18
Hull House 248
Hyde-Park-Abkommen 321

Idaho 191, 195, 216, 223
Illinois 107, 125, 151, 153–154, 159, 161–163, 224, 454
I'll Take My Stand 287
Immigrant Restriction League 253
Immigration and Naturalization Service 254
Impeachment (Amtsenthebung) 70, 180–181, 186, 428–429, 496–497, 499, 508
Indentured Servants 3, 7, 16, 19
Indian Rights Association 196
Indiana 95, 107, 257
Indianer (siehe Native Americans; einzelne Völker)
Indien 26, 169, 340, 384, 496
Individualismus 90, 187–188, 220, 244, 454
Indochina (s.a. Kambodscha, Laos, Vietnam) 322, 333, 340, 382, 463
Indonesien 322–323, 340, 384, 463, 495
Industrial Workers of the World (IWW) 258–259
Industrialisierung (s.a. Wirtschaft) 90, 100, 103, 110, 112–113, 116, 118–121, 135, 144, 188–190, 369
  Gilded Age 197–207, 211, 217–221, 244
  Progressivismus 227–228, 244–259
The Influence of Seapower Upon History 229
International Business Machines Co. (IBM) 330

Internationaler Gerichtshof, Den Haag 294, 465
Internet 500
Interstate Commerce Act (1887) 204, 206
Interstate Commerce Commission 206
Intolerable Acts (1774) 35
Iowa 223, 224, 296, 300
IRA 497
Irak 359, 461, 474–476, 483, 496, 502
Iran 349, 359, 381, 422, 434–435, 458, 461, 465, 483, 496, 502–503
Irland 56, 113, 284, 497–498
Iro-Schotten 17, 54
Islamischer Fundamentalismus 490–491
Island 322
Isolationismus 316–319, 340, 503
Israel 351, 380, 394, 403, 430, 461–462, 475, 482, 485, 495
Italien 239, 253, 271, 284, 317, 321, 323, 332, 335, 351–352

Jacksonian Democracy 136, 141–142
Jalta 336
Jamaica 4, 55, 287
Jamestown 6
Japan
    Handelsvertrag von 1855 120
    Imperialismus 229, 233, 238, 241–243
    Japanisch-Chinesischer Krieg 241
    Gentlemen's Agreement (1907) 254
    Beziehungen 1914 bis 1945 263, 270, 291, 295, 318, 321–323, 329, 331, 333–334, 338–339
    Besatzung 354–356
    Militär- und Sicherheitsverträge (1951/1960) 359
    Nach 1951 362, 365, 373, 381, 383, 426, 447, 463, 476–477, 481, 499–500
    Yen 424, 448, 458
Jay Treaty (1794) 82
Jazz 266, 288

Jemen 463
Jim Crow Laws (s.a. Afro-Amerikaner, Segregation, Süden) 213–214
Jingoism 232–233
Johnson v. McIntosh (1823) 138
Joint Chiefs of Staff (JCS) 331, 357, 390
Jordanien 383, 462
Juden 18, 253, 283, 284–285, 351, 398, 434, 462, 469, 476
Judicial Review 88–89
Judiciary Act (1789) 70, 88–89
Jugoslawien 270, 332, 384, 477
The Jungle 250

Kabul 435
Kalifornien 93, 105–106, 147–151, 154–155, 164, 193, 242, 254, 296, 300, 367, 370, 375, 409, 411, 437, 442–444, 446, 451, 455
Kambodscha (s.a. Vietnamkrieg) 416, 422, 430, 434, 439
Kanada 2, 20, 27, 284
    Französische Besiedlung 35
    Unabhängigkeitskrieg 39, 51–52, 55–56, 58
    Junge Republik 82, 84, 92, 95–96
    Grenzvereinbarungen 105, 149, 230–231
    U.S. Sklaverei 108–109, 128, 132, 147
    Dominion of Canada Act (1867) 186
    Native Americans (ausgehendes 19. Jhd) 194–195
    Hyde-Park-Abkommen (1941) 320–321
    Zweiter Weltkrieg 335
    Nach 1945 358–359, 381, 406, 481, 490, 501, 503
Kanäle 115–116
Kansas 155–156, 160–161, 183, 222–223, 312, 487
Kansas City 375
Karibik 3, 4, 7–8, 16, 20–21, 25–26, 28, 30, 56, 61, 81, 92, 100–101,

108, 131–132, 147, 161, 166, 226, 231, 235, 238, 240, 291, 320, 440, 466
Karolinen 354
Kasachstan 473
Katholiken 10, 18, 37, 114, 285, 386
Katzenbach v. Morgan (1968) 399
Kaukasus 477
Kent State University, 416
Kentucky 86, 92, 162, 164–166, 168
Kinderarbeit 252–253, 258, 307, 313
Kiowa 195
Kirchen 196, 279, 283, 348, 377, 389, 398, 405
Klassizismus 98
Knights of Labor 217–220
Know-Nothing-Bewegung 158
Köln 293
Kolumbien 238, 292
Kommunismus 346, 365, 382, 389, 394–395
Kommunismus in den USA 258–259, 270–272, 301–302, 309, 326, 366
Kommunistische Internationale 218
Kommunitarismus 453
Kompromiß von 1850 154–155
Konföderation 49–50
Konföderationskongreß 50, 52, 54, 57, 60–65, 67, 72
Kongo 385, 394
Kongregationalisten 13, 18
Kongreßkomitee für Un-American Activities 366
Konservatismus 282–284, 309–310, 402, 414, 449–454, 459, 487
Konsumgesellschaft 118, 276–281, 289, 343
Kontinentalarmee 52–53, 63
Kontinentalkongreß
 Erster 35–36
 Zweiter 39–43
Kontinentalsperre 94
Korea 242, 333, 340
 Nordkorea 362–363, 462, 483, 502
 Südkorea 359, 362–363, 463
Koreakrieg 362–364, 365, 488

Korporatismus 274, 277, 297, 307, 328, 345, 378, 445
Kosovo-Krise 496–497, 503
Krefeld 16
Krieg von 1812 94–97, 102, 104, 115
Kriminalität 127, 281–282, 441, 443, 446–447, 485, 490
Ku Klux Klan 182, 283–284
Kuba 27, 155, 229, 233–236, 239–240, 243, 318, 375, 384, 390–392, 434, 463–464, 503
Kultur
 Afro-Amerikaner 440–441
 Emigration aus Deutschland 326
 Great Society 401
 Kolonialzeit 22–24
 Kultureller Einfluß 489
 Kulturmetropole Washington 378, 396
 New Deal 311
 Populäre Kultur 370–371, 460
 Zwanziger Jahre 279–281, 288–289
Kuweit 474–475, 477

Lakehurst 281
Land der Unbegrenzten Möglichkeiten 244
Landwirtschaft
 Kolonialzeit und Revolutionsepoche 3–9, 18, 25, 48, 100
 Kommerzialisierung (1. Hälfte 19. Jhd.) 111, 118–121
 Zweite Hälfte 19. Jhd. 191–192, 212–214, 221–224, 228
 20. Jhd. 277, 297, 299–300, 305–307, 327, 371–372
Laos 416, 422, 430, 439
Lateinamerika 2, 105–106, 119, 131, 147, 229–231, 239, 262, 277, 284, 291–292, 296, 320, 371, 373, 381, 394, 403, 440, 462, 466–467
Leipzig 206
Lend-Lease Act (1941) 321–322, 327
Letters from a Farmer in Pennsylvania 33

Lewis u. Clark-Expedition 93, 105
Lexington u. Concord (Schlacht bei) 36, 39
Libanon 382, 462
The Liberal Tradition in America 367
Liberalismus 407, 414—415
Liberator 127
Liberia 108, 244
Library Company 24
Libyen 332, 462, 475, 483, 502—503
Life Magazine 499
Lincoln Memorial 378, 398
Line item veto 489
Literatur 286—287, 409
Little Bighorn 194
Little Rock, Arkansas 368
Lobbyismus 259, 274, 277, 329, 379
Lochner v. New York (1905) 252
Lockerbie 462, 502
London 21—22, 24, 37—38, 51, 61, 78, 82, 84, 95, 98, 129, 148, 169, 196, 199, 293
Long Island 51
Los Alamos, New Mexico 330
Los Angeles 279, 330, 407, 445, 446, 460, 507
Louisiana 27, 82, 92—93, 106, 164, 176, 183, 184
  Louisiana Purchase 92—93, 105, 145, 156
Lovings v. Virginia (1967) 400
Lowell, Mass. 119
Lower South (s.a. Süden) 8, 18, 48
Loyalisten 38, 54—55, 58, 81
Luftfahrt 246, 269, 281, 433, 444
Lusitania 261—262
Lutheraner 8, 16—18, 285
Lyon 348

Maastricht 471
Madrid 84, 235
Mährische Brüder 8
Maine 10, 12, 47, 107, 128
Malaya 323
Manassas (Schlacht bei) 166
Manchester Guardian 150

Mandschurei 242, 295, 339
Manhatas 14
Manhattan 14, 51
Manhattan Project 322, 330, 338
Manifest Destiny 145—147, 153, 186, 232
Marbury v. Madison (1803) 88—89
Marianen 354
Marine (s.a. Streitkräfte) 86, 91, 96, 149—150, 273
  Bürgerkrieg 168—169, 171
  Gilded Age 187
  Imperialismus 227, 229—232, 233, 238—239
  Spanisch-Amerikanischer Krieg 235
  Zwischenkriegszeit 318—319
  Nach 1945 461
Marktrevolution 111—133, 134, 157, 189
Marokko-Krise 243
Marshall Islands 354
Marshall-Plan 350—352, 360
Maryland 6, 8, 15, 22—23, 39—40, 48—50, 52, 78, 100, 115, 117, 120, 127, 165—166
Mason-Dixon-Linie 48
Massachusetts 9—12, 17, 21, 33—35, 37, 39—40, 43—46, 48, 63, 74, 96, 107, 126—127, 142, 151, 274, 386, 469
Massachusetts Bay Company 10
The Masses 257
Mayflower 9
Mayflower Compact 9
McCarren Internal Security Act (1950) 366
McCarthyismus 365—367, 374, 378, 413
McCulloch v. Maryland (1819) 117
McDonalds 370
Medicaid 401, 448
Medicare 401, 486
Medien 279, 286, 343, 387, 396—397, 451, 475
  Fernsehen 367, 377, 387, 405, 421, 451

Filmindustrie 279–281, 315, 343, 366
Presse 76, 80, 86, 127, 162, 194, 232–234, 305, 366, 387, 427, 489
Radio 279, 286, 304–305, 387
Yellow Press 232–234
The Melting Pot 254
Memorial Day 231
Memphis, Tennessee 411
Mennoniten 15–16
Merkantilismus 21, 25, 28
Methodisten 9, 47, 49, 85, 131, 133, 285
Metro-Goldwyn-Meyer 279
Mexiko 125, 132
  Texas 147–149
  Mexikanisch-Amerikanischer Krieg 144–145, 149–151, 154, 320
  Französische Intervention 169, 185
  Beziehungen im 20. Jhd. 240, 261, 263, 292, 375, 481, 490, 501
Mexiko City 150
Miami 375, 445
Michigan 429
Midway-Inseln 229, 243, 333
Militärisch-Industrieller Komplex 328, 372–373, 378, 482, 500
Milizsystem 46
Milwaukee, Wisconsin 114, 221, 257
Minnesota 160, 224, 409
Mission 120, 138
Mississippi (Staat) 106, 164, 168, 179, 192, 214, 446
Mississippi (Fluß) 2, 27, 50, 56, 82, 93, 95, 100, 115, 120, 130, 137, 139, 156, 167, 172
Missouri (Staat) 106, 125, 160, 165–166, 228, 337
Missouri (Fluß) 93, 115, 139
Missouri-Kompromiß 106–107, 154, 156, 161
Mittelamerika 156, 161, 226, 229, 440–441, 465
Mittelatlantik-Kolonien 14–19, 22–23, 40

Mittlerer Westen 114, 118, 120, 148, 158, 201, 204, 222, 224, 282–284, 300, 366, 375, 445, 454
Mondlandung 421
Monroe-Doktrin 105–106, 238–240, 272, 291–292, 464
Monrovia, Liberia 108
Montana 191, 195, 264
Montgomery, Alabama 164, 368
Monticello 41, 85
Montreal 27
Morgan & Co. 205, 223
Morgan Library, New York 206
Morgenthau-Plan 336, 347
Mormonen 124–125
Morrill Land Grant Act (1862) 192, 207
Morristown, New Jersey (Winterlager) 54
Moskau 352, 356, 436, 470
Mount Vernon 57, 77, 84
Mozambique 463
Muckrakers 246
Mugwumps 208
Multikulturalismus 254, 260, 284, 400, 439–443, 508
München 206
Munn v. Illinois (1877) 211
Mutual Security Act (1951) 363
My Lai-Massaker 422

NAFTA s. North American Free Trade Agreement
Nagasaki 339
Naher Osten 260, 292, 339, 349, 358, 380–382, 394, 403, 434, 440, 462, 482, 495, 498
Nairobi (Bombenanschlag 1998) 502
Namibia 464
Nashville, Tennessee 206
Nation
  Identität 9–10, 13–14, 23–24, 26–28, 36–38, 74–75, 82, 84–85, 98, 103, 174–175, 187–188, 231–232, 273–274, 284, 289, 315–316, 340, 377–378, 387, 496

Nationalismus 104, 111, 130–131, 146, 150, 174–175, 215, 226, 231–232, 273–274, 285, 340, 377–378
  Selbstverständnis 9–10, 13–14, 26–28, 33, 74–75, 103, 122–123, 187–188, 200, 202–203, 207, 231–232, 275, 278, 280, 301, 315–316, 342–344, 414, 430–431, 438
National Aeronautics and Space Administration (NASA) 377, 380, 396, 421
National American Women Suffrage Association 216
National Association for the Advancement of Colored People (NAACP) 256, 287, 341, 367, 397, 407
National Baptist Convention 180
National Broadcasting Corporation (NBC) 279
National Consumers' League 248
National Industrial Recovery Act (NIRA) (1933) 307–308, 310, 314
National Interest 452
National Labor Relations Act (1935) 310
National Labor Union 217
National Organization of American Women (NOW) 407–408
National Rifle Association 446
National Security Act (1947) 357
Fnational Security Council (NSC) 357, 360–364, 421, 435, 472–473
National Trades Union 122
National Urban League (NUL) 256, 287, 397
National Women Suffrage Association 215–216
Nationalists 64, 65
Nationalparks 250
Native Americans (s.a. einzelne Völker)
  Kolonialzeit 1–3, 10, 12, 14, 19, 29
  Revolution 48, 52, 54, 55
  Antebellum 71, 93, 95–97, 99, 105, 115, 122, 137–139, 148, 156
  Umsiedlung nach 1820 115, 137–139
  Gilded Age 187, 192–197
  20. Jhd. 385, 408–409, 417, 441, 507
  Bundespolitik 137–139, 192–197, 314
  Kriege 84, 95, 105, 139, 187, 193–195
  Reservate 139, 193–196, 314, 408, 441
  Supreme Court 137–139
  Indian Removal Act (1830) 137
  Bureau of Indian Affairs 196, 314, 417
  Dawes Severelty Act (1887) 196
  Snyder Act (1924) 314
  Indian Reorganization Act (1934) 314
  National Congress of American Indians (NCAI) 409
  National Indian Youth Council 409
  American Indian Movement (AIM) 409
  Indian Civil Rights Act (1968) 409
  Indian Self-Determination Act (1974) 417
  American Indian Religious Freedom Act (1978) 417
Nativismus 114, 145, 158–159, 200, 253, 282–285
NATO s. North Atlantic Treaty Organization
Naturrecht 37, 41, 46, 99
Navaho 193, 195
Navigation Acts 21, 25, 30
Nebraska 155, 156, 222
New Mexiko 94, 148–151, 155, 263, 330
Neu-Amsterdam 14
Neuengland (s.a. Nordosten; Region) 2, 5–6, 9–14, 17–19, 22–24, 37, 39, 48, 51, 53, 81, 83, 88, 93, 95–96, 111, 120, 126, 151, 160, 228, 469
Neufundland 35, 56, 322

Neuschottland 27, 35, 51, 55–56
Neuseeland 359
Nevada 190, 223
New Deal 275, 302–316, 326, 328, 340, 343, 348, 351, 366–367, 378, 397, 401, 411, 414, 449, 452, 505
   Agricultural Adjustment Act (AAA, 1933; 1938) 306, 313
   Civil Works Administration (CWA) 308
   Civilian Conservation Corps (CCC) 308
   Emergency Banking Act (1933) 305
   Fair Labor Standards Act (1938) 13
   Federal Art Project 311
   Federal Deposit Insurance Corporation 306
   Federal Emergency Relief Administration (FERA) 308
   Federal Theater Project 311
   Federal Writer's Project 311
   Glass-Steagall-Act (1933) 305
   Home Owners Loan Corporation 306
   National Industrial Recovery Act (NIRA, 1933) 307–308, 310, 314
   National Labor Relations Act (1935) 310
   National Recovery Administration (NRA) 307
   Public Works Administration (PWA) 308
   Reciprocal Trade Agreements Act (1934) 306
   Securities and Exchange Commission 306
   Social Security Act (1935) 311
   Tennessee Valley Authority (TVA) 308
   Works Progress Administration (WPA) 311, 314
New Freedom 260
New Frontier 188, 343, 388–389
New Hampshire 10, 12, 22, 43, 66, 74, 96
New Harmony, Indiana 124
New Haven 12–13
New Jersey 14, 17–18, 21, 44, 51, 54, 64, 164, 204, 251, 260
New Left 344, 406, 408
New Orleans 27, 82, 92–93, 96–97, 112, 116, 132, 168
New York 5, 12, 14–15, 17–18, 23, 40, 44–45, 72, 74, 87, 115, 117, 123–124, 144–145, 236–237, 252, 302–303, 335, 419
New York City 14, 16, 19, 31, 53, 55, 73, 75, 112–113, 115, 118, 120, 129, 168, 201, 204, 207, 209, 247, 255, 277, 279, 288, 341, 353, 356, 375, 409, 445–446, 458, 460
New York Times 415, 423, 469
New York World 232
Newlands Reclamation Act 250
Nez Percés 195
Niagara Falls 256
Niagara Movement 256
Nicaragua 156, 240, 243, 291, 384, 465–466
Niederlande 9, 14, 16–18, 23, 52, 54, 60, 62, 268, 302
Niederländisch-Reformierte 18
Nixon-Doktrin 421–422
Non-Partisan League 262
Norden 78, 100, 107, 116, 128, 132, 159, 212, 228
Nordirland 485
Nordosten 114, 119–120, 148, 158, 201, 228, 247, 375, 444–445
Nordwest-Territorium 84, 92
Nordwesten (Old Northwest) 95, 114–116, 118, 195
Norfolk, Virginia 168
North American Free Trade Agreement (NAFTA) 481, 501
North Atlantic Treaty Organization (NATO) 358–360, 364, 380–381, 384–385, 392, 424, 435, 459–460, 467, 469, 470–471, 474, 483–484, 496–498, 503
North Carolina 7–8, 48, 75, 165, 444

North Dakota 195, 222, 316
North Star 127–128
Northwest Ordinance (1787) 61
Notes on the State of Virginia (1786) 5
Nullifikations-Streit 138, 140–141

Oak Ridge (Manhattan Project) 330
Oakland, Cal. 406
Öffentliche Meinung 58, 237, 254, 305, 310, 317–319, 321, 410, 415, 420, 438, 469
Office of Military Government (OMGUS) 349–350, 353–354
Ohio 26, 29, 35, 61, 84, 92, 95, 106, 114–115, 125, 144, 216, 223–224
Okinawa 354
Oklahoma 139, 193, 195, 196
Oklahoma City, Bombenanschlag 486, 504
Ökumenischer Weltrat Genf 348
Olivenzweig-Petition 39
Omaha, Nebr. 188, 223
The One-Dimensional Man 405
Oneida, New York 124
OPEC-Staaten 414, 433
Open Door-Politik 242, 290, 291
Oregon 93–94, 105, 147–149, 155, 164, 195
Organization of Afro-American Unity 406
Organization of European Economic Cooperation (OEEC) 352
Ostasien 241
Österreich 26, 385
Österreich-Ungarn 253, 292
Osteuropa (nach 1945) 349, 365, 435, 440, 468–469, 474
Ottawa, Kanada 359
Ottawa-Indianer 29
Owenites 124

Pakistan 359, 461
Palästina 339, 351, 358, 462, 475
Palästinensische Befreiungsorganisation (PLO) 462, 482, 485, 495

Panama 238, 243, 466
Panamakanal 229, 238, 273, 434
Paramount Studios 279
Paris 24, 27, 52, 56, 78, 82, 85, 235, 286
Parlamentssouveränität 62, 67
Parteien (s.a. einzelne Parteien; Dritte Parteien) 59, 69, 76, 79–80, 83, 88, 93, 110–111, 134–135, 139, 142–145, 148, 156–160, 186, 207–212, 223–225, 244, 248, 319, 320, 342, 378–379, 415
  Parteimaschinen 208–209, 248, 252, 337
  Primaries 248, 415
Patrioten 31, 34–38, 48, 52–53, 55, 57–58
Patronage 84
Pazifischer Westen 114
Pazifisten 15, 258, 262–263, 317, 319, 405–406, 410, 412, 416, 460
Pearl Harbor 323–325, 332, 340
Peenemünde 347
Peking 242, 318, 423
Pelzhandel 14, 19, 25
Pennsylvania 5, 8, 15–18, 22–23, 39, 43–45, 48, 154, 159, 161, 171, 258
Pentagon Papers 423
People's Party 222–225
Pequots 3, 12
Pfälzischer Erbfolgekrieg (King William's War) 25
Philadelphia 15, 17, 19, 23–24, 35, 39–40, 45, 49, 51–54, 65, 72, 77, 78, 80, 84, 99, 112, 118, 127, 129, 247, 392, 445
Philippinen 27, 235–236, 241–243, 318, 322–323, 334, 354, 359, 374, 463
Pietisten 17–18, 23, 54
Pilgrims 9–11
Pittsburgh 26, 201, 218–219
Platt Amendment 239, 318
Plessy v. Ferguson (1896) 214, 368

Plymouth 6
Plymouth Plantation 10, 12
Polen 270, 319, 336–337, 351, 435, 461, 470–471
Political Correctness 442
Politikverdrossenheit 486
Popular Sovereignty 155–156, 161–162
Populismus 145, 212, 221–225
Portugal 463
Potomac 78, 163, 172
Potsdamer Konferenz 337–338, 349
The Power Elite 405
Presbyterianer 8, 16, 18, 123, 126, 260
Preußen 26, 61, 185, 233
Princeton, New Jersey 51
Progressive Party 251, 278
Progressivismus 206, 221, 226, 241, 244–259, 262, 272–274, 340, 449
   Afro-Amerikaner 254–257
   Arbeiter 231, 249, 251–254, 257–258
   Frauen 248–250, 257
   Gewerkschaften 258–259
   Politik 249–252
   Wirtschaft 228, 230, 251–252, 258
Prohibition 126, 249, 281–282
Protestantismus 125, 133, 158, 215, 244, 450–452
Providence Plantation 11
Public Interest 452
Publius 73–74
Pueblo-Indianer 196
Puerto Rico 235–236, 243, 284, 375
Pullach, Bundesnachrichtendienst 347
Pullman Streik 223, 257
Puritaner 2–3, 6, 9–14, 37–38, 281

Quäker 13, 15–18, 24, 47, 54, 129, 262, 296, 348
Quartering Act (1765) 31
Quebec 27, 35–37
Quock Walker Case (1783) 48

Railway Union 257
Rassismus (s.a. Afro-Amerikaner; Süden, Konservatismus) 214–215, 236
Raumfahrt 188, 377, 380, 396, 421
Reconstruction Act (1867) 179
Reconstruction Finance Corporation 299
Red River 139
Red River War 195
Red Scare 259, 271–274, 283, 367
Reform Societies 125
Reformbewegungen
   1. Hälfte 19. Jhd. 123–129, 143
   2. Hälfte 19. Jhd. 180, 225
   Progressivismus 244–259, 273–274
   Bürgerrechtsbewegung 195, 343, 367–368, 397–400, 405–406, 411, 420
Reformierte 8, 16–18, 285
Refugee Act (1980) 439
Regierungssystem (s.a. Einzelstaaten; Föderalismus; Kontinentalkongreß; Verfassung) 66–72, 98, 275, 315–316, 342, 353, 379, 401–402, 415, 427–428, 433, 446, 455–456, 484, 486, 492–494
   Bürokratie 274, 305–309, 315, 329, 340–340, 357–358, 415, 450, 455–456
   Kolonialparlamente 13, 22, 31, 33–35
   Kongreß 69, 70–71, 75, 84, 128, 149, 210–211, 304, 309–310, 357–358, 427–428, 505
   Präsident 67–69, 142, 165–166, 210–211, 237, 269, 303–304, 315–316, 335, 340, 484
      Imperial Presidency 340, 343, 357–358, 387, 404, 413, 427, 432
   Repräsentantenhaus 69–71, 75, 505
   Senat 69–71
   Vizepräsidentenamt 69

Zentralgewalt 175, 259–260, 274, 343, 415
Zweikammer-Modell 70–71, 76
Regionen (s.a. einzelne Regionen) 48, 118, 143, 186, 190, 210, 375, 444–446
    Differenzierung 18–20, 83, 97, 104, 106–107, 112–114, 116, 118, 120–121, 130, 133, 157–160, 228, 289
Rekonstruktion 175–185, 341, 348, 399
    Präsidentielle Rekonstruktion 175–179
    Radikale Rekonstruktion 179–181
    Afro-Amerikaner 176–177
    Second Reconstruction 399
Religion (s.a. einzelne Denominationen; Fundamentalismus) 8–11, 13–15, 17, 46, 63–64, 85, 89, 103–114, 123–126, 133, 146, 244, 283, 285–286, 377, 417, 440, 450–452
Republicans (Jefferson) 79–83, 85–89, 93–94, 96–97, 110, 117, 134–136, 142, 159
Republikanische Partei
    Entstehung 158–160, 163
    Bürgerkrieg 167, 170, 173–174
    Rekonstruktion 177–178, 181, 183–185
    Gilded Age und Progressivismus 208–210, 216, 223–226, 233, 251
    Zwischenkriegszeit 272–273, 296, 309, 311–314, 321
    Nach 1945 363, 378–379, 386, 388, 411, 426, 429–431, 437, 451, 483, 485–487
Republikanismus 46–47, 58, 72–74, 79–81, 88–101, 103, 122, 129, 217, 232, 245
Revolution 29–76, 83, 89–90, 97–103
    Vorgeschichte 29–40
    Unabhängigkeitserklärung 40–42, 47, 49

    Neuordnung (politisch u. konstitutionell) 42–50
    Unabhängigkeitskrieg 51–56
    Sklaverei 47–49, 71, 99–101, 107
    Afro-Amerikaner 52, 54–55, 99–101
    Native Americans 54–55, 99
    "Kritische Periode" 57–76
    Soziale Veränderungen 57–59
    Revolutionäre Dynamik 58–60
    Wirtschaftskrise 61–63
    Shays' Rebellion 63, 65
Revolutionen von 1848/49 in Europa 113, 151–153
Reykjavik (Gipfeltreffen 1986) 467
Rhode Island 11–12, 22, 43, 52, 65, 72, 75
Richmond, Virginia 100, 165–167, 172, 173
Rio Grande 150–151
Robber Barons 204–205
Rochester, New York 123, 128
Rockefeller Foundation 206
Rockmusik 370
Rocky Mountains 92–93, 105, 107, 156, 190, 193, 258
Roe v. Wade (1973) 418–419
Rom 364
Romantik 98
Römische Republik 60
Rote Khmer 434
Royal Dutch/Shell 292
Rüsselsheim 293
Rußland (s.a. Sowjetunion)
    Zarenreich 105–106, 166, 186, 229, 242, 253, 264, 269, 271
    Russisch-Japanischer Krieg 242
    Russische Revolution 226
    Russische Föderation 472, 474, 482, 484, 490

Sacramento River 154
Sacramento, Cal. 188
Saigon 395, 404, 410, 425, 430
Salem, Mass. 11

Salem, North Carolina 8
Salutary Neglect 21–22, 29
Samoa 187, 229, 243
San Antonio, Texas 147
San Francisco 242, 247, 343, 409, 445–446
Sandinisten 465–466
Santa Fe 330
Santiago de Cuba 235
Santo Domingo (s. Haiti)
Sarajewo 484
Saratoga (Schlachten von) 52
Saudi-Arabien 359–360, 461, 475
Sauk-Indianer 139
Savannah, Georgia 4, 55, 100
Scalawags 182
Schanghai 318
Schechter v. U.S. (1935) 309
Schmelztiegel 254, 438
Schottland 64
Schweden 17
Schweiz 49, 60, 91, 113, 333
Sears Roebuck 319
Seattle, Wash. 481, 500
Segregation 180, 213–215, 254–257, 341, 343, 367–368, 375–376, 388–389, 397–400
Sektionale Konflikte 71, 93, 95, 101, 104, 106–107, 111–112, 129, 140–141, 143, 145, 147, 154–175
Seminolen 105, 137, 139, 193
Seneca Falls 129
Seoul 362–363
Servicemen's Readjustment Act (1944) 370
Settlement-Bewegung 248, 253
Sezession (s.a. Bürgerkrieg) 87, 96–97, 164–166
Shaker 124
Sharecroppers 183, 213, 256, 375
Shawnee 95
Shays' Rebellion 63, 65
Shenandoah River 163
Shenandoah Valley 8
Sherman Antitrust Act 206

Siebenjähriger Krieg (French and Indian War) 26, 29, 37, 52
Sierra Leone 55, 108
The Significance of the Frontier in American History 187–188
Singapur 463
Sioux 193–195
Skandinavien 14, 17, 113, 227, 253
Sklaverei (s.a. Afro-Amerikaner) 1, 3–8, 19, 36, 41, 47–49, 52–55, 61, 66, 71, 76, 82, 89, 93, 99–100, 102, 104, 106–107, 112, 127, 129, 135, 137, 139, 143, 147, 155–163, 166, 440
   Ausbreitung der Sklaverei 106–107, 120–121, 137, 139, 145–148, 154–156, 158–163
   Kultur 132–133
   Lebensbedingungen 130–133
   Widerstand 132, 163
   Slave Codes 5, 132
   Missouri-Kompromiß 106–107, 154, 156, 161
   Wilmot Proviso 154
   Kompromiß von 1850 154–155
   Kansas-Nebraska-Gesetz (1854) 155–156, 159, 161
   underground railroad 128, 132
   Anti-Sklaverei-Kongreß London 129
   Abschaffung 166, 170–171, 173
Smith Act (1940) 366
Smithsonian Institution 124–125, 378
Smoot-Hawley Tariff (1930) 298
Socialist Labor Party 257
Socialist Party of America 257–258
Somalia 463, 477, 482
South Carolina 4–5, 7–8, 40, 43, 48, 52, 120, 132, 137–138, 140–141, 152, 164–165, 173, 183, 444
South Dakota 195, 222, 426
Southampton County, Virginia 132
Southern Alliance 222
Southern Christian Leadership Conference (SCLC) 397–398

Sowjetunion
- Zwischenkriegszeit 271, 273, 292, 304, 317
- Zweiter Weltkrieg 322–323, 329, 331–332, 334–339
- Nach 1945 343–346, 350–351, 353–354, 356, 358–365, 380–381, 383–385, 389–393, 402, 404–405, 412, 421–426, 428, 431, 434–436, 451, 458, 463–467, 472, 476, 508
- Zerfall 468–469, 473

Sozialdarwinismus 202, 214–215, 232–233, 255

Sozialismus 198, 220–221, 253, 257–258, 262, 302, 326

Sozialwesen (s.a. Gesundheitswesen; Great Society)
- Gilded Age u. Progressivismus 211, 215, 247–249, 258–259
- Zwischenkriegszeit 274–275, 299–301, 307–308, 311–312, 315
- Nach 1945 343, 372, 438, 443, 448–449, 456, 481, 487, 494–495
  - Armutsgrenze 1960 376
  - Great Society 397, 401–402, 412
  - Armutsgrenze 1990 448–449

Spanien 26–27, 52, 56, 80, 84, 92–93, 105, 233–236, 316–317
- Spanischer Erbfolgekrieg (Queen Anne's War) 25
- Kolonien 2, 7, 27, 82, 92–93, 95, 105, 147, 155, 233–237
- Spanisch-Amerikanischer Krieg 187, 230, 233–237

Sparta 60

Spoils System 136, 208, 248

Sport 281, 288, 441

Sputnik-Schock 380

Srebrenica 484

St. Louis, Miss. 93, 114, 116, 118, 191, 218, 221, 223, 232, 247

Stamp Act Congress 31

Stamp Act-Krise 31–33

Standard Oil of New Jersey 205, 292

Star-Spangled Banner 97–98, 231–232

Streitkräfte 91, 211, 238, 319
- Unabhängigkeitskrieg 51–56, 63, 66
- Indianerkriege 84, 95, 139, 187, 193–195
- Krieg v. 1812 95–97
- Erster Weltkrieg 268–269
- Zweiter Weltkrieg 327–328, 332–339
- Nach 1945 357, 361, 363–364, 367, 373, 404–405, 422, 435, 456, 459, 461, 472, 492
- Golfkrieg 474–475

Student Non-Violent Coordinating Committee (SNCC) 398

Students for a Democratic Society (SDS) 405–406, 416

Stuttgart (Rede v. Byrnes) 349

Südafrika 434, 463–464

Sudan 496, 502

Süden 6–9, 14, 17–19, 22–23, 47, 52–55, 71, 78, 81, 84, 87, 93, 95, 99–100, 103, 107, 128, 111, 140–141, 147, 154–156, 164, 274, 314, 375–376, 397, 412, 432, 444–446
- Bevölkerung 1860 114, 167
- Gesellschaft Antebellum 130–133
- Gilded Age 209, 212–215
- Jahrhundertwende 231, 251, 256, 258
- Koloniales Amerika 6–9
- Konservatismus im 20. Jhd. 282–284, 307, 312–313, 368, 388–389, 397–398, 419
- Kultur 129–131, 185, 231, 285, 287
- Lynchjustiz 255–256, 314
- Nationalismus 130–131, 174
- Rassenunruhen 255
- Wiedereingliederung nach dem Bürgerkrieg 175–185, 187

Wirtschaftl. Entwicklung 116, 120–121, 167, 184, 213–214, 228, 258, 307, 376, 444–446
Südwesten 100, 111, 120, 139, 150–151, 187, 193, 195, 219, 222, 300, 375
Suez-Kanal 229
Suezkrise 380–381
Sugar Act (1764) 30
A Summary View of the Rights of British America 37
Sun Belt 375, 444–446
Supreme Court 84, 142, 162, 203, 210–211, 251–253, 268, 274, 305, 307, 309–310, 312–313, 325, 366–368, 399–400, 402, 415, 418–419, 423, 429, 442, 446, 451, 456, 491, 499, 505
   Afro-Amerikaner 160–161, 183, 214, 367–368, 397, 399–400, 417
   Native Americans 137–139
   Verfassung 70, 88–89, 117, 268
   Wirtschaftspolitik 117, 274, 278, 309–310, 313, 493–494
Swann v. Charlotte-Mecklenburg Board of Education (1971) 417
Syrien 428, 462, 502

Taft-Hartley Act (1947) 372
Taiwan 359–360, 362, 423, 463
Tammany Hall 209
Taylorismus 202
Tea Act (1773) 34
Teapot Dome-Skandal 278
Teheran 333–334, 434–436
Telegraph 116
Temperenzbewegung 126, 191, 212, 216, 226, 249
Tennessee 92, 135–136, 165, 168, 174, 176, 178, 182, 286
Tennessee River 172, 308
Tennessee Valley Authority (TVA) 308
Territoriale Expansion 56, 61, 84, 92–95, 100, 105, 109–110, 112–115, 137–140, 143, 145–151, 157
Texas 105, 114–115, 120, 147–150, 154–155, 164, 179, 195, 222, 263, 375, 381, 397, 419, 444, 446
Thailand 323, 359, 463
   Finanzkrise 495, 499
The Wealth of Nations 47
Theokratie 11
Timber and Stone Act (1878) 191
Tippecanoe, Schlacht von 95
Todesstrafe 446–447
Tokio 339
Tories 38
Townshend-Zölle (1767) 33–34
Trafalgar 94
Trenton, New Jersey 51
Truman-Doktrin 334, 350
Tschechoslowakei 270, 319, 351, 375, 412
Tschetschenien-Konflikt 482
Tunesien 332
Türkei 333, 349–350, 358–359, 391
Tuskegee Institute, Alabama 256

U.S. Steel Corporation 205, 274
U.S. v. Lopez (1994) 505
Ukraine 473
Umweltschutz 191, 250, 308, 415–416, 420, 481
Unabhängigkeitserklärung 38–56, 75–76, 142, 172, 175, 198, 260, 360, 431
Unabhängigkeitskrieg 51–56, 89
Unabhängigkeitstag 98
Uncle Sam 232
Uncle Tom's Cabin 128
Ungarn 374, 380
Union and Central Pacific Railroad 188–189
Union Pacific Company 189
United Artists 279
United Farm Workers 409
United Fruit Co. 240, 244, 382
United Negro Improvement Association 287

Universitäten 13, 111, 192, 206–207, 249, 267, 280, 366, 405, 408, 414, 418, 440–441, 460
- American University, Washington, D.C. 392
- Calfornia Institute of Technology (CIT) 330
- University of California, Berkeley 330
- University of Chicago 207, 330
- Columbia University, New York 304
- Cornell University, Ithaca, New York 207
- Fisk University 256
- Harvard 13, 215, 244–245, 256, 302, 326, 330, 351
- Howard University, Washington 289
- Johns Hopkins University 207
- Massachusetts Institute of Technology (MIT) 330
- Princeton University 64, 260
- University of Michigan 206
- Stanford University 296
- Vanderbilt University 206
- University of Wisconsin, Madison 187, 416
- Yale University 13

Upper South 8, 18, 48
Urbanisierung 118, 121, 201, 228, 244, 247–248, 255, 279–281, 372, 376, 401, 446
- Ghettos 255–256, 266, 274, 287, 376, 407, 446
- Suburbanisierung 279–280, 375–376, 446

Utah 125, 190, 216
Ute 193

Valley Forge (Winterquartier) 54
Vancouver Island 149
Vatikan 348, 461
Venezuela 230, 239, 292
Veracruz 150
Vereinte Nationen 47, 324, 333, 336–337, 339, 342–344, 350, 353–354, 358–359, 361–362, 381, 385, 391, 393–394, 423, 430, 460, 462, 465, 468, 474, 476–477, 482, 485, 503

Verfassung 65–76, 78–79, 81, 85, 87, 92–93, 98–99, 134, 140, 157, 165–166, 173, 232, 248–249, 260, 267–268, 298, 335, 360, 377, 399, 407, 430, 438, 465
- Antifederalists 72–74
- Einzelstaaten 43–47, 51, 76, 79, 134, 179, 248
- Federalists 72–74
- Grundrechte 45–46, 75, 86–87, 89, 97, 166, 178, 211, 267–268, 342, 368–369, 399, 407, 420
- Kolonialverfassungen 21–22
- Ratifizierung 72–76, 99
- Sklaverei 71, 128
- Verfassungsfeiern 74–75
- Verfassungskonflikte 141–142, 179–181
- Verfassungskonvent 64–72, 76, 99, 107
- Zusätze 75, 161, 173, 177–179, 181, 215, 248–249, 251, 282, 335, 367–368, 399, 407, 446

Versailler Vertrag 270–273, 291, 316, 350
Vicksburg, Miss. 169, 171–172
Vierzehn Punkte Wilsons 268–269, 271
Vietnam 434, 439, 463
Vietnam-Krieg 323, 343–344, 369, 382–384, 394–395, 402–406, 410–413, 415–416, 421–425, 427, 430–431, 438, 450, 458, 460, 464, 475
- Anti-Kriegsbewegung 405–406, 410, 412, 416

Virgin Islands 229, 240
Virginia 3, 6–9, 31, 34, 39–40, 43, 46–48, 52–53, 74, 78, 86, 100, 120, 132, 165, 172, 174, 260, 444
Virginia Aristocracy 7–9, 41, 53, 89
Virginia City, Nevada 190
Virginia Company 3, 6, 9

Virginia Declaration of Rights 46—47
Virtue 37, 46, 64, 89
Virtuelle Repräsentation 30
Völkerbund 263, 268–273, 291, 294–295, 317
Volkssouveränität 43–44, 97
Voting Rights Act (1965) 399

Wade-Davis Bill (1864) 176
Wahlbeteiligung 144, 208, 225, 252, 415, 426, 432, 478, 488, 504
Wahlen (Nov. 1996) 485–488, 504
Wahlen (Nov. 1998) 492, 504
Wahlrecht 44–46, 48, 68–69, 87–88, 91, 134, 177, 213, 215, 399–400
Wall Street 205, 222, 224, 277, 294–295, 297, 458
Waltham, Mass. 119
War Powers Act (1973) 427
Warren-Kommission 395
Warschauer Pakt 458, 460
Washington Post 415, 427
Washington, D.C. 78, 87, 92, 96, 116, 125, 159, 166–167, 171, 174–175, 212, 228, 255, 289, 303–304, 323, 328–329, 377–378, 396, 398, 445, 479–480, 482–483, 486, 488, 496–497, 502, 507
Watergate-Skandal 395, 413, 426–431, 438, 458, 465
Weathermen 416–417
Wehrpflicht 168, 265, 321, 405
West Point 91, 165
West Virginia 165, 218, 258
Westen 18, 28–29, 56, 61, 80, 84–85, 92–93, 95, 101, 111–113, 126, 139, 168, 201, 212, 222, 272
  Erschließung 187–197, 201
  Wahlrecht 134, 216
Westinghouse Electric 205
Whig Partei 135, 142–145, 151–152, 154, 157–160, 164
Whigs 31
Whiskey Rebellion 80, 84
White Anglo-Saxon Protestants 209, 282

Whitewater-Affäre 480, 491
Wien Gipfeltreffen (1979) 434–435
Wiener Kongreß 97
William and Mary College 41
Williamsburg 41
Wilmot Proviso 154
Wirtschaft 8, 11–13, 16, 20, 25, 47, 61–63, 74, 77–78, 81, 90–91, 97, 111–112, 146, 159
  Epochen
    Koloniales Amerika 4–7, 25
    Antebellum 103–104, 111–112, 114–122
    Bürgerkrieg 167, 169, 197
    Gilded Age 188–192, 197–207, 223–225
    Progressivismus 228, 230, 251–252, 258
    Erster Weltkrieg 260–261, 265–267
    Zwanziger Jahre 274–280
    Große Depression 275, 289, 294–303, 313
    Zweiter Weltkrieg 327–330, 339
    Nach 1945 344, 360, 364, 369–373, 378, 388, 401
    Nach 1968 424–425, 432, 447–450, 455–458, 477, 483, 488–490
  Aspekte
    Ausländische Investitionen 115, 121, 199, 202, 228, 260, 457
    Auslandsinvestitionen 199, 273, 293, 296, 457
    Außenhandel 90, 105, 113, 119–121, 187, 228, 251, 260–261, 277, 290, 292–293, 296, 300, 306, 360, 371, 447, 456, 481
    Außenwirtschaftspolitik 120, 140–141, 292, 433
    Big Business 190, 203–205, 209, 252, 274, 278, 378–379, 499

Sachregister

Clayton Anti-Trust Act (1914) 251
Corporate Consolidation 203
Deficit Spending 299, 306, 371–373, 449
Depression der 1890er 200, 212, 220, 223, 228
Deregulierung 433, 449–450, 456
Dienstleistungsgesellschaft 444–449
Economies of Scale 203–204
Energie (s.a. Erdöl) 119, 190, 201, 205
Gramm-Rudman Act (1985) 457
Horizontale Integration 204
Infrastruktur 111, 113–119, 188–190, 238, 279, 372, 401, 456
Interstate Commerce 61–62, 66, 115–117, 187–190, 211, 310
Interstate Commerce Act (1887) 204, 206
Kommunikationswesen 116, 189, 456
Laissez-Faire-Kapitalismus 203, 211, 245, 252
Marktrevolution 111–133, 157, 189
Massenproduktion 190
natürliche Ressourcen 120, 149, 186, 190–192, 201, 292, 433
North American Free Trade Agreement (NAFTA) 481, 501
Reaganomics 455–458
Rezession v. 1819 103, 109–110
Rezession v. 1837–1842 141–142
Rezession v. 1857 159
Savings and Loans-Skandal 477
Sherman Antitrust Act 206, 274
Smoot–Hawley Tariff (1930) 298
Tax Reform Act (1986) 456
Trusts 204, 250–252, 371
Vertikale Integration 204
Weltwirtschaft 293–294, 296, 298, 306, 339, 342, 371, 447, 457, 488–489
Wirtschaftspolitik 61–64, 66, 71, 77–78, 90–91, 116–117, 141–142, 224, 251, 259, 278, 305–310, 312–313, 315–316, 328
Zollpolitik 77, 90, 110–111, 140–141, 201–202, 212, 228, 251, 293, 298, 306, 352, 388, 481
Wisconsin 160, 249, 278, 366
Wohlstandsgesellschaft 343, 369–376
Women's Christian Temperance Union 216
Women's National Indian Rights Association 196
Women's Trade Union League 219–220
Woodstock Festival 416
Worcester v. Georgia (1832) 138
Works Progress Administration 311, 314
working poor 490, 506
World Trade Organization (WTO) 481, 501
Wounded Knee 195
Wye River Konferenz 495
Wyoming 191, 216

XYZ-Affäre 86

Yankee 120
Yellowstone National Park 191, 250
Yorktown, Virginia 53–55
Yosemite National Park 250
Young America 153

Young-Plan 294–295
Yukon 230, 321

Zepa 484
Zimmermann-Telegramm 263
Zweiter Weltkrieg 274–275, 319–341, 343, 367, 471
    Neutralität 319–323
    Wirtschaftliche Mobilisierung 321, 327–330
    Lend-Lease Act (1941) 321–322, 327
    Atlantik-Charta 322
    Pearl Harbor 323–325, 332
    Manhattan Project 322, 330, 338
    Krieg 323–339
    Germany first-Strategie 332–333, 337
    Bedingungslose Kapitulation 332–333, 335, 338–339, 354
    Morgenthau-Plan 336
    Potsdamer Konferenz 337–338

Vom selben Autor erschienen:

Jürgen Heideking / Christof Mauch (Hrsg.)
USA und deutscher Widerstand
Analysen und Operationen des amerikanischen Geheimdienstes im Zweiten Weltkrieg

1993, XIV, 282 Seiten, DM 68,–/ÖS 496,–/SFr 65,–
ISBN 3-7720-2130-1

Die Akten des amerikanischen Geheimdienstes OSS, die nunmehr für die Forschung zugänglich sind, erlauben einen faszinierenden Blick hinter die Kulissen des Zweiten Weltkriegs. Sie enthalten bislang wenig oder gar nicht bekannte Einzelheiten über Oppositions- und Widerstandsaktivitäten; vor allem aber geben sie neue Aufschlüsse über das Bild, das man sich zwischen 1942 und 1945 in der US-Regierung vom deutschen Widerstand gegen Hitler und das NS-Regime machte. Episoden wie die interne Debatte über das Kapitulationsangebot, das Helmuth James Graf von Moltke den Amerikanern Ende 1943 in Istanbul unterbreitete, belegen, daß Analysen und Empfehlungen des Geheimdienstes durchaus den Entscheidungsprozeß auf höchster politischer Ebene beeinflußten.

USA und deutscher Widerstand macht 80 der interessantesten OSS-Dokumente aus dem Washingtoner Nationalarchiv in deutscher Übersetzung einer breiten Öffentlichkeit zugänglich. Ergänzt durch Bild- und Propagandamaterial des OSS veranschaulichen sie u.a. den Kenntnisstand der Amerikaner über oppositionelle Bestrebungen im Dritten Reich, ihre Reaktion auf das gescheiterte Attentat vom 20. Juli 1944 und den Versuch der Westmächte, den Widerstand für die Kriegführung zu instrumentalisieren. Eine ausführliche Einleitung und kommentierende Fußnoten stellen die Dokumente in den Gesamtzusammenhang der Geschichte des Zweiten Weltkrieges.

A. Francke Verlag · Tübingen und Basel

UTB Geschichte

Eberhard Büssem/Michael Neher (Hrsg.)
Arbeitsbuch Geschichte
Mittelalter – Repetitorium
3.-16. Jahrhundert
Bearbeitet von Karl Brunner

UTB 411, 11., durchges. Aufl. 1998, XII, 344 Seiten,
DM 36,80/ÖS 269,–/SFr 34,–
UTB-ISBN 3-8252-0411-1

Aus dem Inhalt:
Einleitung: Zu Begriff und Periodisierung des Mittelalters. I. Die Umgestaltung der römischen Welt und die Ausbildung der frühmittelalterlichen Königreiche (3.-7. Jahrhundert). II. Das karolingische Europa (8.-10. Jahrhundert). III. Das ottonische Kaisertum (936-1024). IV. Von der Kirchenreform zum Investiturstreit (1024-1125). V. Das staufische Imperium (1125-1273). VI. Wahlkönigtum: Habsburger – Wittelsbacher – Luxemburger. VII. Das Ringen um Kirchen- und Reichsreform (1378-1437). VIII. Der Aufstieg der Habsburger und das Ende des Mittelalters. Ausgewählte Bibliographie zur Geschichte des Mittelalters. Verzeichnis der Karten, Stammbäume und Erläuterungen.

"Das *Arbeitsbuch Geschichte – Mittelalter Repetitorium* von Eberhard Büssem und Michael Neher vermittelt in ausgezeichneter Form das notwendige Datenmaterial für die Prüfungsvorbereitung. (...)"
Der Geschichtsschreiber

Francke

UTB Geschichte

Eberhard Büssem/Michael Neher (Hrsg.)
Arbeitsbuch Geschichte

Jetzt in 7., überarbeiteter Auflage:
Neuzeit 1 – Repetitorium
16.-18. Jahrhundert

Bearbeitet von Eberhard Büssem, Anselm Faust, Hermann-Friedrich Kopp, Michael Neher, Vinzenz Pfnür

UTB 569, 7., ergänzte Aufl. 1999, 439 Seiten, div. Tabellen und Karten, DM 39,80/ÖS 291,–/SFr 37,–
UTB-ISBN 3-8252-569-X

Die Repetitorien vermitteln das notwendige Gerüst von Geschichtsfakten und historischen Hauptproblemen. Sie geben einen geschlossenen Überblick über den Geschichtsablauf der Epoche. Dabei wird die Problematik der historischen Forschung nicht außer acht gelassen.

Wirtschaft und gesellschaftliche Entwicklung werden eingehend behandelt und mit der Darstellung verknüpft. Die Zusammenstellung der Themenkreise und Literaturangaben zu jedem Kapitel ermöglicht die Vertiefung nur angedeuteter Probleme.

"Als ergänzende und äußerst informative Aufbereitung sollte dieses Arbeitsbuch bei keiner Prüfungsvorbereitung fehlen."
Der Geschichtsschreiber

Francke

UTB Geschichte

Henri Pirenne
Sozial- und Wirtschaftsgeschichte Europas im Mittelalter
Deutsch von Marcel Beck

UTB 33, 7. Aufl., 1994, 257 Seiten, DM 26,80/ÖS 196,–/SFr 25,–
UTB-ISBN 3-8252-0033-7

Henri Pirennes *Sozial- und Wirtschaftsgeschichte Europas im Mittelalter* ist seit ihrer ersten Veröffentlichung (1933) zu einem klassischen Werk der Mediävistik geworden, eines jener "seltenen Bücher, nach denen sich die Probleme nicht mehr auf dieselbe Weise stellen wie vordem" (J. Le Goff). Der große belgische Historiker gibt hier eine Darstellung der sozialen und wirtschaftlichen Verhältnisse im europäischen Mittelalter, welche die Ergebnisse vieler eigener Untersuchungen zusammenfaßt.

"Selten fand ein derartiger Beitrag in der internationalen Fachwelt eine so einmütige Anerkennung. Die souveräne Überschau des Stoffes, die Vielzahl neuer Gesichtspunkte und deren gleichermaßen sprachlich-elegante wie methodisch-übersichtliche Verknüpfung und Darstellung fanden uneingeschränktes Lob. (...) Die Tatsache, daß dieses Geschichtswerk mittlerweile selbst schon seine eigene Geschichte aufweist, beweist die unverminderte Aktualität und Bedeutung dieses Buches."
Zeitschrift für Wirtschafts- und Sozialwissenschaften

Francke